Betriebliche Arbeitskampfregelungen

Schriften zum Arbeitsrecht und Wirtschaftsrecht

Herausgegeben von Abbo Junker

Band 27

PETER LANG
Frankfurt am Main · Berlin · Bern · Bruxelles · New York · Oxford · Wien

Almut Maulshagen

Betriebliche Arbeitskampfregelungen

PETER LANG
Europäischer Verlag der Wissenschaften

Bibliografische Information Der Deutschen Bibliothek
Die Deutsche Bibliothek verzeichnet diese Publikation in der Deutschen Nationalbibliografie; detaillierte bibliografische Daten sind im Internet über <http://dnb.ddb.de> abrufbar.

D 77
ISSN 1433-4666
ISBN 3-631-39678-3

www.peterlang.de

Meinen Eltern

Vorwort

Betriebliche Arbeitskampfregelungen: in der Praxis zwar von großem Interesse, in der Wissenschaft aber nur ansatzweise diskutiert. Es ist weitgehend ungeklärt, inwieweit Betriebsparteien regelnd in das Arbeitskampfgeschehen eingreifen können. Die Aktualität dieser Frage wird insbesondere vor dem Hintergrund der verstärkt geforderten Liberalisierung des Tarifrechts deutlich. Immer öfter wird der Flächentarifvertrag zugunsten des Firmentarifvertrages in Frage gestellt. Zudem wird häufig eine Verlagerung der Regelungsbefugnisse von der tariflichen auf die betriebliche Ebene gefordert. Es stellt sich daher die Frage, ob Betriebsvereinbarungen Tarifverträge auch im Hinblick auf arbeitskampfrechtliche Fragen ersetzen bzw. ergänzen können.

Die vorliegende Arbeit wurde im Sommersemester 2001 von der Rechts- und Wirtschaftswissenschaftlichen Fakultät der Johannes Gutenberg-Universität Mainz als Dissertation angenommen. Mein besonderer Dank gilt meinem verehrten Doktorvater, Herrn. Prof. Dr. Curt Wolfgang Hergenröder, der mir bei der Bearbeitung dieses Themas größtmögliche Freiheit ließ und mir gleichwohl mit wertvollen Hinweisen und Anregungen zur Seite stand. Danken möchte ich auch Herrn Prof. Dr. Horst Konzen für die freundliche Übernahme und zügige Vornahme der Zweitkorrektur sowie Herrn Prof. Dr. Abbo Junker für die Aufnahme der Arbeit in die Reihe „Schriften zum Arbeitsrecht und Wirtschaftsrecht". Gesetzesänderungen konnten bis August 2002 berücksichtigt werden.

Ganz herzlich danken möchte ich zudem meinen Eltern Ingrid und Dr. Alfons Riemann für die Förderung meiner juristischen Ausbildung. Meinem Vater, meinem Bruder Manfred Riemann sowie Frau Heike Weiser bin ich zudem sehr dankbar für ihre wertvolle Hilfe bei der Durchsicht des Manuskripts. Besonderen Dank schulde ich auch meinem Mann Olaf für seine vielfältige und jederzeitige Unterstützung.

Düsseldorf, im September 2002 — Almut Maulshagen

Inhaltsverzeichnis

Abkürzungsverzeichnis 21

§ 1 Einführung und Problemstellung 25
I. Gegenstand der Untersuchung 25
II. Interessenlage der beteiligten Parteien 29
III. Ziel und Gang der Darstellung 32

1. Teil: **Argumentationsansätze** 34

§ 2 Rechtsprechung 34
I. Betriebsvereinbarungen über Gleitzeitregelungen 34
1. LAG Frankfurt a. M., Urteil vom 03.10.1984 (2 Sa 310/84) 34
2. BAG, Beschluss vom 30.08.1994 (1 ABR 10/94) 35
3. BAG, Urteil vom 30.08.1994 (1 AZR 765/93) 36
II. Betriebsvereinbarungen über Notstands- und Erhaltungsarbeiten 37
1. BVerfG, Beschluss vom 19.02.1975 (1 BVR 418/71) 37
2. BAG GS, Beschluss vom 21.04.1971 (GS 1/68) 38
3. BAG, Urteil vom 14.02.1978 (1 AZR 54/76) 38
4. LAG Frankfurt am Main, Urteil vom 22.04.1969 (5 Sa 627/68) 38
5. LAG Niedersachsen, Urteil vom 01.02.1980 (10 Sa 110/79) 39
III. Betriebsvereinbarungen über Anwesenheitsprämien 40
1. BAG, Urteil vom 31.10.1995 (1 AZR 217/95) 40
2. LAG Nürnberg, Urteil vom 06.02.1995 (7 Sa 785/93) 40
IV. Betriebsvereinbarungen über Maßregelungsverbote 41
- LAG Frankfurt a.M., Urteil vom 03.10.1984 (2 Sa 310/84) 41

§ 3 Schrifttum 42
I. Generelle Unzulässigkeit einer betrieblichen Regelung 42
1. Verstoß gegen den Grundsatz der Parität 42
2. Verstoß gegen die Regelungen des § 74 Abs. 2 BetrVG 43
3. Verstoß gegen die funktionelle Zuständigkeit des Betriebsrats 43
II. Zulässigkeit einer betrieblichen Regelung durch freiwillige Betriebsvereinbarungen 44
III. Generelle Zulässigkeit einer betrieblichen Regelung 45

§ 4 Folgerungen aus den Argumenten zu der verwandten Frage der Beteiligungsrechte des Betriebsrats *im* Arbeitskampf 46
I. Rechtsprechung 46
II. Schrifttum 47

§ 5 Stellungnahme 49
I. Vergleich der Argumentationslinien 49
II. Rechtsprechung 49
III. Schrifttum 50
IV. Folgerungen für die weitere Untersuchung 51

***2. Teil*: Arbeitskampfrecht als durch Betriebsvereinbarungen dispositives Recht** 52

§ 6 Arbeitskampfrecht als dispositives Recht 52
I. Verfassungsrecht 52
1. Grundgesetz 53
a. Regelung des Arbeitskampfes 53
aa. Koalitionsfreiheit nach Art. 9 Abs. 3 Satz 1 GG 53
(1) Geltung für den Arbeitskampf 53
(2) Umfang der Arbeitskampfgarantie 55
- Rechtsprechung des BVerfG 55
- Schrankenmodelle des Schrifttums 59
- Stellungnahme 61
- Zwischenergebnis 63
bb. Art. 9 Abs. 1 GG 63
b. Dispositivität 64
aa. Art. 9 Abs. 3 Satz 1 GG 64
bb. Art. 9 Abs. 1 GG 65
2. Landesverfassungen 66
a. Streik 66
b. Aussperrung 67
II. (Einfaches) Gesetzesrecht 67
1. Regelung des Arbeitskampfes 67
2. Dispositivität 68
III. Internationale Quellen 69
IV. Gesetzesvertretendes „Richterrecht“ 70
1. Regelung des Arbeitskampfes 70
2. Wesentlichkeitslehre des BVerfG 70
3. Dispositivität 72
V. Tarifliche Regelung 74
VI. Ergebnis 74

§ 7 Möglicher Inhalt von Betriebsvereinbarungen mit Auswirkungen auf Arbeitskämpfe 76
I. Betriebsvereinbarungen mit nicht beabsichtigter Auswirkung auf Arbeitskämpfe 76
1. Geltung für Zeiten des Arbeitskampfes 76
a. Meinungsstand 76
aa. Rechtsprechung 76
bb. Schrifttum 78
(1) Auslegung von Betriebsvereinbarungen 78
(2) Grundsatz des Wegfalls der Geschäftsgrundlage 78
b. Stellungnahme 79
aa. Anwendbarkeit des Grundsatzes des Wegfalls der Geschäftsgrundlage 79
bb. Auslegung von Betriebsvereinbarungen 80
2. Betriebsvereinbarungen über Gleitzeitregelungen 81
II. Betriebsvereinbarungen mit Geltung für Zeiten ohne Bezug zum Arbeitskampf und für Zeiten des Arbeitskampfes 82
1. Erzwingbare Betriebsvereinbarungen 82
a. Inhalt 82
b. Betriebsvereinbarungen über Gleitzeitregelungen 83
2. Freiwillige Betriebsvereinbarungen 84
a. Inhalt 84
b. Anwendungsbereich 85
aa. Nur soziale Angelegenheiten 86
bb. Umfassender Anwendungsbereich 87
cc. Kritik 88
c. Stellungnahme 89
aa. Beschränkung auf soziale Angelegenheiten 89
bb. Auslegung des Begriffs „soziale Angelegenheiten“ 89
(1) Historische Auslegung 89
(2) Wortlautinterpretation 89
(3) Vergleich mit § 28 SprAuG 89
(4) Kritik an der einschränkenden Auslegung 91
(5) Zwischenergebnis 93
3. Teilmitbestimmte Betriebsvereinbarungen 94
a. Inhalt 94
b. Betriebsvereinbarungen über Anwesenheitsprämien 94
III. Betriebsvereinbarungen mit Regelungen speziell über Arbeitskämpfe 96
1. Zulässigkeits- und Rechtsfolgeregeln 96
2. Zulässige Regelungsbestandteile in Betriebsvereinbarungen 97
a. Ansatz 97
b. Nur normative Regelungen über Arbeitsbedingungen 99
c. Normative und schuldrechtliche Regelungen 99

d. Stellungnahme 100
3. Betriebsvereinbarungen über Notstands- und Erhaltungsarbeiten 101
a. Erzwingbare Betriebsvereinbarungen 102
b. Freiwillige Betriebsvereinbarungen 105
4. Betriebsvereinbarungen über Maßregelungsverbote 106
a. Inhaltliche Möglichkeiten 106
b. Erzwingbare Betriebsvereinbarungen 107
c. Freiwillige Betriebsvereinbarungen 107
IV. Ergebnis 107

§ 8 Zuständigkeit des Betriebsrats zum Abschluss von Betriebsvereinbarungen mit Arbeitskampfbezug 109
I. Einführung in Problematik und Begrifflichkeiten 109
II. Gesetzliche Vorgaben 113
III. Reichweite der Regelungs- und Rechtssetzungsbefugnis der Betriebsparteien 113
1. Sachstand 113
2. Umfassende Regelungsbefugnis 114
a. Rechtsprechung 114
b. Schrifttum 116
aa. Originäre Autonomie 116
bb. Beschränkte sachliche Zuständigkeit 117
(1) Grundsatz 117
(2) Ableitung aus § 88 BetrVG 118
(3) Entstehungsgeschichte des § 88 BetrVG und des § 28 SprAuG 119
(4) Fehlender Regelungskatalog des BetrVG 119
(5) Ableitung aus § 77 Abs. 3 BetrVG 120
cc. Zweck der Betriebsvereinbarungsbefugnis 120
dd. Parallelen zum Tarifvertrag 121
c. Stellungnahme 121
aa. Reichweite der betrieblichen Regelungs- und Rechtsetzungsbefugnis 121
bb. Betriebsvereinbarungen mit Geltung für Zeiten ohne Bezug zum Arbeitskampf und für Zeiten des Arbeitskampfes 123
cc. Betriebsvereinbarungen mit Regelungen speziell über Arbeitskämpfe 123
dd. Zwischenergebnis 124
3. Eingeschränkte Regelungsbefugnis 124
a. Meinungsstand im Schrifttum 124
aa. Auslegung der §§ 88, 77 Abs. 3 BetrVG 125
bb. Legitimationsbasis der Betriebsvereinbarung 125
cc. Zweck der Betriebsvereinbarung 126

dd. Kollektivfreier Individualbereich 126
b. Stellungnahme 127
aa. Auslegung der §§ 88, 77 Abs. 3 GG 128
bb. Legitimationsbasis der Betriebsvereinbarung 129
cc. Zweck der Betriebsvereinbarung 130
dd. Kollektivfreier Individualbereich 130
c. Zwischenergebnis 130
4. Zwischenergebnis 131
IV. Funktionelle Zuständigkeit 131
1. Betriebliche Regelung und Gesetzgebung 132
2. Betriebliche Regelung und „Richterrecht" 132
3. Betriebliche und tarifliche Regelung 133
a. Konkurrierende Zuständigkeit 133
b. § 77 Abs. 3 BetrVG 134
c. § 87 Abs. 1 Einleitungssatz BetrVG 135
d. Folgerungen 136
4. Betriebliche Regelung und Privatautonomie 137
V. Ergebnis 138

§ 9 Grenzen der betrieblichen Regelungs- und Rechtsetzungsbefugnis und Vorrang höherrangigen Rechts 139
I. Verfassungsrechtliche Grenzen 139
1. Vorbehalt des Gesetzes 139
2. Grundrechtsbindung 140
3. Verfassungsrechtliche Werteentscheidungen 140
II. Vorrang (einfachen) Gesetzesrechts 141
III. Vorrang von „Richterrecht" 143
IV. Tarifvorrang 143
V. Kollektivfreier Individualbereich 144
VI. Kollektivbezug 144
VII. Ergebnis 145

§ 10 Fazit 147

***3. Teil*: Vorgaben für Betriebsvereinbarungen mit Arbeitskampfbezug aus dem Arbeitskampfrecht bzw. Koalitionsrecht** 148

§ 11 Der Grundsatz der Parität 148
I. Inhalt und Funktion des Paritätsprinzips 149
1. Problemstellung und Begrifflichkeiten 149
2. Anerkennung des Paritätsprinzips 150
a. Vorherrschende Ansicht 150

b. Kritik 152
c. Stellungnahme 153
3. Bezugssystem für die Paritätsbewertung 155
a. Formen der Parität 155
b. Formelle oder materielle Parität 156
aa. Formelle Paritätsmodelle 156
bb. Materielle Paritätsmodelle 157
(1) Ansatz 157
(2) Gesamtparität 158
(3) Materiell-tarifbezogene Parität 159
cc. „Vermittelnde" Ansichten 159
dd. Stellungnahme 160
c. Konkrete oder abstrakte Parität 163
aa. Konkreter Paritätsmaßstab 164
bb. Abstrakter Paritätsmaßstab 164
cc. Stellungnahme 165
d. Typisierende Betrachtungsweise 166
e. Zwischenergebnis 168
4. Einzelne Faktoren zur Paritätsbewertung 168
a. Rechtsprechung des BAG 169
aa. Rechtsprechung zu Betriebsvereinbarungen 169
bb. Generelle Rechtsprechung 170
(1) Geltungsbereich des Paritätsgrundsatzes 171
(2) Erheblichkeit der Paritätsbeeinträchtigung 171
(3) Quantitative Erfordernisse 172
(4) Zeitlicher Faktor 173
(5) Rechtsprechung zu Mitbestimmungsrechten des Betriebsrats im Arbeitskampf 175
- Betriebliche Konfliktsituation 175
- Kausalität 176
- Rechtzeitigkeit der Arbeitgebermaßnahme 176
b. Schrifttum 176
aa. Kritik an der „formelhaften" Anwendung des Paritätsgrundsatzes durch das BAG 177
bb. Paritätsrelevante Faktoren 177
c. Stellungnahme 180
aa. Anmerkungen zur Rechtsprechung 181
(1) Generelle Rechtsprechung 181
(2) Rechtsprechung zu Betriebsvereinbarungen mit Arbeitskampfbezug 182
bb. Anmerkungen zum Schrifttum 184
cc. Faktoren zur Paritätsbewertung 185
(1) Geltungsbereich 185

(2) Maßstab für die Erheblichkeit der Paritätsbeeinträchtigung ... 186
(3) Quantitative Erfordernisse ... 187
(4) Zeitlicher Faktor ... 188
(5) Kriterien zur Beurteilung der Einschränkung der Mitbestimmungsrechte des Betriebsrats im Arbeitskampf ... 190
d. Zwischenergebnis ... 191
II. Konsequenzen für die Zulässigkeit des Abschlusses von Betriebsvereinbarungen ... 192
1. Anwendbarkeit der dargelegten Grundlagen zur Paritätsbewertung ... 192
2. Ansatz für eine Überprüfung der Paritätsbeeinträchtigung ... 194
a. Verschiebung der tatsächlichen Kräfteverhältnisse ... 194
b. (Rechtliche) Ungleichbehandlung der Kampfparteien ... 195
3. Einzelne Faktoren zur Bewertung der Parität ... 196
a. Geltungsbereich ... 196
b. Abstrakter Paritätsmaßstab ... 199
c. Erheblichkeit der Paritätsbeeinträchtigung ... 200
d. Zeitlicher Faktor ... 201
e. Zwischenergebnis ... 202
4. Paritätsrelevanz der verschiedenen Betriebsvereinbarungstypen sowie deren unterschiedlicher Regelungsbestandteile ... 203
a. Erzwingbare und freiwillige Betriebsvereinbarungen ... 203
b. Schuldrechtliche und normative Regelungen ... 203
5. Paritätsrelevanz der und von der Rechtsprechung beurteilten betrieblichen Regelungen ... 205
III. Ergebnis ... 206

§ 12 Der Grundsatz der Verhältnismäßigkeit ... 208
I. Inhalt und Funktion des Grundsatzes der Verhältnismäßigkeit ... 208
1. Rechtsprechung ... 208
2. Schrifttum ... 210
3. Stellungnahme ... 212
a. Ansatz der Prüfung ... 212
b. Konkretisierung des Grundsatzes ... 212
aa. Geeignetheit ... 212
bb. Erforderlichkeit ... 213
(1) Der Grundsatz der Erforderlichkeit im eigentlichen Sinne 213
(2) Das ultima-ratio-Prinzip ... 214
cc. Proportionalität ... 215
(1) Zweck-Mittel-Relation ... 215
(2) Bezugspunkt der Prüfung ... 215
c. Kritik ... 217

aa. Einzelaspekte 217
bb. Anerkennung des Grundsatzes der Verhältnismäßigkeit.... 219
d. Verhältnis der Grundsätze der Parität und der Verhältnismäßigkeit 221
II. Konsequenzen für die Zulässigkeit des Abschlusses von Betriebsvereinbarungen 222
1. Ansatz der Überprüfung 222
2. Beeinträchtigung der Verhältnismäßigkeit 223
a. Ansatz 223
b. Geeignetheit 224
c. Erforderlichkeit 224
d. Proportionalität 225
III. Ergebnis 225

§ 13 Das Gebot der staatlichen Neutralität 227
I. Inhalt und Funktion des Gebotes der staatlichen Neutralität 227
II. Konsequenzen für die Zulässigkeit des Abschlusses von Betriebsvereinbarungen 228
1. Ansatz der Überprüfung 228
2. Beeinträchtigung des Gebotes der staatlichen Neutralität 229
III. Ergebnis 230

§ 14 Weitere Grundsätze des Arbeitskampfrechts 231
I. Grundsatz der freien Kampfmittelwahl 231
II. Gemeinwohlbindung 232

§ 15 Der Grundsatz der Gegnerunabhängigkeit 234
I. Inhalt und Funktion des Grundsatzes der Gegnerunabhängigkeit..... 234
II. Konsequenzen für die Zulässigkeit des Abschlusses von Betriebsvereinbarungen 235
1. Ansatz der Überprüfung 235
2. Beeinträchtigung der Gegnerunabhängigkeit 235
a. Gleichsetzung von Betriebsparteien und Tarifparteien 236
b. Vergleich mit der Argumentation bei der Frage der Zulässigkeit der Mitbestimmung des Betriebsrats im Arbeitskampf 237
III. Ergebnis 238

§ 16 Fazit 240

4. Teil: **Vorgaben für Betriebsvereinbarungen mit Arbeitskampfbezug aus dem Betriebsverfassungsrecht** 243

§ 17 Regelungsgehalt des § 74 Abs. 2 BetrVG 244
I. Differenzierung der Gebote und Verbote des § 74 Abs. 2 BetrVG..... 244
II. Arbeitskampfverbot gemäß § 74 Abs. 2 Satz 1 Hs. 1 BetrVG........... 245
1. Inhalt und Funktion des Arbeitskampfverbotes........ 245
a. Ansatz der Überprüfung........ 245
b. Verbot von gegenseitigen Arbeitskämpfen der Betriebsparteien 246
c. Suspendierung von Beteiligungsrechten........ 247
aa. Meinungsstand zur Auslegung des Begriffs „Maßnahmen des Arbeitskampfes" i.S.d. § 74 Abs. 2 Satz 1 Hs. 1 BetrVG 247
bb. Stellungnahme........ 249
(1) Auslegung des Begriffs „Maßnahmen des Arbeitskampfes"........ 250
- Wortlaut 250
- Entstehungsgeschichte........ 250
- Systematische Stellung........ 252
- Teleologische Auslegung........ 252
(2) Ansichten in Rechtsprechung und Schrifttum........ 257
2. Konsequenzen für die Zulässigkeit des Abschlusses von Betriebsvereinbarungen 258
a. Betriebsvereinbarungen über gegenseitige Arbeitskämpfe der Betriebsparteien........ 259
b. Betriebsvereinbarungen mit Bezug zu Arbeitskämpfen der Tarifparteien 259
3. Zwischenergebnis 260
III. Neutralitätspflicht des Betriebsrats gemäß § 74 Abs. 2 Satz 1 BetrVG........ 261
1. Inhalt und Funktion der Neutralitätspflicht 261
2. Überforderung des Betriebsrats 263
3. Konsequenzen für die Zulässigkeit des Abschlusses von Betriebsvereinbarungen 264
a. Neutralitätspflicht 264
b. Überforderung des Betriebsrats 268
4. Zwischenergebnis 269
IV. Allgemeine Friedenspflicht gemäß § 74 Abs. 2 Satz 2 BetrVG........ 269
1. Inhalt und Funktion der Friedenspflicht 269
2. Konsequenzen für die Zulässigkeit des Abschlusses von Betriebsvereinbarungen 270
3. Zwischenergebnis 271

§ 18 Grundsätze für die Zusammenarbeit gemäß § 74 Abs. 1 Satz 1 und 2 BetrVG ... 272
I. Inhalt und Funktion der Grundsätze für die Zusammenarbeit ... 272
II. Konsequenzen für die Zulässigkeit des Abschlusses von Betriebsvereinbarungen ... 273

§ 19 Grundsätze der Zusammenarbeit gemäß § 2 BetrVG ... 275
I. Gebot der vertrauensvollen Zusammenarbeit gemäß § 2 Abs. 1 BetrVG ... 275
1. Inhalt und Funktion des Kooperationsgebots ... 275
2. Konsequenzen für die Zulässigkeit des Abschlusses von Betriebsvereinbarungen ... 277
II. Verhältnis zu den Koalitionen gemäß § 2 Abs. 3 BetrVG ... 279
1. Inhalt und Funktion der Regelung des § 2 Abs. 3 BetrVG ... 279
2. Konsequenzen für die Zulässigkeit des Abschlusses von Betriebsvereinbarungen ... 280

§ 20 Fazit ... 281

5. Teil: **Konkurrenz zwischen den Vorgaben des Arbeitskampfrechts und des Betriebsverfassungsrechts** ... 282

§ 21 Rechtsgebietskonkurrenz zwischen Arbeitskampfrecht und Betriebsverfassungsrecht ... 282
I. Behandlung der Konkurrenz ... 283
II. Gesetzliche Konkurrenzregeln ... 284
1. § 74 Abs. 2 Satz 1 BetrVG ... 284
2. § 2 Abs. 1 BetrVG ... 285
3. § 77 Abs. 3 BetrVG ... 285
a. Meinungsstand ... 286
b. Auslegung der Norm ... 287
aa. Wortlaut ... 287
bb. Entstehungsgeschichte ... 287
cc. Systematische Stellung ... 288
dd. Teleologische Auslegung ... 289
c. Zwischenergebnis ... 290
4. Fazit ... 290
III. Rangverhältnis zwischen Arbeitskampf- und Betriebsverfassungsrecht ... 291
1. Ansatz zur Bestimmung des Rangverhältnisses ... 291
2. Vorrang des Arbeitskampfrechts ... 291

a. Art. 9 Abs. 3 GG 319
aa. Arbeitskampfrecht als Verfassungsrecht 292
bb. Grundprinzipien des Arbeitskampfrechts als Verfassungsrecht 292
cc. Zwischenergebnis 294
b. Regelungen des BetrVG 294
c. Zwischenergebnis 295
3. Vorrang des Betriebsverfassungsrechts 296
a. Rangverhältnis zwischen (einfachem) Gesetzesrecht und Richterrecht 296
aa. Meinungsstand 296
bb. Stellungnahme 298
cc. Zwischenergebnis 302
b. Schlussfolgerungen 302
4. Verfassungskonforme Auslegung des BetrVG 304
a. Meinungsstand 304
aa. Rechtsprechung 304
bb. Schrifttum 305
b. Stellungnahme 306
c. Zwischenergebnis 312
5. Fazit 312

§ 22 Folgerungen für die bisher von der Rechtsprechung beurteilten betrieblichen Regelungen 313
I. Betriebsvereinbarungen über Gleitzeitregelungen 313
II. Betriebsvereinbarungen über Notstands- und Erhaltungsarbeiten 314
III. Betriebsvereinbarungen über Anwesenheitsprämien 315
IV. Betriebsvereinbarungen über Maßregelungsverbote 316

***6. Teil:* Zusammenfassende Thesen** 317

Literaturverzeichnis 322

Abkürzungsverzeichnis

a.A.	anderer Ansicht
a.a.O.	am angegebenen Ort
Abs.	Absatz
AcP	Archiv für civilistische Praxis
a.E.	am Ende
a.F.	alte Fassung
AFG	Arbeitsförderungsgesetz
AiB	Arbeitsrecht im Betrieb
AK	Alternativkommentar
Amtsbl.	Amtsblatt
Anm.	Anmerkung
AP	Arbeitsrechtliche Praxis
AR-Blattei ES	Arbeitsrecht-Blattei – Entscheidungssammlung
AR-Blattei SD	Arbeitsrecht-Blattei – Systematische Darstellung
ArbR	Arbeitsrecht
ArbZG	Arbeitszeitgesetz
Art.	Artikel
AuA	Arbeit und Arbeitsrecht
AuR	Arbeit und Recht
BAG	Bundesarbeitsgericht
BAGE	Entscheidungen des Bundesarbeitsgerichts
BB	Betriebsberater
Bd.	Band
Beil.	Beilage
BetrR	Betriebsrat
BetrVG	Betriebsverfassungsgesetz
BGB	Bürgerliches Gesetzbuch
BGBl.	Bundesgesetzblatt
BGH	Bundesgerichtshof
BGHZ	Entscheidungen des Bundesgerichtshof in Zivilsachen
Bl.	Blatt
BlStSozArbR	Blätter für Steuer-, Sozial- und Arbeitsrecht
BPersVG	Bundespersonalvertretungsgesetz
BRG	Betriebsrätegesetz
BSHG	Bundessozialhilfegesetz
BSG	Bundessozialgericht
BT	Bundestag

BT-Drucks.	Bundestagsdrucksache
BUrlG	Bundesurlaubsgesetz
BVerfG	Bundesverfassungsgericht
BVerfGE	Entscheidungen des Bundesverfassungsgerichts
bzw.	beziehungsweise
DB	Der Betrieb
ders.	derselbe
d.h.	das heißt
dies.	dieselben
Diss.	Dissertation
E.	Entscheidung
EFZG	Entgeltfortzahlungsgesetz
Einl.	Einleitung
EzA	Entscheidungssammlung zum Arbeitsrecht
f(f).	folgende
Fn.	Fußnote
Frankfurt a.M.	Frankfurt am Main
FS	Festschrift
GG	Grundgesetz
ggf.	gegebenenfalls
GK	Gemeinschaftskommentar
GMH	Gewerkschaftliche Monatshefte
GS	Gedächtnisschrift/Großer Senat
h.M.	herrschende Meinung
Hrsg.	Herausgeber
Hrsg.	herausgegeben
HS	Halbsatz
i.d.R.	in der Regel
i.e.S.	in engerem Sinne
i.S.v.	im Sinne von
i.V.m.	in Verbindung mit
JA	Juristische Arbeitsblätter
JurA	Juristische Ausbildung
JR	Juristische Rundschau
JZ	Juristenzeitung

Kap.	Kapitel
krit.	kritisch
KSchG	Kündigungsschutzgesetz
LAG	Landesarbeitsgericht
LG	Landgericht
LS	Leitsatz
m.E.	meines Erachtens
MitbestGespr.	Mitbestimmungsgespräch
MünchKomm	Münchener Kommentar
MuSchG	Mutterschutzgesetz
m.w.N.	mit weiteren Nachweisen
NJW	Neue Juristische Wochenschrift
Nr.	Nummer
NZA	Neue Zeitschrift für Arbeits- und Sozialrecht
o.ä.	oder ähnliches
R.	Rückseite
RAG	Reichsarbeitsgericht
RdA	Recht der Arbeit
RegE	Regierungsentwurf
Rn.	Randnummer
Rspr.	Rechtsprechung
Rz.	Randziffer
S.	Seite
SAE	Sammlung arbeitsrechtlicher Entscheidungen
SchwbG	Schwerbehindertengesetz
SGB	Sozialgesetzbuch
sog.	sogenannte (n)
Sp.	Spalte
SprAuG	Sprecherausschussgesetz
st.	ständige
TVG	Tarifvertragsgesetz
u.a.	unter anderem / und andere
Urt.	Urteil
v.	vom

Var.	Variante
VG	Verwaltungsgericht
vgl.	vergleiche
VO	Verordnung
Vorbem.	Vorbemerkung
z.B.	zum Beispiel
ZfA	Zeitschrift für Arbeitsrecht
Ziff.	Ziffer
ZRP	Zeitschrift für Rechtspolitik

Darüber hinaus wird verwiesen auf Hildebert Kirchner, Abkürzungsverzeichnis der Rechtssprache, 4. Auflage, 1993.

§ 1 Einführung und Problemstellung

I. Gegenstand der Untersuchung

Das kollektive Arbeitsrecht der Bundesrepublik Deutschland ist durch ein duales System[1] gekennzeichnet: Innerhalb des Betriebs oder Unternehmens obliegt die Interessenwahrung der Arbeitnehmer den Betriebsräten.[2] Im überbetrieblichen Bereich sind die Gewerkschaften Träger der Interessenvertretung. Das deutsche Recht kennt damit eine Zweiteilung der kollektiven Interessenvertretung im Arbeitsleben.[3] Die Gewerkschaften sind von ihrer ureigensten Aufgabe, der Interessenwahrung und dem Schutz ihres Mitglieds am Arbeitsplatz, teilweise abgeschnitten. Diesen Bereich der Interessenwahrnehmung übernimmt in wesentlichen Teilen der Betriebsrat.

Gewerkschaften und Betriebsräte stehen damit nebeneinander und teilen sich die Vertretungsaufgabe.[4] Sie können sich dabei gegenseitig unterstützen. Es kann aber auch zu gegenseitigen Beeinträchtigungen und Beschneidungen kommen.[5] Die Regelungen der *Tarif*verträge als Koalitionsmittel und die gesetzliche Mitbestimmung der *Betriebs*verfassung ergänzen sich; sie stehen aber auch in einem Spannungsverhältnis zueinander, da sie auf unterschiedlichen Ordnungsgrundsätzen beruhen.[6] So steht der auf Interessengegensatz beruhenden Tarifautonomie mit ihrer Waffe des Arbeitskampfes die Betriebsverfassung als ein Paradigma einvernehmlicher Einigung und partnerschaftlichem Zusammenwirkens gegenüber.

Die Zweigleisigkeit der kollektiven Interessenvertretung hat von jeher zu Abgrenzungsschwierigkeiten zwischen betrieblicher Arbeitnehmerbeteiligung und Tarifautonomie geführt. Dies gilt insbesondere für die Ebene des Kollektivver-

---

[1] Zur Begrifflichkeit: *Gamillscheg*, ArbR/I, § 6, IV 1.a.

[2] Eventuell auch den Gesamt- oder Konzernbetriebsräten bzw. in Dienststellen den Personalräten.

[3] Vgl. BVerfG, Beschluss vom 30.11.1965 – 2 BvR 54/62, BVerfGE 19, S. 303, 314, ff.; *Gamillscheg*, Mitbestimmung, S. 11, 15 ff., siehe auch *Lambrich*, Tarifautonomie, S. 27 ff.

[4] Betriebräte sind keine Untereinheiten der Gewerkschaften: Siehe dazu *Jahnke*, ZfA, 1984, S. 69, 88. Die Gewerkschaften vertreten ausschließlich ihre Mitglieder, während die Betriebsräte Belangen der gesamten aus organisierten und nichtorganisierten Arbeitnehmern bestehenden Belegschaft verpflichtet sind. Vgl. auch *Reuter*, AuR 1973, 1, 2. Der Betriebsrat ist Repräsentant der gesamten Belegschaft und Wahrnehmer der Belegschaftsinteressen: *Hueck/Nipperdey*, ArbR II/2, § 52 A I 3; *Richardi*, FS 10 Jahre Deutsche Richterakademie, S. 111, 115 f.; dagegen zur „Indienstnahme“ des Betriebsrats durch die Gewerkschaften, *Schwarze*, Betriebsrat, S. 29 ff.

[5] Vgl. *Schmitt*, Interessenkonflikte, S. 91 ff.; Zur Überschneidung der Zuständigkeiten von Gewerkschaften und Betriebsräten vgl. auch *Kraft*, ZfA 1973, 243, 247 ff.

[6] Vgl. *Richardi*, RdA 1994, 394, 398.

tragsrechts.[7] Die Aufgabe der Betriebsparteien[8], die sozialen, personellen und wirtschaftlichen Angelegenheiten zu ordnen, liegt auch innerhalb des Aufgabenbereichs der Tarifparteien.[9] Die Gewerkschaften können mit ihrem Tarifpartner im Rahmen der Gestaltung des Arbeits- und Soziallebens zum Schutz der von ihnen vertretenen Arbeitnehmer Kollektivverträge[10] abschließen. Auch die Betriebsräte haben ein Recht zum Abschluss von Kollektivvereinbarungen[11] nach dem BetrVG.[12] Dabei ist die Betriebsvereinbarung *das* Institut für die innerbetriebliche Rechtsetzung. Das Nebeneinander von Tarifautonomie und betrieblicher Mitbestimmung birgt damit die Gefahr, dass die beiden Formen der Arbeitnehmerbeteiligung sich gegenseitig behindern. Zwar normiert § 77 Abs. 3 BetrVG einen Vorrang von tariflichen vor betrieblichen Normen. Umfassende Regelungen über Arbeitskämpfe sind in den Tarifverträgen aber häufig nicht enthalten.

Ferner ist die Funktion des § 77 Abs. 3 BetrVG stark umstritten. Die Diskussion um den in dieser Vorschrift normierten Tarifvorrang kommt nicht zur Ruhe.[13] So wird in jüngerer Zeit von einem Teil des arbeitsrechtlichen Schrifttums verstärkt eine Liberalisierung des Tarifrechts gefordert.[14] Die Entwicklung der ökonomischen Rahmenbedingungen des Wirtschaftsstandorts Deutschland hat den im BetrVG statuierten Vorrang tarifvertraglicher vor betrieblichen Regelungen zur Zielscheibe des arbeitsrechtlichen, wirtschaftswissenschaftlichen

---

[7] Vgl. auch *Waltermann*, Rechtsetzung, S. 6.

[8] Dies sind Arbeitgeber und Betriebsrat.

[9] Aufgabe der Tarifparteien ist die Wahrung und Förderung der Arbeits- und Wirtschaftsbedingungen, vgl. Wortlaut des Art. 9 Abs. 3 GG.

[10] Kollektivverträge auf der tariflichen Ebene sind die Tarifverträge.

[11] Kollektivverträge auf der betrieblichen Ebene sind die Betriebsvereinbarungen. Diese stellen kollektivrechtliche Vereinbarungen zwischen Arbeitgeber und Betriebsrat über Arbeitsbedingungen dar. Der Abschluss von Betriebsvereinbarung ist dabei eine Form der Ausübung von Mitbestimmungsrechten des Betriebsrats, um sich an der Gestaltung der betrieblichen Ordnung gleichberechtigt zu beteiligen. Betriebsvereinbarungen sind ein eigenes Rechtsinstitut der Betriebsverfassung und sind als betriebliche Kollektivverträge ein Pendant zu den Tarifverträgen.

[12] Dabei gelten die normativen Regelungen beider Arten von Kollektivverträgen unmittelbar und zwingend. Vgl. für Tarifverträge § 4 Abs. 1 TVG und für Betriebsvereinbarungen § 77 Abs. 4 BetrVG.

[13] Vgl. nur *Lambrich*, Tarifautonomie, S. 27 ff.; *Hablitzel*, NZA 2001, 467 ff., mit umfassenden Literaturangaben. Insbesondere seit der intensiven Befassung der arbeitsrechtlichen Abteilung des 61. Deutschen Juristentages in Karlsruhe von 1996 mit dieser Thematik ist die Diskussion wieder neu entfacht. Die auf dem Juristentag behandelte genaue Fragestellung lautete: Empfiehlt es sich, die Regelungsbefugnisse der Tarifparteien im Verhältnis zu den Betriebsparteien neu zu ordnen?

[14] Vgl. beispielsweise *Lesch*, DB 2000, 322 ff.; *Heinze*, NZA 1997, 1, 7; ders., DB 1996, 729 ff.; *Reuter*, RdA 1991, 193, 194; *Rieble*, RdA 1996, 151 ff. m.w.N.; *Zohlnhöfer*, Tarifautonomie; *Wank*, NJW 1996, 2273 ff.; *Kissel*, Entwicklung, S. 7.

und zeitweise sogar tagespolitischen Interesses werden lassen.[15] Vielfach wird die Ansicht vertreten, dass die Strukturen insbesondere der Flächentarifverträge veraltet seien[16] und dass eine Stärkung der betrieblichen Ebene erforderlich sei. Vielen Autoren erscheint der Tarifvorbehalt des § 77 Abs. 3 BetrVG als eine Reminiszenz an überholte wirtschaftpolitische Vorstellungen. Sowohl von ökonomischer als auch von juristischer Seite ist daher vermehrt eine zunehmende Verlagerung der Regelungsbefugnisse hinsichtlich der Löhne, Arbeitszeiten und sonstigen Arbeitsbedingungen von den Tarifpartnern auf die einzelnen Betriebe befürwortet worden.[17]

Fraglich ist, ob dies auch für den Bereich des Arbeitskampfes gilt oder ob dieser – wie häufig vorschnell angenommen – von vornherein ausschließlich den Tarifparteien vorbehalten ist. Können die Betriebsräte mit dem jeweiligen Arbeitgeber für den betreffenden Betrieb Regelungen etwa über Verbote für Maßregelungen nach dem Arbeitskampf, über Anwesenheitsprämien für nichtstreikende Arbeitnehmer oder über Gleitzeitvereinbarungen auch für die Zeiten des Arbeitskampfes vereinbaren? Würde dies tatsächlich in die verfassungsrechtlich geschützte Tarifautonomie eingreifen? Gegebenenfalls wäre zu klären, wo die Grenze zwischen zulässigen betrieblichen Regelungen und die Tarifautonomie beeinträchtigenden Vereinbarungen zu ziehen ist. Die Bedenken, die gegen die Wirkungen des Flächentarifvertrages vorgetragen werden – fehlende Berücksichtigung der konkreten wirtschaftlichen Situation eines Betriebes und damit die Gefahr von Arbeitslosigkeit – können grundsätzlich auch auf die Situation des Arbeitskampfes übertragen werden. Aber: Ist beispiels-

---

[15] Die Vorschrift des § 77 Abs. 3 BetrVG, die den Vorrang tariflicher vor betrieblicher Normsetzung und damit das Konkurrenzverhältnis tariflicher und betrieblicher Mitbestimmung normiert, ist bereits seit über einem Jahrhundert das meist diskutierte und bearbeitete Feld des Arbeitsrechts. Vgl. nur die Habilitationsschriften von *Biedenkopf*, Grenzen; *Richardi*, Kollektivgewalt; *Säcker*, Gruppenautonomie; *Kreutz*, Grenzen; *Jahnke*, Tarifautonomie, *Waltermann*, Rechtsetzung; *Rieble*, Arbeitsmarkt, *Veit*, Funktionelle Zuständigkeit.

[16] Dass der Verbandstarifvertrag in seiner über Jahrzehnte praktizierten Gestalt den durch moderne Produktionsformen und weltweiten Wettbewerb gestellten Anforderungen nicht hinreichend Rechnung trägt, wird mittlerweile selbst von den Tarifvertragsparteien nicht mehr ernsthaft bestritten. Zu den Defiziten branchenweiter Tarifverträge vgl. nur *Konzen*, NZA 1995, 913, 916; *Löwisch*, JZ 1996, 812 f.; *Wank*, NJW 1996, 2273, 2274; *Junker*, ZfA 1996, 383 ff.; *Henssler*, ZfA 1994, 487, 488 f. und 496; *Rieble*, RdA 1996, 151, 156 f.; *Langen*, Tarifautonomie, S. 15 ff. Zu den Nachteilen betrieblicher Regelungen dagegen *Adomeit*, Arbeitsbedingungen, S. 58.

[17] Vgl. *Reuter*, ZfA 1995, 1 ff; *ders.*: RdA 1994, 152 ff.; *ders.*: ZfA 1993, 221, 244 ff.; *Buchner*, FS für Wiese, S. 55, 61; *Ehmann*, ZRP 1996, 314 ff.; *ders.*: NZA 1991, 1, 6 ff.; *Ehmann/Lambrich*, NZA 1996, 346 ff.; *Ehmann/Schmidt*, NZA, 1995, 193 ff.; *Hromadka*, NZA 1996, 1233 ff.; zurückhaltender *Löwisch*, JZ 1996, 812 ff.; *ders.*: NJW 1997, 905 ff.; a.A.: vgl. u.a. *Kissel*, NZA 1986, 73, 78 ff.; *Heinze*, NZA 1997, 1, 4 ff., 7; *ders.*: DB 1996, 729, 732 ff.; *Kempen*, RdA 1994, 140, 150 ff.; *Waltermann*, RdA 1996, 129, 133; *Hanau*, RdA 1993, 1 ff.; *Lieb*, NZA 1994, 289 ff.; *Wank*, NJW 1996, 2273, 2283; *Zachert*, RdA 1996, 140 ff; *Rieble*, RdA 1996, 151 ff.

weise durch die Funktion des Arbeitskampfes als *Kampf* eine andere Sichtweise erforderlich?

Über die genaue Funktionsaufteilung zwischen Tarif- und Betriebsparteien im Hinblick auf mögliche Regelungen über den Arbeitskampf besteht keine Einigkeit. Bisher ist nicht geklärt, ob und in welchen Grenzen die Betriebsparteien durch Betriebsvereinbarungen Regelungen über Arbeitskämpfe treffen können. Das BAG hat zwar die *Tarif*parteien mehrfach aufgefordert, Regelungen über den Arbeitskampf zu treffen.[18] Fraglich ist aber, ob eine derartige Regelungsmöglichkeit auch für die *Betriebs*parteien besteht. Diese würden damit auf betrieblicher Ebene bei der Gestaltung des Arbeitskampfes mitwirken können. Ob derartige Regelungen über den Arbeitskampf durch betriebsinterne Vereinbarungen zulässig sind, soll in dieser Arbeit untersucht werden.[19]

Das BAG hat bisher zu der Frage der Zulässigkeit von Betriebsvereinbarungen mit Auswirkungen auf Arbeitskämpfe insbesondere in Bezug auf Gleitzeitvereinbarungen Stellung genommen. Es hat die entsprechenden Ausführungen dabei jeweils in einem obiter dictum vorgenommen. Für den zu entscheidenden Sachverhalt kam es somit auf eine Beurteilung dieser Frage nicht an. Dass das BAG trotzdem auf diese Problematik eingegangen ist, zeigt, dass es diese Frage für dringend klärungsbedürftig hält. Des Weiteren hat das BAG zu der Thematik der Regelungen in Betriebsvereinbarungen über Notstands- und Erhaltungsarbeiten[20] im Arbeitskampf Stellung bezogen.[21] Im Schrifttum ist die

---

[18] So hat das BAG auch in seiner sog. zweiten Aussperrungsentscheidung Vereinbarungen zwischen den Tarifvertragsparteien über die Austragung der Interessengegensätze für erforderlich angesehen: BAG GS, Beschluss vom 21.04.1971 - GS 1/68, E 23, 292, 307 = AP Nr. 43 zu Art. 9 GG Arbeitskampf. Für den Bereich der Urabstimmung ist dies bereits allgemeine Praxis.

[19] Für die Frage der Mitbestimmung des Betriebsrats im Arbeitskampf ist dies bereits mehrfach untersucht worden: Vgl. nur *Jahn*, Beteiligung und *Jansen*, betriebliche Mitbestimmung. Bisher kaum beachtet wurde aber die Frage, ob Betriebsparteien betriebliche Vereinbarungen mit Auswirkungen auf den Arbeitskampf abschließen dürfen.

[20] Erhaltungsarbeiten, die auch während eines Arbeitskampfes zu leisten sind, sind diejenigen Arbeiten, die erforderlich sind, um Anlagen und Betriebsmittel während des Arbeitskampfes so zu erhalten, dass nach Beendigung des Kampfes die Arbeit fortgesetzt werden kann: BAG, Urteil vom 30.3.1982, 1 AZR 265/80, E 38, 207 ff. (LS 1) = AP Nr. 74 zu Art. 9 GG - Arbeitskampf = NJW 1982, 2835 ff. Auf den Streit um die Begrifflichkeiten in Bezug auf die Notstands- und Erhaltungsarbeiten soll hier nicht näher eingegangen werden.

[21] Bei diesem Themenkomplex ist umstritten, ob er zum Arbeitskampfrecht gehört, vgl. GK-*Kreutz*, BetrVG, § 74 Rn. 70. Jedenfalls ist die arbeitskampfrechtliche Materie betroffen, so dass in Zusammenhang mit dem Thema der Notstands- und Erhaltungsarbeiten auch die Zulässigkeit der Regelung des Arbeitskampfes durch Betriebsvereinbarungen erörtert worden ist. Ein näheres Eingehen auf den Streit würde im Rahmen dieser Untersuchung zu weit gehen.

Frage der Zulässigkeit der abstrakten Regelung von Arbeitskampfbedingungen durch Betriebsvereinbarungen bisher kaum eingehend diskutiert worden.

So ist bisher kein System für die Bestimmung der Zulässigkeit von betrieblichen Regelungen über den Arbeitskampf entwickelt worden. Klare gesetzliche Vorgaben fehlen. Obwohl diese Konfliktlage dem Gesetzgeber bei Neufassung des BetrVG im Jahre 1972 bekannt gewesen sein dürfte, findet sich in diesem Gesetz keine Vorschrift, welche die Zulässigkeit von derartigen betrieblichen Regelungen ausdrücklich behandelt.[22] Das BetrVG normiert lediglich in § 74 Abs. 2 BetrVG ein Neutralitätsgebot. Dieses verbietet dem Betriebsrat und dem Arbeitgeber (in seiner betriebsverfassungsrechtlichen Funktion), innerbetriebliche Meinungsverschiedenheiten mit Mitteln des Arbeitskampfes auszutragen.[23] Bei der vorliegend untersuchten Frage geht es jedoch nicht um die Austragung innerbetrieblicher Meinungsverschiedenheiten, sondern um die betriebliche Mitgestaltung von Arbeitskämpfen, die von den Tarifparteien geführt werden. Weiter erschwert wird die Bestimmung der Zulässigkeit von betrieblichen Regelungen über den Arbeitskampf durch den Umstand, dass auch generell die Reichweite der Regelungs- und Rechtssetzungskompetenz der Betriebsparteien äußerst umstritten ist.

In Rechtsprechung und Schrifttum werden daher unterschiedliche Ansätze verfolgt, anhand derer die Zulässigkeit von Betriebsvereinbarungen mit Bezug auf Arbeitskämpfe gemessen wird. Dies sind einmal die Grundsätze des Arbeitskampfes. Hier sind insbesondere die Prinzipien der Parität, der Verhältnismäßigkeit, der staatlichen Neutralität sowie der Gegnerunabhängigkeit zu nennen. Zum anderen wird die Zulässigkeit entsprechender Betriebsvereinbarungen an den Normen des BetrVG gemessen. Hier wird vor allem das Gebot der vertrauensvollen Zusammenarbeit nach § 2 Abs. 1 BetrVG sowie die Beschränkungen nach § 74 BetrVG, wie das zuvor genannte Neutralitätsgebot nach § 74 Abs. 2 BetrVG, zugrunde gelegt. Diese unterschiedlichen Ansätze sind auf ihre Tauglichkeit zu überprüfen.

II. Interessenlage der beteiligten Parteien

Neben der Beachtung etwaiger Vorgaben der betroffenen Rechtsgebiete ist es wichtig, eine interessengerechte Lösung für die hier untersuchte Frage zu finden. Es soll daher zunächst auf die Interessenlage der Beteiligten eingegangen werden. Hierzu sind die Aufgaben der Beteiligten sowie die Grundgedan-

[22] Dies gilt auch hinsichtlich der jüngst erfolgten Änderung des BetrVG 1972 (Bekanntmachung von 25. September 2001, BGBl. I. 2001, S. 2518 ff.).
[23] Vgl. BT-Drucksache VI/1786, S. 33.

ken und Intentionen des Arbeitskampfrechts sowie des Betriebsverfassungsrechts heranzuziehen.

Das Arbeitskampfrecht befasst sich mit kampfartigen Methoden im Arbeitsleben, bei denen die Arbeitnehmer- oder Arbeitgeberseite kollektiven Druck durch Störung der Arbeitsbeziehungen ausübt.[24] Aufgabe des Arbeitskampfrechts ist es, die Zulässigkeit und die Folgen derartiger Kampfmassnahmen zu bestimmen. Im Arbeitskampf wollen die tariffähigen Parteien die Ausgestaltung kollektiver Arbeitsbedingungen erkämpfen. Es geht somit um einen wirtschaftlichen Machtkampf. Die so erkämpften Arbeitsbedingungen werden in Tarifverträgen festgehalten. Naturgemäß werden beide Tarifvertragsparteien – Arbeitgeberseite sowie Arbeitnehmerseite – versuchen, den Tarifkonflikt zu ihren Gunsten zu entscheiden und Regelungen zu vereinbaren, die für ihre Mitglieder günstig sind. Beide Parteien werden das Interesse verfolgen, dem Gegner im Fall einer kampfweisen Auseinandersetzung möglichst stark gegenüber zu stehen, um günstige Arbeitsbedingungen für die eigene Seite zu erkämpfen.

Die Arbeitnehmerseite wird dabei besonderen Wert auf die konkrete Ausgestaltung des Arbeitsverhältnisses wie Lohn, Gehalt und Arbeitszeit legen, während die Arbeitgeberseite besonders auf die Rentabilität des Betriebes, die Erledigung von Kundenaufträgen, die Auslastung von Produktionsmaschinen sowie auf das Mithalten im Wettbewerb achten wird. Damit der Arbeitskampf ein gerechter Weg zur Konfliktlösung zwischen den Tarifparteien bleibt, ist es erforderlich, dass sich gleich starke Partner gegenüberstehen. Ansonsten wäre kein ausgewogenes Erkämpfen der Arbeitsbedingungen für beiden Seiten möglich. Zudem darf keine Partei durch vorher getroffene Vereinbarungen im konkreten Fall eines Kampfes in ihren Handlungsmöglichkeiten so eingeschränkt sein, dass sie hierdurch dem Gegner gegenüber keine wirksamen Mittel mehr entgegensetzen kann.

Neben den vorgenannten Interessen der Tarifparteien sind auch die Interessen der Belegschaft der Betriebe zu beachten, in denen der Arbeitskampf geführt wird bzw. für die ein Arbeitskampf Wirkungen entfaltet. Ausgangspunkt des kollektiven Teils des Arbeitsrechts und damit auch des Betriebsverfassungsgesetzes ist die Unterlegenheit des Arbeitnehmers gegenüber dem Arbeitgeber. Grundanliegen der Betriebsverfassung ist es, den Arbeitnehmern bei betrieblichen Entscheidungen, die ihr tägliches Arbeitsleben grundlegend gestalten, Mitwirkungsbefugnisse zu gewähren.[25] Dem Betriebsrat als Interessenvertreter der Belegschaft kommen daher nach dem Betriebsverfassungsgesetz bestimmte Mitbestimmungsrechte bei betrieblichen Entscheidungen zu.

---

[24] *Zöllner/Loritz*, § 39, Anm. I., S. 437.
[25] *V. Hoyningen-Huene*, Betriebsverfassungsrecht, § 1 III 1, S. 6.

Hierdurch soll die Belegschaft geschützt werden. Die Alleinentscheidungsbefugnis des Arbeitgebers wird eingeschränkt, um Solidarinteressen wahrzunehmen und das Wohl der Arbeitnehmer zu schützen und zu fördern.[26] Im Fall von Arbeitskämpfen haben die Arbeitnehmer ein noch größeres Schutzbedürfnis und daher ein größeres Interesse an Regelungen der Ausgestaltung des Arbeitskampfes durch ihre Interessenvertretung. Um die Arbeitnehmer zu schützen könnten die Betriebsräte versuchen, im Vorfeld eines Arbeitskampfes mit dem Arbeitgeber Regelungen zu treffen, die den Arbeitgeber während des Arbeitskampfes binden. Ihre Interessen werden dahin gehen, so weitgehende Regelungen wie möglich zu treffen.

Die Arbeitgeberseite wird als Argument gegen eine Beteiligung des Betriebsrats einwenden, bei Arbeitskämpfen in ihrer Kampfstärke behindert zu werden. Sie wird auf die Gefahr verweisen, dass sich einzelne Arbeitgeber im Vorfeld eines Arbeitskampfes auf betrieblicher Ebene binden könnten, so dass die Kampfstärke der Arbeitgeberseite als Tarifpartei ausgehöhlt werden könnte. Die Betriebsräte werden dagegen das Argument der Beeinträchtigung des Arbeitskampfes als Möglichkeit der Arbeitgeber ansehen, die ihnen nach dem Betriebsverfassungsgesetz eingeräumten Rechte des Abschlusses von Betriebsvereinbarungen stark zu beschränken.

Andererseits könnte aber auch auf Seiten der Gewerkschaften die Befürchtung bestehen, dass durch eine Bindung auf betrieblicher Ebene ihre Kampfstrategie und damit auch ihre Kampfstärke in Arbeitskämpfen ausgehöhlt werden könnte.

Es besteht somit auf drei Ebenen ein Interessengegensatz: einmal im Verhältnis zwischen Arbeitgeber und Gewerkschaft, zudem zwischen Arbeitgeber und Betriebsrat als Vertreter der Belegschaft und zum Dritten zwischen Gewerkschaft und Betriebsrat. Die Arbeitgeberinteressen stehen einerseits den Interessen der Gewerkschaften und andererseits den Interessen der Betriebsräte gegenüber. Auch die Interessen auf der Arbeitnehmerseite – die der Gewerkschaften und der Betriebsräte – müssen nicht zwangsläufig übereinstimmen. Gewerkschaften und Betriebsräte haben unterschiedliche Funktionen und vertreten nicht dieselbe Klientel.[27] Während sich die Gewerkschaften in erster Linie für die Interessen ihrer Mitglieder interessieren, sind die Betriebsräte Repräsentanten der gesamten Belegschaft ihrer Betriebe, also auch der nicht gewerkschaftlich organisierten Arbeitnehmer und der im Streik Arbeitswilligen.

---

[26] Vgl. *v. Hoyningen-Huene*, Betriebsverfassungsrecht, § 1 III 1 S. 6; *Zöllner/Loritz*, Arbeitsrecht § 44 I, S. 490.
[27] Vgl. oben § 1 Fn. 4.

Dadurch kann es auch zwischen Gewerkschaften und Betriebsräten zu einem Interessenkonflikt kommen.

III. Ziel und Gang der Darstellung

Im *1. Teil* dieser Arbeit werden zunächst die von Rechtsprechung und Schrifttum zur Lösung der hier untersuchten Frage verwendeten Ansätze dargestellt und kritisch gewürdigt. Im Wesentlichen haben sich zwei Argumentationslinien herausgebildet: Einmal wird die arbeitskampfrechtliche Seite als Grundlage genommen; zum anderen wird von der betriebsverfassungsrechtlichen Seite her argumentiert. Ferner wird zum Vergleich auf das bisher häufiger kommentierte Problem der Beteiligungsrechte des Betriebsrats im Arbeitskampf eingegangen.

Im *2. Teil* wird zunächst untersucht, ob und inwieweit das Arbeitskampfrecht dispositiv ist. Bei einer umfassenden Ausgestaltung des Arbeitskampfrechts als zwingendes Recht wären betriebliche Regelungen per se unzulässig. Betriebsvereinbarungen mit dem unterschiedlichsten Inhalt können sich auf zukünftige Arbeitskämpfe auswirken. Daher werden als weitere Grundlage für die folgende Untersuchung die unterschiedlichen möglichen Regelungen einer Betriebsvereinbarung mit Arbeitskampfbezug beleuchtet. Anschließend wird die Zuständigkeit der Betriebsparteien zur Regelung der fraglichen Betriebsvereinbarungen untersucht. Hierzu ist die Reichweite der Regelungs- und Rechtsetzungsbefugnis der Betriebsparteien zu klären. Zudem ist auf die funktionelle Zuständigkeit des Betriebsrats einzugehen. Neben der grundsätzlichen Reichweite der Regelungs- und Rechtsetzungsbefugnis der Betriebsparteien sind deren Grenzen sowie der Vorrang höherrangigen Rechts zu beachten.

Um eine sowohl systematisch saubere als auch interessengerechte Lösung zu finden wird dann untersucht, ob die beiden für die hier untersuchte Frage relevanten Rechtsgebiete des Arbeitskampfrechts und des Betriebsverfassungsrechts Vorgaben für die hier behandelte Frage der Regelung des Arbeitskampfes durch Betriebsvereinbarungen enthalten. So wird im *3. Teil* der Frage nachgegangen, ob das Arbeitskampfrecht Vorgaben für die Zulässigkeit von Regelungen des Arbeitskampfes durch Betriebsvereinbarungen enthält. Fraglich ist, ob durch den Abschluss von Betriebsvereinbarungen mit Arbeitskampfbezug die Grundprinzipien des Arbeitskampfrechts beeinträchtigt werden. In diesem Zusammenhang werden insbesondere das Paritätsgebot, der Grundsatz der Verhältnismäßigkeit, das Gebot der staatlichen Neutralität sowie der Grundsatz der Gegnerunabhängigkeit beleuchtet.

Des Weiteren können sich Vorgaben für die Zulässigkeit der Regelung des Arbeitskampfes durch Betriebsvereinbarungen aus den Grundprinzipien des Betriebsverfassungsrechts ergeben. Inwieweit dies der Fall ist, wird im *4. Teil* dieser Abhandlung untersucht. Auf der Seite des Betriebsverfassungsrechts wird geprüft, ob das BetrVG Vorgaben für die Befugnis des Betriebsrats enthält, entsprechende Regelungen zu vereinbaren. Es werden vor allem die Beschränkungen nach § 74 BetrVG sowie das Gebot der vertrauensvollen Zusammenarbeit gemäß § 2 Abs. 1 BetrVG untersucht.

Sind die sich aus den beiden Rechtsgebieten ergebenden Vorgaben für die betriebliche Regelung von Arbeitskämpfen geklärt, wird im *5. Teil* die Konkurrenz zwischen den Rechtsgebieten beleuchtet. Dabei wird zunächst erörtert, wie die Rechtsgebietskonkurrenz zu behandeln ist. Dementsprechend wird dann untersucht, ob gesetzliche Konkurrenzregeln bestehen und in welchem Rangverhältnis die Rechtsgebiete zueinander stehen. Auf Grundlage der gefundenen Ergebnisse wird anschließend auf die von der Rechtsprechung bisher beurteilten betrieblichen Regelungen mit Arbeitskampfbezug eingegangen.

Die Arbeit schließt mit einer thesenartigen Zusammenstellung der wichtigsten Ergebnisse im *6. Teil.*

1. Teil: Argumentationsansätze

Rechtsprechung und Schrifttum haben sich bisher nur wenig mit der hier untersuchten Frage der Zulässigkeit von Betriebsvereinbarungen mit Auswirkungen auf den Arbeitskampf beschäftigt. Sie haben zu dem Thema insbesondere im Zusammenhang mit Betriebsvereinbarungen über Gleitzeitregelungen sowie über Notstands- und Erhaltungsarbeiten Stellung genommen. Die Bestimmung des Umfangs der Notstands- und Erhaltungsarbeiten und der Auswahl der Arbeitnehmer ist als solche zwar keine Kampfmaßnahme. Sie ist aber eine von den jeweiligen Kampfparteien zu treffende Maßnahme und wird daher von Rechtsprechung und Literatur im Zusammenhang mit der Zulässigkeit von Kampfmaßnahmen diskutiert.

§ 2 Rechtsprechung

Die Rechtsprechung hat bisher nur in wenigen Urteilen zu der Frage der Zulässigkeit von betrieblichen Regelung über den Arbeitskampf Stellung genommen.

I. Betriebsvereinbarungen über Gleitzeitregelungen

In einigen der Rechtsprechung zur Entscheidung gestellten Sachverhalte ging es um die Frage, ob die Betriebsparteien im Rahmen einer Betriebsvereinbarung die Belastung von Gleitzeitkonten mit Ausfallzeiten wegen Streikteilnahme regeln können.

1. LAG Frankfurt a.M., Urteil vom 03.10.1984 (2 Sa 310/84)[1]

Das LAG Frankfurt a.M. hatte in diesem Fall über die Anwendung einer Betriebsvereinbarung über gleitende Arbeitszeit auf Zeiten der Streikteilnahme zu entscheiden. Nach § 3 Ziffer 2 der Betriebsvereinbarung konnten die Arbeitnehmer bis zu zehn Stunden Überschreitung und bis zu 5 Stunden Unterschreitung der Sollstundenzahl auf den nächsten Monat übertragen (Gleitzeitvortrag). Der Kläger, Arbeitnehmer der beklagten Arbeitgeberin, hatte im März 1983 an einem Warnstreik teilgenommen. Zu dieser Zeit konnte er auf dem Gleitzeitkonto ein Zeitguthaben vorweisen. In der Gehaltsabrechnung des Klägers vom April 1983 hatte die Beklagte unter der Bezeichnung „Streik Vormonat" einen der Streikdauer entsprechenden Betrag abgezogen. Der klagende Arbeitnehmer verlangte dagegen eine Verrechnung der Streikausfallzeit gemäß der betrieblichen Gleitzeitvereinbarung.

---

[1] AR-Blattei (D) „Arbeitskampf I": Entsch. 23 = AR-Blattei ES 170.1, Arbeitskampf I. Nr. 23 = DB 1986, 178 f.

Nach der Auffassung des LAG hat der Kläger keinen Anspruch auf Bezahlung der durch die Teilnahme an dem Warnstreik versäumten Arbeitszeit. Der Kläger könne sich nicht auf die Betriebsvereinbarung über gleitende Arbeitszeit berufen, da diese für Zeiten des Arbeitskampfes keine Anwendung finde. Schon eine Auslegung der Betriebsvereinbarung ergebe, dass diese nur Arbeitszeitunterbrechungen erfasse, die sich aus individuellen Wünschen und Bedürfnissen einzelner Arbeitnehmer ergäben. Sie gelte dagegen nicht für Zeiten der Teilnahme an einem Arbeitskampf. Obiter führt das LAG aus, auch generell sei eine Betriebsvereinbarung, welche die Folgen der Teilnahme der von dem Betriebsrat vertretenen Arbeitnehmer an einem Arbeitskampf regele, rechtlich unzulässig. Der Betriebsrat unterliege der Neutralitätspflicht nach § 74 BetrVG. Ferner stünde der Betriebsrat in einem Interessenkonflikt, einerseits aus Arbeitnehmern zu bestehen, die andererseits aber ihr Betriebsratsamt wahrnehmen würden. Auch dieser Konflikt hindere ihn daran, im Falle von Arbeitskampfmassnahmen Mitbestimmungsrechte der Arbeitnehmer wahrzunehmen.

2. BAG, Beschluss vom 30.08.1994 (1 ABR 10/94)[2]

Das BAG hatte in diesem Fall über die Auswirkung einer Betriebsvereinbarung über gleitende Arbeitszeit auf den Arbeitskampf zu entschieden. Die Betriebsparteien hatten eine Betriebsvereinbarung über gleitende Arbeitszeit abgeschlossen, gemäss deren Ziffer 4.3 eine Unterschreitung der Sollzeit bis maximal fünf Stunden monatlich zulässig ist und auf den folgenden Monat übertragen wird. Die Betriebsparteien stritten darüber, ob die beklagte Arbeitgeberin berechtigt war, ihren Arbeitnehmern für Zeiten der Teilnahme an Streiks Abzüge vom Arbeitsentgelt vorzunehmen, obwohl der Stand des Gleitzeitkontos die Belastung mit einem entsprechenden Zeitsoll zuließ.

Das BAG hat den Antrag des Betriebsrats auf Verrechnung zurückgewiesen, da die geschlossene Betriebsvereinbarung über Gleitzeit keine Regelung über Zeiten der Streikteilnahme enthalte.[3] Aus dem Wortlaut der Betriebsvereinbarung und dem Zusammenhang der einschlägigen Bestimmungen ergebe sich, dass diese zur Ermittlung des Gleitzeitkontos von der jeweils *geschuldeten* Arbeitszeit ausgingen und keine ausdrückliche Regelung für Zeiten einer Streikteilnahme enthielten. Da für Zeiten der Beteiligung am Arbeitskampf kein Arbeits-„Soll" bestehe, könnten diese Zeiten auch nicht zur Ermittlung des geschuldeten Arbeitszeitvolumens herangezogen werden, auf dem die Ermittlung des Gleitzeitkontos aufbaue.

---

[2] BGHE, 77, 335 ff. = AP Nr. 132 zu Art. 9 GG - Arbeitskampf = SAE 1996, 323 ff.

[3] BAG, Beschluss vom 30.8.1994, 1 ABR 10/94, E, 77, 335 ff. = AP Nr. 132 zu Art. 9 GG - Arbeitskampf, Bl. 3 = SAE 1996, 323, 325 (unter II. 2. der Gründe).

Auch das BAG hat obiter zu der Frage der grundsätzlichen Zulässigkeit von Betriebsvereinbarungen über Gleitzeitregelungen für Zeiten der Arbeitskampfteilnahme Stellung genommen. Es hat hierzu ausgeführt, dass die betriebliche Vereinbarung der Verrechnung streikbedingter Ausfallzeiten mit Gleitzeitguthaben nicht außerhalb der Regelungsmacht der Betriebspartner liege.[4] Die Grenzen für den zulässigen Regelungsgegenstand einer Betriebsvereinbarung (sowohl einer freiwilligen Betriebsvereinbarung als auch einer im Rahmen der Mitbestimmungsrechte erzwingbaren Betriebsvereinbarung) ergäben sich aus Art. 9 Abs. 3 GG. Die von Art. 9 Abs. 3 GG geschützte Chancengleichheit der Tarifvertragsparteien sei der Verfügung der Betriebspartner entzogen. Eine Bestimmung der hier in Frage stehenden Art führe aber nicht, auch nicht mittelbar, zu einer Beeinträchtigung der Chancengleichheit.[5] Der Arbeitnehmer könne lediglich durch die Leistung zusätzlicher unbezahlter Arbeit die mit der Streikbeteiligung sonst verbundene Einkommensminderung vermeiden, nicht aber eine Vergütung der Ausfallzeit erreichen. Eine solche Rechtsfolge führe nicht zu einer Erhöhung der Streikbereitschaft der Arbeitnehmer und damit zu einer Verstärkung der Streikwirkung. Es sei vielmehr von den Umständen des Einzelfalls abhängig, ob der Arbeitnehmer als Folge seiner Streikbeteiligung eher eine Verrechnung mit Gleitzeitguthaben und damit die Leistung zusätzlicher unbezahlter Arbeit oder Einbußen beim Arbeitsentgelt in Kauf zu nehmen bereit sei.[6] Eine solche betriebliche Regelung bedeute auch nicht, dass der Arbeitskampf von der Arbeitgeberin finanziert werde. Eine derartige betriebliche Regelung sei daher zulässig.

3. BAG, Urteil vom 30.08.1994 (1 AZR 765/93)[7]

Der Parallelentscheidung des BAG vom gleichen Tage lag die spiegelbildliche Fallgestaltung zugrunde: Hier wollte die beklagte Arbeitgeberin bei der klagenden Auszubildenden gerade keine Kürzung der Ausbildungsvergütung vornehmen, sondern die durch die Streikbeteiligung ausgefallene Arbeitszeit mit einem bestehenden Zeitguthaben verrechnen.

Entsprechend den Gründen des vorgenannten Urteils hat das BAG der Klage stattgeben und ausgeführt, die beklagte Arbeitgeberin sei nicht befugt gewesen, wegen der Streikteilnahme der Klägerin Abzüge an deren Gleitzeitgutha-

---

[4] BAG, Beschluss vom 30.8.1994, 1 ABR 10/94, E, 77, 335 ff. = AP Nr. 132 zu Art. 9 GG - Arbeitskampf, Bl. 2 R. = SAE 1996, 323, 325 (unter II.1. b. der Gründe). Das BAG verwendet den Begriff „Chancengleichheit" synonym zu dem Begriff „Parität".

[5] BAG, Beschluss vom 30.8.1994, 1 ABR 10/94, E, 77, 335 ff. = AP Nr. 132 zu Art. 9 GG - Arbeitskampf, Bl. 2 R = SAE 1996, 323, 325 (unter II.1. b. der Gründe).

[6] Kritisch hierzu *Hergenröder*, Anmerkung zu BAG, Urteil vom 30.08.1994 – 1 ABR 10/94, SAE 1996, S. 323 (327f.).

[7] AP Nr. 131 zu Art. 9 GG - Arbeitskampf = NZA 1995, 32 ff. = AR-Blattei ES 810, Gleitende Arbeitszeit, Nr. 2.

ben vorzunehmen. Auch diese Betriebsvereinbarung enthielt nach Ansicht des BAG keine Regelung für Zeitausfall, der sich aus der Teilnahme an einem Arbeitskampf ergibt.[8] Weder aus der fraglichen Bestimmung noch aus anderen Bestimmungen der Betriebsvereinbarung ergäbe sich eine Grundlage für den von der Beklagten vorgenommenen Abzug.

In dieser Entscheidung hat es das BAG jedoch dahinstehen lassen, ob derartige Regelungen von den Betriebspartnern zulässigerweise getroffen werden können.[9] Es hat aber festgestellt, dass die Regelung einer Betriebsvereinbarung über die Frage, ob Streikzeiten im Falle der Gleitzeit vorrangig zu Abzügen vom Gleitzeitguthaben oder unabhängig von dessen Bestehen zu Entgeltabzügen führen sollen, kaum geeignet seien die Wirkung eines Streiks zu erhöhen oder abzuschwächen. Vielmehr hänge es von den Umständen des Einzelfalles ab, - besonders von der finanziellen Lage des Arbeitnehmers und von seinen zeitlichen Verpflichtungen außerhalb der Arbeitszeit - ob er als Folge seiner Streikbeteiligung eher eine Verrechnung mit Gleitzeitguthaben oder Einbußen beim Arbeitsentgelt in Kauf zu nehmen bereit sei.[10]

II. Betriebsvereinbarungen über Notstands- und Erhaltungsarbeiten

Des Weiteren hat die Rechtsprechung zu der Frage der Zulässigkeit der Regelung von Notstands- und Erhaltungsmaßnahmen durch Betriebsvereinbarungen Stellung genommen. Insgesamt gibt es nur wenige Gerichtsentscheidungen über Erhaltungsarbeiten, da diese für alle am Arbeitskampf beteiligen Parteien von großer Bedeutung sind. Sowohl Arbeitnehmer- als auch Arbeitgeberseite haben daher ein Interesse, den Komplex der Erhaltungsarbeiten möglichst einvernehmlich zu handhaben.[11]

1. BVerfG, Beschluss vom 19.02.1975 (1 BvR 418/71)[12]

Das BVerfG hat in dieser Entscheidung des Jahres 1975 hervorgehoben, dass die Funktionsfähigkeit des Betriebsrats während des Arbeitskampfes unter anderem deshalb im Interesse des Arbeitgebers liege, da hierdurch Regelungen

[8] BAG, Urteil vom 30.8.1994, 1 AZR 765/93, AP Nr. 131 zu Art. 9 GG - Arbeitskampf, Bl. 2 R = NZA 1995, 32, 33 (unter II. der Gründe).
[9] BAG, Urteil vom 30.8.1994, 1 AZR 765/93, AP Nr. 131 zu Art. 9 GG - Arbeitskampf, Bl. 4 = NZA 1995, 32, 33 (unter III. der Gründe).
[10] Kritisch hierzu *Hergenröder*, Anm. zu BAG, Urteil vom 30.08.1994 – 1 ABR 10/94, SAE 1996, S. 323 (327f.).
[11] Vgl. insoweit auch *Fenn,* Anm. zu LAG Frankfurt a.M. Urteil vom 22.4.1969 – 5 Sa 627/68, SAE 1970, 185, 189.
[12] BVerfGE 38, 386 ff. = AP Nr. 50 zu Art. 9 GG Arbeitskampf.

über die Durchführung von Erhaltungsarbeiten erleichtert würden.[13] Hieraus ergibt sich, dass das BVerfG Vereinbarungen der Betriebsparteien über Erhaltungsarbeiten zumindest grundsätzlich für zulässig hält. Konkrete Ausführungen zu diesem Thema hat das BVerfG bisher jedoch nicht gemacht.

2. BAG GS, Beschluss vom 21.04.1971 (GS 1/68)[14]

Auch der Große Senat des BAG hat betont, dass gerade während des Arbeitskampfes die Fortsetzung der Tätigkeit des Betriebsrats im allgemeinen Interesse und nicht zuletzt auch im Interesse des Arbeitgebers liegt, beispielsweise bei der Aufrechterhaltung der betrieblichen Ordnung und der etwaigen Vereinbarung eines Notdienstes.[15]

3. BAG, Urteil vom 14.02.1978 (1 AZR 154/76)[16]

Der 1. Senat des BAG hat in diesem Urteil auf die vorgenannte Entscheidung des Großen Senates Bezug genommen und sich dessen Ausführungen angeschlossen, nach denen die Fortsetzung der Tätigkeit des Betriebsrats während eines Arbeitskampfes auch im Interesse des Arbeitgebers liege, z.B. um Vereinbarungen über einen Notdienst abzuschließen.[17] Nach Ansicht des Senates könne man sich von einer Regelung der Erhaltungsarbeiten auf betrieblicher Ebene praktikable und betriebsnahe Lösungen versprechen. Eine konkrete Aussage, inwieweit es entsprechende Betriebsvereinbarungen für zulässig hält, hat das BAG jedoch bisher nicht gemacht.

4. LAG Frankfurt a. M., Urteil vom 22.04.1969 (5 Sa 627/68)[18]

Das LAG Frankfurt a.M. hatte in dieser Entscheidung über die Frage der Geltung eines Maßregelungsverbots auch für Verletzungen der Pflicht zu Notar-

---

[13] BVerfG, Beschluss vom 19.02.1975 - 1 BvR 418/71, BVerfGE 38, 386 (395 f.) = AP Nr. 50 zu Art. 9 GG - Arbeitskampf, Bl. 4.

[14] BAGE 23, 292 ff. = AP Nr. 43 zu Art. 9 GG – Arbeitskampf.

[15] BAG GS, Beschluss vom 21.04.1971 – GS 1/68, BAGE 23, 292, 313 = AP Nr. 43 zu Art. 9 GG – Arbeitskampf, unter Teil III, C 5 der Gründe); vgl. auch BAG, Urteil vom 06.03.1979 – 1 AZR 866/77, AP Nr. 20 zu § 102 BetrVG, Bl. 2.

[16] BAGE 30, 86 ff. = AP Nr. 57 zu Art. 9 GG Arbeitskampf.

[17] BAG, Urteil vom 14.02.1978, E 30, 86 ff. = AP Nr. 57 zu Art. 9 GG Arbeitskampf, Bl. 2 R; Dagegen hat das BAG hat die Frage ob und wieweit eine Beteiligung des Betriebsrats bei der Organisation und der Durchführung von Erhaltungsarbeiten zulässig ist offengelassen in BAG, Urteil vom 30.3.82 – 1 AZR 265/80, E 38, 207 ff. = AP Nr. 74 zu Art. 9 GG Arbeitskampf.

[18] LAG Frankfurt, Urteil vom 22.4.1969 – 5 Sa 627/68, AP Nr. 40 zu Art. 9 GG - Arbeitskampf (unter 2.a.E. der Gründe, Bl. 4) = DB 1970, 933 f.

beiten[19] zu entscheiden. Es hat sich dabei dafür ausgesprochen, die Organisation der Notarbeiten zu institutionalisieren.[20] Dies könne durch Gesetz, Tarifvertrag oder Betriebsvereinbarung geschehen.[21] Nach Ansicht des LAG müsse jedem Betrieb die Verpflichtung auferlegt werden, Vorsorge für die Organisation der Notarbeiten im Falle eines drohenden Arbeitskampfes zu treffen. Der Umfang der zu erbringenden Notarbeiten könnte von vornherein in einer Betriebsvereinbarung festgelegt werden. Eine nähere Differenzierung, unter welchen Voraussetzungen und in welchem Umfang dies zulässig sei, hat das LAG aber nicht vorgenommen.

5. LAG Niedersachsen, Urteil vom 01.02.1980 (10 Sa 110/79)[22]

Das LAG Niedersachsen hatte über die Rechtmäßigkeit einer einseitigen Bestellung der Notdienstmitarbeiter durch den Arbeitgeber zu entscheiden. Der Betriebsrat hatte dieser Bestellung zugestimmt. Die im Betrieb vertretene Gewerkschaft hielt diese Bestellung jedoch für rechtswidrig und begehrte unter anderem die Feststellung, dass die Vereinbarung zwischen der Arbeitgeberin und dem Betriebsrat über die Notdienstarbeiten unwirksam sei.

Das LAG Niedersachsen hat in dem Urteil ausgeführt, dass die den Kampf führende Gewerkschaft und der betroffene Arbeitgeber bei der Organisation des Notdienstes für den Streikfall zusammenarbeiten müssten. Grundsätzlich verfolgten die Arbeitskampfparteien auch bei Festlegung von Art und Umfang der Erhaltungsarbeiten gegenläufige Interessen. Die Frage müsse daher durch eine Einigung der Verbände bzw. der Gewerkschaft und der einzelnen Arbeitgeber geregelt werden.[23] Das LAG hat dabei die Ansicht vertreten, dass der Betriebsrat bei der Organisation des Notdienstes nicht eigenständig mitwirken könne, da er gemäß § 74 Abs. 2 BetrVG nicht als Organ am Arbeitskampf teilnehmen dürfe.[24] Ein Tätigwerden des Betriebsrates komme lediglich, falls vom Arbeitgeber gewünscht, zur Unterstützung der Gewerkschaft oder zur näheren Ausgestaltung einer eventuellen tariflichen Regelung einschließlich einer Öff-

---

[19] Der Begriff „Notarbeiten“ wird vom LAG synonym zu dem Begriff „Erhaltungsarbeiten“ verwendet; vgl. zu den Begrifflichkeiten auch *Herschel*, Anm. zum vorgenannten Urteil, AuR 1970, S. 349 , 352.

[20] LAG Frankfurt, Urteil vom 22.4.1969, AP Nr. 40 zu Art. 9 GG - Arbeitskampf (unter 2.a.E. der Gründe).

[21] LAG Frankfurt, Urteil vom 22.4.1969, AP Nr. 40 zu Art. 9 GG - Arbeitskampf (unter 2.a.E. der Gründe).

[22] LAG Niedersachsen, Urteil vom 1.2.1980, AP Nr. 69 zu Art. 9 GG – Arbeitskampf = NJW 1980, 2487 f.

[23] Vgl. dagegen zu den Kontroversen der beiden Sozialpartner, u.a. *Löwisch/Mikosch*, ZfA 1978, 153, 153-155 mit Darstellung einiger innerverbandlicher Richtlinien über Erhaltungsarbeiten.

[24] LAG Niedersachsen, Urteil vom 1.2.1980, AP Nr. 69 zu Art. 9 GG – Arbeitskampf (unter II. der Gründe, Bl. 956 f.).

nungsklausel gemäß § 77 Abs. 3 Satz 2 BetrVG wegen dessen genauen Kenntnis von den betrieblichen Gegebenheiten in Betracht.

III. Betriebsvereinbarungen über Anwesenheitsprämien

Zudem hatte die Rechtsprechung über die Geltung einer Betriebsvereinbarung über Anwesenheitsprämien auch für Zeiten einer Streikteilnahme zu entscheiden.

1. BAG, Urteil vom 31.10.1995 (1 AZR 217/95)[25]

In diesem Fall ging es um die Streichung einer betrieblichen Anwesenheitsprämie: Das BAG hatte über eine betriebliche Regelung zu entscheiden, nach der eine monatliche Anwesenheitsprämie an alle Arbeitnehmer gezahlt wird, die während des Kalendermonats keine Arbeitsausfallzeiten aufweisen, die mit entsprechender Lohnminderung verbunden sind oder auf Krankheit beruhen. Der klagende Arbeitnehmer beteiligte sich an einem Tag im Mai 1992 an einem rechtmäßigen Streik und wurde danach von der beklagten Arbeitgeberin ausgesperrt. Die Beklagte verweigerte daraufhin u.a. die Zahlung der Anwesenheitsprämie für den Monat Mai.

Nach Ansicht des BAG hat der Kläger keinen Anspruch auf Zahlung der Anwesenheitsprämie. Er habe die Voraussetzungen der Anwesenheitsprämie nicht erfüllt, da durch seine Streikteilnahme Arbeit ausgefallen und der entsprechende Lohnanspruch nicht entstanden sei. Als Begründung führt das BAG aus, es gäbe keinen Anhaltspunkt dafür, dass die in der Prämienregelung enthaltenen Anspruchsvoraussetzungen den Zweck hätten, die Streikbereitschaft zu beeinflussen.[26] Eine von dem Kläger vorgetragene Maßregelung gemäss § 612 a BGB liege daher nicht vor.[27]

2. LAG Nürnberg, Urteil vom 06.02.1995 (7 Sa 785/93)[28]

Das LAG Nürnberg hatte die vorgenannte durch das BAG entschiedene Klage bereits in der Berufung abgewiesen. Das LAG hat hierzu ausgeführt, dass eine spezifische Maßregelung der Beteiligten nicht vorliege, da die Prämie bei jeder

---

[25] BAGE 81, 213 ff. = AP Nr. 140 zu Art. 9 GG – Arbeitskampf = EzA Nr. 123 zu Art. 9 GG – Arbeitskampf.

[26] BAG, Urteil vom 31.10.1995 – 1 AZR 217/95, BAGE 81, 213 ff. = AP Nr. 140 zu Art. 9 GG – Arbeitskampf, Bl. 3 R. unter II.1 der Gründe.

[27] Vgl. zu Kürzungen *tariflich* geregelter Jahressonderzuwendungen wegen Teilnahme an einem Streik neuerdings auch BAG, Urteil vom 03.08.1999 – 1 AZR 735/98, NZA 2000, 487 ff.

[28] LAGE Nr. 56 zu Art. 9 GG – Arbeitskampf.

Unterschreitung der Sollgröße entfalle. Gegen den Gleichbehandlungsgrundsatz werde nicht verstoßen, da der Zweck, die Fehlzeiten gering zu halten, sachlich gerechtfertigt sei.

IV. Betriebsvereinbarungen über Maßregelungsverbote

- LAG Frankfurt a.M., Urteil vom 03.10.1984 (2 Sa 310/84)[29]

Das LAG Frankfurt a.M. hat in dem oben dargestellten Urteil[30] obiter zu der generellen Zulässigkeit der Regelung von Maßregelungsverboten[31] durch Betriebsvereinbarungen Stellung genommen.

Das LAG hat in dem Urteil über gleitende Arbeitszeiten obiter ausgeführt, auch generell sei eine Betriebsvereinbarung, welche die Folgen der Teilnahme der von dem Betriebsrat vertretenen Arbeitnehmer an einem Arbeitskampf regele, rechtlich unzulässig.

---

[29] AR-Blattei (D) „Arbeitskampf I": Entsch. 23 = AR-Blattei ES 170.1, Arbeitskampf I. Nr. 23 = DB 1986, 178 f.

[30] Siehe unter § 2 I. 1.

[31] Maßregelungsverbote sollen die an einem Arbeitskampf beteiligten Arbeitnehmer nach dem Arbeitskampf vor Sanktionen durch den Arbeitgeber schützen. Sie regeln die Folgen der Teilnahme der Arbeitnehmer an einem Arbeitskampf. Inhaltlich sind dabei verschiedene Gestaltungen wie die Regelung der Schadensersatzansprüche des Arbeitgebers, die Regelung anderer Sanktionen wie Kündigungen, Abmahnungen oder Betriebsbußen, oder die Regelung des Annahmeverzugslohns der Arbeitnehmer denkbar.

§ 3 Schrifttum

Auch das Schrifttum hat sich zu der Frage der Zulässigkeit der Regelung des Arbeitskampfes bisher hauptsächlich in Bezug auf Notstands- und Erhaltungsarbeiten geäußert. Des Weiteren haben die oben genannten Urteile über Gleitzeitvereinbarungen zu Reaktionen im Schrifttum geführt.

I. Generelle Unzulässigkeit einer betrieblichen Regelung

Die überwiegende Auffassung im Schrifttum geht dahin, dass Betriebsvereinbarungen mit Arbeitskampfbezug nicht zulässig seien.[1] Dies gelte auch für freiwillige Betriebsvereinbarungen. Die Begründungen hierfür sind nicht einheitlich. Grundsätzlich werden auch im Schrifttum die beiden Ansätze einmal des Arbeitskampfrechts und zum anderen des Betriebsverfassungsrechts als Begründung für die Unzulässigkeit angeführt. Teilweise verweisen die Autoren jedoch auch auf die Möglichkeit, dass die Tarifpartner den Betriebsparteien die Kompetenz zur Regelung des Arbeitskampfes im Tarifvertrag einräumen können.[2]

1. Verstoß gegen den Grundsatz der Parität

Diejenigen Autoren, welche die Zulässigkeit entsprechender Betriebsvereinbarungen am Arbeitskampfrecht messen, verweisen darauf, dass eine Mitgestaltung des Arbeitskampfes durch den Betriebsrat gegen den Grundsatz der Parität verstoße.[3] Dabei wird als Begründung beispielsweise auf „erhebliche verfassungsrechtliche Bedenken"[4] oder die mangelnde Geltung des Art. 9 Abs. 3

---

[1] *H/S/G-Hess*, BetrVG, § 74, Rn. 24 (mit Verweis auf LAG Frankfurt a.M. vom 03.10.1984 –2 Sa 310/84, DB 1986, 178 f.); für Erhaltungsarbeiten: *Däubler*, AuR 1981, 257, 264; *Däubler-Schumann*, Arbeitskampfrecht, Rn. 230; *Löwisch/Mikosch*, ZfA 1978, 153, 175; *Kittner*, Anm. zu BVerfG, Beschluss vom 19.02.1975 – 1 BvR 418/71, AP Nr. 50 Art. 9 GG – Arbeitskampf, Bl. 4 R, 6; *Lauschke*, Notarbeiten, S. 47; *Buschmann*, AuR 1980, 230, 233; *Hromadka*, Anm. zu BAG, Urteil vom 30.03.1982 – 1 AZR 265/80, SAE 1983, 59, 60 mit einem Überblick zum Meinungsstand; *Leinemann*, DB 1971, 2309, 2315; *G. Müller*, RdA 1982, 86, 97; *Heckelmann*, Erhaltungsarbeiten, S. 26f.; *Herbst*, AiB 1987, 4, 5.

[2] Für Erhaltungsarbeiten: *Löwisch/Mikosch*, ZfA 1978, 153, 175; *Gamillscheg*, Kollektives Arbeitsrecht Bd. 1, S. 1172; *Wiese*, NZA 1984, 378, 382.

[3] Für Erhaltungsarbeiten: *Löwisch*, AR-Blattei ES 170.2 Nr. 40 (Bl. 5 ff., 57, Rn. 229 f.); vgl. auch *Däubler-Schumann*, Arbeitskampfrecht, Rn. 230 mit Verweis auch auf § 74 Abs. 2 BetrVG; *Brox/Rüthers-Brox*, Arbeitskampfrecht, Rn. 441; *Oetker*, Erhaltungsarbeiten, S. 90; *Hergenröder* sieht unter dem Gesichtspunkt des Art. 9 Abs. 3 GG zumindest erhebliche Bedenken: Anmerkungen zu BAG, Urteil vom 30.08.1994 – 1 ABR 10/94, SAE, 1996, 323, 328.

[4] *Buschmann*, AuR 1980, 230.

GG für den Betriebsrat[5] verwiesen. Zudem wird eingewendet, der Betriebsrat könne nicht in die Funktionsgrundlagen des Arbeitskampfsystems eingreifen.[6]

2. Verstoß gegen die Regelungen des § 74 Abs. 2 BetrVG

Diejenigen Autoren, welche die Vorgaben des Betriebsverfassungsrechtes heranziehen, stützen sich insbesondere auf die Pflicht des Betriebsrats zur Neutralität aus § 74 Abs. 2 BetrVG.[7] Nach dieser Auffassung darf der Betriebsrat keine Regelungen mit Arbeitskampfbezug treffen, da er wegen § 74 Abs. 2 BetrVG nicht als eigenständiges Organ am Arbeitskampf teilnehmen dürfe. Dogmatisch wird dabei entweder auf das in § 74 Abs. 2 Satz 1 BetrVG statuierte Arbeitskampfverbot abgestellt[8] oder hieraus eine Neutralitätspflicht des Betriebsrats abgeleitet[9]. Häufig wird auch nur pauschal auf § 74 Abs. 2 BetrVG verwiesen, ohne eine genaue Grundlage anzugeben.

3. Verstoß gegen die funktionelle Zuständigkeit des Betriebsrats

Nach anderer Ansicht ist die Regelung des Arbeitskampfes durch Betriebsvereinbarungen nicht zulässig, da sich die funktionelle Zuständigkeit der Betriebspartner nicht auf die Arbeitskampfordnung erstrecke.[10] Die Auslegung

---

[5] *Däubler-Schumann*, Arbeitskampfrecht, Rn. 230; Däubler AuR 1981, 257, 264.

[6] *Löwisch-Löwisch/Rieble*, Arbeitskampf und Schlichtungsrecht, SD 170.1, Rn. 131.

[7] Vgl. *Heinze* Personalplanung Rn. 156 f.; 433 f.; 721; *Kraft*, FS für G. Müller, S. 265, 270 f.; *Schulin*, Mitbestimmung, S. 201; *Dietz*, Friedenspflicht, S. 131 ff. Für Erhaltungsarbeiten: *Däubler* AuR 1981, 257, 264; *Däubler-Schumann*, Arbeitskampfrecht Rz. 230; *G. Müller*, RdA 1982, 86, 97; *Buschmann*, AuR 1980, 230, 233; GK-*BetrVG-Thiele* (3. Aufl.), § 74 Anm. 45; *Galperin/Löwisch*, BetrVG, § 74, Rn. 13d.; F/K/H/E, BetrVG, § 74 Rn. 22 für freiwillige Betriebsvereinbarungen über Art und Umfang des Notdienstes; so auch *Buschmann*, AuR 1980, 230, 233 (ohne Angabe einer Norm); *Däubler*, AuR 1981, 257, 264 (mit Verweis auf §§ 2 Abs. 3 und 74 Abs. 2 Satz 1 BetrVG); wohl auch *Löwisch/Mikosch*, ZfA 1978, 153, 174 f.; *H/S/G-Hess*, BetrVG, § 74 Rn. 24 mit Bezug auf LAG Frankfurt a.M., Urteil vom 03.10.1984 – 2 Sa 319/84, AR-Blattei, (D) „Arbeitskampf I": Entsch. 23 = DB 1986, 178; *Heckelmann*, Erhaltungsarbeiten, S. 27; zu Betriebsvereinbarungen über Arbeitskampfmaßnahmen insgesamt ähnlich *Reuß* AuR 1975, 1, 13, der aber eine Klarstellung bestimmter Rechte und Pflichten durch Betriebsvereinbarungen für zulässig hält; einschränkend: *Wiese*, NZA 1984, S. 378, 382 f.

[8] Vgl. *Heinze* DB 1982, Beilage 23, S. 1, 4 ff.

[9] *H/S/G-Hess*, BetrVG, § 74, Rn. 24; *Wiese* NZA 1984, 380 f.; *Gamillscheg*, Kollektives Arbeitsrecht, Bd. 1, S. 966.

[10] Für Erhaltungsarbeiten: *Löwisch/Mikosch*, ZfA 1978, 153, 175; *Galperin/Löwisch*, BetrVG § 74 Rz. 13 d; *Gnade/Kehrmann/Schneider/Klebe*, BetrVG, § 74 Rn. 2; Buschmann AuR 1980, 230; 233; Herbst AiB 1987, 4, 5; ähnlich *Löwisch-Löwisch/Krauß*, Arbeitskampf- und Schlichtungsrecht, 170.3.1, Rz. 96, mit Verweis auf § 77 Abs. 3 BetrVG; kritisch gegen diesen Ansatz *Kraus*, Erhaltungsarbeiten, S. 151. Eine grundsätzliche Regelungskompetenz für Erhaltungsarbeiten wird hingegen bejaht von: *Herschel*, AuR 1970, 352, 352 (mit Verweis auf § 56 Abs. 1 Buchst. f BetrVG 1952); *Wiese*, NZA 1984, 382 (mit Verweis auf § 88 BetrVG 1972); *Schmidt*, DB 1978, 1278, 1278; *Hiersemann*, BB 1966,

der Bestimmungen der Betriebsverfassung müsse die funktionelle Zuständigkeit des Betriebsrates berücksichtigen.

II. Zulässigkeit einer betrieblichen Regelung durch freiwillige Betriebsvereinbarungen

Eine andere Ansicht im arbeitsrechtlichen Schrifttum unterscheidet im Hinblick auf die Zulässigkeit von Betriebsvereinbarungen mit Arbeitskampfbezug zwischen freiwilligen und erzwingbaren Betriebsvereinbarungen.[11]

Nach dieser Ansicht verstößt der Betriebsrat zwar gegen seine Neutralitätspflicht aus § 74 Abs. 2 BetrVG, wenn er eine Betriebsvereinbarung in mitbestimmungspflichtigen Angelegenheiten erzwingen wolle.[12] Es liege jedoch kein Verstoß gegen die Neutralitätspflicht des Betriebsrats gemäß § 74 Abs. 2 Satz 1 BetrVG vor, wenn die Betriebsparteien eine freiwillige Betriebsvereinbarung gemäß § 88 BetrVG abschließen.[13] Seien sich Arbeitgeber und Betriebsrat darüber einig, dass und wie sie Arbeitskampffolgen für die Arbeitsverhältnisse auffangen, so könne sie § 74 Abs. 2 BetrVG nicht am Abschluss entsprechender Betriebsvereinbarungen hindern. Der dem Arbeitgeber geltende Schutzbereich der Norm stehe in diesem Fall nicht in Frage. Bei dem Abschluss freiwilliger Betriebsvereinbarungen liege kein Eingriff zum Nachteil des Arbeitgebers vor – volenti non fit iniuria. Des Weiteren wird darauf verwiesen, dass § 74 Abs. 2 BetrVG den Betriebspartnern nicht generell eine Beteiligung am Arbeitskampf, sondern Kampfmaßnahmen gegeneinander verbiete.[14] Es sei aber nicht ersichtlich, inwiefern der Betriebsrat bei einer freiwilligen Regelung mit dem Arbeitgeber den Arbeitskampf der Gewerkschaft durch zusätzliche

---

252, 254. Ein erzwingbares Mitbestimmungsrecht für die Auswahl der Arbeitnehmer nimmt an: *Schaub*, Arbeitsrechts-Handbuch, § 194 V 3 m.w.N.

[11] In Bezug auf betriebliche Gleitzeitregelungen: *Löwisch*, Anmerkung zum Urteil LAG Frankfurt am Main vom 03.10.1994 – 2 Sa 310/84, AR-Blattei [D] Arbeitskampf I Entsch. 23 (verneinend dagegen für Erhaltungsarbeiten); in Bezug auf betriebliche Maßregelungsverbote: *Löwisch-Löwisch/Krauß*, Arbeitskampf- und Schlichtungsrecht, SD 170.3.1, Rn. 96 (ausdrücklich entgegen LAG Frankfurt a.M., Urteil vom 3.10.1984 – 2 Sa 310/84, AR-Blattei, (D) „Arbeitskampf I": Entsch. 23); in Bezug auf Erhaltungsarbeiten: *Gamillscheg*, Kollektives Arbeitsrecht, Bd. 1, S. 1172; GK-*Kreutz*, BetrVG, § 74 Rn. 70; *Apfel*, Sicherung S. 118 ff.; *Wiese*, NZA 1984, 378, 382 (mit weiterer Differenzierung zwischen Kampfmaßnahmen des Arbeitgebers und der Gewerkschaft); *Oetker*, Not- und Erhaltungsarbeiten S. 87 ff.; *Brox/Rüthers-Brox*, Arbeitskampfrecht, Rn. 293; a.A.: in Bezug auf Notdienstarbeiten: *Däubler*, AuR 81, 257; *D/K/K-Berg*, BetrVG, § 74, Rn. 21 a m.w.N.; *Buschmann* AuR 80, 233; *Löwisch/Mikosch*, ZfA 78, 153, 175.

[12] In Bezug auf Gleitzeitregelungen: *Löwisch*, Anmerkung zum Urteil LAG Frankfurt a.M. vom 03.10.1994 – 2 Sa 310/84, AR-Blattei [D] Arbeitskampf I Entsch. 23.

[13] *Löwisch*, Anmerkung zu BAG, Beschluss vom 10.08.1994 – 1 ABR 10/94, AR-Blattei ES 170.2 Nr. 40 Arbeitskampf II, Bl. 5; *Löwisch*, Anmerkung LAG Frankfurt a.M. vom 03.10.1984 – 2 Sa 310/84, AR-Blattei D, Arbeitskampf I: Entscheidung 23.

[14] In Bezug auf Erhaltungsarbeiten: GK-*Kreutz*, BetrVG, § 74 Rn. 70.

Druckausübung unterstütze, also Arbeitskampfmaßnahmen gegen den Arbeitgeber führe.

Teilweise wird aber als Voraussetzung für die Zulässigkeit freiwilliger Betriebsvereinbarungen angenommen, dass diese Vereinbarungen nicht in die wesentlichen Elemente eines funktionierenden Arbeitskampfsystems eingreifen.[15] Zu diesen wesentlichen Elementen gehöre vor allem die Kampfparität. Eine Feinabstimmung der Kampfmittel, ihrer Zulässigkeit und ihrer Folgen durch die Betriebsparteien sei dagegen durch freiwillige Betriebsvereinbarungen möglich.[16] Von einer Feinabstimmung könne in Bezug auf Gleitzeitfragen gesprochen werden, solange nur die in dem betroffenen Betrieb auch sonst praktizierten Ausgleichs- und Nacharbeitsmöglichkeiten auf streik- oder aussperrungsbedingte Ausfallzeiten erstreckt würden. Auch ein Wahlrecht zwischen der Belastung des Gleitzeitkontos mit Arbeitskampfzeiten und entsprechenden Entgeltabzügen würde diese Grenze noch nicht überschreiten.

III. Generelle Zulässigkeit einer betrieblichen Regelung

Einige Autoren vertreten schließlich insbesondere im Hinblick auf Notstands- und Erhaltungsarbeiten die Auffassung, dass in Betriebsvereinbarungen generell Fragen des Arbeitskampfes geregelt werden könnten.[17]

---

[15] *Löwisch*, Anmerkung zu BAG, Beschluss vom 10.08.1994 – 1 ABR 10/94, AR-Blattei ES 170.2 Nr. 40 Arbeitskampf II, Bl. 5; *Löwisch-Löwisch/Rieble*, Arbeitskampf und Schlichtungsrecht, 170.1, Rn. 131.

[16] *Löwisch-Löwisch/Rieble*, Arbeitskampf und Schlichtungsrecht, 170.1, Rn. 131.

[17] In Bezug auf Erhaltungsarbeiten: *Hiersemann*, BB 1966, 252, 254; *Schmidt*, DB 1978, 1278, 1278 (der aus § 2 Abs. 1 BetrVG eine Mitwirkungspflicht herleitet); Vgl. auch *Schaub*, Arbeitsrechts-Handbuch, § 194 V 3 (der dem Betriebsrat ein erzwingbares Mitbestimmungsrecht zubilligt).

§ 4 Folgerungen aus den Argumenten zu der verwandten Frage der Beteiligungsrechte des Betriebsrats *im* Arbeitskampf

Im Gegensatz zu der in dieser Arbeit untersuchten Frage hat es zu dem Problem der Beteiligungsrechte des Betriebsrats *im* Arbeitskampf viele Stellungnahmen des Schrifttums gegeben. Ferner sind in der Rechtsprechung mehrere Entscheidungen zu diesem Thema ergangen. Dabei will die überwiegende Meinung die Mitbestimmungsrechte des Betriebsrats bei arbeitskampfbedingten Maßnahmen des Arbeitgebers zwar nicht gänzlich ausschließen, aber einschränken.[1] Die Begründung dieser Einschränkung ist Gegenstand einer „extremen rechtswissenschaftlichen Kontroverse".[2]

I. Rechtsprechung

Zum Teil wird die Einschränkung von Mitbestimmungsrechten des Betriebsrats im Arbeitskampf generell abgelehnt.[3]

Das BAG[4] geht dagegen in seiner ständigen Rechtsprechung von einer Einschränkung des Mitbestimmungsrechts im Arbeitskampf aus. Die Begründungen hierfür waren allerdings nicht einheitlich. Zunächst hat das BAG darauf abgestellt, dass der Betriebsrat zur Ausübung der Mitbestimmung während des Arbeitskampfes nicht in der Lage[5] beziehungsweise „überfordert"[6] sei. Als weiteres Argument hat der 1. Senat des BAG die Kampfparität zugrunde gelegt.[7] Er hat die Einschränkung aus einer arbeitskampfkonformen Auslegung der einzelnen Beteiligungsrechte hergeleitet, um so die für die grundgesetzlich garantierte Tarifautonomie erforderliche Kampfparität zu gewährleisten. Hiernach müssen die Mitbestimmungsrechte des Betriebsrats weichen, wenn und soweit sie geeignet seien, die Kampfparität des Arbeitgebers zu beeinflussen. Es müsse im Prinzip sichergestellt sein, dass nicht eine Tarifvertragspartei der

---

[1] Vgl. Aufstellung bei *Jahn*, Beteiligung, S. 16.

[2] Vgl. *Jahn*, Beteiligung, S. 16 mit Verweis auf *Kissel*, NZA 1989, 82.

[3] LAG Hamm, Beschluss vom 03.11.1978 – 3 Ta BV 96/78, DB 1979, 216 ff.; LAG Bremen, Urteil vom 09.02.1989 – Sa 238-239/86, AiB 89, 316.

[4] Vgl. BAG, Beschluss vom 30.8.1994 - 1 ABR 10/94, AP Nr. 132 zu Art. 9 GG – Arbeitskampf, Bl. 2 unter II.1.a. m.w.N..

[5] In Bezug auf die personelle Mitbestimmung, BAG, Urteil vom 26.10.1971 – 1 AZR 113/68, AP Nr. 44 Art. 9 GG – Arbeitskampf, Bl. 8 R.

[6] BAG, Urteil vom 14.02.1978 – 1 AZR 54/76, AP Nr. 57 Art. 9 GG Arbeitskampf Bl. 3; BAG vom 14.02.1978 AP Nr. 58 Art. 9 GG Arbeitskampf Bl. 5 R.

[7] BAG, Beschluss vom 24.04.1979 – 1 ABR 43/77, AP Nr. 63 Art. 9 GG Arbeitskampf Bl. 3 R; BAG, Urteil vom 06.03.1979 – 1 AZR 866/77, AP Nr. 20 zu § 102 BetrVG, Bl. 2; vgl. auch BAG vom 24.04.1979 und vom 22.12.1980, AP Nr. 57, 58, 70 und 71 zu Art. 9 GG - Arbeitskampf; BAG, Beschluss vom 16.12.1986 – 1 ABR 35/85, AP Nr. 13 zu § 87 BetrVG 1982, Ordnung des Betriebes, Bl. 4 f.; BAG, Beschluss vom 24.04.1979 – 1 ABR 43/77, AP Nr. 63 zu Art. 9 GG – Arbeitskampf, unter B. II. 2., Bl. 3 f. m.w.N.

anderen von vornherein ihren Willen aufzwingen kann. Vielmehr müssten annähernd gleiche Verhandlungschancen garantiert werden.

Demzufolge bedarf es nach der Auffassung des BAG keiner Einschränkung der Beteiligungsrechte des Betriebsrats bei Maßnahmen des Arbeitgebers, die zwar während des Kampfgeschehens getroffen werden, mit der Kampfabwehr aber nichts zu tun haben und keine Wirkungen auf das Kampfgeschehen entfalten.[8] Dagegen seien die Beteiligungsrechte des Betriebsrats auch hinsichtlich solcher Maßnahmen ausgeschlossen, bei denen die Gefahr bestünde, dass der Betriebsrat „zum Nachteil des Arbeitgebers in das Kampfgeschehen eingreift", auch wenn diese nicht selbst Arbeitskampfmassnahmen seien.[9]

Teilweise ist in der Rechtsprechung auch die Neutralitätspflicht des Betriebsrats zur Begründung der Suspendierung von Beteiligungsrechten des Betriebsrats im Arbeitskampf herangezogen worden.[10]

II. Schrifttum

Im Schrifttum ist umstritten, ob, unter welchen Voraussetzungen und in welchem Umfang die Beteiligungsrechte des Betriebsrates während eines Arbeitskampfes eingeschränkt sind.

---

[8] Vgl. BAG, Urteil vom 26.10.1971 – 1 AZR 113/68, AP Nr. 44 zu Art. 9 GG – Arbeitskampf, unter A III 1 der Gründe = E 23, 484, 504 = SAE 1973, 33 mit Anm. Buchner; BAG, Beschluss vom 24.04.1979 – 1 ABR 43/77, AP Nr. 63 zu Art. 9 GG - Arbeitskampf, unter B II 2 der Gründe = E 31, 372, 378 = SAE 1979, 300 mit zust. Anm. Kraft; BAG, Urteil vom 6.3.1979 – 1 AZR 866/77 – AP Nr. 20 zu § 102 BetrVG 1972 = SAE 1980, 221 mit zust. Anm. *Heinze*; BAG, Beschluss vom 16.12.1986 – 1 ABR 35/85, AP Nr. 13 zu § 87 BetrVG 1972 Ordnung des Betriebs, zu B II der Gründe, Bl. 4 f. = BAGE 54, 36, 43 f. = SAE 1989, 243 mit Anm. *Natzel*; BAG, Beschluss vom 19.02.1991 – 1 ABR 36/90, AP Nr. 26 zu § 95 BetrVG 1972, zu B II 1 der Gründe = BAGE 67, 236, 242 = SAE 1992, 304 mit Anm. *Hromadka*.

[9] BAG, Beschluss vom 22.12.1980 – 1 ABR 76/70, AP Nr. 71 zu Art. 9 GG – Arbeitskampf unter C. I. 1, mit Anm. *Richardi*.

[10] Vgl. BAG, Beschluss vom 22.12.1980 – 1 ABR 76/79, AP Nr. 71 zu Art. 9 GG – Arbeitskampf, Bl. 4 f. (für Neutralitätspflicht bei einer „unmittelbaren Konfrontation" zwischen Belegschaft und Arbeitgeber); BAG, AP Nr. 2 zu § 1 TVG „Friedenspflicht"; LAG Baden-Württemberg, Urteil vom 21.04.1982 – 3 Sa 2/82, DB 1982, 1409, 1410 (Verstoß gegen Neutralitätspflicht durch Weigerung des Betriebsrats, während eines Tarifkonflikts ohne Rücksicht auf die Rechtslage Überstundenregelungen zuzustimmen); ArbG Göttingen, Beschluss vom 16.06.1981 – 1 BV 4/81, DB 1982, 334 (Verstoß gegen Neutralitätspflicht durch Propaganda für eine Arbeitsniederlegung); ArbG Elmshorn, Beschluss vom 03.03.1978 – 2 BV 6/73, DB 1978, 1695 (Verletzung der Neutralitätspflicht durch Bekanntmachung des BR auf anraten der Gewerkschaft, er werde während des Tarifkonflikts keine Überstunden mehr genehmigen): stellen auf Unterstützung einer der Tarifparteien ab.

Zum Teil wird eine solche Einschränkung generell abgelehnt.[11] Die ganz überwiegende Meinung will dagegen die Mitbestimmungsrechte im Arbeitskampf zwar nicht generell ausschließen[12], sie jedoch einschränken.[13] Sowohl die dogmatische Begründung als auch der Umfang der Einschränkung ist dabei umstritten. Insgesamt werden viele unterschiedliche Argumente zur Begründung der Einschränkung herangezogen.[14]

Im Wesentlichen stehen sich jedoch die folgenden zwei Ansatzpunkte gegenüber: Nach einer Ansicht ist die Frage der Zulässigkeit der Mitbestimmung im Arbeitskampf auf der arbeitskampfrechtlichen Ebene zu beantworten. Hiernach ist das BetrVG im Arbeitskampf arbeitskampfkonform auszulegen. Als Argument wird insbesondere die Verletzung der Verhandlungsparität zwischen Gewerkschaft und Arbeitgeber zuungunsten der Arbeitgeberseite[15], die Gegnerunabhängigkeit[16] und eine Interessenkollision[17] auf Seiten des Betriebsrats zugrunde gelegt. Nach anderer Ansicht ergeben sich Beschränkungen des Mitwirkungsrechts des Betriebsrats aus dem Betriebsverfassungsrecht.[18] Hier wird insbesondere auf das betriebsverfassungsrechtliche Arbeitskampfverbot[19] und das Neutralitätsgebot[20] nach § 74 Abs. 2 Satz 1 bzw. 2 BetrVG verwiesen.

---

[11] *D/K/K-Berg*, BetrVG, § 74 Rn. 20; *Bieback*, RdA 78, 94 m.w.N.; *Weiß*, AuR 82, 266 ff.; *Herbst*, AiB 87, 6.

[12] So wohl noch *Kraft* ZfA 1973, 243, 259 ff.; *Meisel*, Anm. zu BAG, Urteil vom 6.3.1979 - AZR 866/77, AP Nr. 20 zu § 102 BetrVG 1972, Bl. 2 ff.; *Wiese*, NZA 1984, 378, 380 f.

[13] Siehe insoweit die nachfolgenden Fußnoten.

[14] Siehe *Däubler*, Arbeitskampfrecht, Rn. 664 ff.

[15] *Vgl. Dietz/Richardi*, BetrVG, § 74 Rn. 32; *Brox/Rüthers-Brox*, Arbeitskampfrecht, Rn. 441; *Zöllner/Loritz*, § 39, Anm. VII.1., S. 403; *H/S/G-Hess*, BetrVG, § 74 Rn. 28; *Seiter*, DB 81, 578, 583; *Eich*, DB 1979 Beilage 9 S. 1, 2; kritisch: *Rüthers/Henssler*, Anm. zu BAG, Beschluss vom 16.12.1986 – 1 ABR 35/85, AP Nr. 13 zu § 87 BetrVG 1972, Ordnung des Betriebs, Bl. 4 R; *MünchArbR-Matthes*, § 331, Rn. 17; *Reuter*, AuR 1973, 1, 5.

[16] Vgl. *Seiter* Streikrecht, S. 371 m.w.N.; *Reuter*, AuR 1973, 1, 8.

[17] *H/S/G-Hess*, BetrVG, § 74 Rn. 28; *Seiter*, Streikrecht, S. 371; *ders.*, RdA 1979, 393, 396 ff. m.w.N.

[18] GK-*Kreutz*, § 74 Rn. 63 ff. m.w.N.; *F/K/H/E*, BetrVG, § 74 Rn. 18 ff.; *Wiese*, NZA 1984, 378, 380 f.; *ders.*, Bildnisschutz, S. 481, 500; vgl. auch *Heinze*, DB 1982, Beilage 23, S. 4 ff.; *Jahnke*, ZfA 84, 69, 86 ff (mit Verweis insbesondere auf § 74 Abs. 2 Satz 1 BetrVG); *Mayer-Maly*, BB 1979, 1305, 1311 f.; *Dietz/Richardi*, BetrVG, § 74 Rn. 23; *Galperin/Löwisch*, BetrVG, § 74 Rn. 13 ff.; *Kraft*, FS für G. Müller, 265, 270 ff. (unter Hervorhebung der betriebsverfassungsrechtlichen Friedenspflicht); *Seiter*, Anm. SAE 1980, 154, 162; *Konzen*, Anm. AP Nr. 57 - 59 zu Art. 9 GG Arbeitskampf Bl. 5 R.; kritisch: *Weiss*, AuR 1982, 265, 270.

[19] Vgl. *Heinze*, DB 1982, Beilage 23, S. 6 ff.; *ders.*, Personalplanung, Rn. 156 ff., 433 ff.

[20] Vgl. *Wiese*, NZA 1984, 378, 380; *F/K/H/E*, BetrVG, § 74 Rn. 20.

§ 5 Stellungnahme

I. Vergleich der Argumentationslinien

Sowohl Rechtsprechung als auch Schrifttum nehmen bei der Frage der Zulässigkeit der Regelung des Arbeitskampfes durch Betriebsvereinbarungen ähnlich wie bei der Frage der Mitbestimmungsrechte des Betriebsrats im Arbeitskampf im Wesentlichen zwei unterschiedliche Ansatzpunkte zur Grundlage ihrer Argumentation: Nach einer Auffassung sind die Grundprinzipien des Arbeitskampfrechts entscheidend. Dabei wird insbesondere das Kriterium der Parität herangezogen. Eine andere Ansicht stützt sich auf betriebsverfassungsrechtliche Vorgaben, wonach die Neutralitätspflicht bzw. Friedenspflicht des Betriebsrats während eines Arbeitskampfes zu beachten sei. Diese Ansicht stellt somit darauf ab, inwiefern die fragliche Regelung im Zusammenhang mit einem Arbeitskampf steht und verzichtet darauf, das Ergebnis auf eine Beeinflussung des Paritätsgleichgewichts zu überprüfen.

II. Rechtsprechung

In der Rechtsprechung überprüfen das LAG Frankfurt a.M. sowie das LAG Niedersachsen die Zulässigkeit von Betriebsvereinbarungen mit Arbeitskampfbezug anhand betriebsverfassungsrechtlicher Grundsätze, insbesondere an § 74 Abs. 2 BetrVG. Dabei werden recht umfassend alle betrieblichen Regelungen für unzulässig angesehen, die im Zusammenhang mit dem Arbeitskampf stehen.

Das BAG untersucht dagegen die betrieblichen Regelungen auf etwaige Auswirkungen auf arbeitskampfrechtliche Grundsätze. Dabei steht der Grundsatz der Parität im Vordergrund. Das BAG stellt darauf ab, ob durch die fragliche Regelung die Parität der Arbeitskampfparteien beeinträchtigt werden kann.[1] Es beschränkt sich somit auf eine Prüfung der Rechtsfolgenseite. Dabei nimmt es eine Abwägung anhand der Umstände des Einzelfalls vor. Dagegen problematisiert das BAG nicht die Zuständigkeit der Betriebsparteien zum Abschluss derartiger betrieblicher Regelungen. So geht es nicht auf die Frage ein, ob den Betriebsparteien überhaupt eine Rechtsetzungs- bzw. Regelungsbefugnis zukommt.[2] In seiner Rechtsprechung zu betrieblichen Gleitzeitvereinbarungen[3]

---

[1] Nach der Rechtsprechung des BAG ist die Beteiligung des Betriebsrats generell geeignet, die Kampffähigkeit des Arbeitgebers zu beeinträchtigen, wenn durch die Beteiligung eine Abwehrmaßnahme des Arbeitgebers verhindert oder verzögert wird: Vgl. nur BAG, Beschluss vom 24.04.1979 – 1 ABR 43/77, AP Nr. 63 zu Art. 9 GG - Arbeitskampf, Bl. 3 R.

[2] Beispielsweise zur Erweiterung des Geltungsbereichs der Gleitzeitregelungen auf Zeiten der Streikteilnahme oder zur Bestimmung der Ausfallzeiten durch Streikteilnahme als Ausfallzeit im Sinne einer betrieblichen Prämienregelung.

mit Auswirkungen auf den Arbeitskampf geht das BAG vielmehr ohne weitere Begründung davon aus, dass der Abschluss von Betriebsvereinbarungen grundsätzlich von der Regelungszuständigkeit der Betriebsparteien umfasst sei. Es sieht dann aber eine „Grenze"[4] dieser Zuständigkeit in dem durch Art. 9 Abs. 3 GG geschützten Grundsatz der Verhandlungsparität. Eine nähere Auseinandersetzung mit der exakten Methodik, nach der eine Beschränkung der Regelungszuständigkeit der Betriebsparteien angenommen wird, erfolgt nicht.

Des Weiteren ist anzumerken, dass das BAG in der vorgenannten Entscheidung zu den betrieblichen Anwesenheitsprämien[5] im Gegensatz zu den Entscheidungen zu den Gleitzeitregelungen nicht darauf eingegangen ist, ob die betriebliche Regelung überhaupt auf Zeiten des Arbeitskampfes anwendbar ist. In der Entscheidung über die betriebliche Anwesenheitsprämie geht das BAG selbstverständlich davon aus, dass die Prämie bei jeder Unterschreitung der Sollgröße entfallen solle, also sowohl für Ausfallzeiten, die sich aus individuellen Bedürfnissen und Wünschen der Arbeitnehmer ergeben, als auch für Zeiten der Teilnahme an einem Arbeitskampf. Auch hier gilt aber das Argument, dass für Zeiten der Streikteilnahme aufgrund der Suspendierungswirkung[6] der Hauptpflichten aus dem Arbeitverhältnis kein Arbeits-"Soll" der Arbeitnehmer besteht. Hiernach ist wie bei den betrieblichen Regelungen über Gleitzeit fraglich, ob die Ausfallzeit aufgrund der Streikteilnahme überhaupt zur Ermittlung des geschuldeten Arbeitsvolumens herangezogen werden kann.

III. Schrifttum

Auch im Schrifttum werden hauptsächlich die vorgenannten Ansätze - zum Teil auch kombiniert - zur Klärung der Frage der Zulässigkeit von betrieblichen Regelungen mit Arbeitskampfbezug gewählt. Dabei fällt auf, dass die Stellungnahmen in der Regel recht kurz ausfallen. Häufig wird ohne nähere Ausführungen auf das entsprechende Argument verwiesen und damit das Ergebnis gefunden. Die Autoren setzen sich auch selten mit den anderen vertretenen Ansätzen auseinander.[7] Bisher gibt es kaum umfassendere, die Angelegenheit von mehreren Seiten betrachtende Untersuchungen. Das Schrifttum hat sich vielmehr eher mit der verwandten Frage der Geltung der Mitbestimmungsrechte des Betriebsrats im Arbeitskampf beschäftigt.

---

[3] Siehe oben unter § 2 I.
[4] So der Wortlaut des BAG.
[5] Siehe oben unter § 2 III. 1.
[6] St. Rspr. seit dem Grundsatzbeschluss des Grossen Senats vom 28.1.1955: BAG GS – 1/54, BAGE 1, 291 ff. = AP Nr. 1 zu Art. 9 GG Arbeitskampf = SAE 1956, 1 mit Anm. *Nikisch*.
[7] So aber z.B. *Oetker*, Erhaltungsarbeiten, S. 81 ff.; *Hohenstatt*, Erhaltungsarbeiten S. 154 ff.

In der vorliegenden Abhandlung sollen daher über die vorerwähnten Ansatzpunkte hinaus grundsätzliche dogmatische Fragen der Zulässigkeit von betrieblichen Regelungen mit Arbeitskampfbezug untersucht werden.

IV. Folgerungen für die weitere Untersuchung

Da sich für die Prüfung der Zulässigkeit von Betriebsvereinbarungen mit Arbeitskampfbezug zwei Hauptansatzpunke herauskristallisiert haben, sollen die beiden Rechtsgebiete Arbeitskampfrecht und Betriebsverfassungsrecht auf Vorgaben zur Beurteilung dieser Frage untersucht werden.

Zunächst ist aber zu beachten, dass betriebliche Arbeitskampfregelungen in Form einer Betriebsvereinbarung die Rechte und Pflichten von Arbeitgeber und Arbeitnehmer unmittelbar und unabhängig davon gestalten, ob der einzelne Arbeitnehmer der Regelung zustimmt oder nicht. Die Arbeitnehmer unterliegen den Bestimmungen der Betriebsvereinbarungen allein aufgrund ihrer Zugehörigkeit zum Betrieb. Die Normen einer Betriebsvereinbarung haben deshalb für den einzelnen Arbeitnehmer den Charakter einer Zwangsordnung.[8] Daher kann durch eine Betriebsvereinbarung objektives Recht gesetzt werden.[9] Sie ist das „Gesetz des Betriebes“.

Als Grundvoraussetzung für die Zulässigkeit der Regelung des Arbeitskampfes durch Betriebsvereinbarungen ist daher zunächst zu klären, ob das Arbeitskampfrecht überhaupt dispositives Recht ist (§ 6). Ansonsten wären die in Frage stehenden betrieblichen Regelungen per se unzulässig. Als weitere wesentliche Grundlage für die Bestimmung der Zulässigkeit von Betriebsvereinbarungen mit Arbeitskampfbezug ist die Zuständigkeit des Betriebsrats zum Abschluss derartiger Regelungen zu untersuchen (§ 8). Neben der generellen Zuständigkeit des Betriebsrats sind die Grenzen des Betriebsrats zur Vereinbarung entsprechender Betriebsvereinbarungen zu untersuchen. Hierauf wird in § 9 eingegangen werden.

---

[8] Die normativen Regelungen einer Betriebsvereinbarung gelten unmittelbar und zwingend, vgl. § 77 Abs. 4 Satz 1 BetrVG.

[9] *Richardi*, BetrVG, § 77 Rn. 26; *Veit*, Funktionelle Zuständigkeit, Fn. 889 i.V.m. Fn. 114.

2. Teil: Arbeitskampfrecht als durch Betriebsvereinbarungen dispositives Recht

Es ist zu untersuchen, ob die Betriebsparteien grundsätzlich die Befugnis haben, Regelungen mit Auswirkungen auf den Arbeitskampf zu treffen.

§ 6 Arbeitskampfrecht als dispositives Recht

Da Betriebsvereinbarungen über Arbeitskämpfe als „betriebliche Arbeitskampfordnungen" anzusehen sind, ist zu klären, ob und inwieweit das Arbeitskampfrecht geregelt ist und ob solche Regelungen dispositiv sind. Nur falls Arbeitskampfrecht dispositives Recht ist, können die Betriebspartner wirksam Vereinbarungen mit Auswirkungen auf die Situation des Arbeitskampfes treffen. Die wichtigsten Rechtsquellen des Arbeitskampfrechts sind das Verfassungsrecht, das einfache Gesetzesrecht, internationale Rechtsquellen, „Richterrecht"[1] sowie tarifliche Arbeitskampfordnungen. In der Rechtswirklichkeit dominiert das „Richterrecht". Die Vielfalt der Rechtsquellen wirft dabei zahlreiche Probleme auf, wie insbesondere das Verhältnis der Rechtsquellen zueinander.

I. Verfassungsrecht

Zunächst kommt eine verfassungsrechtliche Regelung in Betracht.

---

[1] Zum Begriff des „Richterrechts" vgl. BAG Siehe BAG, Urteil vom 10.06.1980 – AZR 168/79, AP Nr. 65 zu Art. 9 GG Arbeitskampf, unter B. II. 3. der Gründe, Bl. 6 f.; BAG, Urteil vom 10.06.1980 – AZR 822/79, AP Nr. 64 zu Art. 9 GG Arbeitskampf, Bl. 8.). In dieses Entscheidungen hat der 1. Senat des BAG betont, dass dieser Begriff der Klarstellung bedürfe, da Richter Recht nicht setzen könnten. Der große Senat hatte zuvor in dem Beschluss vom 21.04.1971 seine Rechtsprechung ausdrücklich als „gesetzesvertretendes Richterrecht" bezeichnet. (BAG GS, Beschluss vom 21.4.1971 – 1 GS 1/68, AP Nr. 43 zu Art. 9 GG Arbeitskampf = E 23, 292 ff., unter III. F der Gründe). Der 1. Senat hat den Begriff des „gesetzesvertretenden Richterrechts" in den vorgenannten Entscheidungen jedoch relativiert. Er hat ausgeführt, dass die Bezeichnung „Richterrecht" nicht zu dem Trugschluss führen dürfe, als könnten Gerichte Normen setzen. Zudem hat das Gericht betont, dass der Richter, der eine ungeregelte Frage entscheiden müsse, nicht in dem Maße frei sei wie der Gesetzgeber, sondern an die Werteentscheidungen der Rechtsordnung gebunden sei (Art. 20 Abs. 3 GG). Er müsse seine Entscheidungen auf der Grundlage geltender Normen legitimieren (BAG, Urteil vom 10.06.1980 – AZR 168/79, AP Nr. 65 zu Art. 9 GG Arbeitskampf, unter B. II. 3. der Gründe, Bl. 7; BAG, Urteil vom 10.06.1980 – AZR 822/79, AP Nr. 64 zu Art. 9 GG Arbeitskampf, Bl. 9.). Zur Definition des „Richterrechts" vgl. *Wenzel*, DB 1981, 1135, 1136; *Christensen*, NJW 1989, 3194, 3197; *Sendler*, DVBl. 1988, S. 828 ff. Zur Typologie vgl. *Ossenbühl*, Richterrecht, S. 6 ff.; zur Grenze von Richterrecht und „normaler" Auslegung vgl. *Lerche*, NJW 1987, 2465, 2466 f. Gegen eine Legitimation des „Richterrechts" *F. Müller*, Richterrecht, insbesondere S. 110 f.; *ders.*, Richterliche Rechtsfortbildung; zu diesen Abhandlungen *Sendler*, NJW 1987, S. 3240 ff. sowie *Rüthers*, AöR 1988, S. 269 ff.

1. Grundgesetz

Es ist zunächst an eine Regelung des Arbeitskampfes durch Art. 9 GG zu denken.

a. Regelung des Arbeitskampfes

Das Grundgesetz enthält keine ausdrückliche Gewährleistung des Arbeitskampfes. Seit Bestehen des Grundgesetzes gibt es daher vielfältige Auffassungen und Darstellungen dazu, ob und wie der Arbeitskampf verfassungsrechtlich gewährleistet ist.[2]

aa. Koalitionsfreiheit nach Art. 9 Abs. 3 Satz 1 GG

Es ist zu untersuchen, ob sich der Schutz der Koalitionsfreiheit nach Art. 9 Abs. 3 Satz 1 GG auch auf den Arbeitskampf bezieht. Das Arbeitskampfrecht könnte insgesamt als Konkretisierung des Art. 9 Abs. 3 GG anzusehen sein.

(1) Geltung für den Arbeitskampf

Das Grundgesetz garantiert in Art. 9 Abs. 3 Satz 1 GG für jedermann und für alle Berufe das Recht, zur Wahrung und Förderung der Arbeits- und Wirtschaftsbedingungen Vereinigungen zu bilden. Art. 9 Abs. 3 Satz 1 GG statuiert hiermit ein Grundrecht der Koalitionsfreiheit, das auch durch verfassungsändernde Gesetze nicht angetastet werden darf.[3]

Das Grundrecht der Koalitionsfreiheit umfasst dabei nicht nur das Recht des Einzelnen, sich zu einer Koalition zusammenzuschließen, ihr beizutreten oder fernzubleiben (Individualgrundrecht), sondern auch das kollektive Recht der Koalition auf Bestand und ihr Recht zu spezifisch koalitionsgemäßer Betätigung (kollektive Koalitionsfreiheit).[4] Die Verfassung schützt somit auch die Koalitionszwecke und die Mittel zu deren Durchsetzung. Es muss den Koalitionen möglich sein, ihre Zielsetzungen in rechtmäßiger Weise zu verfolgen. Die Regelung der Arbeits- und Wirtschaftsbedingungen erfolgt vor allem durch den Abschluss von Tarifverträgen zwischen Gewerkschaften und den Arbeitgeberverbänden oder einzelnen Arbeitgebern. Das BVerfG nennt den Abschluss von Tarifverträgen als „einen wesentlichen Zweck der von Art. 9 Abs. 3 GG

---

[2] Vgl. statt aller *Seiter*, Streikrecht, S. 63 ff.; *Raiser*, Aussperrung, S. 20 ff.
[3] Vgl. Art. 19 Abs. 2, 79 Abs. 3 GG.
[4] BVerfG, Urteil vom 01.03.1979 – 1 BvR 532, 533/77, 419/78 und 1 BvL 21, 78 – E 50, 290, 367 m.w.N.; vgl. auch *Hergenröder*, SAE 1993, 61, 64 m.w.N.

geschützten Koalitionen".[5] Damit ist grundsätzlich auch das Tarifvertragssystem verfassungsrechtlich geschützt.[6]

Um die Arbeits- und Wirtschaftsbedingungen auszuhandeln und in Tarifverträgen festzulegen, muss es den Tarifparteien möglich sein, ihre Vorstellungen auch im Fall von Konflikten durchzusetzen. Die Garantie des Tarifvertragssystems setzt somit als Funktionsbedingung auch die Freiheit zum Arbeitskampf voraus.[7] Im Zusammenhang mit der Frage des verfassungsrechtlichen Schutzes des Kampfmittels Aussperrung führt das BVerfG aus, dass die Koalitionen beim Abschluss von Tarifverträgen frei sein, und die Mittel, die sie zur Erreichung eines Tarifvertrages für geeignet halten, selbst wählen können sollen.[8] Bei Tarifkonflikten gibt es keine staatliche Zwangsschlichtung. Daher ist der Arbeitskampf als Komplementärgarantie der Tarifautonomie grundsätzlich verfassungsrechtlich gewährleistet.[9]

Zudem legt Art. 9 Abs. 3 Satz 3 GG ein Verständnis des Art. 9 Abs. 3 Satz 1 GG nahe, nach dem der Arbeitskampf dem verfassungsrechtlichen Schutz unterfällt.[10] Gemäß Art. 9 Abs. 3 Satz 3 GG dürfen sich Notstandsmaßnahmen (Maßnahmen nach den Art. 12a, 35 Abs. 2 und 3, 87a Abs. 4 und 91 GG) nicht gegen Arbeitskämpfe richten, die zur Wahrung und Förderung der Arbeits- und Wirtschaftsbedingungen von Vereinigungen im Sinne des Satzes 1

---

[5] BVerfG, Beschluss vom 26.06.1991 – 1 BvR 779/85, E 84, 212, 224.

[6] BVerfG, Urteil vom 18.11.1954 – 1 BvR 629/52 - E 4, 96, 106, BVerfG, Beschluss vom 24.05.1977 – 2 BvL 11/74, E 44, 322, 340 f.; BVerfG, Beschluss vom 20.10.1981 – 1 BvR 404/78, E 58, 233, 248 f.; BVerfG, Beschluss vom 26.06.1991 – 1 BvR 779/85, E 84, 212, 225; BVerfG, Beschluss vom 02.03.1993 – 1 BvR 1213/85, E 88, 103, 114; BVerwG, Urteil vom 03.11.1988 – 7 C 115.86, E 80, 355, 368; Vgl. auch *G. Müller*, Arbeitskampf, S. 76 ff.; *Heinze*, FS für Gaul, 305, 320 f.

[7] BVerfG, Urteil vom 04.07.1995 – 1 BvF 2/86 und 1, 2, 3, 4/87 und 1 BvR 1421/86, E 92, 365, 395 m.w.N.; BAG GS, Beschluss vom 21.04.1971 – GS 1/68, E 23, 292, 320 = AP Nr. 43 zu Art. 9 GG Arbeitskampf; BAG, Urteil vom 10.06.1980 – E 23, 140, 150 = AP Nr. 64 zu Art. 9 GG Arbeitskampf, Bl. 913; *Seiter*, RdA 1981, 65, 71; *G. Müller*, DB 1981, 93, 93; *Scholz*, DB 1972, 1771, 1773; w. N. bei *Scholz*, Grundrecht, S. 53 ff.

[8] BVerfG, Beschluss vom 26.06.1991 – 1 BvR 779/85, E 84, 212, 225; BVerfG, Beschluss vom 02.03.1993 – 1 BvR 1213/85, E 88, 103, 114; BVerfG, Urteil vom 01.03.1979 – 1 BvR 532, 533/77, 419/78 und 1 BvL 21/78, E 50, 290, 367 m.w.N.; BVerfG, Urteil vom 06.05.1964 – 1 BvR 79/62, E 18, 18, 29 ff.

[9] Vgl. BVerfG, Beschluss vom 26.06.1991 – 1 BvR 779/85, E 84, 212, 225; BVerfG, Beschluss vom 02.03.1993 – 1 BvR 1213/85, E 88, 103, 114; BVerfG, Urteil vom 04.07.1995 – 1 BvF 2/86 und 1,2,3,4/87 und 1 BvR 1421/86, E 92, 365, 393; vgl. auch BAG, Urteil vom 05.03.1985 – 1 AZR 468/83, E 48, 160, 166 = AP Nr. 85 zu Art. 9 GG Arbeitskampf; *Jarass/Pieroth-Jarass*, GG, Art. 9 Rn. 29; *Brox/Rüthers-Rüthers*, Arbeitskampfrecht, Rn. 90; *Rüthers*, Aussperrung, S. 38; *Heinze*, FS für Gaul, 305, 320 f.; *Ihlefeld*, AuR 1978, 61, 64; *Rolfs*, DB 1994, 1237, 1237; *Hueck/Nipperdey*, ArbR/II/2, S. 916; *Wank*, FS für Kissel, 1225, 1235. Die ältere Lehre betrachtet dagegen die Freiheit zum Arbeitskampf als Teil der natürlichen Handlungsfreiheit, siehe Nachweise bei *Söllner*, Arbeitsrecht, S. 85.

[10] BVerfG, Beschluss vom 26.06.1991 – 1 BvR 779/85, E 84, 212, 225.

geführt werden. Demnach werden Arbeitskämpfe im Grundsatz in der Verfassung als geschütztes Rechtsgut anerkannt.

Ein weiteres Argument für die Einbeziehung des Arbeitskampfes in die Koalitionsfreiheit ist die Intention des Verfassungsgesetzgebers. Dieser wollte mit dem Koalitionsrecht über das individuelle und korporative Grundrecht hinaus eine fundamentale Organisationsnorm für die Sozialordnung schaffen.[11] Bei der Auslegung des Art. 9 Abs. 3 GG muss daher dessen sozialgestaltende Zweckbestimmung berücksichtigt werden: Sinn des Koalitionsrechts ist die verantwortliche Selbstgestaltung des Arbeits- und Soziallebens durch die Koalitionen. Die Arbeitskampfgarantie ist dabei ein wesentlicher Bestandteil. Betrachtet man ein freiheitliches Tarifsystem als grundgesetzlich gewährleistet, so muss sich diese Garantie auch auf diejenigen kollektivrechtlichen Institute erstrecken, die seine Funktion erst ermöglichen. Ein wichtiges Institut hierzu ist der Arbeitskampf. Der Arbeitskampf ist damit „als Institution" geschützt, und zwar als Hilfsmittel des Instituts Tarifautonomie und nicht aus eigenem Recht.[12]

(2) Umfang der Arbeitskampfgarantie

Wo die Verfassung ein Recht gewährleistet, das auch keinen Gesetzesvorbehalt enthält, stellt sich die Frage nach dem Umfang dieses Rechts. Über die Frage, auf welche Weise das Grundrecht der Koalitionsfreiheit und damit die Arbeitskampfgarantie einzuschränken ist, entfachte eine vielfältige Diskussion.

- Rechtsprechung des BVerfG

Nach der Rechtsprechung des BVerfG umfasst die verfassungsrechtliche Garantie des Art. 9 Abs. 3 Satz 1 GG die Betätigung der Koalitionen und damit auch den Arbeitskampf als Komplementärgarantie der Tarifautonomie.[13] Der

---

[11] Parl. Rat, Drucksache Nr. 850/54; Bonner Kommentar-*von Münch*, Art. 9 Rn. 55 ff.; *Brox/Rüthers-Rüthers*, Arbeitskampfrecht, Rn. 8 ff.

[12] Sog. „Einrichtungsgarantie" bzw. „institutionelle Garantie", vgl. BAG Urteil vom 10.06.1980 – 1 AZR 822/79, E 33, 140, 150 = AP Nr. 64 zu Art. 9 GG – Arbeitskampf, unter A. I. 2., Bl. 4; BAG GS, Beschluss vom 21.04.1971 – GS 1/68, E 23, 292, 306 = AP Nr. 43 zu Art. 9 GG – Arbeitskampf, zu Teil III A 1 der Gründe: wonach Arbeitskämpfe ein erforderlicher Teil des Tarifvertragssystems sind; *Wank*, FS für Kissel, S. 1225, 1235 m.w.N.; *Brox/Rüthers-Rüthers*, Arbeitskampfrecht, Rn. 85, 99; *Säcker*, Koalitionsfreiheit, S. 33 ff.; *Hueck/Nipperdey*, ArbR II/2, § 47 B I 2 a, b, c, (S. 915 ff.); *Rüthers*, Aussperrung, S. 38; *ders.*, DB 1968, 1948, 1949 f. m.w.N.; *Reuß*, AuR 1965, 97, 98; *Rolfs*, DB 1994, 1237, 1237; *Badura*, RdA 1974, 129, 131; *Auffarth*, RdA 1977, 129 f.; *Weitnauer*, DB 1970, 1639, 1640.

[13] Vgl. zuvor Fn. 9 sowie BAG, Urteil vom 17.12.1976 – 1 AZR 605/75, AP Nr. 51 zu Art. 9 GG – Arbeitskampf, Bl. 2 R = E 28, 295, 297; BAG, Urteil vom 10.06.1980, 1 AZR 822/79, AP Nr. 64 zu Art. 9 GG – Arbeitskampf, Bl. 4 f. = E 33, 140, 150; BAG, Urteil vom

Arbeitskampf als ultima ratio der Auseinandersetzung zwischen den sozialen Gegenspielern müsse gewahrt bleiben.

In seiner neueren Rechtsprechung zu Art. 9 Abs. 3 GG hat das BVerfG aber klargestellt, dass durch die verfassungsrechtliche Garantie der Koalitionsfreiheit die grundsätzliche Zuständigkeit des Gesetzgebers zur Rechtsetzung nicht aufgehoben, sondern nur beschränkt werde. Art. 9 Abs. 3 GG verleihe den Tarifvertragsparteien ein Normsetzungsrecht, jedoch kein Normsetzungsmonopol.[14] Das Gericht betont daher in seinen Entscheidungen, dass dem einfachen Gesetzgeber ein weiter Gestaltungsspielraum zukomme.[15] Der Spielraum des Gesetzgebers sei jedoch nicht unbeschränkt, zumal das Grundrecht des Art. 9 Abs. 3 GG keinen Gesetzesvorbehalt enthalte.

Zur Umschreibung der Grenzen der grundsätzlich zulässigen gesetzlichen Regelung der Koalitionsfreiheit hatte das BVerfG ursprünglich den Begriff des „Kernbereichs" eingeführt.[16] Das BVerfG ging in ständiger Rechtsprechung davon aus, dass Art. 9 Abs. 3 GG die Koalitionsfreiheit nur in ihrem Kernbereich schütze. Das Grundrecht enthalte keine Garantie des Bestandes des Tarifvertrags- und Arbeitskampfsystems in seiner konkreten gegenwärtigen Gestalt.[17] Es räume den Koalitionen keinen inhaltlich unbegrenzten und unbe-

---

12.09.1984 – 1 AZR 342/83, AP Nr. 81 zu Art. 9 GG – Arbeitskampf, Bl. 4 R. f. = E 46, 322, 346; BAG, Urteil vom 12.03.1985 – 1 AZR 636/82, AP Nr. 84 zu Art. 9 GG Arbeitskampf, Bl. 2 R. = E 48, 195, 201; *Scholz*, Grundrecht, S. 29 ff., 43 ff.; *ders.*, Koalitionsfreiheit Rn. 285; *Brox/Rüthers-Rüthers*, Arbeitskampfrecht, Rn. 85, 92, 99.

[14] Vgl. BVerfG, Beschluss vom 24.04.1996, 1 BvR 712/86, E 94, 268, 284; siehe weiter *Maunz/Dürig/Scholz*, GG, Art. 9 Rn. 167; *MünchArbR-Löwisch/Rieble*, § 277 Rn. 13.

[15] St. Rspr. des BVerfG, Vgl. Beschluss vom 14.11.1995 – 1 BvR 601/92, E 93, 352, 359; BVerfG, Urteil vom 04.07.1995 – 1 BvF 2/86 und 1, 2, 3, 4/87 und 1 BvR 1421/86, E 92, 365, 395 m.w.N., vgl. auch BVerfG, Beschluss vom 26.05.1970 – 2 BvR 664/65, E 28, 295, 306: „Es ist Sache des Gesetzgebers und fällt in den Rahmen seiner Gestaltungsfreiheit, die Tragweite der Koalitionsfreiheit dadurch zu bestimmen, dass er die Befugnisse der Koalitionen im Einzelnen ausgestaltet und näher regelt. Dabei kann er den besonderen Erfordernissen des jeweils zu regelnden Sachverhalts näher Rechnung tragen"; ähnlich BVerfG, Beschluss vom 14.04.1964 – 2 BvR 69/62, E 17, 319, 334; BVerfG, Beschluss vom 30.11.1965 – 2 BvR 54/62, E 19, 303 ,321; BVerfG, Beschluss vom 17.02.1981 – 2 BvR 384/78, E 57, 220, 246 m.w.N.

[16] Vgl. bereits BVerfG, Urteil vom 18.11.1954 – 1 BvR 629/52, E 4, 96, 106, 108; ferner z.B. BVerfG, Beschluss vom 30.11.1965 – 2 BvR 54/62, E 19, 303, 321f. m.w.N.; BVerfG, Beschluss vom 26.05.1970 – 2 BvR 664/65, E 28, 295, 305 f.; Der 1. Senat des BVerfG ist in neueren Entscheidungen von dem Begriff Kernbereich wieder abgerückt, da durch den vielfachen Gebrauch des Begriffs der unrichtige Eindruck entstanden sei, der Schutzbereich des Art. 9 Abs. 3 GG sei von vornherein auf einen Kernbereich beschränkt. Vgl. BVerfG, Beschluss vom 14.11.1995 – 1 BvR 601/92, E 93, 352, 359; BVerfG, Beschluss vom 24.4.1996 – 1 BvR 712/86, E 94, 268, 283 (unter C II.1. der Gründe). Vgl. hierzu *Söllner*, NZA 1996, 897, 898.

[17] Vgl. BVerfG, Urteil vom 1.3.1979 – 1 BvR 532, 533/77, 419/78 und 1 BvL 21, 78, E 50, 290, 371 = AP Nr. 1 zu § 1 MitbestG, unter C. IV 2b.; vgl. auch *Scholz*, DB 1972, 1771, 1774 f.

grenzbaren Handlungsspielraum ein. Vielmehr sei es Sache des Gesetzgebers, die Tragweite der Koalitionsfreiheit dadurch zu bestimmen, dass er die Befugnisse der Koalitionen im Einzelnen gestalte und näher regele.[18] Dabei könne er den besonderen Erfordernissen des jeweils zu regelnden Sachverhaltes Rechnung tragen.[19] Der Begriff Kernbereich bezeichnete dabei jene Grenze, an der das gesetzgeberische Regelungsermessen endet, die also bei der Ausgestaltung durch den Gesetzgeber zu beachten ist. Das BVerfG hat aber keine expliziten Angaben zu der Reichweite des Kernbereichs gemacht.[20]

Ferner hat das BVerfG ausgeführt, der Staat müsse einerseits den Koalitionen den Kernbereich eines Tarifvertragssystems zur Verfügung stellen[21], andererseits bleibe dem Gesetzgeber aber ein weiter Spielraum zur Ausgestaltung[22]. Allerdings dürften dem Betätigungsrecht der Koalitionen nur solche Schranken gezogen werden, die zum Schutz anderer Rechtsgüter von der Sache her geboten seien.[23] Regelungen, die nicht in dieser Weise gerechtfertigt seien, wür-

---

[18] BVerfG, Urteil vom 1.3.1979 – 1 BvR 532, 533/77, 419/78 und 1 BvL 21, 78, E 50 290, 368 = AP Nr. 1 zu § 1 MitbestG unter C. IV 1; BVerfG, Beschluss vom 20.10.1981 – 1 BvR 404/78, E, 58, 233, 247.

[19] BVerfG, Urteil vom 1.3.1979, 1 BvR 532, 533/77, 419/78 und 1 BvL 21, 78, E 50, 290, 368 = AP Nr. 1 zu § 1 MitbestG unter C. IV 1.

[20] Die eingehendsten Ausführungen finden sich in dessen „Mitbestimmungsurteil": BVerfG, Urteil vom 1.3.1979 – 1 BvR 532, 533/77, 419/78 und 1 BvL 21, 78, E 50 290, 368 = AP Nr. 1 zu § 1 MitbestG unter C. IV 1. Dort wird der Kernbereich wie folgt umschrieben: „Mehr noch als die in Art. 19 Abs. 1 GG gewährleistete allgemeine Vereinigungsfreiheit bedarf die Koalitionsfreiheit der gesetzlichen Ausgestaltung. Diese besteht nicht nur in der Schaffung der Rechtsinstitute und Normenkomplexe, die erforderlich sind, um die grundrechtlich garantierten Freiheiten ausüben zu können. Die Bedeutung und Vielzahl der von der Tätigkeit der Koalitionen berührten Belange, namentlich im Bereich der Wirtschaft und Sozialordnung machen vielmehr gesetzliche Regelungen notwendig, die der Koalitionsfreiheit auch Schranken ziehen können; dies umso mehr, als der Gegenstand der Gewährleistung auf sich wandelnde wirtschaftliche und soziale Bedingungen bezogen ist, die mehr als bei anderen Freiheitsrechten die Möglichkeit zu Modifikationen und Fortentwicklungen lassen müssen."
Die konkreten Tätigkeitsbereiche, die in einem Kernbereich geschützt sein sollen, sind aber nicht geklärt. Das BVerfG spricht einerseits mehrmals umfassend von einem „Kernbereich der Koalitionsbetätigung" (Vgl. BVerfG, Beschluss vom 30.11.1965 – 2 BvR 54/62, E 19, 303, 321 f. m.w.N. zu früheren Entscheidungen; BVerfG, Beschluss vom 26.05.1970 – 2 BvR 664/65, 28, 295, 305 f,), als auch andererseits von spezielleren, engeren Tätigkeitsbereichen, wie z.B. dem „Kernbereich des Tarifvertragssystems" (Vgl. BVerfG, Urteil vom 18.11.1954 – 1 BvR 629/52, E 4, 96, 108; BVerfG, Beschluss vom 19.10.1966 – 1 BvL 24/65, E 20, 312, 317) und dem „Kernbereich verbandsmäßiger Lohngestaltung" (Vgl. BVerfG, Urteil vom 18.11.1954 – 1 BvR 629/52, E 4, 96, 110).

[21] BVerfG, Urteil vom 18.11.1954 – 1 BvR 629/52, E 4, 96, 107ff. LS 2; vgl. auch *Heinze*, FS für Gaul, 305, 320 f.

[22] St. Rspr. des BVerfG, vgl. Beschluss vom 14.11.1995 - 1 BvR 601/92, E 93, 352, 359.

[23] BVerfG, Urteil vom 1.3.1979 – 1 BvR 532, 533/77, 419/78 und 1 BvL 21, 78, E 50, 290, 368; BVerfG, Beschluss vom 20.10.1981 – 1 BvR 404/78, E, 58, 233, 247; vgl. auch BVerfG, Beschluss vom 17.02.1981 – 2 BvR 384/78, E 57, 220, 246; BVerfG, Beschluss vom 26.05.1970 – 2 BvR 664/65, E 28, 295, 306; auf die sachliche Erforderlichkeit der

den den durch Art. 9 Abs. 3 GG geschützten Bereich der Koalitionsbetätigungsfreiheit antasten. Die konkrete Ausgestaltung der Grenzen hänge dabei von der Bedeutung und dem „Gewicht" des gegenüberstehenden Rechtsguts ab, um dessentwillen die gesetzliche Einschränkung erfolge.[24] So sei jedenfalls ein generelles Arbeitskampfverbot sowie die Aushöhlung des Instituts durch sachlich nicht gebotene Beschränkungen unzulässig. Der Gegenstand der Gewährleistung dürfe dabei aber nicht als starr und ein für allemal feststehend gedacht werden. Er sei vielmehr flexibel und veränderlich.

Gegen dieses in sich stimmige System hat der 2. Senat des BVerfG in einem Urteil den Gegenstand der Verfassungsgarantie von vornherein auf die „unerlässlichen" Betätigungsformen beschränkt.[25] In zwei neueren Entscheidungen hat das BVerfG dann wieder festgestellt, der Schutzbereich des Art. 9 Abs. 3 GG sei nicht von vornherein auf den Bereich des Unerlässlichen beschränkt. Vielmehr erstrecke sich der Grundrechtsschutz auf alle Verhaltensweisen, die „koalitionsspezifisch" seien.[26] Ob eine koalitionsspezifische Betätigung für die Wahrnehmung der Koalitionsfreiheit unerlässlich sei, könne demgegenüber erst bei Einschränkungen dieser Freiheit Bedeutung erlangen.

Beschränkung wird hingewiesen bei: BVerfG, Urteil vom 18.11.1954 – 1 BvR 629/52, E 4, 96, 106, 108 f.; BVerfG, Beschluss vom 30.11.1965 – 2 BvR 54/62, E 19, 303, 322; vgl. auch die zu Art. 9 Abs. 1 GG ergangenen Entscheidung: BVerfG, Beschluss vom 24.02.1971 – 1 BvR 438, 456, 484/68 und 1 BvL 40/69, E 30, 227, 243.

[24] Im Bereich der tarifautonomen Betätigung hat das BVerfG wohl in der „sinnvollen Ordnung und Befriedung des Arbeitslebens" ein solches Rechtsgut gesehen. Vgl. BVerfG, Beschluss vom 14.04.1964 – 2 BvR 69/62, E 17, 319, 333; BVerfG, Beschluss vom 30.11.1965 – 2 BvR 54/62, E 19, 303, 322.

[25] BVerfG, Beschluss vom 17.02.1981 – 2 BvR 384/78, E 57, 220, 246: „Art. 9 Abs. 3 GG verbürge verfassungskräftig gewerkschaftliche Betätigung jedenfalls nur insoweit, als diese für die Erhaltung und Sicherung der Existenz der Koalition als unerlässlich betrachtet werden muss." Kritisch hierzu *Kammerer,* AuR 1984, 65, 68 m. w. N.; zur Gewährung „unerlässlicher" Betätigungsformen auch *Konzen*, SAE 91, 335, 338.

[26] BVerfG, Beschluss vom 14.11.1995 – 1 BvR 601/92, E 93, 352, 359 (unter B.I.3.b. der Gründe). Zur Abstandnahme von der „Kernbereichsformel" führt der 1. Senat des BVerfG folgendes aus: „Das in der Rechtsprechung des BVerfG entwickelte Verständnis der Koalitionsfreiheit werde mit der Kernbereichsformel nur unvollständig wiedergegeben. Ausgangspunkt der Kernbereichsformel sei die Überzeugung, dass das Grundgesetz die Betätigungsfreiheit der Koalitionen nicht schrankenlos gewährleiste, sondern eine Ausgestaltung durch den Gesetzgeber zulasse. Mit der Kernbereichsformel habe das Gericht die Grenze umschrieben, die bei der Ausgestaltung zu beachten sei; sie werde überschritten, soweit einschränkende Regelungen nicht zum Schutz anderer Rechtsgüter von der Sache her geboten seien. Der Gesetzgeber sei auch bei der Ausgestaltung der koalitionsmäßigen Betätigungen außerhalb des Kernbereichs zu einer Rücksichtnahme auf die Koalitionen und ihre Mitglieder verpflichtet. Der Begriff des Kernbereichs werde zur Klarstellung nicht mehr verwendet.", BVerfG, Beschluss vom 24.04.1996 – 1 BvR 712/86, E 94, 268, 283 (unter C I.1. der Gründe); den dogmatischen Aussagen des BVerfG zustimmend: *Söllner*, NZA 1996, 897, 898.

Zudem führt das BVerfG aus, die vorbehaltlose Gewährleistung der Koalitionsfreiheit bedeute nicht, dass dem Gesetzgeber jede Regelung im Schutzbereich dieses Grundrechts verwehrt sei. Soweit das Verhältnis der Tarifpartner zueinander berührt werde, die beide den Schutz des Art. 9 Abs. 3 GG genießen, bedürfe die Koalitionsfreiheit der gesetzlichen Ausgestaltung.[27] Auch im übrigen sei dem Gesetzgeber die Regelung von Fragen, die Gegenstand von Tarifverträgen sein können, nicht von vornherein entzogen. Eine gesetzliche Regelung in dem Bereich, der den Tarifverträgen offen stehe, komme dann in Betracht, wenn der Gesetzgeber sich dabei auf Grundrechte Dritter oder mit Verfassungsrang ausgestattete Rechte stützen könne und der Grundsatz der Verhältnismäßigkeit gewahrt bleibe.[28]

- Schrankenmodelle des Schrifttums

Im Schrifttum ist kritisiert worden, mit der Kernbereichslehre sei nur eine bildhafte Umschreibung des Problems der Bestimmung des Wesensgehalts bei Art. 9 Abs. 3 GG erreicht worden.[29] Es werden daher verschiedene andere Wege zur Bestimmung der Grenzen der Koalitionsfreiheit diskutiert.

Teilweise wird die Ansicht vertreten, dass trotz der systematischen Stellung Art. 9 Abs. 2 GG[30] zur Bestimmung der Grenzen des Art. 9 Abs. 3 GG heranzuziehen sei.[31] Dabei wird aus Art. 9 Abs. 2 GG eine Garantie des Wesensge-

---

[27] BVerfG, Beschluss vom 24.4.1996 – 1 BvR 712/86, E 94, 268, 284 (unter C II.1. der Gründe).

[28] BVerfG, Beschluss vom 24.4.1996, – 1 BvR 712/86, E 94, 268, 284 = (unter C II 1 der Gründe).

[29] Ein umfassendes System von Kernbereichen und Unterkernbereichen hat *Säcker*, Koalitionsfreiheit, S. 33 ff., 93 f. entwickelt; vgl. dazu *Scholz*, RdA 1970, 210, 212; vgl. auch *Zöllner/Seiter*, Mitbestimmung, S. 48 und *Däubler-Däubler,* Arbeitskampfrecht, S. 86 ff. Das BVerfG hat sich dagegen in seiner Rechtsprechung zu Art. 9 Abs. 3 GG einer Erörterung der einzelnen Schrankentheorien enthalten.

[30] Nach Art. 9 Abs. 2 GG sind Vereinigungen verboten, deren Zweck oder deren Tätigkeit den Strafgesetzen zuwiderlaufen, oder die sich gegen die verfassungsmäßige Ordnung oder gegen den Gedanken der Völkerverständigung richten.

[31] Vgl. *Scholz*, Grundrecht, S. 64; *ders.*, Koalitionsfreiheit S. 328 mit umfangreichen Nachweisen in Fn. 2; *Rüthers*, Streik, S. 28 f.; *Däubler*, Streik, S. 86 ff.; *Hesse*, Grundzüge, § 12 I 8; Diese Auffassung kann sich jedenfalls nicht auf die Rechtsprechung des BVerfG berufen, da dieses in BVerfG, Beschluss vom 24.02.1971 – 1 BvR 438, 456, 484/68 und 1 BvL 40/69, E 30, 227, 243 ausführt, dass das vereinsgemäße Betätigungsrecht nach Art. 9 Abs. 1 GG nicht nur der Begrenzung nach Art. 9 Abs. 2 GG unterliegt, sondern weitergehenden Schranken, „die zum Schutz anderer Rechtsgüter von der Sache her geboten sind". Dabei nimmt das BVerfG auf seine Rechtsprechung zu Art 9 Abs. 3 GG Bezug (auf: BVerfG, Beschluss vom 30.11.1965 – 2 BvR 54/62, E 19, 303, 322; BVerfG, Beschluss vom 26.05.1970 – 2 BvR 664/65, E 28, 295, 306). Daraus folgt, dass das BVerfG auch das Recht auf koalitionsmäßige Betätigung nach Art. 9 Abs. 3 GG nicht nur durch Art. 9 Abs. 2 GG beschränkt sehen will. Wie hier, z.B. *Lerche,* Zentralfragen, S. 34 f. Die Gegenmeinung will dem Verwirkungsverfahren vor dem BVerfG nach Art. 18 GG den Vor-

haltes als analoger Maßstab abgeleitet.[32] Dieser Ansicht ist jedoch entgegenzuhalten, dass Art. 9 Abs. 2 GG seinem Wortlaut nach nur das Verbot der Vereinigung als solcher betrifft. Der Anwendungsbereich des Art. 9 Abs. 2 GG umfasst dem Wortlaut der Norm nach dagegen nicht die einzelnen Betätigungsformen der Koalition. Das völlige Verbot einer Koalition muss als einschneidendste Maßnahme aber an strengere Voraussetzungen geknüpft sein als die Beschränkung einzelner Betätigungen.[33] Immerhin kann man in den Strafgesetzen[34], in der verfassungsmäßigen Ordnung[35] und in dem Gedanken der Völkerverständigung äußerste Grenzen auch für die kampfweise Betätigung sehen.

Eine neuere Auffassung stellt Art. 9 Abs. 3 GG als kommunikatives Grundrecht unter die Schranke der „allgemeinen Gesetze"[36] im Sinne des Art. 5 Abs. 2 GG.[37] In dieser Schranke soll ein genereller Vorbehalt für alle Grundrechte kommunikativer Natur (Art. 5 Abs. 1, 8, 9 GG) gegeben sein.[38] Hiernach könnte im Ergebnis – wie bei entsprechender Anwendung des Art. 9 Abs. 2 GG - eine Begrenzung durch die allgemeinen Strafgesetze begründet werden. Fraglich ist aber, ob das Streik- und Aussperrungsrecht überhaupt systematisch zu den Kommunikationsgrundrechten gezählt werden kann. Hiergegen ist einzuwenden, dass für den Fall, dass der Arbeitskampf wirklich ein Mittel der Kommunikation im Sinne der Selbstdarstellung in der Öffentlichkeit und Beeinflussung der öffentlichen Meinung anzusehen wäre, Streik und Aussperrung auch zum Zwecke eben dieser Selbstdarstellung und Beeinflussung erlaubt sein müssten. Die vorherrschende Ansicht hält aber Demonstrations-, Protest-, und politische Streiks gerade für nicht zulässig.[39] Die analoge Anwendung der Schranken des Art. 5 Abs. 2 GG ist daher nicht geeignet.

---

rang geben, vgl. *Schmidt*, NJW 1965, 424, 426 f. Zum Verhältnis von Art. 9 Abs. 2 GG und Art. 18 GG vgl. auch *Maunz/Dürig-Scholz*, GG, Art. 9 Rn. 121.

[32] *Brox/Rüthers-Rüthers*, Arbeitskampfrecht , Rn. 92.; vgl. auch die Nachweise bei Bonner Kommentar-*von Münch*, Art. 9 Rn. 171.

[33] Vgl. z.B. *Lerche,* Zentralfragen, S. 34 f.

[34] Damit sind nach der herrschenden Auffassung nur die „allgemeinen" Strafgesetze gemeint, nicht dagegen spezielle, gegen die Vereinigungsfreiheit gerichtete, vgl. *Scholz*, S. 328 m.w.N. in Fn. 3.

[35] Wobei dieser Begriff enger zu verstehen ist als der gleichlautende Begriff des Art. 2 Abs. 1 GG.

[36] Nach der herrschenden Definition sind nur solche Gesetze „allgemein" im Sinne des Art. 5 Abs. 2 GG, die sich nicht speziell gegen die Grundrechtsausübung richten, sondern diese nur reflexiv treffen; vgl. BVerfG, Urteil vom 15.01.1958 – 1 BvR 400/51, E 7, 198, 209 f.

[37] Laut Art. 5 Abs. 2 GG finden die in Art. 5 Abs. 1 GG genannten Rechte ihre Schranken in den Vorschriften der allgemeinen Gesetze, den gesetzlichen Bestimmungen zum Schutze der Jugend und in dem Recht der persönlichen Ehre. Siehe *Lerche,* Zentralfragen, S. 34 ff., 46 ff, vgl. auch *Maunz/Dürig-Scholz* GG, Art. 9 Rn. 126; *Isensee*, Beamtenstreik S. 69 f.

[38] Vgl. BVerfG, Urteil vom 15.01.1958 – 1 BvR 400/51, E 7, 198, 209 f.

[39] Vgl. *Seiter*, Streikrecht, § 30, IV 1 b und c, S. 498 ff.

Nach einer weiteren Auffassung sind die Vorbehalte des Art. 2 Abs. 1 GG[40] in gewissem Umfang als Grenzziehung auf den Arbeitskampf anzuwenden.[41] Dagegen hat das BVerfG eingewendet, dass die Arbeitskampffreiheit nicht global den in Art. 2 Abs. 1 GG enthaltenen Schranken unterstellt werden könne, da sie von der speziellen Vorschrift des Art. 9 Abs. 3 GG erfasst werde.[42] Der durch das Grundrecht der Koalitionsfreiheit geschützte Betätigungsbereich der Koalition könne daher nur nach Art. 9 Abs. 3 GG bestimmt werden; Art. 2 Abs. 1 GG müsse außer Betracht bleiben. Der Vorbehalt der verfassungsmäßigen Ordnung würde von dem Recht auf kampfweise Betätigung auch allenfalls einen gewissen substantiellen Restbestand an Wesensgehalt übrig lassen.[43]

Zudem werden teilweise aus Art. 9 Abs. 3 Satz 1 GG[44] Grenzen des Art. 9 Abs. 3 GG abgeleitet.[45] Nach dieser Ansicht lassen sich aus der Klausel der „Wahrung und Förderung der Arbeits- und Wirtschaftbedingungen" einige äußerste Grenzen ableiten. Diese Grenzen sind aber so weitgehend, dass sie für die Frage der konkreten Umschreibung des geschützten Bereichs keine entscheidende Hilfe leisten.

- Stellungnahme

Der Arbeitskampf ist „als Institution" geschützt, und zwar als Hilfsmittel des Instituts Tarifautonomie und nicht aus eigenem Recht. Der Schutz des Art. 9 Abs. 3 GG umfasst dabei nicht die konkrete Ausgestaltung von Tarif- und Arbeitskampfrecht. Beide sind nur als Einrichtung, nicht aber hinsichtlich der einzelnen Modalitäten geschützt. Der Verfassung lassen sich insbesondere keine Vorgaben für die Lösung einzelner Probleme entnehmen. Sie steckt lediglich den Rahmen für ein Arbeitskampfsystem ab, innerhalb dessen mehrere Aus-

---

[40] Gemäß Art. 2 Abs. 1 GG hat jeder das Recht auf die freie Entfaltung seiner Persönlichkeit, soweit er nicht die Rechte anderer verletzt und nicht gegen die verfassungsmäßige Ordnung oder das Sittengesetz verstößt.

[41] Vgl. *Ramm*, Streikrecht, S. 128 – 155; *Seiter*, Streikrecht, S. 117; *Hueck/Nipperdey*, Arbeitsrecht, II/1, S. 148 ff.; Bonner Kommentar - *von Münch*, Art. 9 Rn. 90-94, 178; vgl. ferner BAG GS, Beschluss vom 29.11.1967 – GS 1/67, E 20, 175, 226; einschränkend BAG, Urteil vom 14.02.1967 – 1 AZR 494/65, E 19, 217, 221, 226 f.; grundlegend zur Anwendung der allgemeinen Nichtstörungsschranken auf Grundrechte: *Maunz/Dürig-Dürig*, Art. 2 Abs. 1 GG, Rn. 69 ff.

[42] BVerfG, Beschluss vom 30.11.1965 – 2 BvR 54/62, E 19, 303, 314; ebenso z.B. *Scholz*, Grundrecht, S. 62 f.; *ders.*, Koalitionsfreiheit, S. 325; *Säcker*, Koalitionsfreiheit S. 19.

[43] So jedenfalls nach der vorherrschenden weiten Auslegung der verfassungsmäßigen Ordnung; vgl. auch *Lerche*, Zentralfragen S. 33.

[44] Art. 9 Abs. 3 Satz 1 GG lautet wie folgt: Das Recht, zur Wahrung und Förderung der Arbeits- und Wirtschaftsbedingungen Vereinigungen zu bilden, ist für jedermann und für alle Berufe gewährleistet.

[45] *Seiter*, Streikrecht, S. 118 ff.

gestaltungen denkbar sind. Damit erstreckt sich der Schutz des Art. 9 Abs. 3 GG nicht auf die konkrete rechtliche Ausprägung des Arbeitskampfes. So hat das BVerfG in seinem Mitbestimmungsurteil ausgeführt, dass das Grundrecht keine Garantie des Bestandes des Tarifvertrags- und Arbeitskampfsystems in seiner konkreten gegenwärtigen Gestalt enthalte. Regelungen, die das Arbeitskampfsystem lediglich ausgestalten, scheitern damit nicht an Art. 9 Abs. 3 GG, auch wenn sie es unvermeidlich einschränken. Es ist demnach zwischen bindenden verfassungsrechtlichen Vorgaben und einfachem Arbeitskampfrecht zu unterscheiden.[46]

Das BVerfG hat ferner ausgeführt, der Gesetzgeber sei auch befugt, Regelungen zu treffen, die in den Schutzbereich des Art. 9 Abs. 3 GG eingreifen.[47] Dies kann aber nur gelten, wenn entsprechende Regelungen zum Schutz anderer verfassungsrechtlich gewährleisteter Rechtsgüter von der Sache her geboten sind. Dies weist auf eine Güterabwägung unter Berücksichtigung der Verhältnismäßigkeit[48] hin. Es ist eine Abwägung im Rahmen der „Praktischen Konkordanz" erforderlich. Ein generelles Arbeitskampfverbot wäre verfassungswidrig und daher nichtig.

Die Abstandnahme des BVerfG von dem Begriff des „Kernbereichs" hat nicht zu einer Erleichterung für die Bestimmung des Umfangs des Koalitionsgrundrechts und damit der Arbeitskampfgarantie beigetragen. Auch die Interpretation des BVerfG, es habe nur eine begriffliche Klarstellung vorgenommen und keine inhaltliche Änderung der Rechtsprechung konnte nicht zur Klärung der Angelegenheit beitragen. Nach der Einführung der neuen Begrifflichkeiten „koalitionsspezifisch" und „Unerlässlichkeit" wird sich vielmehr die Diskussion über den Umfang des Grundrechts auf diese Begriffe verlagern. Zudem ist fraglich, ob der Einschätzung des BVerfG, lediglich eine „Klarstellung" vorgenommen zu haben, überhaupt gefolgt werden kann. Die zitierten älteren Urteile sprechen eher gegen die vom BVerfG behauptete sachliche Kontinuität.

Auch die neue Auffassung des BVerfG, es könne erst bei der Einschränkung der Koalitionsfreiheit Bedeutung erlangen, ob eine koalitionsspezifische Betätigung für die Wahrnehmung der Koalitionsfreiheit unerlässlich sei, ist kaum behilflich für den Versuch, die Frage des Umfangs des Koalitionsgrundrechts zu klären. Die Auffassung läuft vielmehr auf eine Abwägung im Einzelfall hin-

---

[46] Vgl. auch BVerfG, Beschluss vom 26.06.1991 – 1 BvR 779/85, DB 1991, 1678, 1679, unter C I 2; *Wank*, FS für Kissel, 1225, 1226 ff.; *Lerche* NJW 1987, S. 2465, 2466; *Bieback/Mayer*, AuR 1982, S. 169, 171; *Dietz*, JZ 1959, S. 429 f.

[47] BVerfG, Beschluss vom 14.11.1995 – 1 BvR 601/92, E 93, 352, 359; BVerfG, Beschluss vom 02.03.1993 – 1 BvR 1213/85, E 88, 103, 114.

[48] Vgl. BVerfGE 30, 227, 243: In dieser Entscheidung zu Art. 9 Abs. 1 GG wird auf eine „Abwägung der sich gegenüberstehenden Interessen abgestellt".

aus, ohne eine Festlegung von allgemeinen Grundsätzen zu erreichen, anhand derer eine solche Abwägung im Einzelfall vorzunehmen ist.[49] Dies fördert jedoch nicht die Rechtssicherheit.

Ferner vernachlässigt das BVerfG die Frage, welche Güter der Koalitionsbetätigungsfreiheit und speziell der Arbeitskampffreiheit entgegengestellt werden dürfen. Es fehlen Anhaltspunkte für Maßstäbe, an denen solche Güter zu messen sind.

Zudem ist anzumerken, dass die Konzentration der Rechtsprechung und des Schrifttums auf die Frage des Verhältnisses zwischen gesetzlichen Regelungen mit dem unantastbaren Schutzbereich der Koalitionsfreiheit dazu geführt hat, dass bisher kaum die hier relevante Frage beachtet wurde, wie weit der Garantiegehalt des Art. 9 Abs. 3 GG in dem Fall reicht, in welchem der Gesetzgeber einen bestimmten Sachbereich überhaupt nicht geregelt hat und dies auch nicht beabsichtigt.

- Zwischenergebnis

Die konkrete rechtliche Ausgestaltung des Arbeitskampfes ist verfassungsrechtlich nicht geschützt. Die wesentlichen Grundzüge des Arbeitskampfes, welche für die Funktionsfähigkeit des Tarifsystems entscheidend sind, dürfen durch eine Ausgestaltung des Arbeitskampfrechts jedoch nicht beeinträchtigt werden.

bb. Art. 9 Abs. 1 GG

Neben Art. 9 Abs. 3 GG ist als verfassungsrechtliche Norm Art. 9 Abs. 1 GG zu beachten, nach dem alle Deutschen das Recht haben, Vereine und Gesellschaften zu bilden. Hieraus folgt das Recht der Koalitionen zur Autonomie in der internen Willensbildung und Organisation.[50] Dies gilt gemäß der Rechtsprechung des BVerfG im Prinzip auch für die Entscheidungen, die im Verlauf eines Tarifkonflikts über Arbeitskampf und Schlichtung zu treffen sind.[51]

Auf der anderen Seite ist der Staat nach Auffassung des BVerfG nicht gehindert, die Willensbildung und Organisation der Koalitionen wie für alle anderen

---

[49] Bisher lassen sich generell kaum allgemeingültige Aussagen über diese Frage finden. Vgl. *Brox/Rüthers-Rüthers*, Arbeitskampfrecht, Rn. 283 ff.

[50] *Jarass/Rieroth-Jarass*, GG, Art. 9 Rn. 9, 28-30; BVerfG, Urteil vom 1.3.1979, 1 BvR 532, 533/77, 419/78 und 1 BvL 21, 78, E 50, 290, 354 = AP Nr. 1 zu § 1 MitbestG ; BVerfG, Beschluss vom 15.06.1989 – 2 BvL 4/87, E 80, 244, 253.

[51] BVerfG, Urteil vom 04.07.1995 – 1 BvF 2/86 und 1, 2, 3, 4/87 und 1 BvR 1421/86, E 92, 365, 403 m.w.N.

Vereinigungen gesetzlich zu regeln.[52] Bei der Ausgestaltung von Organisation und Willensbildung müsse der Gesetzgeber sich aber am Schutzgut des Art. 9 Abs. 1 und 3 GG orientieren: Die Ausgestaltung müsse auf einen Ausgleich gerichtet sein, der geeignet ist, freie Assoziation und Selbstbestimmung der Vereinigungen unter Berücksichtigung der Notwendigkeiten eines geordneten Vereinslebens und der schutzbedürftigen sonstigen Belange zu ermöglichen und zu erhalten.[53] Der Ausgleich müsse insbesondere auch den Grundsatz der Verhältnismäßigkeit wahren.

b. Dispositivität

Es ist die Dispositivität des durch die zuvor genannten Normen geregelten Arbeitskampfrechts zu klären.

aa. Art. 9 Abs. 3 Satz 1 GG

Der Arbeitskampf ist als Hilfsinstrument der Tarifautonomie durch Art. 9 Abs. 3 GG geschützt. Aus der Funktion des Arbeitskampfes, sachgerechte Tarifverträge zu erkämpfen ergibt sich, dass die wesentlichen Elemente des Arbeitskampfes zwingend beachtet werden müssen. Es sind dabei diejenigen Grundsätze zwingend zu berücksichtigen, ohne die der Arbeitskampf seine Funktion nicht erfüllen kann. Eine Regelungsbefugnis der Betriebsparteien dürfte nicht dazu missbraucht werden, das funktionierende Arbeitskampfsystem zu stören.[54] Daher darf kein zur Regelung des Arbeitskampfes befugtes Organ die für das Funktionieren des Arbeitskampfes wesentlichen Elemente antasten. Hierzu gehört, dass beide Seiten den Arbeitskampf effektiv eröffnen und sich verteidigen können und dass ein prinzipielles Kampfgleichgewicht herrscht. Ein generelles Arbeitskampfverbot wäre verfassungswidrig und daher nichtig. Die Kampfmittel, deren Zulässigkeit und Folgen können hingegen abgestimmt werden, solange dadurch das prinzipielle Kampfgleichgewicht nicht ausgehebelt wird.

Als weiteres wesentliches Element wird das verfassungsrechtliche Gebot der Verhältnismäßigkeit mit der besonderen Ausprägung des Übermaßverbots angesehen. Die Betriebsparteien dürfen nicht stärker in die verfassungsmäßig

---

[52] BVerfG, Urteil vom 1.3.1979, 1 BvR 532, 533/77, 419/78 und 1 BvL 21, 78, E 50, 290, 368 = AP Nr. 1 zu § 1 MitbestG = EzA Nr. 1 (unter C III 2 a).

[53] BVerfG, Urteil vom 1.3.1979, 1 BvR 532, 533/77, 419/78 und 1 BvL 21, 78, E 50, 290, 368 = AP Nr. 1 zu § 1 MitbestG = EzA Nr. 1 (unter C III 2 a).

[54] Vgl. auch *Brox/Rüthers-Rüthers*, Arbeitskampfrecht, Rn. 284 f.; *Konzen*, ZfA 1980, 77 ff; *Richardi*, RdA 1986,146 ff; *Heinze*, FS Molitor S. 159, 172 ff.

geschützten Rechte Dritter eingreifen, als dies der Staat bei der gesetzlichen Ausgestaltung des Arbeitskampfrechtes darf.[55]

Insgesamt finden die wesentlichen zu beachtenden Elemente des Arbeitskampfrechts vor allem in den folgenden Grundsätzen ihren Ausdruck: der Verhandlungs- bzw. Kampfparität, der Kampfmittelfreiheit, der Gegnerreinheit sowie dem Prinzip der Verhältnismäßigkeit. Diese können durch Vereinbarung der Betriebspartner nicht umgangen werden.[56]

Aus Art. 9 Abs. 3 GG ergeben sich dagegen keine zwingenden Vorgaben über die detaillierte Ausgestaltung einer Arbeitskampfordnung, solange die genannten wesentlichen Grundsätze eingehalten werden. Regelungen, die das Kampfrecht lediglich ausgestalten, verstoßen daher nicht gegen Art. 9 Abs. 3 GG. Dies gilt auch dann, wenn das Kampfrecht damit eingeschränkt wird. Der Arbeitskampf ist somit zwar als Institution vom Schutzbereich des Art. 9 Abs. 3 GG umfasst, nicht aber dessen konkrete rechtliche Ausprägung. Es ist damit zulässig, die Rechtmäßigkeitsvoraussetzungen von Arbeitskämpfen zu bestimmen, auszugestalten oder fortzubilden.

Aus der verfassungsrechtlichen Gewährleistung des Arbeitskampfrechts in Art. 9 Abs. 3 GG ergibt sich folglich kein umfassendes und grundsätzliches Verbot für die Betriebsparteien, Fragen des Arbeitskampfes durch Betriebsvereinbarungen zu regeln. Da eine konkrete Gestaltung des Arbeitskampfrechts nicht von dem verfassungsrechtlichen Schutz erfasst ist, enthält das Verfassungsrecht insoweit auch kein zwingendes Recht. Die Betriebsparteien dürfen aber nicht gegen die zwingenden Grundsätze des Arbeitskampfrechts verstoßen. Sie müssen die für das Funktionieren einer Arbeitskampfordnung wesentlichen Elemente beachten.

bb. Art. 9 Abs. 1 GG

Wie zuvor dargelegt,[57] ist der Staat auch im Rahmen des Art. 9 Abs. 1 GG nach Auffassung des BVerfG nicht gehindert, die Willensbildung und Organisation der Koalitionen wie für alle anderen Vereinigungen gesetzlich zu regeln. Auch durch Art. 9 Abs. 1 GG werden daher nur die wesentlichen Elemente der

---

[55] Vgl. auch BAG GS, Beschluss vom 21.04.1971 – GS 1/68, E 23, 292, 306 = AP Nr. 43 zu Art. 9 GG – Arbeitskampf unter Teil III A 3 = AR-Blattei ES 170.1Nr. 3 (LS)=D-Blatt „Arbeitskampf I: Entsch. 3 m. Anm. *Löwisch; Löwisch-Löwisch/Rieble*, Arbeitskampf- und Schlichtungsrecht, SD 170.1 Rn. 123 (125).

[56] Zu tariflichen Regelungen vgl. *Löwisch/Rieble,* TVG § 1 Rn. 280; *Löwisch*, NZA 1988, Beilage 2 S. 3, 5; *Brox/Rüthers-Rüthers*, Arbeitskampfrecht, Rn. 284; kritisch: *Däubler-Schumann*, Arbeitskampfrecht, Rn. 209 f., *Buchner,* AR-Blattei D-Blatt „Tarifvertrag V" Inhalt des Tarifvertrages unter A IV.

[57] Siehe unter § 6 I. a. bb.

Vereinigungsfreiheit und damit der internen Willensbildung und Organisation als zwingend zu beachtende Grundsätze geschützt. Alle Organe müssen somit bei etwaiger Regel- oder Rechtsetzung die wesentlichen Grundsätze der Willensbildung der Tarifparteien beachten. Dagegen enthält auch Art. 9 Abs. 1 GG keine zwingenden Vorgaben über die genaue Ausgestaltung der Vereinigungsfreiheit.[58]

Aus diesem Grundrecht ergeben sich daher keine zwingenden Vorgaben für die konkrete Ausgestaltung der Willensbildung und Organisation im Arbeitskampf. Damit ist die konkrete Ausprägung auch nicht zwingendes Recht. Aus Art. 9 Abs. 1 GG ergibt sich damit kein umfassendes Verbot für die Regelung des Arbeitskampfes durch Betriebsvereinbarungen.

2. Landesverfassungen

Einige Landesverfassungen enthalten ausdrückliche Regelungen über den Arbeitskampf. Der Begriff „Arbeitskampf" wird allerdings nicht verwendet. Es wird lediglich vom Streik- bzw. Aussperrungsrecht gesprochen.

a. Streik

Die Landesverfassungen der Länder Berlin[59], Brandenburg[60], Bremen[61], Hessen[62], Rheinland-Pfalz[63] und Saarland[64] erkennen das Streikrecht an bzw. gewährleisten es. Alle diese Bestimmungen binden dabei das Streikrecht an die Gewerkschaften. In den Verfassungen von Bremen, Hessen, Rheinland-Pfalz und des Saarlandes geschieht das ausdrücklich. Für Berlin und Brandenburg ergibt sich dies aus der systematischen Stellung der Vorschrift in dem Artikel über die Vereinigungs- und Versammlungsfreiheit.

Damit haben die Bestimmungen der Landesverfassungen keine über die sich aus Art. 9 Abs. 3 GG ergebende Gewährleistung des Streikrechts hinausge-

---

[58] So bleibt wie bei Art. 9 Abs. 3 GG grundsätzlich der (Bundes-) Gesetzgeber zur Ausgestaltung der Vereinigungsfreiheit zuständig.

[59] Art. 18 Abs. 3 der Verfassung von Berlin: „Das Streikrecht ist gewährleistet".

[60] Art. 51 Abs. 2 Satz 3 der Verfassung von Brandenburg: „Das Streikrecht wird gewährleistet".

[61] Art. 51 Abs. 3 der Verfassung der Freien Hansestadt Bremen: „Das Streikrecht der wirtschaftlichen Vereinigungen wird anerkannt."

[62] Art. 29 Abs. 4 der Verfassung des Landes Hessen: „Das Streikrecht wird anerkannt, wenn die Gewerkschaften den Streik erklären."

[63] Art. 66 Abs. 2 der Verfassung von Rheinland-Pfalz: „Das Streikrecht der Gewerkschaften im Rahmen der Gesetze wird anerkannt."

[64] Art. 56 Abs. 2 Sätze 2 und 3 der Verfassung des Saarlandes: „Das Streikrecht der Gewerkschaften ist im Rahmen der Gesetze anerkannt. Streiks dürfen erst dann anerkannt werden, wenn alle Schlichtungs- und Verhandlungsmöglichkeiten erschöpft sind."

hende Bedeutung. Es kann nicht angenommen werden, dass die Länderverfassungen eine Garantie eines Gewerkschaftsstreiks geben wollten, die über das hinausgeht, was für das Funktionieren der Tarifvertragsordnung erforderlich ist.[65]

b. Aussperrung

Die Verfassung des Landes Hessen enthält zudem ein Aussperrungsverbot.[66] Dieses Verbot ist jedoch nach Art. 31 GG nichtig. Es lässt sich nicht mit der aus Art. 9 Abs. 3 GG abzuleitenden Gewährleistung des Arbeitskampfes vereinbaren, die eine Garantie auch der Aussperrung als Angriffs- und Verteidigungsmittel der Arbeitgeberseite in Tarifkonflikten umfasst.[67]

II. (Einfaches) Gesetzesrecht

Ferner kommt eine einfachgesetzliche Regelung in Betracht.

1. Regelung des Arbeitskampfes

Grundsätzlich ist der (Bundes-) Gesetzgeber für die Regelung des Arbeitskampfes zuständig.[68] Bisher hat dieser aber keine Gesetze erlassen, welche

---

[65] Im Ergebnis ebenso: BAG GS, Beschluss vom 28.01.1955, E 1, 291 ff., = AP Nr. 1 zu Art. 9 GG Arbeitskampf, Bl. 4; BAG, Urteil vom 20.12.1963 – 1 AZR 428/62, E 15, 174 193; *Brox/Rüthers-Rüthers*, Arbeitskampfrecht, Rn. 99; *Löwisch-Löwisch/Rieble*, Arbeitskampf- und Schlichtungsrecht, 170.1, Rn. 94; *Seiter*, Streikrecht, S. 127 f.; a.A. *Däubler-Däubler*, Arbeitskampfrecht, Rn. 98 ff.

[66] Art. 29 Abs. 5 der Verfassung des Landes Hessen bestimmt: „Die Aussperrung ist rechtswidrig".

[67] Für die Abwehraussperrung BVerfG, Beschluss vom 26.06.1991 – 1 BvR 779/85, E 84, 212, 225; = AP Nr. 117 zu Art. 9 GG Arbeitskampf = AR-Blattei [D] „Arbeitskampf III: Entsch. 15" mit Anm. *Löwisch* = BVerfG, Beschluss vom 02.03.1993 – 1 BvR 1213/85, E 88, 103, 114; Vgl. auch BAG, Urteil vom 10.06.1980 – 1 AZR 822/79, E 33, 140 ff. = AP Nr. 64 zu Art. 9 GG Arbeitskampf, Bl. 4 R. f. und BAG, Urteil vom 10.06.1980 – 1 AZR 168/79, E 33, 185 ff. = AP Nr. 65 zu Art. 9 GG Arbeitskampf, allerdings mit der Begründung, das Aussperrungsverbot verstoße gegen das das Arbeitskampfrecht mitumfassende Bundestarifrecht; bestätigt von BAG, Urteil vom 26.04.1988 – 1 AZR 399/86, E 58, 138 ff. = AP Nr. 101 zu Art. 9 GG Arbeitskampf (LS), wonach das Aussperrungsverbot nichtig ist, „soweit nach Bundesrecht die Aussperrung zulässig ist".

[68] Das Grundgesetz enthält zwar keine ausdrückliche Kompetenzregelung für das Arbeitskampfrecht. Das Arbeitskampfrecht gehört jedoch ebenso wie das Tarifrecht, in dessen Dienst es steht, zum Arbeitsrecht, für das der Bund nach Art. 74 Nr. 12 GG die Befugnis zur konkurrierenden Gesetzgebung hat. Vgl. *Maunz/Dürig-Maunz*, GG, Art. 74 Rn. 165; *Jarass/Pieroth-Pieroth*, GG, Art. 74, Rn. 29; Lieb, NZA 1985, 265, 268; *MünchArbR-Löwisch/Rieble*, § 242 Rn. 15. Zur ungeschrieben ausschließlichen Gesetzgebungskompetenz vgl. *Löwisch-Löwisch/Rieble*, Arbeitskampf- und Schlichtungsrecht, 170.1, Rn. 121; zur Bundeszuständigkeit kraft Sachzusammenhangs vgl. etwa BVerfG, Beschluss vom 09.12.1987 – 2 BvL 16/84, BVerfGE 77, 288 ff.

die Materie des Arbeitskampfrechts ausdrücklich und ausführlich regeln. Der Gesetzgeber hat von seiner Zuständigkeit zur Regelung des Arbeitskampfrechts bisher nur sehr eingeschränkten Gebrauch gemacht. So ist das Arbeitskampfrecht lediglich in Bezug auf einzelne Fragestellungen normiert.[69] Die Widerstände der Gewerkschaften und Arbeitgeberverbände gegen in diesem Bereich geplante Gesetzesvorhaben waren bisher zu stark. Hier zeigt sich, dass das Arbeitskampfrecht ein sehr kontroverses, häufig nicht von sozialem Konsens getragenes Gebiet ist.

Da der Arbeitskampf ein notwendiges Mittel zur Aushandlung der Regelungen des Tarifvertrages ist, muss das Arbeitskampfrecht mit Blick auf die Tarifautonomie gesehen werden.[70] Auch das Tarifvertragsgesetz, das Rechtsgrundlage für die Regelung der Arbeits- und Wirtschaftsbedingungen durch Abschluss von Tarifverträgen ist, enthält keine direkten Bestimmungen über den Arbeitskampf. Aus § 1 Abs. 1 TVG kann jedoch eine (einfach-) gesetzlich normierte Kompetenz der Tarifparteien zur Regelung des Arbeitskampfes abgeleitet werden. Gemäß § 1 Abs. 1 TVG regelt der Tarifvertrag, der ja von den Tarifparteien ausgehandelt wird, die Rechte und Pflichten der Tarifvertragsparteien. Des Weiteren enthält er Rechtsnormen, die den Inhalt, den Abschluss und die Beendigung von Arbeitsverhältnissen sowie betriebliche und betriebsverfassungsrechtliche Fragen ordnen können. Der Arbeitskampf ist ein notwendiges Mittel zur Aushandlung der Regelungen des Tarifvertrages und daher Funktionsvoraussetzung für die Tarifautonomie. Die gemäß § 1 Abs. 1 TVG von den Tarifparteien im Tarifvertrag selbst zu regelnden Rechte und Pflichten umfassen daher auch die Frage der Zulässigkeit von Arbeitskampfmassnahmen im Verhältnis der Tarifvertragsparteien zueinander.[71] Im normativen Bereich des Tarifvertrages können die Tarifparteien nach dem Vorgesagten grundsätzlich auch die Zulässigkeit und die Rechtsfolgen von Arbeitskämpfen im Arbeitsverhältnis festlegen.[72]

2. Dispositivität

Da es bisher keine gesetzlich geregelte Arbeitskampfordnung gibt, stellt sich auch nicht die Frage nach deren Dispositivität. Zumindest bis zum gegenwärtigen Zeitpunkt steht einer Regelung des Arbeitskampfes durch Betriebsver-

---

[69] Für den Arbeitskampf gibt es bisher nur vereinzelt Regelungen, die spezielle Fragen betreffen: Vgl. § 146 SGB III, § 2 Abs. 1 Nr. 2 ArbGG, § 11 Abs. 5 AÜG, § 74 Abs. 2 S. 1 BetrVG, § 66 Abs. 2 BPersVG, § 25 KSchG.

[70] Vgl. *Brox/Rüthers-Rüthers*, Arbeitskampfrecht, Rn. 99; *G. Müller*, Arbeitskampf, S. 13.

[71] Hierbei handelt es sich um den schuldrechtlichen Teil des Tarifvertrages. Vgl. nur *Löwisch-Löwisch/Rieble*, Arbeitskampf- und Schlichtungsrecht, 170.1, Rn. 123.

[72] Z. B. Lohnfortzahlung bei kurzen Warnstreiks oder Wiedereinstellung nach lösender Aussperrung. Im Einzelnen siehe *Löwisch*, Arbeitskampf- und Schlichtungsrecht, SD 170.1, Rn. 124; *Löwisch/Rieble*, TVG § 1 Rn. 601 ff.

einbarungen kein zwingend ausgestaltetes (einfach-) gesetzliches Recht entgegen. Es ist in naher Zukunft auch nicht damit zu rechnen, dass der Bundesgesetzgeber eine Arbeitskampfordnung erlassen wird.

Unabhängig hiervon wird aber diskutiert, ob der Gesetzgeber überhaupt befugt ist, eine Arbeitskampfordnung als ius cogens auszugestalten. Insbesondere *Löwisch* bejaht dies mit der Begründung, dass die staatliche Regelungskompetenz den Schutz der Allgemeinheit, Dritter, und der Mitglieder der Koalitionsbetätigung im Arbeitskampf umfasse.[73] Nach anderer Auffassung ist dagegen aus dem verfassungsrechtlichen Schutz der Tarifautonomie eine Verpflichtung für den Staat abzuleiten, sich ganz oder teilweise mit der Setzung tarifdispositiven Rechts zu begnügen.[74]

Meines Erachtens ergibt sich insoweit auch aus § 1 Abs. 1 TVG ein Anhaltspunkt. Wie dargelegt weist § 1 Abs. 1 TVG den Tarifparteien die Kompetenz zu, Regelungen über den Arbeitskampf zu treffen. Grundsätzlich fällt die Regelung des Arbeitskampfes jedoch in den Zuständigkeitsbereich des (Bundes-) Gesetzgebers.[75] Damit zeigt § 1 Abs. 1 TVG, dass die Tarifparteien neben dem Bundesgesetzgeber zur Regelung des Arbeitskampfes zuständig sind. Auch wenn der Gesetzgeber somit von seiner Rechtsetzungskompetenz bezüglich des Arbeitskampfrechts Gebrauch machen würde, wäre er nicht befugt, eine umfassende, zwingende Arbeitskampfordnung zu schaffen. Damit würde er den Tarifparteien die ihr in § 1 Abs. 1 TVG gegebene Kompetenz zur Regelung auch des Arbeitskampfes nehmen.

III. Internationale Quellen

Des Weiteren finden sich in internationalen Quellen einzelne Vorschriften über den Arbeitskampf.[76] Diese gehen aber nicht über das hinaus, was die deut-

---

[73] *Löwisch*, Arbeitskampf- und Schlichtungsrecht, SD 170.1, Rn. 156; *ders.*, TVG, Grundlagen, Rn. 47 f.

[74] *Kloepfer*, NJW 1985, 2497, 2503; vgl. auch *Hergenröder*, Anm. zu BAG vom 30.08.1994, SAE, 1996, 323, 326 mit Verweis auf die Aufforderung des BAG an die Tarifpartner, tarifvertragliche Arbeitskampfordnungen zu schaffen.

[75] Siehe oben unter § 6 II. 1.

[76] Übereinkommen Nr. 87 vom 09.07.1948 über die Vereinigungsfreiheit und Nr. 98 vom 01.07.1949 über die Anwendung der Grundsätze des Vereinigungsrechts und des Rechtes zu Kollektivverhandlungen der Internationalen Arbeitsorganisation (ILO); Art. 6 Nr. 4 der Europäischen Sozialcharta von 1961 (ESC): über das Recht auf Kollektivverhandlungen, Art. 11 der Menschenrechtskonvention (MRK): über die Koalitionsfreiheit; Art. 117 EWG-Vertrag: über das europäische Arbeitskampfrecht (str.); Die „Gemeinschaftscharta der sozialen Grundrechte der Arbeitsnehmer" enthält eine Gewährleistung des Rechts, „bei Interessenkonflikten Kollektivmaßnahmen zu ergreifen" einschließlich des Streikrechts. Diese Charta ist aber unverbindlich. Im Hinblick auf internationale Arbeitskämpfe vgl. *Hergenröder*, Internationales Arbeitskampfrecht, S. 381, 388 ff., 392.

sche Verfassung in Art. 9 GG ohnehin gewährleistet.[77] Teilweise fehlt es solchen internationalen Regelungen auch an der unmittelbaren Anwendbarkeit.[78]

Aus den internationalen Quellen ergeben sich damit für die Frage der Regelbarkeit und der Dispositivität des deutschen Arbeitskampfrechts keine wesentlichen zusätzlichen Anhaltspunkte.

IV. Gesetzesvertretendes „Richterrecht"[79]

Ferner ist an eine Regelung durch gesetzesvertretendes „Richterrecht" zu denken.

1. Regelung des Arbeitskampfes

Da bisher keine Arbeitskampfordnung kodifiziert worden ist, sind die Grundsätze des Arbeitskampfrechts im Wesentlichen durch die Rechtsprechung des BVerfG und des BAG aufgestellt worden. Arbeitskampfrecht ist in der Bundesrepublik Deutschland wie in vielen anderen Ländern[80] vorwiegend Richterrecht.[81] Insgesamt sind eine Fülle von Entscheidungen ergangen, durch die

---

[77] Vgl. BVerfG, Beschluss vom 20.10.1981 – 1 BvR 404/78, E 58, 233, 255 = AP Nr. 31 zu § 2 TVG bzgl. Nr. 87 und 98 der IAO und der Europäischen Sozialcharta; BAG, Urteil vom 10.06.1980 – 1 AZR 822/79, E 33, 140 ff. = AP Nr. 64 zu Art. 9 GG Arbeitskampf, Bl. 6 R. zu Teil II Art. 6 Nr. 4 der Europäischen Sozialcharta vom 18.10.1961; vgl. auch *Scholz/Konzen*, Aussperrung, S. 61 ff m.w.N.

[78] So die herrschende Auffassung bzgl. Art. 6 Nr. 4 der ESC, vgl. *Gamillscheg*, kollektives Arbeitsrecht, Bd. 1, S. 959 m.w.N. in Fn. 277; *Scholz/Konzen*, Aussperrung, S. 61 ff m.w.N.

[79] Zum Begriff des „Richterrechts" vgl. § 6 Fn. 1.

[80] Siehe den umfassenden Überblick bei *Birk*, RdA 1986, 205 ff.

[81] Die Grundsätze des Arbeitskampfrechts sind dabei insbesondere durch drei herausragende richtungweisende Entscheidungen des BAG festgesetzt worden. Diese sollen kurz skizziert werden: Am Anfang steht die Entscheidung des BAG, sog. Aussperrung I - Entscheidung (BAG GS, Beschluss vom 28.1.1955 – GS 1/54, E 1, 291 ff. = AP Nr. 1 zu Art. 9 GG Arbeitskampf), in dem das Gericht die kollektive Sicht des Arbeitskampfes begründet, die Figur der lösenden Aussperrung eingeführt und die Zulässigkeit des Arbeitskampfes unter die allgemeine Formel der Sozialadäquanz gestellt hat: Ein „bahnbrechender Einschnitt" in das damals geltende Recht (so u.a. *Seiter*). Bis heute gilt hiervon insbesondere die Rechtfertigung der Streikteilnahme mit der Folge der Suspendierung der Pflichten aus dem Arbeitsvertrag. Sozialadäquanz und lösende Aussperrung wurden in der Folgezeit dagegen wieder fallengelassen. Zweite Leitentscheidung ist die sog. Aussperrung II – Entscheidung (BAG, GS, Beschluss vom 21.4.1971- 1 GS 1/68, E 23, 292 ff = AP Nr. 43 zu Art. 9 GG Arbeitskampf) Sie stellt das Arbeitskampfrecht unter die Grundregel der Verhältnismäßigkeit. Einen dritten wichtigen Platz nehmen schließlich Entscheidungen des Ersten Sentas von 1980 ein (BAG, Urteil vom 10.06.1980 – 1 AZR 822/79, E 33, 140 ff. = AP Nr. 64 zu Art. 9 GG Arbeitskampf, Bl. 4 R. f. und BAG, Urteil vom 10.06.1980 – 1 AZR 168/79, E 33, 185 ff. = AP Nr. 65 zu Art. 9 GG Arbeitskampf). In ihnen wird die Aussperrung in Anwendung des Verhältnismäßigkeitsgrundsatzes beschnitten, ihre grundsätzliche Zulässigkeit jedoch bestätigt. (Das BVerfG hat diese Rechtssprechung im We-

das Gerüst eines Arbeitskampfrechts geschaffen worden ist.[82] Dieses Gerüst haben die Betroffenen - bei aller Kritik im Einzelnen - zur Grundlage ihres Handelns gemacht.

Dabei darf die Rechtsprechung das Recht nicht setzen, sondern muss dieses anwenden. Der Grundsatz der Gewaltenteilung darf nicht umgangen werden. Bei der Anwendung des Rechts bilden die Vorgaben des Gesetzgebers die Grundlagen der Rechtsfindung.[83]

Dies gilt auch für den Fall, dass eine Materie gesetzlich nicht geregelt ist. Das BVerfG hat hierzu folgendes ausgeführt:[84]

> „Die Gerichte müssen bei unzureichenden gesetzlichen Vorgaben das materielle Recht mit den anerkannten Methoden der Rechtsfindung aus den allgemeinen Rechtsgrundlagen ableiten, die für das betreffende Rechtsverhältnis maßgeblich sind. Das gilt auch dort, wo eine gesetzliche Regelung, etwa wegen einer verfassungsrechtlichen Schutzpflicht notwendig wäre.

Die Gerichte leiten die Grundsätze im Rahmen des Arbeitskampfrechts im Wesentlichen aus Art. 9 Abs. 3 GG ab.

2. Wesentlichkeitslehre des BVerfG

Teilweise wird gegen das Richterrecht unter Verweis auf die Wesentlichkeitstheorie des BVerfG eingewendet, dass die Regelung des Arbeitskampfes dem Gesetzgeber vorbehalten sei.[85]

---

sentlichen bestätigt: BVerfG, Beschluss vom 26.06.1991 – 1 BvR 779/85, E 84, 212 ff = AP Nr. 117 zu Art. 9 GG Arbeitskampf).

[82] Vgl. *Lieb*, NZA 1985, 265, 267; *Kalb*, RdA 1994, 385, 386; kritisch *Konzen*, AfP 1984, 1, 3.

[83] BAG, Urteil vom 10.06.1980 – AZR 168/79, AP Nr. 65 zu Art. 9 GG Arbeitskampf, unter B. II. 3. der Gründe, Bl. 7.; BAG, Urteil vom 10.06.1980 – AZR 822/79, AP Nr. 64 zu Art. 9 GG Arbeitskampf, Bl. 9.

[84] BVerfG, Beschluss vom 26.06.1991 – 1 BvR 779/85, DB 1991, 1679 mit Verweis auf BVerfG, BVerfGE 81, 242, 256 = DB 1990, S. 574.

[85] Einerseits wird vorgetragen, nur der Gesetzgeber könne Regelungen über wichtige Belange wie das Arbeitskampfrecht erlassen und Eingriffe in die Rechte Dritter gestatten; vgl. *Kloepfer*, NJW 1985, 2502 f.; *Seiter*, RdA 1986, 171; *Friauf*, RdA 1986, 188, 192; zur Wesentlichkeitslehre: BVerfG, Beschluss vom 08.08.1978 – 2 BvL 8/77, E 49, 89, 126 m.w.N.; *Maunz/Dürig/Herzog/Scholz-Herzog*, Bem. VI 85 zu Art. 20 GG; vgl. auch *Stern*, Staatsrecht I, § 20 IV 4, S. 812 ff.; *Ossenbühl*, Grundgesetz, S. 208 ff. Andere Stimmen halten die Wesentlichkeitslehre dagegen nicht auf das Arbeitskampfrecht anwendbar: vgl. *Löwisch-Löwisch/Rieble*, Arbeitskampf- und Schlichtungsrecht, 170.1 Rn. 135 ff.; *Däubler-Däubler*, Arbeitskampfrecht, Rn. 105.

Nach der Wesentlichkeitslehre des BVerfG[86] ist der Gesetzgeber verpflichtet, in grundlegenden normativen Bereichen, zumal im Bereich der Grundrechtsausübung, alle wesentlichen Entscheidungen selbst zu treffen. Falls die Wesentlichkeitslehre Anwendung fände, müsste der Gesetzgeber die grundlegenden Regelungen treffen und könnte dies nicht anderen Organen wie den Gerichten, den Tarifpartnern bzw. den Betriebsparteien überlassen.

Das BVerfG hat einmal zur Klärung der Frage, ob aus Art. 9 Abs. 3 GG ein eigenständiges Zugangsrecht des gewerkschaftlichen Beauftragten abgeleitet werden kann, in der Tat auf den Gesetzgeber verwiesen.[87] Im übrigen hat das BVerfG jedoch klargestellt, dass die Wesentlichkeitslehre für die Regelung des Arbeitskampfes nicht einschlägig sei.[88] Es gehe beim Arbeitskampfrecht nicht um staatliche Eingriffe in die grundrechtliche Freiheitssphäre, sondern um das Verhältnis gleichgeordneter Grundrechtsträger. In diesem Bereich habe die Wesentlichkeitslehre keine Geltung. Nur dort, wo der Staat hoheitlich handelnd in den Arbeitskampf eingreife, wie das zum Beispiel beim Beamteneinsatz für bestreikte Arbeitsplätze der Fall sei, bedürfe es einer gesetzlichen Regelung.[89] Damit wird der Einwand der Erforderlichkeit eines Gesetzes jedenfalls wesentlich entkräftet.

3. Dispositivität

Die Gerichte können die durch Richterrecht aufgestellten Grundsätze zwingend oder dispositiv ausgestalten.[90] Das BAG hat die Sozialpartner mehrfach dazu aufgefordert, tarifvertragliche Arbeitskampfordnungen zu schaffen.[91] Es hat damit die in seiner Rechtsprechung aufgestellten Grundsätze des Arbeitskampfrechts dispositiv ausgestaltet. Vor allem ist hier der Beschluss des Großen Senats im Spielbankfall (sog. Zweite Aussperrungsentscheidung)[92] von Bedeutung: Der Große Senat führt hierin unter anderem aus:[93]

---

[86] Vgl. die Kalkar-Entscheidung vom 08.08.1978: BVerfG, Beschluss vom 08.08.1978 – 2 BvL 8/77, E 49, 89, 126 m.w.N.

[87] BVerfG, Beschluss vom 17.02.1981 – 2 BvR 384/78 = E 57, 220, 246 = AP Nr. 9 zu Art. 140 GG; hiergegen siehe *Gamillscheg*, ArbR/I, S. 260 m.w.N. und 951.

[88] BVerfG, Beschluss vom 26.06.1991 – 1 BvR 779/85, E 84, 212, 226; BVerfG, Beschluss vom 02.03.1993 – 1 BvR 1213/85, E 88, 103, 116; zustimmend: *Ipsen*, DVBl. 1984, S. 1102, 1105 f.

[89] BVerfG, Beschluss vom 02.03.1993 – 1 BvR 1213/85, E 88, 103, 116.

[90] Vgl. nur *Adomeit*, SAE 67, 237, 239.

[91] BAG GS, Beschluss vom 21.04.1971– GS 1/68, E 23, 292, 307 = AP Nr. 43 zu Art. 9 GG Arbeitskampf

[92] BAG GS, Beschluss vom 21.04.1971 – GS 1/68, E 23, 292 ff. = AP Nr. 43 zu Art. 9 GG Arbeitskampf.

[93] BAG GS Beschluss vom 21.04.1971 – GS 1/68, E 23, 292, 307 f. = AP Nr. 43 zu Art. 9 GG Arbeitskampf, Bl. 310.

„... Darüber hinaus sind Vereinbarungen zwischen den Tarifvertragsparteien über die Austragung der Interessengegensätze erforderlich. Solche Regelungen und Vereinbarungen sind grundsätzlich ähnlich dem Vorrangprinzip des Tarifvertrages gegenüber gesetzlichen Vorschriften anzuerkennen. Sie zu setzen ist in erster Linie Recht und Pflicht der Tarifvertragsparteien als Ausfluss der Tarifautonomie." (..., beispielhafte Aufzählung einiger Arbeitskampfregeln wie Regelungen über Erhaltungsarbeiten, Maßregelungsverbote und Wiedereinstellungen, Anm. der Verf.). „Wenn und solange derartige Vereinbarungen noch nicht bestehen, ist nach dem Grundsatz der Verhältnismäßigkeit zu prüfen, ob ein Arbeitskampf nach Anlass, Beginn, Art der Durchführung und weiterer Entwicklung rechtlich zulässig ist. ..."

Das BAG betont somit in seiner Arbeitskampfrechtsprechung die Befugnis der Tarifparteien zur Regelung des Arbeitskampfes. An anderer Stelle bestätigt der 1. Senat des BAG, dass das Tarifrecht die Möglichkeit zur Vereinbarung autonomer Arbeitskampfordnungen biete, die vor allem den Grundsatz der Verhältnismäßigkeit unter Beachtung seiner Merkmale konkretisieren könnten und insoweit auch nicht an die Rechtsprechung des BAG gebunden seien.[94]

Das BAG hat damit in seiner Rechtsprechung die grundsätzliche Dispositivität des richterrechtlichen Arbeitskampfrechtes festgestellt.[95] Die Grenzen der Dispositivität hat das BAG jedoch nicht vorgegeben. So sind die vorerwähnten Ausführungen des Großen Senats im Spielbankfall in der Literatur vereinzelt dahingehend interpretiert worden, dass nur solche Rechtsregeln zur Disposition gestellt worden seien, die aus dem Grundsatz der Verhältnismäßigkeit abzuleiten seien.[96] Der Große Senat habe dagegen keine grundsätzliche Dispositivität befürworten wollen.

Eine derartige Beschränkung der Dispositivität lässt sich jedoch dem vorgenannten Urteil nicht entnehmen. Insbesondere spricht gegen eine solche Auslegung die Nennung der für notwendig bzw. sinnvoll erachteten Arbeitskampf-

---

[94] BAG, Urteil vom 10.06.1980 – 1 AZR 822/79, E 33, 140 ff. = AP Nr. 64 zu Art. 9 GG Arbeitskampf, Bl. 15 mit Verweis auf BAG GS Beschluss vom 21.04.1971 – GS 1/68, E 23, 292, 307 f. = AP Nr. 43 zu Art. 9 GG Arbeitskampf, zu Teil III. A 3 und C 5 der Gründe.

[95] So auch *Hergenröder*, Anm. zum Urteil des BAG vom 30.08.1994 – 1 ABR 10/94, SAE 1996, 326.; *Brox/Rüthers-Rüthers*, Arbeitskampfrecht , Rn. 281; Das BAG ist auch dazu befugt, das Arbeitskampfrecht – unter Beachtung der verfassungsrechtlichen Vorgaben – dispositiv auszugestalten. So auch *Löwisch-Löwisch/Rieble*, Arbeitskampf- und Schlichtungsrecht, SD 170.1, S. 59, Rn. 158; *Adomeit*, Rechtsquellenfragen, S. 37 ff., 160; vgl. auch *Herschel*, AuR 1972, 129, 135; *ders.*, DB 1971, 2114, 2115; *Preis*, ZfA 1972, 271, 280; *Redeker*, NJW 1972, 409, 411; *Reuß*, AuR, 1972, 136, 143; kritisch: *Konzen*, ZfA 1980, 77, 94 f.

[96] *G. Müller*, Arbeitskonflikte S. 76.

klauseln, welche die Tarifparteien nach Ansicht des BAG verbindlich aufstellen sollen.[97] Zudem hätte das BAG eine solche wesentliche Beschränkung der von ihm erläuterten Dispositivität wohl eindeutig genannt. Es ist damit davon auszugehen, dass das Richterrecht des BAG grundsätzlich dispositiv ist.

V. Tarifliche Regelung

Wie dargelegt ergibt sich aus § 1 Abs. 1 TVG die Zuständigkeit der Tarifpartner, Regelungen über den Arbeitskampf zu treffen.[98] Die konkreten Grenzen der Vereinbarungsbefugnis der Tarifparteien sind dabei zwar umstritten.[99] Die grundsätzliche Möglichkeit der Tarifparteien, in Tarifverträgen die Grundlagen und Ausgestaltungen des Arbeitskampfes regeln, wird jedoch nicht bezweifelt.

Neben der Frage, ob das gesetzlich statuierte bzw. richterrechtlich geschaffene Arbeitskampfrecht zwingend ist, ist daher auch zu beachten, ob die durch die Tarifparteien aufgestellten Regelungen zwingend sind und ob bzw. inwieweit tarifliche Regelungen die Regelung durch Betriebsvereinbarungen ausschließen.

Sowohl Tarifparteien als auch Betriebsparteien können - auf unterschiedlicher Ebene und unter unterschiedlichen Voraussetzungen - Regelungen über Arbeitsbedingungen im weitesten Sinne treffen.[100] Es ist daher das Gebiet der Kompetenzabgrenzung betroffen. Auf die Frage des Verhältnisses von tariflichen zu betrieblichen Regelungen ist im Zusammenhang mit der Behandlung der funktionellen Zuständigkeit einzugehen.[101]

VI. Ergebnis

Das Institut Arbeitskampfrecht ist als Teil der Koalitionsfreiheit verfassungsrechtlich geschützt. Die Grenze für die Wirksamkeit von Arbeitskampfregeln wird überschritten, wenn durch derartige Regelungen die Funktionsfähigkeit der Tarifautonomie oder die wesentlichen Prinzipien des Arbeitskampfrechts beeinträchtigt werden. Die wesentlichen Grundsätze des Arbeitskampfrechts sind daher von allen Organen der Recht- und Regelsetzung zwingend zu be-

---

[97] Arbeitskampfregeln wie Regelungen über Erhaltungsarbeiten, Maßregelungsverbote und Wiedereinstellungen.

[98] Vgl. oben unter § 6 II. 1.

[99] Vgl. *Löwisch/Rieble*, TVG, § 1 Rn. 301 ff. sowie Grundlagen, Rn. 46; *Gamillscheg*, Koll. ArbR I., S. 964 ff.; *Kempen/Zachert*, TVG, § 1 Rn. 336 m.w.N. sowie Grundlagen, 123 ff.; *Konzen*, ZfA 1980, 77, 101 ff.; *Loritz*, ZfA 1982, 77, 95 ff; *Zöllner*, Maßregelungsverbote, S. 31 ff.; BAG GS, Beschluss vom 21.04.1971 – GS 1/68, BAGE 23, 292 ff. = AP Nr. 43 zu Art. 9 GG Arbeitskampf.

[100] Vgl. § 1 Abs. 1 TVG und § 87, 88, 77 Abs. 3 BetrVG.

[101] Siehe unter § 8 IV.

achten. Neben den verfassungsrechtlichen Vorgaben bestehen keine zwingenden gesetzlichen Normierungen über das Arbeitskampfrecht.

Das Arbeitskampfrecht wird derzeit hauptsächlich von der Rechtsprechung gestaltet. Das BAG hat die Tarifparteien ausdrücklich aufgefordert, tarifliche Regelungen über den Arbeitskampf zu treffen. Damit hat es seine durch Rechtsprechung aufgestellten Grundsätze des Arbeitskampfrechts zumindest grundsätzlich dispositiv ausgestaltet. Das BAG ist dabei nicht darauf eingegangen, ob und inwieweit dies auch für Regelungen durch Betriebsvereinbarungen gilt. Das ändert aber nichts an der grundsätzlichen Dispositivität des richterrechtlichen Arbeitskampfrechts.

§ 7 Möglicher Inhalt von Betriebsvereinbarungen mit Auswirkungen auf Arbeitskämpfe

Ist geklärt, dass das Arbeitskampfrecht grundsätzlich dispositiv ausgestaltet ist und somit der Weg für eine Regelung des Arbeitskampfes durch die Betriebsparteien zumindest grundsätzlich eröffnet ist, soll zunächst ein Blick auf die Möglichkeiten der inhaltlichen Ausgestaltung von Betriebsvereinbarungen mit Arbeitskampfbezug geworfen werden. Betriebsvereinbarungen unterschiedlichsten Inhalts können Auswirkungen auf Arbeitskämpfe entfalten.

I. Betriebsvereinbarungen mit nicht beabsichtigter Auswirkung auf Arbeitskämpfe

Häufig werden Betriebsparteien Vereinbarungen schließen, ohne an deren mögliche Auswirkungen auf einen zukünftigen Arbeitskampf zu denken. Hier stellt sich die Frage, ob solche Vereinbarungen überhaupt in Zeiten des Arbeitskampfes Anwendung finden.

1. Geltung für Zeiten des Arbeitskampfes

Um herauszufinden, ob eine Betriebsvereinbarung in Zeiten des Arbeitskampfes Geltung entfaltet, ist zunächst der ausdrückliche Inhalt der Betriebsvereinbarung zu untersuchen. Falls die Vereinbarung die Anwendbarkeit oder Nichtanwendbarkeit für Zeiten des Arbeitskampfes ausdrücklich regelt, ergeben sich keine Schwierigkeiten. In der Praxis wird in Betriebsvereinbarungen aber nur selten eine Regelung über die Geltung bzw. ein Vorbehalt für die Zeit des Arbeitskampfes enthalten sein. Wenn sich in der Betriebsvereinbarung keine konkreten Anhaltspunkte für eine Geltung im Arbeitskampf finden, ist dies zu ermitteln. Hierzu werden unterschiedliche Ansatzpunkte verfolgt.

a. Meinungstand

aa. Rechtsprechung

Nach Ansicht des BAG ist der Inhalt einer Betriebsvereinbarung durch Auslegung zu ermitteln, falls sich nicht direkt aus der Vereinbarung ergibt, ob eine Angelegenheit geregelt werden soll oder nicht. Nach der ständigen Rechtsprechung des BAG sind dabei Betriebsvereinbarungen wie Tarifverträge[1] und die-

---

[1] Vgl. nur BAG, Urteil vom 11.06.1975 – 5 AZR 217/74, E 27, 187, 191 = AP Nr. 1 zu § 77 BetrVG 1972 Auslegung (LS); BAG, Urteil vom 08.11.1988 – 1 AZR 721/87, E 60, 94, 98 m.w.N.; BAG, Urteil vom 23.10.1985 – 4 AZR 119/84, AP Nr. 33 zu § 1 Tarifverträge: Metallindustrie.

se wiederum wie Gesetze[2] auszulegen.[3] Danach ist maßgeblich auf den im Wortlaut der Betriebsvereinbarung zum Ausdruck gekommenen Willen der Parteien abzustellen und auf den von diesen beabsichtigten Sinn und Zweck, soweit diese in den Regelungen ihren Niederschlag gefunden haben.[4] Hierbei ist nach Ansicht des BAG auch der Gesamtzusammenhang zu berücksichtigen. Verblieben im Einzelfall noch Zweifel, so könne auch auf die Entstehungsgeschichte zurückgegriffen werden.[5]

So ist nach Ansicht des BAG auch durch Auslegung zu ermitteln, ob eine Regelung in einer Betriebsvereinbarung für Zeiten des Arbeitskampfes gelten soll.[6] Eine Auslegung der den oben dargestellten Entscheidungen zu Gleitzeitvereinbarungen[7] zugrundeliegenden Betriebsvereinbarungen ergibt dabei nach Ansicht des BAG, dass die Betriebsvereinbarungen nicht für die untypischen Zeiten einer Streikbeteiligung gelten sollten. Zum einen gingen die jeweiligen Betriebsvereinbarungen zur Ermittlung des Gleitzeitkontos von der jeweils *geschuldeten* Arbeitszeit aus, zu der die Zeiten des Streiks gerade nicht zählten. Während der Dauer des Streiks seien die beiderseitigen Pflichten aus dem Arbeitsverhältnis suspendiert. Zum anderen weist das BAG darauf hin, dass die Betriebspartner es deutlich zum Ausdruck bringen müssten, wenn sie den Gegenstand der Betriebsvereinbarung über den üblicherweise für eine Gleitzeitregelung maßgeblichen Rahmen der geschuldeten Arbeitszeit hinaus auf Zeiten der Teilnahme an einem Arbeitskampf erstrecken wollten. Da dies in den den Entscheidungen zugrunde liegenden Sachverhalten nicht der Fall sei, seien die in Rede stehenden Betriebsvereinbarungen über gleitende Arbeitszeiten im Arbeitskampf nicht einschlägig.

---

[2] St. Rspr., vgl. BAG, Urteil vom 11.06.1975 – 5 AZR 217/74, E 27, 187, 191 = AP Nr. 1 zu § 77 BetrVG 1972 Auslegung (LS); BAG, Beschluss vom 30.08.1994 – 1 ABR 10/94, E, 77, 335 ff. = AP Nr. 132 zu Art. 9 GG - Arbeitskampf = SAE 96, 323, 325 (unter II 2 a der Gründe); BAG Urteil vom 30.08.1994 - 1 AZR 765/93, NZA 1995, 32, 33 (unter II.1.a. der Gründe); vgl. auch *Coester*, Anm. SAE 1986, 288, 291f.

[3] Zu den Auslegungsmethoden von Gesetzen vgl. z.B. *Palandt-Heinrichs*, vor § 1 Rn. 34ff.; *H/S/G-Hess*, BetrVG, § 77 Rn. 60 ff.; *Hergenröder*, Rechtsfortbildung, S. 135 ff. Als Auslegungsmethoden gelten hier insbesondere die sog. sprachlich-grammatikalische Auslegung, die sog. systematische Auslegung und die Entstehungsgeschichte.

[4] BAG, Beschluss vom 30.08.1994 – 1 ABR 10/94, E, 77, 335 ff. = SAE 96, 323, 325 (unter II 2 a der Gründe); BAG Urteil vom 30.08.1994 - 1 AZR 765/93, NZA 1995, 32, 33 (unter II.1.a. der Gründe).

[5] BAG, Beschluss vom 30.08.1994 – 1 ABR 10/94, E, 77, 335 ff. = SAE 96, 323, 325; BAG Urteil vom 30.08.1994 - 1 AZR 765/93, NZA 1995, 32, 32.

[6] BAG, Beschluss vom 30.08.1994 – 1 ABR 10/94, E 77, 335 ff. = SAE 96, 323, 325; BAG Urteil vom 30.08.1994 - 1 AZR 765/93, NZA 1995, 32, 32.

[7] Siehe oben unter § 2 I. BAG, Beschluss vom 30.08.1994 – 1 ABR 10/94, E, 77, 335 ff. = SAE 96, 323, 325; BAG Urteil vom 30.08.1994 - 1 AZR 765/93, NZA 1995, 32, 32.

Das BAG sieht damit die Zeiten des Arbeitskampfes als Sondersituation an, die von den Betriebsparteien gesondert bedacht werden muss, damit sich eine Betriebsvereinbarung auf diese Sondersituation erstreckt. Das Gericht geht davon aus, dass gemäß dem Willen der Betriebsparteien nicht automatisch von einer Geltung einer Betriebsvereinbarung für die untypische Situation des Arbeitskampfes ausgegangen werden kann. Vielmehr bedürfe es für die Geltung einer betrieblichen Regelung auch in Zeiten des Arbeitskampfes einer ausdrücklichen oder zumindest durch Auslegung zu ermittelnden Regelung in der Betriebsvereinbarung.

bb. Schrifttum

(1) Auslegung von Betriebsvereinbarungen

Auch nach der vorherrschenden Auffassung im Schrifttum folgt aus dem normativen Charakter einer Betriebsvereinbarung, dass deren Auslegung wie bei Tarifverträgen[8] den Regelungen über die Auslegung von Gesetzen[9] folge. Dabei spricht nach dieser Ansicht stets alles dafür, dass Kollektivvertragsparteien mit allgemeinen Regeln über die arbeitsvertraglichen Rechte und Pflichten nicht die Sondersituation des Arbeitskampfes erfassen wollen, wenn dieser Auslegung nicht konkrete Anhaltspunkte entgegenstehen.[10] Diese Ansicht stimmt daher mit der Auffassung des BAG überein, wonach eine Betriebsvereinbarung eine zumindest durch Auslegung ermittelbare Regelung für die Zeiten des Arbeitskampfes enthalten muss, um sie auf den untypischen Fall kollektiver Arbeitsunterbrechung anzuwenden.[11]

(2) Grundsatz des Wegfalls der Geschäftsgrundlage

Jansen stützt die Nichtgeltung entsprechender Betriebsvereinbarungen für Zeiten des Arbeitskampfes auf den Grundsatz des Wegfalls der Geschäftsgrundlage.[12] Er beruft sich darauf, dass im Bereich der Betriebsverfassung bei der Anpassung von Betriebsvereinbarungen grundsätzlich mit der Geschäfts-

---

[8] *Dietz/Richardi*, BetrVG, § 77 Rn. 151; *H/S/G-Hess*, BetrVG, § 77 Rn. 60 ff.; *Hueck/Nipperdey*, ArbR-II/1, § 18 V 3, S. 356; *Nikisch*, Arbeitsrecht II, § 69 III 1, S. 219; kritisch: *Däubler*, TVG, Anm. 130 ff.; *Wiedemann-Wank*, TVG, § 1, 5. Abschnitt, S. 660 ff.

[9] Vgl. *F/K/H/E*, BetrVG, § 77 Rn. 15 m.w.N.; *Galperin/Löwisch*, BetrVG, § 77 Rn. 20; *v. Hoyningen-Huene*, Betriebsverfassungsrecht, § 11 III 6; a.A. *Liedmeier*, Auslegung; S. 43 ff., 68; kritisch: GK-*Kreutz*, § 77 Rn. 51ff.

[10] *Löwisch*, Anmerkung zum Urteil Frankfurt a.M. vom 03.10.1984 – 2 Sa 310/84, AR-Blattei [D] Arbeitskampf I Entsch. 23.

[11] Diese Grundsätze gelten dieser Ansicht nach sowohl für Betriebsvereinbarungen als auch für Tarifverträge.

[12] *Jansen*, Beteiligung, S. 229 und 92.

grundlage gearbeitet werde.[13] Der Grundsatz des Wegfalls der Geschäftsgrundlage finde über § 2 Abs. 1 BetrVG auf Betriebsvereinbarungen Anwendung. Hier könnten, ebenso wie in anderen vertraglichen Schuldverhältnissen, veränderte Umstände ein Anpassungsbedürfnis entstehen lassen, sofern die Betriebsparteien von falschen Voraussetzungen ausgingen. Eine solche Anpassung sei auch für den Fall des Arbeitskampfes erforderlich. Die Bestimmungen der Betriebsparteien seinen auf die Zeit des Arbeitsfriedens zugeschnitten. Während des Tarifkonfliktes müssten sie ruhen. Hier wird aber die Einschränkung gemacht, dass dies nur gelte, soweit die betrieblichen Regelungen dem Paritätsprinzip widersprächen.

b. Stellungnahme

aa. Anwendbarkeit des Grundsatzes des Wegfalls der Geschäftsgrundlage

Richtig ist, dass die Grundsätze vom Fehlen oder Wegfall der Geschäftsgrundlage auf Betriebsvereinbarungen Anwendung finden können.[14] Eine Heranziehung des Grundsatzes der Geschäftsgrundlage kommt sowohl dann in Frage, wenn die Durchführung in der geplanten Art eine unzumutbare Beeinträchtigung eines betrieblichen Partners darstellen würde, als auch dann, wenn eine Regelung unzweckmäßig oder gegenstandslos geworden ist.[15] Teilweise wird als Begründung auch das in § 2 Abs. 1 BetrVG zum Ausdruck kommende Prinzip der betrieblichen Partnerschaft herangezogen, das den Betriebspartnern ein erhöhtes Maß an gegenseitiger Rücksichtnahme unter dem übergeordneten Gesichtspunkt des Betriebswohls abverlangt.[16]

Der Rückgriff auf den Grundsatz des Wegfalls der Geschäftsgrundlage erfolgt bei der Begründung der Nichtgeltung von Betriebsvereinbarungen für die Zeit des Arbeitskampfes meines Erachtens aber etwas vorschnell. *Jansen* hat zwar die Anwendbarkeit des Grundsatzes auf die Betriebsverfassung geprüft und bejaht. Bei der Prüfung ist aber der Umstand der Subsidiarität des Wegfalls der Geschäftgrundlage nicht beachtet worden. So hat die Auslegung einer Betriebsvereinbarung Vorrang vor dem Rückgriff auf das Prinzip des Wegfalls der Geschäftsgrundlage. Kann eine Betriebsvereinbarung durch – ggf. auch er-

---

[13] Mit Verweis auf BAG AP Nr. 24 zu § 59 BetrVG Bl. 110, 115; AP Nr. 11 zu § 112 BetrVG 1972 Bl. 872; *Dietz/Richardi*, § 77 BetrVG Rn. 141; 164; *H/S/G-Hess*, BetrVG, § 77 BetrVG Rn. 222f.; GK-*Kreutz*, BetrVG, § 77Rn. 325; *Stege/Weinspach*, BetrVG, § 77 Rn. 40; *Weber*, Zusammenarbeit, S. 169 f.; *Witt*, Kooperationsmaxime, S. 69 ff.; 175 ff.

[14] BAG, Urteil vom 29.05.1964 – 1 AZR 281/63, E 16, 58, 66 ff. (LS 4) = AP Nr. 24 zu § 59 BetrVG 1952, Bl. 110, 115, m. Anm. *Neumann-Duesberg*; GK-*Kreutz*, BetrVG, § 77 Rn. 325; *H/S/G-Hess*, BetrVG, § 77 Rn. 222f; *Witt*, Kooperationsmaxime, S. 69 f., 175 ff.

[15] Urteil vom 29.05.1964 – 1 AZR 281/63, E 16, 58, 66 ff. (LS 4) = AP Nr. 24 zu § 59 BetrVG 1952, Bl. 110, 115, m. Anm. *Neumann-Duesberg; H/S/G-Hess*, BetrVG, § 77 Rn. 222f.

[16] *H/S/G-Hess*, BetrVG, § 77 Rn. 223.

gänzende[17] - Auslegung an die Wirklichkeit angepasst werden, ist für die Lehre von der Geschäftsgrundlage kein Raum.[18] Was – auch nach Auslegung – Inhalt der Vereinbarung ist, kann nicht Geschäftsgrundlage sein.[19] Die Geschäftsgrundlage gehört nicht zum Vertragsinhalt. Wenn somit die Auslegung ergibt, dass die Betriebsvereinbarung Regeln über die Anwendbarkeit oder Nichtanwendbarkeit in der veränderten Situation des Arbeitskampfes enthält, ist für die Anwendung des Grundsatzes des Wegfalls der Geschäftsgrundlage kein Raum. Erst wenn sich durch Auslegung kein Ergebnis ergibt, kommt eine Anpassung durch § 242 BGB aufgrund des Wegfalls des Geschäftsgrundlage in Betracht.[20]

Zudem scheidet eine Anpassung nach dem Grundsatz des Wegfalls der Geschäftsgrundlage aus, wenn bereits die Betriebsvereinbarung nach ihrem durch Auslegung zu ermittelnden Inhalt Regeln für Fehlen, Wegfall oder Veränderung bestimmter Umstände enthält.[21]

bb. Auslegung von Betriebsvereinbarungen

Die Regelungen einer Betriebsvereinbarung sind auszulegen, wenn sich aus ihrem Wortlaut[22] nicht ergibt, ob sie für Zeiten des Arbeitskampfes gelten soll oder nicht. Die Auslegung hat dabei für die normativen Regelungen nach den herkömmlichen Auslegungsmethoden für Gesetze bzw. Tarifverträge zu erfolgen. Für die schuldrechtlichen Vereinbarungen einer Betriebsvereinbarung gelten dagegen die Grundsätze der Rechtsgeschäftsauslegung (§§ 133, 157 BGB).[23] In der Sache bestehen aber kaum wesentliche Unterschiede zwischen Vertrags- und Gesetzesauslegung.

Für beide Arten der Auslegung gilt insbesondere auch folgendes: Die eigentliche Auslegung hat festzustellen, welchen Inhalt eine betriebliche Regelung hat. Haben die Betriebsparteien an einen bestimmten regelungsbedürftigen Punkt nicht gedacht, liegt eine Regelungslücke vor, die durch ergänzende Auslegung zu schließen ist.[24] Bei der Betrachtung von betrieblichen Regelungen ist zu bedenken, dass es sich beim Arbeitskampf um einen untypischen

---

[17] Vgl. nur *H/S/G-Hess*, BetrVG, § 77 Rn. 65 m.w.N.
[18] *Medicus*, Bürgerliches Recht, Rn. 154; *Palandt-Heinrichs*, BGB, § 242 Rn. 116.
[19] Vgl. BGH, Urteil vom 27.09.1991 – V ZR 191/90, ZIP 1991, 1599, 1600 m.w.N.; *Palandt-Heinrichs*, BGB, § 242, Rn. 116.
[20] BGH, Urteil vom 08.07.1982 – IX ZR 99/80, NJW 1982, 2236, 2237.
[21] *Palandt-Heinrichs*, BGB, § 242, Rn. 116; BGH, Urteil vom 03.07.1981 – V ZR 100/80, E 81, 135, 143; BGH, Urteil vom 01.02.1984 – VII ZR 54/83 = E 90, 69, 74 m.w.N.
[22] Betriebsvereinbarungen sind nach § 77 Abs. 2 Satz 1 BetrVG schriftlich niederzulegen.
[23] Vgl. nur GK-*Kreutz*, BetrVG, § 77 Rn. 60.
[24] Vgl. *Palandt-Heinrichs*, BGB, § 157, Rn. 3; BGH, Urteil vom 10.10.1990 – VII ZR 370/89, NJW-RR 91, 176, 177 m.w.N.

Fall kollektiver Arbeitsunterbrechung handelt. Hätten die Betriebsparteien bei Abschluss der Betriebsvereinbarung an den Fall des Arbeitskampfes gedacht, liegt es nahe, dass sie zumindest die Geltung oder Nichtgeltung der in der Betriebsvereinbarung getroffenen Regelungen für Zeiten des Arbeitskampfes erwähnt hätten. Insofern wird von einer Regelungslücke der betrieblichen Regelung auszugehen sein, falls sich nicht aus entgegenstehenden Anhaltspunkten etwas anderes ergibt.

Die Regelung ist daher gemäß den Grundsätzen der ergänzenden Auslegung entsprechend dem hypothetischen Willen der Betriebsparteien zu ergänzen.[25] Es ist dabei darauf abzustellen, was die Betriebsparteien bei einer angemessenen Abwägung ihrer Interessen nach Treu und Glauben als redliche Parteien bedacht hätten, wenn sie den nicht geregelten Fall bedacht hätten.[26] Da der Arbeitskampf ein untypischer Fall des Arbeitslebens ist, ist davon auszugehen, dass die Betriebsparteien die Geltung der Betriebsvereinbarung für den Fall des Arbeitskampfes geregelt hätten, wenn sie diese Geltung in ihre Vereinbarung mit hätten einbeziehen wollen. Die Wertungen einer Betriebsvereinbarung, welche ohne Bezug zu einem Arbeitskampf abgeschlossen worden ist und welcche die Zeiten des Arbeitskampfes nicht erwähnt, ergeben demnach, dass die in ihr enthaltenen Regelungen nicht für den Arbeitskampf gelten sollen.

Die vorgenannten Betriebsvereinbarungen mit nicht beabsichtigter Geltung für den Arbeitskampf finden somit für Zeiten des Arbeitskampfes keine Anwendung.

2. Betriebsvereinbarungen über Gleitzeitregelungen

Wie dargestellt sind auch die Betriebsvereinbarungen über die vom BAG zu beurteilenden Sachverhalte über die Anrechung von Zeiten der Streikteilnahme auf eine betriebliche Gleitzeitvereinbarung[27] ohne Beachtung einer etwaigen Auswirkung auf einen Arbeitskampf abgeschlossen worden.[28] Die Betriebsvereinbarungen finden daher in Zeiten des Arbeitskampfes keine Anwendung.

---

[25] Vgl. BGH, Urteil vom 20.09.1952 – 1 ZR 31/52, E 7, 232, 235; BGH, Beschluss vom 21.04.1953 – V ARZ 5/53, E 9, 270, 278.

[26] BGH, Urteil vom 29.04.1982 – III ZR 154/80, E 84, 1, 7 m.w.N; BGH, Urteil vom 01.02.1984 – VIII ZR 54/83, E 90, 69, 77 m.w.N.; ähnlich: BGH, Urteil vom 18.12.1954 – II ZR 76/54, E 16, 71, 76.

[27] Siehe oben unter §§ 2 und 3.

[28] Vgl. die Darstellung in § 2 dieser Arbeit.

In den vorgenannten Urteilen hat das BAG daher in einem obiter dictum zu der Frage der Regelung des Arbeitskampfes durch Betriebsvereinbarungen Stellung genommen. Nach seiner zutreffenden Auffassung kam es auf diese Zulässigkeit in den konkreten zur Entscheidung gestellten Sachverhalten nicht an, da diese schon keine Geltung im Arbeitskampf entfalteten.

II. Betriebsvereinbarungen mit Geltung für Zeiten ohne Bezug zum Arbeitskampf und für Zeiten des Arbeitskampfes

Nicht immer wird der Ausnahmezustand des Arbeitskampfes bei der Vereinbarung von betrieblichen Regelungen schlicht nicht bedacht. So besteht die Möglichkeit, dass Betriebsvereinbarungen abgeschlossen werden, deren Geltung ausdrücklich auch für die Zeiten des Arbeitskampfes vereinbart wird. In Betracht kommen sowohl Betriebsvereinbarungen über erzwingbare Mitbestimmungsrechte des Betriebsrats als auch über freiwillig vereinbarte Angelegenheiten.

Wie oben dargelegt[29] wird die Zulässigkeit von Betriebsvereinbarungen mit Arbeitskampfbezug zum Teil danach unterschieden, ob es sich um Betriebsvereinbarungen über mitbestimmungspflichtige Angelegenheiten handelt oder um freiwillige betriebliche Regelungen. Daher soll auf den Inhalt dieser beiden Arten der Betriebsvereinbarungen näher eingegangen werden.

Die Unterscheidung zwischen erzwingbarer und freiwilliger Mitbestimmung setzt an der Konfliktsituation zwischen Arbeitgeber und Betriebsrat an. Bedeutet Mitbestimmung gemeinsame Regelung einer Angelegenheit durch Arbeitgeber und Betriebsrat, so stellt sich die Frage, was gelten soll, wenn es mangels eines Konsenses der Betriebspartner nicht zu einer Einigung und damit zu keiner gemeinsamen Regelung kommt.

1. Erzwingbare Betriebsvereinbarungen

a. Inhalt

Von einer erzwingbaren Betriebsvereinbarung ist dann die Rede, wenn eine Entscheidung über die Regelung in einer mitbestimmungspflichtigen Angelegenheit auch gegen den Willen einer der Betriebsparteien (des Arbeitgebers bzw. des Betriebsrats) durchgesetzt werden kann.[30] Es besteht die Möglich-

---

[29] Siehe oben unter § 2 I.
[30] Vgl. nur *Lieb*, Arbeitsrecht, 6. Auflage, 1997, Rn. 714.

keit, durch einseitige Anrufung der Einigungsstelle durch deren Spruch eine Entscheidung herbeizuführen.[31]

§ 87 Abs. 1 BetrVG enthält einen Katalog solcher Angelegenheiten, in denen der Betriebsrat den Spruch der Einigungsstelle über den Abschluss einer Betriebsvereinbarung im sozialen Bereich erzwingen kann. Die Vorschrift fasst diejenigen sozialen Angelegenheiten zusammen, bei denen sich das Mitbestimmungsrecht des Betriebsrats in der Weise auswirkt, dass keine Seite wirksam ohne die andere handeln kann.[32] Die Mitbestimmung des Betriebsrats ist in diesem Sinne „notwendig".[33]

Die Regelungsbereiche der erzwingbaren Betriebsvereinbarung sind im Betriebsverfassungsgesetz abschließend geregelt.[34] Für den Arbeitskampf sind keine erzwingbaren Mitbestimmungsrechte des Betriebsrats normiert. Es ist jedoch denkbar, dass in Betriebsvereinbarungen mit Regelungen über andere erzwingbare Mitbestimmungsrechte vereinbart wird, dass diese auch für Zeiten des Arbeitskampfes Anwendung finden sollen.

b. Betriebsvereinbarungen über Gleitzeitregelungen

Betriebsvereinbarungen über Gleitzeitregelungen, die auch den Entscheidungen der oben dargestellten Rechtsprechung zugrunde liegen,[35] können sowohl mit Wirkung für Zeiten ohne Zusammenhang mit einem Arbeitskampf als auch mit Wirkung für Zeiten des Arbeitskampfes abschlossen werden. Diese Ansicht legt auch das BAG seiner Rechtsprechung zugrunde, indem es eine Regelung in der Betriebsvereinbarung für die Geltung im Arbeitskampf fordert. Zu klären ist hier, ob bei Gleitzeitfragen ein zwingendes Mitbestimmungsrecht des Betriebsrats besteht. Dabei kommt ein Mitbestimmungsrecht gemäß § 87 Abs. 1 Nr. 2 BetrVG in Betracht.

Gemäß § 87 Abs. 1 Nr. 2 BetrVG kommt dem Betriebsrat bei der Regelung des Beginns und des Endes der täglichen Arbeitszeit einschließlich der Pausen sowie der Verteilung der Arbeitszeit auf die einzelnen Wochentage ein

[31] Siehe § 87 Abs. 2 BetrVG.
[32] Verstößt der Arbeitgeber durch einseitige Maßnahmen gegen die Mitbestimmungsrechte des Betriebsrats, so sind dessen Maßnahmen rechtsunwirksam (sog. Theorie der Wirksamkeitsvoraussetzung), vgl. nur F/K/H/E, BetrVG, § 87 Rn. 401 ff.
[33] Vgl. nur *F/K/H/E*, BetrVG, § 87 Rn. 1.
[34] *V. Hoyningen-Huene*, Betriebsverfassungsrecht, § 11 III. 4. a., S. 215. Neben § 87 BetrVG weitere im BetrVG genannte Fälle möglicher erzwingbarer Betriebsvereinbarungen.: § 39 Abs. 1 BetrVG; § 47 Abs. 5, 6 BetrVG; § 55 Abs. 4 letzter Satz BetrVG; § 69 BetrVG; § 72 Abs. 5, 6 BetrVG; § 91 BetrVG; § 94 Abs. 1, 2 BetrVG; § 95 Abs. 2 BetrVG; § 98 Abs. 4 BetrVG; § 112 Abs. 4 BetrVG.
[35] Siehe oben unter § 2 I.

zwingendes Mitbestimmungsrecht zu. Zweck des Mitbestimmungsrechts ist es, die Interessen der Arbeitnehmer vor allem an der Lage ihrer Arbeitszeit und damit zugleich der Freizeit für die Gestaltung ihres Privatlebens zur Geltung zu bringen.[36] Hiernach hat der Betriebsrat auch bei der Einführung eines Gleitzeitsystems sowie bei der Festlegung der erforderlichen Einzelheiten eines derartigen Systems ein Mitbestimmungsrecht.[37] Mitbestimmungspflichtig sind die Systemeinzelheiten der gleitenden Arbeitszeit wie die Festlegung der Kernarbeitszeit, der Gleitspanne, aber auch die Kontrollbestimmungen sowie die Regelung des Ausgleichs von Zeitguthaben und Zeitrückständen.[38] Grundsätzlich besteht damit ein zwingendes Mitbestimmungsrecht nach § 87 Abs.1 Nr. 2 BetrVG bei Einführung und Ausgestaltung eines Gleitzeitsystems.[39]

2. Freiwillige Betriebsvereinbarungen

a. Inhalt

Zudem ist es möglich, dass Betriebsparteien ohne Bezug zu einem konkreten Arbeitskampf freiwillige Vereinbarungen treffen, die auch für Zeiten zukünftiger Arbeitskämpfe gelten sollen.

§ 88 BetrVG eröffnet den Betriebsparteien die Möglichkeit, freiwillige Betriebsvereinbarungen über Angelegenheiten abzuschließen, die nicht mitbestimmungspflichtig sind. Der Abschluss freiwilliger Betriebsvereinbarungen kann nicht von einer Seite über die Einigungsstelle erzwungen werden.[40] Der Betriebsrat hat zwar die Möglichkeit, den Abschluss einer solchen Betriebsvereinbarung nach § 80 Abs. 1 Nr. 2 BetrVG anzuregen; der Arbeitgeber ist jedoch ungeachtet des Gebots der vertrauensvollen Zusammenarbeit (§§ 2 Abs. 1, 74 Abs. 1 BetrVG) nicht verpflichtet, sich auf Verhandlungen einzulassen. Er kann vielmehr die seiner Disposition unterliegenden Angelegenheiten allein ordnen. Auch im Rahmen des § 88 BetrVG können die Betriebsparteien aber die Einigungsstelle zur Beseitigung von Meinungsverschiedenheiten einschal-

---

[36] Vgl. *F/K/H/E*, BetrVG, § 87 Rn. 85 ff.; BAG, Beschluss vom 21.12.1982 – 1 ABR 14/81, E 41, 200, 208 = AP Nr. 9 zu § 87 BetrVG 1972 Arbeitszeit, Bl. 9 f. mit Anm. *Gast*.

[37] Vgl. auch BAG, Beschluss vom 18.04.1989 – 1 ABR 2/88, E 61, 305, 315 = AP Nr. 33 zu § 87 BetrVG 1972 Arbeitszeit, Bl. 3 R. ff.; *Dietz/Richardi*, BetrVG, § 87 Rn. 216; *Galperin/Löwisch*, BetrVG, § 87 Rn. 89; GK-*Wiese*, BetrVG, § 87 Rn. 229; *H/S/G-Glaubitz*, BetrVG, § 87 Rn. 165.

[38] Der Betriebsrat hat dabei einen Anspruch gegen den Arbeitgeber auf Einhaltung einer Betriebsvereinbarung über Gleitzeit. Vgl. BAG, Beschluss vom 23.06.1992 – 1 ABR 11/92, AP Nr. 20 zu § 23 BetrVG 1972, Bl. 2 R f.

[39] Damit ist noch nicht gesagt, ob ein solches Mitbestimmungsrecht aufgrund einer Kollision mit Werteentscheidungen des Arbeitskampfrechts oder des Betriebsverfassungsrechts im Einzelfall zurücktreten muss. Dies wird in den Teilen 3 und 4 dieser Arbeit untersucht.

[40] Vgl. § 76 Abs. 6 S. 1 BetrVG.

ten.[41] Die Einigungsstelle kann dann nach § 76 Abs. 6 Satz 1 BetrVG nur tätig werden, wenn beide Seiten dies beantragen oder mit deren Tätigwerden einverstanden sind. Trotzdem ersetzt auch dann der Spruch der Einigungsstelle die Einigung zwischen Arbeitgeber und Betriebsrat nur, wenn beide Seiten sich ihm im vorhinein unterwerfen oder beide ihn nachträglich annehmen (§ 76 Abs. 6 S. 2 BetrVG). Zudem kommt einer freiwilligen Betriebsvereinbarung im Gegensatz zu erzwingbaren Betriebsvereinbarungen keine Nachwirkung kraft Gesetzes zu.[42]

Das BetrVG bestimmt für freiwillige Betriebsvereinbarungen nicht ausdrücklich, welchen Inhalt diese haben können. Gemäß § 88 BetrVG können freiwillige Betriebsvereinbarungen insbesondere in bestimmten aufgezählten Angelegenheiten geschlossen werden. Wie sich aus der Formulierung des Eingangssatzes „insbesondere" in § 88 BetrVG ergibt, ist die in der Vorschrift enthaltene Aufzählung der regelbaren Gegenstände nicht abschließend, sondern ihrer Bedeutung wegen nur beispielhaft aufgeführt.[43]

b. Anwendungsbereich

Die beispielhafte Aufzählung im Wortlaut des § 88 BetrVG wird unterschiedlich interpretiert. Es ist umstritten, ob der Anwendungsbereich des § 88 BetrVG weit zu fassen oder auf die Regelung von sozialen Angelegenheiten oder sogar nur von bestimmten sozialen Angelegenheiten beschränkt ist.[44]

---

[41] *Galperin/Löwisch*, BetrVG, 6. Auflage, § 88 Rn. 8 und § 76 Rn. 24, 33a.

[42] BAG, Urteil vom 9.2.1989 – 8 AZR 310/87, AP Nr. 40 zu § 77 BetrVG 1972, Bl. 2 R. mit Anm. *Richardi;* BAG, Urteil vom 18.04.1989 – 3 AZR 688/87, E 61, 323, 328 f. = NZA 1990, 67 (LS 1); BAG, Urteil vom 26.04.1990, – 6 AZR 278/88, NZA 1990, 814, 815 f.; *MünchArbR-Matthes*, § 328 Rn. 60; *Säcker*, AR-Blattei [D], Betriebsvereinbarung I. unter F V. m.w.N.; a.A. *Dietz/Richardi*, § 77 Rn. 152 ff in analoger Anwendung des § 4 V TVG. In einer neueren Entscheidung hat das BAG jedoch betont, dass die Betriebspartner die Nachwirkung einer freiwilligen Betriebsvereinbarung vereinbaren können. Eine solche Nachwirkung sei im Regelfall dahin auszulegen, dass die Nachwirkung auch gegen den Willen einer Seite beendet werden kann. Im Zweifel sei eine Konfliktlösungsmöglichkeit gewollt, die derjenigen bei der erzwingbaren Mitbestimmung entspreche. Scheiterten die Bemühungen um eine einvernehmliche Neuregelung, könne danach von jedem Betriebspartner die Einigungsstelle angerufen werden, die verbindlich entscheide: vgl. BAG, Beschluss vom 28.04.1998 – 1 ABR 43/97, NZA 1998, 1348 ff.; hierzu *Kort,* NZA 2001, 477 ff.

[43] So auch die weit überwiegende Auffassung: vgl. nur *F/K/H/E*, BetrVG, § 88 Rn. 2 m.w.N.

[44] Teilweise wird § 88 BetrVG auch als Grundlage zur Bestimmung der generellen Regelungs- und Rechtssetzungszuständigkeit des Betriebsrats angesehen. (Vgl. BAG GS, Beschluss vom 07.11.1989 - GS 3/85, E 63, 211, 216 f = AP Nr. 46 zu § 77 BetrVG 1972, Bl. 2 R.; *F/K/H/E*, BetrVG, § 88 Rn. 3*;* a.A. *Kreutz*, Grenzen, S. 206 ff.*; Hempelmann*, Freiwillige Betriebsvereinbarungen, S. 163 f., die in § 77 Abs. 3 BetrVG die Ermächtigungsnorm sehen.). Diese Frage wird in § 8 der Abhandlung im Rahmen der Untersuchung der Zuständigkeit der Betriebsparteien untersucht.

Für die hier untersuchte Frage ist der Umfang des Anwendungsbereichs des § 88 BetrVG insofern entscheidend, als diese Norm die Grundlage für den Abschluss freiwilliger Betriebsvereinbarungen mit Arbeitskampfbezug darstellt. Die Norm kann jedoch nur insoweit als Basis für die verschiedenen Arten von Betriebsvereinbarungen mit Arbeitskampfbezug gelten, als deren Anwendungsbereich reicht. Auf den Anwendungsbereich des § 88 BetrVG ist daher näher einzugehen.

aa. Nur soziale Angelegenheiten

Nach der überwiegenden Auffassung im Schrifttum eröffnet § 88 BetrVG dem Betriebsrat die Möglichkeit zum Abschluss freiwilliger Betriebsvereinbarungen ausschließlich in allen sozialen Angelegenheiten.[45] Dies ergebe sich aus der systematischen Stellung des § 88 BetrVG im 3. Teil des 4. Abschnitts des BetrVG, der die Überschrift „Soziale Angelegenheiten" trägt. Als allgemeine Regelung für den gesamten Bereich der Mitbestimmung hätte die Frage der Zulässigkeit freiwilliger Betriebsvereinbarungen im ersten Abschnitt des vierten Teils des BetrVG geregelt werden müssen. Inwieweit Betriebsvereinbarungen außerhalb des Bereichs der sozialen Angelegenheiten zulässig sind, bestimme sich nach den gesetzlichen Regelungen[46] und allgemeinen Grundsätzen.[47]

Der Begriff der sozialen Angelegenheiten wird aber in unterschiedlicher Weise verwendet. Die meisten Vertreter, die eine Anwendung des § 88 BetrVG nur für soziale Angelegenheiten befürworten, beziehen sich für die Abgrenzung der sozialen Angelegenheiten zu anderen Angelegenheiten auf die gesetzliche Zuordnung.[48] Es wird darauf verwiesen, dass die personellen und die wirtschaftlichen Angelegenheiten im BetrVG gesondert geregelt seien.[49] So könne

---

[45] Siehe *H/S/G-Glaubitz*, BetrVG, § 88 Rn. 3; *Dietz/Richardi*, BetrVG, § 88 Rn. 3 f., mit Verweis auf den Ausschussbericht zu § 57 BetrVG 1952, BT-Drucksache I/ 3585, S. 11, vgl. dazu *Sabel*, RdA 1952, 281, 288 f.; *Dietz/Richardi*, BetrVG .; *Galperin/Löwisch*, BetrVG, § 88 Rn. 2; GK-*Wiese*, BetrVG, § 88 Rn. 10; *Hohenstatt*, S. 157; siehe auch BAG, Beschluss vom 19.05.1978 – 6 ABR 25/75, E 30, 298 306, AP Nr. 1 zu § 88 BetrVG 1972, Bl. 3 R; BAG GS, Beschluss vom 16.03.1965 – GS 1/55, E 3, 1, 4 = AP Nr. 1 zu § 57 BetrVG 1952, (zu I. 1. letzter Absatz); BAG, Urteil vom 25.03.1971 – 2 AZR 185/70, BAGE 23, 257, 263 = AP Nr. 5 zu § 57 BetrVG 1952, B. 2 R.

[46] Vgl. z.B. §§ 102 Abs. 6 und 112 Abs. 1 S. 3 BetrVG.

[47] GK-*Wiese*, BetrVG, § 88 Rn. 10; GK-*Kreutz*, BetrVG, § 77 Rn. 68 ff.; *MünchArbR-Matthes*, § 318 Rn. 31 f.; BAG, Beschluss vom 18.08.1987 – 1 ABR 30/86, E 56, 18, 26 = AP Nr. 23 zu § 77 BetrVG Bl. 3 R f.; BAG, Urteil vom 09.04.1991 – 1 AZR 406/90, E 67, 377, 383 = AP Nr. 1 zu § 77 BetrVG Tarifvorbehalt Bl. 2 R.

[48] Vgl. GK-*Wiese*, BetrVG, § 88 Rn. 11; *H/S/G-Glaubitz*, BetrVG, § 88 Rn. 4.

[49] Vgl. §§ 92 ff. BetrVG für personelle Angelegenheiten und §§ 106 ff. BetrVG für wirtschaftliche Angelegenheiten. Zu den personellen Angelegenheiten gehören danach insbesondere Einstellungen, Umgruppierungen, Versetzungen, Entlassungen sowie Maßnahmen, die im Vorfeld dieser personellen Einzelmaßnahmen getroffen werden. Typische Beispiele für wirtschaftliche Angelegenheiten sind in § 106 Abs. 3 BetrVG aufgezählt.

der Betriebsrat bei personellen Einzelmaßnahmen nur gemäß §§ 92 ff. BetrVG, bei wirtschaftlichen Angelegenheiten nur gemäß §§ 106 ff. BetrVG mitwirken.

Im Ergebnis wird davon ausgegangen, dass alle formellen und materiellen Arbeitsbedingungen unter den Begriff der sozialen Angelegenheiten zu fassen seien und damit Gegenstand einer freiwilligen Betriebsvereinbarung nach § 88 BetrVG sein könnten.[50] Zu solchen Arbeitsbedingungen gehörten beispielsweise Regelungen über das Arbeitsentgelt, die Arbeitszeit, Zahlungen freiwilliger sozialer Leistungen, bezahlte Pausen etc. Dabei ist es nach dieser Ansicht gleichgültig, ob es sich um materiellrechtliche Regelungen oder um Verfahrensfragen handelt.[51]

Teilweise wird die Zulässigkeit der freiwilligen Betriebsvereinbarung nach § 88 BetrVG auch auf allgemeine personelle Angelegenheiten erweitert. Nach dieser Ansicht sind personelle Angelegenheiten, die den Inhalt der Arbeitsverhältnisse bestimmen[52], zu den sozialen Angelegenheiten zu zählen.[53] Hierdurch ist die Abgrenzung zwischen sozialen und personellen Angelegenheiten fließend geworden.

bb. Umfassender Anwendungsbereich

Nach Ansicht des BAG und Teilen des Schrifttums ist der Anwendungsbereich des § 88 BetrVG nicht auf die Regelung von sozialen Angelegenheiten beschränkt.[54] § 88 BetrVG sei vielmehr Ausdruck eines Grundprinzips der Be-

---

[50] GK-*Wiese*, BetrVG, § 88 Rn. 12; *Dietz/Richardi*, BetrVG, Vorbem. § 87 Rn. 1 ff.; ders. § 88 Rn. 2; *H/S/G-Glaubitz*, BetrVG, § 88 Rn. 4. Als weitere Formulierung wird folgende verwendet: Alle Fragen, die die Rechte und Pflichten aus dem Arbeitsverhältnis betreffen: *Galperin/Löwisch*, BetrVG, § 88 Rn. 2; *Löwisch*, AuR 1978, 97, 99; *Säcker*, ZfA 1972, Sonderheft, S. 41, 44 f.; vgl. BAG, Urteil vom 25.03.1971 – 2 AZR 185/70, BAGE 23, 257, 263 = AP Nr. 5 zu § 57 BetrVG 1952, B. 2 R.; im Ergebnis ebenso *Oetker*, NZA 1986, 148 f.; zur Zulässigkeit von Betriebsvereinbarungen bei Erhaltungs- und Notstandsarbeiten vgl. *Wiese*, NZA 1984, 378, 382 m.w.N.

[51] Vgl. GK-*Wiese*, BetrVG, § 88 Rn. 10.

[52] Vgl. z. B. die materiellen Kündigungsbestimmungen, vgl. *Dietz/Richardi*, BetrVG, § 88 Rn. 4.

[53] GK-*Wiese*, BetrVG, § 88 Rn. 10 f.; *Dietz/Richardi*, BetrVG, vor § 87 Rn. 14; *ders.* § 88 Rn. 4; *H/S/G- Glaubitz*, BetrVG, § 88 Rn. 4.

[54] BAG GS, Beschluss vom 07.11.89 – GS 3/85, E 63, 211, 216 f = AP Nr. 46 zu § 77 BetrVG wonach gemäß § 88 BetrVG auch eine Altersgrenze für die Arbeitsverhältnisse vereinbart werden kann, die als ein „schwerpunktmäßig den personellen Angelegenheiten zuzuordnender Regelungstatbestand“ qualifiziert wird (allerdings mit einem „Bezug zu sozialen Angelegenheiten“); *F/K/H/E*, BetrVG, § 88 Rn. 3; *D/K/K-Berg*, BetrVG, § 88 Rn. 1 und 6; *Löwisch*, AuR 1978, S. 99. Vgl. auch *F/K/H/E*, BetrVG, § 77 Rn. 42; *H/S/G-Hess*, BetrVG, § 77 Rn. 15 ff.; *Galperin/Löwisch*, BetrVG, § 77 Rn. 25.; *MünchArbR-Matthes*, § 327, Rn. 50 ff.; *Dietz/Richardi*, § 77 Rn. 62 ff.; BAG GS, Beschluss vom 16.03.1965 – GS

triebsverfassung. Die Kompetenz zum Abschluss freiwilliger Betriebsvereinbarungen umfasse auch andere Angelegenheiten, soweit sie mit dem Betrieb und seinen Arbeitnehmern in Zusammenhang stünden. Durch Betriebsvereinbarungen könnten somit Regelungen über alle Maßnahmen getroffen werden, die der Ordnung des Betriebs im weitesten Sinne dienten, d.h. einschließlich aller „arbeitsrechtlichen Gesamtzusammenhänge“. Dabei könne auch in die gegenseitigen Rechte und Pflichten aus dem Arbeitsverhältnis eingegriffen werden, da zur Ordnung des Betriebs auch die mit gewissen persönlichen Beschränkungen verbundene Einfügung der einzelnen Arbeitnehmer in den Betrieb gehöre. Dies folge auch aus der Entstehungsgeschichte und aus der neueren Regelung des § 28 Abs. 1 SprAuG. Nach dieser Vorschrift können Arbeitgeber und Sprecherausschuss Richtlinien über den Inhalt, den Abschluss oder über die Beendigung von Arbeitsverhältnissen der leitenden Angestellten schriftlich vereinbaren. Es sei davon auszugehen, dass die Möglichkeit der Regelung durch den Sprecherausschuss nicht weitergehen solle als die des Betriebsrates.[55]

cc. Kritik

Teilweise wird im Schrifttum sowohl die weite Auslegung des Begriffs der sozialen Angelegenheiten als auch die Auslegung des § 88 BetrVG als Grundprinzip der Betriebsverfassung kritisiert.[56] Als Argument wird angeführt, dass bei einer weiten Auslegung der Regelung das gesamte System der Mitbestimmungsrechte beseitigt[57] bzw. entwertet[58] werde. Zudem sei der Begriff der sozialen Angelegenheiten konturenlos und ergebe in der vorgenommenen ausufernden Auslegung keine Grundlage für eine umfassende Regelung der Betriebspartner. Teilweise werden daher die in §§ 87 und 88 BetrVG ausdrücklich genannten Bereiche der Mitbestimmung zur Auslegung herangezogen.

1/55, E 3, 1, 4 = AP Nr. 1 zu § 57 BetrVG 1952 (I. 1. letzter Absatz); BAG, Beschluss vom 18.08.1987 – 1 ABR 30/86, E 56, 18, 26 = AP Nr. 23 zu § 77 BetrVG 1972, Bl. 3 R.; BAG GS, Beschluss vom 7.11.1989 – GS 3/85, E 63, 211, 216 f = AP Nr. 46 zu § 77 BetrVG; BAG, Urteil vom 09.04.1991 – 1 AZR 406/90, E 67, 377, 383 = AP Nr. 1 zu § 77 BetrVG Tarifvorbehalt Bl. 2 R.

[55] BAG GS, Beschluss vom 07.11.1989 – GS 3/85, E 63, 211, 216 f = AP Nr. 46 zu § 77 BetrVG, Bl. 3 f.

[56] *Kreutz*, Grenzen, S. 208; *Waltermann*, Rechtsetzung, S. 18; *Veit*, Funktionelle Zuständigkeit, S. 286.

[57] *Joost*, Anm. zu BAG, Urteil vom 20.11.1987 – 2 AZR 284/86, AP Nr. 2 zu § 620 BGB Altersgrenze, B. 7 ff. (unter II 1 b der Anm.).

[58] *Kreutz*, Grenzen, S. 208: Die Ableitung der umfassenden Möglichkeit zur Regelung von Arbeitsbedingungen aus § 88 BetrVG entwertet die gesetzliche Systematik des Vierten Teils des BetrVG 1972 über „Soziale Angelegenheiten“ (§§ 77 – 113).

c. Stellungnahme

aa. Beschränkung auf soziale Angelegenheiten

Der Auffassung, die eine Anwendung des § 88 BetrVG nur für soziale Angelegenheiten befürwortet, ist insoweit zuzustimmen, als die systematische Stellung der Vorschrift für eine Geltung nur für soziale Angelegenheiten spricht. Als allgemeine Regelung für den gesamten Bereich der Mitbestimmung hätte die Frage der Zulässigkeit freiwilliger Betriebsvereinbarungen im ersten Abschnitt des vierten Teils des BetrVG unter der Überschrift „Allgemeines" geregelt werden müssen. Da im ersten Abschnitt des vierten Teil des BetrVG allgemeine Vorschriften über die Mitwirkung und Mitbestimmung des Betriebsrats niedergelegt sind, ist kein Grund ersichtlich, warum die Norm über freiwillige Betriebsvereinbarungen nicht auch bei diesen allgemeinen Vorschriften geregelt worden ist, wenn diese als Grundprinzip ausgestaltet werden sollte.

Auch der Verweis auf § 28 SprAuG[59] rechtfertigt keine Auslegung des § 88 BetrVG als Grundprinzip der Betriebsverfassung, nach der alle „arbeitsrechtlichen Gesamtzusammenhänge" Inhalt einer freiwilligen Betriebsvereinbarung sein können. Zum einen hat auch § 28 SprAuG keinen derartig weiten Regelungsinhalt. Zum anderen ist zu bedenken, dass der Inhalt der Richtlinien nach § 28 SprAuG nur soweit unmittelbar und zwingend für die Arbeitnehmer gilt, als Sprecherausschuss und Betriebsrat dies vereinbart haben. Diese Vorschrift unterscheidet sich damit von § 77 Abs. 4 BetrVG, wonach Betriebsvereinbarungen automatisch unmittelbar und zwingend gelten.[60] Auch aus diesem Grund kann § 28 SprAuG nicht vorbehaltlos zum Vergleich herangezogen werden.[61]

bb. Auslegung des Begriffs „soziale Angelegenheiten"

Neben der systematischen Stellung im Gesetz ist hier entsprechend den Regelungen über die Auslegung einer Vorschrift auch die Entstehungsgeschichte und der Wortlaut des § 88 BetrVG heranzuziehen. Zudem ist auf die Kritik an der weiten Auslegung des Begriffs soziale Angelegenheiten einzugehen.

(1) Historische Auslegung

Bei der historischen Auslegung ist auf die Einführung des Begriffs „soziale Angelegenheiten" in das BetrVG 1952 einzugehen. Wie sich aus dem Bericht des

[59] Vgl. zuvor unter § 7 II. 2. b. bb.
[60] Dies gilt für die normativen Regelungen einer Betriebsvereinbarung.
[61] Ablehnend gegenüber der Parallele zu § 28 SprAuG auch *Otto*, NZA 1992, 97, 106.

Ausschusses für Arbeit ergibt, sollten unter diesem Begriff die Fragen zusammengefasst werden, die sich auf die Arbeitsbedingungen, die Art der Arbeitsleistung, das Verhalten der Arbeitnehmer im Betrieb und ihre Behandlung beziehen, einschließlich der Fragen des Betriebsschutzes.[62] Hieraus ergibt sich, dass der Begriff der sozialen Angelegenheiten auch vom Gesetzgeber als ein umfassender Begriff angesehen worden ist. Dies hat den Gesetzgeber aber nicht daran gehindert, es bei Nennung dieses unbestimmten Rechtsbegriffes zu belassen, und die freiwillig regelbaren Angelegenheiten nicht wie in § 87 BetrVG einzeln aufzuführen. Die historische Auslegung spricht daher für eine weite Auslegung des § 88 BetrVG. Trotz dieses weiten Verständnisses des Begriffs soziale Angelegenheiten hat der Gesetzgeber aber auch die Begriffe personelle und wirtschaftliche Angelegenheiten in Abgrenzung zu den sozialen Angelegenheiten eingeführt. Die weite Interpretation der sozialen Angelegenheiten durch den Gesetzgeber kann daher nicht zu der Schlussfolgerung führen, der Gesetzgeber habe mit § 88 BetrVG einen allgemeinen Grundsatz des BetrVG schaffen wollen.

(2) Wortlautinterpretation

Aus einer Wortlautinterpretation des Begriffs „soziale Angelegenheiten" ergeben sich keine Anhaltspunkte für eine Begriffsbestimmung. Das Wort sozial stammt von „socialis", was „gesellschaftlich, die Gesellschaft betreffend" bedeutet.[63] Der Begriff „sozial" wird in verschiedenen gesellschaftlichen Zusammenhängen aber mit unterschiedlichen Bedeutungsinhalten gefüllt. So wird der Begriff auch in unterschiedlichen Gesetzen[64] mit einem unterschiedlichen Bedeutungsinhalt verwendet. Daher können hieraus keine Rückschlüsse auf die Bedeutung im BetrVG gezogen werden.

Die offene Formulierung des § 88 BetrVG wie die Verwendung des Wortes „insbesondere" deuten jedoch auf den Willen des Gesetzgebers für einen weiten Anwendungsbereich des § 88 BetrVG hin.

(3) Vergleich mit § 28 SprAuG

In Bezug auf die weite Auslegung des Begriffs „soziale Angelegenheiten" ist auch noch einmal das Argument des Vergleichs von § 88 BetrVG mit der neueren Regelung des § 28 SprAuG zu beachten.[65] Dabei ist anzumerken,

---

[62] BT-Drucksache I / 3585, S. 10 f.
[63] Duden, Bd. 1, S. 693.
[64] Vgl. Art. 20 Abs. 3 GG, BSHG, SGB III, KSchG, BetrVG.
[65] Das SprAuG wurde als Art. 2 des Gesetzes zur Änderung des BetrVG, über Sprecherausschüsse der leitenden Angestellten und zur Sicherung der Montan-Mitbestimmung vom

dass der Vergleich des § 88 BetrVG mit dem später verfassten § 28 SprAuG sowohl für eine weite als auch für eine enge Auslegung des § 88 BetrVG verwendet wird.

Nach Ansicht des BAG und Teilen des Schrifttums ist kein Grund ersichtlich, warum dem Sprecherausschuss eine weitere Regelungsbefugnis zukommen sollte als dem Betriebsrat.[66] Diese Ansicht führt an, dass der Gesetzgeber spätestens mit Einführung des SprAuG dem BetrVG eine dem § 28 SprAuG entsprechende Norm hinzugefügt hätte, wenn er der Auffassung gewesen wäre, dass es im BetrVG an einer solchen Norm gefehlt hätte, zumal dies ohnehin zeitgleich in mehreren Punkten geändert worden war.[67] Dass der Gesetzgeber dies nicht getan hat, sieht diese Ansicht als Indiz dafür an, dass § 88 BetrVG wie § 28 Abs. 1 SprAuG auszulegen sei.

Veit zieht dagegen aus der zeitgleichen Änderung des BetrVG und des SprAuG genau den gegenteiligen Schluss: Wäre der Gesetzgeber der Auffassung gewesen, die entsprechende Regelung des BetrVG hätte einer Klarstellung bedurft, hätte er diese spätestens mit der Einführung im SprAuG auch dem BetrVG hinzugefügt, zumal dieses zeitgleich in mehreren anderen Punkten geändert worden ist.[68] Da der Gesetzgeber die Regelung des § 88 BetrVG jedoch unverändert gelassen habe, sei anzunehmen, dass er gerade keine dem § 28 SprAuG entsprechende Regelung habe schaffen wollen.

Die vorgenannten unterschiedlichen Interpretationen zeigen, dass keiner der Rückschlüsse zwingend ist. Der Vergleich der beiden Normen gibt daher keinen eindeutigen Anhaltspunkt für den Regelungsinhalt des § 88 BetrVG.

(4) Kritik an der einschränkenden Auslegung

Im übrigen sind die Argumente gegen eine weitere Auslegung der sozialen Angelegenheiten nicht ohne weiteres überzeugend:

Zum einen vernachlässigt die Kritik an einer weiten Auslegung des Begriffs der sozialen Angelegenheiten, dass der Gesetzgeber - wie bereits dargelegt - bewusst keine genaue Aufzählung der Regelungsmöglichkeiten der Betriebsparteien vorgenommen hat. Der Gesetzgeber selbst hat den Betriebsparteien damit zumindest einen gewissen Gestaltungsspielraum eingeräumt. Der Ge-

---

20.02.1988 verabschiedet (BGBl. I 1988, S. 2312 ff.). Zeitgleich wurde das BetrVG durch dieses Gesetz geändert. Das SprAuG ist in Kraft sei dem 01.01.1989.

[66] Vgl. BAG GS, Beschluss vom 07.11.1989 – GS 3/85, E 63, 211, 216 f. = AP Nr. 46 zu § 77 BetrVG 1972, Bl. 3 f.; zustimmend: *Hempelmann*, Betriebsvereinbarung, S. 165 f.

[67] Vgl. zuvor § 7 Fn. 65.

[68] *Veit*, Funktionelle Zuständigkeit, S. 286.

setzgeber hat es anders als bei den erzwingbaren Betriebsvereinbarungen nicht als erforderlich angesehen, die durch freiwillige Betriebsvereinbarungen regelbare Materie abschließend zu nennen. Dies spricht für eine weite Auslegung des § 88 BetrVG, die sich nicht auf die ausdrücklich aufgeführten Angelegenheiten oder mit diesen vergleichbaren Angelegenheiten beschränkt. Die Unterscheidung zwischen genauer Normierung der erzwingbaren Mitbestimmungsrechte und der Gewährung eines Gestaltungsspielraumes bei den freiwilligen betrieblichen Vereinbarungen ist auch sachgerecht, da der Betriebsrat – wie dargelegt - im Rahmen der freiwilligen Betriebsvereinbarungen keine Regelung erzwingen kann.

Gegen das Argument der Beseitigung bzw. Entwertung des Systems der Mitbestimmungstatbestände ist einzuwenden, dass hier in unzulässiger Weise die Sachverhalte der erzwingbaren und der freiwilligen Mitbestimmung vermischt werden. Wie dargestellt handelt es sich bei der Frage der Zulässigkeit von freiwilligen betrieblichen Regelungen um solche, die von den Betriebsparteien nur im Konsens vereinbart werden können. Der Abschluss solcher Betriebsvereinbarungen kann nicht von einer Seite der Betriebsparteien erzwungen werden. Es steht somit im Belieben einer jeden Betriebspartei, ob und inwieweit sie eine gemeinsame Vereinbarung treffen will. Insbesondere steht es im Belieben des Arbeitgebers, ob und inwieweit er den Betriebsrat an einer Regelung beteiligen will. Durch eine solche rein freiwillige Reglungsmöglichkeit werden die gesetzlich abschließend geregelten erzwingbaren Mitbestimmungsrechte des Betriebsrates nicht tangiert. Bei den erzwingbaren Mitbestimmungsrechten liegt eine von Grund auf andere Interessenlage zugrunde.

So ist zu verdeutlichen, dass zwischen Mitbestimmungsrechten und der Möglichkeit der Regelung einer Angelegenheit in einer freiwilligen Betriebsvereinbarung grundlegende Unterschiede bestehen. Mitbestimmungsrechte des Betriebsrats und dessen Zuständigkeit bei der freiwilligen Regelung sozialer Angelegenheiten sind rechtsdogmatisch scharf voneinander zu trennen.[69] Die Möglichkeit des Abschlusses einer freiwilligen Betriebsvereinbarung eröffnet dem Betriebsrat viel weniger einschneidende Mechanismen der Mitgestaltung. Wie bereits dargelegt unterscheidet sich auch die Wirkung der freiwilligen Betriebsvereinbarungen von der der erzwingbaren Betriebsvereinbarungen.

Einige Kritiker der weiten Auslegung des Begriffs „soziale Angelegenheiten" stützen sich zudem auf das Argument, der Begriff sei konturenlos.[70] Hier ist

---

[69] Vgl. auch *Dietz/Richardi*, BetrVG, Vorbem. § 87, Rn. 6; *MünchArbR-Matthes,* (1. Auflage) § 318 Rn. 33.

[70] *Kreutz*, Grenzen, S. 208 geht sogar davon aus, dass sich der Begriff einer „schärferen, eingrenzenderen Erfassung" entziehe.

zunächst zu bedenken, dass dieses Problem für alle unbestimmten Rechtbegriffe zutrifft. Zuzugeben ist aber, dass insgesamt keine befriedigende Grenzziehung gelungen zu sein scheint. Bei aller Kritik an der vagen Bestimmung und Grenzziehung des Begriffs der sozialen Angelegenheiten[71] durch die vorherrschende Meinung haben aber auch die Kritiker bisher keine Alternative einer konkreteren Definition für den Anwendungsbereich des § 88 BetrVG gefunden. Die verschiedenen Lösungsmodelle zur Einschränkung der Regelungsbefugnis sind in ihrer Dogmatik und in ihren Ergebnissen von einem Konsens weit entfernt. Insoweit ist auch durch die einschränkenden Auffassungen nichts gewonnen.

Teilweise wird eine Vergleichbarkeit mit den Tatbeständen der §§ 87, 88 BetrVG als Anhaltspunkt für die Bestimmung des Begriffs „soziale Angelegenheiten“ gefordert. Hiergegen ist meines Erachtens einzuwenden, dass die vom Gesetzgeber eingeführte Unterscheidung zwischen erzwingbaren und freiwilligen Betriebsvereinbarungen nicht hinreichend bedacht wird. Wie dargelegt besteht bei erzwingbaren und bei freiwilligen Betriebsvereinbarungen eine grundlegend unterschiedliche Interessenlage. Es würde dem Institut der freiwilligen Betriebsvereinbarung nicht gerecht, wollte man die durch freiwillige Betriebsvereinbarungen regelbaren Angelegenheiten derart beschränken, dass sie durch einen Anhaltspunkt in den gesetzlich geregelten Tatbeständen gerechtfertigt sein müssen. Zudem ist zu bedenken, dass sich der Gesetzgeber gerade gegen eine umfassende Aufzählung der regelbaren sozialen Angelegenheiten entschieden hat. Dem würde es zuwiderlaufen, wollte man nur Angelegenheiten, die den gesetzlich genannten ähneln, als regelbare Materie zulassen. Gegen die Auslegung, dass nur die Tatbestände den sozialen Angelegenheiten i.S.d. § 88 BetrVG unterfallen, die mit den ausdrücklich im Gesetz erwähnten Tatbeständen vergleichbar sind, spricht auch der offene Wortlaut dieser Vorschrift. Hätte der Gesetzgeber die Absicht gehabt, nur mit den genannten Tatbeständen vergleichbare Angelegenheiten als soziale Angelegenheiten sehen zu wollen, hätte er wohl eine andere Formulierung gewählt.

Die dargestellten einschränkenden Ansichten sind daher abzulehnen.

(5) Zwischenergebnis

Die Möglichkeit der Betriebsparteien zum Abschluss freiwilliger Betriebsvereinbarungen ist auf soziale Angelegenheiten zu beschränken. § 88 BetrVG kann nicht als Grundprinzip der Betriebsverfassung gesehen werden. Die Vorschrift findet für andere als soziale Angelegenheiten, namentlich für wirtschaftliche und personelle Angelegenheiten, keine Anwendung.

---

[71] Vgl. z.B. *Waltermann*, Rechtsetzung, S. 18.

Die Interessenlage der Betriebsparteien bei einer freiwilligen Regelung sowie die offene Formulierung des § 88 BetrVG im Gegensatz zu der strengen Aufzählung der regelbaren Tatbestände in § 87 BetrVG lassen jedoch darauf schließen, dass der Begriff „soziale Angelegenheiten" weit auszulegen ist.

Eine Möglichkeit der Eingrenzung des Begriffs „soziale Angelegenheiten" ist dabei die Abgrenzung der sozialen Angelegenheiten von den personellen und wirtschaftlichen Angelegenheiten. Die Möglichkeit der Regelung von freiwilligen Betriebsvereinbarungen ist dagegen nicht auf Fälle beschränkt, die den gesetzlich in §§ 87 und 88 BetrVG geregelten Fällen vergleichbar sind.[72] Eine solche enge Auslegung würde der gesetzlichen Verwendung des Begriffs „soziale Angelegenheiten" nicht gerecht.

3. Teilmitbestimmte Betriebsvereinbarungen

a. Inhalt

Des Weiteren besteht die Möglichkeit zum Abschluss teilmitbestimmter Betriebsvereinbarungen. Eine teilmitbestimmte Betriebsvereinbarung wird im Gesetz nicht erwähnt. Ihre Besonderheit liegt darin, dass sie Elemente der erzwingbaren Betriebsvereinbarung mit solchen der freiwilligen Betriebsvereinbarung in sich vereint. Eine derartige teilmitbestimmte Betriebsvereinbarung liegt beispielsweise vor bei alleiniger Entscheidungsbefugnis des Arbeitgebers über das „Ob" einer Leistung, wobei dem Betriebsrat eine Mitbestimmung über das „Wie" der Leistung zusteht.[73] So ist zum Beispiel die Entscheidung des Arbeitgebers denkbar, eine jährliche Erfolgsbeteiligung für die Arbeitnehmer einzuräumen. Der Arbeitgeber entscheidet hier alleine über das „Ob" der Gewährung einer solchen Beteiligung. Über das „Wie" (z.B. Leistungsplan, Verteilungsgrundsätze etc.) hat der Betriebsrat dagegen ein Mitbestimmungsrecht.

b. Betriebsvereinbarungen über Anwesenheitsprämien

Die Betriebsparteien könnten betriebliche Regelungen derart treffen, dass der Arbeitgeber jedem Arbeitnehmer eine Anwesenheitsprämie in einer bestimmten Höhe zahlt, wenn der Arbeitnehmer für einen bestimmten Zeitraum ohne Arbeitsausfall gearbeitet hat.[74] Problematisch ist dann, ob streikbedingte Ausfallzeiten zum Wegfall der Prämie führen, oder ob der Arbeitgeber die Anwe-

---

[72] Eine solche Lösung strebt an: *Veit*, Funktionelle Zuständigkeit, S. 267.

[73] Vgl. *MünchArbR-Hanau*, § 62 Rn. 65 f.; *Eichhorn/Hickler/Steinmann*, Betriebsvereinbarung, S. 35; BAG GS, Beschluss vom 3.12.1991 – GS 2/90, AP Nr. 51 zu § 87 BetrVG 1972 Lohngestaltung, Bl. 2.

[74] Derartige Vereinbarungen liegen auch der oben in § 2 III. dargestellten Rechtsprechung zugrunde.

senheitsprämie auch bei streikbedingten Ausfallzeiten der Arbeitnehmer zahlen muss.[75]

Zunächst ist fraglich, ob für die Zahlung von Prämien ein zwingendes Mitbestimmungsrecht des Betriebrats besteht. In Betracht kommt hier ein Mitbestimmungsrecht nach § 87 Abs. 1 Nr. 10 BetrVG. Hiernach hat der Betriebsrat in Fragen der Lohngestaltung, insbesondere bei der Aufstellung von Entlohnungsgrundsätzen und der Einführung und Anwendung von neuen Entlohnungsmethoden sowie deren Änderung mitzubestimmen. Unter „Lohn" im Sinne des § 87 Abs. 1 Nr. 10 BetrVG sind alle Leistungen des Arbeitgebers zu verstehen, die er als Gegenleistung für die von den Arbeitnehmern erbrachten Leistungen gewährt, ohne Rücksicht auf deren Bezeichnung.[76] Zum Lohn gehören dabei auch alle freiwilligen Leistungen des Arbeitgebers, also auch Gratifikationen.[77] Zu den Gratifikationen zählen auch Anwesenheitsprämien[78], Treueprämien und andere Prämien.

Dabei ist zu beachten, dass bei derartigen freiwilligen Leistungen des Arbeitgebers die Vorgabe des Dotierungsrahmens mitbestimmungsfrei ist. Dies folgt aus dem Grundgedanken des BetrVG. Der Arbeitgeber darf nicht zu Leistungen gezwungen werden, die er nicht zu erbringen braucht.[79] Er soll in seiner unternehmerischen Entscheidung frei sein, ob und in welchem Umfang er Mittel für zusätzliche, freiwillige Leistungen zur Verfügung stellt. Die Mitbestimmung des Betriebsrats bezieht sich somit auf die Art und Weise der Verteilung des vom Arbeitgeber vorgegebenen Dotierungsrahmens.

Damit besteht grundsätzlich ein Mitbestimmungsrecht des Betriebsrats hinsichtlich der Verteilungsgrundsätze der Prämienleistungen.[80] Bei Betriebsvereinbarungen über Prämien handelt es sich um teilmitbestimmte Betriebsvereinbarungen.

---

[75] Hier stellt sich insbesondere die Frage des Verstoßes gegen ein Maßregelungsverbot, § 612 a BGB.

[76] *F/K/H/E*, BetrVG, § 87 Rn. 285; *Dietz/Richardi*, BetrVG, § 87 Rn. 515; BAG GS, Beschluss vom 16.09.1986 – GS 1/82, AP Nr. 17 zu § 77 BetrVG 1972, Bl. 2 R.

[77] Vgl. nur *F/K/H/E*, BetrVG, § 87, Rn. 286.

[78] BAG, Beschluss vom 30.3.1982 – 1 ABR 55/80, AP Nr. 10 zu § 87 BetrVG 1972 Lohngestaltung.

[79] BAG GS, Beschluss vom 3.12.1991 – GS 2/90, AP Nr. 51 zu § 87 BetrVG 1972 Lohngestaltung, , Bl. 13 R. f; zustimmend: GK-*Wiese*, BetrVG, § 87 Rn. 618 ff.; *Dietz/Richardi*, BetrVG, § 87 Rn. 519 ff.; *H/S/G-Glaubitz*, BetrVG; § 87 Rn. 512; *Galperin/Löwisch*, BetrVG, § 87 Rn. 227.

[80] Die Frage, ob das grundsätzlich bestehende Mitbestimmungsrecht etwa aufgrund einer Kollision mit Werteentscheidungen des Arbeitskampfrechts oder des Betriebsverfassungsrechts im Einzelfall zurücktreten muss, wird in den Teilen 3 und 4 dieser Arbeit untersucht.

III. Betriebsvereinbarungen mit Regelungen speziell über Arbeitskämpfe

Als weitere Möglichkeit der Vereinbarung von betrieblichen Regelungen mit Auswirkung auf Arbeitskämpfe ist die Vereinbarung von Regelungen speziell für die Situation des Arbeitskampfes zu nennen. Auch im Bereich der betrieblichen Regelungen speziell für die Situation des Arbeitskampfes kommen dabei erzwingbare, freiwillige und teilmitbestimmte Betriebsvereinbarungen in Betracht.

1. Zulässigkeits- und Rechtsfolgeregeln

Bei tariflichen Kampfklauseln wird entsprechend deren Gegenstand zwischen Zulässigkeitsregeln und Rechtsfolgeregeln unterschieden.[81]

Durch Zulässigkeitsregeln wird auf der tariflichen Ebene die Rechtmäßigkeit von Arbeitskampfmassnahmen bestimmt.[82] Auf der betrieblichen Ebene könnte die Verhaltensweise der Betriebsparteien in Bezug auf tarifliche Arbeitskampfmaßnahmen geregelt werden. So ist es beispielsweise (abstrakt) denkbar, dass die Betriebsparteien Vereinbarungen über Erhaltungsarbeiten treffen[83], die betriebliche Friedenspflicht[84] für Zeiten des Arbeitskampfes konkretisieren oder sich über die Art der Anwendung eines Kampfmittels im Betrieb verständigen. Diese Regelungen betreffen die Rechte und Pflichten zwischen den die Vereinbarung abschließenden Parteien und gehören damit zu dem schuldrechtlichen Teil einer Vereinbarung. Die gegenseitigen Rechte und Pflichten der Betriebsparteien können wie die der Tarifparteien nur schuldrechtlich, nicht dagegen normativ mit Wirkung für Dritte vereinbart werden. Die Parteien sind bei der Vereinbarung schuldrechtlicher Regelungen aber nicht zwingend auf solche Bereiche beschränkt, die der normativen Regelung nicht zugänglich sind.[85]

Normative Regelungen der Betriebspartner kommen dagegen in Bezug auf die Folgen des Arbeitskampfes für die einzelnen Arbeitsverhältnisse in dem betreffenden Betrieb und für das betriebliche Rechtsverhältnis in Betracht.[86] Solche als Rechtsfolgeregeln bezeichneten Vereinbarungen beziehen sich insbesondere auf die Sanktionen nach Arbeitskämpfen.[87] Sie können diese ausschließen oder beschränken. Zu den Rechtsfolgeregeln gehören vor allem

[81] Vgl. zu der tarifvertraglichen Typologie: *Konzen*, ZfA 1980, 77, 89, ff.,119; *Kempen/Zachert-Zachert*, TVG , § 1 Rn. 328 ff.
[82] *Kempen/Zachert-Zachert*, TVG, § 1 Rn. 335.
[83] Vgl. *Hohenstatt*, Erhaltungsarbeiten, S. 163 f.
[84] Vgl. § 74 Abs. 2 Satz 2 BetrVG.
[85] Vgl. im Tarifrecht: *Däubler*, TVG, Rn. 175; *Kempen/Zachert-Zachert*, TVG, § 1 Rn. 363.
[86] Vgl. *Löwisch/Rieble*, TVG 1992, § 1 Rn. 295; *F/K/H/E*, BetrVG, § 77 Rn. 42.
[87] Vgl. *Konzen*, ZfA 1980, 77, 119; *Kempen/Zachert-Zachert*, § 1 Rn. 328 ff.

schließen oder beschränken. Zu den Rechtsfolgeregeln gehören vor allem Maßregelungsverbote wie z.B. die Untersagung von Sanktionen wie Kündigungen, Abmahnungen oder Betriebsbußen und auch Wiedereinstellungsklauseln und andere Nebenfolgeklauseln.

2. Zulässige Regelungsbestandteile in Betriebsvereinbarungen

a. Ansatz

Wie soeben dargelegt können sowohl schuldrechtliche als auch normative Regelungen einer Betriebsvereinbarung Auswirkungen auf Arbeitskämpfe entfalten. Es ist aber umstritten, ob schuldrechtliche[88] Regelungen überhaupt Gegenstand einer Betriebsvereinbarung sein können.[89] In Rechtsprechung und Schrifttum ist keine Einigung erzielt worden, welche Inhalte durch eine Betriebsvereinbarung generell geregelt werden dürfen und welche Kriterien für eine Beurteilung dieser Frage maßgebend sind. Das BetrVG enthält (anders als § 1 Abs. 1 TVG für den Tarifvertrag) keine ausdrückliche Regelung über den möglichen Inhalt einer Betriebsvereinbarung.[90] Insbesondere § 77 BetrVG trifft keine allgemeine Aussage über die möglichen Gegenstände einer Betriebsvereinbarung. Das BetrVG bestimmt den Gegenstandsbereich von Be-

---

[88] In gewissem Umfang kommen als schuldrechtliche Regelung auch sog. Abschlussnormen in Betracht, die sich auf die Begründung von Arbeitsverhältnissen beziehen. Dies sind z.B. Auswahlrichtlinien nach § 95 BetrVG. Sie berechtigen und verpflichten nur den Arbeitgeber: *v. Hoyningen-Huene*, Betriebsverfassungsrecht, § 11 III. 4 b, S. 216. Abschlussnormen mit unmittelbarer Geltung für Einzustellende sind dagegen nicht zulässig, weil dadurch auch Personen gebunden werden, die nicht der Regelungsbefugnis der Betriebsparteien unterliegen.

[89] Umstritten ist dies auch für betriebliche und betriebsverfassungsrechtliche Regelungen: Vgl. *Galperin/Löwisch*, BetrVG, § 88 Rn. 5; GK-*Wiese*, BetrVG, § 88 Rn. 10; GK-*Kreutz*, BetrVG, § 77 Rn. 158. Regelungen über *betriebliche* Fragen (Betriebsnormen oder betriebliche Normen) betreffen die Gesamtheit oder Gruppen der Arbeitnehmerschaft des Betriebes: *F/K/H/E*, BetrVG, § 77 Rn. 44. Sie haben nur mittelbare Wirkung für das Einzelarbeitsverhältnis. Zu den betrieblichen Normen gehören insbesondere die in § 87 Abs. 1 Nr. 1, 6, 7, 8 und 12 BetrVG und die in § 88 Nr. 1 und 2 BetrVG genannten Angelegenheiten, soweit sie nicht unmittelbar den Inhalt des einzelnen Arbeitsverhältnisses, wohl aber das betriebliche Rechtsverhältnis der Arbeitnehmer gestalten. Für diese Regelungen wird auch eine normative Wirkung angenommen: *F/K/H/E*, BetrVG, § 77 Rn. 44; *Zöllner/Loritz*, Arbeitsrecht, § 46 II. 5. b. S. 537. Betriebsvereinbarungen über *betriebsverfassungsrechtliche* Fragen behandeln die Rechtsstellung der Organe des Betriebes zueinander: *F/K/H/E*, BetrVG, § 77 Rn. 45. Streitig ist, ob diese betriebsverfassungsrechtliche Normen nur insoweit zulässig sind, als das Betriebsverfassungsgesetz dies vorsieht (z.B. in § 86 oder 102 Abs. 6 BetrVG); so z.B.: *Zöllner/Loritz*, Arbeitsrecht, § 46 II. 5. b. S. 537 oder ob sie zulässig sind, soweit nicht zwingende Vorschriften des Gesetzes (wie z.B. über die Wahl des Betriebsrats) entgegenstehen; so beispielsweise *F/K/H/E*, BetrVG, § 77 Rn. 44.

[90] Geregelt sind nur einige Sonderfälle: Vgl. § 111 ff. BetrVG für den Fall des Sozialplans; §§ 38 Abs. 1 Satz 5, 47 Abs. 4 und 5, 55 Abs. 4, 72 Abs. 5, 76 Abs. 1 und 4 und 86 BetrVG; § 88 BetrVG für freiwillige Betriebsvereinbarungen.

triebsvereinbarungen weder in genereller Weise positiv, noch beschränkt es die Betriebsvereinbarung ausdrücklich auf Angelegenheiten, in denen sie das Gesetz ausdrücklich vorsieht.[91]

Zwar ergeben sich aus § 77 Abs. 3 Satz 1 BetrVG und § 88 BetrVG Anhaltspunkte für eine Bestimmung zulässiger Inhalte. So stellt § 77 Abs. 3 Satz 1 BetrVG einschränkende Voraussetzungen für die genaue Regelungsbefugnis der Betriebsparteien insofern auf, als es dort heißt: „Arbeitsentgelte und sonstige Arbeitsbedingungen, die durch Tarifvertrag geregelt sind oder üblicherweise geregelt werden, können nicht Gegenstand einer Betriebsvereinbarung sein".[92] Zudem lässt § 88 BetrVG in sozialen Angelegenheiten ausdrücklich freiwillige Betriebsvereinbarungen zu, indem diese Vorschrift als Regelungsbeispiele Fälle nennt, die „insbesondere" durch Betriebsvereinbarungen geregelt werden können.[93] Die Bedeutung der vorgenannten Vorschriften und ihre genaue Aussage in Bezug auf den zulässigen Regelungsgehalt von Betriebsvereinbarungen ist jedoch umstritten. Für die Beantwortung der Frage nach den durch Betriebsvereinbarungen regelbaren Gegenständen ist daher wenig gewonnen.

Unter anderem besteht keine Einigkeit darüber, ob in Betriebsvereinbarungen sowohl normative als auch schuldrechtliche Regelungen getroffen werden können. Normative Regelungen der Betriebsvereinbarung gelten unmittelbar auch in den Einzelarbeitsverhältnissen oder gestalten unmittelbar die Stellung des Betriebsrats oder des Arbeitgebers innerhalb der betrieblichen Verfassung. Es bedarf hier keiner Transformation des Vereinbarten mit anderen rechtlichen Mitteln mehr. Schuldrechtliche Regelungen verpflichten dagegen allein den Arbeitgeber und den Betriebsrat, ohne eine unmittelbare Drittwirkung auf die Belegschaft zu entfalten. Falls der Ansicht zuzustimmen ist, die nur normative Regelungen in Betriebsvereinbarungen für zulässig hält, wäre die Vereinbarung der vorerwähnten schuldrechtlichen Regelungen in Bezug

[91] So aber z.B. § 73 BPersVG.

[92] In Satz 2 der Vorschrift wird dann folgende Einschränkung gemacht: „Dies gilt nicht, wenn ein Tarifvertrag den Abschluss ergänzender Betriebsvereinbarungen ausdrücklich zulässt." Insgesamt ist die genaue Qualifikation und Reichweite der Regelung des § 77 Abs. 3 BetrVG umstritten. So will beispielsweise *Vollmer*, DB 1982, 1670, 1671 ff. (m.w.N.) die Regelungssperre des § 77 Abs. 3 BetrVG lockern.

[93] Ausdrücklich genannt waren zunächst folgende Fälle: - Zusätzliche Maßnahmen zur Verhütung von Arbeitsunfällen und Gesundheitsschädigungen, - die Errichtung von Sozialeinrichtungen, deren Wirkungsbereich auf den Betrieb, das Unternehmen oder den Konzern beschränkt ist, - Maßnahmen zur Förderung der Vermögensbildung. Durch die letzte Gesetzesänderung sind folgende weitere Fälle aufgenommen worden: - Maßnahmen des betrieblichen Umweltschutzes, - Maßnahmen zur Integration ausländischer Arbeitnehmer sowie zur Bekämpfung des Rassismus und Fremdenfeindlichkeit im Betrieb.

auf den Arbeitskampf unwirksam. Es ist daher näher auf die Frage der zulässigen Regelungsbestandteile von Betriebsvereinbarungen einzugehen.

b. Nur normative Regelungen über Arbeitsbedingungen

Teilweise wird die Auffassung vertreten, in Betriebsvereinbarungen könnten nur normativ wirkende Regelungen über Rechte und Pflichten der Arbeitsvertragsparteien wirksam vereinbart werden.[94] Dagegen seien im allgemeinen Regelungen über die Festlegung schuldrechtlicher Verpflichtungen der Betriebspartner nicht möglich. Abreden ohne normative Wirkung könnten nur in Form von Regelungsabreden oder Betriebsabsprachen getroffen werden.

Diese Ansicht stützt sich auf das Argument, dass § 77 Abs. 4 BetrVG die Wirkung einer Regelung in Betriebsvereinbarungen bestimme: diese sei stets und im Ganzen unmittelbar und zwingend. Diese Wirkungsweise passe aber nicht auf schuldrechtliche Abreden. Da die Betriebsvereinbarung als eigenständiges Rechtsinstitut gerade in den in § 77 Abs. 4 Satz 1 BetrVG festgelegten Rechtswirkungen ihre Besonderheiten aufweise, könne die ausschließlich schuldrechtlich zwischen Arbeitgeber und Betriebsrat wirkende Abrede in diesem Sinne keine Betriebsvereinbarung sein.[95] Des Weiteren wendet diese Ansicht ein, der zulässige Regelungsinhalt einer Betriebsvereinbarung sei ausschließlich aus § 77 Abs. 3 und 4 BetrVG herzuleiten. § 77 BetrVG regele das Institut der Betriebsvereinbarung eingehend und zusammenfassend als ein eigenständiges, von Mitbestimmungstatbeständen unabhängiges betriebsverfassungs-rechtliches Institut.

c. Normative und schuldrechtliche Regelungen

Nach anderer Ansicht kann die Betriebsvereinbarung ebenso wie der Tarifvertrag sowohl normative Regelungen als auch rein schuldrechtliche Verpflichtungen enthalten.[96] Hiernach kann die Betriebsvereinbarung insbesondere einerseits normative Regelungen über Inhalt, Abschluss und Beendigung von

---

[94] GK-*Kreutz*, BetrVG, § 77 Rn. 68 ff., 77, 157 ff.; *Kreutz*, Grenzen, S. 49 f.; *Hanau*, RdA 89, 207, 209 m.w.N.; *Birk*, ZfA 86, 73, 79; *Schaub*, Arbeitsrechtshandbuch, § 231 II 7.

[95] GK-*Kreutz*, BetrVG, § 77 Rn. 157 ff., 158; *Kreutz*, Grenzen, S. 44 ff.

[96] So die herrschende Auffassung: vgl. BAG, Beschluss vom 18.08.1987 – 1 ABR 30/86, E 56, 18, 26 = AP Nr. 23 zu § 77 BetrVG 1972; BAG GS, Beschluss vom 07.11.1989 – GS 3/85, E 63, 211, 216 f = AP Nr. 46 zu § 77 BetrVG 1972; BAG, Urteil vom 09.04.1991 – 1 AZR 406/90, E 67, 377, 383 = AP Nr. 1 zu § 77 BetrVG Tarifvorbehalt; *F/K/H/E*, BetrVG, § 77 Rn. 46; *Galperin/Löwisch*, BetrVG, § 77 Rn. 24 ff. 59 f.; *MüArbR-Matthes*, § 328 Rn. 2 f.; *v. Hoyningen-Huene*, Betriebverfassungsrecht, § 11 III 4; *Söllner*, Arbeitsrecht, III. 2.; *Dietz/Richardi*, BetrVG § 77 Rn. 47 ff., 55 ff.6;

Arbeitsverhältnissen (sog. Inhaltsnormen) sowie andererseits schuldrechtliche Regelungen zwischen Arbeitgeber und Betriebsrat enthalten.[97]

Nach dieser Auffassung kann aus § 77 Abs. 4 Satz 1 BetrVG, nach dem Betriebsvereinbarungen unmittelbar und zwingend gelten, nicht gefolgert werden, dass nur Regelungen mit normativem Inhalt als zulässiger Teil einer Betriebsvereinbarung angesehen werden können. Eine solche Auslegung sei eine Überbewertung des § 77 Abs. 4 Satz 1 BetrVG.[98] Der Begriff der Betriebsvereinbarung würde vielmehr verengt, wenn man wegen der in § 77 Abs. 4 Satz 1 BetrVG angeordneten Geltungswirkung eine schuldrechtliche Abrede zwischen den Betriebsparteien ausklammere, obwohl man eine Betriebsabsprache, die Rechte und Pflichten der Betriebspartner begründe, für zulässig halte.[99] Des Weiteren wird vorgebracht, dass nach § 77 Abs. 1 Satz 1 BetrVG die Durchführung einer Betriebsvereinbarung abweichend von der gesetzlichen Grundregel auf den Betriebsrat übertragen werden kann. Es sei nicht einsehbar, warum die (schuldrechtliche) Vereinbarung einer solchen Übertragung dann nicht Inhalt einer betreffenden Betriebsvereinbarung sein könne.[100] Ebenfalls sei nicht einsehbar, warum die Betriebspartner nicht durch Betriebsvereinbarung allgemein nähere Voraussetzungen z.B. über die Durchführung von Betriebsvereinbarungen, über eine Konkretisierung der Friedenspflicht oder über die nähere Ausgestaltung der Grundsätze der vertrauensvollen Zusammenarbeit sollen treffen können.[101]

d. Stellungnahme

Die Auffassung, die nur normative Regelungen als zulässigen Inhalt einer Betriebsvereinbarung ansieht, kann nicht überzeugen. Zunächst rechtfertigt der Wortlaut des § 77 Abs. 3 BetrVG nicht die Annahme, dass der Inhalt von Betriebsvereinbarungen auf normative Vereinbarungen beschränkt werden sollte. Das Ausschließlichkeitsargument wird vielmehr zu Unrecht in § 77 Abs. 4 Satz 1 BetrVG hineininterpretiert. Auch aus § 77 Abs. 3 BetrVG kann keine Beschränkung der betrieblichen Regelungen auf normative Regelungen hergeleitet werden. Zwar nennt § 77 Abs. 3 BetrVG nur Arbeitsentgelte und sonstige Arbeitsbedingungen. Hier ist aber zu bedenken, dass es eine Kollision von betrieblichen und tariflichen Reglungen nur im Bereich der normativen Regelungen geben kann, da nur diese Wirkung für Dritte entfalten. Schuldrechtliche

---

[97] *Dietz/Richardi*, BetrVG, § 77 Rn. 55; *F/K/H/E*, BetrVG, § 77 Rn. 46; *v. Hoyningen-Huene*, Betriebverfassungsrecht, § 11 III. 4.

[98] *F/K/H/E*, BetrVG, § 77 Rn. 46.

[99] *Dietz/Richardi*, BetrVG, § 77 Rn. 56 in Bezug auf *Kreutz*, Grenzen, S. 42 ff., insbes. S. 46 f.

[100] *F/K/H/E*, BetrVG, § 77 Rn. 46.

[101] *F/K/H/E*, BetrVG, § 77 Rn. 46.

Regelungen gelten dagegen nur für die die Vereinbarung abschließenden Parteien, also zum einen die Tarifpartner und zum anderen die Betriebspartner. Eine Kollision derartiger Regelungen ist nicht denkbar, da sie einen unterschiedlichen Wirkungskreis haben. Folglich ist für schuldrechtliche Vereinbarungen auch keine Regelung einer möglichen Kollision erforderlich, wie dies bei den normativen Regelungen der Fall ist. Vor diesem Hintergrund ist es selbstverständlich, dass § 77 Abs. 3 BetrVG nur normative Regelungen nennt, da nur bei diesen betriebliche mit tariflichen Regelungen kollidieren können.

In einer Betriebsvereinbarung können somit sowohl normative als auch schuldrechtliche Regelungen getroffen werden. Es steht folglich auch hinsichtlich der Regelungen des Arbeitskampfes die Zulässigkeit sowohl normativer als auch schuldrechtlicher Regelungen einer Betriebsvereinbarung in Frage.

Nur kurz erwähnt werden soll, dass es hinsichtlich des zulässigen Inhalts einer Betriebsvereinbarung inzwischen wohl als allgemeine Meinung angesehen werden kann, dass grundsätzlich alle Arbeitsbedingungen (im weiten Sinne) in Betriebsvereinbarungen geregelt werden können, unabhängig davon, ob es sich um sog. formelle oder materielle Arbeitsbedingungen handelt und wie die Abgrenzung zwischen formellen und materiellen Arbeitsbedingungen vorzunehmen ist.[102]

3. Betriebsvereinbarungen über Notstands- und Erhaltungsarbeiten

Betriebliche Regelungen speziell mit Hinblick auf zukünftige Arbeitskämpfe sind beispielsweise die oben erwähnten Vereinbarungen über Notstands- und Erhaltungsarbeiten.[103] Derartige Notdienstvereinbarungen werden in der Praxis trotz des Streits in der Wissenschaft über deren Zulässigkeit häufig auf betrieblicher Ebene getroffen.[104] Die Arbeitkampfrichtlinien verschiedener Arbeitgeberverbände empfehlen sogar, die Betriebsräte als mögliche Verhandlungspartner einzuschalten.[105]

---

[102] Vgl. nur GK-*Kreutz*, BetrVG, § 77 Rn. 68; *F/K/H/E*, BetrVG, § 77 Rn. 46; a.A. (früher) *Richardi*, Kollektivgewalt, 313, 319 ff., der wegen des Zwangsordnungscharakters der Betriebsvereinbarung die Möglichkeit zur Regelung materieller Arbeitsbedingungen grundsätzlich einschränken wollte.

[103] Siehe oben unter § 2 II.

[104] Vgl. *Däubler*, AuR 1981, 264 m.w.N.

[105] Vgl. auch *Hiersemann*, BB, 1966, 252, 253, der zwar davon ausgeht, dass der Betriebsrat die Gewerkschaft hinsichtlich der zuzulassenden Erhaltungsarbeiten rechtlich nicht binden könne. Das Vorliegen einer Betriebsvereinbarung bringe aber tatsächlich eine weitgehende Präjudizierung, die sich im Falle eines Arbeitskampfes für alle Beteiligten als nützlich erweisen könne.

a. Erzwingbare Betriebsvereinbarungen

In Bezug auf die Regelung von Erhaltungsarbeiten ist zunächst umstritten, ob dem Betriebsrat ein zwingendes Mitbestimmungsrecht zusteht.[106] In Betracht kommt insoweit ein Mitbestimmungsrecht nach § 87 Abs. 1 Nr. 1 BetrVG für die Festlegung des Umfangs und der personellen Zusammensetzung des Erhaltungsdienstes sowie der konkreten Durchführung der Arbeiten.

Ein erzwingbares Mitbestimmungsrecht nach § 87 Abs. 1 Nr. 1 BetrVG besteht für Fragen der Ordnung des Betriebes und des Verhaltens der Arbeitnehmer im Betrieb. Das Mitbestimmungsrecht betrifft dabei alle Maßnahmen des Arbeitgebers tatsächlicher und rechtlicher Art, welche die allgemeine Ordnung des Betriebes und/oder das Verhalten der Arbeitnehmer oder von Gruppen von Arbeitnehmern im Betrieb betreffen.[107]

Zunächst ist bei der Ausgestaltung von Notstands- und Erhaltungsarbeiten umstritten, ob überhaupt Maßnahmen des *Arbeitgebers* in Frage stehen.[108]

---

[106] Überwiegend wird ein solches Mitbestimmungsrecht abgelehnt: *Löwisch/Rieble*, Arbeitskampf- und Schlichtungsrecht, SD 170.2, Rn. 229 f.; *Wiese*, NZA 1984, 378, 382; *Löwisch/Mikosch*, ZfA 1978, 153, 174f.; *Däubler*, Arbeitskampfrecht, Rn. 230; *Oetker*, Not- und Erhaltungsarbeiten S. 83 und 85; *Heckelmann*, Erhaltungsarbeiten, 26; einschränkend *Brox/Rüthers-Brox*, Arbeitskampfrecht, Rn. 293, 467; bejahend dagegen: LAG Frankfurt a.M. vom 22.04.1969 - 5 Sa 627/68, AP Nr. 40 zu Art. 9 GG Arbeitskampf (unter 2 a E der Gründe); *Herschel*, AuR 1970, S. 352 (für § 56 Abs. 1 f. BetrVG 1952); *F/K/H/E*, BetrVG, § 74 Rn. 23 in Bezug auf Entscheidungen über die konkrete Ausgestaltung des Notdienstes, welche die Arbeitskampfparteien dem Arbeitgeber überlassen; ein zwingendes Mitbestimmungsrecht des Betriebsrats bei der Auswahl der Erhaltungsarbeiter befürwortet auch *Schaub*, Arbeitsrechtshandbuch, § 194, V 3. S. 1920; *Herschel*, AuR 1970, S. 352 (für § 56 Abs. 1 f BetrVG 1952); eine Pflicht zur Mitwirkung des Betriebsrats nimmt an *Schmidt*, DB 1978, 1287.

[107] *F/K/H/E*, BetrVG, § 87 Rn. 53; BAG, Beschluss vom 14.01.1986 – 1 ABR 75/83, E 50, 330, 333 = AP Nr. 10 § 87 BetrVG 1972, Ordnung des Betriebs Bl. 1 R.

[108] So die Arbeitskampfrichtlinien der Arbeitgeberverbände in der Regel mit dem Verweis auf die Weisungsbefugnis des Arbeitgebers: Vgl. etwa die Arbeitskampfrichtlinien des Gesamtverbandes der metallindustriellen Arbeitgeberverbände e.V., S. 16; LAG Baden-Württemberg vom 30.01.1980 – 2 Sa 150/79 (soweit ersichtlich unveröffentlicht), *Schell*, BB 1969, 1179, 1180 f.; *Herschel*, Anm. AuR 1970, 352; *Fenn*, Anm. SAE 1970, 189, 192 und DB 1982, 430, 433. Die seit der Entscheidung des LAG Frankfurt a.M. (vom 22.04.1969, AP Nr. 40 zu Art. 9 GG Arbeitskampf = AuR 1970, 349 ff. mit Anm. *Herschel*) vorherrschende Meinung besagt dagegen in mehren Varianten, dass Not- und Erhaltungsdienste entweder durch die kämpfende Gewerkschaft allein oder durch die Gewerkschaft zusammen mit dem Arbeitgeber festzulegen ist. Für eine alleinige Auswahlbefugnis der Gewerkschaft: *Löwisch/Mikosch*, ZfA 1978, 153, 166; *Hohenstatt*, Erhaltungsarbeiten, S. 157; *Buschmann*, AuR 1980, 230, 233; *Däubler-Schumann*, Arbeitskampfrecht, Rn. 226; *Hueck/Nipperdey* ArbR II/2, 949; *Lauschke*, DB 1970, 1175, 1176; *Hanau/Adomeit*, Arbeitsrecht, S. 101. Für eine gemeinsame Befugnis der Arbeitskampfparteien (zumindest als wünschenswert): Vgl. BAG, Urteil vom 14.12.1993 – 1 AZR 550/93, AP Nr. 129 zu Art. 9 GG Arbeitskampf, Bl. 3 R.; BAG, Urteil vom 31.01.1995 – 1 AZR 142/94, E 79, 152 ff. =

Der Abschluss von Betriebsvereinbarungen als Beteiligungsmöglichkeit des Betriebsrats kommt nur bei Entscheidungen des Arbeitgebers in Betracht.[109] Im Zusammenhang mit der Problematik der Erhaltungsarbeiten liegen jedoch zahlreiche Befugnisse bei der streikführenden Gewerkschaft und nicht beim Arbeitgeber.[110] Der Abschluss von Betriebsvereinbarungen ist in Bezug auf Entscheidungen, die von der Gewerkschaft getroffen werden, grundsätzlich nicht möglich.[111]

Auf den Streit, welcher Tarifpartei welche Befugnisse zukommen, braucht nicht näher eingegangen zu werden, wenn es bei der Regelung der Erhaltungsarbeiten schon an der Voraussetzung des Bezugs auf die „Ordnung des Betriebes und das Verhalten der Arbeitnehmer im Betrieb"[112] fehlt. Zu dem Bereich der betrieblichen Ordnung im Sinne des § 87 Abs. 1 Nr. 1 BetrVG gehören alle allgemeingültigen, für die Arbeitnehmer oder für Gruppen von ihnen verbindliche Verhaltensregeln zur Sicherung des ungestörten Arbeitsablaufs und des reibungslosen Zusammenlebens und Zusammenwirkens der Arbeitnehmer im Betrieb.[113] Die für die Erhaltungsarbeiten ausgewählten Mitarbeiter erbringen ihre vertraglich geschuldete Arbeitsleistung aber innerhalb der bestehenden betrieblichen Ordnung. unabhängig von Anzahl und Person der Arbeitnehmer. Durch die Regelung der Erhaltungsarbeiten wird die äußere Ordnung des Betriebes nicht geändert.

Das Mitbestimmungsrecht besteht auch nicht aufgrund des Aspekts der „Sicherung des ungestörten Arbeitsablaufs".[114] Zwar können hierzu auch Maß-

---

AP Nr. 135 zu Art. 9 GG Arbeitskampf (LS2); LAG Frankfurt a.M., Urteil vom 22.04.1969 – 5 Sa 627/68, AP Nr. 40 zu Art. 9 GG Arbeitskampf und LAG Niedersachsen, Urteil vom 01.02.1980 – 10 Sa 110/79, AP Nr. 69 zu Art. 9 GG Arbeitskampf.

[109] Die Betriebsvereinbarung ist eine Form der Ausübung von Mitbestimmungsrechten des Betriebsrats, um sich an der Gestaltung der betrieblichen Ordnung durch den Arbeitgeber gleichberechtigt zu beteiligen.

[110] Siehe § 7 Fn. 108. Ferner sind Einschränkungen in Bezug auf die bereits von der Gewerkschaft vorgenommenen Maßnahmen zu beachten, welche die Folgeentscheidungen des Arbeitgebers bei der Aussperrung determinieren. Vgl. ausführlich *Hohenstatt,* Erhaltungsarbeiten S. 156 f.

[111] *Löwisch/Mikosch*, ZfA 1978, 153, 175; *Wiese*, NZA 1984, 378, 382; *Oetker*, Notstands- und Erhaltungsarbeiten, S. 84.; *Hohenstatt*, Erhaltungsarbeiten S. 157; *Lauschke*, DB 1970, 1175, 1179; LAG Niedersachsen, Urteil vom 01.02.1980 – 10 Sa 110/79, AP Nr. 69 Art. 9 GG Arbeitskampf, Bl. 3 f.; vgl. auch § 2 Abs. 3 BetrVG. Etwas anderes würde gelten, wenn das Arbeitskampfrecht entsprechende Folgerungen vorgeben würde.

[112] Vgl. Wortlaut des § 87 Abs. 1 Nr. 1 BetrVG.

[113] BAG, Beschluss vom 09.12.1980 – 1 ABR 1/78, AP Nr. 2 zu § 87 BetrVG, Ordnung des Betriebes, Bl. 2 R.; BAG, DB 1981, 1674, 1674; BAG, Beschluss vom 14.01.1986 – 1 ABR 75/83, E 50, 330, 333 = AP Nr. 10 § 87 BetrVG 1972, Ordnung des Betriebs Bl. 1 R; vgl. auch *F/K/H/E*, BetrVG, § 87 Rn. 53.

[114] Vgl. die obige Definition der „Ordnung im Betrieb" nach § 87 Abs. 1 Nr. 1 BetrVG, vgl. hierzu auch *Oetker*, Not- und Erhaltungsarbeiten, S. 83 und 85.

nahmen gehören, die vorrangig der Sicherung des Eigentums, also auch der Produktionsanlagen dienen.[115] Der Mitbestimmungstatbestand des § 87 Abs. 1 Nr. 1 BetrVG bezieht sich aber nur auf die äußere Ordnung des Betriebes bzw. auf das äußere betriebliche Verhalten der Arbeitnehmer.[116] Nicht erfasst werden hingegen solche Anordnungen, die sich auf die Konkretisierung der Arbeitspflicht bzw. deren Ausführungen beziehen.[117] Wenn der Arbeitgeber einzelne Arbeitnehmer zur Durchführung eines bestimmten Auftrags auswählt, so wird er als Gläubiger der Dienstleistung tätig, da er im Wege des Direktionsrechts die Hauptleistungspflicht der Arbeitnehmer konkretisiert. Die Konkretisierung der Arbeitspflicht unterliegt nicht der Mitbestimmung nach § 87 Abs. 1 Nr. 1 BetrVG. Ferner wird durch eine Festlegung des Umfangs und der Personen für die Notarbeiten nicht das Verhalten der Arbeitnehmer zueinander berührt.

Die Bestimmung des Umfangs der Erhaltungsarbeiten sowie die personelle Zusammensetzung unterliegt damit nicht der Mitbestimmungspflicht nach § 87 Abs. 1 Nr. 1 BetrVG.[118]

Etwas anderes könnte für die konkrete Durchführung der Notarbeiten im Betrieb gelten. Ein nach § 87 Abs. 1 Nr. 1 BetrVG mitbestimmungspflichtiger Tatbestand kann wie dargelegt entstehen, wenn die äußere Ordnung des Betriebes betroffen ist. Zu der betrieblichen Ordnung im Sinne des § 87 Abs. 1 Nr. 1 BetrVG gehören auch solche Maßnahmen, welche die vorgegebene Ordnung des Betriebes gewährleisten und aufrecht erhalten sollen.[119] Hierzu rechnen beispielsweise Torkontrollen, die das Eindringen Unbefugter verhindern sollen.[120] Ferner kommt die Ausstellung von Notarbeiterausweisen oder Passierscheinen in Betracht, die dem gleichen Zweck dienen.[121] Derartige Maßnahmen unterliegen daher dem Mitbestimmungsrecht des § 87 Abs. 1 Nr. 1 BetrVG.

---

[115] Vgl. *Stege/Weinspach*, BetrVG, § 87 Rn. 50.
[116] Vgl. *Oetker*, Not- und Erhaltungsarbeiten, S. 85.
[117] *Kammann/Hess/Schlochauer-Kammann*, BetrVG, § 87 Rn. 47 m.w.N.; *Oetker*, Not- und Erhaltungsarbeiten, S. 85.
[118] So auch *Brox/Rüthers-Brox*, Arbeitskampfrecht, Rn. 467; *Oetker*, Not- und Erhaltungsarbeiten, S. 83 und 85; *Hohenstatt*, Erhaltungsarbeiten, S. 156.
[119] Vgl. BAG, DB 1981, 1674, 1674.
[120] *Dietz/Richardi*, BetrVG, § 87 Rn. 140.
[121] *F/K/H/E*, BetrVG, § 87, Rn. 17 a.; *Dietz/Richardi*, BetrVG, § 87 Rn. 140; *Gaumann*, NZA 2001, S. 245.

b. Freiwillige Betriebsvereinbarungen

In Betracht kommt eine Regelung durch freiwillige Betriebsvereinbarungen nach § 88 BetrVG. Auch die Zulässigkeit derartiger Regelungen ist umstritten.[122]

Der Anwendungsbereich auch der freiwilligen Betriebsvereinbarung ist zunächst im Bereich der Erhaltungsarbeiten dadurch eingeschränkt, dass zahlreiche Befugnisse bei der streikführenden Gewerkschaft und nicht beim Arbeitgeber liegen. Insoweit kann auf die Ausführungen zu den erzwingbaren Betriebsvereinbarungen verwiesen werden.

Wie zuvor dargelegt[123] umfasst die Regelungsbefugnis der Betriebsparteien durch freiwillige Betriebsvereinbarungen soziale Angelegenheiten, also Fragen, welche die Rechte und Pflichten aus dem Arbeitsverhältnis betreffen. Bei der alleinigen Bestimmung des Umfangs der Erhaltungsarbeiten besteht jedoch noch kein Bezug zu konkreten Arbeitsverhältnissen. Es wird lediglich abstrakt die Anzahl der erforderlichen Arbeiten und der hierfür erforderlichen Personen festgelegt. Der Umfang der Erhaltungsarbeiten ist somit keine „soziale Angelegenheit" im Sinne des § 88 BetrVG.

Dagegen wird bei der Auswahl der Erhaltungsarbeiter konkret bestimmt, für welche Arbeitnehmer eine Teilnahme am Arbeitskampf ausscheidet und die vertragliche Arbeitspflicht fortbesteht. Der Nichteintritt der Suspendierungspflichten betrifft die Rechte und Pflichten aus dem Arbeitsverhältnis.[124] Die dieser Wirkung zugrunde liegenden Entscheidungen betreffen deshalb soziale Angelegenheiten im oben dargelegten Sinne.[125] Die Wahl der Erhaltungsarbeiter sind erst recht dann zulässiger Regelungsgegenstand, wenn man in § 88 BetrVG einen allgemeinen Grundsatz sieht.

---

[122] Im Ergebnis ablehnend: *Löwisch/Mikosch*, ZfA 1978, 153, 175; (allgemein ablehnend:) *Däubler-Schumann*, Rn. 230; *D/K/K-Berg*, BetrVG, § 74 BetrVG, Rn. 21 a; *G. Müller*, RdA, 1982, 86, 97; so im Ergebnis wohl auch *MünchArbR-Otto*, § 285 Rn. 151; bejahend: *Gamillscheg*, Kollektives Arbeitsrecht II, S. 1171f.; *Apfel*, Sicherung S. 98 ff.; *Brox/Rüthers-Brox*, Arbeitskampfrecht, Rn. 467 und 293 mit Fn. 34; *Hohenstatt*, Erhaltungsarbeiten, S. 158; *Wiese*, NZA 1984, 378, 382; einschränkend: *F/K/H/E*, BetrVG, § 74, Rn. 23; billigend: LAG Frankfurt a.M., Urteil vom 22.4.1969 – 5 Sa 627/68, AP Nr. 40 zu Art. 9 GG - Arbeitskampf (unter 2.a.E. der Gründe, Bl. 4).; BAG, Urteil vom 14.02.1978, E 30, 86 ff. = AP Nr. 57 zu Art. 9 GG Arbeitskampf, Bl. 2 R. (obiter); vgl. auch BVerfG, Beschluss vom 19.02.1975 – 1 BvR 418/71, E 38, 286, 305 f. = AP Nr. 50 Art. 9 GG – Arbeitskampf, Bl. 4.

[123] Siehe oben unter § 7 II. 2. c.

[124] So auch *Löwisch/Mikosch*, ZfA 1978, 153, 175.

[125] *Löwisch/Mikosch*, ZfA 1978, 153, 175; Wiese, NZA 1984, 378, 382; *Oetker*, Notstands- und Erhaltungsarbeiten, S. 85 f.; *Hohenstatt*, S. 158; a.A. *Heckelmann*, Erhaltungsarbeiten, S. 27, der bei der Auswahlentscheidung keine soziale Komponente erblickt.

Auch die konkrete Durchführung der Arbeiten kann durch freiwillige Betriebsvereinbarungen geregelt werden, soweit neben § 87 Abs. 1 Nr. 1 BetrVG noch Raum besteht und eine soziale Angelegenheit im Sinne des § 88 BetrVG betroffen ist.

4. Betriebsvereinbarungen über Maßregelungsverbote

Als möglicher Inhalt von Betriebsvereinbarungen speziell über Arbeitskämpfe kommen ferner Vereinbarungen über Maßregelungsverbote in Betracht.

a. Inhaltliche Möglichkeiten

Wie bereits erwähnt sollen Maßregelungsverbote die an einem Arbeitskampf beteiligten Arbeitnehmer nach dem Arbeitskampf vor Sanktionen durch den Arbeitgeber schützen.[126] Zu bedenken ist hier, dass der Arbeitgeber nach § 612 a BGB auf die Beteiligung an rechtmäßigen Arbeitskampfmaßnahmen nicht nachträglich mit Maßregelungen antworten darf, also im Nachhinein weder Streikbrecher belohnen noch Streikteilnehmer bestrafen darf.[127] Ein wesentlicher Anwendungsbereich von Maßregelungsverboten sind damit rechtswidrige Kampfmaßnahmen. Sie können deren nachteilige Folgen für die Arbeitnehmer beseitigen. Zudem können sie den Streit darüber beilegen, ob eine Arbeitskampfmaßnahme rechtswidrig war.

Inhaltlich können Maßregelungsverbote Ansprüche und sonstige Rechte zwischen den Arbeitsvertragsparteien erfassen. Es können dem Arbeitgeber Schadensersatzansprüche entzogen und andere Sanktionen wie Kündigungen, Abmahnungen oder Betriebsbußen untersagt werden.[128] Dem Arbeitnehmer kann dagegen sein Anspruch auf Annahmeverzugslohn genommen werden.

---

[126] Siehe unter § 2 IV.

[127] Instruktiv insoweit der Champagnerfall des LAG Köln, Urteil vom 04.10.1990 - 10 Sa 629/90; LAGE Art. 9 GG Arbeitskampf Nr. 39 in Bezug auf tarifliche Maßregelungsverbote. Etwas anderes gilt bei vorheriger Ankündigung. Die Rechtsprechung differenziert im Hinblick auf sog. Streikbruchprämien nach dem Zeitpunkt der Prämienzahlung. Während eine Zahlung *nach* Streikende grundsätzlich als unzulässige Maßregelung angesehen wird, neigt das BAG bei einer sog. „echten Streikbruchprämie" während des Arbeitskampfes dazu, diese als grundsätzlich zulässiges Arbeitskampfmittel anzusehen. Vgl. im Einzelnen, *Kempen/Zachert*, TVG, § 1 Rn. 330; *Schwarze*, NZA 1993, S. 967 ff. Zu streikbedingten Sonderzuwendungen als Arbeitskampfmittel vgl. auch *v. Hoyningen-Huene*, DB 1989, 1989 ff.; *Konzen*, Anm. zu BAG, Urteil vom 04.08.1987 – 1 AZR 486/85, SAE 1989, 22 ff.; *Gaul*, NJW 1994, 1025 ff.; *Rolfs*, NJW 1994, 1237 ff. mit Anmerkungen zu BAG, Urteil vom 13.07.1993, DB 1993, S. 1479 ff. = EzA Nr. 112 zu Art. 9 GG Arbeitskampf; *Belling*, EzA Nr. 70 zu Art. 9 GG Arbeitskampf, Bl. 9 ff.

[128] Dazu hinsichtlich tariflicher Maßregelungsverbote siehe *Zöllner*, Maßregelungsverbote; *Loritz*, ZfA 1982, S. 77 ff.

b. Erzwingbare Betriebsvereinbarungen

Es ist von der konkreten Regelung abhängig, ob für die Folgen der Teilnahme der Arbeitnehmer an einem Arbeitskampf für das Arbeitsverhältnis ein erzwingbares Mitbestimmungsrecht besteht oder nicht. Wie soeben dargelegt[129] fallen unter den Begriff der Maßregelungsverbote Vereinbarungen mit sehr unterschiedlichen Inhalten.[130] So könnte beispielsweise bei der Vereinbarung von Lohnnachzahlungsklauseln an ein Mitbestimmungsrecht des Betriebsrats gemäß § 87 Abs. 1 Nr. 10 BetrVG „Fragen der betrieblichen Lohngestaltung" gedacht werden.

c. Freiwillige Betriebsvereinbarungen

In Betracht kommt aber jedenfalls eine Regelung über Maßregelungsverbote in freiwilligen Betriebsvereinbarungen auf der Grundlage des § 88 BetrVG. Wie zuvor dargestellt umfasst der Regelungsgegenstand von freiwilligen Betriebsvereinbarungen soziale Angelegenheiten.[131] Dies sind Fragen, welche die Rechte und Pflichten aus dem Arbeitsverhältnis betreffen. Maßregelungsverbote sind wie dargelegt Regelungen, welche die Folgen der Teilnahme der Arbeitnehmer an einem Arbeitskampf regeln. Diese Folgen betreffen typischerweise das Arbeitsverhältnis. So sind beispielsweise Vereinbarungen über die Nachzahlung des Arbeitsentgelts sowie der Verzicht des Arbeitgebers auf Schadensersatz möglicher Inhalt der Maßregelungsverbote. Diese betreffen typischerweise die Rechte und Pflichten aus dem Arbeitsverhältnis.

Maßregelungsverbote sind damit grundsätzlich möglicher Gegenstand von freiwilligen Betriebsvereinbarungen.[132]

IV. Ergebnis

Betriebsvereinbarungen, die ohne Bezug auf einen Arbeitskampf abgeschlossen werden und die keine ausdrückliche oder durch Auslegung ermittelbare Regelung für die Geltung im Arbeitskampf enthalten, sind für die Zeiten des Arbeitskampfes nicht anwendbar. Dies ergibt sich aus einer Wertung des Arbeitskampfes als untypischer Fall des Arbeitslebens. Es ist im Rahmen einer Abwägung der Interessen davon auszugehen, dass die Betriebsparteien eine

---

129 Siehe unter § 7 III. 4. a.

130 Wie beispielsweise Schadensersatzverzichtsklauseln, Lohnnachzahlungsklauseln, Kündigungsverbots- und Wiedereinstellungsklauseln.

131 Siehe oben unter § 7 II. 2.

132 Bejahend auch *Löwisch-Löwisch/Krauß*, Arbeitskampf und Schlichtungsrecht, 170.3.1., Rn. 96.

Regelung über die Geltung der Betriebsvereinbarung getroffen hätten, wenn sie eine solche bedacht und gewollt hätten.

Neben Betriebsvereinbarungen, die keine Regelung für die Geltung im Arbeitskampf enthalten, gibt verschiedene Arten von Betriebsvereinbarungen, die Auswirkungen auf Arbeitskämpfe entfalten.

Einmal können Betriebsvereinbarungen mit Wirkung sowohl für Friedenszeiten als auch für den Arbeitskampf abgeschlossen werden. Dabei ist der Abschluss von erzwingbaren, von freiwilligen sowie von teilmitbestimmten Betriebsvereinbarungen denkbar. Die Gegenstände von erzwingbaren Betriebsvereinbarungen sind dabei im BetrVG abschließend geregelt. Beispiel für eine mögliche erzwingbare Regelung mit Arbeitskampfbezug ist die Regelung über Gleitzeiten per Betriebsvereinbarung. Der Umfang des Regelungsinhalts durch freiwillige Betriebsvereinbarungen ist dagegen umstritten. Der Abschluss freiwilliger Betriebsvereinbarungen ist in § 88 BetrVG geregelt. Richtigerweise ist diese Norm dahin auszulegen, dass nur soziale Angelegenheiten durch freiwillige Betriebsvereinbarungen geregelt werden können. Kein zulässiger Gegenstand sind dagegen personelle und wirtschaftliche Angelegenheiten. Als soziale Angelegenheiten sind dabei alle formellen und materiellen Arbeitsbedingungen zu verstehen. Des Weiteren können auch teilmitbestimmte Betriebsvereinbarungen für den Arbeitskampf relevant werden. Als Beispiel können hier Vereinbarungen über Anwesenheitsprämien genannt werden.

Zum anderen besteht die Möglichkeit, betriebliche Regelungen nur für die Situation des Arbeitskampfes zu treffen. Hier ist zwischen Zulässigkeits- und Rechtsfolgeregeln zu unterscheiden. Es ist dabei umstritten, ob normative und schuldrechtliche Regelungen zulässiger Bestandteil von Betriebsvereinbarungen sein können. Richtigerweise ist dies zu bejahen. Auch bei Betriebsvereinbarungen mit Geltung nur für die Situation des Arbeitskampfes ist zwischen erzwingbaren und freiwilligen Betriebsvereinbarungen zu differenzieren. Als Beispiel für freiwillige Betriebsvereinbarungen sind Regelungen über die personelle Zusammensetzung des Erhaltungsdienstes sowie (je nach konkretem Regelungsgegenstand) Regelungen über Maßregelungsverbote zu nennen.

§ 8 Zuständigkeit des Betriebsrats zum Abschluss von Betriebsvereinbarungen mit Arbeitskampfbezug

I. Einführung in Problematik und Begrifflichkeiten

Von der Frage der grundsätzlich denkbaren inhaltlichen Ausgestaltung einer Betriebsvereinbarung mit Auswirkungen auf Arbeitskämpfe zu unterscheiden ist die Problematik der rechtlichen Zulässigkeit derartiger betrieblicher Regelungen. Die Rechtswirklichkeit hat sich teilweise von den gesetzlichen bzw. richterlichen und tariflichen Vorgaben weit entfernt. So werden Betriebsvereinbarungen in bewusster oder unbewusster Überschreitung der Zuständigkeit der Betriebsparteien oder unter Verstoß gegen vorrangiges Recht vereinbart. Aus diesem Grund wurde Anfang der neunziger Jahre in großem Stil die Bedeutung tarifwidriger Betriebsvereinbarungen diskutiert.[1] Als Grund für die Vereinbarung von tarifwidrigen Betriebsvereinbarungen wird unter anderem das in der Bundesrepublik Deutschland geltende duale System der kollektiven Interessenvertretung genannt, in dem die Betriebsferne der Tarifparteien strukturell angelegt sei.[2] Dies erleichtere es den Betriebsparteien, sich - bewusst oder unbewusst - durch betriebliche Regelungen über tarifliche Vorgaben hinwegzusetzen.

Wie dargelegt ist auch in Bezug auf die Zulässigkeit der Regelung des Arbeitskampfes durch Betriebsvereinbarungen eingewendet worden, den Betriebsparteien fehle für derartige Regelungen die Zuständigkeit.[3] Voraussetzung für die Zuständigkeit des Betriebsrats ist zunächst dessen Regelungs- und Rechtssetzungsbefugnis für die entsprechende Materie. Im Folgenden ist daher zu untersuchen, ob und inwieweit Regelungen in Betriebsvereinbarungen mit Arbeitskampfbezug von der Regelungs- und Rechtsetzungskompetenz der Betriebsparteien umfasst sind. Zudem ist fraglich, ob und unter welchen Voraussetzungen den Betriebsparteien im Rahmen ihrer Regelungs- und Rechtssetzungsbefugnis die funktionelle Zuständigkeit zur Regelung des Arbeitskampfes zukommt.

Die Bestimmung von Inhalt und Umfang der Regelungs- und Rechtsetzungsbefugnis der Betriebsparteien gehört zu einem der umstrittensten Probleme

---

[1] Vgl. *Fischer*, Betriebsvereinbarungen, § 3 S. 11; *Hempelmann*, Betriebsvereinbarung, S. 172; *Birk*, ZfA 1986, 73, 101 ff. Als Folge gewährt das BAG in seiner Rechtsprechung einen Unterlassungsanspruch der Gewerkschaften bei tarifwidrigen Regelungen, vgl. BAG, Beschluss vom 20.04.1999 – 1 ABR 72/98, BB 1999, 1657 ff., (LS 3) m.w.N.

[2] *Fischer*, Betriebsvereinbarungen, § 3 S. 9.

[3] Siehe oben § 2.

des Betriebsverfassungsrechts.[4] Allgemeine Grundsätze zu der Frage der Reichweite der Regelungsmöglichkeiten der Betriebsvereinbarung sind bisher nur in Ansätzen zu finden. Die Rechtsprechung ist hier von einer vielfältigen Kasuistik geprägt.[5] Im Schrifttum werden im Rahmen der Behandlung dieser Problematik Inhalt, Umfang und Grenzen der betrieblichen Regelungs- und Rechtsetzungsbefugnis weitgehend deckungsgleich behandelt.[6] Teilweise wird zur Unterscheidung der Grenzen von funktionellen und inhaltlichen Grenzen gesprochen,[7] teilweise von immanenten Schranken[8] und teilweise wird zwischen Außen- und Innenschranken unterschieden.[9] Dabei wird die jeweilige Unterscheidung aber oft nicht umfassend und konsequent durchgeführt. Zudem ist die Zuordnung umstritten. Die bisher vorgenommenen Differenzierungen konnten den Fragenbereich daher nicht abschließend klären. Im Rahmen dieser Abhandlung braucht die vorgenannte Problematik jedoch nicht in ihrem vollen Umfang aufgegriffen werden, sondern nur insoweit, als dies als Grundlage für die hier untersuchte Frage der Möglichkeit der kollektivvertraglichen Regelung des Arbeitskampfes auf betrieblicher Ebene von Bedeutung ist.

Neben der lebhaften sachlichen Diskussion zu der Frage des Umfangs der Regelungs- und Rechtsetzungsbefugnis des Betriebsrats bzw. der Betriebsparteien[10] hat sich gezeigt, dass auch eine uneinheitliche Terminologie verwendet wird.[11] Die unterschiedlichen im Rahmen der Diskussion zu Grunde gelegten Begriffe werden häufig nicht erläutert und zum Teil auch synonym verwendet.[12] Daher soll zunächst auf die Begrifflichkeiten eingegangen werden.[13]

---

[4] Vgl. stellvertretend *Kreutz*, Grenzen, S. 2; *Richardi*, Kollektivgewalt, S. 277 ff., 331ff; *Säkker*, Gruppenautonomie, S. 341 ff.; vgl. auch *v. Hoyningen-Huene*, Betriebsverfassungsrecht, S. 204 ff.

[5] Vgl. *v. Hoyningen-Huene*, Betriebsverfassungsrecht, § 11 III. 5., S. 218 ff.; vgl. auch BGH, Urteil vom 06.08.1991 – 1 AZR 3/90, NZA 1992, 177 (unter II 2 der Gründe).

[6] Vgl. *Galperin/Löwisch*, BetrVG, § 77 Rn. 46 ff.

[7] Vgl. *F/K/H/E*, BetrVG, § 77 Rn. 34; *Hueck/Nipperdey*, Arbeitsrecht II 2, S. 1262 ff.

[8] *Galperin/Löwisch*, BetrVG, § 77 Rn. 46 ff.; *H/S/G-Hess*, BetrVG, § 77 RN. 20.

[9] Die Außenschranken der Regelungszuständigkeit der Betriebspartner werden dabei nach dem Aufgabebereich des Betriebsrats und dem Geltungsbereich der Betriebsvereinbarung abgesteckt. Diese Terminologie soll verdeutlichen, dass ein zunächst weit gezogener äußerer Abschlussbereich durch Innenschranken weitere Einengungen erfährt. Vgl. *Kreutz*, Grenzen, S. 2; GK-*Kreutz*, BetrVG, § 77 Rn. 62ff.; *Hueck/Nipperdey*, Arbeitsrecht II 2, S. 1262 ff.; *Säcker*, Gruppenautonomie, S. 341, 450.

[10] Siehe *Veit*, Funktionelle Zuständigkeit, S. 12, Fn. 84.

[11] Zur Terminologie vgl. auch *Waltermann*, Rechtsetzung, S. 53 ff.; *Veit*, Funktionelle Zuständigkeit, S. 203 ff.: Setzung objektiven Rechts = Rechtsetzung; Vereinbarung rein schuldrechtlicher Verpflichtungen = Regelsetzung.

[12] Vgl. z.B. GK-*Kreutz*, BetrVG, § 77 Rn. 250.

[13] Allgemein zur Begriffbildung vgl. *Wank*, Begriffbildung, insbes. S. 111 ff.; vgl. auch *Hergenröder*, EzA 20 zu § 2 TVG, S. 7, 12.

Im Zusammenhang mit der Bestimmung des Umfangs der betrieblichen Regelungs- und Rechtsetzungsbefugnis werden häufig die Begriffe *„Normsetzungsbefugnis"*, *„Regelungsbefugnis"* und *„Regelungsmacht"* verwendet.[14] Dabei werden die Begriffe häufig synonym gebraucht. Ohne klarstellende Definition sind diese Begriffe meines Erachtens jedoch zu eng. Sie bringen nicht zum Ausdruck, dass der Betriebsrat sowohl objektives Recht setzen kann,[15] als auch rein schuldrechtliche Verpflichtungen mit dem Arbeitgeber eingehen kann. Im Hinblick auf den Abschluss von Betriebsvereinbarungen mit Arbeitskampfbezug sind jedoch beide Befugnisse von Belang. Für die hier vorgenommene Untersuchung wird daher darauf hingewiesen, dass die Begriffe „Regelungsbefugnis" und „Regelungsmacht" als Oberbegriffe sowohl für die Befugnis, objektives Recht zu setzen, als auch für die Befugnis, schuldrechtliche Vereinbarungen einzugehen, verwendet werden. Der Begriff „Regelung" wird als Oberbegriff sowohl für normatives Recht als auch für schuldrechtlich wirkende Vereinbarungen gebraucht.

Als weiterer Begriff zur Bestimmung des Umfangs der Regelungs- und Rechtsetzungskompetenz des Betriebsrats wird der Begriff *„Betriebsautonomie"* bzw. *„Autonomie"* verwendet.[16] Dabei wird der Begriff der Autonomie in sehr unterschiedlicher Weise genutzt. Teilweise wird nur die Setzung objektiven Rechts, nicht dagegen der Abschluss schuldrechtlicher wirkender Vereinbarungen unter die Autonomie gefasst.[17] Andere Autoren sehen die Autonomie als weiten Begriff, der sowohl die Rechtsetzung i.e.S. als auch schuldrechtlich wirkende Vereinbarungen beinhaltet.[18] Der Begriff der Autonomie ist daher näher zu erläutern: Im allgemeinen Sprachgebrauch wird Autonomie als „Unabhängigkeit" oder „Selbständigkeit" verstanden.[19] In rechtlicher Hinsicht bezeichnet der Begriff Autonomie den prinzipiellen Bereich, den der Staat nichtstaatlichen Stellen zur Regelung ihrer eigenen Angelegenheiten belässt. Der Begriff des „Regelns" ist hier als Oberbegriff für alles zielgerichtete Besorgen von Angelegenheiten zu verstehen. Autonomie bedeutet rechtlich Freiheit gegenüber dem Staat; sie schafft dem Staat gegenüber einen status negativus.[20]

---

[14] Vgl. z.B. GK-*Kreutz*, BetrVG, § 77 Rn. 250.

[15] Vgl. § 77 Abs. IV BetrVG und bereits oben unter § 7 III. 2.: Normative betriebliche Regelungen gelten unmittelbar und zwingend.

[16] Zu den möglichen Bedeutungsgehalten des Autonomiebegriffs vgl. *Adomeit*, Rechtsquellenfragen S. 128 ff., 146; *Zöllner*, Rechtsnatur, S. 15 ff.; vgl. auch *Kreutz*, Grenzen, S. 1 ff.; *Biberacher*, Rechtsetzungsmacht, S. 57; *Bogs*, RdA 1956, 1, 4 f.; Zum Begriff der Betriebsautonomie eingehend auch *Waltermann*, Rechtsetzung, S. 54 ff.

[17] *Adomeit*, Rechtsquellenfragen, S. 146 mit Fn. 477; *Richardi*, Kollektivgewalt, S. 2; *Zöllner*, Rechtsnatur, S. 13 ff.; vgl. auch GK-*Kreutz*, BetrVG, § 77 Rn. 27.

[18] Vgl. *Adomeit*, Rechtsquellenfragen, S. 128 ff.; *Waltermann*, Rechtsetzung , S. 56; *Heinze*, FS für Gaul, 305, 321; *ders.*, NZA 1997, 1, 7.

[19] Vgl. Duden, Band 1, unter „Autonomie"; Brockhaus, Band 2, unter „Autonomie".

[20] Vgl. *Bogs*, RdA 1956, 1 ff.; *Schnorr*, JR 1966, 327, 328.

Dieses Verständnis spricht gegen eine einschränkende Verwendung des Begriffs der Autonomie, nach der diese nur die Möglichkeit zur Rechtsnormsetzung betrifft. Ferner lässt sich in das einschränkende Verständnis unter anderem der zivilrechtliche Begriff der Privatautonomie nicht einfügen. Die Privatautonomie steht für die dem einzelnen zustehende Befugnis zu freiem Handeln.[21] Auch ein Vergleich mit dem Verständnis des Begriffs Autonomie in anderen Rechtsgebieten spricht gegen diese einschränkende Auslegung. So umschreibt Autonomie im Staats- und Völkerrecht die rechtlich gesicherte Selbständigkeit von Teilgebieten eines Staates, denen in bestimmten Fragen eine Selbstverwaltung gewährleistet wird. Diese Selbständigkeit beschränkt sich nicht auf die Rechtsnormsetzung. Zudem entfernt sich die enge Auslegung von dem allgemeinen Sprachgebrauch. Es ist daher der Ansicht zuzustimmen, die unter den Begriff (Betriebs-) Autonomie sowohl die Befugnis, objektives Recht zu setzen, als auch die Befugnis, schuldrechtliche Vereinbaren zu treffen, fasst.[22] In dieser weiten Auslegung wird der Begriff Autonomie in dieser Abhandlung verwendet. Die betriebliche Autonomie ist dabei als Grundlage für die Regelungs- und Rechtsetzungsbefugnis zu verstehen.[23]

Des Weiteren wird im Zusammenhang mit der Bestimmung der betrieblichen Rechtsetzungs- bzw. Regelungskompetenz von *„funktioneller Zuständigkeit"* des Betriebsrats gesprochen.[24] Vereinzelt wird die funktionelle Zuständigkeit mit der Betriebsautonomie gleichgesetzt.[25] Meist wird mit dem Begriff der funktionellen Zuständigkeit jedoch der Aufgabenbereich des Betriebsrats in Abgrenzung zu anderen Organen umschrieben, dass heißt, ob er als Organ für die Regelung einer bestimmten Frage zuständig ist.[26] Unter „funktioneller Reichweite" einer Kompetenz ist die Kompetenzabgrenzung zu anderen Organen zu verstehen.[27] Die sachlich der betriebsautonomen Selbstregelung unterfallenden Aufgaben können auch von anderen Stellen wie dem Staat, den Tarifvertragsparteien, und den Arbeitsvertragsparteien geregelt werden. Der Begriff der funktionellen Zuständigkeit ist daher von dem Begriff der Autonomie abzugrenzen.

---

[21] Dies gilt notwendigerweise unabhängig von einer Unterscheidung zwischen normativer oder schuldrechtlicher Wirkung des Handelns.

[22] Vgl. auch *Veit*, Funktionelle Zuständigkeit, S. 204.

[23] Der Begriff der Autonomie ist von den Begriffen der Regelungs- und Rechtsetzungsbefugnis zu unterscheiden. Die Regelungs- und Rechtsetzungsbefugnis kennzeichnet die konkreten Voraussetzungen, unter denen im Bereich der Autonomie erlassene schuldrechtliche Regelungen und Rechtsnormen gültig zustande kommen. Vgl. auch *Waltermann*, Rechtsetzung, S. 60.

[24] Vgl. nur BAG GS, Beschluss vom 16.03.1956 – GS 1/55, E 3, 1 ff. = AP Nr. 1 zu § 57 BetrVG 1952 (unter I.1.der Gründe); *Dietz/Richardi*, § 88 Rn. 5 m.w.N.; *F/K/H/E*, BetrVG, § 77 Rn. 42.

[25] *Buchner*, RdA 1990, 1, 3.

[26] *Waltermann*, Rechtsetzung S. 14.

[27] Siehe *Waltermann*, Rechtsetzung, S. 233 ff.

II. Gesetzliche Vorgaben

Die Reichweite der Regelungsmöglichkeiten der Betriebsparteien ist gesetzlich nicht hinreichend geregelt. Dies trifft zusammen mit einer dürftigen gesetzlichen Regelung des Verhältnisses der arbeitsrechtlichen Gestaltungsmittel zueinander. Koordinaten bilden - neben Art. 9 Abs. 3 GG - vor allem die gesetzlichen Vorschriften der §§ 4 Abs. 1 und 4 Abs. 3 TVG und der §§ 77 Abs. 3 und Abs. 4 BetrVG. Danach gelten die Rechtsnormen des Tarifvertrages unmittelbar und zwingend zwischen den Tarifgebundenen, die unter den Geltungsbereich des Tarifvertrages fallen (§ 4 Abs. 1 TVG). Dabei ist eine Abweichung zugunsten der Arbeitnehmer durch einzelvertragliche Abmachungen zulässig (§ 4 Abs. 3 TVG). Gegenüber Regelungen von Betriebsparteien besteht nach Maßgabe des § 77 Abs. 3 BetrVG ein Vorrang der tariflichen Ordnung.[28] Soweit sich Betriebsvereinbarungen unter Berücksichtigung der Ansprüche der Privatautonomie und der Tarifautonomie als zulässig erweisen, gelten auch sie unmittelbar und zwingend (§ 77 Abs. 4 S. 1 BetrVG). Dem Einzelvertrag steht nach allgemeiner Überzeugung auch hier eine für den Arbeitnehmer günstigere Regelung offen.

III. Reichweite der Regelungs- und Rechtsetzungsbefugnis der Betriebsparteien

1. Sachstand

Aufgrund der fehlenden hinreichenden gesetzlichen Regelung haben sich in Rechtsprechung und Schrifttum unterschiedliche Ansätze zur Bestimmung der Reichweite der Regel- und Rechtssetzungsbefugnis der Betriebsparteien herausgebildet. Schwerpunkt der Diskussion ist die Regelungs- und Rechtssetzungskompetenz der Betriebspartner für materielle Arbeitsbedingungen. Dabei wird den Betriebsparteien herkömmlich eine weitreichende Regelungsbefugnis zuerkannt.[29] Umstritten ist aber der genaue Umfang der Regelungskompetenz sowie die Ansatzpunkte, nach denen der Umfang zu bestimmen ist.[30]

Da beispielsweise einige der oben[31] dargestellten der Rechtsprechung zugrunde liegenden Sachverhalte materielle Arbeitsbedingungen zur Grundlage

---

[28] Die Reichweite der Regelungsmöglichkeiten gegenüber der Tarifautonomie ist zwar im BetrVG in § 77 Abs. 3 BetrVG vorgezeichnet. Dies konnte aber nicht verhindern, dass die Abgrenzung der Betriebsvereinbarung zum Regelungsbereich der Tarifautonomie in jüngster Zeit erneut zum Gegenstand heftigen Streits geworden ist.

[29] *Waltermann*, Rechtsetzung, S. 13 ff.

[30] Vgl. die umfassende Darstellung bei *Veit*, Funktionelle Zuständigkeit, S. 15 ff; ähnlich *Waltermann*, Rechtsetzung. S. 13 ff.; 32 ff.; *Kreutz*, Grenzen, S. 2. ff.

[31] Siehe unter § 2.

haben[32] und die betriebliche Regelung materieller Arbeitsbedingungen Auswirkungen auf den Arbeitskampf haben können, ist auf diese Frage näher einzugehen. Fraglich ist daher, wie sich die unterschiedlichen Meinungen über die Reichweite der Regelungs- und Rechtsetzungsbefugnis des Betriebsrats im Ergebnis auf die Befugnis der Betriebsparteien zum Abschluss von Betriebsvereinbarungen mit Arbeitskampfbezug auswirken.

2. Umfassende Regelungsbefugnis

Der überwiegende Teil in Rechtsprechung und Schrifttum ist der Auffassung, dass den Betriebsparteien eine umfassende, fast schrankenlose Regelungsbefugnis zukomme.[33] Betriebsvereinbarungen können demnach Regelungen über die umfassende Wahrnehmung der Interessen der Arbeitnehmer enthalten, soweit sie nur mit dem Betrieb und seinen Arbeitnehmern in Zusammenhang stehen. Im Rahmen dieser vorherrschenden Ansicht finden sich jedoch unterschiedliche Begründungsansätze für das gemeinsam für richtig erachtete Ergebnis.

a. Rechtsprechung

Das BAG geht von einer umfassenden Regelungskompetenz der Betriebsparteien aus.[34] Spätestens seit der Entscheidung des Großen Senats vom 07.11.1989[35] kann insoweit von einer gefestigten Rechtsprechung ausgegangen werden. Der Große Senat hat seinen Standpunkt zur Regelungsbefugnis der Betriebsparteien in der vorgenannten Entscheidung dahin beschrieben, dass „in den Schranken des § 77 Abs. 3 BetrVG jede durch Tarifvertrag gemäß § 1 Abs. 1 TVG regelbare Angelegenheit grundsätzlich Gegenstand einer

---

[32] Beispielsweise Gleitzeitvereinbarungen, also Regelungen über die Arbeitszeit und den entsprechenden Ausgleich.

[33] Vgl. nur BAG GS, Beschluss vom 07.11.1989 – GS 3/85 – BAGE 63, 211 = AP Nr. 46 zu § 77 BetrVG 1972 = EzA Nr. 34, zu § 77 BetrVG 1972, m. Anm. *Otto* = NZA 1990, 816; F/K/H/E, BetrVG, § 77 Rn. 43; ders. § 88 Rn. 2; *Galperin/Löwisch*, § 88 Rn. 2; *Zöllner/Loritz*, Arbeitsrecht, § 46 II. 5., S. 537 f.; siehe auch *Buchner*, DB 1985, 913, 915; *Hanau*, NZA 1985, 73, 75.

[34] BAG, Beschluss vom 19.09.1985 - 2 AZR 188/83, BAGE 63, 211 ff. (216ff.); so bereits BAG GS, Beschluss vom 16.03.1956 – GS 1/55, E 3, 1, 4 = AP Nr. 1 zu § 57 BetrVG 1952; weiterhin BAG, Urteil vom 27.03.1963 – 4 AZR 72/62, E 14, 140, 143f. = AP Nr. 9 zu § 59 BetrVG 1952; BAG, Urteil vom 25.03.1971 – 2 AZR 185/70, E 23, 257, 263 = AP Nr. 5 zu § 57 BetrVG 1952; BAG, Beschluss vom 19.05.1978 - 6 ABR 25/75, E 30, 298, 305f. = AP Nr. 1 zu § 88 BetrVG 1972; BAG, Beschluss vom 18.08.1987 - 1 ABR 30/86, E 56, 18, 25 ff. = AP Nr. 23 zu § 77 BetrVG 1972; BAG, Urteil vom 20.11.1987 – 2 AZR 284/86, E 57, 30, 35 = AP Nr. 2 zu § 620 BGB Altersgrenze; BAG GS, Beschluss vom 07.11.1989 – GS 3/85, E 63, 211, 216 f. = AP Nr. 46 zu § 77 BetrVG 1972.

[35] GS 3/85, E 63, 211 = AP Nr. 46 zu § 77 BetrVG 1972 (unter C I.2.) zu sog. Altersgrenzenregelungen.

Betriebsvereinbarung" sein könne.[36] Der Große Senat geht damit von einer globalen Regelungsbefugnis der Betriebsparteien aus. Auch die anderen Senate haben diese Auffassung inzwischen zahlreichen Entscheidungen zugrunde gelegt wie insbesondere im Rahmen von Entscheidungen zur Regelung der Dauer der individuellen regelmäßigen wöchentlichen Arbeitszeit[37], der Anrechnung übertariflicher Zulagen auf Tariflohnerhöhungen[38] und der Ablösung allgemeiner Arbeitsbedingungen durch Betriebsvereinbarungen[39]. Die Senate haben dabei eine Regelungsbefugnis der Betriebsparteien für die Regelung der individuellen regelmäßigen Wochenarbeitszeit, für die Regelung des Lohns sowie für alle anderen Arbeitsbedingungen angenommen.

Die Rechtsprechung stützt sich dabei auf die ergänzenden Regelungsmöglichkeiten gemäß § 88 BetrVG.[40] § 88 BetrVG sei als Auffangnorm zu betrachten. Zunächst umfasse der Begriff der sozialen Angelegenheiten, auf den sich § 88 BetrVG primär beziehe, die formellen und materiellen Arbeitsbedingungen im weitesten Sinne. Die Regelungsbefugnis der Betriebsparteien lasse sich aber nicht auf soziale Angelegenheiten beschränken, da die Grenzen

---

[36] So ausdrücklich BAG GS, Beschluss vom 07.11.1989 – GS 3/85, E 63, 211, 216 = AP Nr. 46 § 77 BetrVG 72 (unter C I.2.b.) Die Regelungsmacht ist hiernach bei gegebener funktioneller Allzuständigkeit in nach § 1 Abs. 1 TVG durch Tarifvertrag regelbaren Angelegenheiten erst inhaltlich durch höherrangiges zwingendes Rechts begrenzt. Vgl. BAGE GS 63, 211, 217f.; für soziale Angelegenheiten: BAG, Urteil vom 20.11.1987 – 2 AZR 284/86, E 57, 30, 35 = AP Nr. 2 zu § 620 BGB Altersgrenze mit insoweit ablehnenden Anm. *Joost* (unter II. 1.); differenzierend *Otto*, NZA 1992, 97, 101; vgl. zum Ganzen auch *Waltermann*, NZA 1996, 357, 359 ff.

[37] BAG Beschluss vom 18.08.1987, - 1 ABR 30/86, E 56, 18 ff. = AP Nr. 23 zu § 77 BetrVG 1972, sog. Leber-Rüthers-Kompromiss: Der 1. Senat stellte in dieser Entscheidung fest, dass neben den Tarifparteien auch die Betriebsparteien zur Regelung der individuellen regelmäßigen Wochenarbeitszeit berechtigt seien. Dies folge aus § 77 Abs. 3 und § 88 BetrVG. Nach Ansicht von *Loritz* ZfA 1991, 1, 25 f. zeigt nicht zuletzt die Frage der Arbeitszeitverkürzung , dass in der Praxis offensichtlich eine Notwendigkeit besteht, Aufgaben statt auf der tariflichen oder der individualrechtlichen Ebene auf der betrieblichen Ebene zu lösen.

[38] BAG GS, Beschluss vom 03.12.1991 – GS 2/90, E 69, 134 ff. = EzA § 87 BetrVG 1972 Betriebliche Lohngestaltung Nr. 30 mit Anm. *Gaul*: Das BAG hat in dieser wie auch in zahlreichen anderen Entscheidungen die betriebliche Mitbestimmung im Entgeltbereich sehr weit ausgedehnt.

[39] BAG GS, Beschluss vom 16.09.1986 - GS 1/82, E 53, 42 ff. = EzA § 77 BetrVG 1972, Nr. 17 mit Anm. *Otto*: Auch dieser Entscheidung liegt die Annahme zugrunde, dass die Betriebspartner grundsätzlich in der Lage sind, alle materiellen Arbeitsbedingungen durch Betriebsvereinbarungen zu regeln. Es stünden hier beide Ansprüche (der aus dem Arbeitsvertrag und der aus der Betriebsvereinbarung oder dem Tarifvertrag) nebeneinander. Es gelte dann das Günstigkeitsprinzip (unter Teil III. II. 3. b.).

[40] BAG GS, Beschluss vom 07.11.1989 - GS 3/85, E 63, 211, 215 = AP Nr. 46 zu § 77 BetrVG 1972; bereits BAG, Beschluss vom 19.05.1978 - 6 ABR 25/75, E 30, 298, 306 = AP Nr. 1 zu § 88 BetrVG; BAG GS, Beschluss vom 16.03.1956 – GS 1/55, E 3, 1, 4 = AP Nr. 1 zu § 57 BetrVG 1952; BAG, Urteil vom 25.03.1971 – 2 AZR 185/70, E 23, 257, 263 = AP Nr. 5 zu § 57 BetrVG 1952.

zwischen sozialen, personellen und wirtschaftlichen Angelegenheiten fließend seien. Zudem zieht der Große Senat § 77 Abs. 3 BetrVG heran.[41] Diese Norm sei positiv dahin zu deuten, dass in den dort genannten Schranken jede durch Tarifvertrag gemäß § 1 Abs. 1 TVG regelbare Angelegenheit grundsätzlich Gegenstand einer Betriebsvereinbarung sein könne. Beide Vorschriften, § 88 BetrVG und § 77 Abs. 3 BetrVG, bringen nach Ansicht des Großen Senats allgemeine Grundsätze des Betriebsverfassungsrechts zum Ausdruck. Schließlich weist der Große Senat zur Begründung der von ihm angenommenen umfassenden Regelungsbefugnis der Betriebsparteien auf die Gesetzesmaterialien[42] und auf § 28 SprAuG vom 20.12.1988[43] hin. § 28 SprAuG sei § 1 Abs. 1 TVG nachgebildet.

b. Schrifttum

Auch nach der vorherrschenden Auffassung im arbeitsrechtlichen Schrifttum können vom Gegenstand her grundsätzlich sämtliche Arbeitsbedingungen durch Betriebsvereinbarungen geregelt werden. Zur Begründung werden jedoch unterschiedliche Ansätze verfolgt.

aa. Originäre Autonomie

Eine Ansicht geht von einem Freiheitsraum des Betriebsrats aus, welcher der gesetzlichen Regelung vorgegeben sei.[44] Der Betriebsverfassung komme unter Rückgriff auf Art. 142 GG in Verbindung mit ihren landesverfassungsrechtlichen Garantien als institutionelle Absicherung der Vereinigungsfreiheit (Art. 9 Abs.1 GG) sowie als Ausfluss der allgemeinen Privatautonomie (Art. 2 Abs. 1 i.V.m. Art. 12 Abs. 1 GG) auch ohne ausdrückliche Nennung grundrechtlicher Schutz zu.[45] Daher sei ein gesetzgeberisches Tätigwerden verfassungswidrig, wenn durch dieses die Ausübung betrieblicher Mitbestimmung übermäßig erschwert werde.[46]

---

[41] Unter Berufung auf *Kreutz*, Grenzen, S. 206 ff., 211ff.; vgl. auch BAG, Beschluss vom 18.08.1987 - 1 ABR 30/86, E 56, 18, 26 = AP Nr. 23 zu § 77 BetrVG 1972.

[42] BT-Drucksache VI/1786, S. 47 und, zu § 59 BetrVG, BT-Drucksache I/3585, S. 10.

[43] BAG GS, Beschluss vom 07.11.1989 – GS 3/85, E 63, 211, 216 f = AP Nr. 46 zu § 77 BetrVG 1972.

[44] *Bogs*, RdA 1956, 1 5; *Sinzheimer*, Grundzüge, S. 209 f.; *Reuter*, RdA 1991, 193, 195 ff.; *Lambrich*, Tarifautonomie, S. 175 ff; vgl. auch *Nebel*, Betriebsverband, S. 198 ff, 162 ff. m.w.N.

[45] *Ehmann/Lambrich*, NZA 1996, 346, 350 ff.; *Lambrich*, Tarifautonomie, S. 225; vgl. auch *Blomeyer*, NZA 1996, 337, 345.

[46] *Däubler*, Mitbestimmung, S. 129 ff., 161.; *Lambrich*, Tarifautonomie, S. 225; Vgl. hierzu auch *Jahnke*, Tarifautonomie, S. 39.

Nach dieser Ansicht ist somit in Bezug auf die Frage der Reichweite nur danach zu fragen, ob der vorgegebenen (natürlichen) Freiheit des Betriebsrats rechtlich etwas entgegensteht. Eine Schranke ergibt sich insoweit aus der Amtsstellung des Betriebsrats und aus dem (auch für Private geltenden) Erfordernis der Grundlage dadurch, dass er mit Wirkung für Dritte rechtsgestaltend tätig wird.[47]

bb. Beschränkte sachliche Zuständigkeit

(1) Grundsatz

Nach der vorherrschenden Ansicht im Schrifttum können Betriebsvereinbarungen dagegen nur über solche Fragen abgeschlossen werden, die nach dem BetrVG der Zuständigkeit des Betriebsrats unterliegen.[48] Sie geht somit von dem Grundsatz der begrenzten, gesetzlich festgelegten Zuständigkeit aus. Zur Begründung wird darauf hingewiesen, dass die Betriebsvereinbarung ohne rechtliche Grundlage keine normative Wirkung entfalte.[49] Der Betriebsrat sei im übrigen ein innerhalb der Betriebsverfassung vom Gesetz mit bestimmten Aufgaben und Befugnissen ausgestatteter Funktionsträger.[50] Er könne daher auch nur im Rahmen seiner Zuständigkeit Regelungen mit Wirkung für und gegen die einzelnen Arbeitnehmer mit dem Arbeitgeber vereinbaren. Als weiteres Argument wird darauf verwiesen, dass die Regelungsbefugnis der Betriebspartner im Unterschied zu jener der Tarifpartner nicht auf der Verfassung beruhe.[51] Der Gesetzgeber genüge mit der Begründung von Zuständigkeiten durch das BetrVG keinem verfassungsrechtlichem Auftrag. Zudem fehle es bei der betrieblichen Normsetzung mit Wirkung für die gesamte Belegschaft an einer freiwilligen Unterwerfung der Belegschaft, wie dies bei der Vereinbarung der Tarifnormen mit Wirkung nur für Mitglieder der Tarifparteien gegeben sei. Der Gesetzgeber müsse daher die Form der Legitimation bis ins Einzelne selbst regeln.[52]

---

[47] *Herschel*, ZfA 1984, 65, 66.

[48] *F/K/H/E*, BetrVG, § 77 Rn. 42; *Dietz/Richardi*, BetrVG, § 77 Rn. 42; *H/S/G-Hess*, BetrVG, § 77 Rn. 15; *MünchArbR-Richardi*, Bd. 1, § 12 Rn. 23; *Weiss/Weyand*, BetrVG, § 77 Rn. 9; *Nikisch*, Arbeitsrecht III.S. 276; *G. Hueck*, Betriebsvereinbarung, S. 65 ff; *Säcker*, Gruppenautonomie, S. 342 f.; *Beuthien*, ZfA 1984, 1, 8.

[49] Vgl. *G. Hueck*, Betriebsvereinbarung, S. 67 ff.

[50] *Beuthien*, ZfA 1983, 141, 164 f.; *ders.*, ZfA 1984, 1, 25 f.

[51] *Biedenkopf*, Grenzen S. 296; GK-*Kreutz*, BetrVG, § 77 Rn. 69; *Beuthien*, ZfA 1983, 141, 164; *ders.*, ZfA 1884, 1, 8; *Säcker*, AuR 1994, 1, 9; *Rieble*, RdA 1996, 151, 153 f.; *Wank*, NJW 1996, 2273, 2274; a.A. *Ehrmann/Lambrich*, NZA 1996, 346, 349 ff; *Lambrich*, Tarifautonomie, S. 175 ff.

[52] Vgl. *Biedenkopf*, Grenzen, S. 298 f. Zudem wird darauf hingewiesen, dass die Sicherung der Rechte des Einzelnen bei dem Fehlen einer freiwilligen Unterwerfung der Belegschaft nur gewährleistet sei, wenn die demokratische Organisation des Verbandes und der gerichtliche Schutz des einzelnen sichergestellt sei.

Nach dieser Ansicht besteht die Befugnis zum Abschluss von Betriebsvereinbarungen zum einen dort, wo das Gesetz dies ausdrücklich vorsieht.[53] Des Weiteren können hiernach Betriebsvereinbarungen auch überall dort abgeschlossen werden, wo das Gesetz eine Einigung der Betriebsparteien verlangt, vor allem also in Angelegenheiten, die der zwingenden Mitbestimmung unterliegen. Die Betriebsvereinbarung sei das entscheidende Mittel, um die Mitbestimmung der Arbeitnehmer im Betrieb zu verwirklichen. Selbst in Fällen, in denen das Gesetz dem Betriebsrat lediglich Mitwirkungsrechte einräumt und solche, in denen nur von Aufgaben des Betriebsrats die Rede ist (z.B. § 80 BetrVG), wird eine Betriebsvereinbarung für zulässig gehalten, es sei denn, das Gesetz sage ausdrücklich, dass bestimmte Aufgaben des Betriebsrats mit anderen Mitteln zu erfüllen seien.[54] Zum Aufgabenbereich gehört dabei nach dieser Ansicht die über die gesetzlichen Beteiligungsrechte hinausgehende umfassende Wahrnehmung der Interessen der Arbeitnehmer, soweit sie nur den Betrieb und seine Arbeitnehmer betreffen.[55] Diese umfassende Regelungskompetenz wird dabei teilweise auf die Regelung in Form einer (freiwilligen) Betriebsvereinbarung begrenzt.[56]

(2) Ableitung aus §§ 88 BetrVG

Zur Begründung der zuvor dargestellten umfassenden Regelungsbefugnis wird einerseits auf die Formulierung des § 88 BetrVG hingewiesen, nach dem „insbesondere" die dort aufgezählten Maßnahmen durch Betriebsvereinbarungen geregelt werden können.[57] Hieraus wird gefolgert, dass § 88 BetrVG nur einige Regelbeispiele aufzähle.[58] Aus der Nennung nur dieser Regelbeispiele folge eine umfassende Zuständigkeit des Betriebsrats zur Mitregelung zunächst sämtlicher sozialer Angelegenheiten, die durch (freiwillige) Betriebs-

---

[53] Vgl. §§ 38 Abs. 1 S. 3; 47 Abs. 4, 5; 76 Abs. 1 S. 2, Abs. 4; 76a Abs. 5 ; 86, 88, 112 Abs. 1 S. 4, Abs. 4; 112a Abs. 1 BetrVG.

[54] *G. Hueck*, Betriebsvereinbarung, S. 68 f.

[55] Vgl. *F/K/H/E*, BetrVG, § 77 Rn. 42; *H/S/G-Hess*, BetrVG, § 77 Rn. 15 ff.; *Galperin/Löwisch*, BetrVG, § 77 Rn. 25.; *MünchArR-Matthes*, § 327 Rn. 50 ff; *Dietz/Richardi*, BetrVG, § 77 Rn. 60; BAG GS, Beschluss vom 16.03.1956 – GS 1/55, E 3, 1, 4 = AP Nr. 1 zu § 57 BetrVG 1952; BAG, Beschluss vom 18.08.1987 – 1 ABR 30/86, E 56, 18, 26 = AP Nr. 23 zu § 77 BetrVG 1972; BAG GS, Beschluss vom 07.11.1989 – GS 3/85, E 63, 211, 216 f = AP Nr. 46 zu § 77 BetrVG; BAG, Urteil vom 09.04.1991– 1 AZR 406/90, E 67, 377, 383 = AP Nr. 1 zu § 77 BetrVG Tarifvorbehalt.

[56] Vgl. *Galperin/Löwisch*, BetrVG § 88, Rn. 2; *DKK-Berg*, BetrVG, § 88 Rn. 1; *MünchArbR-Matthes*, § 327, Rn. 31 ff.; *Dietz/Richardi*, BetrVG, § 88 Rn. 4.

[57] Vgl. zur Auslegung des § 88 BetrVG oben § 7 II.2.b.

[58] Vgl. z.B. *Zöllner/Loritz*, Arbeitsrecht, § 46 II. 5., S. 537 f. mit der ausdrücklichen Feststellung, dass die in § 88 BetrVG geregelten Beispiele weder abschließend noch typisch seien.

vereinbarungen erfolgen könnten.[59] Als soziale Angelegenheiten seien dabei alle Arbeitsbedingungen im weitesten Sinne aufzufassen.[60] Gleichgültig sei dabei, ob es sich um materiellrechtliche Regelungen oder Verfahrensfragen handele.[61] Der Begriff der sozialen Angelegenheiten könne ohne Bedenken weit ausgelegt werden, da die Einigungsstelle nur auf Antrag beider Seiten – also des Arbeitgebers und des Betriebsrats - tätig werde.

Teilweise wird § 88 BetrVG auch als Ausdruck eines Grundprinzips der Betriebsverfassung gesehen.[62] Die Kompetenz zum Abschluss freiwilliger Betriebsvereinbarungen umfasse auch andere als soziale Angelegenheiten, soweit diese mit dem Betrieb und seinen Arbeitnehmern in Zusammenhang stünden. Es könnten somit Betriebsvereinbarungen über alle Maßnahmen getroffen werden, die der Ordnung des Betriebs im weitesten Sinne dienen, dass heißt einschließlich aller „arbeitsrechtlichen Gesamtzusammenhänge“.[63]

(3) Entstehungsgeschichte des § 88 BetrVG und des § 28 SprAuG

In Ergänzung zu § 88 BetrVG wird häufig auf die Entstehungsgeschichte[64] und auf die neuere Regelung des § 28 Abs. 1 Satz 1 SprAuG[65] verwiesen. Nach dieser Vorschrift können Arbeitgeber und Sprecherausschuss Richtlinien über den Inhalt, den Abschluss oder über die Beendigung von Arbeitsverhältnissen der leitenden Angestellten schriftlich vereinbaren. Es sei davon auszugehen, dass die Regelungs- und Rechtsetzungskompetenz des Sprecherausschusses nicht weitergehen soll als die Regelungs- und Rechtsetzungskompetenz des Betriebsrates.

(4) Fehlender Regelungskatalog des BetrVG

Des Weiteren wird darauf verwiesen, dass es im BetrVG keinen ausdrücklichen abschließenden Katalog der durch Betriebsvereinbarungen zu regelnden Angelegenheiten gebe. Lediglich in negativer Hinsicht bestimme § 77 Abs. 3

---

[59] *F/K/H/E*, BetrVG, § 88 Rn. 2; GK-*Wiese*, BetrVG, § 88 Rn. 7; *D/K/K-Berg*, BetrVG, § 88 Rn. 1; *Galperin/Löwisch-Löwisch*, § 88 Rn. 2; *H/S/G-Glaubitz*, § 88 Rn. 3.

[60] *Galperin/Löwisch*, BetrVG, § 88 Rn. 2 m.w.N.; *F/K/H/E*, BetrVG, § 88 Rn. 2; *Dietz/Richardi*, BetrVG, § 88 Rn. 4; GK-*Wiese*, BetrVG, § 88 Rn. 11.; *Waltermann*, Rechtsetzung, S. 15, Fn. 8.

[61] Vgl. nur GK-*Wiese*, BetrVG, § 88 Rn. 10.

[62] *F/K/H/E*, BetrVG, § 88 Rn. 3; *Galperin/Löwisch*, BetrVG, § 88 Rn. 1; GK- *Wiese*, BetrVG, § 88 Rn. 4; *Löwisch*, AuR 1978, S. 99.

[63] Dabei könne auch in die gegenseitigen Rechte und Pflichten aus dem Arbeitsverhältnis eingegriffen werden, da zur Ordnung des Betriebs auch die mit gewissen persönlichen Beschränkungen verbundene Einfügung der einzelnen Arbeitnehmer in den Betrieb gehöre.

[64] Mit Verweis auf BT-Drucksache VI / 1786, S. 47: *F/K/H/E*, BetrVG, § 88 Rn. 3.

[65] Vgl. nur *F/K/H/E*, BetrVG, § 88 Rn. 4.

BetrVG, dass Arbeitsentgelte und sonstige Arbeitsbedingungen, die durch Tarifvertrag geregelt sind oder üblicherweise geregelt werden, grundsätzlich nicht Gegenstand einer Betriebsvereinbarung sein können. Dies spreche für eine sehr weit gefasste Regelungsbefugnis.

(5) Ableitung aus §§ 77 Abs. 3 BetrVG

Ferner wird angebracht, ein Umkehrschluss aus § 77 Abs. 3 BetrVG[66] ergebe, dass Arbeitsentgelte und alle sonstigen Arbeitsbedingungen – dass heißt sowohl formelle als auch materielle - durch Betriebsvereinbarung geregelt werden können, wenn diese Materien nicht durch Tarifvertrag geregelt sind oder üblicherweise geregelt werden. § 77 Abs. 3 BetrVG normiere nicht nur eine Sperre zugunsten der Tarifautonomie, sondern habe zugleich eine gegenstandsabgrenzende Funktion. Die Vorschrift lege die funktionelle Zuständigkeit der Betriebsparteien zur Regelung von Arbeitsbedingungen durch Betriebsvereinbarungen fest. Somit könnten in den Schranken des § 77 Abs. 3 BetrVG grundsätzlich sämtliche Arbeitsbedingungen durch Betriebsvereinbarung geregelt werden.[67]

cc. Zweck der Betriebsvereinbarungsbefugnis

Überwiegend wird zudem betont, dass das Institut der Betriebsvereinbarung dem Schutz des Arbeitnehmers diene.[68] Sein Sinn sei, die Imparität der Arbeitsvertragsparteien auszugleichen. Der Betriebsrat als „Sachwalter" der Arbeitnehmerbelange habe die Aufgabe, die Schutzbedürftigkeit der Arbeitnehmer zu kompensieren. Daher komme ihm mit dem Institut der Betriebsvereinbarung ein weiter Zuständigkeitsbereich zu. Hiernach können die Betriebsparteien alle formellen und materiellen Arbeitsbedingungen regeln. Dies wird durch einen Verweis auf § 77 Abs. 3 BetrVG untermauert.[69]

---

[66] So insbesondere *Kreutz*, Grenzen, S. 208 ff., S. 222; GK-*Kreutz*, BetrVG, § 77 Rn. 62 ff.; *MünchArbR-Mattes*, BetrVG, § 318 Rn. 51*; v. Hoyningen-Huene*, Betriebsverfassungsrecht, § 11 III. 4., S. 215; siehe auch *Nikisch*, Arbeitsrecht III., S. 277.

[67] *Kreutz* sieht vor dem Hintergrund des Umkehrschlusses durch § 77 Abs. 3 BetrVG der Betriebsautonomie sog. Außenschranken gesetzt, die den „äußeren Abschlussbereich" für eine Regelung durch Betriebsvereinbarungen abstecken: *Kreutz*, Grenzen, S. 208 ff, 246 ff.; GK-*Kreutz*, BetrVG, § 77 Rn. 62 ff.

[68] Zahlreiche Nachweise bei GK-*Wiese*, BetrVG, Einl. Rn. 49.

[69] Im Bereich der materiellen Arbeitsbedingungen wird aber teilweise eine Einschränkung dahingehend gemacht, dass keine umfassende Befugnis zum Abschluss belastender Betriebsvereinbarungen bestehe, da die Schutzwirkung der Betriebsvereinbarung auf Regelungen zugunsten der Arbeitnehmer beschränkt seien. Siehe unten § 8 III. 3.

dd. Parallelen zum Tarifvertrag

Teilweise wird zusätzlich auf Parallelen von Betriebsvereinbarungen mit Tarifverträgen hingewiesen. [70] Wegen der nach dieser Auffassung erkennbaren Parallelität der Betriebsvereinbarungen zum Tarifvertrag werden die Vorschriften über den Regelungsbereich des Tarifvertrages weitgehend entsprechend herangezogen. Diese Ansicht geht nicht zuletzt unter Hinweis auf die Unabdingbarkeit beider Normenarten, die parallele Gestaltung der Nachwirkung und den Schutzzweck der Betriebsvereinbarung davon aus, dass die Zuständigkeit der Tarifvertrags- und Betriebsvereinbarungsparteien vor allem im Bereich materieller Arbeitsbedingungen praktisch gleich sei.[71] Sowohl Tarifvertrag als auch Betriebsvereinbarung werden als Gestaltungsmittel der über- und innerbetrieblichen sozialen Autonomie angesehen und die Unterschiede letztlich darauf begrenzt, dass der Tarifvertrag gegenüber der Betriebsvereinbarung die stärkere Rechtsquelle ist.

c. Stellungnahme

aa. Reichweite der betrieblichen Regelungs- und Rechtsetzungsbefugnis

Der Annahme einer originären Autonomie des Betriebsrats wird zu Recht entgegengehalten, dass die Beteiligungsrechte des Betriebsrats sich aus einer vom Gesetzgeber vorgenommenen Abwägung verstehen. Im Rahmen dieser Abwägung sind einerseits die Interessen der Arbeitnehmer an einer angemessenen Mitwirkung bei der sie betreffenden betrieblichen Ordnung und andererseits der Interessen des Arbeitgebers an der Disposition über sein Eigentum und Unternehmensrisiko berücksichtigt worden. Bei Annahme eines Freiheitsraums des Betriebsrats würde diese Interessenabwägung übergangen.[72] Zudem ist zu bedenken, dass die Betriebsautonomie im Gegensatz zur Tarifautonomie nicht verfassungsrechtlich gewährleistet ist.[73]

Es ist daher dem Ausgangspunkt der begrenzten, gesetzlich festgelegten Zuständigkeit des Betriebsrats zuzustimmen. Aus der Funktion des Betriebsrats als Repräsentant der Belegschaft ergibt sich, dass er Betriebsvereinbarungen

---

[70] *F/K/H/E*, BetrVG, § 77 Rn. 42; *Biedenkopf*, Grenzen, S. 293; *Jahnke*, Tarifautonomie, S. 92; GK-*Thiele*, (3. Auflage), § 77 Rn. 55 f.

[71] Wobei sich die Regelungsbefugnis der Betriebsparteien sich nur auf betriebliche Angelegenheiten bezieht.

[72] *Isele*, Anm. zu BAG, Beschluss vom 01.03.1966 – 1 ABR 14/65, SAE 1967, 120, 122; *Biedenkopf*, Grenzen, S. 296 ff.; GK-*Kreutz*, § 77 Rn. 69 ff.; *Beuthien*, ZfA 1983, 141, 164; *Säcker*, ArbR 1994, 1, 9; *Rieble*, RdA 1996, 151, 153; vgl. auch *Kraft*, ZfA 1983, 171, 185.

[73] Siehe die umfassende Darstellung bei *Veit*, Funktionelle Zuständigkeit, S. 140 ff.; *Waltermann*, Rechtsetzung, S. 112 ff.; a.A. *Lambrich*, Tarifautonomie, S. 175 ff.

nur über Angelegenheiten abschließen kann, die nach dem BetrVG seiner Zuständigkeit unterliegen.

Es ist somit zu klären, ob Betriebsvereinbarungen mit Arbeitskampfbezug der sachlichen Aufgabenverteilung des BetrVG unterfallen. Anzumerken ist in diesem Zusammenhang, dass das BAG trotz der Anerkennung des Grundsatzes der beschränkten sachlichen Zuständigkeit bei den oben[74] dargestellten Entscheidungen zur Zulässigkeit des Abschlusses von Betriebsvereinbarungen mit Arbeitskampfbezug auf das Problem der Zuständigkeit der Betriebsparteien nicht eingegangen ist. Das BAG hat die Überprüfung der Wirksamkeit von Betriebsvereinbarungen mit Arbeitskampfbezug vielmehr auf die Rechtsfolgenebene verlagert[75] und lediglich die Auswirkung solcher Betriebsvereinbarungen auf die Chancengleichheit bzw. Kampfparität der Tarifparteien überprüft. Das BAG scheint insoweit selbstverständlich von einer Regelungszuständigkeit der Betriebsparteien auszugehen, so dass es zumindest in der Befugnis der Parteien kein Hindernis zur Regelung der betreffenden Materie sieht. Dies bedarf meines Erachtens jedoch einer genaueren Untersuchung. Dazu ist auf die zuvor[76] dargestellten verschiedenen Möglichkeiten des Abschlusses von Betriebsvereinbarungen zur Regelung des Arbeitskampfes einzugehen.

Folgt man der vorherrschenden Ansicht im arbeitsrechtlichen Schrifttum bei der Annahme einer umfassenden Regelungsbefugnis der Betriebsparteien zumindest für alle sozialen Angelegenheiten, ist wie dargelegt darauf abzustellen, ob die betrieblichen Regelungen Rechte und Pflichten aus dem Arbeitsverhältnis betreffen.[77] Gegenstand einer (freiwilligen) Betriebsvereinbarung kann nach der vorherrschenden Auffassung jede Regelung allgemeiner Natur über die innerbetrieblichen Verhältnisse bezüglich der Arbeitsbedingungen sein. Diese umfassende Regelungskompetenz des Betriebsrats für soziale Angelegenheiten wird bei dieser Ansicht durch eine extensive Auslegung der gesetzlich geregelten Tatbestände erreicht. Das BAG legt seiner Rechtsprechung sogar eine noch weitergehende Regelungsbefugnis der Betriebsparteien zugrunde.[78]

---

[74] Siehe unter § 2 I.

[75] Vgl. BAG 30.08.1994 – 1 ABR 10/94 – SAE 96, 323, 325 und *Hergenröder,* Anm. zu BAG 30.08.1994 – 1 ABR 10/94 – SAE 96, 326, 328 .

[76] Siehe unter § 7.

[77] Vgl. oben § 7 II.2.c.

[78] Vgl. oben § 7 II.2.b.bb.

bb. Betriebsvereinbarungen mit Geltung für Zeiten ohne Bezug zum Arbeitskampf und für Zeiten des Arbeitskampfes

Für Betriebsvereinbarungen mit beabsichtigter Geltung sowohl für Zeiten ohne Bezug zum Arbeitskampf als auch für Zeiten des Arbeitskampfes ergibt sich in der Regel kein Unterschied zu der herkömmlichen Einordnung der Betriebsvereinbarungen nur für „Friedenszeiten“. Die Regelungen der Betriebsvereinbarungen werden hier nur zusätzlich auf Zeiten des Arbeitskampfes ausgedehnt.[79] Hierdurch ändert sich aber nichts an dem Bezug der Regelungen zu den Rechten und Pflichten aus dem Arbeitsverhältnis.[80] Auch im Arbeitskampf betrifft die betriebliche Regelung diesen Bereich.

cc. Betriebsvereinbarungen mit Regelungen speziell über Arbeitskämpfe

Etwas anderes könnte für Regelungen gelten, die speziell für den Arbeitskampf getroffen werden. Der Betriebsrat handelt aber auch bei der Regelung des Arbeitskampfes als Repräsentant und im Interesse der Arbeitnehmer. Gerade in Zeiten des Arbeitskampfes sind die Interessen der Arbeitnehmer häufig besonders schutzbedürftig. Dabei geht es auch bei Regelungen mit Arbeitskampfbezug in der Regel um die konkrete betriebliche Ausgestaltung der Rechte und Pflichten der Arbeitnehmer. Sie stehen nur in direkter Beziehung zur Situation des Arbeitskampfes. So betrifft beispielsweise eine betriebliche Regelung über Streikbruchprämien das Entgelt als Recht aus dem Arbeitsverhältnis. Auch bei der Vereinbarung von Maßregelungsverboten[81] geht es in der Regel um die Gestaltung der Rechte und Pflichten aus dem Arbeitsverhältnis wie beispielsweise der Pflicht des Arbeitgebers zur Lohnzahlung oder der Berechtigung zur Beendigung[82] des Arbeitsverhältnisses. Bei der Bestimmung der Arbeitnehmer für den Erhaltungsdienst wird für bestimmte Arbeitnehmer das Fortbestehen der vertraglichen Arbeitspflicht bestimmt. Somit handelt es sich bei den vorgenannten Regelungen des Arbeitskampfes nach der Definition der vorherrschenden Ansicht um soziale Angelegenheiten, für die den Be-

---

[79] So auch *H/S/G-Hess*, BetrVG, § 77 BetrVG Rn. 20 mit Bezug auf Gleitzeitregelungen.

[80] Vgl. die oben in § 2 dargestellten Sachverhalte.

[81] Wie z.B. Schadensersatzverzichtsklauseln, Lohnnachzahlungsklauseln, Kündigungsverbots- und Wiedereinstellungsklauseln.

[82] Wie unter oben § 7 II. 2. b. aa. erwähnt hat der Betriebsrat nach der vorherrschenden Ansicht bei personellen Einzelmaßnahmen – z.B. bei Einstellungen, Kündigungen und Eingruppierungen - und den diesen vorausgehenden generellen Personalplanungsmaßnahmen ein Mitbestimmungsrecht nach Maßgabe der Vorschriften für personelle Angelegenheiten, §§ 92 ff., 99 ff. BetrVG. Dagegen wird die Regelung der allgemeinen Voraussetzungen, unter denen diese Maßnahmen durchgeführt werden können und die den Inhalt von Arbeitsverhältnissen bestimmen, den sozialen Angelegenheiten zugeordnet. Damit kann sie Gegenstand einer Betriebsvereinbarung nach § 88 BetrVG sein: Vgl. nur GK-*Wiese*, BetrVG, § 88 Rn. 11, m.w.N.

triebspartnern nach § 88 BetrVG eine gesetzliche geregelte Regelungsbefugnis zukommt.[83]

Der arbeitskampfrechtliche Bezug einer betrieblichen Vereinbarung steht damit einer Qualifizierung der Regelung als Vereinbarung über soziale Angelegenheiten im Sinne des § 88 BetrVG nicht entgegen.

dd. Zwischenergebnis

Nach der Definition der überwiegenden Ansicht ist die Vereinbarung von Betriebsvereinbarungen mit Arbeitskampfbezug grundsätzlich von dem Zuständigkeitsbereich der Betriebsparteien umfasst. Es ist zwar eine Frage des Einzelfalls, ob eine konkrete Regelung unter den Begriff der sozialen Angelegenheiten fällt. Wie dargelegt ist dies aber bei vielen Regelungen mit Auswirkungen auf den Arbeitskampf gegeben. Den Betriebsparteien steht somit grundsätzlich die Befugnis zum Abschluss von Betriebsvereinbarungen mit Arbeitskampfbezug zu.

Legt man die vorgenannte herrschende Ansicht zugrunde, ist bei der Überprüfung der Zulässigkeit von Betriebsvereinbarungen mit Arbeitskampfbezug noch zu fragen, ob bzw. inwieweit sich funktionelle Schranken insbesondere aus dem Regelungsvorrang der Tarifparteien ergeben (vgl. §§ 77 Abs. 3, 87 Abs. 1 BetrVG) und ob eine getroffene Regelung gegen Grenzen der Regelungs- und Rechtsetzungsmacht der Betriebsparteien verstößt bzw. inhaltlich mit höherrangigem Recht vereinbar ist.[84]

3. Eingeschränkte Regelungsbefugnis

a. Meinungsstand im Schrifttum

Eine andere Ansicht im Schrifttum hält eine umfassende Regelungsbefugnis der Betriebsparteien für zu weitgehend.[85] Im arbeitsrechtlichen Schrifttum ist immer wieder untersucht worden, ob nicht schon in prinzipieller Hinsicht Einschränkungen in Bezug auf die Regelungsbefugnis der Betriebsparteien gemacht werden müssen. Es ist die Frage gestellt worden, wann eine Regelung

---

[83] So auch *Hohenstatt*, Erhaltungsarbeiten, S. 157 f. hinsichtlich Notstands- und Erhaltungsarbeiten m.w.N.

[84] Dies wird in §§ 8 IV, 9 dieser Abhandlung untersucht.

[85] So vor allem *Richardi*, siehe aus neuerer Zeit: *Richardi*, ZfA, 1990, 211, 230 ff.; *ders.*, ZfA 1992, 307, 320 ff.; *Dietz/Richardi*, BetrVG, § 77 Rn. 63; siehe auch *Veit*, Funktionelle Zuständigkeit, S. 207 ff.; *Lieb*, Arbeitsrecht, Rn. 755.

überhaupt Gegenstand einer Betriebsvereinbarung sein kann.[86] Bei der Befürwortung der Einschränkung der Regelungsmacht werden dabei unterschiedliche Ansätze verfolgt:

aa. Auslegung der §§ 88, 77 Abs. 3 BetrVG

Nach einer Ansicht treffen weder § 88 BetrVG noch § 77 Abs. 3 BetrVG eine Aussage über die Reichweite der Betriebsvereinbarungsautonomie.[87] Es dürfe nicht verkannt werden, dass die Legitimation der Betriebsparteien an zahlreiche Bedingungen geknüpft sei. Zudem würde der schmale Bereich des § 88 BetrVG im Vergleich mit den sorgsam ausdifferenzierten Einzeltatbeständen des § 87 BetrVG überbewertet.[88] Der Sammelbegriff der sozialen Angelegenheiten sei viel zu wenig konturiert, als dass ihm kompetenzzuweisende Funktion zukommen könnte. Die Auslegung des § 88 BetrVG als allgemeine Auffangnorm sprenge das System der Mitbestimmungstatbestände und Mitbestimmungsrechte.[89] Hierauf könne somit keine umfassende Regelungsbefugnis der Betriebsparteien gestützt werden.

bb. Legitimationsbasis der Betriebsvereinbarung

Eine andere Ansicht nimmt eine Einschränkung der kollektivvertraglichen Gestaltung durch Betriebsvereinbarungen unter Hinweis darauf vor, dass die Betriebsparteien durch die Betriebsvereinbarung eine korporative Zwangsordnung errichteten. Die Reichweite von Regel- und Rechtsetzung der Betriebspartner sei dafür im BetrVG vorgegeben. Die Betriebsautonomie sei in sachlicher Hinsicht auf die betrieblichen Angelegenheiten bezogen. Eine Betriebsvereinbarung könne also nur über Fragen abgeschlossen werden, die nach dem Betriebsverfassungsgesetz der Zuständigkeit des Betriebsrats unterliegen. Dabei seien die Betriebsparteien nicht legitimiert, belastende Regelungen über materielle Arbeitsbedingungen mit Wirkung für den einzelnen Arbeitnehmer festzulegen.[90] Die Annahme einer umfassenden Zuständigkeit berücksichtige nicht genügend die grundsätzliche Unterscheidung von Tarifverträgen und Betriebsvereinbarungen in der Legitimationsbasis: einerseits Rechtsetzung nur

---

[86] Vgl. *Canaris*, AUR 1966, 129 ff.; *Richardi*, ZfA 1992, 307, 320 ff; *Käppler*, in FS für Kissel, 1994, S. 475 ff.

[87] *Dietz/Richardi*, BetrVG, § 77 Rn. 53, 63 und 82, *Richardi*, ZfA 1990, 211, 230 ff.; *Veit*, Funktionelle Zuständigkeit, S. 286 und 290; *Waltermann*, Rechtsetzung, S. 17 ff; *ders.*, NZA 1995, 1177, 1181; *Wank*, NJW 1996, 2273, 2280 f.

[88] Vgl. auch oben § 7 II. 2.b. cc.

[89] Aus Anlass einer Altergrenzen-Entscheidung des Zweiten Senats: *Joost*, Anm. zu BAG, Urt. vom 20.11.1987 – 2 AZR 284/86 – AP Nr. 2 zu § 620 BGB Altersgrenze (unter II 1.b.).

[90] *Richardi*, Kollektivgewalt, S. 316 ff.; *Dietz/Richardi*, BetrVG, § 77 Rn. 49 ff., 75; *Richardi*, ZfA 1990, 211 ff; *ders.*, ZfA 1992, 307 ff.

für Mitglieder und andererseits für alle Arbeitnehmer des Betriebes ohne Rücksicht auf Organisationszugehörigkeit.[91]

cc. Zweck der Betriebsvereinbarung

Zum Teil wird darauf hingewiesen, der Rechts- und Regelsetzungsbefugnis der Betriebsparteien seien aus ihrer Aufgabe oder nach ihrem Zweck immanente Grenzen gesetzt.[92] Diese Auffassung stützt sich darauf, dass die Betriebsvereinbarung wie die Institution des Betriebsrats in erster Linie dem Schutz der Arbeitnehmer diene. Die Betriebsvereinbarung dürfe deshalb nicht für Regelungen eingesetzt werden, die ausschließlich in einer Belastung der Arbeitnehmer bestehen.[93]

Nach einer Ansicht tritt neben die Schutzfunktion der Betriebsvereinbarung die Ordnungsfunktion, einheitliche Arbeitsverhältnisse für alle Arbeitnehmer im Betrieb zu schaffen.[94] Diese Funktion erweitere die Befugnis der Betriebsparteien, belastende Regelungen zu treffen. Das Abgrenzungskriterium für die Zuordnung von Schutz- und Ordnungsfunktion sieht diese Ansicht dann in der Unterscheidung von formellen und materiellen Arbeitsbedingungen. Ein überragendes betriebliches Interesse an einer einheitlichen Regelung bestehe dabei nur bei formellen Arbeitsbedingungen. Im Bereich der materiellen Arbeitsbedingungen seien wegen des dort geltenden Vorrangs des Schutzprinzips ausschließlich belastende Betriebsvereinbarungen grundsätzlich unzulässig.[95]

dd. Kollektivfreier Individualbereich

Eine weitere Ansicht will die Regelungskompetenz der Betriebsparteien durch einen „kollektivfreien Individualbereich" einschränken.[96] Sie nimmt dafür einen

---

[91] In jüngster Zeit ist die Legitimationsbasis der Betriebsparteien umfassend untersucht und als Begrenzung herangezogen worden: Insbesondere von *Waltermann*, Rechtsetzung, S. 199 ff.; *Veit*, Funktionelle Zuständigkeit S. 140 ff.

[92] *Canaris*, AuR 1966, 129, 129 m.w.N.; *Kreutz*, Grenzen, S. 246 ff. (der den Zweck der Betriebsvereinbarung als Innenschranke der Betriebsautonomie ansieht); *Löwisch*, AuR 1978, 97, 100; *Rüthers*, Mitbestimmungsrecht, S. 7, 31 ff.

[93] Ausnahmen werden aber wiederum für formelle Arbeitsbedingungen gemacht. Hierfür soll der vorgenannte Grundsatz nicht gelten. Siehe (im Einzelnen unterschiedlich) *Canaris*, AuR 1966, 129 ff.; *Kreutz*, Grenzen, S. 246 f.; *Löwisch*, AuR 1978, S. 97, 100.

[94] *Canaris*, AuR 1966, 129, 130 f.

[95] *Canaris*, AuR 1966, 129, 131f.; im Ergebnis auch *Kreutz*, Grenzen, S. 247 ff., der in dem Schutzzweck eine Innenschranke der Betriebsautonomie sieht.; s.a. *Löwisch*, AuR 1978, 97, 100, der den Schutzzweck als immanente Schranken der Rechtssetzungsbefugnis versteht.

[96] Diese Lehre wurde begründet von *Siebert*, FS für Nipperdey, 119, 128 f., *ders.*, BB 1953, 241 f.; zustimmend *Richardi*, Kollektivgewalt, S. 313 ff.; *Zöllner/Loritz*, Arbeitsrecht, § 46 II., 5. d.; *F/K/H/E*, BetrVG, § 77 Rn. 50 ff. m.w.N.; *v. Hoyningen–Huene*, BetrVG, S. 223;

vorweg zu bestimmenden Individualbereich aus der kollektivvertraglichen Gestaltungsmöglichkeit heraus. Diese Ansicht sieht eine Problematik darin, dass die Betriebsparteien durch freiwillige Betriebsvereinbarungen materielle Arbeitsbedingungen zu Lasten der Arbeitnehmer vereinbaren könnten, ohne dass der Arbeitgeber hierzu individualvertraglich befugt wäre.[97] Hierin liege ein Angriff auf die individuelle Vertragsfreiheit. Soweit Individualrechte auf einzelvertraglicher Vereinbarung beruhen, seien sie daher durch das Günstigkeitsprinzip der kollektivvertraglichen Regelung entzogen. Die der Kollektivnorm gegenüber geschützte Rechtsstellung enthalte einen weiteren Individualbereich, eine individualrechtliche Position, die von der Kollektivmacht nicht erfasst werde.[98]

b. Stellungnahme

Aus der vorhergehenden Darstellung ergibt sich, dass die vorgeschlagenen Lösungen zur Beschränkung der Regelungsmöglichkeiten durch Betriebsvereinbarung in ihrer Dogmatik und in ihren Ergebnissen sehr unterschiedlich sind.[99] Ein gemeinsamer kritischer Ansatzpunkt ist lediglich die Frage, welche Bedeutung dem Grundsatz der begrenzten Zuständigkeit angesichts des Ergebnisses der quasi umfassenden Regelungsbefugnis des Betriebsrats noch zukommt.[100]

Zu überprüfen ist, ob sich das oben gefundene Ergebnis[101] der grundsätzlichen Bejahung der betrieblichen Regelungszuständigkeit bei Zustimmung der einschränkenden Ansichten ändert und welcher Ansicht in diesem Fall zu folgen ist.

Dietz/Richardi, BetrVG, Rn. 67 f. hinsichtlich einer Verpflichtungswirkung zum Nachteil der Arbeitnehmer; ähnlich *Waltermann*, RdA 1996, 134; *ders.*, NZA 1996, 357, 362; vgl. auch *Waltermann*, Rechtsetzung, S. 235 f.; *Veit*, Funktionelle Zuständigkeit, S. 274 f. mit ausdrücklicher Unterscheidung zwischen der Frage der Regelungskompetenz und der Frage der Kollision von arbeitsvertraglicher und betrieblicher Regelung.

[97] Siehe vorherige Fn.

[98] So auch *H/S/G-Hess*, BetrVG, § 77 Rn. 20; In neuerer Zeit meint *Käppler*, FS für Kissel, S. 475, 485, zur Bestimmung von Inhalt und Umfang der Regelungsmacht der Betriebspartner, dass sowohl die Mitbestimmung als auch die betriebsautonome Mitregelungsmöglichkeit auf eine Beschränkung und Beeinflussung der Gestaltungsbefugnis des Arbeitgebers gerichtet seien. Die Betriebspartner könnten demnach nur dann betriebsautonom Arbeitsbedingungen festsetzen, wenn der Arbeitgeber auch einseitig gegenüber dem Arbeitnehmer dazu befugt sei.

[99] *Waltermann*, Rechtsetzung, S. 22, spricht von einem „unübersichtlichen rechtswissenschaftlichen Dschungel".

[100] *Veit*, Funktionelle Zuständigkeit, S. 36.

[101] Siehe unter § 8 III. 2. c. dd.

aa. Auslegung der §§ 88, 77 Abs. 3 BetrVG

Bei der Ansicht, welche die Auslegung der §§ 88, 77 Abs. 3 BetrVG einschränken will, besteht zwar für soziale Angelegenheiten eine Zuständigkeit der Betriebsparteien. Allerdings will diese Meinung den Begriff „soziale Angelegenheiten" einschränkend auslegen.[102] Dabei ist aber auch bei den Vertretern, die eine einschränkende Auslegung befürworten nicht geklärt, wie der Begriff der sozialen Angelegenheiten umschrieben werden soll. Teilweise wird die Ansicht vertreten, der Ausdruck habe keinen juristisch definierten und damit angebbaren Sinn, so dass aus ihm alleine keine nähere Bestimmung der Kompetenz des Betriebsrats erfolgen könne.[103] Wie bereits dargelegt, ziehen andere Vertreter der einschränkenden Auslegung die in §§ 87 und 88 BetrVG aufgezählten Bereiche der Mitbestimmung zur Auslegung heran.[104] Der Bereich der sozialen Angelegenheiten müsse durch die Vergleichbarkeit mit den sonstigen Mitbestimmungstatbeständen bestimmt werden.

Zumindest wenn man den Vertretern folgt, die den Zuständigkeitsbereich der Betriebsparteien durch freiwillige Betriebsvereinbarungen auf Tatbestände beschränken wollen, die mit den in §§ 87, 88 BetrVG genannten vergleichbar sind, würde auch die Regelungsbefugnis der Betriebspartner zur Regelung des Arbeitskampfes eingeschränkt. Angelegenheiten wie die etwaige Suspendierung der Arbeitspflicht der Arbeitnehmer, des Verzichts auf Schadensersatz, sowie die Frage der Voraussetzungen der Kündigung sind in den Tatbeständen der §§ 87, 88 BetrVG nicht angesprochen. Somit bestünde nach dieser Ansicht auch keine Kompetenz der Betriebsparteien zur Regelung dieser Angelegenheiten in freiwilligen Betriebsvereinbarungen. Höchstens für die Frage der Regelung der Umstände der Lohnzahlungspflicht[105] könnte in § 87 Abs. 1 Nr. 10 BetrVG ein Anhaltungspunkt gesehen werden.

Wie bereits in anderem Zusammenhang erörtert, kann dieser Art der Bestimmung der sozialen Angelegenheiten nicht zugestimmt werden.[106] Gegen die Nutzung der Tatbestände des § 87 BetrVG als Anhaltspunkt für die Bestimmung des Begriffs der sozialen Angelegenheiten ist meines Erachtens einzuwenden, dass hier die vom Gesetzgeber eingeführte Unterscheidung zwischen erzwingbaren und freiwilligen Betriebsvereinbarungen nicht hinreichend be-

[102] Vgl. zur Auslegung des Begriffs der sozialen Angelegenheiten in § 88 BetrVG auch oben § 7 II. 2.c.bb.

[103] *Kreutz*, Grenzen S. 208; *Joost*, Anm. zu BAG , Urteil vom 20.11.1987 – 2 AZR 284/86 – AP Nr. 2 zu § 620 BGB Altersgrenze (unter II 1.b.).

[104] Siehe unter § 7 II. 2. b. cc.; *Veit*, Funktionelle Zuständigkeit, Teil 7 C., D., S. 265 ff., 291 ff; *Joost*, Anm. zu BAG, Urt. vom 20.11.1987 – 2 AZR 284/86, AP Nr. 2 zu § 620 BGB Altersgrenze (unter II 1.b.).

[105] Vgl. die Vereinbarung über Anwesenheitsprämien.

[106] Vgl. unter § 7 II. 2. c.

dacht wird. Wie dargelegt besteht bei erzwingbaren und bei freiwilligen Betriebsvereinbarungen eine grundlegend unterschiedliche Interessenlage. Man würde dem Institut der freiwilligen Betriebsvereinbarung nicht gerecht, wollte man die durch freiwillige Betriebsvereinbarungen regelbaren Angelegenheiten derart beschränken, dass sie durch einen Anhaltspunkt in den gesetzlich geregelten Tatbeständen gerechtfertigt sein müsse. Zudem ist zu bedenken, dass sich der Gesetzgeber gerade gegen eine umfassende Aufzählung der regelbaren sozialen Angelegenheiten entschieden hat. Dem würde es zuwiderlaufen, wenn man nur Angelegenheiten als regelbare Materie zulässt, die den gesetzlich genannten ähneln. Gegen die Auslegung, dass nur mit den ausdrücklich im Gesetz genannten vergleichbare Tatbestände soziale Angelegenheiten im Sinne des § 88 BetrVG seien, spricht auch der offene Wortlaut des § 88 BetrVG. Hätte der Gesetzgeber die Absicht gehabt, nur mit den genannten Tatbeständen vergleichbare Angelegenheiten als soziale Angelegenheiten sehen zu wollen, hätte er wohl eine andere Formulierung gewählt. Die Auslegung dieser Ansicht ist daher abzulehnen.

Für die hier untersuchte Frage ist anzumerken, dass sich selbst nach der vorstehenden Ansicht kein umfassender Ausschluss der Regelungsbefugnis der Betriebsparteien zum Abschluss von Betriebsvereinbarungen mit Arbeitskampfbezug ergibt. Lediglich der Umfang des zulässigen Inhalts wird eingeschränkt. Beispielsweise dürfte eine Regelung über Anwesenheitsprämien, die auch die Zeiten des Arbeitskampfes mit einbezieht, auch nach dieser einschränkenden Ansicht von der Regelungsbefugnis der Betriebsparteien umfasst sein.

bb. Legitimationsbasis der Betriebsvereinbarung

Diejenigen Autoren, welche die Grundlage der Betriebsautonomie als Ansatz zur Bestimmung der Reichweite der betrieblichen Regelungen heranziehen, setzen als Grenze an, dass Betriebsvereinbarungen nur über Fragen abgeschlossen werden können, die durch das BetrVG inhaltlich festgesetzt seien.[107] Durch Verweis auf die Grundlage der Betriebsautonomie ergibt sich für die vorliegende Frage in der Regel keine weitere Einschränkung, da auch die dargestellte vorherrschende Ansicht von dem Ansatzpunkt ausgeht, dass die Regelungsbefugnis des Betriebsrats auf die gesetzlich geregelten Fälle zu begrenzen ist. Es kommt daher auch bei Heranziehung der Legitimationsbasis der Betriebsvereinbarungen wieder auf die Frage der Auslegung der im BetrVG geregelten Befugnisse an.

---

[107] *Veit*, Funktionelle Zuständigkeit, S. 205; *Waltermann*, Rechtsetzung, S. 141, 187, 241.

cc. Zweck der Betriebsvereinbarung

Die Ansicht, die auf den Zweck der Betriebsvereinbarung abstellt, macht die Einschränkung, dass die Regelung der Betriebsparteien nicht nur Wirkungen zu Lasten der Arbeitnehmer entfalten dürfe. Hieraus ergibt sich aber keine generelle Unzuständigkeit der Betriebsparteien zur Regelung des Arbeitskampfes. Gerade im Fall der Regelung der schwierigen Situation des Arbeitskampfes wird der Betriebsrat im übrigen darauf bedacht sein, für die Arbeitnehmer vorteilhafte Regelungen zu vereinbaren. Auch bei Anwendung dieser Ansicht ergibt sich damit keine unmittelbare Einschränkung für die hier untersuchte Frage der grundsätzlichen Zuständigkeit des Betriebsrats zur Regelung des Arbeitskampfes.

dd. Kollektivfreier Individualbereich

Die Ansicht, welche die Regelungskompetenz der Betriebsparteien durch einen „kollektivfreien Individualbereich"[108] einschränken will, stützt sich auf das Günstigkeitsprinzip. Sie geht davon aus, dass Individualrechte, die auf einzelvertraglicher Vereinbarung beruhen, durch das Günstigkeitsprinzip der kollektivvertraglichen Regelung entzogen seien. Auch nach dieser Ansicht wird daher nicht generell der mögliche Inhalt einer Betriebsvereinbarung eingeschränkt, sondern – unabhängig vom konkreten Regelungsgegenstand – die Vereinbarung derartiger Regelungen vom Zuständigkeitsbereich der Betriebsparteien ausgenommen, die sich für die Arbeitnehmer nur belastend auswirken. Auch diese Ansicht beschränkt nicht generell die Regelungsbefugnis der Betriebsparteien in Bezug auf die mögliche Regelungsmaterie des Arbeitskampfes.

c. Zwischenergebnis

Auch aus einigen einschränkenden Auffassungen ergibt sich keine Begrenzung der Befugnis der Betriebsparteien hinsichtlich der Regelung des Arbeitskampfes. Lediglich nach dem Ansatz, der den Begriff der sozialen Angelegenheiten anhand der gesetzlich geregelten Mitbestimmungstatbestände auslegen will, fehlt den Betriebsparteien zumindest teilweise die Befugnis zur Regelung des Arbeitskampfes. Nach der von dieser Ansicht vorgenommenen Auslegung würden einige Regelungen über den Arbeitskampf nicht mehr zu den sozialen Angelegenheiten im Sinne des § 88 BetrVG fallen. Diese Ansicht ist

[108] Der Begriff des „kollektivfreien Individualbereichs" (*W. Siebert*) stellt dabei nur eine Beschreibung der Rechtsfolgen dar. Er vermag weder anzugeben, auf welche Rechtsgrundlagen sich die Eingrifffreiheit stützt, noch wo die Grenzen verlaufen. Ein umfassendes Eingehen auf diese Thematik würde den Rahmen dieser Arbeit jedoch sprengen. Daher soll darauf verzichtet werden.

jedoch aus den dargelegten Gründen abzulehnen. Zudem ist auch nach dieser Ansicht die Befugnis der Betriebsparteien zur Regelung des Arbeitskampfes keineswegs umfassend ausgeschlossen. Es kommt vielmehr auf die konkret getroffene Vereinbarung an.

4. Zwischenergebnis

Das BAG geht heute in gefestigter Rechtsprechung von einer umfassenden Regelungsbefugnis der Betriebsparteien aus. Jede durch Tarifvertrag oder durch Arbeitsvertrag regelbare Angelegenheit kann danach durch Betriebsvereinbarungen geregelt werden. Die Regelungsmacht der Betriebspartner ist nach der Rechtsprechung erst inhaltlich durch höherrangiges zwingendes Recht begrenzt. Bei Zugrundelegung der Auffassung des BAG besteht daher grundsätzlich eine Regelungsbefugnis der Betriebsparteien zum Abschluss von Betriebsvereinbarungen mit Arbeitskampfbezug.

Auch die im arbeitsrechtlichen Schrifttum vorherrschende Auffassung weist den Betriebsparteien eine umfassende Befugnis zu, durch Betriebsvereinbarungen objektives Recht zu setzen. Im Gegensatz zum BAG beschränken die meisten Autoren die Regelungsbefugnis nach § 88 BetrVG aber auf soziale Angelegenheiten. Unter den Begriff der sozialen Angelegenheiten werden dabei alle Fragen in Bezug auf die Rechte und Pflichten aus dem Arbeitsverhältnis gefasst, die nicht unter personelle und wirtschaftliche Angelegenheiten fallen. Andererseits gibt es im Schrifttum auch Stimmen, die - aus im Einzelnen sehr unterschiedlichen Gründen – eine prinzipielle Beschränkbarkeit der Regelungsmöglichkeiten der Betriebsvereinbarung bevorzugen. Aus keiner der Ansichten folgt aber eine generelle Verneinung der Befugnis der Betriebsparteien zum Abschluss von Betriebsvereinbarungen mit Arbeitskampfbezug.

IV. Funktionelle Zuständigkeit

Wie dargelegt ergibt sich aus dem generell zulässigen Umfang der Rechtsetzungskompetenz der Betriebspartner keine umfassende und grundsätzliche Einschränkung für die Regelung des Arbeitskampfes. Somit kommen grundsätzlich mehrere Organe zur Regelung des Arbeitskampfes in Betracht. Es ist daher zu untersuchen, ob und inwieweit die funktionelle Zuständigkeit zur Regelung des Arbeitskampfrechts geregelt ist. Die Betriebspartner dürften nicht von der funktionellen Zuständigkeit zur Regelung des Arbeitskampfes ausgeschlossen sein.

Wie zuvor ausgeführt ist unter funktioneller Zuständigkeit die Regelungskompetenz eines Organs in Abgrenzung zu anderen Organen zu verstehen.[109] Die sachlich der betrieblichen Regelung unterfallenden Aufgaben können auch von anderen Stellen geregelt werden. Es bestehen insoweit konkurrierende Zuständigkeiten mehrerer Organe. Besonders problematisch ist dabei die Konkurrenz von Tarif- und Betriebsparteien.

1. Betriebliche Regelung und Gesetzgebung[110]

Grundsätzlich ist der Staat zur Regelung von betrieblichen Angelegenheiten zuständig. Wie bereits dargelegt, obliegt dem Staat gemäß Art. 74 Nr. 12 GG nicht nur die Gestaltung der Betriebsverfassung als solche.[111] Er hat vielmehr die Befugnis, unter Beachtung der in Art. 9 Abs. 3 GG gewährleisteten Tarifautonomie, betriebliche Angelegenheiten konkret zu regeln. Die Betriebsautonomie ist (im Gegensatz zur Tarifautonomie) nicht verfassungsrechtlich gewährleistet.[112] Der Staat hat es somit insbesondere auch in der Hand, der Betriebsautonomie den rechtlichen Rahmen zu geben.

Soweit staatliche Regelungen ergangen sind, gehen diese betrieblichen Regelungen vor. Betriebsvereinbarungen, die gegen staatliches Recht verstoßen, sind rechtswidrig.[113]

2. Betriebliche Regelung und „Richterrecht"

Wie dargelegt hat der Staat bisher von seiner Gesetzgebungskompetenz keinen Gebrauch gemacht.[114] Mangels gesetzlicher Regelungen ist das Arbeitskampfrecht hauptsächlich durch „Richterrecht" ausgestaltet worden.

Das BAG hat im Gegensatz zu der oben zitierten Rechtsprechung zur Frage des Richterrechts[115] im Rahmen seiner Rechtsprechung zu Gratifikationsrückzahlungsklauseln die Auffassung vertreten, dass Richterrecht als stellvertretendem Gesetzesrecht die gleiche Stellung wie Gesetzesrecht zukomme.[116]

---

[109] Siehe oben unter § 8 I.
[110] Genau genommen geht es hierbei um die Frage höherrangigen Rechts.
[111] Vgl. oben unter § 6 II.
[112] Vgl. die ausführliche Darstellung bei *Veit*, Funktionelle Zuständigkeit, S. 140 ff.
[113] Es ist aber das Günstigkeitsprinzip zu beachten.
[114] Siehe oben unter 6 II.
[115] Siehe oben unter § 6 IV. 1.
[116] BAG, Urteil vom 16.11.1967 – 5 AZR 157/67, AP Nr. 63 zu § 611 BGB Gratifikation; BAG, Urteil vom 17.10.1968 – 5 AZR 281/67, AP Nr. 66 zu § 611 BGB Gratifikation; BAG, Urteil vom 09.10.1969 – 5 AZR 48/69, AP Nr. 68 zu § 611 BGB Gratifikation; *Richardi*, BetrVG § 77 Rn. 86; *F/K/H/E*, BetrVG, § 77 Rn. 48; *Dietz/Richardi*, BetrVG, § 77 Rn. 86; *Galpe-*

Nach dieser Rechtsprechung dürfen Betriebsvereinbarungen nicht von Rechtsgrundsätzen abweichen, die durch Richterrecht zwingend gestaltet worden sind. Dies gelte auch für tarifdispositives Richterrecht, etwa bei den Gratifikationsrückzahlungsklauseln.[117]

Dieser Ansicht ist entgegengehalten worden, dass sie schwer zu begründen sei, da die Grundsätze über das tarifdispositive Richterrecht lediglich eine ständige Rechtsprechung ohne normative Kraft darstellten.[118] Aufgrund des Prinzips der Gewaltenteilung dürfe die Rechtsprechung kein Recht setzen, sondern müssen dieses anwenden.

Zu der hier untersuchten der Frage der Zulässigkeit von Betriebsvereinbarungen mit Auswirkungen auf den Arbeitskampf hat das BAG jedoch bisher keine zwingend geltenden Grundsätze aufgestellt. Die wesentlichen bisher vorgenommenen Ausführungen des BAG sind jeweils in einem obiter dictum vorgenommen worden. Sie gehören daher nicht zu den tragenden Urteilsgründen und entfalten für die Zukunft keine Bindungswirkung.[119]

3. Betriebliche und tarifliche Regelung

a. Konkurrierende Zuständigkeit

Eine konkurrierende Zuständigkeit gibt es bei Regelungen der Betriebsparteien und der Tarifparteien. Die Aufgabe der Betriebsparteien, insbesondere die sozialen, personellen und wirtschaftlichen Angelegenheiten zu ordnen, liegt auch innerhalb des den Tarifparteien überlassenen Aufgabenbereichs der Wahrung und Förderung der Arbeits- und Wirtschaftsbedingungen. Im Bereich der durch Art. 9 Abs. 3 GG gewährleisteten Tarifautonomie ist es auch Sache der Koalitionen, für die Wahrung und Förderung der Arbeits- und Wirtschaftbedingungen einzutreten.

---

rin/Löwisch, BetrVG, § 77 Rn. 56; *H/S/G-Hess*, BetrVG, § 77 Rn. 54; GK-*Kreutz*, BetrVG, § 77 Rn. 256 m.w.N.

[117] *Dietz/Richardi*, BetrVG, § 77 Rn. 86; *Galperin/Löwisch*, BetrVG, § 77 Rn. 56; bereits kritisch GK-*Kreutz*, BetrVG, § 77 Rn. 256. Das BAG hat hinsichtlich Gratifikationen die Auffassung vertreten, dass die von ihm entwickelten Grundsätze für die Vereinbarung einer Rückzahlungsklausel bei Gewährung einer Gratifikation zwar tarifdispositiv seien, dagegen aber uneingeschränkte Anwendung finden, wenn die Gratifikationszahlung auf einer Betriebsvereinbarung beruhe. Demzufolge soll eine Betriebsvereinbarung keine Rückzahlungsklauseln für Gratifikationen festlegen können, die den von der Rechtsprechung aufgestellten Grundsätzen widersprechen.

[118] Vgl. *v. Hoyningen-Huene*, Betriebsverfassungsrecht, § 11 III. 5. b., S. 218; kritisch zu der Rspr. über tarifdispositives Richterrecht: *Lieb*, RdA 1972, 129 ff.; *Lieb/Westhoff*, DB 1973, 69 ff.; *Preis*, ZfA 1972, 271 ff.; *Thiele*, FS für Larenz, 1043 ff.; *Richardi*, Gedächtnisschrift für Dietz, S. 269 ff., 275 ff.; *Canaris*, Gedächtnisschrift für *Dietz*, S. 199 ff., insbes. 203 ff.

[119] Vgl. näher *Hergenröder*, Rechtsfortbildung, S. 49 f.

Das Gesetz sucht hier Kollisionen zu verhindern, indem es einer der beiden Regelungsinstanzen, den Tarifparteien, den Vorrang einräumt. Dies geschieht durch die §§ 77 Abs. 3 S. 1 und 87 Abs. 1 Einleitungssatz BetrVG. Dabei ist die genaue Auslegung dieser Vorschriften, deren Reichweite und ihr Verhältnis zueinander umstritten. Während insbesondere nach der Ansicht des BAG der Tarifvorbehalt in § 87 Abs. 1 Eingangssatz BetrVG als speziellere Norm dem § 77 Abs. 3 BetrVG vorgehen soll (sog. „Vorrangtheorie")[120], kommen nach der vom überwiegenden Schrifttum vertretenen Auffassung beide Schranken nebeneinander zur Anwendung (sog. „Zwei-Schranken-Theorie").[121]

b. § 77 Abs. 3 Satz 1 BetrVG

Nach § 77 Abs. 3 S. 1 BetrVG können Arbeitsentgelte und Arbeitsbedingungen,[122] die durch Tarifvertrag geregelt sind oder üblicherweise geregelt werden, nicht Gegenstand einer Betriebsvereinbarung sein. In diesem Rahmen besteht somit eine Regelungssperre für die Betriebspartner zugunsten der Tarifvertragsparteien (Tarifvorrang).[123] Die Vorrangkompetenz ist in der durch Art. 9 Abs. 3 GG abgesicherten Tarifautonomie begründet. Sie soll verhindern, dass Betriebsvereinbarungen Tarifregelungen unterlaufen oder als „Ersatzta-

[120] Danach soll § 77 Abs. 3 BetrVG im Rahmen des § 87 Abs. 1 BetrVG nicht zur Anwendung kommen. Hiernach entfällt das Mitbestimmungsrecht also nur dann, wenn ein Tarifvertrag im Sinne des Eingangssatzes des § 87 BetrVG „besteht". Vgl. BAG, Beschluss vom 24. 02. 1987 - 1 ABR 18/85, AP Nr. 21 zu § 77 BetrVG 1972; BAG, Beschluss vom 24.11.1987 – 1 ABR 25/86, AP Nr. 6 zu § 87 BetrVG 1972 Auszahlung; BAG GS Beschluss vom 3.12.1991 – GS 2/90, AP Nr. 51 zu § 87 BetrVG 1972 Lohngestaltung; BAG, Beschluss vom 20.08.1991 – 1 ABR 85/90, AP Nr. 2 zu § 77 BetrVG 1972 Tarifvorbehalt; BAG, Beschluss vom 22.06.1993 - 1 ABR 62/92, AP Nr. 22 zu § 23 BetrVG 1972; vgl. auch *Däubler*, Tarifvertragsrecht, Rn. 227; *D/K/K-Berg*, BetrVG, § 77 Rn. 66; *Farthmann*, RdA 1974, 65, 71; *Reuter*, SAE 1976, 15, 17 f.; *Gast*, BB 1987, 1249 ff.; *Ehmann/Schmidt*, NZA 1995, 193, 197 ff.; *v. Hoyningen-Huene/Meier-Kreuz*, NZA 1987, 793, 797 ff.; *Molkenbuhr*, Betriebsvereinbarung, S. 24.

[121] Nach der sog. *„Zwei-Schranken-Theorie"* (so die Formulierung von *Säcker*, ZfA 1972, Sonderheft S. 65) soll der Tarifvorrang des § 77 Abs. 3 BetrVG auch im Bereich des § 87 Abs. 1 BetrVG gelten. Beide Schranken kommen hiernach nebeneinander zur Anwendung. Die Mitbestimmungsrechte des Betriebsrats gemäss § 87 BetrVG könnten danach im Bereich des § 77 Abs. 3 BetrVG nicht durch Betriebsvereinbarungen ausgeübt werden. Vgl. *Dietz/Richardi*, BetrVG, § 77 Rn. 224, 231 ff.; GK-*Kreutz*, BetrVG, § 77 Rn. 116 ff. m.w.N.; *Galperin/Löwisch*, BetrVG, § 77 Rn. 75 ff.; *H/S/G-Hess*, BetrVG, § 77 Rn. 136; *Hanau*, RdA 1973, 281,284; *Haug*, BB 86, 1921, 1925; *Hromadka*, DB 1987, 1991, 1994; *Wank*, RdA 1991, 129 ff; *Lieb*, NZA 1994, 337, 341; *Wurth*, Mitbestimmung, S. 134; vgl. auch LAG Hamm, Urteil vom 07.01.1988 – 10 Sa 1016/87, LAGE § 77 BetrVG 1972 Nr. 3.

[122] Vgl. zu den Begriffen im Einzelnen *Wurth*, Mitbestimmung, S. 135 ff.

[123] Zur Anwendbarkeit des § 77 Abs. 3 S. 1 BetrVG auf formlose Regelungsabreden vgl. *Schipprowski*, Regelungsabrede, S. 267 ff.

rifvertrag“ für nichtorganisierte Arbeitnehmer wirken können.[124] Den Sozialpartnern soll ein unbedingter Vorrang im Bereich der materiellen Arbeitsbedingungen verschafft werden. Gleichzeitig sollen Unruhe und Spannungen zwischen den Belegschaften und den Arbeitgebern über Fragen der materiellen Arbeitsbedingungen vermieden werden.[125] Eine unter Verstoß gegen diese Kompetenzregel geschlossene Betriebsvereinbarung ist unwirksam. Dies gilt auch für freiwillige Betriebsvereinbarungen, sowie selbst für Betriebsvereinbarungen, die den Inhalt von Tarifvereinbarungen lediglich übernehmen.[126]

Eine Ausnahme vom Tarifvorrang gilt dann, wenn ein Tarifvertrag den Abschluss ergänzender Betriebsvereinbarungen durch eine Tariföffnungsklausel ausdrücklich zulässt.[127] In diesem Bereich ist aber fraglich, ob es Grenzen einer solchen „Delegierung“ von tariflicher Nutzungsmacht gibt und ob der Tarifvertrag den Betriebsparteien Rechte einräumen kann, die ihnen gesetzlich nicht zustehen.[128] Auch bei sog. Abschlussnormen eines Tarifvertrags, die sich auf die Begründung des Arbeitsverhältnisses beziehen, sowie bei betrieblichen und betriebsverfassungsrechtlichen Normen besteht kein Vorrang des Tarifvertrags und der Tarifüblichkeit nach § 77 Abs. 3 BetrVG.[129] Im übrigen ist die Sperrwirkung von Tarifregelungen nur gegeben, wenn es sich um abschließende und zwingende Tarifregelungen handelt. Dagegen darf von dispositiven Tarifnormen durch Betriebsvereinbarungen abgewichen werden.[130] Unvollständige Tarifvereinbarungen können ergänzt werden.[131]

c. § 87 Abs. 1 Einleitungssatz BetrVG

Die weitere Norm, die das Verhältnis der Regelungen von Tarifparteien und Betriebsparteien regelt, ist § 87 Abs. 1 BetrVG Einleitungssatz. Nach dieser Vorschrift wird das erzwingbare Mitbestimmungsrecht des Betriebsrats in bestimmten sozialen Angelegenheiten eingeschränkt, soweit eine gesetzliche oder tarifliche Regelung besteht. Nach dieser Vorschrift hat der Betriebsrat in den in dieser Norm aufgezählten Angelegenheiten mitzubestimmen, „soweit

---

[124] BAG GS, Beschluss vom 3.12.1991 - GS 2/90, AP Nr. 51 zu § 87 BetrVG 1972, Lohngestaltung; BAG, Beschluss vom 22.06.1993 - 1 ABR 62/92, AP Nr. 22 zu § 23 BetrVG 1972.

[125] *Galperin/Löwisch*, BetrVG, § 77 Rn. 73 m.w.N.

[126] So die überwiegende Ansicht, vgl. nur *F/K/H/E*, BetrVG § 77 Rn. 87 m.w.N. Neuerdings hat der Gesetzgeber in besonderen Bereichen die Bezugnahme auf den Tarifvertrag durch Betriebsvereinbarungen gestattet: Vgl. § 7 Abs. 3 S. 1 AZG, § 21 a Abs. 2 JArbSchG.

[127] Vgl. § 77 Abs. 3 Satz 2 BetrVG.

[128] Vgl. *Däubler*, Tarifvertragsrecht, Rn. 241 ff.

[129] Vgl. nur *F/K/H/E*, BetrVG, § 77 Rn. 65.

[130] BAG, Urteil vom 24.03.1992 – 1 AZR 133/91, BB 1992, 2074; vgl. auch *F/K/H/E*, § 87 BetrVG Rn. 46 m.w.N.

[131] Siehe vorherige Fn.

eine gesetzliche oder tarifliche Regelung nicht besteht". Hintergrund ist der Sinn der Mitbestimmungsrechte des § 87 Abs. 1 BetrVG: Diese sollen individualrechtliche Gestaltungsmöglichkeiten des Arbeitgebers (Vertrag, Direktionsrecht) zurückdrängen. Soweit ein Tarifvertrag eine Angelegenheit im Sinne des § 87 Abs. 1 BetrVG Einleitungssatz eindeutig regelt, ist ein weiterer Schutz durch erzwingbare Mitbestimmung als nicht nötig erachtet worden.[132] Der Tarifvorbehalt im Einleitungssatz des § 87 BetrVG betrifft dabei nur das erzwingbare Mitbestimmungsrecht des Betriebsrats. Freiwillige Betriebsvereinbarungen bleiben dagegen zulässig, soweit nicht § 77 Abs. 3 BetrVG entgegen steht.[133] Diese dürfen aber gegenüber dem Tarifvertrag nach dem hier anwendbaren § 4 Abs. 3 TVG nur für die Arbeitnehmer günstigere Bestimmungen enthalten, ungünstigere allenfalls, wenn der Tarifvertrag dies ausdrücklich gestattet.[134]

d. Folgerungen

Falls die Vorrangtheorie und damit nur die Sperre des § 87 Abs. 1 BetrVG Einleitungssatz anzuwenden ist, wird nur das erzwingbare Mitbestimmungsrecht, nicht aber die Möglichkeit freiwilliger Regelungen durch Betriebsvereinbarung beseitigt. Umgekehrt wäre bei Anwendung der Zwei-Schranken-Theorie eine Regelung per Betriebsvereinbarung, nicht aber z.B. per Regelungsabrede ausgeschlossen.[135]

Sowohl aus § 77 Abs. 3 BetrVG als aus § 87 Abs. 1 Einleitungssatz BetrVG ergibt sich aber, dass erst eine vorhandene bzw. übliche Tarifnorm der Regelung durch Betriebsvereinbarung vorgeht. Für den Fall, dass tarifliche Normen bestehen oder diese üblich sind, haben die Betriebsparteien sie im Rahmen der §§ 77 Abs. 3 bzw. 87 Abs. 1 Einleitungssatz BetrVG zu beachten.[136] Hierdurch wird zwar ein Vorrang der tariflichen Regelung begründet, aber kein genereller Vorbehalt. Ein Sperreffekt der puren Tarifzuständigkeit müsste als Ausnahme besonders begründet werden. Eine solcher ist jedoch nicht ersichtlich. Der Tarifautonomie kommt damit keine Sperrwirkung a priori zu.[137] Somit sind die Betriebsparteien nicht grundsätzlich und umfassend von der Verein-

---

132 Vgl. *F/K/H/E*, § 87 BetrVG Rn. 47.
133 Vgl. nur *F/K/H/E*, BetrVG, § 87 BetrVG Rn. 39 m.w.N.; *H/S/G-Glaubitz*, BetrVG, § 87 Rn. 61 m.w.N.; auch *Konzen*, BB 1977, 1307, 1309 f.
134 BAG, Urteil vom 17.10.1962 – 4 AZR 321/61, AP Nr. 16 zu § 611 BGB Akkordlohn mit Anm. *Gaul*; *F/K/H/E*, BetrVG, § 87 BetrVG Rn. 39 m.w.N.
135 So die überwiegende Auffassung, vgl. beispielsweise *Wurth*, Mitbestimmung, S. 244; F/K/H/E, BetrVG, § 77 Rn. 90 m.w.N.: Durch § 77 Abs. 3 BetrVG solle lediglich eine weitere kollektive Normenordnung verhindert werden.
136 Mit der Ausnahme im Fall einer Öffnungsklausel, § 77 Abs. 3 S. 2 BetrVG; Vgl. auch § 4 Abs. 3 TVG.
137 Vgl. auch *Gast*, Tarifautonomie, S. 5.

barung von Regelungen mit Arbeitskampfbezug ausgeschlossen. Die Sperrwirkung tritt vielmehr nur ein, wenn die Voraussetzungen der § 77 Abs. 3 bzw. § 87 Abs. 1 Einleitungssatz BetrVG erfüllt sind.

4. Betriebliche Regelung und Privatautonomie

Auch die Regelungsbereiche der Arbeitsvertragsparteien und der Betriebsparteien können sich überschneiden.[138] In Bezug auf die hier untersuchte Fragestellung gilt dies beispielsweise für die Regelung der Lohngestaltung[139] oder die Regelung der Arbeitszeit[140]. In diesen Materien kommt sowohl den Arbeitsvertragsparteien als auch den Betriebsparteien eine sachliche Regelungszuständigkeit zu.

Dabei folgt aus § 77 Abs. 4 S. 1 BetrVG, dass eine Betriebsvereinbarung unmittelbar und zwingend wirkt. Demnach kommen kollidierende einzelvertragliche Regelungen grundsätzlich nicht zum Zuge. Voraussetzung für eine mögliche Kollision ist aber, dass überhaupt zwei miteinander konkurrierende Regelungen zu dem betreffenden Gegenstand bestehen. Hierzu kommt man nicht, wenn man die Regelungsbefugnis aufgrund eines kollektivfreien Individualbereichs schon sachlich einschränken will.[141] Geht man davon aus, dass betriebliches und privatautonomes Handeln nebeneinander stehen,[142] ist eine Kollision möglich. Es bleibt den Arbeitsvertragsparteien dann überlassen, gegenüber den geltenden betrieblichen Regelungen abweichende, für den Arbeitnehmer günstigere Abmachungen zu vereinbaren. Wie Tarifverträge sind Betriebsvereinbarungen nur in einer Richtung zwingend. Es gilt das Günstigkeitsprinzip.[143]

Unabhängig davon, welcher Auffassung man den Vorzug gibt, ergibt sich hieraus kein umfassender Ausschluss des Betriebsrats zur Regelung des Arbeitskampfes.

---

[138] Vielfach besteht für Fragen, die der einzelvertraglichen Gestaltung unterliegen, auch ein Mitwirkungsrecht des Betriebrats. Die Mitwirkungsrechte des Betriebsrats können dabei durch den Abschluss von Betriebsvereinbarungen ausgeübt werden. Vgl. insbesondere im Bereich der Mitbestimmung diejenigen in sozialen Angelegenheiten. Siehe nur die Darstellung und die Nachweise bei *H/S/G-Glaubitz*, BetrVG, § 87 Rn. 74 ff.

[139] Wie bei Anwesenheitsprämien.

[140] Wie bei Gleitzeitvereinbarungen.

[141] Wie dargelegt wird teilweise ein Ausschluss schon der sachlichen Zuständigkeit der Betriebsparteien angenommen, siehe oben unter § 8 III. 3. a. dd.

[142] So *Waltermann*, Rechtsetzung, S. 235.

[143] Vgl. nur *MünchArbR-Richardi*, Bd. 1, § 12 Rn. 31 f.; *v. Hoyningen-Huene*, Betriebsverfassungsrecht, § 11 III. 5., S. 211 f.; *Schipprowski*, Regelungsabrede, S. 269 ff.; *Molkenbur*, Betriebsvereinbarung, S. 32 f.

V. Ergebnis

Für die Regelung der Arbeitsbedingungen bestehen grundsätzlich mehrere Zuständigkeiten. Keine der konkurrierenden Zuständigkeiten bewirkt aber einen generellen und umfassenden Ausschluss für betriebliche Regelungen. Betriebliche Regelungen sind nur bei Vorliegen bestimmter Voraussetzungen ausgeschlossen. So haben tarifliche Regelungen unter gewissen Voraussetzungen Vorrang vor betrieblichen Regelungen. Es besteht jedoch keine Sperrwirkung a priori. Auch Individualvereinbarungen können unter bestimmten Voraussetzungen Vorrang vor betrieblichen Regelungen haben. Auch hierdurch wird die Zuständigkeit der Betriebsparteien aber nicht grundsätzlich und umfassend ausgeschlossen.

Den Betriebsparteien kommt somit grundsätzlich eine Zuständigkeit zum Abschluss von Betriebsvereinbarungen mit Arbeitskampfbezug zu. Dabei kommen sowohl schuldrechtliche als auch normative Regelungen in Betracht.

§ 9 Grenzen der betrieblichen Regelungs- und Rechtsetzungsbefugnis und Vorrang höherrangigen Rechts

Ist bei der Untersuchung der grundsätzlichen Reichweite der Regelungs- und Rechtsetzungsbefugnis der Betriebsparteien geklärt, dass hieraus kein genereller und umfassender Ausschluss der Betriebsparteien zur Regelung der Sondersituation des Arbeitskampfes folgt, stellt sich die Frage, ob sich aus den Grenzen der betrieblichen Regelungsbefugnis etwas anderes ergibt. Die Befugnis der Betriebspartner, durch Betriebsvereinbarungen das Arbeitsverhältnis sowie betriebliche und betriebsverfassungsrechtliche Fragen zu regeln, besteht nicht unbegrenzt. Die Qualifizierung und Zuordnung der Grenzen ist bisher aber in sehr unterschiedlicher Weise vorgenommen worden. Es hat sich keine klare Linie für die Behandlung der Grenzen durchgesetzt.[1]

I. Verfassungsrechtliche Grenzen

Die Betriebsparteien haben bei der autonomen Rechtsetzung staatliches Recht als höherrangig zu beachten. Dies ergibt sich bereits aus der Normenhierarchie. Dazu gehört als höchste Quelle die Verfassung.

1. Vorbehalt des Gesetzes

Vereinzelt wird in diesem Zusammenhang auf den Vorbehalt des Gesetzes[2] verwiesen, welcher der Regelungsbefugnis der Betriebspartner Grenzen setze.[3] Da Betriebsvereinbarungen aufgrund der gesetzlichen Regelung in § 77 Abs. 4 S. 1 BetrVG unmittelbar und zwingend gelten, sie also Gesetze im materiellen Sinn seien, sei hier der Vorbehalt des Gesetzes als Vorbehalt der Entscheidung „wesentlicher" Fragen durch den Parlamentsgesetzgeber in dem dafür vorgesehenen Gesetzgebungsverfahren zu beachten. Es sei daher mit dem Vorbehalt des Gesetzes ein formeller Aspekt zu beachten, der im Einzelfall zur Rechtswidrigkeit belastender Betriebsvereinbarungen führen könne,

---

[1] Vor allem *Waltermann*, Rechtsetzung, S. 256 ff. weist darauf hin, dass zwischen den Fragen der Grenzen der Regelungsbefugnis und der Frage der Rangordnung von Rechtsquellen zu differenzieren sei. Ferner kritisiert *Waltermann* (Rechtsetzung, S. 53 f.) die mangelnde Systematisierung und Vermischung von „Grenzen" der Betriebsautonomie oder der Regelungszuständigkeit der Betriebsparteien und Fragen der Rangordnung von Rechtsquellen. Im Laufe seiner Untersuchung führt aber auch *Waltermann* (Rechtsetzung, S. 242) aus, dass sich Grenzen der Normsetzungsbefugnis der Betriebsparteien aus der Bindung an höherrangiges Recht ergeben.

[2] Vgl. hierzu bereits oben unter § 6 IV.

[3] Vgl. *Belling*, Anm. zu BAG, Urteil vom 20.11.1987 – 2 AZR 284/86, EzA Nr. 1 zu § 620 BGB Altersgrenze, Bl. 27; *Papier*, RdA 1989, 137, 142; *Waltermann*, RdA 1990, 138, 142 ff.; *ders.*, NZA 1993, 679, 683, *ders.*, Rechtsetzung, S. 30, 148; vgl. auch *Aksu*, Regelungsbefugnis, S. 120 ff.

wenn es an einer hinreichenden Determination durch ein Parlamentsgesetz fehle.

Wie dargelegt hat das BVerfG jedoch klargestellt, dass die Wesentlichkeitslehre für die hier in Frage stehende Regelung des Arbeitskampfes nicht einschlägig ist.[4] Dieser Ansicht ist zu folgen, da es beim Arbeitskampfrecht nicht um staatliche Eingriffe in grundrechtliche Freiheitssphären geht. Es bedarf daher nicht zwingend einer gesetzlichen Regelung. Der Vorbehalt des Gesetzes stellt somit keine Grenze für Betriebsvereinbarungen mit Arbeitskampfbezug dar.

2. Grundrechtsbindung

Ferner wird seit langem die Frage der Grundrechtsbindung der kollektivvertraglichen Normensetzung durch Tarifvertrag und Betriebsvereinbarung diskutiert.[5] Seit sich das BVerfG für eine mittelbare Grundrechtswirkung ausgesprochen hat,[6] geht auch das BAG bisher in ständiger Rechtssprechung[7] sowie die überwiegende Ansicht im arbeitsrechtlichen Schrifttum[8] von einer mittelbaren und keiner unmittelbaren Grundrechtswirkung aus.[9]

Die Grundrechte sind Abwehrrechte gegen den Staat. Der Abschluss von Betriebsvereinbarungen gehört dagegen dem privaten Recht an.[10] Auf Privatrechtsverhältnisse wirken Grundrechte jedoch nur mittelbar ein: Sie sind in ihrer Funktion als wertentscheidende Grundsatznormen Grundelemente der objektiven Ordnung des Gemeinwesens.[11] Die Grundrechte sind als Grundelemente der objektiven Ordnung des Gemeinwesens in jedem Einzelfall für die

---

[4] Siehe oben unter § 6 IV. 2. Vgl. auch BVerfG, Beschluss vom 26.06.1991 – 1 BvR 779/85, E 84, 212, 225 = AP Nr. 117 zu Art. 9 GG Arbeitskampf; BVerfG, Beschluss vom 02.03.1993 – 1 BvR 1213/85, E 88, 103, 116 = AP Nr. 126 zu Art. 9 GG Arbeitskampf.

[5] Zur Diskussion und zu Einzelheiten statt aller näheren Ausführungen *Waltermann*, RdA 1990, 138 ff. mit weiteren Angaben.

[6] BVerfG, Beschluss vom 23.04.1986 – 2 BvR 487/80, E 73, 261, 268 ff.

[7] Siehe BAG GS, Beschluss vom 27.02.1995 –GS 1/84-, BAG, E 48, 122, 134 ff. = AP Nr. 14 zu § 611 Beschäftigungspflicht BAG, Beschluss vom 27.05.1986 –1 ABR 48/84-, BAG, E 52, 88, 97 f. = AP Nr. 15 zu § 87 BetrVG Überwachung.

[8] Vgl. nur GK-*Kreutz*, BetrVG, § 77 Rn. 253 m.w.N.; a.A. jedoch *Waltermann*, RdA 1990, 138, 140 ff; *Däubler*, AuR 1984, 1, 6 f.

[9] Neuerdings haben das BVerfG und danach auch das BAG die Bindung der *Tarif*parteien an Art. 3 Abs. 1 GG und den daraus abzuleitenden allgemeinen Gleichheitssatz jedoch ausdrücklich dahinstehen lassen: BVerfG, Beschluss vom 21.05.1999 – 1 BvR 726/98, NZA 1999, S. 878 ff. und BAG, Urteil vom 05.10.1999 - 4 AZR 668/98, NZA 2000, S. 1302 ff.

[10] So die überwiegende Auffassung: vgl. *v. Hoyningen-Huene*, Betriebsverfassungsrecht, § 11 III. 1., S. 210 ff.; *D/K/K-Berg*, BetrVG, § 77 BetrVG, Rn. 8 m.w.N.

[11] BVerfG, Urteil vom 15.01.1958 – 1 BvR 400/51, E 7, 198, 204 f.; *Hesse*, Grundzüge, § 9 II. 3.

Interpretation unbestimmter Rechtsbegriffe oder Generalklauseln maßgeblich.[12]

Für die Rechtsnorm- und Regelsetzung durch Betriebsvereinbarungen bedeutet dies, dass für sie eine mittelbare (Ausstrahlungs-) Wirkung der Grundrechte besteht. Dabei wird in der Regel § 75 BetrVG als „Einfalltor" für grundrechtliche Wertungen gesehen.[13] Die Betriebsparteien müssen die in § 75 BetrVG genannten Grundsätze beachten, wie insbesondere den Gleichbehandlungsgrundsatz sowie die über diese Vorschriften transponierte Verpflichtung zur Beachtung der grundrechtlichen Wertentscheidungen.[14]

3. Verfassungsrechtliche Werteentscheidungen

Betriebsvereinbarungen dürfen nicht gegen höherrangiges, zwingendes staatliches Recht verstoßen.[15] Zum höherrangigen, zwingenden staatlichen Recht zählen auch verfassungsmäßige Vorgaben. Zu beachten sind wesentliche verfassungsrechtliche Werteentscheidungen.[16]

Wie dargelegt, ist der Arbeitskampf als Institut sowie dessen wesentliche Prinzipien durch Art. 9 Abs. 3 GG verfassungsrechtlich gewährleistet.[17] Die Betriebsparteien müssen daher die für das Funktionieren einer Arbeitskampfordnung wesentlichen Elemente beachten. Diese können durch Vereinbarungen der Betriebspartner nicht umgangen werden.[18]

II. Vorrang (einfachen) Gesetzesrechts

Betriebsvereinbarungen dürfen nicht gegen höherrangiges, zwingendes staatliches Recht verstoßen.

---

[12] Sog. Ausstrahlungswirkung oder mittelbare Drittwirkung der Grundrechte. Siehe BVerfG, Urteil vom 15.01.1958 – 1 BvR 400/51, E 7, 198, 205 ff.; BVerfG, Beschluss vom 23.04.1986 – 2 BvR 487/80, E 73, 261, 269; *Hesse*, Grundzüge, § 11 II. 2.

[13] Vgl. z.B. *Löwisch*, AuR 1972, 359, 360; GK-*Kreutz*, BetrVG, § 77 Rn. 253 m.w.N.

[14] GK-*Kreutz*, BetrVG, § 77 Rn. 253; *D/K/K-Berg*, BetrVG, § 77 Rn. 9 m.w.N.; *F/K/H/E*, BetrVG, § 77 Rn. 48.

[15] Allg. Ansicht: vgl. nur *v. Hoyningen-Huene*, Betriebsverfassungsrecht, § 11 5. b, S. 218; *Richardi*, BetrVG, § 77 Rn. 85; *F/K/H/E*, BetrVG, § 77 Rn. 48; BAG vom 17.01.1974 – 5 AZR 380/73, DB 1974, 783 f.

[16] *F/K/H/E*, BetrVG, § 77 Rn. 48.

[17] Siehe unter § 6 I. 1. a., b. Nicht vom Schutzbereich des Art. 9 Abs. 3 GG umfasst ist dagegen die konkrete rechtliche Ausprägung der Arbeitskämpfe. Es ist somit zulässig, die Rechtmäßigkeitsvoraussetzungen von Arbeitskämpfen zu bestimmen, auszugestalten oder fortzubilden.

[18] Vgl. *F/K/H/E*, BetrVG, § 77 Rn. 48; *Löwisch-Löwisch/Rieble*, Arbeitskampf- und Schlichtungsrecht, 170.1, Rn. 127; *Brox/Rüthers-Rüthers*, Rn. 283 hinsichtlich tariflicher Vereinbarungen.

Bei der Grenzziehung des zulässigen Inhalts von Betriebsvereinbarungen aufgrund höherrangigen Rechts ist aber zu bedenken, dass grundsätzlich das durch staatliche Regelungen gestaltete Arbeitsrecht nur zuungunsten der Arbeitnehmer einseitig zwingend ist. Günstigere Regelungen sind dagegen zulässig, solange nicht grundsätzliche Werteentscheidungen beeinträchtigt werden.[19]

Keine unmittelbare Schranke setzt das dispositive Gesetzesrecht. Wenn aber eine Abweichung zum Nachteil der Arbeitnehmer nicht mit den wesentlichen Grundgedanken einer dispositiven Gesetzesregelung zu vereinbaren ist, kann darin eine unangemessene Benachteiligung liegen, so dass insoweit eine Betriebsvereinbarung dann doch unwirksam ist. Soweit gesetzliche Bestimmungen aber tarifdispositiv[20] sind, gilt dieses nicht für Betriebsvereinbarungen. Derartige gesetzliche Bestimmungen sind also nicht „betriebsvereinbarungsdispositiv".[21] Hier kommt aber die Möglichkeit in Betracht, dass der Tarifvertrag eine Öffnungsklausel zugunsten der Betriebsvereinbarungen enthält (vgl. § 77 Abs. 3 Satz 2 BetrVG).

Die Betriebsparteien haben damit gesetzliche Regelungen des Arbeitskampfrechts in dem vorgenannten Rahmen zu beachten. Wie dargelegt hat der Gesetzgeber von seiner Kompetenz, Regelungen für das Arbeitskampfrecht zu treffen, bisher nur in geringem Maße Gebrauch gemacht.[22] Die Grundsätze des Arbeitskampfes werden vielmehr im wesentlichen durch die Rechtsprechung des BAG aufgestellt.

Zu dem hier relevanten einfachen staatlichen höherrangigen Recht gehört auch das BetrVG. Die Betriebsparteien müssen daher die Vorgaben des BetrVG beachten. In Bezug auf Regelungen des Arbeitskampfrechts in Betriebsvereinbarungen sind insbesondere die Wertmaßstäbe der §§ 2 Abs. 1, 74 Abs. 1 und 2 sowie 75 Abs. 1 BetrVG hinsichtlich der Zusammenarbeit zwischen Arbeitgeber und Betriebsrat zu beachten. Deshalb kann beispielsweise eine Betriebsvereinbarung dem Arbeitgeber die Befugnis zur einseitigen Ge-

---

[19] *F/K/H/E*, BetrVG, § 77 Rn. 48. So sind z.B. §§ 134, 138 BGB sowie die zu § 242 BGB entwickelten Fallgruppen zwingender Natur: *v. Hoyningen-Huene*, BetrVG, § 11 5. b, S. 218. Das gleiche gilt für die Beachtung der in § 75 BetrVG genannten Grundsätze, insbesondere des Gleichbehandlungsgrundsatzes und der über diese Vorschriften transponierte Verpflichtung zur Beachtung der grundrechtlichen Wertentscheidungen: GK-*Kreutz*, BetrVG, § 77 Rn. 253; *D/K/K-Berg*, BetrVG, § 75 Rn. 10

[20] Vgl. z.B. § 616 Abs. 2; 622 Abs. 4 BGB; § 7 AZG; § 13 BUrlG; § 4 Abs. 4 EFZG.

[21] *H/S/G-Hess*, BetrVG, § 77 Rn. 54.

[22] Siehe unter § 6 II.

staltung mitbestimmungspflichtiger Angelegenheiten nur einräumen, solange die Substanz der Mitbestimmungsrechte unberührt bleibt.[23]

III. Vorrang von „Richterrecht"

Wie dargelegt hat das BAG hinsichtlich Gratifikationsrückzahlungsklauseln die Auffassung vertreten, dass die von ihm entwickelten Grundsätze für die Vereinbarung einer Rückzahlungsklausel bei Gewährung einer Gratifikation uneingeschränkte Anwendung finden, wenn die Gratifikationszahlung auf einer Betriebsvereinbarung beruhe.[24] Da das BAG aber bisher in seiner Rechtsprechung keine zwingend geltenden Grundsätze zur Zulässigkeit von Betriebsvereinbarungen über Arbeitskampfregeln aufgestellt hat,[25] kommt in diesem Zusammenhang ein Vorrang von zwingendem Richterrecht bereits deshalb nicht in Betracht.

IV. Tarifvorrang

Wie dargelegt, ergibt sich eine funktionelle Schranke aus § 77 Abs. 3 BetrVG bzw. § 87 Abs. 1 Einleitungssatz BetrVG.[26] Hiernach besteht eine Regelungssperre für die Betriebspartner zugunsten der Tarifvertragsparteien (Tarifvorrang). Die Betriebsvereinbarung tritt als schwächere Rechtsquelle gegenüber zwingendem Tarifrecht zurück (§ 2 Abs. 1 BetrVG, § 4 Abs. 1 TVG).[27] Insoweit wird auf die obigen Ausführungen verwiesen.[28]

Der Vorrang der Tarifnormen gemäß § 77 Abs. 3 BetrVG und § 87 Abs. 1 Einleitungssatz BetrVG gilt wie dargelegt nur unter bestimmten Voraussetzungen. Falls diese Voraussetzungen nicht vorliegen, müssen die Betriebsparteien etwaige tarifliche Regelungen nicht beachten. Im übrigen ist der Vorrang von Tarifregelungen nur gegeben, wenn es sich um abschließende und zwingende Tarifregelungen handelt. Dagegen darf von dispositiven Tarifnormen durch Betriebsvereinbarungen abgewichen werden. Unvollständige Tarifvereinbarungen können ergänzt werden.[29] Die Voraussetzungen und die Reichweite sind im Einzelnen umstritten.

---

[23] BAG, Urteil vom 26. 07. 1988 – 1 AZR 54/87, AP Nr. 6 zu § 87 BetrVG 1972 Provision; BAG, Beschluss vom 28. 04. 1992 – 1 ABR 68/91, AP Nr. 11 zu § 50 BetrVG 1972.

[24] Siehe oben § 8 IV. 2.; Vgl. auch BAG vom 16.11.1967; 17.10.1968; 09.10.1969; AP Nr. 63, 66 und 68 zu § 611 BGB Gratifikation; *Richardi*, BetrVG § 77 Rn. 86; FKHE, BetrVG, § 77 Rn. 48; *Dietz/Richardi*, § 77 Rn. 86; *Galperin/Löwisch*, BetrVG, § 77 Rn. 56; *H/S/G-Hess*, BetrVG, § 77 Rn. 54; GK-*Kreutz*, BetrVG, § 77 Rn. 256 m.w.N.

[25] Siehe oben unter § 6 IV. 1.

[26] Siehe unter § 8 IV. 3.

[27] Auch hier ist aber das Günstigkeitsprinzip zu beachten.

[28] Siehe unter § 8 IV. 3.

[29] BAG, Urteil vom 24.03.1992 – 1 AZR 133/91, BB 1992, 2074 f.

V. Kollektivfreier Individualbereich

Ferner wird wie dargelegt für den Arbeitnehmer gegenüber der betrieblichen Kollektivmacht eine kollektivfreie Individualsphäre bejaht.[30]

Als Ausprägung hiervon wird zum einen angenommen, dass in den besonders geschützten Persönlichkeitsbereich des einzelnen Arbeitnehmers nicht durch kollektive Regelungen eingegriffen werden dürfe.[31] Dies gilt beispielsweise für die Verwendung des verdienten Arbeitsentgeltes. Insoweit besteht eine Grenze für die Regelungsbefugnis der Betriebsparteien.

Zudem wird angeführt, es gebe einen Regelungsbereich, der den Arbeitsvertragsparteien vorbehalten sei.[32] Die systematische Behandlung – Einschränkung der betrieblichen Regelungsbefugnis oder Annahme eines Konkurrenzverhältnisses etwaiger bestehender Regelungen auf den beiden Ebenen - sowie der Umfang des Individualbereiches ist dabei umstritten.[33] Wie dargelegt wird in der Regel eine Auflösung durch das Günstigkeitsprinzip vorgenommen,[34] so dass für den Arbeitnehmer die für diesen günstigere Regelung zur Anwendung kommt.

VI. Kollektivbezug

Mitbestimmungspflichtig sind nach der herrschenden Auffassung grundsätzlich nur „Regelungen", dass heißt die abstrakt-generelle Ordnung mitbestimmungspflichtiger Angelegenheiten. Damit korrespondiert, dass dem Regelungsinstrument der Betriebsvereinbarung ebenso normative Wirkung zukommt (§ 77 Abs. 4 S. 1 BetrVG) wie dem Tarifvertrag (§ 4 Abs. 3 TVG).[35] Dementsprechend sind grundsätzlich nur solche Angelegenheiten mitbestimmungspflichtig, die einen Kollektivbezug aufweisen.[36] Daraus folgt nach dieser Ansicht die Mitbestimmungsfreiheit solcher Angelegenheiten, denen dieser Kollektivbezug fehlt.

Allerdings hat das BAG an das Vorliegen solcher, dann mitbestimmungsfreier Einzelfälle immer strengere Anforderungen gestellt: Eine mitbestimmungsfreie

[30] Siehe oben unter § 8 III. 3. a. dd. und unter § 8 IV. 4.
[31] Vgl. nur *v. Hoyningen-Huene*, BetrVG, § 11, III. 5. d., S. 212 f.
[32] Siehe oben § 8 IV. 4.
[33] Vgl. vorherige Fn.
[34] Vgl. im Einzelnen *v. Hoyningen-Huene*, Betriebsverfassungsrecht, § 11 III. 5. e., S. 214 ff.
[35] Vgl. BAG, Urteil vom 17.02.1992 – 10 AZR 448/91, NZA 1992, 999, 1001; *v. Hoyningen-Huene*, Betriebsverfassungsrecht, § 11 III 5. d., S. 213; vgl. auch *Hanau*, RdA 1989, 207 ff. sowie *Leinemann*, DB 1990, 732, 734 ff.
[36] Von wenigen, im Gesetz vorgesehenen Ausnahmefällen abgesehen: Etwa § 87 I Nr. 5, 2. Alt. BetrVG, § 87 Nr. 9 BetrVG.

Einzelregelung soll nur dann vorliegen, wenn es um die Gestaltung eines oder mehrerer bestimmter Arbeitsverhältnisse geht und wenn es um besondere, nur die einzelnen Arbeitnehmer betreffenden Umstände geht. Dagegen soll ein ausreichender Kollektivbezug selbst bei Betroffenheit nur einzelner oder weniger Arbeitnehmer dann noch zu bejahen sein, wenn es um Fragen geht, die sich wiederholt stellen können. [37]

Im Fall von Gleitzeitregelungen hat das BAG einen solchen Kollektivbezug angenommen.[38] Der Möglichkeit freiwilliger Betriebsvereinbarungen über die Auswahl der Erhaltungsarbeiter wird dagegen von einer Ansicht im Schrifttum entgegengehalten, es handle sich bei der Auswahlentscheidung nicht um eine abstrakt-generelle Regelung.[39] Dies sei aber Voraussetzung für die Normsetzungskompetenz der Betriebspartner. Dieser Ansicht ist jedoch nicht zuzustimmen. Das Erfordernis der abstrakt-generellen Regelung will die Regelung individueller Sachverhalte durch Betriebsvereinbarungen, also die Regelung einzelner Arbeitsverhältnisse aus individualbezogenen Gründen vermeiden.[40] Bei der Auswahl der Erhaltungsarbeiter handelt es sich aber nicht um derartige individuelle Sachverhalte.[41] Die Entscheidung über die Auswahl der Arbeitnehmer geht von den betrieblichen Erhaltungserfordernissen aus und weist den erforderlichen Tätigkeiten die hierfür geeigneten Arbeitnehmer zu. Die besonderen Umstände des einzelnen individuellen Arbeitsverhältnisses treten hierbei in den Hintergrund, falls sie überhaupt eine Rolle spielen.

VII. Ergebnis

Neben der Frage der grundsätzlichen Zuständigkeit der Betriebsparteien zur Regelung des Arbeitskampfes sind Grenzen zu beachten, welche die Betriebsparteien bei der Regelung einhalten müssen. Zudem haben die Betriebsparteien höherrangiges Recht zu beachten. Dabei sind zunächst die grundsätzlichen Werteentscheidungen des Arbeitskampfrechts zu beachten. Gleiches gilt für einfache zwingende Gesetze. Auch zwingende Tarifnormen haben unter bestimmten Voraussetzungen Vorrang vor betrieblichen Regelungen. Des Weiteren ist ein kollektivfreier Individualbereich zu beachten und ein Kollektivbezug der Regelung erforderlich.

---

[37] St. Rspr., vgl. nur BAG, Beschluss vom 27.11.1990 – 1 ABR 77/79, NZA 1991, 382 ff.; BAG, Beschluss vom 27.10.1992 – 1 ABR 17/92, NZA 1993, 561 ff.; dazu *H/S/G-Glaubitz*, BetrVG, § 87 Rn. 17 ff.; GK-*Wiese*, BetrVG, § 87 Rn. 15 ff.

[38] BAG, Beschluss vom 27.11.1990 – 1 ABR 77/79, NZA 1991, 382.

[39] Vgl. nur *Oetker*, Not- und Erhaltungsarbeiten S. 86.

[40] *Säcker*, ZfA Sonderheft 1972, S. 41, 61 f.; *F/K/H/E*, BetrVG, § 87 Rn. 11 ff.; *Hohenstatt*, Erhaltungsarbeiten, S. 158.

[41] So auch *Wiese*, NZA 1984, 378, 382.

Grundsätzlich gesehen sind Regelungen über den Arbeitskampf aber von der Regelungsbefugnis der Betriebsparteien umfasst. Die Betriebsparteien müssen bei der Regelung jedoch die vorgenannten Vorgaben und Grenzen beachten.

§ 10 Fazit

Das Arbeitskampfrecht ist nicht umfassend als zwingendes Recht ausgestaltet. Die wesentlichen Werteentscheidungen des Arbeitskampfes sind jedoch von allen Organen zwingend zu beachten.

Die Betriebsparteien sind nicht generell von der Recht- und Regelsetzung hinsichtlich des Arbeitskampfes ausgeschlossen. Dabei können betriebliche Regelungen über den Arbeitskampf die unterschiedlichsten Inhalte aufweisen. Als Kategorie sind einerseits Regelungen zu nennen, die sowohl für Zeiten ohne Bezug zum Arbeitskampf als auch für Zeiten des Arbeitskampfes gelten, und andererseits Regelungen, die nur für Zeiten des Arbeitskampfes gelten sollen. Die Betriebsparteien können dabei grundsätzlich sowohl schuldrechtliche als auch normative Regelungen treffen. Teilweise besteht für die Regelungen in Betriebsvereinbarungen mit Arbeitskampfbezug ein erzwingbares Mitbestimmungsrecht des Betriebrats. Jedenfalls fallen viele Regelungen über den Arbeitskampf aber unter den Betriff der sozialen Angelegenheiten im Sinne des § 88 BetrVG, so dass die Betriebsparteien hierüber zumindest eine freiwillige Betriebsvereinbarung treffen können.

Die Betriebsparteien haben bei der Vereinbarung von Regelungen mit Arbeitskampfbezug unter bestimmten Voraussetzungen den Vorrang der tariflichen Zuständigkeit zu beachten. Zudem haben sie bestimmte Grenzen einzuhalten. Sie dürfen nicht gegen höherrangiges Recht verstoßen. Zur Beurteilung der Einhaltung der Grenzen sowie der Vereinbarung der Regelung mit höherrangigem Recht kommt es auf die Umstände des Einzelfalls an. Keine dieser Regelungen entzieht den Betriebsparteien generell und umfassend die Regelungsbefugnis. Die Betriebsparteien haben damit grundsätzlich die Möglichkeit, Regelungen über den Arbeitskampf zu treffen.

3. Teil: Vorgaben für Betriebsvereinbarungen mit Arbeitskampfbezug aus dem Arbeitskampfrecht bzw. Koalitionsrecht

Wie dargelegt sind bei der Regelung des Arbeitskampfes durch Betriebsvereinbarungen die Grundprinzipien des Arbeitskampfrechts zu beachten.[1] Betriebsvereinbarungen dürfen nicht gegen diese Grundprinzipien verstoßen. Im Folgenden sind die wesentlichen Prinzipien des Arbeitskampfrechts zu erörtern sowie deren Beeinträchtigung durch den Abschluss von Betriebsvereinbarungen zu untersuchen.

Dabei ist vorab festzustellen, dass der Betriebsrat selbst keine Rechte aus Art. 9 Abs. 3 GG herleiten kann. Der Betriebsrat und dessen Mitglieder in dieser Eigenschaft sind keine Träger des Grundrechts aus Art. 9 Abs. 3 GG.[2] Die Betriebsverfassung ist kein Ausfluss der Koalitionsfreiheit.[3] Mögliche Parteien des Arbeitskampfes sind nur tariffähige Parteien, da der Arbeitskampf ein Hilfsinstrument für den Abschluss von Tarifverträgen ist. Tariffähige Parteien sind gemäß § 2 Abs. 1 und 3 TVG lediglich Gewerkschaften, einzelne Arbeitgeber sowie deren Organisationen. Der Betriebsrat kann sich somit nicht als Partei des Arbeitskampfes an diesem beteiligen. Er kann dem Arbeitgeber nicht als tariffähige Partei gegenüberstehen.[4]

§ 11 Der Grundsatz der Parität

Wie oben dargestellt wird die Frage der Zulässigkeit von Betriebsvereinbarungen mit Arbeitskampfbezug teilweise mit der Begründung abgelehnt, derartige Betriebsvereinbarungen verstießen gegen das Paritätsprinzip.[5]

---

[1] Vgl. oben unter § 6 I.

[2] Vgl. nur *Gamillscheg*, Kollektives Arbeitsrecht, Bd. 1, S. 180, 238, 245; BVerfG, Beschluss vom 26.05.1970 – 2 BvR 311/67, E 28, 314, 323 zum Personalrat.

[3] So würde etwa ein Gesetz, das Betriebsräte abschaffen und durch Gewerkschaftssektionen ersetzen würde, jedenfalls nicht gegen Art. 9 Abs. 3 GG verstoßen.

[4] *Germelmann*, Der Betriebsfrieden im Betriebsverfassungsrecht, 1972, S. 99; *Schaub*, Arbeitsrechtshandbuch, 8. Auflage, 1996, § 192 I. 3.; *Gamillscheg*, Kollektives Arbeitsrecht Bd. 1, § 6 IV 5; *Schulin*, Mitbestimmung, S. 191, 200 f; *Maunz/Dürig/Herzog-Scholz*, Bem. 306 Anm. 4 zu Art. 9 GG m.w.N. Nach *Hergenröder*, SAE, 1996, 323, 327, Anm. zu BAG, Beschluss vom 30.08.1994, 1 ABR 10/94, ist dies nur konsequent, setzt die Tarifautonomie doch das Bestehen von Kampf- und Verhandlungsparität zwischen den beteiligten Parteien voraus.

[5] Vgl. oben unter §§ 2 und 3.

I. Inhalt und Funktion des Paritätsprinzips

1. Problemstellung und Begrifflichkeiten

Zum Begriff der Parität lässt sich keine einheitliche Begründung und Inhaltsbestimmung feststellen. Der genaue Inhalt des Paritätsprinzips ist umstritten und wirft etliche Fragen auf. So gibt es insbesondere zu der Frage der Anwendung und der Konkretisierung des Prinzips eine Vielfalt von Meinungen. Teilweise wird die Geltung des Paritätsprinzips auch gänzlich abgelehnt. Es würde den Rahmen der vorliegenden Untersuchung sprengen, wollte man auf sämtliche ungeklärten Aspekte im Zusammenhang mit der Bestimmung des Paritätsprinzips eingehen. Um die hier untersuchte Frage der Beeinträchtigung der Parität durch Betriebsvereinbarungen überprüfen zu können, sind jedoch die Grundzüge des Paritätsprinzips festzulegen. Es ist daher auf die wichtigsten Fragen hinsichtlich des Paritätsprinzips einzugehen.

Nur angemerkt werden soll, dass auch die Begrifflichkeit bei der Behandlung der Parität uneinheitlich ist. Hier werden Begriffe wie „Waffengleichheit"[6], „Chancengleichheit"[7] und „gleichgewichtige Verhandlungschancen"[8] verwendet.

Zudem ist im Rahmen der Parität zwischen Verhandlungs- und Kampfparität zu unterscheiden.[9] Der Arbeitskampf ist nicht Selbstzweck, sondern dient der Durchsetzung von Regelungszielen in Vereinbarungen. Die Kampfparität hat die Aufgabe, die Verhandlungsparität zu gewährleisten.[10] Die neuere Rechtsprechung[11] stellt daher zu Recht den Gesichtpunkt der Herstellung möglichst gleicher „Verhandlungschancen" in den Vordergrund.

---

[6] BAG GS, Beschluss 28.01.1955 – GS 1/54, AP Nr. 1 zu Art. 9 GG Arbeitskampf, Bl. 2 = BAGE 1, 291, 308 f.; *Brox/Rüthers*, Arbeitskampfrecht, Rn. 166.

[7] Den Begriff „Chancengleichheit" verwendet das BAG in seiner Rechtsprechung.

[8] BAG, Urteil vom 10.06.1980 – 1 AZR 822/79, AP Nr. 64 zu Art. 9 GG Arbeitskampf Bl. 8 R.; BAG, Urteil vom 12.03.1985 – 1 AZR 636/82, AP Nr. 84 zu Art. 9 GG – Arbeitskampf, Bl. 3; *Seiter*, Arbeitskampfparität, S. 70.

[9] Die Begriffe Verhandlungs- und Kampfparität werden zu Unrecht häufig synonym verwendet.

[10] Vgl. *Rüthers*, JURA 1970, 102 ff.; *Seiter*, Streikrecht und Aussperrungsrecht, S. 159f.; *Krejci*, Aussperrung, S. 49; *Brox/Rüthers-Rüthers*, Arbeitskampfrecht, Rn. 13; *Kreßel*, NZA 1995, 1121, 1123 ff.; *Säcker*, Gruppenparität, S. 115.

[11] Besonders deutlich stellte das BAG die dienende Funktion des Arbeitskampfrechts im Hinblick auf die Tarifautonomie in seiner Entscheidung zur Unzulässigkeit des Sympathiestreiks heraus: Vgl. BAG, Urteil vom 05.03.1985 – 1 AZR 468/83, AP Nr. 85 zu Art. 9 GG – Arbeitskampf, Bl. 4/1 unter II. 3.b) der Gründe.

Als Grundlage für die Bewertung der Zulässigkeit von Betriebsvereinbarungen mit Arbeitskampfbezug soll daher auf die wesentlichen Ansätze mit Bezug auf das Paritätsprinzip eingegangen werden.

2. Anerkennung des Paritätsprinzips

Zunächst ist darauf einzugehen, ob der Grundsatz der Parität als wesentliches Prinzip des Arbeitskampfrechts anerkannt werden kann. Nur dann kann er als Vorgabe zur Überprüfung der Rechtmäßigkeit von Betriebsvereinbarungen herangezogen werden.

a. Vorherrschende Ansicht

In der heutigen Rechtsprechung des BAG und in weiten Teilen der Literatur bildet das Paritätsprinzip in der Ausformung der Verhandlungsparität den „obersten Grundsatz des Arbeitskampfrechts". Der Grundsatz der Parität wird als das tragende Element des Arbeitskampfrechts angesehen.[12] Insbesondere in der arbeitskampfrechtlichen Rechtsprechung des BAG ist der Paritätsgedanke der Dreh- und Angelpunkt.

Das Paritätsprinzip beruht auf einer weit zurückreichenden Rechtsprechungstradition, die ihre Grundlage in Art. 165 WRV hat.[13] Bis zur Leitentscheidung des Großen Senats des BAG 1971, der sog. zweiten Aussperrungsentscheidung,[14] hat die Rechtsprechung das Paritätsprinzip lediglich formal betrachtet.[15] Es stand somit die Zuerkennung (rechtlich) gleich wirkender Arbeitskampf"waffen" im Vordergrund der Paritätsbetrachtung.[16] In der zweiten Aussperrungsentscheidung gab der Große Senat des BAG dem Pari-

---

[12] Vgl. nur: BAG, Urteil vom 10.6.1980 - 1 AZR 822/79, AP Nr. 64 zu Art. 9 GG Arbeitskampf, unter A. Einl., A. I. 3. und A. II. 1. der Gründe = BAGE 33, 140, 152 ff.; BAG, Urteil vom 12.03.1985 – 1 AZR 636/82, AP Nr. 84 zu Art. 9 GG – Arbeitskampf, Bl. 2/2 f. unter II. 1. a) der Gründe; BAG, Urt. vom 12.01.1988 – 1 AZR 219/86, AP Nr. 90 zu Art. 9 GG – Arbeitskampf, Bl. 3/2 unter IV.2.b) bb) der Gründe; BAG, Urteil vom 26.4.1988 – 1 AZR 399/86, AP Nr. 101 zu Art. 9 GG – Arbeitskampf, Bl. 3/2 ff., unter B.II.2.c. der Gründe; siehe unter anderem auch *Seiter*, Streikrecht, S. 156 ff.; *Raiser*, Aussperrung, S. 59 ff.

[13] *Evers*, Arbeitskampffreiheit, S. 31; zur (dogmen-)geschichtlichen Herleitung siehe *Goll*, Arbeitskampfparität, S. 20 ff.; *Seiter*, Streikrecht, S. 157 f. zu den Ursprüngen in der Rechtsprechung des Reichsgerichts.

[14] BAG GS, Beschluss vom 21.4.1971 – GS 1/68, AP Nr. 43 zu Art. 9 GG – Arbeitskampf = BAGE 23, 292, 308.

[15] So hat der Große Senat des BAG den Paritätsgrundsatz in der sog. ersten Aussperrungsentscheidung in Gestalt der Kampfparität, der Waffengleichheit und der rechtlichen Gleichbehandlung der Arbeitskampfmittel verwendet: BAG GS, Beschluss vom 28.1.1955 – 1/54, AP Nr. 1 zu Art. 9 GG Arbeitskampf, Bl. 1 (LS 4).

[16] *Mayer-Maly*, RdA 1968, 432 ff.; modifizierend später *ders.* DB 1979, 95, 98 f.; *Seiter*, Streikrecht, S. 160 f; jeweils m.w.N.

tätsgrundsatz eine neue Akzentuierung, die zu dessen heutiger Bedeutung geführt hat. Der Große Senat führte aus:[17]

> „Es muss im Prinzip sichergestellt sein, dass nicht eine Tarifvertragspartei der anderen von vornherein ihren Willen aufzwingen kann, sondern dass möglichst gleiche Verhandlungschancen bestehen. Auf andere Weise kann die Tarifautonomie unter Ausschluss der staatlichen Zwangsschlichtung nicht funktionieren. ... Andernfalls können die ausgehandelten Tarifverträge keine materielle Richtigkeitsgewähr bieten."

Damit ist das BAG von einer formellen zu einer abstrakt-materiellen, tarifbezogenen Parität übergegangen. Hiernach stellt es nunmehr auf die tatsächliche Wirkung der Arbeitskampfmittel ab. Das BAG hat in seiner Rechtsprechung somit den Paritätsgedanken entwickelt und ihm die heute überwiegend angewandte Ausprägung verliehen.

Die herrschende Auffassung des Schrifttums schließt sich der Ansicht der Rechtsprechung an.[18] Im Bereich der Arbeits- und Wirtschaftsbedingungen seien die Koalitionen selbst dazu bestimmt und kompetent, durch den Abschluss von Tarifverträgen die Arbeitsbedingungen auszuhandeln. Da es dem Staat an einem Maßstab für eine inhaltliche Festlegung „gerechter" Arbeitsbedingungen fehle und dessen Intervention daher ausscheide, werde es den Tarifvertragsparteien auf der Grundlage der Privatautonomie überlassen, die Arbeitsbedingungen auszuhandeln.[19] Ein solches Tarifsystem sei aber nur funktionsfähig, wenn zwischen den Tarifpartnern eine Gleichgewichtslage bestehe. Nur dann besitze der Tarifvertrag eine materielle Richtigkeitsgewähr.[20] Die Tarifautonomie solle die Vertragsparität auf kollektiver Ebene herstellen, da sie in der Regel auf der Ebene des Individualarbeitsvertrages fehle. Könne sie das nicht, habe der Tarifvertrag keine Funktion.[21]

---

[17] Vgl. BAG GS, Beschluss vom 21.4.1971 – GS 1/68, AP 43 zu Art. 9 GG - Arbeitskampf, unter Teil III. B. 1. der Gründe, Bl. 7 R; bestätigt durch: BVerfG, Beschluss vom 26.06.1991 – 1 BvR 779/85 – AP Nr. 117 zu Art. 9 GG Arbeitskampf unter II. 1 b. der Gründe, Bl. 3/1; BAG, Urteile vom 10.06.1980 (1 AZR 822/79 und 168/79), AP Nr. 64 und 65 zu Art 9 GG - Arbeitskampf; BAG, Urteil vom 12.9.1984 – 1 AZR 342/83, AP Nr. 81 zu Art. 9 GG – Arbeitskampf, Bl. 13/1 unter B. II.2. d. der Gründe; BAG Urteil vom 12.3.1985 – 1 AZR 636/82, AP Nr. 84 zu Art. 9 GG – Arbeitskampf Bl. 3/1 unter II 1,b, der Gründe; s.a. BAG, Urteil vom 13.7.1993 – 1 AZR 676/92, AP Nr. 127 zu Art. 9 GG Arbeitskampf unter III. 1.d der Gründe.

[18] Vgl. die Darstellung bei *Bertelsmann*, Aussperrung, S. 226f; *Seiter*, Staatsneutralität, S. 109 ff., 112; *Schlaich*, Neutralität, 114; *Rüthers*, DB 1973, 1649, 1651; *Söllner*, Arbeitsrecht, § 12 I.1., § 15 II. 3.a.

[19] Siehe die vorige Fn.

[20] *Kempen/Zachert-Kempen*, TVG, Grundlagen, Rn. 88; vgl. auch *Wiedemann-Stumpf*, TVG, § 1 Rn. 216 ff.

[21] *Belling*, NZA, 1990, 214, 216; *Hergenröder*, Anm. zu BAG, Beschluss vom 20.11.1990 – 1 ABR 62/89, EzA Nr. 20 zu § 2 TVG, S. 17; *Krejci*, Aussperrung, S. 48.

Nach der vorherrschenden Auffassung ist der Paritätsgrundsatz in Art. 9 Abs. 3 GG verankert.[22] Als Begründung wird angegeben, dass die verfassungsrechtlich gewährleistete Tarifautonomie sachlich eng mit der Austragung von Interessenkonflikten zwischen den Tarifvertragsparteien zusammenhänge.[23] Der Schutz des Art. 9 Abs. 3 GG gilt jedoch nur für die grundsätzliche Geltung des Prinzips, nicht dagegen für seine konkrete Ausgestaltung.

b. Kritik

Die Geltung des Paritätsprinzips wird von einzelnen Meinungen im Schrifttum abgelehnt. Dabei fällt auf, dass es bei den Kritikern keine einheitliche Linie gibt. Die Begründungen und die daraus abgeleiteten Ergebnisse zeigen vielmehr erhebliche Unterschiede auf.

Zum einen wird gegen den Paritätsgedanken eingewendet, ein solcher Grundsatz lasse sich dem Koalitionsgrundsatz nicht entnehmen.[24] Art. 9 Abs. 3 GG begründe vielmehr ein reines Arbeitnehmergrundrecht. Zudem richtet sich die Kritik gegen die Vorstellung eines Arbeitskampfes, der sich am Zustand des Verhandlungsgleichgewichts orientiere.[25] Dies sei in der Realität nicht gegeben. Zum anderen wird der Paritätsgrundsatz als zu unbestimmt angesehen.[26] Wieder andere Autoren lehnen den Paritätsgedanken als unzulässigen Eingriff

---

[22] Vgl. BVerfG, Beschluss vom 26.06.1991 – 1 BvR 779/85, AP Nr. 117 zu Art. 9 GG Arbeitskampf; BAG GS, Beschluss vom 28.01.1955 – 1/54, AP Nr. 1 zu Art. 9 GG, Arbeitskampf; BAG, GS, Beschluss vom 21.04.1971 – GS 1 / 68, AP Nr. 43 zu Art. 9 GG, Arbeitskampf; BAG, AP Nr. 86 zu Art. 9 GG – Arbeitskampf, Bl. 5; BAG, Urteil vom 12.03.1985 – 1/AZR 636/82, AP Nr. 84 zu Art. 9 GG – Arbeitskampf, Bl. 2 R; BAG, Beschluss vom 24.04.1979 – 1 AZR 43/77, AP Nr. 63 zu Art. 9 GG – Arbeitskampf, Bl. 3 R; BAG, Beschluss vom 22.12.1980 – 1 ABR 2/79, AP Nr. 70 zu Art. 9 GG – Arbeitskampf, Bl. 5, 9; aus dem Schrifttum vgl. *Seiter*, Streikrecht und Aussperrungsrecht, S. 170 f. m.w.N. in Fn. 74; *Brox/Rüthers*, Arbeitskampfrecht, Rn. 78 ff.; *Rüthers*, DB 1973, 1649, 1650 ff.; *Zöllner*, Aussperrung, S. 29 ff.; *Reuter*, RdA 1975, 275 ff.; *Scholz/Konzen*, DB 1980, 1593, 1596 f.; *Adam*, Arbeitskampfrecht, S. 439 mit Fn. 1557; *Raiser*, Aussperrung, S. 64 ff. m.w.N.

[23] Vgl. BAG, Beschluss vom 24.04.1979 - 1 AZR 43/77, AP Nr. 63 zu Art. 9 GG – Arbeitskampf, Bl. 3 R; BAG, Urteil vom 10.06.1980 – 1 AZR 168/79, AP Nr. 65 zu Art. 9 GG – Arbeitskampf, Bl. 3 R; BAG, Urteil vom 05.03.1985 – 1 AZR 468/83, AP Nr. 85 zu Art. 9 GG – Arbeitskampf, Bl. 4; *Raiser*, Aussperrung, S. 64.

[24] Vgl. *Huber*, Aussperrung, S. 88 ff.; *Kemper*, Koalitionsfreiheit, S. 179 ff.; *Hoffmann*, Parität, S. 47 ff.; *Kittner*, GMH 1973, S. 91, 93 ff.; *Däubler*, JUS 1972, 642, 644; *Evers*, Arbeitskampffreiheit, S. 29 ff.; *Kittner-Hoffmann*, Streik und Aussperrung, S. 69 f.; *Däubler-Hege*, Koalitionsfreiheit, Rn. 87; *Däubler*, Arbeitskampfrecht, Rn. 105 n und 876 ff.; *Däubler*, Arbeitsrecht/1, 3.2.2.2.; *Lerche*, Zentralfragen S. 62 ff.

[25] Vgl. *Binkert*, Arbeitskampfrecht, S. 130 ff.; siehe auch *Bertelsmann*, Aussperrung, S. 234 ff.; *Hoffmann*, in: Kittner, Streik und Aussperrung, S. 47 ff., 56, 68 ff.; *Däubler*, JUS 1972, 642, 645 f.; *Kempf*, AiB 1994, 361, 397; *Zachert*, AuR 1977, 1, 11 ff.; *Wolf*, Aussperrung, S. 276 ff.; ähnlich auch *Zöllner*, AcP 176, 221, 229 f. hinsichtlich der Privatautonomie.

[26] *Holle*, Parität, S. 103; *Beuthien*, Wirtschaftsstörung, S. 35.

in die Tarifautonomie[27] bzw. als Lahmlegung des Tarifvertragssystems[28] ab. Ferner wird die Praktikabilität des Grundsatzes in Frage gestellt.[29]

c. Stellungnahme

Der Kritik der vorgenannten Ansichten im Schrifttum kann nicht gefolgt werden.

Der Ansicht, nach der sich der Paritätsgrundsatz dem Koalitionsgrundsatz nicht entnehmen lasse, ist entgegenzuhalten, dass der Schutz des Art. 9 Abs. 3 GG über das individuelle Grundrecht hinaus den Bestand und die Betätigung der Koalitionen umfasst. Art. 9 Abs. 3 GG enthält eine allgemeine Koalitionsverfahrensgarantie. So führt das BVerfG in seiner neueren Rechtsprechung aus, dass Art. 9 Abs. 3 GG den Koalitionen eine kollektivvertragliche Sozialgestaltungsmacht zur Wahrung und Förderung der Arbeits- und Wirtschaftsbedingungen einräume und somit die Funktionsfähigkeit der Tarifautonomie schütze.[30] Dieses Ziel kann jedoch nur durch Verhandlungsparität erreicht werden. Andernfalls ist die materielle Richtigkeit von Tarifverträgen nicht garantiert. Zudem ist nach der neueren Rechtsprechung des BVerfG die Koalitionsfreiheit nach Art. 9 Abs. 3 GG sowohl Grundrecht der Arbeitnehmer als auch der Arbeitgeber.[31] Sowohl Streik als auch zumindest die suspendierende[32] Abwehraussperrung stehen hiernach unter dem Schutz des Art. 9 Abs. 3

---

[27] *Kemper*, Koalitionsfreiheit, S. 176ff., 181ff.

[28] *Huber*, Aussperrung, S. 85.

[29] *Hensche*, RdA 1996, 293, 297 ff.

[30] BVerfG, Urteil vom 18.11.1954 – 1 BvR 629/52, BVerfGE 4, 96, 106, 108 unter C .2 .b) aa), bb) der Gründe; BVerfG, Urteil vom 06.05.1964 – 1 BvR 79/62, BVerfGE 18, 18, 26 unter B .I.1 der Gründe; BVerfG, Urteil vom 01.03.1979 – 1 BvR 532, 533/77, 419/78, 1 BvL 21/78, BVerfGE 50. 290, 369 unter C.IV. 1 der Gründe; ebenso BAG, Urteil vom 12.03.1985 – 1 AZR 636/82; AP Nr. 84 zu Art. 9 GG - Arbeitskampf; Bl. 2/2 unter II. 1.a) der Gründe. Zustimmend aus dem Schrifttum: *Gamillscheg*, Kollektives ArbR/I, S. 284; *Scholz/Konzen*, Aussperrung, S. 125 ff.; *Däubler*, Tarifvertragsrecht, Rn. 15, AK-GG-Kittner, Art. 9 Abs. 3, Rn. 63 ff.; *Schmidt-Bleibtreu/Klein-Klein*, GG, Art. 9 Rn. 12 ff.; *Scholz*, Staatsrecht, § 151, Rn. 14, 101 f.

[31] BVerfG, Beschluss vom 26.06.1991 – 1 BvR 779/85 – AP Nr. 117 zu Art. 9 GG Arbeitskampf = E 84, 212, 224, (unter C.I.1.a); ebenso BAG, Urteil vom 10.6.1980 – 1 AZR 822/79, E 33, 140, 160 f. (unter A. III.1.); BAG, 12.3.1985 – 1 AZR 636/82, AP Nr.84 zu Art. 9 GG – Arbeitskampf, Bl. 3/1 (unter II.1.c); BAG, 26.4.1988 – 1 AZR 399/86, AP Nr. 101 zu Art. 9 GG – Arbeitskampf, Bl. 5/1 (unter II 2 d). Zustimmend aus dem Schrifttum: *Scholz/Konzen*, Aussperrung, S. 81, 272; *Maunz/Dürig-Scholz*, GG, Art. 9 Rn. 329; *Rieble*, EzA Nr. 97 zu Art. 9 GG Arbeitskampf S. 17, 24 f. (alle aus Anlass der Entscheidung zur Teilnichtigkeit des Art. 29 Abs. 5 Hess. Verf.).

[32] BVerfG, Beschluss vom 26.06.1991 – 1 BvR 779/85 – AP Nr. 117 zu Art. 9 GG Arbeitskampf = BVerfGE 84, 212, 225 (unter C I.1. a.); mit dieser Entscheidung stellte das BVerfG die Teilnichtigkeit des Aussperrungsverbots gemäß Art. 29 V Hess. Verf. fest, soweit diese Norm auch suspendierende Abwehraussperrungen verbieten wollte.

GG.[33] Wenn die Koalitionsfreiheit beider Tarifparteien ein verfassungsrechtlich geschütztes Recht ist, muss dieses sinnvoll ausgeübt werden können. Dies ist nur möglich, wenn sich zwei etwa gleich starke Parteien gegenüberstehen. Diese Voraussetzung soll der Paritätsgrundsatz gewährleisten.

Auch der Ansicht, die von einem unzulässigen Eingriff in das Tarifsystem bzw. von einer Lahmlegung des Tarifvertragssystems ausgeht, kann nicht gefolgt werden. Ausgangspunkt dieser Ansicht ist die Unterstellung einer völligen Gleichgewichtslage zwischen den Tarifparteien. Eine solche Sicht entspricht jedoch nicht den tatsächlichen Gegebenheiten. Zudem bleibt bei Zugrundelegung dieser Ansicht unbeantwortet, wie die „Erforderlichkeit" von Kampfmaßnahmen im Einzelnen begründet werden soll. Folge einer derartigen Paritätsbetrachtung wäre vielmehr, dass die angegriffene Partei nicht den geringsten Anlass hätte, auf die Forderungen der angreifenden Partei einzugehen. Diese Ansicht führt daher zu unbefriedigenden Ergebnissen. Auch die Kritik an der Unbestimmtheit des Begriffs kann allein nicht überzeugen, da es nach allgemein anerkannter Ansicht unbestimmte Rechtsbegriffe gibt, die der Ausfüllung bedürfen.[34]

Vielmehr ist am Grundprinzip der Parität festzuhalten. Art. 9 Abs. 3 GG räumt den Koalitionen als Ausfluss der gewährleisteten Koalitionsverfahrensgarantie eine kollektivvertragliche Sozialgestaltungsmacht zur „Wahrung und Förderung der Arbeits- und Wirtschaftsbedingungen"[35] ein und schützt somit die Funktion der Tarifautonomie. Unabdingbare Voraussetzung für ein funktionsfähiges Tarifsystem ist das Gleichgewicht der Parteien beim Aushandeln des Tarifvertrages. Die Verhandlungserfolge der Tarifparteien hängen dabei entscheidend von deren Kräfteverhältnis im Arbeitskampf ab. Um einen sachlichen Ausgleich zu erlangen, müssen die Arbeitskampfchancen beider Parteien gleich ausgestaltet sein. Das Tarifvertragsverfahren garantiert nicht automatisch sachgerechte Regelungen. Vielmehr müssen die Vertragsparteien sich dafür einander annähernd gleich stark gegenüber stehen.[36] Hier ist zu

---

[33] Die Auffassung des BVerfG, nach der die Abwehraussperrung in den Schutzbereich des Art. 9 Abs. 3 GG fällt, bedeutet dabei nicht, dass jede konkrete Aussperrung auch verfassungsrechtlich geschützt ist. Sie ist vielmehr über den Paritätsgedanken einzuschränken. Die Parität ist Bezugspunkt für die Lösung des bilateralen Grundrechtskonflikts zwischen den durch Art. 9 Abs. 3 GG geschützten Arbeitskampfmitteln Streik und Aussperrung.

[34] Ebenso *Adam*, Arbeitskampfrecht, S. 436 m. Fn. 1545; *Kemper*, Koalitionsfreiheit, S. 178 ff., der betont, dass die unbestrittene mangelnde Präzision des Paritätsgebotes, die Schwierigkeit, seine Tatbestandsvoraussetzungen zu bestimmen sowie anzuwenden, seiner Geltung nicht im Wege stehe. Die Problematik der Konkretisierung derartig weiter Begriffe sei im Verfassungsrecht auch in anderen Zusammenhängen hinlänglich bekannt, ohne dass allein ein diesbezüglicher Streit jeweils zu Zweifeln an der Geltung des entsprechenden Verfassungssatzes führen würde. So auch *Zöllner*, Aussperrung, S. 52.

[35] Vgl. Wortlaut des Art. 9 Abs. 3 Satz 1 GG.

[36] Vgl. nur *Löwisch/Rieble*, TVG, § 1 Rn. 4.

bedenken, dass die grundsätzliche Konzeption der Rechtsordnung, nach der ein freier Wettbewerb für ein solches Gleichgewicht sorgen soll,[37] im Tarifvertragssystem keine Gültigkeit hat.[38] Ein Ausweichen auf einen anderen Vertragspartner ist praktisch nicht möglich (Prinzip des faktischen Einigungszwangs). Daher ist durch das Paritätsprinzip dafür zu sorgen, dass gleich starke Parteien miteinander kontrahieren.[39] Nur so kann die vertragliche Richtigkeitsgewähr sichergestellt werden. Der Paritätsgrundsatz lässt sich damit aus dem Sinn und Zweck der Koalitionsfreiheit ableiten, die in Art. 9 Abs. 3 GG geschützt ist.[40] Tarifautonomie kann nur funktionieren, dass heißt zu sachgerechten und angemessenen Ergebnissen führen, wenn beide Parteien zumindest annähernd gleiche Durchsetzungschancen haben. Dies wird durch den Grundsatz der Parität gesichert.

3. Bezugssystem für die Paritätsbewertung

Auch bei der Ansicht, die den Grundsatz der Parität anerkennt, besteht bisher keine Einigkeit in Bezug auf die konkrete Ausgestaltung dieses Prinzips. Der Grundsatz der Parität ist ausfüllungsbedürftig und benötigt ein Bezugssystem. Es stellt sich daher die Frage, nach welchen Maßstäben und mit welchen Faktoren die Parität zu beurteilen ist.

a. Formen der Parität

Es bestehen mehrere Möglichkeiten, die Anforderungen an die Parität im Arbeitskampf zu qualifizieren. Ein Ansatzpunkt ist die gleiche *rechtliche* Ausgangslage der Arbeitskampfparteien (=formelle Parität). Andererseits wird auf die gleichen *tatsächlichen* Chancen der Parteien abgestellt (=materielle Parität). Innerhalb dieser zwei Ansatzmöglichkeiten werden verschiedene Ansichten vertreten. Es ist umstritten, anhand welcher konkreten Faktoren die Überprüfung der Parität vorzunehmen ist.

Des Weiteren wird danach differenziert, ob der Paritätsvergleich konkret für jeden Tarifkonflikt vorzunehmen ist (=konkrete Parität) oder ob lediglich ein

---

[37] Eingehend *Rittner*, AcP 188 S. 101 ff., 126 ff.

[38] Dazu *Scholz*, ZfA 1990, 377, 381 ff.

[39] Hieraus folgt auch, dass bei Tarifverträgen keine Inhaltskontrolle durch die Arbeitsgerichte auf Angemessenheit und Ausgewogenheit der Regelung erfolgen darf. Eine Tarifzensur wäre vor Art. 9 Abs. 3 GG zu rechtfertigen.

[40] Selbst wenn man nur die tragenden Grundsätze des Tarifrechts als durch Art. 9 Abs. 3 GG gewährleistet ansieht, fällt der Grundsatz der Parität als tragender Grundsatz in diesen Schutzbereich. Vgl. BAG, Urteil vom 10.06.1980- 1 AZR 822/79, AP Nr. 64 zu Art. 9 GG – Arbeitskampf, unter A.I.3. und II.1. der Gründe; BAG, Urteil vom 26.04.1988 – 1 AZR 399/86, AP Nr. 101 zu Art. 9 GG – Arbeitskampf, Bl. 3/2 ff., unter II.2.c der Gründe.

abstrakter Vergleich anzustellen ist (=abstrakte Parität). Außerdem ist auf die Bedeutung einer typisierenden Betrachtungsweise einzugehen.

b. Formelle oder materielle Parität

aa. Formelle Paritätsmodelle[41]

Der Ansatzpunkt der *formellen Parität* stellt zur Beurteilung der Gleichgewichtslage zweier um den Abschluss eines Tarifvertrages kämpfender Parteien ausschließlich auf die Art der von diesen einsetzbaren Kampfmittel ab.[42] Hiernach müssen den sozialen Gegenspielern Kampfmittel zur Verfügung stehen, die *rechtlich* gleichwertig sind. Im älteren Schrifttum wird daher auch von „Waffengleichheit" im Arbeitskampf gesprochen.[43] Auf Aspekte der sozialen Realität, wie die sozio-ökonomischen Verhältnisse der kämpfenden Parteien, kommt es nach dieser Betrachtungsweise nicht an. Tatsächliche Kräfteverhältnisse bleiben außer Betracht.

So sahen RG[44], RAG[45] und zunächst auch das BAG[46] Streik und Aussperrung als gleichwertige Waffen an, für die auch die gleichen rechtlichen Grundsätze gelten müssten. Die Waffengleichheit sei die Bedingung für die Zulassung des Arbeitskampfes durch die Rechtsordnung, da es sich sonst nicht um einen „ehrlichen Kampf" handele. Begründet wird diese Sichtweise mit der Neutralitätspflicht des Staates und der historischen Entwicklung.

Die historische Entwicklung legt auch der *historische Paritätsbegriff*[47] zugrunde. Hiernach darf keiner der Gegenspieler seines historisch angestammten

---

[41] Die nachfolgenden Paritätsmodelle werden als *formelle Paritätsmodelle* zusammengefasst, da sie in der Sache zum gleichen Ergebnis führen.

[42] Vgl. *Rüthers*, DB 1973, 1649, 1651; *Mayer-Maly*, DB 1979, S. 95 ff.; *Reuß*, AuR 1963, 225 ff.; *Bulla*, FS für Nipperdey, 163, 164; *Kaiser*, Parität, S. 45; LAG Schleswig-Holstein, Urteil vom 18.01.1979 – 4 Sa 366/78, DB 1979, 943, 943; vgl. auch *Eisemann*, AuR 1981, 357, 366. Zur Kritik an der formellen Kampfparität siehe auch *Zöllner*, Aussperrung, S. 28f.

[43] Siehe beispielsweise *Siebrecht*, Arbeitskampf, S. 32; *Nipperdey*, DB 1963, 1613 f.; LAG Baden-Württemberg , Urteil vom 08.08.1973 – 4 Sa 29/73, AuR 1974, 316, 319 m.w.N.

[44] RG, Urteil vom 26.03.1903 – Rep. VI 351/02, RGZ 54, 255, 259 f.

[45] RAG, Urteil vom 08.02.1928 – RAG 72/27, ArbRSammI. Bd. 2, 122, 125 f.; RAG, Urteil vom 15.02.1928 – RAG 67/1927, ArbRSamml. Bd. 2, 128, 131.

[46] BAG, Beschluss des GS vom 28.01.1955 – GS 1/54, AP Nr. 1 zu Art. 9 GG Arbeitskampf = BAGE 1, 291, 308 f., unter II. 1. der Gründe.

[47] Die Zuordnung der „historischen Parität" wird unterschiedlich vorgenommen. *Treber*, Maßnahmen, S. 407, spricht von einer konzeptionellen Anlehnung an die formelle Parität. Teilweise wird die historische Parität auch der formellen zugeordnet: *Seiter*, Streikrecht, S. 160 ff.; *Heenen*, Kampfparität S. 36.

Kampfmittels beraubt werden.[48] Diese Ansicht geht davon aus, dass bereits durch die Anwendung der „angestammten Koalitionsmittel" paritätische Verhältnisse erreicht würden. Die Gleichstellung von Streik und Aussperrung wird damit begründet, dass sie historisch übereingekommen seien.[49]

Der *normative Paritätsbegriff* kommt zu gleichen Ergebnissen wie die vorgenannten Ansichten. Nach diesem Ansatz sieht die Rechtsordnung das Kräfteverhältnis der Tarifparteien als gleichwertig an.[50] Dies geschehe insbesondere durch die „rechtliche Gleichordnung" der Koalitionen und die rechtliche Anerkennung der Kampfmittel Streik und Aussperrung durch das Grundrecht der Koalitionsfreiheit. Aufgrund dieser Gleichgewichtigkeit könne es auf die tatsächlichen Kräfteverhältnisse nicht ankommen.[51] Eingriffe des Gesetzgebers in das herkömmliche System der Kampfmittel bedürften deshalb einer besonderen Legitimation.

bb. Materielle Paritätsmodelle

(1) Ansatz

Nach dem *materiellen Paritätsbegriff*[52] kommt es nicht vornehmlich auf eine rechtliche, sondern auf eine faktische Gleichheit an, also auf die Ermöglichung eines gleichgewichtigen Kampfes.[53] Dies impliziert, dass bei der Ausgestaltung der Kampfmittel die unterschiedlichen Ausgangspositionen der Parteien

---

[48] Von *Wolf*, ZfA 1971, 152 als „historische Kampfparität" bezeichnet, *Nipperdey*, DB 1963, 1614.; LAG Baden-Württemberg, Urteil vom 08.08.1973 – 4 Sa 29/73, AuR 1974, 316, 319.

[49] *Nipperdey*, DB 1963, 1613, 1614; *Nipperdey/Säcker*, Anmerkungen zu BAG, Beschluss vom 03.09.1968 – 1 AZR 113/68, AP Nr. 39 zu Art. 9 GG – Arbeitskampf, Bl. 155, 158; so auch noch BAG GS, Beschluss vom 28.01.1955 – GS 1/54, BAGE1, 291, 309 unter II. 1. der Gründe; LAG Hamm, Urteil vom 26.04.1979 – 8 Sa 56/79, DB 1979, 1415, 1415 f. unter 1. und 2. der Gründe.

[50] Vgl. *Mayer-Maly*, DB, 1979, 95, 98 ff; *ders.*, Gemeinsame Anmerkungen zu AP Nr. 64 – 66 zu Art. 9 GG – Arbeitskampf, Bl. 946 R. ff.; *Richardi*, NJW 1978, 2057, 2061; siehe auch *Ossenbühl/Richardi*, Neutralität, S. 126f., 128 f.

[51] *Mayer-Maly*, DB, 1979, 95, 98 ff. und RdA 1968, 432, 434; *Wolf*, Aussperrung, S. 315 ff; vgl. auch *Hergenröder*, Anmerkung zu BAG, Urteil vom 13.07.1993 – 1 AZR 676/92, EzA Nr. 112 zu Art. 9 GG – Arbeitskampf, Bl. 15 ff., 27.

[52] Der Begriff der materiellen Parität wird hier als Oberbegriff für diejenigen Paritätsbegriffe angesehen, die im Unterschied zu den Varianten des formellen Paritätsbegriffs auf das tatsächliche Kräfteverhältnis zwischen den Sozialpartnern abstellen. Die zu dem materiellen Paritätsbegriff gefassten Ansichten werden Gesamtparität sowie tarifbezogene Parität genannt.

[53] Vgl. wenngleich mit teilweise recht kontroversen Schlussfolgerungen: *Zöllner*, Aussperrung, S. 29 ff.; *Raiser*, Aussperrung, S. 64 ff., 73 ff.; *Zachert/Metzke/Hamer*, Aussperrung; S. 126 ff.; *Seiter*, Arbeitskampfparität, S. 62 f.; *Evers*, Arbeitskampffreiheit, S. 30 ff.; *Säkker*, Gruppenparität, S. 112 ff.; *Wolter*, AuR, 1979, 193, 194 ff.; *Konzen*, AcP 177, 473, 525 ff.

und die unterschiedlichen tatsächlichen Kampfmittelwirkungen berücksichtigt werden müssen. Es sind somit die tatsächlichen Einflussmöglichkeiten der Gegenspieler in die Bewertung einzubeziehen. Das Prinzip der materiellen Kampfparität will gewährleisten, dass die Tarifparteien im Hinblick auf ihre Kampfmittel nicht nur rechtlich gleichwertig gestellt sind, sondern dass auch ein Mindestmaß an tatsächlicher Chancengleichheit besteht. Keine Seite darf ein evidentes Übergewicht erhalten. Die Verteilung der Kampfmittel hat danach so zu erfolgen, dass Verhandlungsparität gewährleistet ist.

Bei der Ansicht, die den materiellen Ansatz verfolgt ist umstritten, anhand welcher Kriterien die Verhandlungsposition der Tarifparteien zu bestimmen ist.[54] Zwar gehen die Vertreter des materiellen Ansatzes übereinstimmend davon aus, dass die Bestimmung der gleichwertigen Verhandlungsposition der sozialen Gegenspieler notwendig mit der Berücksichtigung des „sozioökonomischen Hintergrundes" verbunden ist. Es ist aber umstritten, wie weit dieser Hintergrund zu berücksichtigen ist.

(2) Gesamtparität

Die Vertreter der Gesamtparität wollen alle denkbaren Einflussfaktoren des Wirtschafts- und Verteilungsprozesses einschließlich aller Faktoren der gesellschaftlichen und politischen Meinungs- und Willensbildung in die Beurteilung der Paritätsfrage einbeziehen.[55] Dies sei erforderlich, da in einer kapitalistisch-marktwirtschaftlichen Wirtschaftsordnung die Arbeitnehmer keine Aussicht hätten, den Verteilungskampf für sich zu gewinnen. Deshalb sei bei einer sozioökonomischen Gesamtbetrachtung die Arbeitnehmerseite stets unterlegen. Nach der gesamtparitätischen Betrachtungsweise soll demnach der tatsächliche Hintergrund des Kampfgeschehens umfassend berücksichtigt werden.[56] Sie ist somit die extreme Gegenposition zur formellen Parität.

---

[54] Einen Teil der kontroversen Diskussion um die Ausfüllung des materiellen Paritätsbegriffs spiegelt die Diskussion um die Zulässigkeit der Aussperrung in den siebziger Jahren im Anschluss an die „Quotenrechtsprechung" des BAG wider: BAG, Urteil vom 10.6.1980 – 1 AZR 822/79, AP Nr. 64 zu Art. 9 GG Arbeitskampf, Bl. 15 ff.; ausführlich zur näheren Herleitung der „Quotenrechtsprechung" des BAG vgl. etwa: MünchArbR-*Otto*, Bd. 3, § 282, Rn. 58 ff, § 285, Rn. 156 ff.

[55] Nach dieser Ansicht soll eine Vielzahl von Faktoren in die Paritätsbewertung fließen, etwa die finanzielle Ausstattung der Gegenspieler, Lieferhilfeabkommen, Kundenabsprachen, das Arbeitsplatzrisiko der Arbeitnehmer, der den Arbeitgebern entgehende Gewinn, finanzielle Unterstützungsleistungen und Wettbewerbsverbote zugunsten bestreikter Unternehmen („unternehmerische Solidargemeinschaft"), die zunehmende Flexibilisierung der Arbeitszeiten, die Möglichkeit einer Produktion auf Lager oder einer rechtzeitigen Lagerräumung, etc.

[56] Vgl. zu dieser Ansicht insbesondere *Däubler*, JUS 1972, S. 642, 645; *AK-Kittner*, GG, Art. 9 Abs. 3, Rn. 28; ebenso im Ergebnis z.B. *Kittner-Hensche*, Streik und Aussperrung, S. 124, *Weiss*, AuR 1974, S. 37, 45 ff.; *Wohlgemuth*, BB 1979, 111, 113 f., derselbe AuR

(2) Materiell - tarifbezogene Parität

Andere Vertreter der materiellen Parität halten die umfassende Berücksichtigung des sozialen Hintergrundes für zu weitgehend.[57] Sie lehnen zwar die formelle Gleichsetzung von Streik und Aussperrung ab. Die Auswahl der tatsächlichen Faktoren habe aber anhand einer teleologischen Betrachtungsweise zu erfolgen. Daher will diese Ansicht nur paritätsbezogene Einflussfaktoren in die Paritätsbetrachtung einbeziehen. Diese Auffassung sieht nur tarifbezogene Faktoren als paritätsrelevant an.

Wie dargestellt legt das BAG seit der zweiten Aussperrungsentscheidung des Großen Senats den tarifbezogenen-materiellen Ansatz seiner ständigen Rechtsprechung zugrunde.[58] Auch ein großer Teil des Schrifttums verwendet diesen Ansatz in seinen Paritätsüberlegungen.[59]

cc. „Vermittelnde" Ansichten

Eine Mischung aus normativer und materieller Parität wird insbesondere von *Scholz* und *Konzen* vertreten *(normativ-materielle Parität)*.[60] Nach deren Ansicht ist der Gesetz- und Verfassungsgeber von einer (prästabilen) Gleichwertigkeit der Tarifpartner und somit von einer normativen Parität ausgegangen. Von dem rein normativen Paritätsverständnis unterscheidet sich diese Ansicht allerdings dadurch, dass sie den tatsächlichen Kräfteverhältnissen nicht die

---

1978, 325, 326 ff; *Wolter*, AuR 1979, 193, 197 f.; ders. in *Däubler* (Hrsg.), Arbeitskampfrecht Rn. 886 ff.; *Zachert/Metzke/Hamer*, Aussperrung, S. 128.; *Rüthers*, DB 1973, 1649, 1650 f.; ähnlich *Bertelsmann*, Aussperrung S. 244ff.; (wobei die Vertreter dieser Ansicht teilweise den Paritätsgrundsatz ablehnen und die Gesamtparität gewissermaßen „hilfsweise" anwenden.)

57 Aus der Rechtsprechung: BAG, Urteil vom 10.6.1980 – 1 AZR 822/79, AP Nr. 64 zu Art. 9 GG – Arbeitskampf = E 33, 140, 164 ff. (unter A.. IV. 2. und 3.); BAG, Urteil vom 12.03.1985 – 1 AZR 636/82, AP Nr. 84 zu Art. 9 GG – Arbeitskampf, Bl. 366 R unter II.1.c. der Gründe; Aus dem Schrifttum: *Rüthers*, Aussperrung, S. 76 f.; *Seiter*, Streikrecht, 163 f.; *Lieb*, DB 1980, 2188, 2189; *Wank*, FS für Kissel, 1225, 1241; *Kraft*, SAE, 1980, 297, 299; *Krejci*, Aussperrung, S. 53 f.; *Raiser*, ZRP, 1978, 201, 204; *Eichmanns*, RdA 1977, 135, 136 ff.; *Eisenmann*, BB 1979, S. 219.

58 Siehe oben unter § 11, I. 1. a.: Vgl. BAG GS, Beschluss vom 21.4.1971 – GS 1/68, AP Nr. 43 zu Art. 9 GG - Arbeitskampf, unter Teil III. B. 1. der Gründe, Bl. 7 R; bestätigt durch: BAG, Urteil vom 10.6.1980 – 1 AZR 822/79, AP Nr. 64 zu Art. 9 GG – Arbeitskampf unter A.. IV. 2. und 3. der Gründe; BAG, Urteil vom 12.03.1985 – 1 AZR 636/82, AP Nr. 84 zu Art. 9 GG – Arbeitskampf, Bl. 366 R, unter II.1.c. der Gründe.

59 Vgl. oben § 11, Fn. 18. Vgl. auch *Rüthers*, Aussperrung, S. 76 f.; *Seiter*, Streikrecht, S. 163 f.; *Lieb*, DB 1980, 2188, 2189; *Wank*, FS für Kissel, 1225, 1241; *Kraft*, SAE, 1980, 297, 299; *Krejci*, Aussperrung, S. 53 f.; *Raiser*, ZRP, 1978, 201, 204; *Konzen*, AcP 177, 473, 527 ff.; *Eichmanns*, RdA 1977, 135, 136 ff.; *Eisenmann*, BB 1979, S. 219.

60 *Scholz/Konzen*, Aussperrung, S. 176 f.; *Konzen* AfP 1984, 1, 4 ff.; *Konzen*, SAE 1986, 57, 57 f.; *Maunz/Dürig-Scholz*, GG, Art. 9 Rn. 291 f.; vgl. auch LAG Stuttgart, Urt. vom 10.10.1978 – 1 Sa 30/78, NJW 1979, 386, 387.

rechtliche Relevanz abspricht, sondern den materiellen Nachweis der Imparität für möglich, aber auch für notwendig hält.

Eine vermittelnde Ansicht zwischen formeller und materieller vertritt neuerdings auch *Jansen*.[61] Er geht von einem formellen Paritätsbegriff aus, will diesen aber gegebenenfalls durch eine materielle Paritätsbewertung ergänzen.

dd. Stellungnahme

Eine Schwäche der nur *formell* verstandenen *Parität* ist die fehlende Berücksichtigung der tatsächlichen Ausgangslagen der Tarifparteien im Arbeitskampf sowie der tatsächlichen Auswirkung der jeweiligen (Kampf-) Mittel. Im Arbeitskampf geht es um die Erzeugung wirtschaftlichen Drucks und um die Möglichkeit der Erzielung von Tariferfolgen. Das geltende, die Tarifautonomie konkretisierende Tarifrecht setzt voraus, dass die sozialen Gegenspieler das Verhandlungsgleichgewicht mit Hilfe von Arbeitskämpfen herstellen und wahren können. Dabei ist zu bedenken, dass die Mittel der Koalitionen von unterschiedlicher Natur sind. Sie sind daher einem rein formellen Vergleich nicht zugänglich.[62] Der Blick auf das vielfältige Beziehungsgeflecht von Ausgangslagen, Kampfmöglichkeiten und -risiken, wird bei einem rein formellen Vergleich nicht berücksichtigt. Formale Eigenschaften können jedenfalls in einer nicht auch rechtlich völlig ungleichgewichtigen Lage keine näheren Kriterien zur Überprüfung von in etwa gleichgewichtigen Verhandlungschancen liefern.

Des Weiteren kann die Behauptung, dass die wirtschaftlichen Verhältnisse rechtlich generell bedeutungslos seien, durch einen Vergleich mit anderen Rechtsgebieten widerlegt werden. So ist auch im Zivilrecht die Vertragspraxis keineswegs „dem freien Spiel der Kräfte unbegrenzt ausgesetzt."[63] Das BVerfG hat insoweit klargestellt, dass im Zivilrecht ergänzend Generalklauseln eingreifen, die als Übermaßverbote gelten.[64] Dabei sind vor allem die §§ 138, 242, 315 BGB zu nennen. Zudem gibt es zahlreiche Normen im Bürgerlichen Gesetzbuch[65] sowie Verbraucherschutzgesetze[66], die den Schutz des typi-

---

[61] *Jansen*, Betriebliche Mitbestimmung, S. 144 ff.
[62] Vgl. auch *Bieback*, WSI-Mitt. 1987, 197, 203 ff.
[63] BVerfG, Beschluss vom 07.02.1990 – 1 BvR 26/84, NJW 1990, 1469, 1479 unter C. I.3. der Gründe; vgl. auch BVerfG, Beschluss vom 19.10.1993 – 1 BvR 567/98 u.a., NJW 1994, 36, 38 f., wonach sich aus der grundrechtlichen Gewährleistung der Privatautonomie (Art. 2 I GG) und dem Sozialstaatsprinzip (Art. 20 I, 28 I GG) ergibt, dass die Rechtsordnung bei typisierbaren Fallgestaltungen, die eine strukturelle Unterlegenheit des einen Vertragsteils erkennen lässt, und die Folgen des Vertrages für den unterlegenen Vertragsteil ungewöhnlich belastend sind, darauf regieren und Korrekturen ermöglichen muss.
[64] BVerfG, Beschluss vom 19.10.1993 – 1 BvR 567/98 u.a., NJW 1994, 36, 38.
[65] Beispielsweise die Kündigungsschutzbestimmungen des Wohnraummietrechts.
[66] Vgl. z. B. §§ 305 c, 307 – 309 BGB sowie §§ 491 ff. BGB.

scherweise schwächeren Vertragspartners bezwecken. Hieraus lässt sich ableiten, dass Gesetzgeber und Rechtsprechung zumindest für gewisse Vertragsarten und Verhandlungssituationen die rechtliche Bedeutung der wirtschaftlichen Verhältnisse anerkannt haben. Dies gilt auch für die Situation des Arbeitskampfes[67], zumal die Parteien nicht wie in den dem Zivilrecht zugrundeliegenden Situationen auf andere Verhandlungspartner ausweichen können.

Die vorgenannten Kritikpunkte an einem formellen Paritätsverständnis gelten auch für den *historischen Ansatz*. Auch von diesem Ansatz wird die rechtstatsächliche Fundierung in den Hintergrund gedrängt. Die Erwartung, Parität werde über die historischen Kampfmittel erreicht, widerspricht zudem der Offenheit des Koalitionszwecks und seiner Mittel. Ferner erschweren die vielfältigen Veränderungen des Arbeitskampfsystems durch die Rechtssprechung einen Rückgriff auf die historische Entwicklung. Im übrigen kann der Rückgriff auf die historischen Entwicklungen keine normativen Vorgaben erzeugen. Die historische Entwicklung kann lediglich für die Inhaltsbestimmung des Art. 9 Abs. 3 GG Hinweise geben.[68]

Die fehlende Berücksichtigung der tatsächlichen Gegebenheiten spricht auch gegen den Grundsatz der *normativen Parität*. Ferner findet die hier vorausgesetzte Annahme eines von der Rechtsordnung geschaffenen „prästabilen Gleichgewichts“ in der Verfassungsgeschichte keine Stütze. Auch die Hypothese der normativen Wertentscheidung findet dort keinen Rückhalt.[69] Zudem hat *Krejci*[70] nachgewiesen, dass der Ansatz der normativen Parität nicht in der Lage ist, das Phänomen des Streiks zu erklären. Würde der Gesetzgeber die Sozialpartner tatsächlich quasi per definitionem allein durch die Erfüllung formeller Koalitionsvoraussetzungen als taugliche Teilnehmer an einer autonomen Tarifgestaltung ansehen, bliebe für Arbeitskämpfe kein Raum. Kampfmit-

---

[67] Die strukturelle Unterlegenheit des einzelnen Arbeitnehmers ist als Grund für die Koalitionsbildung anerkannt: BVerfG, Beschluss vom 26.06.1991 – 1 BvR 779/ 85, AP Nr. 117 zu Art. 9 GG Arbeitskampf = E 84, 212, 224, 229, unter C. I.3.b) aa) der Gründe; BVerfG, Urteil vom 04.07.1995 – 1 BvF 2/86, und 1,2,3,4/87 und 1 BvR 1421/86, E 92, 365, 395 unter C.I.1.c) der Gründe; *Löwisch/Rieble*, TVG, Grundlagen Rn. 4; *Säcker*, Gruppenparität, S. 100 f.; *Kempen/Zachert-Kempen*, TVG, Grundlagen, Rn.60 f., 156; *Krejci*, Aussperrung, S. 57.

[68] BVerfG, Urteil vom 18.11.1954 – 1 BvR 629/52, E 4, 96, 101, 106 f. (unter C 2 b aa); BVerfG, Urteil vom 06.05.1964 – 1 BvR 79/62, E 18, 18, 27 ff. (unter B I 2); BVerfG, Beschluss vom 30.11.1965 – 2 BvR 54/62, E 19, 303, 314 (unter B I 2 c); BVerfG, Beschluss vom 19.92.1975 – 1 BvR 418/71, E 38, 386, 394 (unter B II 1); BVerfG, Beschluss vom 24.05.1977, E 44, 322, 347 (unter B II 2 a).

[69] Vgl. BVerfG, Beschluss vom 26.06.1991 – 1 BvR 779/85, AP Nr. 117 zu Art. 9 GG Arbeitskampf = E 84, 212, 229f. (unter C I 3 b.); BAG, Urteil vom 10.6.1980 – 1 AZR 822/79, AP Nr. 64 zu Art. 9 GG Arbeitskampf, Bl. 9 R (unter A IV 1 b.); vgl. auch *Buchner*, RdA 1986, 7, 14; *Binkert*, Arbeitskampfrecht, S. 132; *Rüthers*, AuR 1987, 37, 48.

[70] *Krejci*, Aussperrung, S. 53 ff.

tel zur Druckausübung auf die Gegenseite sind nur in einem Konzept erklärbar, das zumindest die Möglichkeit einer bestehenden Imparität anerkennt. Zu Recht hat daher auch das BVerfG festgestellt, es bestehe kein Anhaltspunkt dafür, dass die überkommenen Kampfmittel in ihrer historischen Ausprägung vom Verfassungsgeber als Ausdruck eines prästabilen Gleichgewichts angesehen worden wären."[71]

Die formelle, die historische und die normative Parität sind daher abzulehnen. Die vorgenannte Kritik zu der Annahme eines prästabilen Gleichgewichts gilt auch für die *vermittelnden Ansichten*. Zudem ist nicht geklärt, wann zusätzlich materielle Gesichtspunkte für eine Paritätsbewertung heranzuziehen sind. Auch diesem Ansatz kann daher nicht gefolgt werden.

Insgesamt ist dem *materiellen* Ansatz zuzustimmen. Bei der Beurteilung des Paritätsprinzips ist von dessen Ziel auszugehen, den sozialen Gegenspielern gleichgewichtige Einflussmöglichkeiten auf die Gestaltung des Tarifvertrages einzuräumen. Nur so kann die Funktionsfähigkeit der Tarifautonomie gesichert werden.[72] Befürwortet man den Grundsatz der Verhandlungsparität als Grundlage der Richtigkeitsgewähr von Tarifverträgen, so ergibt sich hieraus logisch zwingend, dass das Vorhandensein von Parität nicht einfach angeordnet oder als gegeben vorausgesetzt werden kann. Anderenfalls nimmt man der Richtigkeitsgewähr die Grundlage, die erst für das Bestehen dieser Gewähr sorgt. Es macht keinen Unterschied, ob man von vornherein allen Tarifverträgen Richtigkeitsgewähr attestiert, oder ob man die Richtigkeitsgewähr aus der Verhandlungsparität folgert und diese als von der Rechtsordnung vorausgesetzt ansieht.

Zu beachten ist zwar, dass mit der Befürwortung der materiellen Parität die Gefahr eines praktischen Problems entsteht, nämlich dass das Bestehen von Parität bzw. Imparität anhand tatsächlicher Kriterien untersucht und nachgewiesen werden muss. Zudem werden wohl beide Seiten versuchen, die Ausgangssituation als Grundlage der Parität jeweils als für sich möglichst günstig bestimmen zu wollen. Auch stellt sich die Frage, welche Faktoren bei der Paritätsbemessung zu berücksichtigen sind. Auf der anderen Seite ist aber zu beachten, dass mit der bloßen Behauptung der Parität tatsächliche Imparitäten gefestigt werden.[73] Die Lösung gegen etwaig auftretende Probleme kann daher nicht lauten, die Imparität schlicht zu leugnen. Schwierigkeiten bei der Be-

---

[71] BVerfG, Beschluss vom 26.06.1991 – 1 BvR 779/85, AP Nr. 117 zu Art. 9 GG – Arbeitskampf = E 84, 212, 229 f., unter C.I.3. b. aa. der Gründe.

[72] Vgl. auch *Bertelsmann*, Aussperrung S. 229; *Wank*, Festschrift Kissel, 1225, 1240; *Wolf*, ZfA 1971, 152; *Weiss*, AuR 1974, S. 37, 45 f.; *Seiter*, RdA 1981, 66, 72.

[73] So auch *Säcker*, Gruppenparität, S. 98 ff.; *Weiss*, AuR 1974, 37, 45; *Kittner-Hoffmann*, Streik - und Aussperrung, S. 53; *Krejci*, Aussperrung, S. 53; *Lerche*, Zentralfragen, S. 71.

stimmung der inhaltlichen Parität rechtfertigen nicht die Konsequenz, das Ziel des Machtausgleichs ganz aufzugeben. Daher sind bei der Bewertung der Parität trotz der aufgezeigten Probleme materielle Gesichtspunkte zu berücksichtigen.

Dabei ist zu bedenken, dass eine umfassende Berücksichtigung aller denkbaren Einflussfaktoren im Rahmen einer sozioökonomischen Betrachtung – wie sie von den Vertretern der Gesamtparität gefordert wird - nicht praktikabel ist. Zudem ist der Ansatz der Gesamtparität nicht mit dem Tarifsystem zu vereinbaren. Tarifautonomie ist ein Mittel zur Gestaltung der „Arbeits- und Wirtschaftsbedingungen"[74]. Die Parität als eine ihrer Funktionsvoraussetzungen muss daher ihre Kriterien ebenfalls in diesem Bereich haben. Es ist somit nach einem teleologischen Ansatz zu bestimmen, welche Kriterien zur Beurteilung der Parität heranzuziehen sind.[75] Ziel ist es, die Kampfmittel so auf die Kampfparteien zu verteilen, dass auf Vertragsebene möglichst gleiche Verhandlungschancen bestehen.[76]

Auch bei der Bestimmung des Bezugsrahmens für die Paritätsbewertung ist somit der Zweck der Parität zu berücksichtigen. Danach müssen alle Umstände bei der Paritätsbewertung außer Betracht bleiben, die für das Kräfteverhältnis der Tarifparteien und für ein funktionierendes Tarifsystem ohne Bedeutung sind oder deren Berücksichtigung sinnwidrig wäre. Zu berücksichtigen sind nur solche Faktoren, die den erforderlichen Bezug zum Arbeitskampf- und Tarifsystem aufweisen. Dies sind nur solche Faktoren, die die Auswirkungen des Kampfmitteleinsatzes kennzeichnen und die Risiken erkennen lassen, die beide Seiten im Tarifkonflikt tragen müssen oder vermeiden können. Die Parität kann nicht zum Instrument eines globalen, allgemein-gesellschaftspolitischen Kräfte- und Interessenausgleichs werden. Ein solcher wäre ohnehin utopisch. Die Betrachtungsweise der Gesamtparität ist daher abzulehnen. Es ist demnach der Ansatz einer materiellen - tarifbezogenen Parität zu befürworten.

c. Konkrete oder abstrakte Parität

Neben der Frage, ob ein formeller oder materieller Paritätsmaßstab anzuwenden ist, ist zu klären, ob die Parität konkret oder abstrakt zu bestimmen ist.

[74] Vgl. Wortlaut des Art. 9 Abs. 3 GG.
[75] Vgl. auch *Raiser*, ZRP, 1978, 201, 204.
[76] Vgl. auch *Seiter*, Streikrecht, S. 170.

aa. Konkreter Paritätsmaßstab

Nach einer Ansicht im Schrifttum ist als Bezugspunkt der Parität auf die konkrete Verhandlungssituation der Tarifparteien abzustellen.[77] Die Kampfparität solle eine gerechte Tarifvertragsgestaltung gewährleisten. Dieses Ziel sei durch ein nur generell vorhandenes Gleichgewicht nicht zu erreichen.

Auf der Grundlage des konkreten Maßstabs gibt es zwei Ansätze für die Bestimmung der Parität: Ein streng verstandener konkreter Paritätsvergleich führt zu einer Überprüfung des annähernden Machtgleichgewichts der Tarifpartner für jeden konkreten Tarifkonflikt (arbeitskampfbezogener konkreter Vergleich). Andererseits kann ein branchentypischer oder auch gewerkschafts- oder arbeitgeberverbandstypischer Paritätsvergleich zu Grunde gelegt werden (branchenbezogener konkreter Vergleich). Es ist denkbar, dass sich aus branchenspezifischen Besonderheiten oder im Vergleich der verschiedenen Gewerkschaften oder Arbeitsgeberverbände unterschiedliche Machtverhältnisse in konkreten Tarifverhandlungen ergeben.[78] Dies hätte unter Umständen mehr oder minder starke Unterschiede bei den Ergebnissen der Paritätsvergleiche zur Folge.

bb. Abstrakter Paritätsmaßstab

Nach anderer Ansicht ist eine Betrachtung vorzunehmen, die nicht auf die Situation des konkreten Arbeitskampfes abstellt, sondern auf ein generelles, längerfristiges Kräftegleichgewicht der Tarifpartner.[79] Hiernach sind je nach Wirtschaftslage schwankende Kräfteverhältnisse hinzunehmen, solange nicht eine Seite ein längerfristiges Übergewicht erlangt. Nach dieser Auffassung wird die Funktionsfähigkeit der Tarifautonomie, die durch das Paritätsprinzip geschützt werden soll, nicht dadurch beeinträchtigt, dass im Einzelfall ein Ungleichgewicht im Arbeitskampf besteht. Tarifautonomie bedeute auch, dass es Gewinner und Verlierer geben dürfe, solange die Rollen nicht von vornherein

---

[77] *M. Wolf*, ZfA 1971, S. 151 ff., 161; ähnlich *Kempen*, AuR 1979, S. 74 ff.; vgl. mit dem Bezugspunkt der Verhältnismäßigkeit auch *Heenen*, Kampfparität, S. 42 ff.

[78] Vgl. hierzu *Seiter*, Arbeitskampfparität, 61 ff.; *Hanau*, AfP 1980, 125, 131; *Heenen*, Kampfparität, S. 173 f.; *Kämereit*, Arbeitskampfrecht, S. 132 ff.

[79] So die überwiegende Auffassung: vgl. BAG, Urteil vom 10.06.1980 – 1 AZR 822/79, AP Nr. 64 zu Art. 9 GG – Arbeitskampf, Bl. 918 R., unter A. IV. 2 der Gründe = BAGE 33, 140, 164; *Krejci*, Aussperrung, S. 54 f., 69; *Bertelsmann*, Aussperrung, 1979, S. 227 f.; *Zöllner*, Aussperrung, S. 34; *Rüthers*, Aussperrung, S. 76 f; *ders.*, DB, 1973, 1649; 1651 f.; *Raiser*, Aussperrung, S. 71 f.; *Seiter*, Streikrecht, S. 163 f.; *ders.*, Arbeitskampfparität S. 60; *Scholz/Konzen*, Aussperrung, S. 177 f.; *Konzen*, AfP 1984, 1, 5; *ders.*, AcP 177, 473, 527 f.; *Löwisch-Löwisch/Rieble*, Arbeitskampf- und Schlichtungsrecht, 170.1 Rn. 64; *Lieb*, DB 1980, 2188, 2189 ff.; *ders.*, RdA 1972, 129, 134; *Kemper*, Koalitionsfreiheit, S. 164.; *Müller*, DB 1981, Beilage 7, S. 1, 5; *Enderlein*, RdA, 1995, 264, 273 f.; wohl auch *Kreßel*, NZA 1995, 1121, 1123.

festgelegt seien. Insofern gelte für die Tarifautonomie nichts anderes als für die Privatautonomie, die ja auch nicht aufgrund vereinzelter Disparitäten in Frage gestellt würde.[80] Es wird somit nur eine *strukturelle* Parität zwischen den Tarifpartnern verlangt.[81] Aus Gründen der Rechtssicherheit und Rechtsklarheit sei eine „Generalisierung" und „Abstrahierung" der „Machtverhältnisse" der Arbeitgeber und Arbeitnehmer geboten.[82] Die Bestimmung der Startbedingungen wird nach einem generellen Stärkevergleich zwischen *den* Gewerkschaften und *den* Arbeitgeberverbänden vorgenommen. Die daraus zu ziehenden Konsequenzen bezüglich der zuzugestehenden Arbeitskampfmittel gilt für alle Branchen und alle Koalitionen.

Das BAG hat sich in seiner Rechtsprechung grundsätzlich gegen eine konkrete Sichtweise ausgesprochen.[83] Es hat ausgeführt, dass die vielfältigen Besonderheiten, die den einzelnen Arbeitskampf prägen können, wie insbesondere Konjunktur, Tarifziel, Organisationsgrad, Eigentümlichkeiten der Branche etc. nicht in die Bewertung der Parität einzubeziehen seien. Derartige Faktoren müssten zurücktreten gegenüber dem vorrangigen Bedürfnis nach klaren und überschaubaren Abgrenzungen.

cc. Stellungnahme

Gegen einen arbeitskampfbezogenen konkreten Vergleich ist einzuwenden, dass im Konfliktfall die Gerichte für jeden Arbeitskampf das reale Kräfteverhältnis der Tarifvertragsparteien im Rahmen einer sozialempirischen Erhebung beurteilen müssten. Dies würde die Praktikabilität des Arbeitskampfes stark beeinträchtigen. Zudem wäre das den Beteiligten zugewiesene Rechtsfolgerisiko unzumutbar hoch. Jeder Arbeitskampf und damit jeder Tarifabschluss könnte durch Prozesse zur Überprüfung der Parität in Frage gestellt werden. Die Folge einer gerichtlichen Angemessenheitskontrolle der Tarifverträge wäre kaum vermeidbar. Diese ist aber nach allgemeiner Ansicht unzulässig.[84] Au-

---

[80] *Fastrich*, Inhaltskontrolle, S. 218 f.

[81] Von „struktureller" Parität sprechen *Raiser*, ZRP 1978, 204; *ders.*, Aussperrung, S. 72; *Seiter*, Streikrecht, S. 163 f.; *Scholz/Konzen*, Aussperrung, S. 178 f.

[82] *Lieb*, RdA 1972, S. 134; *Konzen*, AcP 177, 473. 527; *Seiter*, Streikrecht, S. 163; *Krejci*, Aussperrung, S. 55; *Buchner*, RdA 1987, 209, 216; *Belling*, EzA Nr. 70 zu Art. 9 GG – Arbeitskampf, 9, 19.

[83] Vgl. BAG, Urteile vom 10.06.1980, (1 AZR 822/79 und 168/79) AP Nr. 64 und 65 zu Art. 9 GG Arbeitskampf, jeweils unter A IV 2 und B I 3 b.

[84] BVerfG, Beschluss vom 26.06.1991 – 1 BvR 779/85, E, 84, 212, 231 = AP Nr. 117 zu Art. 9 GG Arbeitskampf ; BAG in ständiger Rechtssprechung, vgl. BAG, Urteil vom 30.01.1970 – 3 AZR 44/68, AP Nr. 142zu § 242 BGB Ruhegehalt, BAG, Urteil vom 01.06.1970 – 3 AZR 166/69, AP Nr. 143 zu § 242 BGB Ruhegehalt; BAG, Urteil vom 04.12.1969 – 5 AZR 84/69, AP Nr. 32 zu § 620 BGB Befristeter Arbeitsvertrag; BAG, Urteil vom 30.09.1971 – 5 AZR 146/71, AP Nr. 36 zu § 620 BGB Befristeter Arbeitsvertrag; vgl. auch: *v. Hoyningen-Huene*, Billigkeit, S. 168 ff. m.w.N.; *Zöllner/Loritz*, Arbeitsrecht, § 38 VI, S. 390.

ßerdem ist zu bedenken, dass der einzelne Arbeitskampf in Verlauf und Ergebnis von situationsbedingten Umständen abhängig sein kann. Deren Berücksichtigung scheitert an der fehlenden Handhabbarkeit und würde die bestehenden Schwierigkeiten der Paritätsbestimmung mit weiterer Rechtsunsicherheit und einer verstärkten Einzelfallregulierung belasten.

Es ist Aufgabe des Paritätsprinzips festzulegen, welche Kampfmittel den Arbeitskampfparteien zur Verfügung stehen. Im Interesse der Rechtssicherheit ist es erforderlich, nicht die jeweils konkret vorliegende Arbeitskampfsituation zu berücksichtigen, sondern das Arsenal zulässiger Kampfmittel abstrakt-generell zu bestimmen. Die Arbeitskampfparteien brauchen feste Leitlinien für den Arbeitskampf, an denen sie sich orientieren können. Der konkrete Paritätsvergleich ist daher abzulehnen. Nur durch einen abstrakt-generellen Paritätsvergleich kann das für die Tarifpartner notwendige Maß an Rechtssicherheit geschaffen werden.[85] Diese ist erforderlich, um die Rechtmäßigkeit einer Kampfmaßnahme vor deren Einsatz abschätzen zu können. Sonst besteht die Gefahr, dass jede konjunkturelle Schwankung oder jede Veränderung des Kräfteverhältnisses zwischen den konkreten Tarifpartnern das geltende Arbeitskampfrecht außer Kraft setzt.

Aus den vorgenannten Gründen ist auch ein *branchenbezogener* konkreter Paritätsvergleich abzulehnen. Es ist zwar durchaus denkbar, dass sich die Startbedingungen einer Gewerkschaft von denen einer anderen Gewerkschaft unterscheiden. So könnte man die Ausgangsposition einer kampferprobten Koalition mit hohem Organisationsgrad und guter finanzieller Ausstattung als deutlich stärker ansehen als die Kampfkraft einer kleinen, finanzschwachen, schlecht organisierten Koalition. Ebenso können branchenspezifische Besonderheiten die Startpositionen der Tarifparteien unterschiedlich beeinflussen. Dies würde jedoch zu der Entstehung eigener Arbeitskampfregeln für jede Branche oder für jeden Zuständigkeitsbereich einer Gewerkschaft führen. Es bestünde die Gefahr, dass das einheitliche Arbeitskampfrecht zersplittert würde. Ein solches Ergebnis wäre jedoch untragbar, da es zu einem nicht hinnehmbaren Maß an Rechtsunsicherheit führen würde und zudem auch praktisch kaum zu bewältigen wäre. Dies ist auch im Hinblick auf die aktuelle Tendenz der Gewerkschaftsfusionen nicht anders zu beurteilen.

d. Typisierende Betrachtungsweise

Ferner wird bei der Bestimmung des Bezugsrahmens die Auffassung vertreten, dass der Grundsatz der Parität in generellen und abstrakt formulierten

---

[85] Den hohen Stellenwert der Rechtssicherheit betonen auch: *Konzen/Scholz*, DB 1980, 1593, 1598; *Weiss*, AuR 1984, 97, 101.

Regeln ausgedrückt werden müsse. Deshalb könnten nur Kriterien erfasst werden, die einer typisierenden Betrachtung zugänglich seien.[86] Anhand des Bewertungskriteriums der typisierenden Betrachtungsweise werden danach die tatsächlichen, wirtschaftlichen und sozialen Gegebenheiten in der typischen Tarifvertragsverhandlungssituation einer Begutachtung unter dem Gesichtspunkt der Parität unterzogen.[87]

Dieser Auffassung ist zuzustimmen. Die Paritätsbestimmung kann lediglich ein genereller Maßstab sein, der rahmensetzend das bestimmt, was dem Leitprinzip Verhandlungsgleichgewicht entsprechen soll. Als Konsequenz ist daher der Maßstab einer typisierenden Betrachtungsweise heranzuziehen. Die tatsächliche Lage ist dabei nur insoweit zu rezipieren, als sie in generellen Regelungen fassbar ist.[88]

Einige Vertreter der formellen Paritätsmodelle kritisieren in diesem Zusammenhang, dass sich das materielle Paritätsverständnis nicht durchhalten ließe.[89] Teilweise wird in der typisierenden Bewertung eine Abkehr vom Ansatz der materiellen Parität angenommen und dies für eine Bestätigung des formellen Ansatzes angesehen. Damit sehen diese Autoren den Unterschied zwischen der formellen und der materiellen Betrachtungsweise in der Frage der typisierend-abstrakten Beurteilung der paritätsrelevanten Faktoren. Dies ist jedoch gerade nicht der Fall. Der Ansatz der materiellen Parität befürwortet im Rahmen der Bestimmung der Parität die Berücksichtigung von tatsächlichen Gegebenheiten. Dieser Ansatz wird aber auch dann nicht verlassen, wenn man nicht umfassend alle denkbaren Umweltfaktoren in die Bewertung der Parität einbezieht oder die einzubeziehenden materiellen Faktoren typisiert und abstrahiert. Dies verkennen die vorgenannten Kritiker. Es bleibt festzuhalten, dass die Faktoren anhand eines teleologischen Ansatzes typisierend zu bestimmen sind.

---

[86] Vgl. z.B. *Krejci*, Aussperrung, S. 54 f.; *Löwisch*, RdA 1980, S. 1, 3 ff.; *Brox/Rüthers-Rüthers*, Arbeitskampfrecht, Rn. 167 f.; *Raiser*, Aussperrung, S. 70 ff.; *Seiter*, Streikrecht, S. 163 f.; *Hergenröder*, Anm. zu BAG, Beschluss vom 20.11.1990 – 1 ABR 62/89, EzA 20 zu § 2 TVG, S. 22; *Treber*, Maßnahmen, S. 419 f.; *Buchner*, RdA 1986, S. 7, 14; aus der Rspr. vgl. BAG, Urteil vom 10.06.1980 – 1 AZR 822/79, AP Nr. 64 zu Art. 9 GG – Arbeitskampf, unter A. IV.2. und 3. der Gründe; BAG, Urteil vom 12.03.1985 – 1 AZR 636/82, AP Nr. 84, Bl. 3 R unter II. 1 der Gründe.

[87] BAG, Urteil vom 10.06.1980 – 1 AZR 822/79, AP Nr. 64 zu Art. 9 GG – Arbeitskampf, unter A. IV. 2. der Gründe; *Däubler (Hrsg.)-Wolter*, Arbeitskampfrecht, Rn. 887 ff.; *Buchner*, RdA 1987, 209 ff.; *Plander*, DB 1987, Beilage Nr. 13, S. 2 ff.; *Lübbe-Wolff*, DB 1988, Beil. Nr. 9, 4; *G. Müller*, Arbeitskampf, S. 164 f.; *Raiser*, RdA 1987, S. 201, 204 mit Hinblick auf die produktionstechnischen Eigenarten des Pressewesens.

[88] Vgl. hierzu auch BAG, Urteil vom 10.06.1980 – 1 AZR 822/79, AP Nr. 64 zu Art. 9 GG – Arbeitskampf, unter A. IV. 2. der Gründe; *Seiter*, Streikrecht, S. 163.

[89] Vgl. beispielsweise *Mayer-Maly*, Anm. zu BAG, AP Nr. 64-66 zu Art. 9 GG – Arbeitskampf, Bl. 946 R. ff.

e. Zwischenergebnis

Inhalt und Funktion des Paritätsgrundsatzes ergeben sich aus der ratio der Tarifautonomie, also der autonomen Wahrung und Förderung der Arbeits- und Wirtschaftsbedingungen.[90] Die Parität als Funktionsvoraussetzung der Tarifautonomie muss daher ihre Kriterien ebenfalls in diesem Bereich finden. Die verschiedenen Ausprägungen des Paritätsgrundsatzes sind an dem Ziel des Arbeitskampfes zu messen. Dies ist der Abschluss eines Tarifvertrages mit Richtigkeitsgewähr. Es kann nur ein tarifbezogener Paritätsvergleich überzeugen. Nur dieser Ansatz sucht das Ergebnis der Beurteilung der Parität in tarifbezogenen Kriterien und kann die gebotene Rechtssicherheit gewährleisten.

Der Ansatzpunkt der formellen Parität sowie deren verwandte Bezugspunkte der normativen und der historischen Parität sind dagegen abzulehnen. Zudem ist zu bedenken, dass der Ansatz der Gesamtparität unpraktikabel ist. Außerdem ist dieser Ansatz mit dem soeben dargestellten Ergebnis, nach dem die Parität als Funktionsvoraussetzung der Tarifautonomie ihre Kriterien ebenfalls in diesem Bereich finden muss, nicht zu vereinbaren. Ferner ist der Ansatz der konkreten Paritätsbewertung abzulehnen. Nur durch einen abstrakt-generellen Paritätsvergleich kann das notwendige Maß an Rechtssicherheit und Funktionalität geschaffen werden. Zudem ist eine typisierende Betrachtungsweise erforderlich.

Grundlegender Ansatz zur Bestimmung der Parität ist demnach ein materielles, tarifbezogenes, abstrakt – typisierendes Paritätsverständnis.

4. Einzelne Faktoren zur Paritätsbewertung

Ist das Ergebnis gefunden, dass die Parität anhand eines materiellen, tarifbezogenen, abstrakt – typisierenden Paritätsverständnisses zu bestimmen ist, ist dennoch fraglich, welche einzelnen Faktoren zur Überprüfung eines Paritätsverstoßes hinzuzuziehen sind. Es bedarf einer Bestimmung, welche Aspekte der sozialen Realität, innerhalb derer sich die Tarifauseinandersetzung abspielt, in die Paritätsbewertung einfließen sollen und welche Aspekte außer Betracht bleiben sollen. Diese Frage ist auch innerhalb der Ansichten nicht geklärt, welche die Parität von dem vorgenannten Ansatzpunkt aus bestimmen wollen. Bisher konnte keine Übereinstimmung hinsichtlich der konkret als relevant empfundenen Faktoren gefunden werden. Es fehlt ein einheitliches System, nach dem die relevanten Faktoren zu bestimmen sind.

---

[90] Vgl. Wortlaut des Art. 9 Abs. 3 Satz 1 GG.

a. Rechtsprechung des BAG

Im Rahmen der Rechtsprechung des BAG ist zum einen auf die Rechtsprechung mit Bezug auf Betriebsvereinbarungen zur Regelung des Arbeitskampfes einzugehen. Zum anderen sind die vom BAG generell zur Parität aufgestellten Grundsätze heranzuziehen.

aa. Rechtsprechung zu Betriebsvereinbarungen

Wie oben dargelegt hat das BAG insbesondere in seinen Entscheidungen zu Betriebsvereinbarungen über Gleitzeitregelungen ausgeführt, dass Arbeitgeber und Betriebsrat nicht wirksam Regelungen treffen können, welche die Chancengleichheit[91] beeinträchtigen würden.[92]

In den Entscheidungen zu Gleitzeitvereinbarungen ist das BAG zu dem Ergebnis gekommen, dass die Parität durch die entsprechenden Betriebsvereinbarungen nicht beeinträchtigt werde. Die streikenden Arbeitnehmer treffe auch bei Verrechung streikbedingter Ausfallzeiten ein Nachteil; dieser werde lediglich auf eine andere Ebene verlagert:

> „Aufgrund einer Streikteilnahme wird der Arbeitnehmer verpflichtet, den Arbeitsausfall dadurch „zu bezahlen“, dass er hierfür entweder eine bereits vor dem Streik erbrachte, aber nicht vergütete zusätzliche Arbeitsleistung (Zeitguthaben) einsetzt oder aber nach dem Arbeitskampf zusätzliche Arbeit leistet, für die er kein Arbeitsgeld erhält. Er kann also lediglich durch die Leistung zusätzlicher unbezahlter Arbeit die mit der Streikbeteiligung sonst verbundene Einkommensminderung vermeiden, nicht aber eine Vergütung der Ausfallszeit erreichen. [...] Aus einer solchen Rechtsfolge folge aber noch nicht, dass die Streikbereitschaft typischerweise erhöht, die Wirkung von Streiks also verstärkt werde.“

Das BAG hat hier das Ergebnis gefunden, indem es die Wirkung einer Betriebsvereinbarung überprüft und eine Abwägung vornimmt, ob durch die Regelungen der Betriebsvereinbarung die Wirkung der Arbeitskampfmittel einer Tarifpartei, hier des Streiks, erhöht werden. Dabei hat das BAG ausdrücklich nur zu dem konkreten Einzelfall Stellung genommen.

---

[91] Wie bereits erwähnt verwendet das BAG den Begriff „Chancengleichheit“ synonym zu dem Begriff „Parität“.

[92] Vgl. oben unter § 2 I. Siehe insbesondere BAG, Beschluss vom 30.08.1994 – 1 ABR 10/94, E, 77, 335 ff. = AP Nr. 132 zu Art. 9 GG - Arbeitskampf = SAE 96, 323, 325, unter II. 1. b.

bb. Generelle Rechtsprechung

Da das BAG die hier behandelte Frage bisher nur in obiter dicta und zudem nicht sehr umfassend behandelt hat, ist auch auf dessen sonstige Rechtsprechung zur Bewertung der Parität einzugehen.

Dabei ist anzumerken, dass das BAG ausgeführt hat, es sei nicht Sache des Richters, abstrakte Grundsätze aufzustellen, die sich nicht unmittelbar auf die Entscheidung konkreter Fälle beziehen.[93] Vielmehr sei es Aufgabe des Gesetzgebers dafür zu sorgen, dass die Rechtssicherheit nicht durch Lücken der Rechtsordnung gefährdet würde. Soweit der Große Senat das Richterrecht als „gesetzesvertretendes Richterrecht" qualifiziert habe[94], sei dies keine Entscheidung zur grundsätzlichen Qualifikation des Richterrechts gewesen. Dieser Ausspruch habe vielmehr eine andere Grundlage gehabt.[95] Zudem ruft das BAG noch einmal die Koalitionen selbst auf, die Unklarheiten, die das geltende Arbeitskampfrecht belasten, durch tarifliche Arbeitskampfordnungen zu beseitigen.

Dementsprechend hat sich das BAG bei der Begründung seiner Entscheidungen betont eng an die jeweils zur Entscheidung stehenden Sachverhalte angelehnt.[96] Andererseits führt das BAG in denselben Urteilen aus, dass die rechtsfortbildende Funktion seiner Rechtssprechung nicht bestritten werden solle. Ferner geht es davon aus, dass Arbeitskämpfe so weitreichende Folgen hätten, dass die Grenzen ihrer Zulässigkeit wenigstens in groben Zügen vorhersehbar sein müssten.[97] Somit sei eine schnelle und praktikable Konkretisierung unerlässlich. Das BAG hat daher als Grundlage für die Entscheidung der

---

[93] BAG, Urteil vom 10.06.1980 – 1 AZR 822/79, AP 64 zu Art. 9 GG - Arbeitskampf, unter B. II. 3. der Gründe, Bl. 923 R.; BAG, Urteil vom 10.06.1980 – 1 AZR 168/79, AP 65 zu Art. 9 GG Arbeitskampf, unter B. II. 3. der Gründe, Bl. 939 R.

[94] BAG GS, Beschluss vom 21.4.1971 – GS 1/68, AP Nr. 43 zu Art. 9 GG - Arbeitskampf, unter Teil III F. letzter Absatz der Gründe; vgl. auch oben unter § 6 IV. 1.

[95] Das Gericht hätte die Frage zu klären gehabt, ob die von ihm entwickelten Grundsätze rückwirkend angewendet werden dürften. In diesem Zusammenhang habe der rechtsschöpfende Charakter der Grundsatzentscheidung aus rechtsstaatlichen Gründen beachtet werden müssen. Insoweit ablehnend: *Mayer-Maly*, Gemeinsame Anmerkungen zu AP Nr. 64 – 66 zu Art 9 GG - Arbeitskampf, Bl. 946 R. ff: Der bedenkliche Passus in der Entscheidung des GS habe zwar der Rückwirkungsregelung für einen Fall der Änderung der Rechtsprechung gegolten; die Rechtsprechung aber, um die es ging, sei die zum Arbeitskampfrecht gewesen.

[96] Vgl. BAG, Beschluss vom 24.04.1979 - 1 AZR 43/77, AP Nr. 63 zu Art. 9 GG – Arbeitskampf (zu Mitbestimmungsrechten während eines Arbeitskampf); BAG, Beschluss vom 12.03.1985 – 1 AZR 636/82, AP Nr. 84 zu Art. 9 GG – Arbeitskampf.

[97] BAG, Urteil vom 10.06.1980 – 1 AZR 822/79, AP 64 zu Art. 9 GG - Arbeitskampf, unter B. II. 3. der Gründe, Bl. 923 R.; BAG, Urteil vom 10.06.1980 – 1 AZR 168/79, AP 65 zu Art. 9 GG Arbeitskampf, unter B. II. 3. der Gründe, Bl. 939 R.

von ihm zu beurteilenden Sachverhalte zumindest einige generelle Kriterien festgelegt. Diese sollen im Folgenden kurz betrachtet werden.

(1) Geltungsbereich des Paritätsgrundsatzes

Entsprechend dem von ihm vertretenen Ansatz der materiell-tarifbezogenen Parität ist nach der Rechtsprechung des BAG zunächst der räumliche Bereich[98] eines Tarifgebiets als wesentlicher Bezugspunkt zur Bestimmung des Kräfteverhältnisses der Verhandlungspartner anzusehen. Das BAG sieht regelmäßig das Tarifgebiet als angemessene Grenze des Kampfgebietes an.[99]

Als Argument für die Gleichsetzung des Kampfgebietes mit dem Tarifgebiet führt das BAG an, dass der Arbeitskampf ein Hilfsinstrument des Tarifvertrages sei. Arbeitskämpfe seien nur als ultima ratio zulässig, wenn in anderer Weise keine Einigung über einen Tarifvertrag erzielt werden könne. Arbeitskämpfe hätten sich demnach in das geltende Tarifrecht einzufügen. Als weiteres Argument wird der Umstand angeführt, dass durch den Geltungsbereich des Tarifvertrages nicht nur der Kreis der Normadressaten abgegrenzt, sondern auch auf beiden Seiten der Mitgliederbestand der unmittelbaren Verhandlungspartner festgelegt werde. Damit würde ein wesentlicher Faktor des Kräfteverhältnisses bestimmt.

Nur angemerkt werden soll, dass das BAG die vorgenannte Begrenzung der Parität auf das Kampfgebiet teilweise durchbricht. So hat es teilweise Auswirkungen von Arbeitskämpfen auf mittelbar betroffene Betriebe als paritätsrelevant angesehen, wenn Fernwirkungen des entsprechenden Arbeitskampfes unmittelbar oder mittelbar zu einer Störung des Kräftegleichgewichts der Tarifpartner führen könnten.[100]

(2) Erheblichkeit der Paritätsbeeinträchtigung

Als weiterer Grundsatz ist nach der Rechtsprechung des BAG die Erheblichkeit einer Paritätsbeeinträchtigung zu beachten. Bereits in seinem sog. ersten Aussperrungsurteil[101] hat das BAG darauf hingewiesen, dass nicht jede belie-

---

[98] Mit dem räumlichen Geltungsbereich des Tarifvertrages legen die Tarifparteien die geographischen Grenzen fest, innerhalb derer der Tarifvertrag gelten soll.

[99] Vgl. BAG, Urteil vom 10.06.1980 – 1 AZR 822/79, AP 64 zu Art. 9 GG - Arbeitskampf, zu B. II. 1. der Gründe, Bl. 924; BAG, Urteil vom 10.06.1980 – 1 AZR 168/79, AP 65 zu Art. 9 GG Arbeitskampf, zu B. II. 1. der Gründe, Bl. 940; BAG, Urteil vom 12.01.1988, AP Nr. 90 zu Art. 9 GG - Arbeitskampf, Bl. 1107 R.; vgl. auch *Konzen*, SAE 1981, 209, 209.

[100] Vgl. BAG, Beschluss vom 22.12.1980, AP Nr. 70 zu Art. 9 GG – Arbeitskampf; BAG, Beschluss vom 22.12.1980, AP Nr. 71 zu Art. 9 GG Arbeitskampf.

[101] BAG, GS, Beschluss vom 21.04.1971 – BAG 23, 292 ff. = AP Nr. 43 zu Art. zu Art. 9 GG Arbeitskampf.

bige Beeinflussung des Verhandlungsgleichgewichts einen Verstoß gegen den Paritätsgrundsatz darstelle.

In seinen Aussperrungsurteilen vom 10.06.1980 zur tarifbezogenen Kampfparität hat das BAG dieses Erheblichkeitserfordernis dahingehend konkretisiert, dass nur diejenigen Belastungen maßgebend seien, die sich nachteilig oder vorteilhaft auf die Kampf- und Verhandlungschancen der beiden Seiten auswirkten.[102] Das BAG hat entschieden, dass nicht jede Beeinflussung der Verhandlungsparität zugunsten einer Tarifvertragspartei gleich eine übermäßige, und damit nicht mehr hinnehmbare Paritätsverschiebung zu Lasten der anderen Tarifvertragspartei bedeute. Entscheidend sei vielmehr die Frage, ob eine Tarifpartei übermäßig in ihrer Verhandlungsposition geschwächt werde. Es sei eine wesentliche Verschiebung des Kräftegleichgewichts zugunsten einer Tarifpartei erforderlich.[103] Hierdurch hat das BAG hervorgehoben, dass die Paritätsbeeinträchtigung eine bestimmte Schwelle erreichen muss, um einen Verstoß gegen das Paritätsprinzip zu begründen.[104]

(3) Quantitative Erfordernisse

Ausfluss des Erheblichkeitsgedankens ist auch die Einführung von Quotierungen durch das BAG. Das Gericht hat hinsichtlich mehrerer Sachverhalte zur Bestimmung der Paritätssituation auf eine Quotierung zurückgegriffen.

Bekanntestes Beispiel ist die Entscheidung des BAG zur Quotierung der Aussperrung.[105] Das BAG hat hier Quoten aufgestellt, bis zu welchem Umfang die Arbeitskampfmittel Streik und Aussperrung rechtmäßig sind. Als Ansatzpunkt hat es die Anzahl der vom Streik- bzw. Aussperrungsbeschluss erfassten Arbeitnehmer genommen.[106] Das BAG hat zudem in einer Entscheidung über

---

[102] BAG, Urteil vom 10.06.1980 – 1 AZR 822/79, AP 64 zu Art. 9 GG - Arbeitskampf, unter A. V. der Gründe; BAG, Urteil vom 10.06.1980 – 1 AZR 168/79, AP 65 zu Art. 9 GG Arbeitskampf, unter A. V. der Gründe: Beide insbesondere mit Hinblick auf die Wirksamkeit von Teilstreiks; vgl. auch BAG, Beschluss vom 22.10.1980, - 1 ABR 2/79, AP Nr. 70 zu Art. 9 GG – Arbeitskampf, unter C. I. 2. b. (3), Bl. 590 R.

[103] Siehe vorherige Fn.

[104] BAG, Beschluss vom 22.10.1980, - 1 ABR 2/79, AP Nr. 70 zu Art. 9 GG – Arbeitskampf, unter C. I. 2. b. (3), Bl. 590 R.; BAG, Urteil vom 12.03.1985 – 1 AZR 636/82, unter II. 1., Bl. 367 R f.

[105] BAG, Urteil vom 10.06.1980 – 1 AZR 822/79, AP 64 zu Art. 9 GG - Arbeitskampf, Bl. 925; BAG, Urteil vom 10.06.1980 – 1 AZR 168/79, AP 65 zu Art. 9 GG - Arbeitskampf, Bl. 941 R.

[106] Das BAG hat die Bewertung der zeitlichen Dauer bzw. insbesondere des Umfangs des Arbeitskampfes als paritätsrelevanten Faktor angesehen und hierzu einige generelle Ausführungen gemacht. Ergebnis war die Quotierung der Aussperrung wie folgt: Wenn durch einen Streikbeschluss weniger als 25 % der Arbeitnehmer des Tarifgebiets zur Arbeitsniederlegung aufgefordert werden, sei eine Erweiterung des Kampfrahmens durch die Ar-

Vergütungsansprüche bei Betriebsversammlungen, die während eines Arbeitskampfes stattfinden, eine quantitative Betrachtungsweise vorgenommen.[107] Hier war fraglich, ob der Arbeitgeber die Zahlung der Vergütung für die Dauer der Betriebsversammlung (§ 44 Abs. 1 BetrVG) wegen der Beeinträchtigung der Parität verweigern kann. Der 1. Senat hat hier zwar die grundsätzliche Arbeitskampfrelevanz von Betriebsversammlungen bejaht. Wegen der geringfügigen Höhe der Zahlungsansprüche hat er aber eine Beeinträchtigung der Parität verneint. Auch die ursprüngliche BAG-Rechtsprechung zu Warnstreiks basierte auf einer quantitativen Betrachtungsweise.[108] Hiernach beginnt eine paritätsrelevante Druckentfaltung auf die Gegenseite noch nicht auf der Ebene von Warnstreiks.[109] Das BAG hat dabei die Grenze zwischen Warnstreiks als kurze, zeitlich befristete Arbeitsunterbrechungen mit nur „milder" Druckwirkung und längerfristigen oder zeitlich unbegrenzten Arbeitskampfmaßnahmen bei Arbeitsniederlegungen gzogen, die die Dauer von drei Stunden überschreiten.[110] Das BAG sieht damit quantitative Maßstäbe als geeignete Kriterien zur Bestimmung einer Paritätsbeeinträchtigung an.

(4) Zeitlicher Faktor

Zudem ist nach der Rechtsprechung des BAG bei der Überprüfung der Parität der zeitliche Zusammenhang zwischen einer Maßnahme bzw. einer Regelung und einem Arbeitskampf zu beachten.

---

beitgeberseite um weitere 25 % nicht unproportional. Werden mehr als 25 % der Arbeitnehmer des Tarifgebiets zum Streik aufgerufen, sei das Bedürfnis der Arbeitgeber zur Erweiterung des Kampfrahmens entsprechend geringer. Insgesamt geht der Senat davon aus, dass eine Störung der Kampfparität nicht mehr zu befürchten sei, wenn etwa die Hälfte der Arbeitnehmer eines Tarifgebietes entweder zum Streik aufgerufen werden oder von einem Aussperrungsbeschluss betroffen sind. Die Rechtsprechung geht auf Vorschläge von *Löwisch* (Vgl. *Löwisch*, RdA 1980, 1, 13 f.) und *Raiser* (Vgl. *Raiser*, ZRP 1978, 201, 205) zurück.

107 Vgl. BAG, Urteil vom 05.05.1987 – 1 AZR 292/85, AP Nr. 4 zu § 44 BetrVG 1972, unter II. 1, Bl. 1164 f. und IV., Bl. 1166.

108 Vgl. BAG, Urteil vom 17.12.1976 – 1 AZR 605/75, AP 51 zu Art. 9 GG Arbeitskampf, Bl. 1: Der Streik von 160 Arbeitnehmern eines Betriebes für 2-3 Stunden wurde als Warnstreik bewertet; BAG, Urteil vom 12.09.1984 – 1 AZR 342/83, AP Nr. 81 zu Art. 9 GG Arbeitskampf, Bl. 1 R: Auch der Streik von 780 Arbeitnehmern für die Dauer von 1 Stunde wurde als Warnstreik angesehen; BAG, Urteil vom 21.06.1988 – 1 AZR 651, 86, DB 1988, 1952 ff., 1952, unter A. I. 2. In seiner jüngeren Rechtsprechung hat das BAG von der Anwendung dieses Kriteriums wieder Abstand genommen.

109 BAG, Urteil vom 12.09.1984 – 1 AZR 342/83, AP Nr. 81 zu Art. 9 GG Arbeitskampf, unter B. II. 4., Bl. 574:„Die Zulassung kurzer befristeter Warnstreiks gefährdet nicht die Verhandlungsparität zwischen Arbeitgeber und Gewerkschaften".

110 BAG, Urteil vom 12.09.1984 – 1 AZR 342/83, AP Nr. 81 zu Art. 9 GG Arbeitskampf, unter B. II. 4., Bl. 574 R. mit zustimmenden Anmerkungen von Herschel.

Das BAG hat ausgeführt, dass der Paritätsgrundsatz nicht mehr beeinträchtigt werden könne, wenn der Arbeitskampf beendet sei.[111] Maßnahmen und Regelungen, die Auswirkungen für die Zeit nach Beendigung des Arbeitskampfes entfalten, bleiben damit bei der Beurteilung der Parität unberücksichtigt.

Anders hat das BAG hinsichtlich Vorbereitungsmaßnahmen entschieden, wenn es sich bei diesen um eine „Maßnahme des Arbeitskampfes" handele.[112] Eine solche „Maßnahme des Arbeitskampfes" liegt nach Ansicht des Gerichts vor, wenn die vorbereitende Maßnahme unmittelbar der Kampfmaßnahme diene und die praktische Durchführung der Kampfmaßnahme erst ermögliche. Dann stehe die vorbereitende Maßnahme in einem untrennbaren Zusammenhang mit der Kampfmaßnahme und müsse daher den gleichen Rechtsregeln unterliegen wie die Arbeitskampfmaßnahme selbst.[113] Eine derartige Vorbereitungsmaßnahme sei geeignet, die Freiheit des sozialen Gegenspielers[114] zu beschränken, „allein zu entscheiden, ob und wie eine Arbeitskampfmaßnahme durchgeführt werden soll".[115] In einer nachfolgenden Entscheidung führt das BAG dann einschränkend aus, eine mitbestimmungspflichtige Vorbereitungsmaßnahme ohne Beachtung der betrieblichen Beteiligungsrechte dürfe nur dann durchgeführt werden, wenn „die Mitbestimmung des Betriebsrats an der Vorbereitungsmaßnahme unmittelbar und zwangsläufig zur Folge habe, dass die Freiheit des Arbeitgebers, Arbeitskampfmaßnahmen zu ergreifen oder Folgen des eines Arbeitskampfes zu begegnen, in ihrem Kernbereich beeinträchtigt würde".[116] Allein der Bezug zu einer Arbeitskampfmaßnahme vermöge eine Einschränkung der Beteiligungsrechte des Betriebsrats nicht zu begründen. Das BAG macht in seiner Entscheidung aber keine näheren Ausführungen, nach welchen Kriterien ein Eingriff in den Kernbereich des Arbeitskampfes zu messen wäre.

---

[111] Vgl. BAG, Beschluss vom 26.01.1988 – 1 ABR 34/86, DB 1988, 1551, 1552 unter B II. 2. b. der Gründe.

[112] Vgl. BAG, Beschluss vom 16.12.1986 – 1 ABR 35/85, AP Nr. 13 zu § 87 BetrVG 1972 Ordnung, unter II. 2., Bl. 1075 R.

[113] An einer Entscheidung über eine Arbeitskampfmaßnahme und an deren Durchführung selbst habe der Betriebsrat in keinem Fall ein Mitbestimmungsrecht: BAG, Beschluss vom 16.12.1986 – 1 ABR 35/85, AP Nr. 13 zu § 87 BetrVG 1972 Ordnung, unter II. 2., Bl. 1076 f.; vgl. auch BAG, Beschluss vom 12.02.1988 – 1 ABR 39/86, AP Nr. 5 zu § 98 BetrVG 1972, Bl. 511 R f., aber im Ergebnis offengelassen.

[114] Im konkret vom BAG zu entscheidenden Fall bezog sich dies auf den Arbeitgeber; dem Fall lag die Frage der Mitbestimmung des Betriebsrats bei der anderweitigen Ausgestaltung der Werksausweise zur Unterscheidung ausgesperrter Arbeitnehmer von nicht ausgesperrten Arbeitnehmern zugrunde.

[115] BAG, Beschluss vom 16.12.1986 – 1 ABR 35/85, AP Nr. 13 zu § 87 BetrVG 1972 Ordnung, unter II. 2., Bl. 1076.

[116] BAG, Beschluss vom 10.02.1988, AP Nr. 5 zu § 98 BetrVG 1972, unter II. 3. c. der Gründe, Bl. 511 R.; bestätigt u.a. in BAG, Beschluss vom 30.08.1994 – 1 ABR 10/94, SAE 96, 323 ff., unter II. 1. a.

(5) Rechtsprechung zu Mitbestimmungsrechten des Betriebsrats im Arbeitskampf

Das BAG hat in seinen Urteilen zu Betriebsvereinbarungen über Gleitzeitregelungen auf die Rechtsprechung zur Beschränkung der Mitbestimmungsrechte des Betriebsrats im Arbeitskampf verwiesen.[117] Im Gegensatz zu den nur kurzen Ausführungen des BAG zu dem hier behandelten Thema hat das Gericht zu der Frage der Einschränkung von Mitbestimmungsrechten des Betriebrats im Arbeitskampf einige spezielle Anwendungsvoraussetzungen herausgebildet.[118] Diese sollen im Folgenden kurz dargestellt werden:

- Betriebliche Konfliktsituation

Nach Ansicht des BAG ist eine Voraussetzung für die Suspendierung der Mitbestimmungsrechte des Betriebsrats im Arbeitskampf, dass eine Konfliktsituation vorliegt, in welcher der Betrieb unmittelbar mit dem Arbeitskampf konfrontiert ist.[119] Das Merkmal der „unmittelbaren Konfrontation" hat das BAG dahin konkretisiert, dass diese nur dann anzunehmen sei, wenn in dem betreffenden Betrieb ein (Teil-) Streik oder eine (Teil-) Aussperrung durchgeführt werde.[120]

Entscheidend für eine Paritätsrelevanz ist damit nach Ansicht des BAG eine unmittelbare Kampfbetroffenheit des Betriebes. Die bloße Tatsache, dass der Betrieb innerhalb des räumlichen Geltungsbereichs des umkämpften Tarifvertrags liegt, reicht hiernach nicht aus.

---

[117] BAG, Beschluss vom 30.08.1994 – 1 ABR 10/94, SAE 96, 323 ff., unter II. 1. a.

[118] Vgl. insbesondere: BAG, Beschluss vom 26.10.1971 – 1 AZR 113/68, AP Nr. 44 zu Art. 9 GG Arbeitskampf, unter A. III. 1 der Gründe = BAGE, 23, 484, 504; BAG, Beschluss vom 14.02.1978 – 1 AZR 54/76, AP Nr. 57 zu Art. 9 GG Arbeitskampf, zu 3 der Gründe; BAG, Beschluss vom 14.02.1978 – 1 AZR 76/76, AP Nr. 58 zu Art. 9 GG Arbeitskampf, zu 7 der Gründe und BAG, Beschluss vom 24.04.1979 – 1 ABR 43/77, AP Nr. 63 zu Art. 9 GG Arbeitskampf, zu B. II. der Gründe; bestätigt in BAG, Beschluss vom 22.12.1980 – 1 ABR 76/79, AP Nr. 71 zu Art. 9 GG Arbeitskampf, unter C. II. der Gründe; vgl. auch BAG, Beschluss vom 16.12.1986, 1 ABR 35/85, AP Nr. 13 zu § 87 BetrVG, unter II.2.; BAG, Beschluss vom 10.02.1988 – 1 ABR 39/86, AP Nr. 5 zu § 98 BetrVG 1972, Ordnung, unter II.3.c.

[119] BAG, Beschluss vom 22.12.1980 – 1 ABR 2/79, AP Nr. 70 zu Art. 9 GG – Arbeitskampf, Bl. 593; BAG, Beschluss vom 22.12.1980 – 1 ABR 76/79, AP Nr. 71 zu Art. 9 GG – Arbeitskampf, Bl. 597 R., BAG, Beschluss vom 14.02.1978 – 1 AZR 76/76, AP Nr. 58 zu Art. 9 GG Arbeitskampf, Bl. 281R.

[120] BAG, Beschluss vom 22.12.1980 – 1 ABR 76/79, AP Nr. 71 zu Art. 9 GG – Arbeitskampf, Bl. 597 R., BAG, Beschluss vom 14.02.1978 – 1 AZR 76/76, AP Nr. 58 zu Art. 9 GG Arbeitskampf, Bl. 281 R; bestätigt in BAG, Beschluss vom 10.02.1988 – 1 ABR 39/86, AP Nr. 5 zu § 98 BetrVG 1972, Ordnung, Bl. 511 R f.

- Kausalität

Ferner hat das BAG im Rahmen der Rechtsprechung zur Suspendierung von Beteiligungsrechten im Arbeitskampf ausgeführt, dass nur solche Arbeitgebermaßnahmen mitbestimmungsfrei durchgeführt werden dürfen, „die durch das Streikgeschehen bedingt seien".[121] Das Gericht hat diese Bedingung dahingehend konkretisiert, dass es Voraussetzung für die Einschränkung von Mitbestimmungsrechten des Betriebsrats im Arbeitskampf sei, dass durch die Beteiligung des Betriebsrats die Freiheit des Arbeitgebers, Arbeitskampfmaßnahmen zu ergreifen oder Folgen eines Arbeitskampfes zu begegnen, unmittelbar in ihrem Kern beeinträchtigt würde.[122]

Die Maßnahme des Arbeitgebers muss demnach nach Auffassung des BAG aus Anlass des in seinem Betrieb geführten Arbeitskampfes ergriffen worden sein. Nicht ausreichend ist dagegen, dass sie während einer unmittelbaren Arbeitskampfkonfrontation durchgeführt wurde.

- Rechtzeitigkeit der Arbeitgebermaßnahme

Das BAG sieht als weiteres Kriterium für die Suspendierung von Beteiligungsrechten an, ob der Arbeitgeber die entsprechende Maßnahme „rechtzeitig schon vor dem Ausbruch des Arbeitskampfes" unter Beteiligung des Betriebsrats hätte durchführen können.[123] Eine vom Arbeitgeber selbst herbeigeführte Eilbedürftigkeit einer Entscheidung darf danach laut BAG kein Grund sein, das Mitbestimmungsrecht des Betriebsrats entfallen zu lassen.

b. Schrifttum

In der Literatur wird der Grundsatz der Parität und dessen Konkretisierung sehr unterschiedlich behandelt.[124] Hinsichtlich der Bestimmung der einzelnen

---

[121] Vgl. BAG, Beschluss vom 06.03.1979 – 1 AZR 866/77, AP Nr. 20 zu § 102 BetrVG 1972, Bl. 198 R. f.; BAG, Beschluss vom 14.02.1987 – 1 AZR 154/76, AP Nr. 60 zu Art. 9 GG Arbeitskampf, zu 5. der Gründe, Bl. 296 f.; BAG, Beschluss vom 24.04.1979 – 1 ABR 43/77, AP Nr. 63 zu Art. 9 GG Arbeitskampf, Bl. 310 f.

[122] Beschluss vom 30.08.1994 – 1 ABR 10/94, AP Nr. 132 zu Art. 9 GG – Arbeitskampf unter II. 1. a. der Gründe = SAE 96, 323 ff. mit Verweis auf die vorhergehende frühere Rechtsprechung.

[123] BAG, Beschluss vom 10.02.1988 – 1 ABR 39/86, AP Nr. 5 zu § 98 BetrVG 1972, Bl. 512.

[124] Vgl. *Goll*, Arbeitskampfparität, S. 15 ff.; *Rüthers*, JurA 1970, 85 ff.; *ders.*, DB 1973, 1649 ff.; *M. Wolf*, ZfA 1971, 151 ff.; *Däubler-Wolter*, Arbeitskampfrecht, S. 631 ff.; *Seiter*, Arbeitskampfparität, S. 59 ff.; *Bertelsmann*, Aussperrung, S. 222; *Weiss*, AuR, 1984, 97, 99 ff.; *Mayer-Maly*, RdA 1968, 432 ff.; *Ramm*, Arbeitskampf, S. 184, 199 ff.; *Zöllner*, Aussperrung, S. 24 f.; *Säcker*, Gruppenparität S. 98 ff., 112 ff.; *Löwisch*, RdA 1969, 129, 133; *Lerche*, Zentralfragen, S. 64 – 73; *Koenen*, Waffengleichheit, S. 49 ff.

der Paritätsbewertung zugrunde zu legenden Faktoren ist keine Einigkeit festzustellen.

aa. Kritik an der „formelhaften" Anwendung des Paritätsgrundsatzes durch das BAG

Viele Autoren sind sich jedoch einig hinsichtlich der Kritik an der Rechtsprechung. So wurde oft die „Formelhaftigkeit"[125] der Rechtsprechung zu den Paritätskriterien sowie das Fehlen exakter Maßstäbe zur Feststellung von Parität[126] gerügt. Die Ausgestaltung und Anwendung des Grundsatzes der Parität durch das BAG wird im Schrifttum unter anderem als „typische Leerformel mit nahezu beliebiger Interpretationsbreite"[127] bezeichnet. Es ist daher im Schrifttum häufig gefordert worden, den Inhalt des Paritätsgrundsatzes anhand von Leitlinien zu präzisieren.[128]

bb. Paritätsrelevante Faktoren

Auch im Schrifttum konnte sich aber bisher keine einheitliche Linie zur Bestimmung der paritätsrelevanten Faktoren durchsetzen. Über die Frage, ob

---

125 So *Patett*, Arbeitskampffernwirkungen, S. 464 f.; *Däubler*, Arbeitskampfrecht, Rn. 105 o.; vgl. auch *Jahn*, Beteiligung, S. 66 ff. mit Verweis auf BAG, 24.04.1979, AP 63 zu Art. 9 GG Arbeitskampf; Herbst AiB 1987, 1 , 6, spricht im Zusammenhang mit der Rechtsprechung des BAG zu den speziellen Anwendungsvoraussetzungen zur Einschränkung der Beteiligungsrechte im Arbeitskampf von „Schamgrenzen", die das BAG wegen des eindeutigen Wortlauts des BetrVG aufgebaut habe.

126 Vgl. *Trittin*, DB 1990,. 322, 323; *Dieterich*, FS für Herschel, S. 37, 43; *Goll*, Arbeitskampfparität, S. 16 ff.; *Lübbe-Wolff*, DB 1988, Beil. Nr. 9, S. 1, 4.; *Rüthers/Henssler*, AP Nr. 13 zu § 87 BetrVG Ordnung des Betriebes, Bl. 6 R.; *Evers*, Arbeitskampffreiheit, S. 53 ff., 63 ff.; *Söllner*, DB 1969, S. 839; *Dütz*, Anmerkung EzA § 615 Betriebsrisiko Nr. 8, S. 69; vgl. auch *Rüthers*, Anmerkung zu BAG EzA Nr. 37 zu Art. 9 GG Arbeitskampf, 424 a, 424 t, der kritisiert, dass das BAG den Aspekt der Parität zum Gegenstand ausführlicher und genauerer Überlegungen hätte machen müssen. Die Attitüde als richterlicher Ersatzgesetzgeber mache eine überzeugende Begründung nicht überflüssig. Er geht aber davon aus, dass eine Berücksichtigung aller das Gleichgewicht beeinflussenden Umstände nicht möglich sei.

127 So Rüthers, DB 1969, 967, 969 mit Verweis insbesondere auf *Hoeninger*, BB 1955, 704 ff.; zurückhaltender *ders.*, JurA, 1970, 85 ff., 108 („Generalklausel von großer Interpretationsbreite"). Die Kritik von Rüthers bezog sich allerdings auf die Folgerungen aus diesem Grundsatz. Kritisch auch *Zöllner*, DB 1985, 2450, 2453 ff; *Heenen*, Kampfparität, S. 39; *Bieback*, Streikfreiheit, S. 253, 256; *Pabst*, Kampfparität, S. 103 ff., 159 ff., 214ff.; weiterhin *Goll*, Rechtstheorie, 225, 235 („Zauberformel").

128 Vgl. *Seiter*, Streikrecht, S. 159 m.w.N.; *Däubler-Colneric*, Arbeitskampfrecht, Rn. 616 ff m.w.N.; *Däubler-Däubler*, Arbeitskampfrecht, Rn. 105 c f.; *Heenen*, Kampfparität S. 39; *Kisker*, RdA 1987, 194, 198 f.; *Trittin*, DB 1990,. 322, 323; vgl. ferner *Wank*, Begriffsbildung, S. 80; *Diederichsen*, Festschrift für Flume S. 283, 294 für Umsetzung der sozialen und ökonomischen Daten nur unter wertender Kontrolle in das Rechtssystem.; *Pabst*, Kampfparität, S. 90, zur Ausfüllung des Paritätsbegriffs vor dem Hintergrund des Tarifkonflikts.

und wie die soziale Realität in die Bestimmung der Paritätssituation einfließen soll, besteht ein hohes Maß an Uneinigkeit.[129]

Aufgrund der fehlenden einheitlichen Linie werden die vom Schrifttum als relevant angesehenen Faktoren den unterschiedlichsten Bereichen des Lebens entnommen. Es sollen ökonomische, politische, soziale und psychische Umstände beachtlich sein.[130] So werden im Schrifttum viele unterschiedliche Faktoren wie beispielsweise die wirtschaftliche Lage des Unternehmens[131], die öffentliche Meinung,[132] die Beschäftigungslage,[133] die Eigentumsverhältnisse an den Produktionsmitteln[134], Lieferhilfeabkommen[135], Solidaritätsabkommen sowie Wettbewerbsverbote zugunsten bestreikter Unternehmen[136] als paritätsrelevant diskutiert.

Zudem finden sich im Schrifttum trotz der vorgenannten allgemeinen Kritik an der Art der Anwendung des Paritätsgrundsatzes durch das BAG viele zustimmende Meinungen zu den einzelnen von der Rechtssprechung genannten paritätsrelevanten Faktoren. Wie dargelegt sind viele Autoren im arbeitsrechtlichen Schrifttum der Ansicht, dass die Bewertung der Parität mit einem tarifbezogenen Ansatz zu erfolgen habe.[137] Ferner wird die Nennung der Erheblichkeitsschwelle im Schrifttum befürwortet.[138] Auch das Kriterium der zeitlichen Einschränkung hat im Schrifttum Zustimmung gefunden.[139] Hinsichtlich der

---

[129] Vgl. die ausführliche Darstellung bei *Pabst*, Kampfparität, S. 80 ff.

[130] *Raiser*, ZRP 1987, 201, 203 ; vgl. auch die ausführliche Darstellung bei *Bertelsmann*, Aussperrung, S. 245 ff.

[131] *Seiter*, Streikrecht, S. 286 ff.; *Däubler(Hrsg.)-Colneric*, Arbeitskampfrecht, Rn. 889; *Zachert/Metzke/Hamer*, Aussperrung, S. 137.

[132] *Seiter*, Streikrecht, S. 286 ff.; *Bertelsmann*, Aussperrung, S. 308 ff.; *Hensche,* RdA 1996, 293, 297 f.; *Wohlgemut*, BB 1979, 111, 115; *Wolter*, AuR 1979, 193, 197; *Zachert/Metzke/Hamer*, Aussperrung, S. 152 ff; *Däubler-Wolter*, Arbeitskampfrecht, Rn. 889.

[133] *Seiter*, Streikrecht, S. 286 ff; *Däubler-Wolter*, Arbeitskampfrecht, Rn. 889; *Bertelsmann*, Aussperrung, S. 284 f.

[134] *Seiter*, Streikrecht, S. 286 ff; *Zachert/Metzke/Hamer*, Aussperrung, S. 138.

[135] *Däubler-Wolter*, Arbeitskampfrecht, Rn. 889.

[136] *Däubler-Wolter*, Arbeitskampfrecht, Rn. 889.

[137] Vgl. oben unter § 11 I. 3. a.
Vgl. *Bertelsmann*, Aussperrung, 1979, S. 346; *Löwisch*, RdA 1980, 1, 12; *Wiedemann*, RdA 1969, 321, 333; *Brox/Rüthers*, Arbeitskampfrecht, Rz. 146, 204; *Rüthers,* BB 1964, 312, 314; *ders.*, Anmerkung zu BAG, EzA Nr. 37 zu Art. 9 GG Arbeitskampf, S. 242 z^2 ; *Dütz*, DB 1979, Beilage, 14, S. 7 ff.

[138] Vgl. *Jahn*, Beteiligung, S. 66; *Däubler*, Arbeitsrecht, Bd. 1, S. 260. Von einem Teil des Schrifttums wurde bei der Beurteilung von Arbeitskampffernwirkungen auf eine quantitative Betrachtungsweise abgestellt: vgl. *Hanau*, AR-Blattei D, Arbeitskampf I, Nr. 18/19; Bl. 11 R.; *Dütz*, EzA Nr. 8 zu § 615 BGB, Betriebsrisiko, S. 63, 71.

[139] Zur Rechtsprechung über die Paritätsrelevanz nach Beendigung des Arbeitskampfes: zustimmend: *Löwisch(Hrsg.)-Löwisch/Rumler*, Arbeitskampf- und Schlichtungsrecht, 170.4, Rn. 35; *Dietz/Richardi*, BetrVG, § 99 Rn. 23. Zur Rechtsprechung zu Vorberei-

Rechtsprechung zu der Einschränkung von Mitbestimmungsrechten des Betriebsrats im Arbeitskampf[140] werden im Schrifttum die Faktoren der betrieblichen Konfliktsituation[141], der Kausalität[142] sowie der Rechtzeitigkeit der Arbeitgebermaßnahme[143] zustimmend kommentiert. Viel Kritik hat dagegen die Einführung der „Aussperrungsquoten" erfahren.[144] Andererseits gilt es seit der Quotierung der Aussperrung als anerkannt, dass nicht jede Beeinträchtigung einer Arbeitgebermaßnahme während des Arbeitskampfes automatisch zu einer Paritätsgefährdung führt.[145] Übertragen auf die Frage der Paritätsbeeinträchtigung durch Betriebsvereinbarungen bedeutet dies, dass nicht jede betriebliche Regelung mit Arbeitskampfbezug zu einer Paritätsverschiebung führt.

Den Schwierigkeiten, die sich aus der Vielfalt möglicher paritätsrelevanter Umstände ergeben, wollen einige Autoren durch den Versuch einer Begrenzung begegnen. So soll die Frage, welche Umstände zur Bewertung der Parität zu berücksichtigen seien, nach Ansicht einiger Autoren aufgrund der „Ordnungsfunktion der Kampfparität" bestimmt werden.[146] Zudem wurde eine Orientierung an den „durch die Tarifautonomie vorgegebenen Grenzen" verlangt.[147] Andere Autoren haben eine „Negativabgrenzung, wann keine Parität

---

tungsmaßnahmen: zustimmend *Löwisch*, AR-Blattei, Arbeitskampf I, Nr. 26 Bl. 1R. f.; ähnlich *Wiese*, NZA 1984, 378, 381; vgl. auch *Bieback/Mayer*, AuR 1982, 169, 173, *Rüthers/Henssler*, AP 13 zu § 87 BetrVG 1972, Ordnung, Bl. 6 R.

140 Vgl. unter anderem *Reuter*, AuR 1973, 1, 5.

141 *Dietz/Richardi*, BetrVG, § 99 Rn. 22.; *Löwisch(Hrsg.)-Löwisch/Rumler*, Arbeitskampf- und Schlichtungsrecht, 170.4, Rn. 32; vgl. auch: *Heinze*, DB 1982, Beilage 23, 1, 4.

142 Zustimmend: *Kraft*, SAE, 1979, 303, 304 (a.A. noch *ders.*, ZfA 1973, 243, 259 f.); *Wiese*, NZA, 1984, 378, 380 f.; *Löwisch(Hrsg.)-Löwisch/Rumler*, Arbeitskampf- und Schlichtungsrecht, 170.4, Rn. 37; vgl. auch: *Bieback/Mayer*, AuR 1982, 169, 172 f.

143 Vgl. *Däubler (Hrsg.)-Colneric*, Arbeitskampfrecht, Rn. 743 h..

144 Vor allem wurde kritisiert, dass die normierten Zahlengrenzen willkürlich seien und die undifferenzierte zahlenmäßige Pauschalierung des Übermaßverbotes („Arbeitskampfarithmetik") nicht überzeugen könne. Vgl. unter anderem *Rüthers*, Aussperrung, S. 103 f.; *ders.*, Anmerkung zu BAG EzA Nr. 37 zu Art. 9 GG Arbeitskampf, S. 242 x; *ders.*, Anmerkung zu BAG AP Nr. 70 und 71 zu Art. 9 GG Arbeitskampf, Bl. 600; *Brox/Rüthers-Rüthers*, Rn. 211 ff., S. 132 ff.; *Zöllner*, Arbeitsrecht, § 40 IX, S. 381 f.; *Kalb*, Arbeitskampfrecht, S. 92; *Kittner*, AuR, 1981, 289, 293; *Lieb*, NZA 1990, 289, 298 ff.; vgl. auch *Konzen*, AfP 1984, S. 1, 4, 8 ff.; *Beuthien*, Wirtschaftsstörung, S. 40, 72 mit Fn. 156 f.; *Gaudecki*, Schadensbegrenzung, S. 96 ff.

145 Vgl. *Jahn*, Beteiligung, S. 81.

146 So etwa *Konzen*, AcP 177, 473, 527 ff.; *Seiter*, RdA 1981, 65, 72 ff.

147 *Raiser*, ZRP 1978, 201, 204, der eine Berücksichtigung des außerhalb der Tarifautonomie gelegenen „rechtlichen, politischen und ökonomischen Geschehens" ablehnt. Alles, was keinen unmittelbaren Bezug zur Tarifautonomie habe, könne nicht paritätsrelevant sein, da Arbeitskämpfe nicht dazu dienen könnten, die herrschenden politischen, wirtschaftlichen und rechtlichen Verhältnisse zu verändern: So auch *Lieb*, DB 1980, 2188, 2189; *Konzen*, AcP 177, 473, 527 ff.; *Zöllner*, Aussperrung, S. 30 f., 51; vgl. auch *Pabst*, Kampfparität, S. 90.

herrscht"[148] oder eine „plausible Falsifizierung statt einer Verifizierung"[149] vorgeschlagen. Wieder andere Stimmen heben hervor, dass nur eine „grobe Vergleichbarkeit" der Faktoren möglich sei.[150]

Zudem gibt es viele weitere Einzelmeinungen zur Bestimmung der einzelnen paritätsrelevanten Faktoren. *Koenen* will den Paritätsvergleich auf die Risiken beschränken, die der Arbeitskampf mit sich bringt.[151] Seiner Ansicht nach geht es dabei insbesondere um finanzielle Risiken. Auf der Ebene der Verbände sei es Ziel, die Kampfkassen des Gegners zu leeren.[152] Deshalb könne es bezüglich der erheblichen Umstände für die Paritätsprüfung nur um den Umfang und die Quellen der Kampfkassen der Verbände gehen. *Goll* will dagegen den Begriff der Parität aufgrund von Untersuchungen des Kampfmittelgebrauchs und der Ergebnisse der Arbeitskämpfe unter Zugrundelegung ökonomischer Kriterien bestimmen.[153] *Heenen* untersucht zur Feststellung der Gleichgewichtslage die Konkurrenzsituation am Arbeitsmarkt, wobei er voraussetzt, dass sich auf dem Arbeitsmarkt gleichgewichtige Verhandlungschancen nicht von selbst einstellen.[154]

c. Stellungnahme

Bisher ist weder von der Rechtsprechung noch vom Schrifttum ein grundlegendes Konzept zur Konkretisierung der paritätsrelevanten Faktoren erarbeitet worden. Das BAG verweist insoweit auf die Gesetzgebung sowie auf die Tarifparteien. Dabei erscheint es als fraglich, ob eine solche Konkretisierung realistisch von den Tarifparteien als unmittelbar betroffene Kampfparteien verlangt werden kann.

---

[148] *Raiser*, RdA 1987, 201, 204 mit dem Beispiel, dass eine Kampfpartei Art und Ausmaß des Kampfes allein zu bestimmen vermag, während die andere dazu verurteilt ist, lediglich stillzuhalten; vgl. auch *Jansen*, Betriebliche Mitbestimmung, S. 160.

[149] *Kisker*, RdA 1987, 194, 199; der den Maßstab einer konsensfähigen Zielvorstellung hervorhebt; ihm folgend: *Gegenwart*, Arbeitskampf, S. 115; *Wolter*, AuR 1988, 357, 360; vgl. auch *Kämereit*, Arbeitskampfrecht, S. 131; *Treber*, Maßnahmen, S. 414.

[150] *Konzen*, AcP 177, 273, 527 ff., der zugleich davor warnt, die Vergleichsdaten durch Pauschalurteile zu verzerren (S. 530); vgl. auch *Raiser*, ZRP 1978, 201, 204; *Wiedemann*, RdA 1969, 321, 333.

[151] *Koenen*, Waffengleichheit, S. 17 ff.

[152] Vgl. auch *Koenen*, BB, 1968, 1082, 1083 f.; ebenso *Rüthers*, Anmerkung zu BAG, EzA Nr. 37 zu Art. 9 GG Arbeitskampf, S. 242 x.

[153] *Goll*, Arbeitskampfparität, S. 55.

[154] *Heenen*, Kampfparität, S. 44 ff.

aa. Anmerkungen zur Rechtsprechung

Es ist auf die generelle Rechtsprechung zur Konkretisierung der paritätsrelevanten Faktoren sowie auf die Rechtsprechung zur Regelung des Arbeitskampfes durch Betriebsvereinbarungen einzugehen.

(1) Generelle Rechtsprechung

Der im Schrifttum vielfach geäußerten Kritik an der Rechtsprechung des BAG ist insoweit zuzustimmen, als dass das BAG sich nur selten um eine materielle Prüfung der Paritätsrelevanz bemüht hat. Das BAG hat bisher die Nennung von Maßstäben vernachlässigt, anhand derer es die Bewertung der Parität bzw. die Beeinträchtigung der Paritätssituation vorgenommen hat. Vielmehr hat das BAG in vielen Urteilen lediglich formelhaft auf die Beeinträchtigung des Verhandlungsgleichgewichts verwiesen.[155] Es hat sich in der Regel mit einem Verweis auf das Paritätsprinzip begnügt und ist damit zu dem Ergebnis gekommen, dass dieses Prinzip verletzt ist oder nicht verletzt ist. Dagegen fehlt bislang eine umfassende Auseinandersetzung mit dem Paritätsbegriff.

Bei der vielfach geübten Kritik ist meines Erachtens aber auch zu bedenken, dass das BAG in seiner Rechtsprechung doch einige generelle Grundsätze zur Anwendung des Paritätsprinzips entwickelt hat.[156] Es ist nur auffällig, dass das BAG diese Grundsätze in den nachfolgenden Entscheidungen nicht explizit nennt und nicht anhand dieser Grundsätze argumentiert. Dies trägt nicht zur sicheren Anwendung der Grundsätze und damit nicht zur Rechtssicherheit bei.

Des Weiteren stellt sich die Frage, ob die bisher vom BAG aufgestellten Grundsätze als detailliert genug angesehen werden können. Das BAG hat insoweit ausgeführt, dass es nicht seine Aufgabe sei, allgemeine Grundsätze für die Konkretisierung des Paritätsgrundsatzes aufzustellen.[157] Es verweist daher auf den Gesetzgeber bzw. die Tarifvertragsparteien. Selbst wenn man dieser

---

[155] Vgl. unter anderem BAG, Beschluss vom 24.04.1979- 1 ABR 43/77, AP Nr. 63 zu Art. 9 GG – Arbeitskampf, unter B. II. 2. der Gründe, Bl. 310 (zu Beteiligungsrechten des Betriebrats bei der vorübergehenden Verlängerung der betriebsüblichen Arbeitszeit) mit zust. Anm. von *Rüthers/Klosterkemper*, Bl. 311 ff.; BAG, Urteil vom 26.10.1971 – 1 AZR 113/68, AP Nr. 44 zu Art. 9 GG – Arbeitskampf, zu A. III. 1. der Gründe, Bl. 68 R (zu Beteiligungsrechten des Betriebrats bei personellen Maßnahmen des Arbeitgebers während eines Arbeitskampfes); BAG, Urteil vom 14.02.1978 – 1 AZR 54/76, AP Nr. 57 zu Art. 9 GG – Arbeitskampf, zu 3. der Gründe, Bl. 275 R. f.; BAG, Urteil vom 14.02.1978 – 1 AZR 76/76, AP Nr. 58 zu Art. 9 GG – Arbeitskampf, zu 7. der Gründe, Bl. 281 R. Vgl. auch *Patett* Arbeitskampffernwirkungen S. 464.

[156] Vgl. oben unter § 11 I. 4. a.

[157] Vgl. BAG, Urteile vom 10.06.1980, AP Nr. 64, 65 zu Art. 9 GG – Arbeitskampf.

Auffassung des BAG zustimmt, hat es jedoch eine Konkretisierung der paritätsrelevanten Faktoren zumindest insoweit vorzunehmen, als dies als Grundlage für die ihm zur Entscheidung gestellten Sachverhalte erforderlich ist. Daher sollte das Gericht die selbst aufgestellten Grundsätze systematisieren, im jeweiligen Urteil nennen und eine konkrete Subsumtion vornehmen. Hier könnte eine Argumentation anhand einheitlicher Grundsätze wesentlich zur Rechtssicherheit beitragen.

So führt das BAG auch selbst aus, dass aufgrund der weitreichenden Folgen der Arbeitskämpfe die Grenzen ihrer Zulässigkeit wenigstens in groben Zügen vorhersehbar sein müssten.[158] Eine schnelle und praktikable Konkretisierung sei unerlässlich. Diese ist bisher nicht ersichtlich. Zudem hat das BAG in einem späteren Urteil ausgeführt, der Richter könne sich der Aufgabe, das Verhandlungsgleichgewicht im Grundsatz zu sichern, nicht entziehen.[159] Da die Verfassung die Tarifautonomie schütze, müsse die Rechtsprechung sicherstellen, dass die mit der Tarifautonomie aufs engste verknüpfte Arbeitskampfordnung die Funktionsfähigkeit der Tarifautonomie gewährleiste. Die Arbeitskampfordnung dürfe deshalb keiner Seite solche Vorteile zukommen lassen, aus denen ein nennenswertes Verhandlungsungleichgewicht entstehen könne. Denn ohne das grundsätzliche Verhandlungsgleichgewicht wäre die Richtigkeitsgewähr autonomer Rechtsgestaltung in Gefahr. Das Verhandlungsgleichgewicht kann jedoch nur gesichert werden, wenn dessen allgemeine Prinzipien zur Anwendung sowie dessen Leitlinien zur Konkretisierung wenigstens im Grundsatz feststehen. Dies ist bisher nicht der Fall.

(2) Rechtsprechung zu Betriebsvereinbarungen mit Arbeitskampfbezug

Auch in dem oben dargestellten Beschluss des BAG zu Gleitzeitvereinbarungen[160] hat sich das Gericht ausdrücklich auf eine "Bestimmung der hier in Frage stehenden Art“ [161] bezogen.[162] Es ist für die konkrete betriebliche Regelung zu dem Ergebnis gekommen, dass diese keine Auswirkungen auf die Paritäts-

---

[158] BAG, Urteil vom 10.06.1980 – 1 AZR 822/79, AP 64 zu Art. 9 GG - Arbeitskampf, unter B. II. 3. der Gründe, Bl. 923 R.; BAG, Urteil vom 10.06.1980 – 1 AZR 168/79, AP 65 zu Art. 9 GG Arbeitskampf, unter B. II. 3. der Gründe, Bl. 939 R.

[159] BAG, Urteil vom 12.03.1985 – 1 AZR 636/82, AP Nr. 84 zu Art. 9 GG – Arbeitskampf, unter II. 1. b. der Gründe, Bl. 367.

[160] Vgl. oben unter § 2 I. 2.

[161] Diese lautete wie folgt: „Belastung des Gleitzeitkontos mit Ausfallzeiten bis zu einem Zeitsoll von fünf Stunden zum Monatsende“: BAG, Beschluss vom 30.08.1994 – 1 ABR 10/94, AP Nr. 132 zu Art. 9 GG – Arbeitskampf, unter A. der Gründe, Bl. 691.

[162] Fraglich ist daher beispielsweise, was gilt, wenn die Betriebsparteien andere Regelungen vereinbaren, wie etwa ein Wahlrecht des Arbeitnehmers, ob er eine Verrechnung der Ausfallzeiten auf dem Gleitzeitkonto bevorzugt oder eine entsprechende Minderung des Lohnes.

situation entfalte. Dabei hat das BAG zwar nach seiner Terminologie das Vorliegen einer Paritäts*beeinträchtigung* verneint. Aus der Vornahme einer Abwägung, ob die in Frage stehende Regelung überhaupt Auswirkungen auf den Arbeitskampf entfalten könne, ergibt sich jedoch, dass das BAG bereits die Paritäts*relevanz* für nicht gegeben ansah. Das Gericht hat hierzu auf die Kriterien abgestellt, ob die Streikbereitschaft der Arbeitnehmer durch die Regelung typischerweise erhöht werde oder der Arbeitskampf durch den Arbeitgeber finanziert werde. Beide Kriterien sah das BAG als nicht erfüllt an. Es ist bei der Abwägung zu dem Ergebnis gekommen, dass die betrieblichen Gleitzeitregelungen weder direkte noch indirekte Auswirkungen auf den Arbeitskampf entfalteten. Dabei dürften die Sachverhalte der beiden Entscheidungen vom 30.8.1994 von Bedeutung gewesen sein: Im einen Falle wurde die Anrechnung gewünscht, im anderen gerade nicht. Folgerichtig hat das BAG die Vereinbarung derartiger Betriebsvereinbarungen als zulässig angesehen.

Das BAG ist auch in der genannten Entscheidung zu Gleitzeitvereinbarungen nicht auf generelle Grundsätze zur Beurteilung einer Paritätsbeeinträchtigung eingegangen. So hat es keine Ausführungen dazu gemacht, anhand welcher Kriterien die Beurteilung einer Paritätsbeeinträchtigung mit Hinblick auf betriebliche Regelungen mit Arbeitskampfbezug vorzunehmen ist. Das BAG hat keinen der von ihm vorher aufgestellten Grundsätze zur Konkretisierung der paritätsrelevanten Faktoren angesprochen.

Durch eine solche Vorgehensweise ist insbesondere den Betriebs- und Tarifparteien für die zukünftige Handhabung derartiger Betriebsvereinbarungen nicht geholfen. Es wird insbesondere nicht deutlich, ob das BAG an seiner bisherigen Rechtsprechung festhält und seiner Entscheidung die in vorhergehenden Entscheidungen aufgestellten Grundsätze zu Grunde legt. So macht das BAG beispielsweise nicht deutlich, ob es bei der Bewertung der betrieblichen Mitbestimmungsrechte bzw. der Beurteilung von Betriebsvereinbarungen aufgrund des starken betrieblichen Zusammenhangs von einer betriebsbezogenen Betrachtungsweise der Parität ausgeht, oder ob es auch hier an dem bisher vertretenen Ansatz der tarifgebietsbezogenen Parität festhält.

Durch die Abwägung, ob die Berücksichtigung der Zeiten der Streikteilnahme bei der Gleitzeitvereinbarung eine Auswirkung auf die Entscheidung der Arbeitnehmer zur Teilnahme am Arbeitskampf und damit auf die Kampfparität haben könnte, hat sich das BAG zumindest teilweise von der Rechtsprechung abgesetzt, nach der es lediglich formelhaft auf den Paritätsgrundsatz verwiesen hat, ohne dies mit Argumenten zu untermauern. Fraglich ist jedoch, ob in der vorgenannten Entscheidung zu der Betriebsvereinbarung über die Gleitzeitregelung eine hinreichende Abwägung vorgenommen worden ist. Wie dargelegt lässt das BAG in seinen Urteilsbegründungen nicht hinreichend erkennen, ob und welche Maßstäbe es zur Paritätsbewertung anwendet.[163] Daher besteht die Gefahr, dass bei der Beurteilung, ob eine Regelung in einer Betriebsvereinbarung gegen die Kampfparität verstößt, beliebige Ergebnisse erzielt werden können. So hat das BAG im genannten Fall der Betriebsvereinbarungen über Gleitzeitregelungen die Beeinflussung der Kampfparität verneint. Dagegen haben Autoren im Schrifttum im konkreten Fall einen solchen Verstoß bejaht bzw. zumindest Bedenken angemeldet.[164]

Ferner ist die Frage zu stellen, wie sinnvoll die Äußerung des BAG in dem obiter dictum ist.[165] Das BAG hat hier obiter zu einer Frage Stellung genommen, so dass es auf deren Klärung zur Entscheidung des fraglichen Falles nicht ankam. Dann hat es sich aber doch wieder darauf beschränkt, nur auf den dem konkreten Fall zugrundeliegenden Sachverhalt einzugehen. Für die Handhabung zukünftiger Fallgestaltungen geben die Ausführungen daher keine Hilfestellung. Die grundlegenden Fragen bleiben unbeantwortet. Durch solche Argumentationen wird insbesondere den Tarif- und Betriebsparteien nicht geholfen. Im übrigen stellt sich die Frage, warum das BAG in seiner Rechtssprechung überhaupt zu dem Instrument der Stellungnahme in obiter dicta greift, wenn es seine Aufgabe nur darin sieht, den konkreten zur Entscheidung gestellten Fall zu beurteilen.

bb. Anmerkungen zum Schrifttum

Das Schrifttum hat zum Teil berechtigte Kritik an der Handhabung des Paritätsgrundsatzes durch das BAG geübt.

Auch im Schrifttum konnte sich bisher aber keine einheitliche Linie zur Bestimmung der paritätsrelevanten Faktoren durchsetzten. Es ist auffällig, dass zu den einzelnen Faktoren eine kontroverse Diskussion geführt wird. Wie dargelegt besteht eine Vielzahl von Einzelmeinungen. Die Bestimmung der paritätsrelevanten Faktoren darf jedoch nicht beliebig erfolgen. Dies würde zu einer unerträglichen Rechtsunsicherheit führen. Vielmehr ist eine Beurteilung anhand allgemeiner Leitlinien erforderlich. Auch bei der Frage der Begrenzung der relevanten Kriterien besteht eine Fülle unterschiedlicher Ansichten. Für die Frage, welche Kriterien im Rahmen des materiellen Paritätsverständnisses heranzuziehen sind, findet daher auch das Schrifttum keine praktikable Lö-

---

[163] Dies gilt auch für den hier vorliegenden Fall, in dem das BAG die Paritätsrelevanz verneint.

[164] Vgl. *Hergenröder*, SAE, 1996, S. 323, 327 f. mit Verweis auf Löwisch, AR-Blattei, SD 170.2 Nr. 40. (Bl. 5 f.); *Löwisch/Rieble*, AR-Blattei, SD 170.1 (1993) Rn. 127 f.

[165] Zur Verwendung von obiter dicta vgl. *G. Müller*, DB 1981, 93, 102.

sung. Vielmehr sehen sich insbesondere die Betriebs- und Tarifparteien zahllosen Einzelmeinungen mit unterschiedlichen Interpretationen gegenüber.

Zudem fällt auf, das sich die Autoren im Rahmen der kontroversen Diskussion häufig auf die Frage der Anwendbarkeit bestimmter Kriterien beschränkt haben und nur selten der Versuch gemacht worden ist, eine umfassende Systematisierung der paritätsrelevanten Faktoren vorzunehmen. Zum Teil wird auch angenommen, dass die Festlegung exakter Merkmale zur Feststellung der paritätsrelevanten Faktoren nicht möglich, aber auch nicht nötig sei, da diese dauernd wechselten und daher nicht festschreibbar seien.

Eine Auswertung der Vielzahl der im Schrifttum vertretenen Ansichten hilft daher kaum weiter, allgemeingültige Kriterien zur Bestimmung der Paritätssituation festzustellen. Ein detailliertes Eingehen auf die einzelnen im Schrifttum diskutierten Faktoren würde den Rahmen dieser Untersuchung sprengen und auch keine unmittelbaren Ergebnisse für das hier untersuchte Thema bringen. Daher soll hierauf im Rahmen dieser Untersuchung verzichtet werden.

cc. Faktoren zur Paritätsbewertung

Ausgehend von der materiellen Bestimmung der Parität ist es fraglich, welche Aspekte der sozialen Realität, innerhalb derer sich die Tarifauseinandersetzung abspielt, in die Paritätsbewertung einfließen sollen und welche außer Betracht bleiben sollen. Parität ist ein Rechtsbegriff, der mit dem realen Hintergrund des Tarifkonflikts ausgefüllt werden muss. Es geht daher nicht nur um eine Beschreibung, sondern um eine Bewertung der Parität.

Es würde nicht in den Rahmen der vorliegenden Untersuchung passen, wollte man auf alle diskutierten bzw. denkbaren paritätsrelevanten Faktoren eingehen. Wie erörtert ist als Bezugspunkt der Paritätsbewertung eine tarifbezogene (teleologisch)-typisierende Betrachtungsweise anzunehmen.[166] Anhand dieses Ansatzes ist der Kreis der paritätsrelevanten Faktoren einzugrenzen. Damit reduziert sich die Frage der Konkretisierung der paritätsrelevanten Faktoren auf tarifbezogene Faktoren. Vor diesem Hintergrund soll auf einige wichtig erscheinende Faktoren der Paritätsbewertung eingegangen werden.

(1) Geltungsbereich

Aufgrund des Bezugs zur Tarifautonomie ist bei der Bewertung der Parität ein tarifbezogener Maßstab zu Grunde zu legen.[167] Als räumlicher Maßstab einer

---

[166] Siehe oben unter § 11 I. 4. c. cc.
[167] Vgl. oben unter § 11 I. 4. c. cc.

Beeinträchtigung des Paritätsprinzips ist der räumliche Geltungsbereich eines umstrittenen Tarifvertrages zugrunde zu legen. Es kommt damit auf eine Beeinträchtigung der Parität auf der Ebene des Tarifgebietes an.

(2) Maßstäbe für die Erheblichkeit der Paritätsbeeinträchtigung

Als weiteres relevantes Kriterium ist zu prüfen, ob bereits jede beliebige Beeinflussung der Parität als relevante Beeinträchtigung anzusehen ist.

Es ist zu klären, wie hoch die Erheblichkeitsschwelle für Paritätsbeeinträchtigungen anzusetzen ist, dass heißt welche Schwankungsbreite den tatsächlichen Gegebenheiten der jeweiligen Tarifparteien zugebilligt werden soll. Fraglich ist, wann noch von einem ausgewogenen Kräfteverhältnis gesprochen werden kann, und wann die Grenze zur Ungleichgewichtslage überschritten ist. Je niedriger diese Schwelle angesetzt wird, desto höher ist die Gefahr der Rechtswidrigkeit eines Kampfmittels.

In diesem Zusammenhang ist zu bedenken, dass die Festlegung einer sehr geringen Erheblichkeitsschwelle die Gefahr der Rechtsunsicherheit mit sich bringen würde. Falls festgestellt wird, dass eine Partei ein tatsächliches Übergewicht erlangt, muss man ihre Arbeitskampfmittel beschränken oder der unterlegenen Partei zusätzliche Kampfmittel bewilligen. Schon bei einem äußerst geringen Ungleichgewicht würde daher eine Kampfmaßnahme als rechtswidrig bewertet werden. Hierdurch würde jedoch die Kampfführung für die Kampfparteien erheblich erschwert. Ferner bestünde bei einer niedrigen Schwelle die Gefahr, dass im Ergebnis die Frage der Rechtmäßigkeit eines jeden Arbeitskampfes zur Überprüfung durch die Gerichte gestellt würde. Es bestünde die Gefahr, dass jeder Arbeitskampf von einer Diskussion über Paritätsbeeinträchtigungen überlagert würde. Die Kampfpartei, die sich im Kampf unterlegen gefühlt hat, könnte versucht sein, das Ergebnis des Arbeitskampfes und damit auch der Tarifverhandlungen durch die Gerichte überprüfen zu lassen. Dies spricht dafür, die Schwelle der Paritätsbeeinträchtigung nicht zu niedrig anzusetzen.

Zudem ist zu bedenken, dass bei der Beurteilung der Paritätssituation ein abstrakter Maßstab anzuwenden ist. Es ist daher ein längerfristiges, generelles Ungleichgewicht erforderlich. Dies wäre schwer zu bestimmen, wollte man die Erheblichkeitsschwelle gering ansetzen.

Andererseits ist bei der Anwendung eines zu groben Erheblichkeitsmaßstabs zu beachten, ob im Ergebnis die tatsächlichen Umstände des Kampfgeschehens umfassend im Sinne des materiellen Paritätsverständnisses berücksichtigt werden können. Hier könnte eingewendet werden, dass für den Fall, dass nur ein offenkundiges tatsächliches Machtgefälle zur Beeinträchtigung der Parität führen sollte, die materielle Richtigkeitsgewähr der Tarifverträge in Frage gestellt würde.

Es ist jedoch zu bedenken, dass der Grundsatz der Parität praktikabel bleiben muss. Den Tarifparteien ist für den Fall der Unpraktikabilität des Paritätsprinzips nicht geholfen. Dies würde nur eine weitere Rechtsunsicherheit fördern. Demnach darf nicht jedes geringfügige Ungleichgewicht zu einer Anzweifelung und gerichtlichen Überprüfung der Rechtmäßigkeit des Arbeitskampfes führen. Es ist vielmehr eine deutliche Verschiebung der Paritätslage zu fordern.

(3) Quantitative Erfordernisse

Dem vom BAG und Teilen des Schrifttums herangezogenen Ansatz der quantitativen Betrachtungsweise ist zuzugeben, dass die Betrachtung der Quantität von Regelungen bzw. Maßnahmen innerhalb eines Tarifgebietes einen relevanten Aspekt für die Bestimmung der Erheblichkeit darstellt. Je mehr Maßnahmen bzw. Regelungen mit Arbeitskampfbezug getroffen werden, desto größer wird in der Regel die Auswirkung auf die Parität der Tarifparteien sein. Zudem kann die Anzahl der betroffenen Arbeitnehmer bzw. Arbeitgeber als geeignete Größe angesehen werden, eine Paritätsbeeinträchtigung festzustellen. Die Kampfstärke eines Verbandes bestimmt sich durch die Unterstützung seiner Mitglieder. Die Effizienz eines Arbeitskampfmittels hängt von der Bereitschaft der Mitglieder ab, dem Aufruf des Verbandes zu folgen. Je mehr Mitglieder von einer betrieblichen Maßnahme bzw. Regelung betroffen sind, desto eher kann eine Paritätsbeeinträchtigung angenommen werden.

Fraglich ist jedoch, ob der Einführung einer bestimmten Quote zugestimmt werden kann. Zu klären wäre, wie die Quote sachgerecht festzulegen ist. Das BAG hat bei der Einführung der Quotierung der Aussperrung offen gelassen, anhand welcher Kriterien es die Zahlengrenzen aufgestellt hat. Der Einführung einer konkreten Quote ist zwar grundsätzlich zuzugeben, dass diese der einfacheren und sicheren Handhabung der Erforderlichkeitsgrenze dienen kann. Zudem erleichtert eine Quote die Überprüfung der Paritätsverschiebung. Andererseits ist aber zu bedenken, dass die Quote anhand überprüfbarer und gerechter Faktoren zu erfolgen hat und nicht schlicht ohne Begründung festgelegt werden darf. Die Einführung einer Quote kann unter diesem Gesichtspunkt nur für sinnvoll erachtet werden, wenn nachvollziehbar ist, wie die Grenzen zustande gekommen sind und dass sie anhand rechtsstaatlicher Kriterien festgelegt worden sind. Fraglich ist in diesem Zusammenhang, ob überhaupt sinnvolle Kriterien aufgestellt werden können, anhand derer die Grenzen festzumachen sind. Die Einführung einer Quote darf jedenfalls kein Freibrief für eine willkürliche Festlegung von zahlenmäßigen Grenzen sein.

Dabei kann die Zahl der betroffenen Arbeitnehmer bzw. der betroffenen Arbeitgeber, verglichen, mit der Zahl der Beschäftigten bzw. der Zahl der Arbeitgeber im Tarifgebiet als sinnvolles Kriterium zur Bestimmung der Parität angesehen werden. Es ist dafür zu fordern, dass die Zahl der jeweils Betroffenen deutlich ins Gewicht fallen muss. Dies muss gemäß dem abstrakten Paritätsmaßstab für einen längeren Zeitraum gelten. Die Einführung einer bestimmten, allgemeingültigen Quote wird dagegen nur schwer zu begründen sein. Einer derartigen Vorgehensweise kann nicht zugestimmt werden.

(4) Zeitlicher Faktor

Ferner ist der zeitliche Zusammenhang einer betrieblichen Regelung zum Arbeitskampf zu beachten.

In Bezug auf den zeitlich relevanten Rahmen für eine Paritätsbetrachtung ist dem BAG insoweit zuzustimmen, dass der Paritätsgrundsatz keine Rolle mehr für Maßnahmen bzw. Regelungen spielen kann, die nach Beendigung des Arbeitskampfes bzw. nach Abschluss der Verhandlungen durchgeführt werden. Sinn der Anwendung des Paritätsgrundsatzes ist es, das Verhandlungsgleichgewicht der Tarifparteien zur Aushandlung eines Tarifvertrages zu sichern. Wenn derartige Verhandlungen nicht mehr in Frage stehen, kann das Verhandlungsgleichgewicht auch nicht mehr gestört werden. Daher können etwaige Regelungen oder Maßnahmen nach Beendigung der Verhandlungen den Paritätsgrundsatz nicht mehr beeinträchtigen.

Fraglich ist dagegen, ob bzw. unter welchen Voraussetzungen Maßnahmen im Vorfeld eines Arbeitskampfes im Rahmen des tarifbezogen-abstrakten Paritätsmodells eine Rolle spielen können. Richtig ist insoweit, dass eine Vorbereitungsmaßnahme unmittelbaren Bezug zu einer Kampfmaßnahme aufweisen kann, so dass durch diese Vorbereitungsmaßnahme die Durchführung der Kampfmaßnahme erst ermöglicht wird. Das BAG will in diesen Fällen eine Beteiligung des Betriebsrats ausschließen.[168] Es kommt hier zu dem Ergebnis der Paritätsbeeinträchtigung, in dem es den unmittelbaren Bezug zu einer Arbeitskampfmaßnahme bejaht.

Meines Erachtens vernachlässigt das BAG in diesem Zusammenhang, dass für die Beurteilung des Ausschlusses der betrieblichen Mitbestimmung zunächst eine Überprüfung der Paritätsbeeinträchtigung erforderlich ist. Allein

---

[168] Vgl. unter I. 4. a. bb. (4).

der (auch unmittelbare) Bezug zu einer Arbeitskampfmaßnahme indiziert nicht in jedem Fall einen Verstoß gegen den Paritätsgrundsatz.[169] Zur Bestimmung der Beeinträchtigung des Paritätsgrundsatzes sind vielmehr die gleichen Kriterien anzuwenden, wie bei der Bewertung der Paritätsbeeinträchtigung durch die Mitwirkung des Betriebsrats an der Kampfmaßnahme selbst. Wie dargelegt ist die Beeinträchtigung der Parität anhand eines tarifbezogen-abstrakten Maßstabes zu beurteilen. Dies bedeutet, dass jedenfalls nicht jede betriebliche Regelung bzw. Maßnahme für sich gesehen werden kann, sondern dass eine Beurteilung bezogen auf das Tarifgebiet und auf mehrere Arbeitskämpfe zu erfolgen hat. Auf diese Gesichtspunkte geht das BAG jedoch nicht ein.

Die Argumentation des BAG wäre zumindest teilweise schlüssig, wenn die Durchführung konkreter Arbeitskampfmaßnahmen dem verfassungsrechtlichen Schutz unterläge. Dies ist jedoch nicht der Fall.[170] Auch das BAG geht in seiner sonstigen Rechtsprechung davon aus, dass die verfassungsrechtliche Gewährleistung einzelner Arbeitskampfmittel nur soweit reicht, als „sonst die Kampfparität gefährdet wäre".[171] Im übrigen würde dies die Bestimmung der Paritätssituation nicht überflüssig machen.

Das BAG könnte auch aufgrund der Anwendung eines konkreten, betriebsbezogenen Ansatzes zu dem vorgenannten Ergebnis gekommen sein. Da es auf die Beeinträchtigung einer konkret vorgenommenen Vorbereitungsmaßnahme einer Kampfmaßnahme in einem konkreten Betrieb abstellt, ist dies wahrscheinlich. Das BAG nennt in den Entscheidungsgründen aber keine Kriterien, anhand derer es die Paritätssituation beurteilt. Insbesondere macht es nicht deutlich, dass es mit einer konkreten, betriebsbezogenen Betrachtungsweise seine bisherige Rechtsprechung ändern würde. Bei dieser Vorgehensweise ist erneut zu kritisieren, dass das BAG hiermit die Rechtsunsicherheit fördert.

---

[169] Die fehlende Begründung zu der gegenteiligen Annahme durch das BAG rügen auch Rüthers/Henssler, Anmerkung zu BAG, Beschluss vom 16.12.1986 – 1 ABR 35/85, AP 13 zu § 87 BetrVG 1972, Ordnung des Betriebes, Bl. 1077. Rüthers/Henssler schließen hieraus auf eine Unsicherheit des 1. Senates bei der Begründung der Entscheidung. Auch das BAG hat in seiner Rechtsprechung zumindest teilweise eine differenziertere Ansicht zugrundegelegt, indem es ausgeführt hat, dass in die Paritätsbetrachtung nur diejenigen Folgen und Belastungen eines Arbeitskampfes einzubeziehen seien, die sich auf die Kampf- und Verhandlungschancen der beiden Seiten nachteilig oder vorteilhaft auswirken: BAG, Beschluss vom 22.12.1980 – 1 ABR 2/79, AP Nr. 70 zu Art. 9 GG Arbeitskampf, Bl. 590 R. Hieraus ergibt sich, dass gerade nicht bereits jeder Bezug zum Arbeitskampf zu einem Paritätsverstoß führt.

[170] Vgl. dazu die Aussperrungsentscheidung des BVerfG, Beschluss vom 26.06.1991 – 1 BvR 779/85, AP Nr. 117 zu Art. 9 GG – Arbeitskampf, unter C. I. 1. a., Bl. 335.

[171] Vgl. BAG, Urteil vom 10.06.1980 – 1 AZR 822/79, AP Nr. 64 zu Art. 9 GG – Arbeitskampf unter A. der Gründe; BAG, Urteil vom 12.03.1985 – 1 AZR 636/82, AP Nr. 84 zu Art. 9 GG – Arbeitskampf, unter II. 1. der Gründe, Bl. 3.

Als Ergebnis ist festzuhalten, dass auch durch Vorbereitungsmaßnahmen eine Beeinträchtigung der Parität möglich ist. Dies ist jedoch anhand eines tarifbezogen-abstrakten Paritätsmaßstabes zu überprüfen.

(5) Kriterien zur Beurteilung der Einschränkung der Mitbestimmungsrechte des Betriebsrats im Arbeitskampf

Wie oben dargelegt hat das BAG für die Beurteilung der Suspendierung der Mitbestimmungsrechte des Betriebsrats im Arbeitskampf teilweise spezielle Anwendungsvoraussetzungen aufgestellt.[172] Dies sind insbesondere das Erfordernis einer unmittelbar betrieblichen Konfliktsituation, die Kausalität zwischen Streikgeschehen und der jeweiligen arbeitgeberseitigen Kampfmaßnahme sowie die Frage der Rechtzeitigkeit der Arbeitgebermaßnahme.

Obwohl die Aufstellung dieser Kriterien auf den ersten Blick zu einer sichereren und einfacheren Entscheidung in Bezug auf eine Paritätsbeeinträchtigung führen, stellt sich bei genauerer Prüfung auch hier die Frage, wie diese Kriterien mit den vom BAG allgemein aufgestellten Prinzipien zur Bewertung der Paritätssituation zu vereinbaren sind.

Zwar hat das BAG auch in den Entscheidungen, in denen es die vorgenannten Kriterien zur Beurteilung der Suspendierung der Mitbestimmungsrechte des Betriebsrats im Arbeitskampf aufgestellt hat, die von ihm angewendeten Faktoren zur Paritätsbewertung nicht ausdrücklich genannt. Es fällt aber auf, dass das BAG in den Entscheidungsbegründungen jeweils die Paritätsrelevanz des konkret in Frage stehenden Mitbestimmungsrechts geprüft hat. Dies widerspricht dem grundsätzlich vom BAG in seinen Grundsatzentscheidungen befürworteten tarifbezogen-abstrakten Paritätsmaßstab. Hierfür kommt es nicht auf eine konkrete Maßnahme oder ein konkretes Mitbestimmungsrecht an, sondern auf ein längerfristiges, strukturelles Übergewicht einer der Tarifparteien.

Zudem ist das BAG bei der Aufstellung der Faktoren für die Suspendierung der Mitbestimmungsrechte nicht auf die Frage der nur mittelbaren Beeinträchtigung der Verhandlungsparität eingegangen. Die Betriebsparteien sind von den Tarifparteien zu unterscheiden. Selbst wenn eine einzelne Kampfmaßnahme eines Arbeitgebers in ihrer Wirkung abgeschwächt bzw. verhindert würde, bedeutet dies noch nicht ohne weiteres eine Beeinträchtigung des Gleichgewichts zu Lasten des zuständigen Arbeitgeberverbandes als Tarifpar-

[172] Siehe unter § 11 I. 4. a. bb. (5).

tei.[173] Außerdem ist zu bedenken, dass die vorgenannten Grundsätze jeweils aufgrund des konkret zur Entscheidung gestellten Sachverhaltes aufgestellt worden sind. Es ist daher fraglich, ob die diesen Kriterien zugrunde liegenden Interessenlagen auch bei ähnlichen Fallgestaltungen sinngemäß angewendet werden können. Insgesamt kann aufgrund der unzureichenden Bewertung der Paritätssituation den Ausführungen des BAG nicht gefolgt werden.

d. Zwischenergebnis

Als Zwischenergebnis ist festzuhalten, dass das BAG entgegen einer weit verbreiteten Kritik durchaus einige Grundsätze zur Anwendung des Paritätsprinzips aufgestellt hat. Da das BAG diese Grundsätze aber nicht konsequent in seinen Urteilen nennt und seine Ergebnisse nicht deutlich erkennbar anhand dieser Prinzipien findet, erschwert es eine einheitliche Rechtsanwendung und Akzeptanz der von ihm aufgestellten Prinzipien. Zudem ist mit der Kritik im Schrifttum festzustellen, dass die bisher vom BAG aufgestellten Grundsätze keineswegs detailliert und konkret genug sind. Auch in den Entscheidungen zu Betriebsvereinbarungen über Gleitzeitregelungen hat das BAG wieder nicht die Gelegenheit wahrgenommen, für das in den obiter dicta grundsätzlich behandelte Thema der Zulässigkeit von Betriebsvereinbarungen mit Arbeitskampfbezug allgemeine Kriterien für die Anwendung des Paritätsgrundsatzes aufzustellen. Auch dem Schrifttum ist es bisher nicht gelungen, einheitliche, allgemeine Grundsätze zu entwickeln, anhand derer die Paritätssituation zu beurteilen ist.

Voraussetzung für die Feststellung der Paritätsbeeinträchtigung ist jedoch die Bestimmung der Faktoren, anhand derer die Parität überprüft werden soll. Die Schaffung dieser Voraussetzung wird häufig vernachlässigt. So sind lediglich einige Grundströmungen festzustellen, die die unterschiedlichen Grundvoraussetzungen einer Paritätsbewertung nennen, ohne jedoch eine Konkretisierung vorzunehmen.

Als Ansatz zur Bestimmung der Parität ist von einer materiell-tarifbezogenen Parität auszugehen. Dabei ist eine typisierende Betrachtungsweise vorzunehmen. Des Weiteren ist auf einen abstrakten Maßstab abzustellen. Dies bedeutet, dass nur dann eine Beeinträchtigung der Parität vorliegt, wenn eine Partei ein längerfristiges, generelles Übergewicht erlangt. Zudem ist davon auszugehen, dass nicht jede geringfügige, beliebige Beeinflussung der Verhandlungsparität einen relevanten Verstoß gegen das Paritätsprinzip darstellt. Es ist als Kriterium der Erheblichkeit eine deutliche Verschiebung der Paritätslage zu

[173] Etwas anderes könnte nur gelten, wenn der betreffende Arbeitgeber gleichzeitig Tarifvertragspartei ist.

fordern. Als Ansatzpunkt hierfür kann die Anzahl der betroffenen Arbeitnehmer bzw. der betroffenen Arbeitgeber, verglichen mit der Anzahl der Beschäftigten bzw. der Zahl der Arbeitgeber im Tarifgebiet, genommen werden. Die Zahl der betroffenen Arbeitnehmer bzw. der betroffenen Arbeitgeber muss hier erheblich ins Gewicht fallen. Als zeitliches Kriterium ist zu fordern, dass die Maßnahme bzw. Regelung in zeitlichem Zusammenhang mit einer Kampfmaßnahme bzw. einer Vorbereitungsmaßnahme steht.

II. Konsequenzen für die Zulässigkeit des Abschlusses von Betriebsvereinbarungen

Im Folgenden ist die Frage zu untersuchen, ob die vorgenannten Grundsätze zur Paritätsbewertung auch für die Beantwortung der vorliegenden Fragestellung anzuwenden sind. Des Weiteren ist zu prüfen, ob eine entsprechend den vorgenannten Ergebnissen zu bestimmende Parität durch den Abschluss von Betriebsvereinbarungen mit Arbeitskampfbezug beeinträchtigt würde.

1. Anwendbarkeit der dargelegten Grundlagen zur Paritätsbewertung

Fraglich ist, ob die Bewertung der Paritätssituation auch im Zusammenhang mit der Beurteilung von Betriebsvereinbarungen mit Arbeitskampfbezug nach den dargelegten Kriterien zu erfolgen hat.

In diesem Zusammenhang ist zunächst zu bedenken, dass es bei der hier untersuchten Frage nicht um die Bewertung einer rein tatsächlichen Komponente geht, sondern dass die Beurteilung der Zulässigkeit einer rechtlichen Vereinbarung in Frage steht, die gegebenenfalls die Parität beeinflussen kann.

Wo die Gefahr besteht, durch Zulassung rechtlicher Gestaltungsmöglichkeiten eine Beeinträchtigung der Parität zu ermöglichen, die durch eine nachträgliche Kontrolle nur schwer überprüfbar ist, liegt der Gedanke nahe, die Voraussetzungen der Zulässigkeit einer solchen rechtlichen Gestaltungsmöglichkeit zu beschränken, damit es erst gar nicht zu der Gefahr der Beeinträchtigung kommen kann. In diesem Zusammenhang ist der Frage nachzugehen, ob zur Vermeidung etwaiger Schwierigkeiten bereits die abstrakte Möglichkeit zum Abschluss einer Betriebsvereinbarung mit Arbeitskampfbezug für die Beurteilung der Beeinträchtigung der Parität zugrunde zu legen ist. Hierbei ist jedoch zu bedenken, dass in diesem Fall andere zur Konkretisierung des Paritätsgrundsatzes erforderliche Kriterien wie beispielsweise das Erfordernis der Erheblichkeit schlicht umgangen würden. Auch die Diskussion um eine Quotierung spricht dafür, dass allein die abstrakte Möglichkeit der betrieblichen Mitwirkung nicht als Ansatz für eine Paritätsbeeinträchtigung ausreicht. Würde allein die abstrakte Möglichkeit einer betrieblichen Regelung in Ansatz gebracht, wäre die Frage der quantitativen Erfordernisse überflüssig.

Zudem ist zu beachten, dass durch die Beschränkung der Zulässigkeit von betrieblichen Regelungen in die Rechte der Betriebsparteien eingegriffen wird. Das Recht der Betriebsparteien zum Abschluss von Betriebsvereinbarungen ist in der Betriebsverfassung ausdrücklich geregelt. Zwar haben die Betriebsparteien bei dem Abschluss von Betriebsvereinbarungen bestimmte Grenzen sowie höherrangiges Recht zu beachten. So dürfen betriebliche Regelungen nicht gegen den Grundsatz der Parität verstoßen. Ein Verstoß gegen das Paritätsprinzip muss jedoch nachgewiesen werden. Hierzu ist eine genaue Feststellung der Paritätsbeeinträchtigung erforderlich. Auch eine mögliche Unzulänglichkeit der Methoden zur Überprüfung der Parität darf nicht dazu führen, die Betriebsparteien in ihren gesetzlich normierten Rechten zu beschränken. Es sind vielmehr detaillierte Regelungen zur Überprüfung der Parität gefragt. Es würde nicht der für eine Einschränkung von Rechten erforderlichen Bestimmtheit entsprechen, wollte man allein die Möglichkeit einer Beeinträchtigung ausreichen lassen. Man würde lediglich der Überprüfung einer Paritätsbeeinträchtigung aus dem Weg gehen.

Das BAG hat in den Entscheidungen zur Beurteilung der Mitbestimmungsrechte des Betriebsrats im Arbeitskampf keine Ausführungen zu der Frage der abstrakten oder konkreten Geltung des Paritätsprinzips gemacht. Es ist auch nicht auf die Frage eingegangen, ob bereits die abstrakte Möglichkeit zum Abschluss von betrieblichen Regelungen der Paritätsbewertung zugrunde zu legen ist. Da das BAG aber eine Quotierung diskutiert bzw. eingeführt hat, ist davon auszugehen, dass es die rein abstrakte Möglichkeit einer betrieblichen Regelung nicht als Maßstab befürwortet. In einem anderen Urteil hat das BAG zu der Paritätsbeeinträchtigung durch Fernwirkungen eines Arbeitskampfes ausgeführt, dass die bloß abstrakte Möglichkeit der Beeinflussung nicht genüge.[174] Es hat vielmehr gefordert, dass die Bedeutung der Fernwirkungen für den Kampfverlauf (bei einer im Interesse der Rechtssicherheit typisierenden Betrachtung) feststellbar sein müsse.

Die reine Möglichkeit der Paritätsbeeinträchtigung reicht daher zur Einschränkung der Regelungskompetenz der Betriebsparteien nicht aus. Es sind die geltenden Betriebsvereinbarungen mit Arbeitskampfbezug in die Paritätsbewertung einzubeziehen.

---

174 BAG, Beschluss vom 22.12.1980 – 1 ABR 2/79, AP Nr. 70 zu Art. 9 GG Arbeitskampf, Bl. 590 R.

Das Bestehen von Betriebsvereinbarungen mit Arbeitskampfbezug ist dabei grundsätzlich zu den paritätsrelevanten Faktoren zu zählen. Bei Anwendung eines teleologischen Ansatzes sind Betriebsvereinbarungen mit Arbeitskampfbezug als paritätsrelevanter Faktor zu berücksichtigen. Die fraglichen Betriebsvereinbarungen betreffen (ggf. mittelbar) die Kampfmitteleinsätze der Tarifparteien auf betrieblicher Ebene. Zudem unterliegen Betriebsvereinbarungen einer typisierenden Betrachtungsweise. Anhand einer Auswertung der über einen längeren Zeitraum in dem jeweiligen Tarifgebiet regelmäßig geschlossenen Betriebsvereinbarungen mit Arbeitskampfbezug kann eine zumindest vorläufige Typisierung vorgenommen werden, die fortzusetzen wäre.

Insgesamt ist damit davon auszugehen, dass die zuvor dargelegten Kriterien grundsätzlich auch bei der Bewertung des Abschlusses von Betriebsvereinbarungen mit Arbeitskampfbezug anzuwenden sind.

2. Ansatz für eine Überprüfung der Paritätsbeeinträchtigung

Zudem stellt sich die Frage, welcher Ansatz der Untersuchung der Paritätsbeeinträchtigung durch Betriebsvereinbarungen zugrunde zu legen ist. In Betracht kommt die Bewertung der tatsächlichen Kräfteverhältnisse sowie die Frage der rechtlichen Ungleichbehandlung.

a. Verschiebung der tatsächlichen Kräfteverhältnisse

Die Betriebsparteien können in Betriebsvereinbarungen ihre Verhaltensweise für gewisse Situationen im Voraus verbindlich festlegen. Wie oben dargelegt entfällt die Zuständigkeit der Betriebsparteien zum Abschluss von Betriebsvereinbarungen nicht allein deshalb, weil der Bereich des Arbeitskampfes berührt ist.[175] So ist es grundsätzlich denkbar, dass sich die Betriebsparteien für die Situation des Arbeitskampfes durch Betriebsvereinbarungen festlegen.

Ansatzpunkt für eine Paritätsrelevanz ist daher die Frage, ob sich durch die Geltung von Betriebsvereinbarungen eine Tarifvertragspartei auf längere Dauer derart bindet, dass diese in Situationen des Arbeitskampfes nicht mehr frei entscheiden kann. Wie dargelegt ist es entscheidend, ob eine Tarifpartei durch die betriebliche Regelung übermäßig in ihrer Verhandlungsposition geschwächt wird. Es ist eine wesentliche Verschiebung des Kräftegleichgewichts zugunsten einer Tarifpartei erforderlich.

[175] Vgl. die Untersuchung im 2. Teil.

Dabei ist zunächst zu bedenken, dass die Betriebsparteien nicht mit den Tarifparteien identisch sind.[176] Daher besteht nicht direkt die Möglichkeit, dass eine Tarifvertragspartei der anderen ihren Willen aufzwingen kann. Es ist aber eine mittelbare Beeinflussung denkbar. So ist zu beachten, dass die Arbeitgeber einerseits Partei der Betriebsvereinbarungen sind, andererseits aber auch Tarifvertragspartei sein können. Außerdem besteht die Möglichkeit, dass die Arbeitgeber als Mitglieder des kampfführenden Verbandes durch die Bindung auf betrieblicher Ebene der Kampfstrategie ihres Verbandes nicht mehr uneingeschränkt folgen können. Die Kampfstärke eines Verbandes bestimmt sich jedoch durch die Unterstützung seiner Mitglieder. Zudem könnten sich auch die Gewerkschaften dem Problem ausgesetzt sehen, dass sie die Arbeitnehmer nicht mobilisieren können, wenn das Verhalten der Arbeitnehmer für den Fall eines Arbeitskampfes bereits auf betrieblicher Ebene geregelt ist. Auch die Verhandlungsstärke der Gewerkschaften hängt jedoch von der Streikbereitschaft ihrer Mitglieder ab. Forderungen der Koalition würden nicht ernst genommen, wenn die Gewerkschaft keine Kampfmittel wie den Streik effektiv einsetzen kann, um die Forderungen durchzusetzen. Für den Einsatz der Kampfmittel ist sie auf ihre Mitglieder angewiesen. Auch mittelbar wirkende Faktoren können daher grundsätzlich die Parität beeinflussen. Die Unterscheidung der mittelbar oder unmittelbar die Parität beeinflussenden Faktoren wird sich aber bei der Frage der Erheblichkeit der Beeinflussung auswirken. In der Regel wird ein nur mittelbar wirkender Faktor eine geringere Beeinflussung hervorrufen als ein unmittelbar wirkender Faktor.

Die Frage der Verschiebung der tatsächlichen Kräfteverhältnisse ist daher ein geeigneter Ansatz zur Überprüfung der Parität.

b. (Rechtliche) Ungleichbehandlung der Kampfparteien

Ein weiterer möglicher Ansatzpunkt für die Beurteilung der Paritätsverschiebung ist die Frage, ob durch die Zulässigkeit des Abschlusses von Betriebsvereinbarungen mit Arbeitskampfbezug eine rechtliche Ungleichbehandlung der Tarifparteien vorliegt. Die rechtlichen Rahmenbedingungen können auch bei Befürwortung eines materiellen Paritätsverständnisses relevant werden. Im Rahmen des materiellen Paritätsverständnisses wird zwar entscheidend darauf abgestellt, ob die Tarifvertragsparteien faktisch annähernd gleichstarke Verhandlungschancen haben. Diese Verhandlungschancen können aber auch durch rechtliche Gegebenheiten beeinflusst werden.

Zu klären ist daher, ob die Zulässigkeit des Abschlusses von Betriebsvereinbarungen mit Arbeitskampfbezug eine Veränderung der jeweiligen Verhand-

---

[176] Vgl. oben unter § 1 I. und II.

lungsstärken bewirken würde. Dies wäre der Fall, wenn eine der Parteien einseitig bevorzugt würde. Durch das Instrument der betrieblichen Regelung des Arbeitskampfes wird jedoch nicht einer Tarifpartei eine Möglichkeit der Beeinflussung des Kampfgeschehens gegeben, das der anderen Seite verwehrt würde. Betriebsvereinbarungen werden zwischen den Betriebsparteien abgeschlossen. Beide Betriebsparteien haben die Möglichkeit, in dem gesetzlich geregelten Rahmen den Abschluss von Betriebsvereinbarungen anzuregen bzw. durchzusetzen. Im Rahmen erzwingbarer Betriebsvereinbarungen haben beide Betriebsparteien ein Initiativrecht zum Abschluss der betrieblichen Regelung und können den Abschluss einer solchen Regelung durchsetzen. Freiwillige Betriebsvereinbarungen werden dagegen nur bei Zustimmung beider Betriebsparteien abgeschlossen. Die Betriebsparteien sind daher bei der Frage des Abschlusses von Betriebsvereinbarungen dem Gesetz nach gleichberechtigte Partner. Betriebsvereinbarungen sind kein Instrument, das regelmäßig eine Partei bevorzugt. Zwar wird es Fälle geben, bei denen Betriebsvereinbarungen faktisch auf Druck einer Betriebspartei abgeschlossen werden und auf die von der anderen Betriebspartei als Zugeständnis etwa für andere Vereinbarungen eingegangen wird. Hierdurch wird aber nicht eine einseitige Übermacht einer Betriebspartei begründet, die der anderen Partei regelmäßig die von ihr gewünschten Regelungen in einer Betriebsvereinbarung vorschreiben könnte. Es kann auch nicht davon ausgegangen werden, dass Betriebsvereinbarungen immer Regelungen zu Gunsten einer Betriebspartei enthalten und daher eine einseitige Belastung einer Seite darstellen. Zudem ist zu bedenken, dass Betriebsparteien von den Tarifparteien zu unterscheiden sind.[177] Auch dies erschwert eine einseitige Einflussnahme auf das Kampfgeschehen.

Damit kommt dieser Ansatz zur Überprüfung der Paritätsverschiebung nicht in Frage.

3. Einzelne Faktoren zur Bewertung der Parität

Des Weiteren ist zu untersuchen, welche einzelnen Faktoren zur Paritätsbewertung bei der vorliegend behandelten Frage relevant sind.

a. Geltungsbereich

Zunächst ergeben sich Besonderheiten hinsichtlich der Bezugnahme auf das jeweilige umkämpfte Tarifgebiet als räumlichem Maßstab für den Paritätsgrundsatz. Hier ist zu beachten, dass eine Betriebsvereinbarung räumlich nur

[177] Eine Ausnahme hinsichtlich der Arbeitgeberseite liegt lediglich bei einem Firmentarifvertrag vor.

für den Betrieb gilt, dessen Betriebsrat sie abgeschlossen hat.[178] Der Abschluss von betrieblichen Regelungen mit Arbeitskampfbezug in nur einem oder wenigen Betrieben führt damit bei Zugrundelegung des tarifbezogenen Paritätsbegriffs regelmäßig noch nicht zu einer Paritätsbeeinträchtigung. Die Befürwortung eines tarifbezogenen Maßstabs hat damit zur Folge, dass die Rechtmäßigkeit einer Betriebsvereinbarung mit Arbeitskampfbezug davon abhängig gemacht wird, ob und in welchem Umfang entsprechende Betriebsvereinbarungen in anderen Betrieben des gleichen Tarifgebietes abgeschlossen werden.

Dies kann zu praktischen Schwierigkeiten führen, da der Abschluss von Betriebsvereinbarungen in der Regel nicht mit anderen Betrieben des gleichen Tarifgebietes abgesprochen wird. Der Abschluss und die Festlegung des Inhaltes von Betriebsvereinbarungen erfolgt vielmehr allein mit Rücksicht auf die jeweiligen betrieblichen Gegebenheiten. In der Regel gibt es auch keinen erkennbaren Bezug zur Kampf- und Verhandlungsleitung des jeweiligen kampfführenden Verbandes. Problematisch ist dabei, dass die Frage der Zulässigkeit von Betriebsvereinbarungen mit Arbeitskampfbezug von betriebsexternen und in der Regel nur mit Aufwand überprüfbaren Voraussetzungen abhängig gemacht wird. Dies könnte die Rechtsunsicherheit fördern. Die jeweiligen Betriebsparteien können nicht mit Sicherheit wissen, welche Anzahl von relevanten Betriebsvereinbarungen im jeweiligen Tarifgebiet abgeschlossen worden sind.

Einfacher wird die Informationsbeschaffung für die Tarifparteien sein, da diese in der Regel die Betriebsparteien bei dem Abschluss von betrieblichen Regelungen unterstützen und damit unmittelbar am Abschluss der Betriebsvereinbarungen beteiligt sind. Anderenfalls werden die Betriebsparteien die jeweilige für sie zuständige Tarifpartei von dem Abschluss und dem Inhalt der abgeschlossenen Vereinbarungen verständigen. In diesem Zusammenhang ist auch zu beachten, dass für die Betriebsparteien gemäß § 2 Abs. 1 BetrVG die Verpflichtung zur Zusammenwirkung mit den im Betrieb vertretenen Gewerkschaften und Arbeitgeberverbänden besteht.[179] Die Tarifparteien registrieren in der Regel die Betriebsvereinbarungen, die von ihren Mitgliedern, bzw. von deren Vertreter, den Betriebsräten, in den Betrieben abgeschlossen werden. Betriebsvereinbarungen sind gemäß § 77 Abs. 2 Satz 1 BetrVG schriftlich niederzulegen. Eine Registrierung ist daher möglich. Für die Betriebsvereinbarungen anderer Branchen müsste auf einen Informationsaustausch der jewei-

---

[178] Vgl. nur *F/K/H/E*, BetrVG, § 77 Rn. 32.

[179] Die Verpflichtung gilt unabhängig von den den Koalitionen im BetrVG ausdrücklich eingeräumten Befugnissen für den gesamten Bereich, in dem der Betriebsrat tätig wird und in dem auch die Betriebsparteien zur vertrauensvollen Zusammenarbeit verpflichtet sind: Vgl. nur *F/K/H/E*, BetrVG, § 2 Rn. 32.

ligen Tarifparteien verwiesen werden. Insgesamt kann aber davon ausgegangen werden, dass die Tarifparteien Zugriff auf die betrieblichen Vereinbarungen haben. Auch für die Betriebsparteien besteht daher die Möglichkeit, sich bei den Tarifparteien nach der Existenz und Anzahl von Betriebsvereinbarungen mit Arbeitskampfbezug zu erkundigen, auch wenn hier nicht unberücksichtigt bleiben soll, dass dies einen hohen Aufwand bedeuten kann.

Fraglich ist in diesem Zusammenhang, ob aufgrund der besonderen Situation und der vorgenannten praktischen Schwierigkeiten die Paritätssituation betriebsbezogen zu beurteilen ist. Will man die mögliche Paritätsrelevanz von betrieblichen Vereinbarungen für einen Arbeitskampf auf betrieblicher Ebene beantworten, so wäre darauf abzustellen, ob der betroffene Betrieb bzw. das dahinter stehende Unternehmen mächtig genug ist, um das Ergebnis der Verhandlungen der Tarifparteien zu beeinflussen. Eine derartige Betrachtungsweise hätte auf den ersten Blick den Vorteil einer größeren Rechtssicherheit. Man könnte an die Betriebsgröße anknüpfen und wäre in der Betrachtung unabhängig von etwaigen Betriebsvereinbarungen anderer Betriebe. Bei dieser Lösung ist aber zu bedenken, dass danach die Zulässigkeit der in Frage stehenden Betriebsvereinbarungen von der Mächtigkeit der einzelnen Betriebe bzw. Unternehmen abhinge. Bei allen weniger bedeutenden Betrieben / Unternehmen, die für sich genommen auf die Willensbildung in den jeweiligen Verbänden keinen Einfluss haben, wäre die Zulässigkeit von Betriebsvereinbarungen mit Arbeitskampfbezug anders zu beurteilen als bei Betrieben / Unternehmen, die in dem jeweiligen Tarifgebiet mächtig sind und Einflussvermögen haben. Dies ginge so weit, als dass ein Betrieb bei entsprechendem Zuwachs in seiner Größe und damit seiner Mächtigkeit zunächst Betriebsvereinbarungen mit Arbeitskampfbezug wirksam abschließen könnte, die bei Änderung der Größe dann aber unwirksam werden könnten (bzw. vice versa).

Weder das BAG noch das Schrifttum haben bisher ausdrücklich zu diesem Problem Stellung genommen. Betrachtet man die vom BAG entschiedenen Fälle zu der Frage der Mitbestimmungsrechte des Betriebsrats im Arbeitskampf,[180] fällt auf, dass das BAG in keinem Fall auf die Bedeutung und Mächtigkeit des betroffenen Betriebes / Unternehmens abgestellt hat.[181] Da es aber

[180] Hier stellt sich ein entsprechendes Problem, da auch die Frage von Abwehrmaßnahmen des Arbeitgebers und damit die Mitbestimmung des Betriebsrats bei kampfbedingten Maßnahmen des Arbeitgebers während des Arbeitskampfes betriebsbezogen gehandhabt wird. Die Abwehrmaßnahmen des Arbeitgebers werden in der Regel allein aus betrieblicher Sicht und nicht aus kampftaktischer Sicht mit Hinblick auf den Tarifvertrag vorgenommen. Eine Paritätsbeeinträchtigung liegt auch hier erst dann vor, wenn entsprechend viele Arbeitgeber im Tarifgebiet zu Abwehrmaßnahmen greifen, bei denen ein Mitbestimmungsrecht des Betriebsrats in Frage steht.

[181] Vgl. die bereits genannten Entscheidungen des BAG, Urteil vom 05.05.1987 – 1 AZR 292/85, AP Nr. 4 zu § 44 BetrVG 1972, Bl. 4; dazu *Kraft*, AP zu § 44 BetrVG 1972, Bl.

die vorgenannte Problematik nicht erörtert hat, und auch im übrigen die Grundlagen der den Entscheidungen zugrunde gelegten Paritätsbewertung nicht dargelegt hat, kann nicht eindeutig festgestellt werden, welchen Maßstab das BAG seinen Entscheidungen zugrunde gelegt hat.[182] Insoweit hilft eine Auswertung der Rechtsprechung nicht weiter.

Meines Erachtens ist zu bedenken, dass bei Zugrundelegung eines betriebsbezogenen Maßstabs ein anderer Maßstab angelegt wird als bei anderen paritätsrelevanten Faktoren. Zudem würden für die verschiedenen Betriebe in einem Tarifgebiet unterschiedliche Maßstäbe gelten. Dies wäre ein Nachteil im Hinblick auf die Vereinheitlichung und sichere Anwendung des Paritätsgrundsatzes. Befürwortet man dagegen die tarifbezogene Sichtweise, würde dies eine einheitliche Anwendung des Paritätsgrundsatzes und eine gleiche Behandlung der Betriebe fördern. Andererseits bestünden Schwierigkeiten für die Beurteilung der Zulässigkeit einer konkreten Betriebsvereinbarung, da als Kriterium für die Zulässigkeit das Bestehen anderer Betriebsvereinbarungen mit Arbeitskampfbezug heranzuziehen wäre. Diese Schwierigkeiten müssen aber mit Hinblick auf den Versuch, eine einheitliche Anwendung der Kriterien zur Beurteilung der Parität zu fördern, in Kauf genommen werden. Zu bedenken ist hier auch, dass lediglich Betriebsvereinbarungen in Frage stehen, die für die Zeiten des Arbeitskampfes Geltung entfalten. Würden für jede Maßnahme, welche die Parität beeinflussen könnte, neue Regelungen für die Paritätsbetrachtung gefunden, würde auch wegen der Vielzahl der Regelungen der Rechtssicherheit kein Dienst erwiesen. Es ist daher an der tarifbezogenen Sichtweise festzuhalten.

b. Abstrakter Paritätsmaßstab

Auch hinsichtlich des abstrakten Paritätsmaßstabs ist es fraglich, ob dieser aufgrund der möglichen Schwierigkeiten praktikabel ist. Hiernach ist die Beeinträchtigung der Parität im Sinne eines längerfristigen strukturellen Unterschiedes zu berücksichtigen. Damit sind relevante betriebliche Regelungen über einen längeren Zeitraum zu erfassen.

Zunächst ist auch hier anzumerken, dass die Tarifparteien die Möglichkeit der Informationsbeschaffung hinsichtlich der relevanten abgeschlossenen Betriebsvereinbarungen haben. Insoweit kann auf die vorherigen Ausführungen verwiesen werden. Das BAG hat in den Entscheidungen zur Beurteilung der Mitbestimmungsrechte des Betriebsrats im Arbeitskampf keine Ausführungen

---

1172 ff.; *Buchner*, SAE 1988, 13, 14; BAG, AP Nr. 13 zu § 87 BetrVG 1972, Ordnung; BAG, AP 63, 70, 71 zu Art. 9 GG – Arbeitskampf.

[182] Vgl. zu dieser Kritik bereits oben unter § 11 I. 4. c. aa.

zu der Frage der abstrakten oder konkreten Geltung des Paritätsprinzips gemacht. Wie dargelegt fällt jedoch auf, dass das BAG häufig die Auswirkungen auf „den Arbeitskampf" erörtert hat, ohne das gefundene Ergebnis auf einen abstrakten Maßstab zu übertragen.[183] Bei einer derartigen Vorgehensweise wird nicht deutlich, wie das BAG den grundsätzlich von ihm befürworteten abstrakten Maßstab verfolgen will. Auch hier kann wieder nur an das BAG appelliert werden, im Sinne der Rechtssicherheit die zur Entscheidungsfindung herangezogenen Grundsätze nachvollziehbar darzulegen. Im übrigen ist auf die bereits genannten Vorbehalte gegen einen konkreten Paritätsmaßstab zu verweisen.[184] Demnach ist an der Geltung eines abstrakten Paritätsmaßstabs festzuhalten. Es ist auf die generelle Häufigkeit relevanter Betriebsvereinbarungen über einen längeren Zeitraum abzustellen.

c. Erheblichkeit der Paritätsbeeinträchtigung

Nach den oben dargestellten Kriterien ist bei der Bewertung der Paritätsbeeinträchtigung zudem die Frage der Erheblichkeit der Paritätsbeeinträchtigung zu beachten.[185]

Eine Überprüfung hat in dem Sinne zu erfolgen, dass nicht jede geringfügige Beeinflussung der Verhandlungsparität zugunsten einer Tarifpartei eine übermäßige und nicht mehr hinnehmbare Paritätsverschiebung bedeutet.[186] Im Hinblick auf die Geltung des tarifbezogen - abstrakten Paritätsbegriffs ist die Erheblichkeit dabei über eine längeren Zeitraum auf das jeweilige Tarifgebiet zu beziehen. Dies bedeutet, dass die betrieblichen Regelungen mit Arbeitskampfbezug längerfristig auf Tarifebene eine deutliche Paritätsverschiebung bewirken müssen.

Bei der Beurteilung von Betriebsvereinbarungen mit Arbeitskampfbezug wäre demnach darauf abzustellen, bei wie vielen Betrieben des jeweiligen Tarifgebiets im Verhältnis zu der Anzahl der Arbeitgeber bzw. Arbeitnehmer in dem jeweiligen Tarifgebiet Bindungen durch Regelungen in Betriebsvereinbarungen bestehen. Hier ist erneut zu berücksichtigen, dass Betriebsvereinbarungen mit Arbeitskampfbezug den Willen der Tarifparteien in der Regel nur mittelbar beeinflussen können. Betriebsparteien können Entscheidungen mit direkten Auswirkungen nur auf der jeweiligen betrieblichen Ebene treffen. Daher kann nur bei einer erheblichen Anzahl von betrieblichen Regelungen im Tarifgebiet von einer Beeinflussung der Willensbildung des entsprechenden Verbandes

[183] Siehe oben unter § 11,I. 4. c. aa.
[184] Siehe oben unter § 11 I. 3. b. dd.
[185] Siehe oben unter § 11 I. 4. c. cc.
[186] Vgl. oben unter § 11 I. 4. c. cc.

und damit von einer Beeinträchtigung der Parität gesprochen werden. Die Zahl der betroffenen Arbeitsplätze bzw. der betroffenen Arbeitgeber muss, verglichen mit der Zahl der Beschäftigten bzw. der Zahl der Arbeitgeber im Tarifgebiet auf längere Zeit deutlich ins Gewicht fallen. Nur dann würde ein rechtswidriges Ungleichgewicht vorliegen.

Als Ergebnis ist daher festzuhalten, dass jedenfalls nicht jede geringfügige Beeinflussung einer kampfbedingten Maßnahme durch Regelungen in Betriebsvereinbarungen zur Unwirksamkeit der betrieblichen Regelungen führt. Dies gilt selbst dann, wenn durch die betriebliche Regelung eine geplante arbeitskampfbedingte Maßnahme verhindert wird. Entscheidend ist vielmehr die Frage, ob die entsprechende Kampfseite durch die Regelungen in Betriebsvereinbarungen übermäßig in ihrer Verhandlungsposition geschwächt wird. Ein Ansatz hierfür kann die Anzahl der von den jeweiligen Betriebsvereinbarungen betroffenen Arbeitnehmer bzw. Arbeitgeber sein.

d. Zeitlicher Faktor

Hinsichtlich der Beteiligungsrechte des Betriebsrats im Arbeitskampf hat das BAG und ihm folgend das Schrifttum eine zeitliche Einschränkung hinsichtlich der Paritätsrelevanz vorgenommen.[187] Fraglich ist, ob auch im Hinblick auf die Zulässigkeit von Betriebsvereinbarungen mit Arbeitskampfbezug eine entsprechende Einschränkung zu erfolgen hat. Es ist zu untersuchen, in welchem Zeitrahmen die Möglichkeit der Paritätsbeeinflussung besteht.

Zunächst ist zu bedenken, dass Betriebsvereinbarungen mit Arbeitskampfbezug in der Regel zeitlich unabhängig von einem Arbeitskampf geschlossen werden. Es kann daher nur der Zeitpunkt für eine etwaige Paritätsbeeinträchtigung beachtlich sein, zu welchem die in der Betriebsvereinbarungen getroffenen Regelungen Wirkungen entfalten.

Ferner ist zu klären, ob eine Paritätsbeeinträchtigung nur bei betrieblichen Regelungen mit Wirkung für die Dauer des Arbeitskampfes in Betracht kommt. Diese sind von Regelungen mit Wirkung auf das Vorbereitungsstadium bzw. auf die Zeit nach Beendigung des eigentlichen Arbeitskampfes abzugrenzen. Bei den vom BAG beurteilten Gleitzeitregelungen in Betriebsvereinbarungen hat das Gericht darauf abgestellt, ob durch die Berücksichtigung der Streikzeiten auf dem Gleitzeitkonto der Arbeitnehmer die Streikbereitschaft der Arbeitnehmer erhöht wird.[188] Es hat damit auf die direkte Wirkung der Regelung auf das Verhalten der Arbeitnehmer für die Dauer des Arbeitskampfes abgestellt.

---

[187] Siehe oben unter § 11 I. 4.
[188] Siehe oben unter § 11 I. 4. a. aa.

Auf die Frage, welcher Zeitrahmen generell zu berücksichtigen ist, ist das BAG nicht eingegangen.

Gemäß den obigen Ausführungen ist ein Verstoß gegen den Paritätsgrundsatz nicht mehr möglich, wenn die Regelungen nur Auswirkungen auf den Zeitraum nach Beendigung des Arbeitskampfes entfalten.[189] Derartige Regelungen sind daher bei der Bewertung der Parität nicht zu berücksichtigen. Etwas anderes gilt bei Auswirkungen von Betriebsvereinbarungen auf Vorbereitungsmaßnahmen für den Arbeitskampf. Hinsichtlich etwaiger Auswirkungen auf Vorbereitungsmaßnahmen ist gemäß den obigen Ausführungen davon auszugehen, dass diese grundsätzlich Paritätsrelevanz aufweisen können. Ob eine Paritätsbeeinträchtigung vorliegt, ist nach den erörterten Grundsätzen zu überprüfen. Allein der Bezug zu einer Kampfmaßnahme kann noch nicht zu einer Paritätsverschiebung führen.

Bei Zugrundelegung des tarifbezogen-abstrakten Paritätsmaßstabs ist daher Folgendes zu fordern: Es muss regelmäßig und bezogen auf das Tarifgebiet eine bedeutende Zahl von Betriebsvereinbarungen abgeschlossen werden, deren Regelungen Wirkungen auf den Arbeitskampf selbst oder auf Vorbereitungsmaßnahmen entfalten.

e. Zwischenergebnis

Im Sinne des tarifbezogen - abstrakten Paritätsmaßstabs ist bei der Bewertung der Paritätsbeeinträchtigung durch Betriebsvereinbarungen mit Arbeitskampfbezug auf die generelle Häufigkeit von Betriebsvereinbarungen mit Arbeitskampfbezug in dem jeweiligen Tarifgebiet über einen längeren Zeitraum abzustellen. Dabei führt nicht jede geringfügige Beeinflussung einer kampfbedingten Maßnahme einer Tarifpartei durch Regelungen in Betriebsvereinbarungen zur Unwirksamkeit der betrieblichen Regelungen. Dies gilt selbst dann, wenn durch die betriebliche Regelung eine geplante arbeitskampfbedingte Maßnahme verhindert wird. Entscheidend ist vielmehr, ob die entsprechende Kampfpartei durch eine Festlegung in Betriebsvereinbarungen übermäßig in ihrer Verhandlungsposition geschwächt wird. Um dies festzustellen, kann auf den Ansatz der Zahl der von den betrieblichen Regelungen betroffenen Arbeitnehmer bzw. der betroffenen Arbeitgeber zurückgegriffen werden. Als zeitliches Kriterium ist zu fordern, dass die betrieblichen Regelungen Auswirkungen auf den Arbeitskampf selbst oder auf Vorbereitungsmaßnahmen entfalten.

---

[189] Siehe oben unter § 11 I. 4. c. cc.

4. Paritätsrelevanz der verschiedenen Betriebsvereinbarungstypen sowie deren unterschiedlicher Regelungsbestandteile

Wie dargelegt liegt der Bezugspunkt zur Parität in der Möglichkeit der Betriebsparteien, verbindliche Regelungen für die Situation des Arbeitskampfes festzulegen. Hierdurch kann es zu einer zumindest mittelbaren Bindung der Tarifparteien kommen, die auch Auswirkungen auf die Verhandlungsparität der Tarifparteien entfalten kann. Zur Konkretisierung der Paritätsrelevanz von Betriebsvereinbarungen ist auf die einzelnen möglichen Arten von Betriebsvereinbarungen sowie deren Regelungsbestandteile einzugehen.

a. Erzwingbare und freiwillige Betriebsvereinbarungen

Zu überprüfen ist, ob eine Beeinträchtigung der Parität sowohl durch erzwingbare als auch durch freiwillige Betriebsvereinbarungen möglich ist.

Für die Auswirkung einer Betriebsvereinbarung auf die Parität ist es entscheidend, dass die Betriebsvereinbarung für die Zeitspanne des Arbeitskampfes bzw. auf Vorbereitungsmaßnahmen Wirkungen entfaltet. Es gibt bei erzwingbaren und freiwilligen Betriebsvereinbarungen zwar unterschiedliche Voraussetzungen für den Abschluss, für die Kündigungsmöglichkeit sowie für die Nachwirkung. Für die Beeinflussung der Parität sind diese Unterschiede jedoch irrelevant. Die Betriebsparteien müssen durch die Regelungen der Betriebsvereinbarungen im Arbeitskampf bzw. gegebenenfalls bei Vorbereitungsmaßnahmen gebunden sein. Ansonsten fließen Regelungen einer Betriebsvereinbarung nicht mit in die Bewertung der Parität ein. Es spielt daher keine Rolle, ob es für eine Art der Betriebsvereinbarung leichtere Kündigungsmöglichkeiten sowie eine Nachwirkung gibt oder nicht.[190]

b. Schuldrechtliche und normative Regelungen

Ferner stellt sich die Frage, ob sowohl schuldrechtliche als auch normative Regelungen einer Betriebsvereinbarung Einfluss auf das Verhandlungsgleichgewicht der Tarifparteien entfalten können.

---

[190] Die Unterscheidung zwischen erzwingbaren und freiwilligen Betriebsvereinbarungen könnte lediglich insoweit Bedeutung erlangen, als eine entsprechende Anwendung der Grundsätze zu Beteiligungsrechten des Betriebsrats im Arbeitskampf in Betracht gezogen wird. Nur im Rahmen von erzwingbaren Betriebsvereinbarungen kann noch von einer ähnlichen Interessenlage ausgegangen werden. Nur bei diesen könnte an eine Umgehung der Mitbestimmungsrechte für den Fall gedacht werden, dass der Abschluss einer entsprechenden Betriebsvereinbarung abgelehnt wird. Bei freiwilligen Betriebsvereinbarungen steht es dagegen im Belieben der Parteien, ob sie eine solche Vereinbarung abschließen wollen. Hier kann es also auch nicht um die Umgehung eines Mitbestimmungsrechts gehen.

Wie oben dargelegt verpflichten schuldrechtliche Regelungen die Betriebsparteien untereinander, ohne direkte Wirkungen für Dritte zu entfalten.[191] Als schuldrechtliche Regelungen mit Arbeitskampfbezug sind insbesondere sog. Zuständigkeitsregelungen zu nennen, in denen sich die Betriebsparteien für die Situation des Arbeitskampfes im Rahmen der getroffenen Regelungen festlegen und Verpflichtungen für ihre Verhaltensweisen im Arbeitskampf schaffen.[192] Da derartige Regelungen Bindungen für die Zeit des Arbeitskampfes schaffen, können diese grundsätzlich Paritätsrelevanz aufweisen. Es ist die Folge denkbar, dass die Betriebsparteien nicht mehr uneingeschränkt der Kampftaktik ihres Verbandes folgen können. Es besteht auch die Möglichkeit, dass je nach Ausgestaltung der Regelung die Streikbereitschaft der Arbeitnehmer beeinflusst wird. In derartigen Fällen könnte dann die Kampfstärke des Verbandes betroffen sein, da dieser zur Durchsetzung seiner Forderungen auf die Kampfbereitschaft seiner Mitglieder angewiesen ist. Ob eine Tarifpartei in ihrer Kampfführung beeinträchtigt wird und damit ein Verstoß gegen die Parität vorliegt, ist anhand der dargestellten Grundsätze zu ermitteln.

Ein weiteres Instrument der Betriebsparteien, schuldrechtliche Regelungen zu treffen, sind Regelungsabreden.[193] Soweit die Betriebspartner durch Regelungsabreden schuldrechtliche Verpflichtungen gegenüber dem anderen Partner eingehen,[194] kommt eine Beeinflussung der tariflichen Parität in gleichem Maße in Betracht wie bei der Vereinbarung von schuldrechtlichen Regelungen in Betriebsvereinbarungen.

Normative Regelungen entfalten im Gegensatz zu schuldrechtlichen Regelungen direkte und unmittelbare Auswirkungen auf Dritte, insbesondere auf die Arbeitnehmer.[195] Normative Regelungen kommen insbesondere in Bezug auf die Folgen des Arbeitskampfes für die einzelnen Arbeitnehmer in Betracht. Auch derartige Regelungen können Auswirkungen auf die Situation des Arbeitskampfes entfalten. So wird in der Regel die Streikbereitschaft der Arbeitnehmer beeinflusst werden, wenn sich der Arbeitgeber vorher in einer Betriebsvereinbarung beispielsweise verpflichtet hat, keine Maßregelungen gegen die streikenden Arbeitnehmer zu verhängen. Dadurch besteht zumindest eine mittelbare Beeinflussung des Kampfgeschehens. Derartige Regelungen

[191] Siehe oben unter § 7 III. 1.
[192] Vgl. oben unter § 7 III. 1.
[193] Vgl. zu Regelungsabreden *F/K/H/E*, BetrVG, § 77 Rn. 182 ff.; GK-*Kreutz*, BetrVG, § 77 Rn. 7 ff.; *Galperin/Löwisch*, BetrVG, § 77 Rn. 100 ff.; *v. Hoyningen-Huene*, Betriebsverfassungsrecht, § 11 II., S. 199 f. Teilweise wird synonym der Begriff „Betriebsabsprache" verwendet.
[194] Wie beispielsweise über ein bestimmtes Verhalten einer der Betriebsparteien in bestimmten Situationen.
[195] Siehe oben § 7 III. 1.

können daher Paritätsrelevanz aufweisen, wobei es auf den konkreten Inhalt der Regelung ankommt. Es muss zumindest mittelbar der Willen einer der Kampfparteien beeinträchtigt werden können. Ob eine Paritätsbeeinträchtigung vorliegt, ist anhand der dargelegten Kriterien zu beurteilen.

5. Paritätsrelevanz der von der Rechsprechung beurteilten betrieblichen Regelungen

Fraglich ist, wie die den genannten Entscheidungen der Rechtsprechung zugrundeliegenden betrieblichen Regelungen anhand der in der bisherigen Untersuchung erlangten Ergebnisse zu werten sind.[196]

Es ist zunächst zu prüfen, ob die Regelungen Paritäts*relevanz* aufweisen. Hierzu ist es wie dargelegt unerheblich, ob die vorgenannnten betrieblichen Regelungen freiwillige oder erzwingbare Regelungen darstellen.[197] Ferner kommt eine Paritätsrelevanz sowohl bei schuldrechtlichen als auch bei normativen Regelungen in Betracht.[198] Mit Blick auf den Inhalt der betrieblichen Regelungen ist eine Typisierung vorzunehmen. Als ein relevantes Merkmal kann hier die Frage zugrunde gelegt werden, ob durch entsprechende Regelungen die Kampfbereitschaft einer Partei bzw. deren Mitglieder beeinflusst werden kann. Dabei wird es darauf ankommen, ob den Mitgliedern der Tarifparteien durch die betriebliche Regelung ein Vorteil zukommt, oder ob auf der anderen Seite mit einer relevanten negativen Folge für den Fall der Kampfbeteiligung zu rechnen ist. In diesen Fällen wird die Kampfbereitschaft der Mitglieder der Tarifvertragsparteien beeinflusst werden, so dass hier eine Paritätsrelevanz grundsätzlich zu bejahen sein wird.

So können betriebliche Gleitzeitregelungen – je nach Ausgestaltung - als paritäts*relevante* Faktoren angesehen werden. Beispielsweise durch Regelungen, nach denen die Arbeitnehmer ein Wahlrecht haben, ob die streikbedingte Ausfallzeit auf dem Gleitzeitkonto verrechnet werden soll oder ob der Lohn entsprechend gemindert werden soll, könnte die Streikbereitschaft der Arbeitnehmer beeinflusst werden.

[196] Die Rechtsprechung ist oben in § 2 I. – IV. dargestellt.

[197] Siehe unter § 11 II. 4. a.

[198] Siehe unter § 11 II. 4. b. Bei betrieblichen Regelungen über Gleitzeit, über Anwesenheitsprämien sowie über Maßregelungsverbote handelt es sich um normative Regelungen, da sie direkte und unmittelbare Auswirkungen auf die Arbeitsnehmer entfalten. Betriebliche Regelungen über Notstands- und Erhaltungsarbeiten enthalten dagegen in der Regel schuldrechtliche Regelungen, da sie sich an die jeweiligen Betriebspartner richten.

Auch Anwesenheitsprämien und Maßregelungsverbote sind geeignet, die Streikbereitschaft der Arbeitnehmer zu beeinflussen und können daher paritäts*relevante* Faktoren angesehen werden.

Von der Paritätsrelevanz zu unterscheiden ist die Frage der *Beeinträchtigung* der Parität. Hier ist hervorzuheben, dass es entgegen einer weit verbreiteten Praxis nicht zulässig ist, von der Paritätsrelevanz einer Regelung pauschal auf eine Paritätsbeeinträchtigung zu schließen. Ein Verweis auf den Paritätsgrundsatz reicht nicht aus, um betriebliche Regelungen für unwirksam zu erklären. Dies ist vielmehr anhand der dargestellten Grundsätze zu erörtern.

III. Ergebnis

Die vorstehende Untersuchung macht deutlich, dass es entgegen einer weit verbreiteten Praxis nicht zulässig ist, von der Paritätsrelevanz einer Regelung pauschal auf eine Paritätsbeeinträchtigung zu schließen. Zur Bestimmung eines Verstoßes gegen den Paritätsgrundsatz ist vielmehr eine genaue Determinierung der Kriterien der Paritätsbemessung und eine exakte Subsumtion erforderlich. Häufig wird der Grundsatz der Parität pauschal und vorschnell verwendet, um einen Verstoß gegen das Arbeitskampfrecht zu begründen. Bei der näheren Untersuchung fällt dann auf, dass eine pauschale Berufung auf den Paritätsgrundsatz nicht zu konsequenten Ergebnissen führen kann.

Dies gilt auch für die Bewertung der Zulässigkeit von Betriebsvereinbarungen mit Arbeitskampfbezug. Derartige Betriebsvereinbarungen können nicht ohne weitere Begründung schlicht deshalb für unzulässig erklärt werden, weil sie gegen das Paritätsprinzip verstoßen. Nach den vorherigen Untersuchungen ist eine solche Argumentation nicht schlüssig. Es ist vielmehr zunächst darzulegen, nach welchen Kriterien die Paritätssituation überhaupt bemessen werden soll. Dies kann nicht willkürlich und von Fall zu Fall unterschiedlich geschehen.

Das BAG hat bisher in einigen Grundsatzentscheidungen zu der Bewertung der Paritätssituation Stellung genommen. Aufgrund der nicht umfassend dargelegten Bewertung der Parität in den Nachfolgeurteilen hat es jedoch viele Diskussionen hervorgerufen und nicht zur sicheren Handhabung der Kriterien beigetragen. Bei der bisherigen Rechtsprechung des BAG kann insbesondere nicht nachvollzogen werden, weshalb es bei grundsätzlicher Befürwortung eines tarifbezogen-abstrakten Ansatzes zur Paritätsbewertung in den einzelnen Urteilsbegründungen auf den konkreten Arbeitskampf bzw. auf Auswirkungen in einem konkreten Betrieb abstellt. Dies scheint einen Bruch in der Argumentation darzustellen. Falls das BAG die seiner Rechtsprechung zugrunde gelegten Ansätze der Paritätsbewertung dagegen geändert haben sollte, sollte es dies deutlich machen.

Außerdem ist hervorzuheben, dass der Ansatz, nach dem für die Paritätsbewertung alle relevanten Betriebsvereinbarungen eines Tarifgebietes zugrunde zu legen sind, eine Folge der tarifbezogenen Betrachtungsweise ist. Will man aufgrund etwaiger praktischer Schwierigkeiten eine derartige Betrachtungsweise vermeiden, muss man konsequenter Weise generell eine betriebsbezogen-konkrete Betrachtungsweise des Paritätsprinzips befürworten. Gegen eine derartige Betrachtungsweise sprechen jedoch grundlegende Bedenken.

Als Ergebnis ist festzuhalten, dass Betriebsvereinbarungen mit Arbeitskampfbezug gegen den durch Art. 9 Abs. 3 GG geschützten Grundsatz der Parität verstoßen können. Voraussetzung einer Paritätsbeeinträchtigung durch Betriebsvereinbarungen mit Arbeitskampfbezug ist der über einen längeren Zeitraum regelmäßige Abschluss einer auf das Tarifgebiet bezogenen bedeutenden Anzahl von Betriebsvereinbarungen, die dazu führen, dass eine Kampfpartei übermäßig in ihrer Verhandlungsposition geschwächt wird.

§ 12 Der Grundsatz der Verhältnismäßigkeit

Als weiteres Grundprinzip des Arbeitskampfrechts wird der Grundsatz der Verhältnismäßigkeit[1] angesehen. In Bezug auf den Inhalt und die Konkretisierung des Verhältnismäßigkeitsgrundsatzes gibt es eine kontroverse Diskussion und zahlreiche ungeklärte Fragen. Hierauf soll insoweit eingegangen werden, als dies für die Untersuchung der hier zu prüfenden Frage relevant erscheint.

I. Inhalt und Funktion des Grundsatzes der Verhältnismäßigkeit

Zunächst soll auf Handhabung des Prinzips in Rechtsprechung und Schrifttum dargestellt werden. Ferner sollen die wichtigsten Grundlagen des Grundsatzes beleuchtet werden.

1. Rechtsprechung

Der Große Senat des BAG hat in seiner zweiten Aussperrungsentscheidung alle Arbeitskämpfe dem (zwingenden) Gebot der Verhältnismäßigkeit unterstellt.[2] Er hat hierzu ausgeführt:[3]

> „In unserer verflochtenen und wechselseitig abhängigen Gesellschaft berühren Streik und Aussperrung nicht nur die am Arbeitskampf unmittelbar Beteiligten, sondern auch Nichtstreikende und sonstige Dritte sowie die Allgemeinheit vielfältig nachhaltig."

Dem folgend wird die Geltung des Verhältnismäßigkeitsgrundsatzes mit dem Eingriff in die Rechtspositionen Dritter begründet, die den Folgen des Arbeits-

---

[1] Teilweise wird synonym der Begriff „Übermaßverbot" verwendet; vgl. nur *v. Hoyningen-Huene*, JUS 1987, 505, 507, kritisch insoweit *Mayer-Maly*, Anm. zu BAG, AP Nr. 64 –66 zu Art. 9 GG Arbeitskampf, Bl. 948.

[2] BAG GS, Beschluss vom 21.04.1971 – GS 1/68 = zweite Aussperrungsentscheidung, AP Nr. 43 zu Art. 9 GG – Arbeitskampf, unter A 1. der Gründe = BAGE 23, 292, 306. Die vorgenannte Rechtsprechung des BAG größtenteils verteidigend beispielsweise *Gamillscheg*, Kollektives ArbR/I, S. 1132 mit krit. Auseinandersetzung zu den aus dem Schrifttum vorgebrachten Kritikpunkten; zur Kritik und „Antikritik" vgl. auch *Kreutz*, Verhältnismäßigkeit, S. 85 ff.; siehe weiter *Rüthers*, EzA Nr. 37 zu Art. 9 GG – Arbeitskampf, S. 424 z; *Rüthers*, Aussperrung, S. 97 f.; *Seiter*, Streikrecht, S. 148 ff.; *Scholz/Konzen*, Aussperrung, S. 137 ff.; *Konzen*, SAE 80, S. 21 ff.; *Wank*, FS für Kissel, S. 1225, 1231 ff.; *Reuter*, JUS 1973, 284, 284 ff.; *Reuter*, RdA 1975, 275, 279; *Richardi*, NJW 1978, 2057, 2059 ff.; *Scholz*, ZfA 1990, 377; 397 ff.

[3] BAG GS, Beschluss vom 21.04.1971 – GS 1/68, AP Nr. 43 zu Art. 9 GG – Arbeitskampf unter A. 1 der Gründe.

kampfes hilflos ausgeliefert seien.[4] Das verfassungsrechtliche Übermaßverbot sei nicht nur bei Eingriffen der staatlichen Verwaltung in private Rechte zu beachten, sondern es binde den Gesetzgeber auch, wenn er per Gesetz Eingriffe durch private Rechtsträger wie Koalitionen erlaube.[5] Der Grundsatz der Verhältnismäßigkeit diene somit generell dem harmonischen Ausgleich kollidierender Interessen und Rechtsgüter.[6] Deshalb sei es nicht nur zulässig, sondern ein Gebot der Rechtstaatlichkeit,[7] das Verhältnismäßigkeitsprinzip im Arbeitskampf anzuwenden.[8] Wenn und solange die Tarifvertragsparteien ihrem Recht[9] und ihrer Pflicht, Regeln über den Arbeitskampf zu setzen, nicht nachkämen, sei nach dem Grundsatz der Verhältnismäßigkeit zu prüfen, ob ein Arbeitskampf nach Anlass, Zeitpunkt, Ziel, Art der Durchführung, Intensität und weiterer Entwicklung rechtlich zulässig sei.[10]

Der Große Senat des BAG leitete aus dem Grundsatz der Verhältnismäßigkeit im Wesentlichen drei Folgerungen ab:[11] Erstens müssten Arbeitskämpfe zur Erreichung rechtmäßiger Kampfziele und des nachfolgenden Arbeitsfriedens geeignet und sachlich erforderlich (mildestes Mittel) sein. Der Arbeitskampf müsse ultima ratio sein. Zweitens dürften die Mittel des Arbeitskampfes ihrer Art nach nicht über das hinausgehen, was zur Durchsetzung des erstrebten Ziels jeweils erforderlich sei. Arbeitskämpfe dürften nicht auf die Vernichtung des Gegners abstellen; sie müssten also fair geführt sein. Drittens müssten beide Tarifvertragsparteien den Arbeitsfrieden sobald wie möglich und in größtmöglichem Umfang wieder herstellen.

---

4 BAG, Urteil vom 10.06.1980 – 1 AZR 822/79, AP Nr. 64 zu Art. 9 GG – Arbeitskampf. Bl. unter B.I.1. der Gründe; Vgl. auch *Wank*, FS für Kissel, S. 1225, 1232; *Kalb*, RdA 1994, 385, 389; *Rieble*, EzA Nr. 97 zu Art. 9 GG – Arbeitskampf, S. 17, 28, sieht darin einen Ausdruck praktischer Konkordanz; *Löwisch-Löwisch/Rieble*, Arbeitskampf- und Schlichtungsrecht, Rn. 25; für den Ansatz der praktischen Konkordanz siehe auch; *Maunz/Dürig-Scholz*, GG, Art. 9 Rn. 317; *Staudinger/Richardi*, BGB, Vorb. zu § 611 ff. Rn. 916 ff.; *v. Hoyningen-Huene*, JUS 1987, 505, 507.

5 *V. Hoyningen-Huene*, JUS 1987, 505, 507; *Kreutz*, Verhältnismäßigkeit, S. 88.

6 *Kreutz*, Verhältnismäßigkeit, S. 35, m.w.N.

7 Für eine Ableitung des Grundsatzes der Verhältnismäßigkeit aus dem Rechtsstaatsprinzip des Art. 20 Abs. 3 GG: BVerfG, Beschluss vom 15.12.1965 – 1 BvR 513/65, E 19, 342, 348 f., unter III. 2. der Gründe; BVerfG, Urteil vom 24.04.1985 – 2 BvF 2,3,4/83, und 2/84, E, 69, 1, 35 unter B.III.4 der Gründe; *Kreutz*, Verhältnismäßigkeit, S. 36 m.w.N.; demgegenüber hält *E. Wolf*, Aussperrung, S. 294 f. den Grundsatz wie er vom BVerfG verwendet wird für verfassungswidrig.

8 *Wank*, FS für Kissel, 1225, 1232 f. m.w.N. Es sei aber eine Frage des einfachen Rechts, wann eine Arbeitskampfmaßnahme unverhältnismäßig sei. Gegen die Anwendung des Grundsatzes der Verhältnismäßigkeit im Arbeitskampf wird vorgebracht, der Grundsatz setze ein Subordinationsverhältnis voraus, woran es im Arbeitskampf fehle.

9 Welches ihnen als Ausfluss der Tarifvertragsautonomie zusteht.

10 BAG GS, Beschluss vom 21.04.1971 – GS 1/68, AP Nr. 43 zu Art. 9 GG – Arbeitskampf.

11 BAG GS, Beschluss vom 21.04.1971 – GS 1/68, AP Nr. 43 zu Art. 9 GG – Arbeitskampf, unter Teil III. A.2. a)-c) der Gründe; vgl. auch *Gamillscheg*, Kollektives ArbR/I, S. 1130; *v. Hoyningen-Huene*, JUS 1987, 505, 508.

Der 1. Senat des BAG hat sich insbesondere in seinen Entscheidungen vom 10. Juni 1980[12] der Kritik aus dem Schrifttum an der Anwendung des Verhältnismäßigkeitsgrundsatzes gestellt und diesen näher konkretisiert. Er führt zunächst klarstellend aus, dass das BAG die Begriffe „Übermaßverbot" und „Verhältnismäßigkeit" synonym verwende.[13] Beide Bezeichnungen seien Sammelbegriffe, welche die Merkmale der Geeignetheit, der Erforderlichkeit und der Proportionalität[14] zusammenfassten.[15] Des Weiteren hält das BAG ausdrücklich an der von dem Großen Senat aufgestellten Dreiteilung[16] der Prüfung fest und macht weitere Ausführungen zu den einzelnen Merkmalen. Das BAG macht zudem deutlich, dass das Übermaßverbot nicht zu einer Tarifzensur führen dürfe.[17]

Auch das BVerfG erkennt den Grundsatz der Verhältnismäßigkeit als übergreifende Leitregel allen staatlichen Handelns an.[18]

Über den Bereich des öffentlichen Rechts hinaus hat der Grundsatz der Verhältnismäßigkeit damit auch in das Arbeitskampfrecht Eingang gefunden.[19]

2. Schrifttum

Die Einführung des Verhältnismäßigkeitsgrundsatzes in das Arbeitskampfrecht durch den Großen Senat ist auf zum Teil heftige Kritik gestoßen.[20] Die Kritik setzt dabei an unterschiedlichen Punkten an.

---

[12] BAG, Urteil vom 10.06.1980 – 1 AZR 822/79, AP Nr. 64 zu Art. 9 GG – Arbeitskampf; BAG, Urteil vom 10.06.1980 – 1 AZR 168/79, AP Nr. 65 zu Art. 9 GG – Arbeitskampf.

[13] Vgl. insoweit die Kritik von *Mayer-Maly*, Anm. zu BAG AP Nr. 64-66, Bl. 948.

[14] Das BAG hat in BAG, Urteil vom 12.03.1985 – 1 AZR 636/82, AP Nr. 84 zu Art. 9 GG Arbeitskampf, Bl. 368 R. zur Vermeidung von Missverständnissen des Begriff „Verhältnismäßigkeit im engeren Sinne" durch den Begriff „Proportionalität" ausgetauscht.

[15] BAG, Urteil vom 10.06.1980 – 1 AZR 168/79, AP Nr. 65 zu Art. 9 GG – Arbeitskampf, Bl. 939.

[16] Der Arbeitskampf selbst und die Kampfmaßnahmen müssten erforderlich und geeignet sein sowie in Proportion zum angestrebten Ziel stehen: BAG, Urteil vom 10.06.1980 – 1 AZR 822/79, AP Nr. 64 zu Art. 9 GG – Arbeitskampf; BAG GS, Beschluss vom 21.04.1971 – GS 1/68, AP Nr. 43 zu Art. 9 GG – Arbeitskampf zu Teil III A 1 der Gründe; BAG, Urteil vom 12.03.1985 – 1 AZR 636/82, AP Nr. 84 zu Art. 9 GG Arbeitskampf, Bl. 368 R.; vgl. hierzu *Konzen*, AfP 1984, 1, 3.

[17] BAG, Urteil vom 10.06.1980 – 1 AZR 168/79, AP Nr. 65 zu Art. 9 GG – Arbeitskampf, Bl. 939.

[18] BVerfG, Beschluss vom 5.3.1968 – 1 BvR 579/67, E 23, 127, 133 unter II. 4. der Gründe m.w.N. aus der Rechtsprechung des BVerfG; BVerfG, Beschluss vom 4.2.1975 – 2 BvL 5/74, E 38, 348, 368 ebenfalls m.w.N.

[19] Ausführlicher zur Entwicklung siehe *Kreutz*, Verhältnismäßigkeit, S. 32 ff. m.w.N.

[20] Dies merkt auch das BAG in seinen Urteilen vom 10.06.1980 an: BAG, 1 AZR 822/79 und 1 AZR – 168/79, AP Nr. 64 und 65 zu Art. 9 GG – Arbeitskampf, Bl. 939 R.; vgl. auch *Wolf*, Aussperrung, S. 292 ff., *Mösch*, Verhältnismäßigkeit, S. 51 ff., 85 ff.; *Reuter*, JUS 1973, 284, 286; *Däubler-Däubler*, Arbeitskampfrecht, Rn. 199 ff.; *Däubler*, JUS 1972, 642

Teilweise wird der Widerspruch mit einer drohenden Tarifzensur begründet. Hier wird angeführt, ein Versuch des Schutzes von Dritt- und Allgemeininteressen berge die Gefahr, den Arbeitskampfparteien Ziel und Verhaltensweisen zu diktieren. Dies sei mit Art. 9 Abs. 3 GG nicht vereinbar, da den Koalitionen in dieser Verfassungsnorm die Wahrung und Förderung der Arbeits- und Wirtschaftsbedingungen in eigener Verantwortung anvertraut sei.[21] Des Weiteren wird die „Unbestimmtheit"[22] der „Leerformel"[23] kritisiert, die einer „Willkür des Gerichts"[24] entstamme. Hier bestehe die Gefahr, dass sie dazu benutzt werde, „unerwünschte" Streiks für rechtswidrig zu erklären.[25]

Grundrechtsdogmatisch wird vorgebracht, dass der Grundsatz der Verhältnismäßigkeit verfassungsrechtlich eine Sperre für grundrechtseinschränkende Tätigkeiten des Staates darstelle, nicht aber der Beschränkung der Grundrechte dienen solle. Der Verhältnismäßigkeitsgrundsatz sei demnach eine Schranken-Schranke[26] und könne schon deshalb keine Schranke des Streikrechts darstellen.[27] Demgegenüber führe die Rechtsprechung des BAG im Ergebnis dazu, dass die Freiheitsausübung nur noch in den Grenzen des Verhältnismäßigkeitsgebots rechtmäßig sei. Das BAG nehme daher eine Umwertung des Verhältnismäßigkeitsgrundsatzes vom Kontrollinstrument des Eingriffs zum Kontrollinstrument der Kommunikations- und Betätigungsfreiheit vor, deren Methode und Begründung es jedoch verheimliche.[28]

Gegen die Herleitung des Verhältnismäßigkeitsgrundsatzes aus den drohenden Beeinträchtigungen unbeteiligter Dritter wird angeführt, dass man nicht einfach außer acht lassen dürfe, dass das Mittel des Arbeitskampfes ein not-

---

ff.; *Kittner-Joachim*, Streik und Aussperrung, S. 27 ff., 41; *Kittner-Hartwich*, Streik und Aussperrung, S. 349, 404 ff.; *Kittner-Hoffmann*, Streik und Aussperrung S. 49, 76.

21 So beispielsweise *Reuter*, RdA 1975, 275, 280 f., der den Verhältnismäßigkeitsgrundsatz dennoch verteidigt, da andererseits die schutzwürdigen Dritt- und Allgemeininteressen „einer eher zufälligen (...) Bereitschaft zur Mäßigung" ausgeliefert werden könnten.

22 *Säcker*, GMH 1972, 287, 287.

23 *Dorndorf/Weiss-Weiss*, Warnstreiks, S. 81, 86; *Wolf*, Aussperrung S. 289 spricht von einem „Leerwort".

24 *Wolf*, Aussperrung, S. 302; *Kittner-Loderer*, Streik- und Aussperrung, S. 551 spricht von einer Formel, die für deren Begründung nichts anderes als das politische Wollen ihrer Erfinder stehe.

25 *Däubler*, Arbeitsrecht/I, 5.3.4., S. 231 f. m.w.N.

26 *Scholz/Konzen*, Aussperrung, S. 138; *Säcker*, GMH, 1972, 287, 297; *AK-GG-Kittner*, Art. 9 Abs. 3, Rn. 66.

27 *AK-GG-Kittner*, Art. 9 Abs. 3, Rn. 66; *Pfarr/Brandt*, AuR 1981, 325, 331; *Däubler*, Arbeitsrecht/1, 5.3.4, S. 231 f. m.w.N.; *Däubler (Hrsg.)-Schumann*, Arbeitskampfrecht, Rn. 201; *Däubler/Hege*, Koalitionsfreiheit, Rn. 224; *Kittner-Joachim*, Streik und Aussperrung, S. 35; dagegen *Reuter*, RdA 1975, 275, 281; *Wank*, FS für Kissel, S. 1225, 1232.

28 *Säcker*, GMH, 1972, 287, 297 f.; *Wolf*, Aussperrung, S. 305 f.; *Reuter*, RdA 1975, 275, 281; *Kittner-Joachim*, Streik und Aussperrung, S. 35;

wendiges und verfassungsrechtlich gewährleistetes Hilfsmittel zur Koalitionszweckverfolgung darstelle.[29]

3. Stellungnahme

a. Ansatz der Prüfung

Wie soeben dargelegt soll durch die Anwendung des Grundsatzes der Verhältnismäßigkeit verhindert werden, dass durch Arbeitskampfmaßnahmen in unverhältnismäßiger Weise in Rechtspositionen Dritter eingegriffen wird, die den Folgen des Arbeitskampfes hilflos ausgeliefert sind. Allgemein formuliert haben die Tarifparteien in der Anwendung des Arbeitskampfes Maß zu halten und ihn als letztes Mittel zu betrachten.[30]

Fraglich ist, ob anhand des Grundsatzes der Verhältnismäßigkeit eine nachvollziehbare und systematisch einwandfreie Überprüfung des Arbeitskampfes möglich ist. Soll der Verhältnismäßigkeitsgrundsatz im Arbeitskampfrecht nicht zur „Allerweltsformel“[31] denaturieren, mit der sich nahezu beliebige Ergebnisse begründen lassen, erscheint in erster Linie ein präziser Gebrauch dieses Instruments erforderlich. Dabei bietet sich als Orientierung die Unterteilung des Übermaßverbotes in die Merkmale Geeignetheit, Erforderlichkeit und Proportionalität an.

Als Grundlage für die Untersuchung soll zunächst näher auf die einzelnen Merkmale des Verhältnismäßigkeitsprinzips eingegangen werden. Um eine systematische Untersuchung der Frage zu gewährleisten, ob die Vereinbarung von Regelungen über den Arbeitskampf durch die Betriebsparteien gegen den Grundsatz der Verhältnismäßigkeit verstößt, empfiehlt sich ein schrittweises Vorgehen anhand der Strukturen dieses Rechtsprinzips.

b. Konkretisierung des Grundsatzes

aa. Geeignetheit

Die Geeignetheit der Maßnahme ist im Rahmen der Prüfung der Verhältnismäßigkeit die Minimalvoraussetzung. Eine Maßnahme ist zur Erreichung eines bestimmten Zwecks geeignet, wenn mit ihrer Hilfe der gewünschte Erfolg ge-

---

[29] *Enderlein*, RdA 1995, 264, 268, 273.

[30] Das Verhältnismäßigkeitsprinzip führt dabei nur in schwerwiegenden Extremfällen einer Schadensvermeidung zur Untersagung eines konkreten Arbeitskampfes; im allgemeinen hat es lediglich die Aufgabe der Schadensbegrenzung.

[31] So *Konzen*, AcP 177 , 473, 511.

fördert wird, dass heißt der Erfolg zumindest näherrückt.[32] Entscheidendes Merkmal für die Überprüfung der Eignung ist, dass das gewählte Arbeitskampfmittel im Rahmen einer prognostischen ex-ante-Betrachtung geeignet war, auf den sozialen Gegenspieler Druck auszuüben.[33] Dabei ist den Kampfparteien eine Einschätzungsprärogative einzuräumen. Zudem wird ein Arbeitskampf nicht dadurch rechtswidrig, dass er im Ergebnis erfolglos geblieben ist. Eine so verstandene Verhältnismäßigkeit wäre kontraproduktiv, da jede Seite alles daran setzen würde, auf jeden Fall zu gewinnen.

Dem Merkmal der Eignung kommt kaum eine beschränkende Wirkung zu, da bei Einsatz eines Kampfmittels eine irgendwie geartete Druckausübung stets vorliegen wird.[34] Allenfalls kann man auf dieser Prüfungsstufe Kampfmethoden aussondern, die eine spätere Wiederherstellung des Arbeitsfriedens verhindern.[35] Der Arbeitskampf ist darauf gerichtet, die Arbeitsverhältnisse bei einer veränderten Gestaltung der tarifvertraglichen Arbeits- und Wirtschaftsbedingungen fortzusetzen.[36] Deshalb können beispielsweise die Verweigerung von Erhaltungsarbeiten sowie der existenzvernichtende Arbeitskampf als nicht geeignet ansehen werden.

bb. Erforderlichkeit

Als weiteres Merkmal der Verhältnismäßigkeit ist zu überprüfen, ob die Maßnahme erforderlich ist, den verfolgten Zweck zu erreichen.

(1) Der Grundsatz der Erforderlichkeit im eigentlichen Sinne

Eine Maßnahme ist erforderlich im Sinne des Verhältnismäßigkeitsgrundsatzes, wenn kein anderes Mittel zur Auswahl steht, welches zumindest gleich geeignet ist, aber die Rechts- und Interessensphäre des bzw. der Betroffenen weniger beeinträchtigt.[37] Existiert kein gleich geeignetes Mittel, ist selbst das schärfste Mittel erforderlich.

---

[32] BVerfG, Beschluss vom 16.03.1971 – 1 BvR 52, 665, 667, 754, 66; E 30, 292, 316 unter C.II.2 c bb der Gründe; BVerfG, Beschluss vom 19.03.1975 – 1 BvL 20, 21, 22, 23, 24/73, E 39, 210, 230; *Maunz/Dürig-Herzog*, GG, Art. 20, VII Rn. 74; *Kreutz*, Verhältnismäßigkeit, S. 36 f.; *Gentz*, NJW 1968, 1600, 1603 m.w.N.

[33] Ausführlich dazu *Kreutz*, Verhältnismäßigkeit, S. 120 ff.

[34] Vgl. auch *Mösch*, Verhältnismäßigkeit, S. 26 f.; *Löwisch-Löwisch/Rieble*, Arbeitskampf- und Schlichtungsrecht, 170.1 Rn. 71; *Reuter*, RdA 1975, 275, 282 f.

[35] Vgl. *Reuter*, RdA 1975, 275, 282 f.

[36] Vgl. *Reuter*, RdA 1975, 275, 282 f.; *Rüthers*, EzA Nr. 37 zu Art. 9 GG – Arbeitskampf, S. 424 z; *Hueck/Nipperdey-Säcker*, Arbeitsrecht II/2, S. 939; *Hengsbach - v. Nell-Breuning*, Aussperrung, S. 83.

[37] BVerfG, Beschluss vom 16.03.1971 – 1 BvR 52, 665, 667, 754/66, BVerfGE, 30, 292, 316 unter C.II.2.c.bb der Gründe; *Maunz/Dürig-Herzog*, GG, Art. 20, VII, Rn. 75; *Kreutz*, Verhältnismäßigkeit, S. 37; *Seiter*, Arbeitskampfparität, S. 92.

Betrachtet man die gerichtliche Praxis genauer, fällt auf, dass das Merkmal der Erforderlichkeit in der vorgenannten Form keine Rolle spielt. Die Rechtsprechung des BAG ist über die reine „Forderung", dass Kampfmaßnahmen erforderlich zu sein haben, nicht hinausgelangt.[38] Eine eingehende Prüfung des Merkmals wie die Feststellung, ob es mehrere gleich geeignete Kampfmittel gibt, ist bisher nicht ersichtlich vorgenommen worden. Nur im Rahmen einer solchen Prüfung stellt sich aber die Frage, ob von diesen gleich geeigneten Mitteln das mildeste Mittel gewählt wurde.

Dagegen ist teilweise argumentiert worden, eine Arbeitskampfmaßnahme sei deshalb unverhältnismäßig, weil sie wirksamer und effektiver war als eine andere mögliche Kampfmaßnahme.[39] Diese Argumentation widerspricht jedoch den zuvor dargestellten Grundsätzen. Derart „leichtfertige und überzogene Anwendungsversuche",[40] lassen den Grundsatz der Verhältnismäßigkeit vielmehr zu einer „Zauberformel" verkommen, „mit der sich jedes beliebige Ergebnis begründen lässt"[41].

(2) Das ultima-ratio-Prinzip

Spezielle Ausprägung des Merkmals der Erforderlichkeit ist das ultima-ratio-Prinzip. Danach ist eine Maßnahme des Arbeitskampfes erst dann erforderlich, wenn alle Verhandlungsmöglichkeiten ausgeschöpft sind. Der Arbeitskampf muss also das letzte mögliche Mittel (ultima ratio) sein.[42] Mittlerweile wird auch davon ausgegangen, dass sich das ultima-ratio-Prinzip als eigenständiges Rechtmäßigkeitskriterium neben dem Grundsatz der Verhältnismäßigkeit entwickelt habe.[43]

---

[38] BAG, Urteil vom 12.09.1984 - 1 AZR 342/83, AP Nr. 81 zu Art. 9 GG Arbeitskampf, Bl. 10/2 unter B.II.2 b der Gründe, BAG, Urteil vom 12.03.1985 – 1 AZR 636/82, AP Nr. 84 zu Art. 9 GG Arbeitskampf, Bl. 4/2 unter II.2.b. der Gründe.

[39] KG, Urt. vom 09.09.1976 – 15 U 1207/76, EzA Nr. 17 zu Art. 9 GG Arbeitskampf, S. 108 unter 3. der Gründe mit Anm. *Buchner*.

[40] So *Buchner*, EzA Nr. 17 zu Art. 9 GG – Arbeitskampf, S. 109, 110 e f.

[41] Vgl. *Ihlefeld*, AuR, 1978, 61, 64.

[42] BAG, Beschluss des Großen Senats vom 21.04.1971 – GS 1/68, AP Nr. 43 zu Art. 9 GG – Arbeitskampf, unter Teil III, A.2.a. der Gründe; *Seiter*, Streikrecht, S. 513 ff.; *Kreutz*, Verhältnismäßigkeit, S. 139 f.; *Löwisch-Löwisch/Rieble*, Arbeitskampf- und Schlichtungsrecht, 170.1 Rn. 74 m.w.N.; *Wolf*, Aussperrung, S. 309, hält dieses Erfordernis für „unhaltbar".

[43] So *Kreutz*, Verhältnismäßigkeit, S. 140 ff.

cc. Proportionalität

Die letzte Stufe der Verhältnismäßigkeit bildet der Grundsatz der Proportionalität.[44]

(1) Zweck-Mittel-Relation

Nach der vorherrschenden Meinung genügt ein Kampfmittel dem Merkmal der Proportionalität, wenn es nicht außer Verhältnis zum angestrebten Zweck steht.[45] Dieser Grundsatz wird folglich negativ bestimmt. Entscheidend ist, dass zwischen Mittel und Zweck keine Disproportion vorliegt. Dagegen ist es nicht relevant, ob Zweck und Mittel optimal zueinander stehen. Das Spannungsverhältnis zwischen den Interessen des Handelnden und denen des Betroffenen ist im Wege einer umfassenden Güter- und Interessenabwägung aufzulösen.

(2) Bezugspunkt der Prüfung

Das Merkmal der Proportionalität lässt sich nicht substantiiert beurteilen, so lange nicht feststeht, welcher Zweck bei der Prüfung des Merkmals maßgeblich sein soll.[46] Die Frage nach dem richtigen Bezugspunkt der Prüfung ist jedoch umstritten. Richtig verortet ist diese Diskussion in der Prüfungsstufe der Proportionalität.[47]

Im Schrifttum wird teilweise davon ausgegangen, dass es nur auf die Tarifforderung, also das Arbeitskampfziel ankommen könne.[48] Der verfolgte Zweck, das eingesetzte Mittel und der damit angerichtete bzw. drohende Schaden müssten in einem angemessenen Verhältnis stehen. Nur so könne vermieden werden, dass Gerichte die Angemessenheit des angestrebten Tarifvertrags überprüfen müssen, was praktisch unmöglich wäre und dem Prinzip der Tarifautonomie zuwider liefe.

---

[44] Die Begriffe „Angemessenheit" und „Verhältnismäßigkeit" bzw. „Verhältnismäßigkeit im engeren Sinne" werden häufig als Synonyme für den Begriff „Proportionalität" verwendet; vgl. auch *Kreutz*, Verhältnismäßigkeit, S. 39.

[45] BVerfG, Urteil vom 11.06.1958 – 1 BvR 596/56; BVerfGE, 7, 377, 407 unter B IV.3.d. der Gründe; BVerfG, Beschluss vom 14.02.1978 – 2 BvR 406/77, BVerfGE 47, 239, 248 unter B. I. 2.c. der Gründe; *Löwisch-Löwisch/Rieble*, Arbeitskampf- und Schlichtungsrecht, 170.1 Rn. 74; *Kreutz*, Verhältnismäßigkeit, S. 39; *Gentz*, NJW 1968, 1600, 1604.

[46] Dies räumt auch das BAG in seiner Entscheidung vom 10.06.1980 ein: BAG, 1 AZR 822/79, AP Nr. 64 zu Art. 9 GG. unter B.I.2. der Gründe.

[47] Vgl. *Scholz/Konzen*, Aussperrung, S. 141; *Mösch*, Verhältnismäßigkeit, S. 30 f.; *Reuter*, RdA 1975, 272, 282.

[48] *Löwisch*, ZfA 1971, 319, 326 ff; *Scholz/Konzen*, Aussperrung, S. 141, 164, 232 f.; *Wank*, FS für Kissel, S. 1225, 1233 ff.; *Gamillscheg*, ArbR/I, S. 1163; *Reuter*, RdA 1975, 275, 282 ff.

Demgegenüber will eine andere Ansicht den Zweck mit Hilfe des Paritätsprinzips bestimmen.[49] Dieser Ansicht nach ist die Kampfparität der Bezugspunkt für die Bemessung der „erforderlichen“ Kampfmittel. Beruhe die Richtigkeitsgewähr eines Tarifvertrages auf der Verhandlungsparität, so müsse das Arbeitskampfrecht diejenigen Kampfmittel zur Verfügung stellen, die erforderlich seien, um dieses Verhandlungsgleichgewicht zu ermöglichen.

Die Frage der Parität nennt auch der 1. Senat des BAG in seinen Entscheidungen vom 10.06.1980 als erhebliche Größe.[50] In Bezug auf Abwehraussperrungen hat er ausgeführt, dass nur solche Abwehraussperrungen als geeignet, erforderlich und proportional gelten könnten, welche die Wiederherstellung der Verhandlungsparität bezweckten. Damit sei zugleich der Rahmen für die Zulässigkeit von Abwehraussperrungen bezeichnet. Auch in späteren Urteilen ist das BAG auf dieser Linie geblieben und hat ausgeführt, dass die Herstellung der Parität noch einmal im Rahmen der Prüfung der Verhältnismäßigkeit des Kampfmittels Bedeutung erlange.[51] Wo Abwehraussperrungen in einem solchen Maß eingesetzt würden, das die Verhandlungsparität gefährdet oder wieder beseitigt würde, könnten sie nicht erforderlich oder proportional sein. Zweck des Kampfmitteleinsatzes sei die Herstellung von Parität.[52] Die Parität sei damit der Bezugspunkt des Kampfmitteleinsatzes.

Das BVerfG ist im Ergebnis auch insoweit dem BAG gefolgt. Das BVerfG hat zwar den Grundsatz der Verhältnismäßigkeit auf die Tarifautonomie bezogen.[53] Unter den Gesichtspunkten, dass das BVerfG die Ausführungen des BAG zur Parität ausdrücklich gebilligt hat[54] und dass die Tarifautonomie ohne Parität nicht funktionieren kann, ist in den Ausführungen des BAG und des BVerfG kein grundlegender sachlicher Unterschied zu sehen.

---

[49] Grundlegend: *Seiter*, Streikrecht, S. 172, 180; wiederholt in *Seiter* RdA 1981, 65, 75 f.; auf *Seiter* berufen sich *Konzen*, SAE 1977, 235, 237; *ders.*, JURA 1981, 585, 587; *Buchner*, Übermaßverbot, S. 21, 28, 37.

[50] Jeweils unter B.I.2. der Gründe.

[51] BAG, Urteil vom 12.03.1985 – 1 AZR 636/82, AP Nr. 84 zu Art. 9 GG – Arbeitskampf, Bl. 5/1 unter I.2.c. der Gründe. Auch *Konzen*, SAE 1991, 335, 336 kommt zu dem Schluss, dass das BAG die Elemente der Verhältnismäßigkeit jedenfalls bei Bewertung der Abwehraussperrung auf die Parität bezieht.

[52] BAG, Urteil vom 11.08.1992 – 1 AZR 103/92, EzA Nr. 105 zu Art. 9 GG – Arbeitskampf, S. 6 unter A. I. 3.b) der Gründe; *Seiter*, Streikrecht, S. 172, 180; *Seiter*, RdA 1981, 65, 76; *Konzen*, JurA, 1981, 585, 587; ähnlich *Scholz/Konzen*, Aussperrung, S. 231 f.

[53] BVerfG, Beschluss vom 26.06.1991 – 1 BvR 779/85, E 84, 212, 231 unter C. I. 3. b. cc. der Gründe.

[54] BVerfG, Beschluss vom 26.06.1991 – 1 BvR 779/85, E 84, 212, 229 unter C. I. 3. b. aa. der Gründe; ähnlich auch die Einschätzung von *Konzen*, SAE 1991, 335, 339.

c. Kritik

Trotz vielfach geäußerter Bedenken halten Rechtsprechung und die vorherrschende Ansicht im Schrifttum am Grundsatz der Verhältnismäßigkeit fest. Bei näherem Hinsehen entpuppt sich der Grundsatz der Verhältnismäßigkeit, um dessen Berechtigung heftig gestritten wurde, jedoch als ein nicht praxisrelevantes Kriterium hinsichtlich der Überprüfung des Arbeitskampfes.

aa. Einzelaspekte

Zum einen ist anzumerken, dass sich die Überprüfung des Verhältnismäßigkeitsgrundsatzes durch die Gerichte im Wesentlichen als unpraktikabel erwiesen hat.[55] Der Grundsatz der Verhältnismäßigkeit ist auch in seiner Konkretisierung als Geeignetheit, Erforderlichkeit und Proportionalität ein sehr vages und dehnbares Kriterium. Hierdurch wird dessen Anwendung in der Praxis erheblich erschwert.

Die Überprüfung der *Geeignetheit* wird weiter dadurch erschwert, dass den Kampfparteien eine Einschätzungsprärogative zusteht. Es ist von einer Betrachtung ex-ante auszugehen. Bei einer Bewertung der Einschätzung ex-ante besteht aber die Gefahr eines Eingriffs in die Tarifautonomie. Zudem gilt für die Stufe der Geeignetheit, dass diesem Merkmal kaum eine beschränkende Wirkung zukommen wird.[56]

Auch die Überprüfung der *Erforderlichkeit* führt zu erheblichen praktischen Schwierigkeiten. Um festzustellen, ob die Grundsätze des Merkmals der Erforderlichkeit verletzt worden sind, wird auf die Willensbeeinflussung der Tarifvertragsparteien abgestellt.[57] Demnach dürfen die Tarifparteien nur soweit schadensintensive Kampfmittel einsetzen, als es zur Willensbeeinflussung des jeweiligen Gegners erforderlich ist.[58] Was erforderlich ist, um eine Willensbeeinflussung zu erreichen, hängt damit aber allein vom Widerstandswillen und von der Widerstandsfähigkeit des Gegners ab. Gleiches gilt für die Frage, wann die kampfweise Willensbeeinträchtigung beginnen muss. Diese Größen sind subjektiv bzw. stellen Verbandsinterna dar. Sie sind somit objektiv weder feststellbar noch subsumierbar.[59] Es ist nicht zu erkennen, wie ein Gericht nachträglich entscheiden soll, ob ein milderes Arbeitskampfmittel den gleichen

[55] *Ihlefeld*, AuR 1978, 61, 64 spricht von einer für die Gerichte unlösbaren Aufgabe.
[56] Siehe unter § 12 I. 3. b. aa.
[57] Vgl. *Czerweny von Arland*, Arbeitskampfmittel, S. 59 m.w.N.; *v. Hoyningen-Huene*, JUS 1987, 505, 508.
[58] *Czerweny von Arland*, Arbeitskampfmittel, S. 205.
[59] So zu Recht *Mösch*, Verhältnismäßigkeit, S. 28 ff.; AK-GG-*Kittner*, Art. 9 Abs. 3, Rn. 66.

Erfolg gebracht hätte.[60] Noch schwieriger ist es für die Arbeitskampfparteien selbst, während eines Arbeitskampfes derartige Einschätzungen auch nur mit einiger Sicherheit anzugeben.[61]

Dem trägt auch die neuere Rechtsprechung des BAG zum Warnstreik Rechnung. Das BAG hat ausgeführt, dass in der Einleitung von Arbeitskampfmaßnahmen die freie, nicht nachprüfbare und daher allein maßgebliche Erklärung der jeweiligen Tarifpartei liege, dass sie die Verständigungsmöglichkeit ohne Ausübung von Druck als ausgeschöpft ansehe.[62] Die Prüfung der Erforderlichkeit muss sich daher auf eine Evidenzkontrolle beschränken, der in der Praxis kaum Bedeutung zukommen dürfte.

Von der fehlenden Praktikabilität abgesehen ist fraglich, ob das Erfordernis des mildesten Mittels mit dem Wesen eines Arbeitskampfes überhaupt vereinbar ist.[63]

Auch in Bezug auf das *ultima-ratio-Prinzip* besteht bei einer materiellen Prüfung durch die Gerichte die Gefahr einer Tarifzensur. Daher kann der Grundsatz nur anhand einer formellen Bewertung überprüft werden. Die Verhandlungsmöglichkeiten sind demnach dann ausgeschöpft, wenn eine oder beide Verhandlungsparteien das Scheitern der Verhandlungen erklärt haben.[64] Wegen der damit eröffneten Manipulationsmöglichkeiten kann das ultima-ratio-Prinzip nur eine eng begrenzte Missbrauchskontrolle zum Gegenstand haben.[65] Es ist lediglich zu überprüfen, ob ein Scheitern der Verhandlungen erklärt wurde. Dies ist jedoch eine leicht zu nehmende Hürde, die in der Praxis nicht zu relevanten Einschränkungen der Arbeitskampfmaßnahmen führen dürfte.

Im Rahmen der Überprüfung des *Proportionalitätsgrundsatzes* stellt sich bei strikter Anwendung dieses Grundsatzes das Problem der Rechtssicherheit. Bei größeren Arbeitskämpfen wäre für die Kampfparteien eine zuverlässige Prognose über die künftigen Proportionalitätserwägungen der Gerichte kaum

---

[60] Vgl. auch *Kreutz*, Verhältnismäßigkeit, S. 133 ff.; *Enderlein*, RdA 1995, 264, 275.

[61] Vgl. *Kreutz*, Verhältnismäßigkeit, S. 134 ff.; *Däubler-Schumann*, Arbeitskampfrecht, Rn. 205.

[62] BAG, Urteil vom 21.06.1988 – 1 AZR 651/86, AP Nr. 108 zu Art. 9 GG – Arbeitskampf, Bl. 7/2 unter I.3.c der Gründe; ablehnend *Brox/Rüthers-Rüthers*, Arbeitskampfrecht, Rn. 154; *Kreutz*, Verhältnismäßigkeit, S. 143 f.; zustimmend: *Konzen*, SAE 1991, 335, 340; AK-GG-*Kittner*, Art. 9 Abs. 3 Rn. 66. Zur Entwicklung der Rechtsprechung zum Warnstreik vgl. *Kalb*, RdA 1994, 385, 390 f.

[63] Vgl. hierzu *Dorndorf/Weiss-Weiss*, Warnstreiks, S. 85 ff.; *Coester*, JurA, 1992, 84, 88.

[64] *Brox/Rüthers-Rüthers*, Arbeitskampfrecht, Rn. 201; *Seiter*, Streikrecht, S. 515; *Kreutz*, Verhältnismäßigkeit, S. 146.

[65] *Kreutz*, Verhältnismäßigkeit, S. 146 m.w.N.

noch möglich. Wegen der drohenden immensen Ersatzansprüche könnten sich insbesondere die in der Angreiferrolle stehenden Gewerkschaften veranlasst sehen, nur Minimalkonflikte auszuführen. Es würde fraglich, ob von Seiten der Gewerkschaften eine Androhung umfassender Kampfmittel noch die entsprechende Wirkung hat, da die Arbeitgeber von der Problematik informiert sein dürften. Dies wird nicht zu einer Verstärkung der Kompromissbereitschaft der Arbeitsgeberseite führen.[66] Darüber hinaus ist die Überprüfung der gewerkschaftlichen Tarifforderung durch die Gerichte bereits deshalb abzulehnen, da ansonsten erneut die Gefahr der Tarifzensur bestehen würde.[67] Der Proportionalitätsgrundsatz ist daher höchstens im Wege einer Evidenzkontrolle praktikabel.[68] Auch dieser Ansatz ist jedoch mit Vorsicht anzugehen.[69] Die Proportionalität kann nämlich um so eher bejaht werden, je höher das Kampfziel gesteckt ist. Hier liegt es daher nahe, dass Kampfparteien taktieren und möglichst hohe Forderungen stellen, um der Gefahr aus dem Weg zu gehen, dass die Kampfmaßnahme im Nachhinein als nicht proportional angesehen wird. Eine solche Vorgehensweise wäre jedoch kontraproduktiv.

bb. Anerkennung des Grundsatzes der Verhältnismäßigkeit

Damit stellt sich die Frage, ob der Grundsatz der Verhältnismäßigkeit über die anerkannten Einschränkungen des Streikrechts hinaus weitere den Arbeitskampf beeinträchtigende Wirkungen haben kann. Dies kann nur schwer bejaht werden, sofern man den Grundsatz des Verbots der gerichtlichen Tarifzensur

---

[66] Vgl. *Däubler*, JUS 1972, 642, 642 f.; *Kreutz*, Verhältnismäßigkeit, S. 149 f.

[67] Dies sieht auch das BAG: Vgl. BAG, Urteile vom 10.06.1980, 1 AZR 822/79 und 1 AZR 168/79, AP Nr. 64 und 65 zu Art. 9 GG – Arbeitskampf. Vgl. zudem *Dornhoff/Weiss-Weiss*, Warnstreiks, S. 89; *Konzen*, AcP 177, 473, 514 ff.; *Kalb*, RdA 1994, 385, 389; *v. Hoyningen-Huene*, JUS 1987, 505, 508; *Czerweny von Arland*, Arbeitskampfmittel, S. 52.

[68] *Scholz/Konzen*, Aussperrung, S. 233 mit Hinweis, dass anderenfalls die abstrakte Koalitionsparität selbst beeinträchtigt würde; *Kreutz*, Verhältnismäßigkeit, S. 164 f. 167; *Wank*, FS für Kissel, S, 1225, 1235; *Kalb*, Arbeitskampfrecht, Rn. 129, 138; *Zöllner/Loritz*, Arbeitsrecht, § 7 I.2.a.ee.(3); MünchArbR-*Otto*, § 285, Rn. 122; *Treber* Maßnahmen, S. 478 ff., 481 f., sieht darin den Gedanken des Rechtsmissbrauchs verankert; *Grunsky*, ZRP 1976, 129, 131 stellt noch weitergehend fest, dass die Frage der Verhältnismäßigkeit nicht durch einfaches Gegenüberstellen der Gesamtwirtschaftlichen Nachteile eines Arbeitskampfes und des angestrebten Kampfzieles andererseits beantwortet werden könne; anderenfalls gäbe es wohl keine rechtmäßigen Arbeitskämpfe mehr.

[69] *Mösch*, Verhältnismäßigkeit, S. 30 f.; eine bloße Problemverlagerung ergibt sich, wenn man den Schaden in Beziehung zur Willensbeeinflussung setzt, so *v.Hoyningen-Huene*, JUS 1987, 505, 508. Wie bereits dargelegt kann das zur Willensbeeinflussung erforderliche Maß kaum auf seine Erforderlichkeit überprüft werden. Danach kann aber auch ein „angemessenes Verhältnis" zwischen Schaden und Willensbeeinflussung nicht ermittelt werden.

ernst nimmt.[70] Da die Rechtsprechung eindeutig auf das Verbot der gerichtlichen Tarifzensur hingewiesen hat,[71] ergibt auch eine Auslegung der Rechtsprechung, dass diese den Arbeitskampf eher dem Verbot grober Unverhältnismäßigkeit als dem Gebot der Verhältnismäßigkeit unterstellt.[72] Dieser unterschiedliche Ansatz kommt jedoch in dem vom Großen Senat aufgestellten Grundsatz der Verhältnismäßigkeit nicht hinreichend zum Ausdruck.[73]

Daher stellt sich die Frage, ob an dem Verhältnismäßigkeitsgrundsatz in seiner vagen Formulierung festgehalten werden sollte. Dies wird teilweise im Schrifttum abgelehnt.[74] In der Tat ergeben sich aus der Aufstellung eines generalklauselartigen Grundsatzes Gefahren, die zu Rechtsunsicherheit und Eingriffen in die Tarifautonomie führen können. So wird teilweise zu Recht angeführt, dass sich die berechtigten Grenzen der Kampfmittel als eigenständige Grundsätze fortführen[75] bzw. einem in sich geschlossenen Paritätsprinzip zuordnen lassen[76]. Die Begrenzung auf das Tarifgebiet ist bereits dem Paritätsgrundsatz immanent, da Parität im jeweiligen Tarifgebiet geschaffen werden soll.[77] Die Pflicht zu Notstands- und Erhaltungsarbeiten und das Verbot des ruinösen Arbeitskampfes lassen sich schon generell aus der Funktion des Arbeitskampfes legitimieren,[78] da er darauf gerichtet ist, die Arbeitsverhältnisse bei veränderten Arbeits- und Wirtschaftsbedingungen fortzusetzen.

Für den hier behandelten Kontext ist auch zu bedenken, dass das BAG wie dargelegt die Parität als Konkretisierung der Verhältnismäßigkeit auffasst und

---

[70] Vgl. auch *Konzen*, SAE 1991, 335, 340; *Dorndorf/Weiss-Weiss*, Warnstreiks, S. 89. Überaus fragwürdig ist damit etwa die Entscheidung des BGH, Urteil vom 31.01.1978 - VI ZR 32/77, AP Nr. 61 zu Art. 9 GG Arbeitskampf, Bl. 3/1 unter I. 2. b. der Gründe.

[71] BAG, Urteil vom 10.06.1980 – 1 AZR 822/79, AP Nr. 64 zu Art. 9 GG – Arbeitskampf.

[72] So zu Recht *Ihlefeld*, AuR 1978, 61, 64.

[73] So zu Recht *Ihlefeld*, AuR 1978, 61, 64.

[74] Vgl. *Treber*, Maßnahmen, S. 477 ff.; *MünchArbR-Otto*, § 285, Rn. 121; *Heenen*, Kampfparität, S. 33 f., 43.

[75] So *Treber*, Maßnahmen, S. 477 ff.; im Ergebnis auch *MünchArbR-Otto*, § 285, Rn. 121. Zahlreiche Autoren stellen nicht auf den allgemeinen Grundsatz der Verhältnismäßigkeit, sondern auf das speziellere Verbot der Existenzvernichtung (Ruinverbot) (Vgl. *Brox/Rüthers*, Arbeitsrecht Rn. 320; *Hueck/Nipperdey-Säcker*, ArbR II/2 S. 949; *Heckelmann*, Erhaltungsarbeiten, S. 18 ff.; *Müller*, Arbeitskampf S. 87; *Dietz*, JUS 1968, 1, 8; *Brox*, JA 1980, 628, 631; *Däubler*, AuR 1981, 257, 261; *Hromadka*, SAE 1983, 59, 61; *Richardi*, Grenzen S. 38, *Benecken*, Streiks, S. 130; *Scholz/Konzen*, Aussperrung S. 164 f.; *v.Hoyningen-Huene*, JUS 1987, 505, 508) und das Gebot der fairen Kampfführung (= *Richardi*, Grenzen S. 38; *Brox/Rüthers*, Arbeitsrecht Rn. 321; *Hanau/Adomeit*, Arbeitsrecht, C. III. 5. f. S. 101; *Maunz/Dürig/Herzog/Scholz-Scholz*, GG, Art. 9 Rn. 319; vgl. auch *Lieb*, Arbeitsrecht, Rn. 604) ab.

[76] Vgl. *Heenen*, Kampfparität, S. 33 f., 43.

[77] Vgl. *Treber*, Maßnahmen, S. 278 f.

[78] *Treber*, Maßnahmen, S. 278 f.

die Verhältnismäßigkeit damit nach dem Grundsatz der Parität ausrichtet.[79] Die Frage nach der Geltung des Verhältnismäßigkeitsgrundsatzes wird damit kaum erheblich werden können.

d. Verhältnis der Grundsätze der Parität und der Verhältnismäßigkeit

Geht man mit der vorherrschenden Auffassung von der Anwendung eines eigenständigen Grundsatzes der Verhältnismäßigkeit aus, stellt sich die Frage nach der Abgrenzung zwischen den beiden Grundsätzen der Verhältnismäßigkeit und der Parität. Wie bereits dargelegt ist nach Ansicht des BAG sowie eines Teils des Schrifttums die Parität der Bezugspunkt auch zur Bestimmung der Verhältnismäßigkeit des Kampfmitteleinsatzes.[80]

Eine auf den ersten Blick etwas andere Bestimmung des Verhältnisses von Paritätsgrundsatz und Verhältnismäßigkeitsgrundsatz findet sich im Schrifttum, wenn die Zulässigkeit eines Arbeitskampfmittels anhand einer „abgestuften Prüfung" gemessen wird.[81] Hiernach wird auf der ersten Stufe das Arsenal der zulässigen Kampfmittel nach den Paritätsgrundsätzen bestimmt, während auf der zweiten Stufe das konkret zulässige Kampfmittel nach dem Grundsatz der Verhältnismäßigkeit gemessen wird.[82] Diese „gestufte Prüfung" steht nicht im Widerspruch zu der dargestellten Rechtsprechung des BAG. Vielmehr stellt letztere die zweite Stufe der „gestuften Prüfung" dar. Unklarheiten entstehen allerdings insoweit, als der Eindruck erweckt wird, die Parität habe auf der zweiten Stufe, der Stufe der Verhältnismäßigkeitsprüfung, keine Relevanz.[83] Nach dem zuvor Gesagten ist das Gegenteil zutreffend.

Es ist somit festzuhalten, dass der Paritätsgrundsatz in doppelter Weise Bedeutung erlangt: Zunächst findet er (auf der ersten Stufe) bei der Bestimmung

---

[79] Vgl. oben unter § 12 I. 3. a. cc. (2).

[80] Vgl. unter § 12 I. 3. a. cc. (2).

[81] *Seiter*, Arbeitskampfparität, S. 60 f.; *Wank*, FS für Kissel, S. 1225, 1243 m.w.N.; *Scholz*, ZfA 1990, 377, 393; vgl. auch BAG, Urteil vom 12.03.1985 – 1 AZR 636/82, AP Nr. 84 zu Art. 9 GG, Bl. 368 R. unter II.2.a. der Gründe (mit Verweis auf die Urteile des Senats vom 10.06.1980, AP Nr. 64, 65): Der Grundsatz der Verhältnismäßigkeit befasst sich im Gegensatz zu dem Paritätsgrundsatz mit der Frage, ob und unter welchen Voraussetzungen ein Kampfmittel im Einzelfall eingesetzt werden darf.

[82] Hiernach könne aus der im konkreten Einzelfall zu treffenden Feststellung, dass der aktuelle Einsatz eines bestimmten Arbeitskampfmittels unverhältnismäßig sei, nicht auf dessen generelle Unzulässigkeit geschlossen werden. Letztere könne sich nur aus Gründen fehlender koalitionsrechtlicher Parität ergeben: Vgl. *Scholz*, ZfA 1990, 377, 393.

[83] Vgl. beispielsweise *v. Hoyningen-Huene*, JUS 1987, 505, 507; *Zöllner/Loritz*, Arbeitsrecht, § 40 X; *Zöllner*, DB 1985, 2450, 2457 f.: „rechtlich streng zu trennende Aspekte"; *Czerweny von Arland*, Arbeitskampfmittel, S. 56 ff. m.w.N. auch für die Gegenansicht; a.A.: *Seiter*, Streikrecht, S. 172, 180.

der „im Prinzip“ zulässigen Kampfmittel Anwendung.[84] Es scheiden damit alle Arbeitskampfformen aus, die per se in jedem Fall durch ihre Anwendung zu einer nicht mehr auszugleichenden Verhandlungsimparität führen würden. Auf der zweiten Stufe wird überprüft, ob die Anwendung an sich zulässiger Kampfmittel im typisierten Einzelfall, also in abstrakt-typischen Situationen zu einem Verhandlungsungleichgewicht führen und deshalb unverhältnismäßig sind. Grundlage zur Überprüfung der Unverhältnismäßigkeit ist der Paritätsgrundsatz. Auf der zweiten Stufe bestimmt der Paritätsgrundsatz damit, wann ein Arbeitskampfmittel unverhältnismäßig ist.[85]

Die Frage der Verhältnismäßigkeit wird damit an dem Grundsatz der Parität ausgerichtet. Der Grundsatz der Verhältnismäßigkeit hat demnach keinen relevanten über die Parität hinausgehenden Bedeutungsinhalt.

II. Konsequenzen für die Zulässigkeit des Abschlusses von Betriebsvereinbarungen

1. Ansatz der Überprüfung

Geht man gemäß der vorherrschenden Ansicht von einer Anwendung des Grundsatzes der Verhältnismäßigkeit mit der Konkretisierung der Geeignetheit, der Erforderlichkeit und der Proportionalität aus, ist zu untersuchen, ob und inwiefern Betriebsvereinbarungen mit Arbeitskampfbezug zu einer Beeinträchtigung dieses Prinzips führen.

Das BAG ist in seiner Rechtsprechung zur Konkretisierung des Grundsatzes der Verhältnismäßigkeit auf die Frage der Auswirkungen von Betriebsvereinbarungen auf die Verhältnismäßigkeit der Kampfmaßnahmen nicht eingegangen. Auch im Schrifttum ist diese Frage, soweit ersichtlich, nicht umfassend behandelt worden.

Bezugspunkt der Prüfung des Grundsatzes der Verhältnismäßigkeit ist der jeweilige geführte Arbeitskampf bzw. die jeweilige Kampfmaßnahme. Das Gebot der Verhältnismäßigkeit verpflichtet die Kampfparteien.[86] Auch das BAG hat im Rahmen der Konkretisierung des Prinzips ausgeführt, „der Arbeitskampf selbst

---

[84] Welche Kampfmittel dies sind, ist heftig umstritten. Unstreitig ist dies wohl nur für den Streik. Als grundsätzlich zulässig wird auch noch die Aussperrung angesehen.

[85] Ähnlich *Kreutz*, Verhältnismäßigkeit, S. 95 f., S. 111 f., der allerdings den Grundsatz der Verhältnismäßigkeit in den Vordergrund stellt und diesen durch die Parität ausfüllt; *Kreßel*, NZA, 1995,-1121, 1123 hält diese „abgestufte Prüfung“ für nicht zwingend, da auch eine „einheitliche wertende Abwägung vorgenommen werden“ könne.

[86] *Brox/Rüthers-Brox*, Arbeitskampfrecht, S. 180 m.w.N.; *Schell*, BB 1969, 1179, 1180; *Bertele*, Aussperrung, S. 113 jeweils in Abgrenzung zur Verpflichtung der streikenden Arbeitnehmer; a.A. *Lauschke*, DB 1970, 1175, 1176.

und die Kampfmaßnahmen" müssten erforderlich und geeignet sein sowie in Proportion zum angestrebten Ziel stehen.[87]

Davon zu unterscheiden ist der Bezugpunkt der betrieblichen Ebene. So ist zu bedenken, dass im Rahmen der Prüfung des Verhältnismäßigkeitsgrundsatzes Einzelschäden selbst folgenschwerer Art in der Regel hinzunehmen sind.[88] So können beispielsweise Betriebe bzw. deren Arbeitsplätze infolge einer Arbeitskampfmaßnahme, mag es sich um einen Streik oder um eine Aussperrung handeln, untergehen.[89] Würden im Rahmen der Prüfung der Verhältnismäßigkeit einer Kampfmaßnahme Einzelschäden berücksichtigt, wäre ein Arbeitskampf als notwendige Größe der Tarifvertragsautonomie mit seiner Bedeutung für den tarifvertraglichen Sachkompromiss kaum zu führen.

2. Beeinträchtigung der Verhältnismäßigkeit

a. Ansatz

Zu klären ist, ob und unter welchen Voraussetzungen betriebliche Regelungen derartige Auswirkungen auf Kampfmaßnahmen der Tarifparteien entfalten können, dass dadurch die tariflichen Kampfmaßnahmen gegen den Grundsatz der Verhältnismäßigkeit verstoßen.

Wie bereits dargelegt ist es grundsätzlich möglich, dass sich Betriebsparteien für den Fall eines Arbeitskampfes durch betriebliche Vereinbarungen im Voraus binden.[90] Eine Beeinträchtigung der Verhältnismäßigkeit ist daher insoweit denkbar, als dass betriebliche Regelungen zu einer Verstärkung der Wirkungen der Kampfmaßnahmen in der Weise führen können, dass die Kampfmaßnahme als unverhältnismäßig, also als nicht geeignet, nicht erforderlich oder nicht proportional anzusehen ist.

Hinsichtlich der Bewertung des Umfangs der Auswirkungen ist zu bedenken, dass die Betriebsparteien rein betriebsbezogene Regelungen treffen. Diese entfalten in der Regel weit weniger starke Auswirkungen auf den Arbeitskampf als Entscheidungen über verbandsmäßig organisierte Kampfmaßnahmen. Dem entspricht die allgemeine Ansicht, dass Einzelschäden hinzunehmen sind. Relevant können hier nur erhebliche Auswirkungen mit Bezug auf das Tarifgebiet sein. Insbesondere aufgrund der nur betrieblichen Geltung einer

---

[87] BAG, Urteil vom 10.06.1980 1 AZR 822/79, AP Nr. 64 zu Art. 9 GG – Arbeitskampf.
[88] Vgl. *G. Müller*, Gutachten, S. 280.
[89] Vgl. *G. Müller*, Gutachten, S. 280.
[90] Vgl. oben unter §§ 8, 9.

Betriebsvereinbarung wird eine Beeinträchtigung des Grundsatzes der Verhältnismäßigkeit nur in Ausnahmefällen in Betracht kommen.

Trotz des wohl geringen Bedeutungsgrades soll anhand der drei Prüfungsstufen des Verhältnismäßigkeitsprinzips überprüft werden, ob Betriebsvereinbarungen arbeitskampfrelevante Auswirkungen mit Bezug auf den Grundsatz der Verhältnismäßigkeit entfalten können.

b. Geeignetheit

Zunächst ist gemäß den zuvor gemachten Ausführungen festzustellen, dass das Merkmal der Geeignetheit einer tariflichen Kampfmaßnahme durch betriebliche Vereinbarungen in der Regel nicht beeinträchtigt werden kann. Betriebsvereinbarungen, die nur auf betrieblicher Ebene Wirkung entfalten, werden die Tatsache der Druckausübung nicht verhindern können. Daher besteht kaum eine Möglichkeit, dass betriebliche Regelungen das Merkmal der Geeignetheit beeinträchtigen. Als relevante betriebliche Vereinbarungen können hier nur Regelungen genannt werden, in denen die Durchführung von Erhaltungsarbeiten verweigert wird. Es ist aber zu bedenken, dass kein Arbeitgeber solche Regelungen abschließen wird, da er hiermit seinem Betrieb schaden würde. Eine Betriebsvereinbarung kommt im Gegensatz zu einer Kampfmaßnahme durch eine Vereinbarung und nicht durch einseitige Durchsetzung zustande. Zudem müssten derartige Betriebsvereinbarungen in einem erheblichen Umfang abgeschlossen werden, um die Kampfmaßnahme der Tarifpartei bezogen auf das Tarifgebiet als ungeeignet qualifizieren zu können.

c. Erforderlichkeit

Im Rahmen der Erforderlichkeit stellt sich die Frage, ob betriebliche Regelungen derartige Auswirkungen auf eine Kampfmaßnahme entfalten können, dass die Kampfpartei anstatt dieser Kampfmaßnahme ein gleich geeignetes aber weniger eingreifendes Mittel hätte wählen müssen. In diesem Fall entspräche die gewählte Kampfmaßnahme nicht mehr dem Merkmal der Erforderlichkeit.

Ein derartiger Fall wird aber selten anzunehmen sein. Zunächst ist hier auf die vorgenannten Schwierigkeiten zur Überprüfung der Erforderlichkeit zu verweisen. Zudem ist eine erhebliche Verstärkung der Wirkungen des Kampfmittels mit Bezug auf das gesamte Tarifgebiet erforderlich. Hier ist wieder darauf abzustellen, welchen Umfang die betrieblichen Regelungen einnehmen, um überhaupt von einer relevanten Auswirkung auf die Kampfmaßnahme ausgehen zu können. Des Weiteren ist diese Beurteilung von der Art der betrieblichen Regelungen abhängig.

Ferner ist fraglich, ob die Tarifparteien etwaige Betriebsvereinbarungen in ihre Kampftaktik einzubeziehen haben. Wenn dies nicht der Fall ist, könnte man sich auf den Standpunkt stellen, auch bei relevanter Verstärkung des Kampfmittels durch betriebliche Regelungen stehe kein gleich geeignetes Kampfmittel für die Tarifparteien zur Verfügung, weil die Tarifparteien ihre Entscheidung unabhängig von etwaigen betrieblichen Regelungen treffen. Eine derartige Sicht würde jedoch dazu führen, dass der Abschluss von Betriebsvereinbarungen nicht anhand eines Verstoßes gegen den Verhältnismäßigkeitsgrundsatz überprüft werden könnte. Daher sind Betriebsvereinbarungen mit in die Prüfung einzubeziehen.

Im übrigen wird in der Regel davon auszugehen sein, dass Betriebsvereinbarungen nicht mit Hinblick auf ein bestimmtes Kampfmittel einer Partei abgeschlossen werden. Betriebliche Regelungen würden daher im Regelfall Auswirkungen auf alle Kampfmittel entfalten. Sie hätten damit bei einem Vergleich der Kampfmittel grundsätzlich keine Auswirkungen. Zudem wird im Rahmen der Frage, ob die quantitative Beteiligung bei einem Streik oder bei einer Aussperrung den Grundsätzen der Erforderlichkeit entspricht, auf die entsprechenden Beschlüsse der Verbände abgestellt. Etwaige Auswirkungen auf die Kampfbereitschaft der Mitglieder der Verbände werden daher in der Regel nicht zur Verletzung des Kriteriums der Erforderlichkeit führen.

d. Proportionalität

Mit Hinblick auf die letzte Stufe der Verhältnismäßigkeit, der Proportionalität, ist zunächst auf die genannten allgemeinen Schwierigkeiten zu verweisen.[91] Zudem müsste durch die betrieblichen Regelungen zur Beeinträchtigung der Proportionalität eine derartige Verstärkung des Kampfmittels erfolgen, dass das Mittel außer Verhältnis zum angestrebten Zweck steht. Dabei ist auf Art und Umfang der betrieblichen Regelungen abzustellen. Ferner ist hier erneut zu beachten, dass bei einer der wesentlichen Wirkungen von Betriebsvereinbarungen, der Erhöhung der Kampfbereitschaft, auf die Beschlüsse der jeweiligen kampfführenden Verbände abzustellen ist. Die Beschlüsse enthalten in der Regel eine Quotierung, so dass es hier mit Blick auf die Proportionalität nicht auf die tatsächliche Kampfbereitschaft ankommt. Auch hier wird ein Verstoß daher äußerst selten sein.

III. Ergebnis

Der Grundsatz der Verhältnismäßigkeit hat keinen relevanten über den Paritätsgrundsatz hinausgehenden Inhalt.

---

[91] Siehe oben unter § 12 I. 3.

Auch wenn man mit der vorherrschenden Ansicht von der Geltung des Grundsatzes der Verhältnismäßigkeit ausgeht, ist festzustellen, dass eine Beeinträchtigung des Grundsatzes durch Betriebsvereinbarungen nur in Ausnahmefällen in Betracht kommen wird. Dem Grundsatz der Verhältnismäßigkeit kommt im Rahmen dieser Untersuchung daher keine relevante Bedeutung zu.

Ferner ist anzumerken, dass durch eine immer noch vorherrschende Unbestimmtheit bei der Konkretisierung der einzelnen Merkmale und der Gefahr der Tarifzensur die Anwendung des Verhältnismäßigkeitsgrundsatzes sehr erschwert wird. Dies wird durch eine Rechtsprechung, die es an Stetigkeit vermissen lässt, verstärkt. Das BAG nennt zwar viele Schwierigkeiten im Rahmen der Anwendung des Verhältnismäßigkeitsprinzips. Es hält dann aber an der Anwendung des Prinzips fest, ohne eine Lösung für die Behebung der Schwierigkeit zu erwägen bzw. darzustellen.

In Bezug auf die einzelnen Kriterien zur Konkretisierung des Grundsatzes ergibt sich folgendes: Das erste Merkmal der Verhältnismäßigkeit, die Geeignetheit, ist kaum zweckdienlich, die Beeinträchtigung der Verhältnismäßigkeit zu überprüfen. Es gibt wenig Konstellationen, in denen das Merkmal der Geeignetheit beeinträchtigt werden kann. Bei den weiteren Merkmalen des Prinzips, der Erforderlichkeit und der Proportionalität, kommt es zunächst auf die Anzahl und den Inhalt etwaiger betrieblicher Regelungen an. Wegen der zahlreichen Unwägbarkeiten ist die Beurteilung der Beeinträchtigung der Erforderlichkeit und der Proportionalität auf eine Evidenzkontrolle zu beschränken. Es ist eine erhebliche Verstärkung der Wirkungen des Kampfmittels durch die Betriebsvereinbarungen mit Bezug auf das gesamte Tarifgebiet erforderlich. Die Betriebsvereinbarungen müssen dabei bewirken, dass die Kampfparteien ein anderes Mittel hätten wählen müssen, bzw. dass das Mittel nicht im Verhältnis zum angestrebten Ziel steht. Diese Voraussetzungen werden jedoch selten gegeben sein.

§ 13 Das Gebot der staatlichen Neutralität

Ein weiteres grundlegendes Element der Tarifautonomie und des Arbeitskampfes ist die Neutralität des Staates. Bereits in seinem ersten Aussperrungsurteil entschied das BAG:[1]

> „Der Staat verhält sich den Arbeitskämpfen der Sozialpartner gegenüber neutral."

Inzwischen ist das Prinzip der staatlichen Neutralität im Arbeitskampf allgemein anerkannt.[2]

I. Inhalt und Funktion des Gebotes der staatlichen Neutralität

Wie dargelegt ist es eine Funktionsvoraussetzung der Tarifautonomie, dass die Parteien eines Tarifvertrages eine vergleichbare Verhandlungsstärke aufweisen. Dem entspricht eine gleichmäßige Neutralitätspflicht des Staates bei Arbeitskämpfen generell sowie bei den Arbeitskampfmaßnahmen beider Koalitionen. Gesetzgeber, Verwaltung und Gerichte dürfen keine Seite bevorzugen oder benachteiligen.

Der Staat muss sich danach zunächst (im Sinne „passiver Neutralität") jedes Eingriffs in den Arbeitskampf enthalten.[3] Hieraus folgt beispielsweise, dass eine staatliche Zwangsschlichtung unzulässig wäre.[4] Arbeitskampfziele dürfen nicht auf ihre Berechtigung überprüft werden.[5] Das Gebot der staatlichen Neutralität erschöpft sich aber nicht in dieser Nicht-Einmischung. Vielmehr ist der Staat verpflichtet, die Arbeitskampfordnung so auszugestalten, dass jede Seite eine faire Chance hat, zu gewinnen. Der Staat hat die Verpflichtung, ein funktionierendes Arbeitskampfsystem zur Verfügung zu stellen.[6] Dazu gehört auch

---

[1] BAG GS, Beschluss vom 28.01.1955 – GS 1/54, AP Nr. 1 zu Art. 9 GG – Arbeitskampf = BAGE, 1, 291, 308f.

[2] Vgl. nur BAG GS, Beschluss vom 28.01.1955 – GS 1/54, AP Nr. 1 zu Art. 9 GG – Arbeitskampf, Bl. 224 R.; BAG, Urteil vom 25.01.1963- 1 AZR 288/62, AP Nr. 24 zu Art. 9 GG Arbeitskampf, Bl. 670 R. f.; *Däubler (Hrsg.)-Däubler*, Arbeitskampfrecht Rn. 83, *Brox/Rüthers-Rüthers*, Arbeitskampfrecht, Rn. 162; *Seiter*, Streikrecht, S. 173 ff; *ders.* Staatsneutralität, S. 5 ff.; *Säcker*, Gruppenparität, S. 112 ff.; *Maunz/Dürig/Herzog/Scholz-Scholz*, Art. 9 GG Rn. 283 ff.; gegen die Verpflichtung des Staates zur Neutralität dagegen: *Däubler (Hrsg.)-Colneric*, Arbeitskampfrecht, Rn. 752 und 1051 ff. mit dem Vorbehalt, eine Parteinahme zugunsten der Arbeitnehmer dürfe die Fähigkeit der Arbeitgeber zu einem „effektiven Arbeitskampf" nicht beseitigen.

[3] *Seiter*, Staatsneutralität, S. 6. Eine Ausnahme wird für extreme Gefährdungen des Gemeinwohls gemacht.

[4] *Maunz/Dürig/Herzog/Scholz-Scholz*, Art. 9 GG Rn. 285.

[5] *Seiter*, Streikrecht, S. 176 ff.

[6] Dies hat er - wie bereits dargelegt - bisher der Rechtsprechung überlassen.

die Garantie der Chancengleichheit im Arbeitskampf. Der Staat muss (im Sinne „aktiver Neutralität") Regelungen treffen, die ein ausgeglichenes Verhältnis der Tarifpartner gewährleisten.[7] Wenn der Staat die Regelung der Arbeitsbedingungen und die Ordnung des Arbeitslebens autonomen Gruppen (Tarifvertragsparteien) in eigener Verantwortung mit gruppenspezifischen Mitteln einschließlich des Arbeitskampfes überlässt, dann hat er nach der vorherrschenden Ansicht auch die Rahmenbedingungen zu schaffen, innerhalb derer die gruppenspezifischen Mittel ihre volle Wirksamkeit entfalten können. Dies verlangt vom Staat die Schaffung gruppenneutraler Rahmenbedingungen. Der Gesetzgeber ist sogar zum Handeln verpflichtet, wenn sich das Gleichgewicht der Kräfte als strukturell gestört erweist.[8] Diese Grundsätze sind nach der herrschenden Auffassung in der Verfassung in Art. 9 Abs. 3 GG begründet.[9] Das Gebot der staatlichen Neutralität hat zum Beispiel in § 146 SGB III[10], § 11 Abs. 5 AÜG sowie § 25 KSchG seinen Ausdruck gefunden. Die Pflicht zur Neutralität bedeutet dabei aber nicht, dass der Staat auf aktive Wirtschaftpolitik verzichten muss.[11]

II. Konsequenzen für die Zulässigkeit des Abschlusses von Betriebsvereinbarungen

Es ist zu prüfen, ob durch den Abschluss von Betriebsvereinbarungen mit Arbeitskampfbezug das Gebot der staatlichen Neutralität beeinträchtigt wird.

1. Ansatz der Überprüfung

Eine Beeinträchtigung des Gebotes der staatlichen Neutralität könnte insoweit in Betracht kommen, als dass der Gesetzgeber seine Neutralitätspflicht auch bei der Verleihung von Eingriffsbefugnissen zu beachten hat. Auch durch die Verteilung von Eingriffsbefugnissen darf er nicht gegen die gebotene Neutralität verstoßen. Eine solche relevante Kompetenzverleihung könnte in der gesetzlichen Gestattung zum Abschluss von Betriebsvereinbarungen mit Arbeitskampfbezug gemäß §§ 87, 88 BetrVG liegen. Hiernach hat der Betriebs-

---

[7] BSG, Urteil vom 09.09.1975 – 7 RAr 5/73, E 40, 190, 197 f.; *Maunz/Dürig/Herzog/Scholz-Scholz*, Art. 9 GG Rn. 283 ff.; *Seiter*, Streikrecht, S. 176 ff; *Seiter*, Staatsneutralität, S. 7.

[8] BVerfG, Urteil vom 04.07.1995 – 1 BvF 2/86 und 1,2,3,4/87 und 1 BvR 1421/86, E 92, 365, 394, BSG, Urteil vom 09.09.1975 –7 RAr 5/73, E 40, 190, 197 f.

[9] Vgl. BVerfG, Urteil vom 04.07.1995 – 1 BvF 2/86 und 1,2,3,4/87 und 1 BvR 1421/86, E 92, 365, 394;; BAG GS, Beschluss vom 28.01.1955 – GS 1/54, , E 1, 291, 308; BAG, Urteil vom 10.09.1985 – 1 AZR 262/84, E 49, 303, 318; *Brox/Rüthers*, Arbeitskampfrecht, Rn. 162; *Seiter*, Staatsneutralität, S. 42 ff.; *Maunz/Dürig/Herzog/Scholz-Scholz*, Art. 9 GG Rn. 283 f., 286; *Scholz/Konzen*, Aussperrung, S. 181; *Gamillscheg*, Arbeitsrecht/ 1 S. 981; *Birk* u.a., Professorenentwurf, S. 15; *Wank*, FS für Kissel, S. 1225, 1243 ff.; a.A. vgl. *Lerche*, Zentralfragen, S. 62 ff.; *Däubler (Hrsg.)- Däubler*, Arbeitskampfrecht, Rn. 84, 105 r.

[10] Vor Inkrafttreten des SGB III: § 116 AFG

[11] *Gamillscheg*, ArbR/I, S. 981.

rat die Möglichkeit, mit dem Arbeitgeber bestimmte Materien (normativ bzw. schuldrechtlich) zu regeln.

2. Beeinträchtigung des Gebots der staatlichen Neutralität

Die gesetzlich zugelassene Möglichkeit des Abschlusses von Betriebsvereinbarungen mit Arbeitskampfbezug müsste gegen das Gebot der staatlichen Neutralität verstoßen.

Diese Frage ist, soweit ersichtlich, bisher nicht eingehend erörtert worden. Das Gebot der staatlichen Neutralität wird aber teilweise im Rahmen der Debatte über die Frage der Suspendierung der Mitbestimmungsrechte des Betriebsrats bei Arbeitskampfmaßnahmen des Arbeitgebers als Argument angeführt. Teilweise wird aus dem Gebot der staatlichen Neutralität die Aussetzung der Mitwirkungs- und Beteiligungsrechte im Arbeitskampf hergeleitet:[12] Werde mittels des BetrVG gegen arbeitskampfbedingte Maßnahmen des Arbeitgebers vorgegangen, so werde damit das Gebot der staatlichen Neutralität verletzt. Der Staat habe seine Neutralität auch bei Verleihung von Eingriffsbefugnissen, hier von Beteiligungsrechten des Betriebsrats zu beachten.[13] Es muss nach der vorgenannten Auffassung vom Staat erwartet werden können, dass dieser keine paritätsverändernden Rahmenbedingungen schafft.[14] Damit wird für die Beurteilung, wann mittels der Verleihung von Eingriffsbefugnissen das Gebot der Neutralität verletzt wird, auf das Paritätsprinzip verwiesen. Das Gebot der staatlichen Neutralität wird demnach als Teil des Paritätsgrundsatzes angesehen. Für die Frage der Zulässigkeit der Betriebsvereinbarung mit Arbeitkampfbezug bedeutet dies, dass ein Verstoß gegen das Gebot der Neutralität anzunehmen ist, wenn der Gesetzgeber Eingriffsbefugnisse verleiht, die paritätsverändernd wirken.

Der vorgenannte Begründungsansatz kann jedoch nicht überzeugen. Zwar ist der Rückgriff auf das Paritätsprinzip nachvollziehbar. Es wäre in sich widersprüchlich, einerseits bei der Prüfung des Grundsatzes der Parität zu dem Schluss zu kommen, dass keine Beeinträchtigung des Verhandlungsgleichgewichts vorliegt, andererseits aber durch Verweis auf das Gebot der Neutralität jede Verleihung von Befugnissen als unzulässig zu erklären. Dogmatisch ist das Neutralitätsargument damit aber mit dem Paritätsargument identisch. Durch den Rückgriff auf den Paritätsgrundsatz kann das Gebot der Neutralität

---

[12] Vgl. hierzu *Eich*, DB 1979, Beilage 9 S. 3; vgl. auch BAG GS, Beschluss vom 28.01.1955 – GS 1/54, AP 1 zu Art. 9 GG Arbeitskampf, Bl. 8 R; kritisch, *Bieback*, in: Streikfreiheit, S. 257 ff.

[13] *Eich*, DB 1979, Beilage 9 S. 3.

[14] *Eich*, DB 1979, Beilage 9 S. 3.

nicht zu einem neuen Begründungsansatz führen. Eine Heranziehung des Gebotes der Neutralitätspflicht ergibt somit keine weiteren Vorgaben.[15]

III. Ergebnis

Nach dem Gebot der staatlichen Neutralität muss der Staat (im Sinne „aktiver Neutralität") unter anderem Regelungen treffen, die ein ausgeglichenes Verhältnis der Tarifpartner gewährleisten. Dies gilt auch für die Verleihung von Eingriffsbefugnissen wie der Ermöglichung des Abschlusses von Betriebsvereinbarungen mit Arbeitskampfbezug.

Da eine Beeinträchtigung des Gebots der staatlichen Neutralität jedoch anhand der Kriterien des Paritätsprinzips erfolgt, ist eine zusätzliche Heranziehung des Neutralitätsgebotes nicht erforderlich.

[15] Vgl. in Bezug auf die Frage der Mitbestimmung im Arbeitskampf: *Brox/Rüthers-Brox*, Arbeitskampfrecht, Rn. 440; *Däubler-Colneric*, Arbeitskampfrecht Rn. 669 m.w.N.; *Weiss*, AuR 1982, 267; AK-GG-*Kittner*, Art. 9 GG Rn. 29.

§ 14 Weitere Grundsätze des Arbeitskampfrechts

I. Grundsatz der freien Kampfmittelwahl

Als weiterer wesentlicher Grundsatz des Arbeitskampfes wird in Rechtsprechung und Schrifttum der Grundsatz der Kampfmittelfreiheit betont.[1] Danach kommt den Tarifpartnern die freie Wahl der Kampfmittel zu.[2]

Aus den bisherigen Ausführungen folgt, dass mit diesem Grundsatz nicht gemeint sein kann, dass die Tarifvertragsparteien in jeder Phase der Tarifauseinandersetzung zu jedem beliebigen Kampfmittel greifen darf. Damit würden sämtliche Erwägungen zu den anderen Grundsätzen des Arbeitskampfrechts wie insbesondere die Paritätserwägungen ad adsurdum geführt. Eine Kampfmittelfreiheit in diesem Sinne kann nur auf der Grundlage einer rein formell verstandenen Paritätsbetrachtung vertreten werden. Diese wurde jedoch bereits oben abgelehnt. Im Rahmen einer materiell verstandenen Parität kann dem Grundsatz der Parität dagegen nur entnommen werden, dass die Tarifvertragsparteien nicht gewissermaßen durch einen numerus clausus der Kampfmittel auf die „historisch überkommenen" Kampfmittel Streik und Aussperrung beschränkt sind.[3] Vielmehr können unter Beachtung der Voraussetzungen der Parität auch andere zulässige Kampfmittel eingesetzt werden.[4] Ansonsten tritt der Grundsatz der freien Kampfmittelwahl hinter den Paritätsgrundsatz zurück.[5]

---

[1] Näheres dazu bei *Seiter*, Streikrecht, S. 140 ff.; *Däubler(Hrsg.) – Bieback*, Arbeitskampfrecht, Rn. 313 ff.; *Zöllner*, FS für Bötticher, S. 427 ff.; *Richardi*, Streik, S. 34 ff.; *Löwisch-Löwisch/Rieble*, Arbeitskampf- und Schlichtungsrecht, 170.1 Rn. 59 ff.

[2] BAG, Urteil vom 10.06.1980 – 1 AZR 822/79, AP Nr. 64 zu Art. 9 GG – Arbeitskampf, unter A. V. 2. der Gründe; BAG, Urteil vom 13.07.1993 – 1 AZR 676/92, EzA Nr. 112 zu Art. 9 GG - Arbeitskampf, S. 7 unter III. 1. a) der Gründe; BVerfG, Beschluss vom 26.06.1991 – 1 BvR 779/85, E 84, 212, 224 f. unter C.I. 1. a) der Gründe; *Hergenröder*, EzA Nr. 112 zu Art. 9 GG – Arbeitskampf, S. 15, 26; *Maunz/Dürig-Scholz*, GG, Art. 9 GG, Rn. 311 m.w.N.; *v. Hoyningen-Huene*, DB 1989, 1466, 1466; *Belling*, EzA Nr. 70 zu Art. 9 GG – Arbeitskampf, S. 9, 20.

[3] BAG, Urteil vom 17.12.1976 – 1 AZR 605/75, BAGE 28, 295, 297 unter 2. der Gründe; BAG, Urteil vom 13.07.1993 – 1 AZR 676/92, EzA Nr. 112 zu Art. 9 GG Arbeitskampf, S. 7 unter III. 1.a) der Gründe; *Seiter*, Streikrecht, S. 142 f.; *Seiter*, JZ, 1979, 657, 659; *Konzen*, AcP 177, 473, 500; *v. Hoyningen-Huene*, DB 1989, 1466, 1466; ders., JUS 1987, 505, 506; *Däubler(Hrsg.)-Däubler*, Arbeitskampfrecht, Rn. 105 w; *Zöllner*, FS für Bötticher, S. 427, 430, 442; *Dorndorf/Weiss-Weiss*, Warnstreiks, S. 83; *Czerweny von Arland*, Arbeitskampfmittel, S. 26 f.; a.A. *Gamillscheg*, ArbR/I, S. 984; *Hueck/Nipperdey/Säcker*, Arbeitsrecht II/2, S. 929.

[4] *Treber*, Maßnahmen, S. 395 f. m.w.N.

[5] Vgl. *G. Müller*, DB 1981/Beil. 7, S. 7.

Der Grundsatz der freien Kampfmittelwahl stellt daher keine eigenständigen Anforderungen an die Zulässigkeit von Betriebsvereinbarungen mit Arbeitskampfbezug.

II. Gemeinwohlbindung

Ferner wird die Ansicht vertreten, dass sich die Tarifvertragsparteien am „Gemeinwohl" zu orientieren hätten.[6] Der Große Senat des BAG ist nach seinen Ausführungen zu dem Grundsatz der Parität fortgefahren:[7]

> „Dabei sind die wirtschaftlichen Gegebenheiten zu berücksichtigen, und das Gemeinwohl darf nicht offensichtlich verletzt werden."

Bei dem Versuch der näheren Bestimmung des Gemeinwohls stellt man fest, dass dies in einer pluralistischen Gesellschaft mit ihrer Vielfalt und mangelnden Homogenität der Interessen nur schwer konkretisiert werden kann.[8] Es wird daher primär davon ausgegangen, dass das Gemeinwohl durch das in Art. 109 Abs. 2 GG festgelegte Staatsziel des gesamtwirtschaftlichen Gleichgewichts konkretisiert wird.[9] Auch vor dem Hintergrund dieses Staatsziels bestehen aber viele Unklarheiten und Unwägbarkeiten. Fraglich ist daher, ob der Begriff des Gemeinwohls überhaupt bestimmbar ist. Er birgt jedenfalls die Gefahr der richterlichen Tarifzensur, da eine Bestimmung des Begriffs im konkreten Fall ohne konkrete und konstante Anhaltspunkte festgelegt werden müsste.[10] Ferner ist es nicht mit Art. 9 Abs. 3 GG vereinbar, die Gemeinwohlbindung als Mittel der Freiheitsbeschränkung bzw. zur Disziplinierung der Koalitionen und ihrer getroffenen Vereinbarungen zu instrumentalisieren. Außerdem enthält die Entscheidung der Verfassung für die Tarifautonomie eine verfassungsunmittelbare Gemeinwohlentscheidung. Mit Abschluss des Tarifvertrages ist zumindest für dessen Laufzeit eine Befriedung der Arbeitsbeziehun-

---

[6] *Zöllner*, Aussperrung, S. 54 f.; *Zöllner/Loritz*, Arbeitsrecht, § 38 V; *Seiter*, Streikrecht, S. 543 ff.; *Birk*, u.a., Professorenentwurf, S. 54 f. m.w.N.; *A. Hueck/Nipperdey/Säcker*, ArbR, II/2, S. 1023, 1032, 1627; *Wiedemann/Stumpf*, TVG, Einl. Rn. 345 ff.; *Gamillscheg*, ArbR/I, S. 317 ff., 1173; vgl. auch die Darstellung bei *Wohlgemuth*, Staatseingriff, S. 82 ff. m.w.N.

[7] BAG, Beschluss vom 21.04.1971 – GS 1/68, AP Nr. 43 zu Art. 9 GG – Arbeitskampf unter Teil III A. 1. der Gründe.

[8] Vgl. *Schlaich*, Neutralität, S. 55.

[9] Vgl. die Darstellung bei *Heenen*, Kampfparität, S. 14 ff.; *Zöllner/Loritz*, Arbeitsrecht § 38 V.

[10] Ausführlich *Mösch*, Verhältnismäßigkeit, S. 14 ff., 46 ff.; *Wohlgemuth*, Staatseingriff, S. 82 ff., 84; *Kempen/Zachert,-Kempen*, TVG, Grundlagen Rn. 135 f.; *Löwisch-Löwisch/Rieble*, Arbeitskampf- und Schlichtungsrecht, 170.2 Rn. 252; *Söllner*, Arbeitsrecht, § 17, I. a., S. 147; *Däubler*, Tarifvertragsrecht, Rn. 562 ff.; *E. Wolf*, Aussperrung, S. 290; *Gamillscheg*, ArbR I, S. 321 f.

gen eingetreten, die im allgemeinen Interesse liegt.[11] Sie darf nicht durch richterliche Gemeinwohlentscheidungen beliebiger Art ausgehöhlt oder gar unterlaufen werden.

Sofern geltend gemacht wird, Arbeitskämpfe dürften nicht zu ernstlichen Gefährdungen von Menschenwürde, Leib und Leben führen,[12] kann man dem zustimmen. Es ist jedoch sehr zweifelhaft, ob es für diese im Wesentlichen wohl unstreitigen Beschränkungen des Arbeitskampfes, die auch von den Arbeitskampfparteien in der Praxis beachtet werden,[13] notwendig ist, das Kriterium der Gemeinwohlbindung einzuführen. Dies gilt umso mehr, als dass das Kriterium nicht konkret bestimmt werden kann und die Gefahr von Eingriffsversuchen in die Tarifautonomie besteht.

Eine Überprüfung anhand des Kriteriums des Gemeinwohls scheint daher weder sinnvoll noch erforderlich.

[11] So zu Recht *Mösch*, Verhältnismäßigkeit, S. 24 m.w.N.; ebenso, *Ederlein*, RdA 1995, 264, 279; *Kreutz*, Verhältnismäßigkeit, S. 24, wonach der tariflose Zustand für die Allgemeinheit unerwünscht ist.

[12] *Gamillscheg*, ArbR/I., S. 1175; *Seiter*, Streikrecht, S. 543 ff.; *Söllner*, Arbeitsrecht, § 12 II. 5. b. dd.; *Brox/Rüthers-Rüthers*, Arbeitskampfrecht, 200 ff.; *Kalb*, Arbeitskampfrecht, Rn. 140; *Reuter*, RdA 1975, 275, 282.

[13] Vgl. beispielsweise *Löwisch-Löwisch/Rieble*, Arbeitskampf- und Schlichtungsrecht, 170.1 Rn. 244.

§ 15 Der Grundsatz der Gegnerunabhängigkeit

Ein weiterer Grundsatz, an dem die Zulässigkeit betrieblicher Beteiligungsrechte gemessen werden ist der Grundsatz der Gegnerunabhängigkeit.[1] Zu klären ist, ob der Abschluss von betrieblichen Vereinbarungen mit Arbeitskampfbezug gegen diesen Grundsatz verstößt. Als Grundlage der Argumentation soll zunächst der Grundsatz der Gegnerunabhängigkeit kurz erläutert werden.

I. Inhalt und Funktion des Grundsatzes der Gegnerunabhängigkeit

Die Tarifvertragsautonomie verlangt, dass die Koalitionen der Arbeitnehmer und Arbeitgeber jeweils keine Angehörigen der anderen Seite zu Mitgliedern haben dürfen (Gegnerreinheit) und in ihren Entscheidungen und ihrem Handeln von ihnen unabhängig sein müssen (Gegnerfreiheit). Dies ist allgemein anerkannt.[2] Ansonsten könnte eine Kampfpartei der anderen ihre Bedingungen diktieren. Fehlt es an der Gegnerunabhängigkeit, kann von einer Richtigkeitsgewähr des Tarifabschlusses keine Rede mehr sein.[3]

Angesichts der heutigen Partizipationsrechte auch auf Unternehmensebene wird das Prinzip der Gegnerreinheit und Gegnerfreiheit jedoch nicht starr und eng angewendet. Vornehmlich wird die Ansicht vertreten, es müsse lediglich sichergestellt sein, dass die Verbände nicht unter den Einfluss der Gegenseite geraten dürfen[4], oder dass auch nur eine reale Möglichkeit hierzu besteht, was beides unter allen Umständen zu vermeiden sei. Daher reiche schon das Bemühen einer Tarifpartei aus, ihre Unabhängigkeit von der anderen und von Dritter Seite, wie Staat, Kirchen oder Parteien, zu wahren.[5]

---

[1] Im Rahmen der Frage der Mitbestimmungsrechte des Betriebsrats bei arbeitskampfrelevanten Maßnahmen befürwortet ein Teil des Schrifttums eine der Suspendierung der Mitbestimmungsrechte aufgrund eines Verstoßes gegen das Prinzip der Gegnerunabhängigkeit: *Seiter*, Streikrecht und Aussperrungsrecht, S. 371; *Ehmann/Schnauder*, Anmerkung EzA § 615 Betriebsrisiko Nr. 8; vgl. auch *Reuter*, AuR 1973, 1, 2.

[2] Siehe u.a. BVerfG, Urteil vom 06.05.1964 – 1 BvR 79/62, E 18, 18, 28; BVerfG, Urteil vom 01.03.1979 – 1 BvR 532, 533/77, 419/78 und 1 BvL 21/78, E 50, 290, 373; AK-GG-*Kittner*, Art. 9 GG Rn. 50; *Brox/Rüthers-Brox*, Arbeitskampfrecht, Anm. 440; *Patett*, Arbeitskampffernwirkungen, S. 476.

[3] Vgl. auch BAG, Urteil vom 10.08.1980 – 1 AZR 822/79, AP 64 zu Art. 9 GG – Arbeitskampf, Bl. 4.

[4] *Wiedemann-Stumpf*, TVG, § 2 Rn. 142.

[5] Vgl. nur *Wiedemann*, RdA 1976, 72, 73 f.

II. Konsequenzen für die Zulässigkeit des Abschlusses von Betriebsvereinbarungen

Zu klären ist zunächst der Ansatz der Prüfung. Ferner ist zu untersuchen, ob die Regelung des Arbeitskampfes durch Betriebsparteien gegen das Prinzip der Gegnerunabhängigkeit verstößt.

1. Ansatz der Überprüfung

Nach dem Grundsatz der Gegnerunabhängigkeit dürfen die Koalitionen zunächst keine Angehörigen der anderen Seite als Mitglieder haben (Gegnerreinheit). Das Problem der gegenseitigen Mitgliedschaft steht bei der Beurteilung des Abschlusses von Betriebsvereinbarungen mit Arbeitskampfbezug nicht in Frage. Wie dargelegt sind die Betriebsparteien von den Tarifparteien zu unterscheiden.

Zudem müssen die Tarifparteien von dem Tarifgegner unabhängig sein (Gegnerfreiheit). Der Grundsatz der Gegnerunabhängigkeit würde tangiert, wenn betriebliche Regelungen die Abhängigkeit einer Tarifvertragspartei von der anderen Partei begründen könnten. Dadurch würde die Freiheit der Tarifpartner beeinträchtigt, eigenständig und unabhängig von der Gegenseite Entscheidungen zu treffen und Maßnahmen durchzuführen.

Bei der Bewertung dieser Frage ist wiederum zu bedenken, dass die Beeinträchtigung der Gegnerunabhängigkeit der *Tarif*parteien in Frage steht. Tarifparteien sind von den Betriebsparteien zu unterscheiden.[6] Betriebsvereinbarungen werden zwischen den Betriebsparteien mit Wirkung nur für die jeweiligen Betriebe abgeschlossen. Die Begründung einer gegenseitigen Abhängigkeit der Tarifparteien durch Betriebsvereinbarungen ist nur dann denkbar, wenn die Betriebsparteien als zu den Tarifparteien zugehörig anzusehen sind. In diesem Fall bestünde durch eine betriebliche Regelung über den Arbeitskampf die Möglichkeit einer Bindung der eigenen Tarifpartei.

2. Beeinträchtigung der Gegnerunabhängigkeit

Es ist zu überprüfen, ob der Abschluss von Betriebsvereinbarungen mit Arbeitskampfbezug den Grundsatz der Gegnerunabhängigkeit beeinträchtigen würde.

---

[6] Nur bei Firmentarifverträgen sind dagegen die einzelnen Arbeitgeber gleichzeitig Tarifpartei.

a. Gleichsetzung von Betriebsparteien und Tarifparteien

Gemäß dem vorgenannten Ansatz ist zu prüfen, ob die Betriebsparteien den Tarifparteien zuzurechnen sind.

Zum einen ist fraglich, ob der Betriebsrat den Gewerkschaften zuzurechnen ist. Im Zusammenhang mit der Frage der Beeinträchtigung des Grundsatzes der Gegnerunabhängigkeit ist dies von einem Teil des Schrifttums mit einem Verweis auf die gleichartigen Interessen bejaht worden.[7] Es wird angeführt, dass bei den Betriebsratsmitgliedern ein sehr hoher Organisationsgrad herrsche und dass diese sich sehr stark mit den Forderungen der Gewerkschaften identifizierten. Eine pauschale Gleichsetzung der Interessen von Betriebsrat und Gewerkschaften kann jedoch nicht überzeugen. Es ist zu bedenken, dass auf betrieblicher Ebene oft andere Interessen vorrangig sind als auf Verbandsebene.[8] Die Gewerkschaft vertritt die Interessen ihrer Mitglieder; die Betriebsräte dagegen die Interessen aller Arbeitnehmer in ihrem Betrieb, also auch die der nicht gewerkschaftlich Organisierten sowie der Arbeitswilligen. Auch bei einer Mitgliedschaft in der Gewerkschaft werden die Betriebsratsmitglieder doch eher von den Interessen der Arbeitnehmer in ihrem Betrieb beeinflusst, mit denen sie alltäglich konfrontiert werden, als von Verbandsinteressen. Schließlich werden Betriebsratsmitglieder auch von den Arbeitnehmern des Betriebes gewählt. Eine Gleichsetzung von Betriebsrat und Gewerkschaften widerspricht auch dem BetrVG, wonach der Betriebsrat gerade als eigenständige Interessenvertretung mit eigenen Aufgaben und Zielen von den Gewerkschaften abgegrenzt wird. Zudem ist zu bedenken, dass Betriebsvereinbarungen mit Arbeitskampfbezug in der Regel unabhängig von einem konkreten Arbeitskampf abgeschlossen werden. Es erfolgt daher im Regelfall keine Absprache mit der jeweiligen Kampfpartei im Hinblick auf deren aktuelle Kampftaktik. Betriebsvereinbarungen sind auf konkrete betriebliche Bedürfnisse zugeschnitten. Über diese können die Tarifparteien oft aus Praktikabilitätsgründen nicht entscheiden. Eine pauschale Gleichstellung von Betriebsrat und Gewerkschaften ist daher abzulehnen.

Auch auf der Arbeitgeberseite ist die Entscheidungsfreiheit der Kampfpartei Arbeitgeberverband von der des einzelnen Arbeitgebers als Mitglied des Verbandes zu unterscheiden. Jeder Arbeitgeber wird zunächst auf die Interessen seines eigenen Unternehmens achten und versuchen, hieran die Regelungen der Betriebsvereinbarungen auszurichten. Die betrieblichen Bedürfnisse und

---

[7] Vgl. hierzu *Seiter*, Streikrecht, S. 371; *Reuter*, AuR 1973, 1, 2, der die Gefahr sieht, dass die Mitwirkungsrechte der Betriebsräte die Kampffähigkeit der Arbeitgeber von innen aushöhlen oder zumindest nachhaltig schwächen; a.A. *Weiss*, AuR 1982, 265, 267 f

[8] Siehe oben unter § 1 II.

Interessen können von denen des Verbandes sehr unterschiedlich sein. Auch auf der Arbeitgeberseite ist daher grundsätzlich zwischen der Betriebspartei und dem kampfführenden Verband zu differenzieren.

Etwas anderes könnte nur für Firmentarifverträge gelten, da hier der Arbeitgeber einmal als Betriebsvertragspartei und zum anderen als Tarifvertragspartei tätig wird. Hier besteht die Gefahr, dass sich der Arbeitgeber durch Betriebsvereinbarungen im Vorfeld bindet, so dass er sich im Fall des Arbeitskampfes an die von ihm selbst vereinbarten Regelungen halten muss. Auch hier ist aber zu bedenken, dass der Arbeitgeber in diesem Fall nicht von seinem Kampfgegner, den Gewerkschaften abhängig wäre, sondern von der Regelung mit dem Betriebsrat. Wie dargelegt ist aber der Betriebsrat nicht mit der Gewerkschaft gleichzusetzen.

Die Gleichsetzung der Betriebsparteien mit den Tarifparteien ist daher abzulehnen.

b. Vergleich mit der Argumentation bei der Frage der Zulässigkeit der Mitbestimmung des Betriebsrats im Arbeitskampf

Für die mit der hier untersuchten Fallgestaltung vergleichbare Frage der Mitbestimmungsrechte im Arbeitskampf wird teilweise ein Verstoß gegen den Grundsatz der Gegnerunabhängigkeit angenommen.[9] Nach der Ansicht von *Rüthers/Henssler*[10] wird ein Verstoß gegen die Gegnerunabhängigkeit in dem Fall angenommen, in dem Beteiligungsrechte die Durchführung einer Arbeitskampfmaßnahme der Arbeitgeberseite tangieren könnten. Hiernach kann der Betriebsrat bei einer verbandsbezogenen Betrachtungsweise zwar nicht auf das „Ob" einer Arbeitskampfmaßnahme der Arbeitgeberseite Einfluss nehmen. Er könne aber die konkrete Umsetzung eines entsprechenden Verbandsbeschlusses in den einzelnen Betrieben behindern. Der Grundsatz der Gegnerunabhängigkeit degeneriere aber weitgehend zu einer Leerformel, wenn der Verband von vornherein damit rechnen müsse, dass seine Entscheidungen nicht in die Tat umgesetzt werden können. Durch die uneingeschränkte Möglichkeit der Ausübung der Mitbestimmungsrechte im Arbeitskampf würden dem Arbeitgeber die Möglichkeiten der Streikabwehr durch Einstellung von Ersatzleuten und andere organisatorische Maßnahmen praktisch wieder genommen.

---

[9] *Seiter*, Streikrecht, S. 371; *Rüthers/Henssler*, Anmerkung zu BAG, Beschluss vom 16.12.1986 – 1 ABR 35/85, AP Nr. 13 zu § 87 BetrVG 1972 Ordnung des Betriebes, Bl. 7 R f.

[10] *Rüthers/Henssler*, Anmerkung zu BAG, Beschluss vom 16.12.1986 – 1 ABR 35/85, AP Nr. 13 zu § 87 BetrVG 1972 Ordnung des Betriebes, Bl. 7 R f.

Diese Auffassung kann jedoch nicht überzeugen. Dem Argument der Beeinträchtigung der Gegnerunabhängigkeit ist entgegengehalten worden, dass die eigenverantwortliche Entscheidungskompetenz des kampfführenden Arbeitgeberverbandes unangetastet bleibe, wenn auch die Reaktionsfähigkeit des einzelnen Unternehmens negativ betroffen sein könnte.[11] Dem ist zuzustimmen. Die mögliche betriebliche Betroffenheit ist von der Betroffenheit der Kampfparteien zu unterscheiden. In Verbandstarifauseinandersetzungen beziehen sich rein betriebliche Auswirkungen eben nicht auf die Koalitionen, sondern können allenfalls das Einzelunternehmen betreffen. Ferner überzeugt eine generelle Bejahung der Beeinträchtigung der Gegnerunabhängigkeit schon deshalb nicht, da viele Maßnahmen aus Praktikabilitätsgründen nicht durch Verbandsbeschlüsse entscheidbar sind, da sie nur die betriebliche Ebene betreffen.
Ferner führt *Jahn*[12] an, es sei nicht einsichtig, warum etwa die Gestaltung von Werksausweisen, das Bewirtschaften der Werkskantine oder der Fahrbetrieb des Werksbusses unter den veränderten Bedingungen eines zu erwartenden Arbeitskampfes nicht vorher mit dem Betriebsrat abgestimmt werden dürfe. Seiner Ansicht nach werden die Bedenken auf der Grundlage des Grundsatzes der Gegnerunabhängigkeit „überbetont".[13]

Außerdem ist anzumerken, dass auch für den Fall, dass man der Möglichkeit eines Verstoßes gegen den Grundsatz der Gegnerunabhängigkeit zustimmen würde, nicht jede betriebliche Regelung einen solchen Verstoß begründen würde. Es ist auf die Art der jeweiligen Regelungen sowie die Anzahl der Regelungen abzustellen. Wie im Rahmen der Parität wird auch hier auf das Tarifgebiet als Maßstab abzustellen sein, da auch der Grundsatz der Gegnerunabhängigkeit der Tarifautonomie dient. Daher ist eine Abhängigkeit mit Bedeutung für die Entscheidungen der Kampfparteien für das gesamte Tarifgebiet zu fordern. Des Weiteren ist aus Gründen der Rechtssicherheit eine erhebliche Einschränkung der Entscheidungsfreiheit einer Tarifpartei erforderlich.

III. Ergebnis

Eine Beeinträchtigung des Grundsatzes der Gegnerunabhängigkeit käme in Frage, wenn die Betriebsparteien den Tarifparteien zuzuordnen wären. In diesem Fall bestünde die Möglichkeit, dass sich die Tarifparteien durch betriebliche Regelungen zumindest hinsichtlich bestimmter Fallgestaltungen für die Situation des Arbeitskampfes festlegen und damit nicht mehr unabhängig von

[11] Vgl. *Däubler-Colneric*, Arbeitskampfrecht, Rn. 670, *Brox/Rüthers-Brox*, Arbeits-kampfrecht Rn. 440; *Eich*, DB 1979, Beilage 9, S. 2; *Jahn*, Beteiligung, S. 131 ff.
[12] *Jahn*, Beteiligung, S. 133.
[13] Mit Verweis auf *Eich*, DB 1979, Beilage 9, S. 2.

dem Kampfgegner agieren könnten. Eine Zurechnung der Betriebsparteien zu den Tarifparteien würde jedoch weder der gesetzlichen Systematik, noch dem in der Bundesrepublik Deutschland geltenden dualen System, noch den Interessen der jeweiligen Parteien gerecht. Tarifvertragsparteien können nicht durch betriebliche Regelungen von ihrem Kampfgegner abhängig gemacht werden. Zudem müsste für die Bejahung einer Beeinträchtigung auf die Anzahl der Vereinbarungen sowie auf deren Inhalte abgestellt werden. Es sind erhebliche Auswirkungen der Betriebsvereinbarungen gemessen an dem jeweiligen Tarifgebiet erforderlich.

Der Abschluss von betrieblichen Vereinbarungen mit Arbeitskampfbezug verstößt demnach nicht gegen das Gebot der Gegnerunabhängigkeit.

§ 16 Fazit

Die Betriebsparteien haben bei dem Abschluss von Betriebsvereinbarungen mit Arbeitskampfbezug bei den wesentlichen Grundsätzen des Arbeitskampfrechts insbesondere den Grundsatz der Parität zu beachten. Der Grundsatz der Parität ist das relevante Grundprinzip des Arbeitskampfrechts, an dem die Zulässigkeit von Betriebsvereinbarungen mit Arbeitskampfbezug zu messen ist.

Dabei hat die vorstehende Untersuchung deutlich gemacht, dass der schlichte Verweis auf einen Grundsatz nicht ausreicht, die Rechtswidrigkeit von Betriebsvereinbarungen wegen Verstoßes gegen diesen Grundsatz zu begründen. Eine derartige Vorgehensweise kann nicht zu schlüssigen und sachgerechten Ergebnissen führen. Es ist daher eine exakte Determinierung der Kriterien sowie eine genaue Subsumtion erforderlich, um einen Verstoß gegen einen Grundsatz des Arbeitskampfrechts zu bestimmen. Dies wird häufig vernachlässigt. Es hat sich gezeigt, dass die vielfältigen Auffassungen zu einer Uneinheitlichkeit in der Anwendung und zu einer Rechtsunsicherheit geführt haben.

Ob Betriebsvereinbarungen mit Arbeitskampfbezug gegen den durch Art. 9 Abs. 3 GG geschützten *Grundsatz der Parität* verstoßen, ist anhand eines materiellen, tarifbezogenen, abstrakt – typisierenden Paritätsverständnisses zu messen. Dabei kann nur eine erhebliche Beeinflussung der Parität zu einem Verstoß gegen den Paritätsgrundsatz führen. Voraussetzung einer Paritätsbeeinträchtigung durch Betriebsvereinbarungen mit Arbeitskampfbezug ist somit der über einen längeren Zeitraum regelmäßige Abschluss einer auf das Tarifgebiet bezogenen bedeutenden Anzahl von Betriebsvereinbarungen, die dazu führen, dass eine Kampfpartei übermäßig in ihrer Verhandlungsposition geschwächt wird.

In Ergänzung ist anzumerken, dass es eine Folge der tarifbezogenen Betrachtungsweise des Paritätsgrundsatzes ist, dass für die Paritätsbewertung alle relevanten Betriebsvereinbarungen eines Tarifgebietes zugrunde zu legen sind. Will man aufgrund etwaiger praktischer Schwierigkeiten eine derartige Betrachtungsweise vermeiden, und auf die Wirkung einzelner Betriebsvereinbarungen abstellen, müsste man generell eine betriebsbezogen-konkrete Betrachtungsweise des Paritätsprinzips befürworten. Gegen diese Betrachtungsweise sprechen jedoch gravierende Bedenken.

Eine nähere Untersuchung des *Grundsatzes der Verhältnismäßigkeit* zeigt, dass dieser für die hier untersuchte Frage keinen relevanten über den Paritätsgrundsatz hinausgehenden Inhalt hat. Auch wenn man mit der vorherrschenden Ansicht von der Geltung des Grundsatzes der Verhältnismäßigkeit ausgeht, kommt ein Verstoß gegen den Grundsatz durch den Abschluss von Betriebsvereinbarungen mit Arbeitskampfbezug nur in seltenen Ausnahmefällen in Betracht.

In Bezug auf die einzelnen Kriterien zur Konkretisierung des Grundsatzes der Verhältnismäßigkeit ist anzumerken, dass nur wenige Konstellationen denkbar sind, in denen das Merkmal der Geeignetheit beeinträchtigt werden könnte. Hinsichtlich der Merkmale der Erforderlichkeit und der Proportionalität kommt es zunächst auf den Inhalt und die Anzahl etwaiger betrieblicher Regelungen an. Wegen der vielen Unwägbarkeiten ist die Beurteilung der Beeinträchtigung der Erforderlichkeit und der Proportionalität auf eine Evidenzkontrolle zu beschränken. Die Betriebsvereinbarungen müssen eine erhebliche Verstärkung der Kampfmittelwirkungen mit Bezug auf das gesamte Tarifgebiet zur Folge haben. Es ist erforderlich, dass die Kampfparteien aufgrund der Wirkungen der Betriebsvereinbarungen ein anderes Kampfmittel hätten wählen müssen, bzw. dass das Kampfmittel aus diesem Grunde außer Verhältnis zum angestrebten Ziel steht. Diese Voraussetzungen werden selten gegeben sein.

Der Abschluss von betrieblichen Vereinbarungen mit Arbeitskampfbezug verstößt ferner nicht gegen den *Grundsatz der staatlichen Neutralität*. Nach dem Gebot der staatlichen Neutralität muss der Staat (im Sinne „aktiver Neutralität") unter anderem Regelungen treffen, die ein ausgeglichenes Verhältnis der Tarifpartner gewährleisten. Dies gilt auch für die Verleihung von Eingriffsbefugnissen wie der Ermöglichung des Abschlusses von Betriebsvereinbarungen mit Arbeitskampfbezug. Da eine Beeinträchtigung des Gebots der staatlichen Neutralität jedoch anhand der Kriterien des Paritätsprinzips erfolgt, ist eine zusätzliche Heranziehung des Neutralitätsgebotes nicht erforderlich.

Auch die weiteren Grundsätze des Arbeitskampfrechts führen nicht zu einer generellen Unzulässigkeit von Betriebsvereinbarungen mit Arbeitskampfbezug. Der *Grundsatz der freien Kampfmittelwahl* stellt keine über den Paritätsgrundsatz hinausgehenden eigenständigen Anforderungen an die Zulässigkeit derartiger Betriebsvereinbarungen. Auch eine Überprüfung anhand des Merkmals des *Gemeinwohls* führt nicht zu anderen Ergebnissen. Hier kann lediglich der Ansicht zugestimmt werden, nach der Arbeitskämpfe nicht zu ernstlichen Gefährdungen von Menschenwürde, Leib und Leben führen dürfen.

Auch der *Grundsatz der Gegnerunabhängigkeit* wird durch den Abschluss von Betriebsvereinbarungen mit Arbeitskampfbezug nicht tangiert. Eine Beeinträchtigung des Grundsatzes der Gegnerunabhängigkeit ist nicht gegeben, da die Betriebsparteien nicht den Tarifparteien zuzuordnen sind. Es besteht daher nicht die Gefahr, dass sich die Tarifparteien durch betriebliche Regelungen für die Situation des Arbeitskampfes festlegen würden und damit nicht mehr unabhängig vom Kampfgegner agieren können.

Zusammenfassend ist festzuhalten, dass der Grundsatz der Parität der entscheidende Grundsatz des Arbeitskampfrechts ist, an dem die Zulässigkeit von Betriebsvereinbarungen mit Arbeitskampfbezug zu messen ist. Ein Verstoß gegen dieses Prinzip nicht pauschal angenommen werden. Eine Beeinträchtigung kommt vielmehr nur unter bestimmten Voraussetzungen in Betracht.

4. Teil: Vorgaben für Betriebsvereinbarungen mit Arbeitskampfbezug aus dem Betriebsverfassungsrecht

Der zweite Hauptansatz zur Überprüfung der Zulässigkeit von betrieblichen Regelungen mit Arbeitskampfbezug sind die Vorgaben des Betriebsverfassungsrechts.[1] Dies ist einfachgesetzlich im BetrVG 1972 geregelt.

Sowohl im Hinblick auf die Bewertung der Zulässigkeit von Betriebsvereinbarungen mit Arbeitskampfbezug als auch insbesondere für die Beurteilung der Frage, inwieweit Beteiligungsrechte des Betriebsrats im Arbeitskampf eingeschränkt seien, sind zahlreiche Autoren und einige Gerichte der Auffassung, dass nicht das Kriterium der Kampfparität heranzuziehen sei, sondern dass diese Problematik anhand der Vorgaben des BetrVG zu lösen sei.[2] Dabei wird insbesondere die Norm des § 74 Abs. 2 Satz 1 BetrVG herangezogen, die das Nebeneinander von Arbeitskampf und Betriebsverfassung teilweise regele.

Wie oben dargelegt haben die Betriebsparteien bei der Vereinbarung von betrieblichen Regelungen zwingendes höherrangiges Recht zu beachten.[3] Zu klären ist, ob das BetrVG Vorgaben für die Zulässigkeit der Regelung des Arbeitskampfrechts durch Betriebsvereinbarungen enthält und wann ein Verstoß gegen derartige Vorgaben vorliegt.

Die Betriebsverfassung regelt als arbeitsrechtliche Grundordnung die Zusammenarbeit zwischen Arbeitgeber und Belegschaft im Betrieb. Die Belegschaft wird dabei insbesondere durch den Betriebsrat repräsentiert. Es ist Grundanliegen der Betriebsverfassung, den Arbeitnehmern in den betrieblichen Entscheidungen, die ihr tägliches Arbeitsleben grundlegend gestalten, Mitwirkungsbefugnisse zu gewähren.[4] Das Betriebsverfassungsrecht ist aber nicht nur Organisationsrecht, das Zuständigkeiten festlegt, sondern es enthält auch konkrete Vorgaben über die Art und Weise, wie Zuständigkeiten wahrgenommen und Entscheidungen getroffen werden müssen.[5] Dabei wird die Betriebsverfassung vom Gebot der vertrauensvollen Zusammenarbeit zwischen Arbeitgeber und Betriebsrat zum Wohl der Arbeitnehmer und des Betriebes beherrscht. Das System der Betriebsverfassung ist als Kooperationsmodell konzipiert und unterscheidet sich insofern vom Tarifvertragssystem.[6]

---

[1] Vgl. oben unter § 1 I. letzter Absatz, § 5.
[2] Vgl. oben § 2 Fn. 1 und 22; § 3 Fn. 7–9 sowie § 4 Fn. 10 und 18-20.
[3] Siehe oben unter § 9 II.
[4] *V. Hoyningen-Huene*, § 1 III, 1.
[5] Vgl. *Zöllner/Loritz*, Arbeitsrecht, § 44 III. 2. und 3., S. 493.
[6] Vgl. BVerfG, Urteil vom 01.03.1979, E 50, 290, 372 = AP Nr. 1, § 1 MitbestG, Bl. 25 R; *Kraft*, FS für G. Müller, 265, 270; *Wiese*, NZA 1984, 378, 378.

Im BetrVG sind insbesondere folgende grundlegende Maximen für das betriebliche Verhalten von Arbeitgeber und Betriebsrat geregelt: Das Arbeitskampfverbot gemäß § 74 Abs. 2 Satz 1 Hs. 1 BetrVG, die aus § 74 Abs. 2 Satz 1 Hs. 2 BetrVG abgeleitete Neutralitätspflicht des Betriebsrats, die Friedenspflicht gemäß § 74 Abs. 2 Satz 2 BetrVG, die Grundsätze für die Zusammenarbeit gemäß § 74 Abs. 1 Satz 1 und 2 BetrVG sowie das Kooperationsgebot gemäß § 2 Abs. 1 BetrVG. Diese Vorgaben des BetrVG sind nachfolgend zu überprüfen. § 74 Abs. 2 BetrVG ist dabei die einzige Vorschrift des BetrVG, die ausdrücklich auf den Arbeitskampf Bezug nimmt. Daher soll diese Norm als mögliche Spezialregelung[7] am Anfang der Untersuchung stehen.

§ 17 Regelungsgehalt des § 74 Abs. 2 BetrVG

I. Differenzierung der Gebote und Verbote des § 74 Abs. 2 BetrVG

In § 74 Abs. 2 BetrVG sind mehrere betriebsverfassungsrechtliche Gebote bzw. Verbote normiert. In § 74 Abs. 2 Satz 1 Hs. 1 BetrVG wird den Betriebsparteien ein Arbeitskampfverbot auferlegt. Satz 2 des § 74 Abs. 2 BetrVG regelt die Pflicht der Betriebsparteien zur Beachtung des Betriebsfriedens. Aus diesen Regelungen wird als weiteres Gebot eine betriebsverfassungsrechtliche Neutralitätspflicht abgeleitet.[8]

Die Vertreter der Auffassung, welche die Zulässigkeit von betrieblichen Regelungen mit Arbeitskampfbezug an den Vorgaben des Betriebsverfassungsrechts messen, verweisen insbesondere auf die aus § 74 Abs. 2 BetrVG abgeleitete Pflicht des Betriebsrats zur Neutralität.[9] Dies erfolgt in der Regel durch einen pauschalen Hinweis auf die Neutralitätspflicht, ohne dass Inhalt und Voraussetzungen dieser Pflicht näher erläutert werden. Teilweise wird die Unterscheidung zwischen den verschiedenen Regelungen des § 74 Abs. 2 BetrVG sogar als überflüssig angesehen.[10] Diese Vorgehensweise kann nicht überzeugen, da die in § 74 Abs. 2 BetrVG enthaltenen Regelungen unterschiedliche tatbestandliche Voraussetzungen aufweisen. So erfordert das Verbot der Beeinträchtigung des Betriebsfriedens nach § 74 Abs. 2 Satz 2 BetrVG im Gegensatz zu dem eigenständigen, abstrakt-generellen Arbeitskampfverbot in Satz 1 der Norm tatbestandlich eine konkrete Beeinträchtigung

[7] Zum Spezialitätsverhältnis von § 74 Abs. 2 Satz 1 BetrVG zu § 2 Abs. 1 BetrVG vgl. GK-*Kraft*, BetrVG, § 2 BetrVG Rn. 8 mit Verweis auf *Kreutz*, BlStSozArbR 1972, S. 44, 46; *Häßler*, Beteiligungsrechte, S. 53.

[8] Vgl. § 2 I. 1. und II. 5., § 3 I. 2. sowie § 4; kritisch *Weiss*, AuR 1982, 265, 270.

[9] Vgl. vorherige Fn.

[10] Vgl. *Brox/Rüthers-Brox*, Arbeitskampfrecht, Anm. 410; GK-*Thiele*, BetrVG, 3. Bearbeitung, § 74, Anm. 23.

von Betriebsfrieden oder Arbeitsablauf.[11] Somit ist eine genaue Differenzierung und Subsumtion erforderlich.

Die Diskussion über die Einschränkung der Beteiligungsrechte des Betriebsrats bezieht sich dabei, soweit ersichtlich, hauptsächlich auf die Frage, inwieweit zwingende Mitbestimmungsrechte arbeitskampfbedingt zurücktreten müssen. Die Beschneidung der Möglichkeit zum Abschluss freiwilliger Betriebsvereinbarungen ist bislang nicht in den Vordergrund getreten. Die Zulässigkeit von freiwilligen Betriebsvereinbarungen ist soweit ersichtlich lediglich im Zusammenhang mit dem Problemkreis der Erhaltungsarbeiten erörtert worden.

Im Folgenden ist auf die unterschiedlichen in § 74 Abs. 2 BetrVG normierten Gebote bzw. Verbote einzugehen. Dabei ist zu untersuchen, ob diese Regelungen die Mitwirkungsbefugnisse des Betriebsrats durch Abschluss von Betriebsvereinbarungen mit Arbeitskampfbezug beschränken.

II. Arbeitskampfverbot gemäß § 74 Abs. 2 Satz 1 Hs. 1 BetrVG

1. Inhalt und Funktion des Arbeitskampfverbotes

a. Ansatz der Überprüfung

Gemäß dem Wortlaut des § 74 Abs. 2 Satz 1 Hs. 1 BetrVG sind Maßnahmen des Arbeitskampfes zwischen Arbeitgeber und Betriebsrat unzulässig. Über den konkreten Inhalt des Arbeitskampfverbotes gibt es jedoch unterschiedliche Auffassungen.

Im Hinblick auf die Frage der Zulässigkeit von Betriebsvereinbarungen mit Arbeitskampfbezug wird nur selten auf die Frage eingegangen, ob derartige Betriebsvereinbarungen als Kampfmaßnahme i. S. d. § 74 Abs. 2 Satz 1 Hs. 1 BetrVG zu werten sind. Lediglich eine Ansicht im Schrifttum hat mit Hinweis auf das Urteil des BAG über Gleitzeitvereinbarungen[12] darauf hingewiesen, dass keine Kampfmaßnahme vorliege, wenn eine Betriebsvereinbarung vorsehe, dass die Teilnahme an einem Arbeitskampf nicht zu einer Kürzung des Arbeitsentgelts, sondern zur Belastung des Gleitzeitkontos führe.[13]

Dagegen ist das Arbeitskampfverbot des § 74 Abs. 2 Satz 1 Hs. 1 BetrVG im Rahmen der Beurteilung der Suspendierung von Mitbestimmungsrechten im

[11] Vgl. auch *Heinze*, DB 1982, Beilage 23, S. 5.
[12] BAG, Urteil vom 30.08.1994 – 1 ABR 19/94, AP Nr. 132 zu Art. 9 GG Arbeitskampf.
[13] *F/K/H/E*, BetrVG, § 74 Rn. 21.

Arbeitskampf eingehender erörtert worden. Die in diesem Zusammenhang angeführten Argumente sollen daher in die vorliegende Untersuchung einbezogen werden.

b. Verbot von gegenseitigen Arbeitskämpfen der Betriebsparteien

Vom Wortlaut des § 74 Abs. 2 Satz 1 Hs. 1 BetrVG ausgehend besteht zunächst Einigkeit darüber, dass den Betriebsparteien aufgrund des Arbeitskampfverbotes die Führung von Arbeitskämpfen gegeneinander untersagt ist.[14] Im Wesentlichen unstreitiger Inhalt der Norm ist danach ein an Arbeitgeber und Betriebsrat adressiertes Verbot, Träger von gegeneinander gerichteten Arbeitskämpfen zu sein. Die Betriebsverfassung beruht auf den Grundsätzen der Kooperation und der vertrauensvollen Zusammenarbeit. Betriebliche Kampfmaßnahmen würden jedoch den Betriebsfrieden gefährden.[15] Weder Betriebsrat noch Arbeitgeber dürfen demnach Kampfmaßnahmen durchführen, um den anderen Teil zu irgendeinem betriebsverfassungsrechtlichen Verhalten oder zum Abschluss einer Betriebsvereinbarung zu zwingen.[16] Der Betriebsrat darf daher die Betriebsangehörigen nicht zum Streik aufrufen, um den Abschluss einer Betriebsvereinbarung zu erzwingen. Ebenso darf der Arbeitgeber die Belegschaft nicht aussperren, um Mitbestimmungsrechte des Betriebsrats abzuwehren.

Dabei ist auf die Funktion von Arbeitgeber und Betriebsrat als Betriebsverfassungsorgan abzustellen.[17] § 74 Abs. 2 BetrVG ist eine betriebsverfassungsrechtliche und keine arbeitskampfrechtliche Vorschrift.[18] Betriebliche Auseinandersetzungen sollen nach dem Willen des Gesetzgebers ausschließlich in den gesetzlich vorgesehenen Verfahren wie der Einschaltung der Einigungsstellen oder, soweit es sich um Rechtsstreitigkeiten handelt, vor den Arbeits-

---

[14] Vgl. BAG, Urteil vom 17.12.1976 – 1 AZR 772/75, AP Nr. 52 zu Art. 9 GG Arbeitskampf, Bl. 617 R.; GK-*Kreutz*, BetrVG, § 74 Rn. 35 ff.; *Dietz/Richardi*, BetrVG, § 74 Rn. 15; *Galperin/Löwisch*, BetrVG, Rn. 8 f.; *D/K/K-Berg*, BetrVG, § 74 Rn. 12 f.; *Brox/Rüthers-Brox*, Arbeitskampfrecht, Rn. 408; *F/K/H/E*, BetrVG, § 74 Rn. 12; *Lieb*, NZA 1990, 377, 383.

[15] Vgl. *Galperin/Löwisch*, BetrVG, § 74 Rn. 8; *H/S/G-Hess*, BetrVG, § 74 Rn. 11.

[16] Vgl. vorherige Fn.

[17] Soweit angemerkt wird, dass es irreführend sei, auf die Funktion des Betriebsrats als Betriebsverfassungsorgan hinzuweisen, da er gar keine andere Funktion habe (vgl. GK-*Kreutz*, BetrVG, § 74 Rn. 36) sei darauf hingewiesen, dass dies nur zur Verdeutlichung der Abgrenzung von den Organen als Arbeitskampfpartei geschieht. Der Arbeitgeber kann sowohl Betriebspartei als auch Arbeitskampfpartei sein.

[18] *F/K/H/E*, BetrVG, § 74 Rn. 12; *Wiese*, NZA 1984, 380; *D/K/K-Berg*, BetrVG, § 74 Rn. 12 ff.; *Dietz/Richardi*, BetrVG, § 74 Rn. 16 ff.; GK-*Kreutz*, BetrVG, § § 74 Rn. 36; H/S/G-Hess, BetrVG, § 74 Rn. 11 ff.; *Weiss*, AuR 1982, 265, 270; *Germelmann*, Betriebsfrieden, S. 105 f.

gerichten ausgetragen werden.[19] Arbeitskämpfe zur Regelung oder Durchsetzung betriebsverfassungsrechtlicher Streitfragen sind daher rechtswidrig.[20]

c. Suspendierung von Beteiligungsrechten

Teilweise wird darüber hinaus aus dem Arbeitskampfverbot gefolgert, dass die Beteiligungsrechte des Betriebsrats während eines Arbeitskampfes der Tarifparteien suspendiert würden.[21] Dem Betriebsrat sei es aufgrund des Arbeitskampfverbotes verwehrt, Beteiligungsrechte im Arbeitskampf geltend zu machen. Als Begründung stützt sich diese Ansicht insbesondere auf eine weite Auslegung des Begriffs „Maßnahmen des Arbeitskampfes". Da dieser Begriff im Gesetz nicht definiert ist, ist dessen Auslegung umstritten. Auf den Begriff „Maßnahmen des Arbeitskampfes" ist daher im Folgenden näher einzugehen. Folgt man der vorgenannten weiten Auslegung des Begriffs, könnten sich aus dieser Norm auch Vorgaben für Betriebsvereinbarungen mit Arbeitskampfbezug ergeben.

aa. Meinungsstand zur Auslegung des Begriffs „Maßnahmen des Arbeitskampfes" i.S.d. § 74 Abs. 2 Satz 1 Hs. 1 BetrVG

Insbesondere *Heinze*[22] hat mit Bezug auf die Suspendierung von Mitbestimmungsrechten im Arbeitskampf ausgeführt, dass „Maßnahmen des Arbeitskampfes" im Sinne des § 74 Abs. 2 Satz 1 Hs. 1 BetrVG nicht als Maßnahmen im Sinne des Arbeitskampfrechts zu verstehen seien. Vielmehr seien von diesem Begriff alle „Maßnahmen mit Arbeitskampfwirkungen" erfasst.[23] Dabei komme es nicht darauf an, ob überhaupt eine Arbeitskampflage im Sinne des tariflichen Arbeitskampfrechts vorliege oder nicht. Allein die abstrakte Eignung einer Maßnahme zur Erzielung von Arbeitskampfwirkungen qualifiziere diese als relevante Maßnahme nach § 74 Abs. 2 Satz 1 Hs. 1 BetrVG. Alle Be-

---

[19] *Dietz/Richardi*, BetrVG, § 77 Rn. 15; GK-*Kreutz*, BetrVG, § 74 Rn. 50 ff.; *Schaub*, Arbeitsrechts-Handbuch, § 232.

[20] Vgl. auch BAG, Urteil vom 07.06.1988 – 1 AZR 372/86, AP Nr. 106 zu Art. 9 GG Arbeitskampf.

[21] *Heinze*, DB 1982, Beilage 23, S. 1 ff; ders., ZfA 1988, 53, 81 ff.; *Kraft*, FS für Müller, S. 265 ff.; *Neumann-Duesberg*, BetrVG, S. 142 ff.; *Löwisch*, JUS, 1973, 571, 573; *Mayer-Maly*, BB 1979, 1305, 1312; *Jahnke*, ZfA 1984, 69, 87 ff.; *Richardi*, FS 10 Jahre Dt. Richterakademie, 111, 116; a.A. *Däubler* (Hrsg.)-*Colneric*, Arbeitskampfrecht, Rn. 675; *Patett*, Arbeitskampffernwirkungen, S. 401 f.; *Jahn*, Beteiligung, S. 196 ff; GK-*Thiele*, BetrVG (3. Aufl.) § 74 Rn. 42.

[22] *Heinze*, DB 1982, Beilage 23, S. 6.

[23] Mit Verweis auf BAGE 6, 353. Anderer Ansicht ist dagegen die wohl überwiegende Meinung, auch wenn sie teilweise andere Maßnahmen als nur Maßnahmen i.S.d. Arbeitskampfrechts umfasst sieht; so *Brox/Rüthers-Brox*, Arbeitskampfrecht, Rn. 410; *Germelmann*, Betriebsfrieden S. 71 ff., 105 ff.

schlüsse des Betriebsrats, die Auswirkungen auf Arbeitskämpfe hätten, seien daher wegen Verstoßes gegen § 74 Abs. 2 Satz 1 Hs. 1 BetrVG nichtig.

Auch andere Autoren im Schrifttum gehen von einer weiten Auslegung des Begriffs aus. Sie stellen aber auf Auswirkungen der Maßnahme auf betrieblicher Ebene ab und verstehen als Arbeitskampfmaßnahme im Sinne des § 74 Abs. 1 Satz 1 Hs. 1 BetrVG umfassend jede Maßnahme, die den Betriebsfrieden oder den Arbeitsablauf gefährden kann.[24]

Das BAG hat in seiner Rechtsprechung zu dem Begriff der Kampfmaßnahme allgemein folgende Ausführungen gemacht: [25]

> „Als Kampfmaßnahme sind – jedenfalls im Hinblick auf die Friedenspflicht – alle Maßnahmen anzusehen, die den Kampfgegner bewusst und gewollt unter unmittelbaren Druck eingeleiteter Arbeitskämpfe setzen und damit seine Entschließungsfreiheit beeinträchtigen sollen. Kampfmaßnahme in diesem Sinne ist jede Maßnahme, die an die Stelle des freien Verhandelns den Zwang zum Bewilligen der Forderungen des Partners oder jedenfalls zum Nachgeben setzen soll, und zwar aus Furcht vor Nachteilen oder Verlusten, die der Arbeitskampf mit sich bringt."

Das BAG stellt damit auf die mögliche Druckentfaltung einer Maßnahme ab.

Mit Bezug auf die vorstehende Definition des BAG sieht eine Ansicht im Schrifttum die Druckausübung als ein Erfordernis für das Vorliegen einer „Maßnahme des Arbeitskampfes" im Sinne des § 74 Abs. 2 Satz 1 Hs. 1 BetrVG an. Relevant ist hiernach die kollektive Störung der Arbeitsbeziehungen durch die Arbeitgeber- oder Arbeitnehmerseite, um dadurch Druck zur Erreichung eines bestimmten Ziels auszuüben.[26] Der Druck müsse dabei durch

---

[24] So etwa *Dietz/Richardi*, BetrVG, § 74 Rn. 17; *Brox/Rüthers-Brox*, Arbeitskampfrecht, Rn. 410, der die Unterscheidung aber im Ergebnis als nicht relevant ansieht; *H/S/G-Hess*, BetrVG, § 74 Rn. 11; *Blomeyer*, ZfA 1972, 85 ff.; *Söllner*, Arbeitsrecht, § 12 II 4., S. 91 ff; *Germelmann*, Betriebsfrieden, S. 74 f.

[25] BAG, Urteil vom 31.10.1958 – 1 AZR 632/58, AP Nr. 2 zu § 1 TVG – Friedenspflicht, DB 1959, S. 86 und 143; vgl. auch *Hueck/Nipperdey*, ArbR II/1, S. 307; *Dietz*, JZ 1959, 425, 428; *Bulla*, DB 1959, 542, 543 f..

[26] *H/S/G-Hess*, BetrVG, § 74 Rn. 14; *F/K/H/E*, BetrVG, § 74 Rn. 20; GK-*Kreutz*, BetrVG, § 74 Rn. 44 und 48; Vgl. auch *Germelmann*, Betriebsfrieden S. 71 ff., 105. ff.; *Dietz/Richardi*, BetrVG, § 74 Rn. 16; *Stege/Weinspach*, BetrVG, § 74 Rn. 2, die dann aber eine Einschränkung anhand des Paritätsgebots vornehmen. Bedeutungslos wird dagegen das jeweils angestrebte Kampfziel angesehen, solange überhaupt ein solches verfolgt werde: Vgl. *H/S/G-Hess*, BetrVG, § 74 Rn. 12; GK-*Kreutz*, BetrVG, § 74 Rn. 50 ff.

Störung der Arbeitsbeziehungen erfolgen.[27] Dies erfolge in der Regel durch die Verweigerung der Erfüllung der arbeitsvertraglichen Pflichten.

Teilweise wird im Hinblick auf eine Suspendierung der Beteiligungsrechte auch danach unterschieden, ob die entsprechende Arbeitgebermaßnahme arbeitskampfbedingt ist bzw. mittelbar auf das Kampfgeschehen bezogen ist. Nur für diesen Fall wird dann eine Suspendierung angenommen.[28] Bei „sonstigen Maßnahmen" blieben die Beteiligungsrechte dagegen in vollem Umfang bestehen.

Nach anderer Ansicht ist der Begriff „Maßnahme des Arbeitskampfes" wie im Arbeitskampfrecht auszulegen.[29] Das betriebsverfassungsrechtliche Arbeitskampfverbot stelle lediglich klar, dass als Mittel der Konfliktlösung zwischen Arbeitgeber und Betriebsrat nur das Einigungsstellenverfahren in Betracht komme. Die Norm besage aber nichts über die Beteiligungsrechte des Betriebsrats.[30]

Ferner wird im Schrifttum die Ansicht vertreten, dass der Streit um einen engen oder weiten Arbeitskampfbegriff irrelevant sei.[31] Als Begründung wird angebracht, dass das Gesetz den Betriebspartnern über Arbeitskampfmaßnahmen hinaus in Abs. 2 Satz 2 des § 74 BetrVG auch jede Beeinträchtigung des Arbeitsablaufs verbiete.

bb. Stellungnahme

Betrachtet man die vorgenannten Ansichten, so fällt auf, dass auch unter den Vertreten des Ansatzes, nach dem die Zulässigkeit von betrieblichen Beteiligungsrechten an dem betriebsverfassungsrechtlichen Arbeitskampfverbot nach § 74 Abs. 2 S. 1 BetrVG zu messen ist, erhebliche Meinungsverschiedenheiten bestehen. Dies führt konsequenterweise auch zu unterschiedlichen Ergebnissen bei der Einschränkung der Beteiligungsrechte.[32] Es ist daher nä-

---

[27] So GK-*Kreutz*, BetrVG, § 74 Rn. 45; vgl. auch *Zöllner/Loritz*, Arbeitsrecht, § 39 V 1 f. im Hinblick auf den arbeitskampfrechtlichen Arbeitskampfbegriff.

[28] *F/K/H/E*, BetrVG, § 74 Rn. 18; *Galperin/Löwisch*, BetrVG, § 74 Rn. 8, 13 ff.

[29] *Jahn*, Beteiligung, S. 196 ff.; *Patett*, Arbeitskampffernwirkungen, S. 477 ff.; *Jansen*, Betriebliche Mitbestimmung, S. 64 ff.

[30] *D/K/K* (Hrsg.)-*Berg*, BetrVG, § 74 Rn. 15 a; *Weiss/Weyand*, BetrVG, § 74 Rn. 9; *Jahn*, Beteiligung, S. 198 f.; *Richardi*, FS 10 Jahre Deutsche Richterakademie, 111, 114; *Weiss*, AuR 1982, 265, 269.

[31] So etwa GK-*Thiele*, BetrVG, 3. Bearbeitung, § 74 Rn. 23; *Brox/Rüthers-Brox*, Arbeitskampfrecht, Anm. 410; vgl. auch *Söllner*, Arbeitsrecht, § 12 II 4 S. 91 ff.

[32] Vgl. etwa einerseits die recht weitgehende Beschränkung bei *Heinze*, DB 1982, Beilage 23, S. 13 ff. und *Kraft*, FS Müller, S. 265, 272 ff.; andererseits die nur geringfügigen Einschränkungen bei *Häßler*, Beteiligungsrechte, S. 72 ff., 177 f.

her auf die Auslegung des Begriffs „Maßnahmen des Arbeitskampfes" einzugehen.

(1) Auslegung des Begriffs „Maßnahmen des Arbeitskampfes"

- Wortlaut

Für die Auslegung des Begriffs „Maßnahmen des Arbeitskampfes" ist zunächst der Wortlaut des § 74 Abs. 2 Satz 1 BetrVG zu betrachten. Hier fällt auf, dass im zweiten Halbsatz des § 74 Abs. 2 Satz 1 BetrVG von „Arbeitskämpfen tariffähiger Parteien" die Rede ist. Damit wird auf das Arbeitskampfrecht Bezug genommen. Dies spricht gegen eine rein betriebsverfassungsrechtliche, vom Arbeitskampfrecht losgelöste Bestimmung des Begriffs „Maßnahmen des Arbeitskampfes". Es kann daher nicht davon ausgegangen werden, dass der Gesetzgeber dem Begriff „Maßnahmen des Arbeitskampfes" eine vollständig andere Bedeutung als im Arbeitskampfrecht zukommen lassen wollte, ohne dies im Wortlaut zum Ausdruck zu bringen. Der Wortlaut spricht vielmehr dafür, dass der Begriff in einem arbeitskampfrechtlichen Sinne zu verstehen ist. Damit ist gemäß dem Wortlaut des § 74 Abs. 1 Satz 1 Hs. 1 BetrVG nur die Führung von Arbeitskämpfen gegeneinander untersagt. Eine Suspendierung von Beteiligungsrechten des Betriebsrats folgt hieraus nicht.

- Entstehungsgeschichte

Auch aus der Entstehungsgeschichte des § 74 Abs. 2 Satz 1 BetrVG ergibt sich, dass dem Begriff „Maßnahmen des Arbeitskampfes" keine eigenständige betriebsverfassungsrechtliche Bedeutung zukommen sollte. Die Vorgängervorschrift im BetrVG von 1952 lautete wie folgt:

> „Arbeitgeber und Betriebsrat haben alles zu unterlassen, was geeignet ist, die Arbeit und den Frieden im Betrieb zu gefährden. Insbesondere dürfen Arbeitgeber und Betriebsrat keine Maßnahmen des Arbeitskampfes gegeneinander durchführen. Arbeitskämpfe tariffähiger Parteien werden hierdurch nicht berührt." (§ 49 Abs. 2 BetrVG 1952)

Die Formulierung „insbesondere" macht deutlich, dass der zweite Satz eine Konkretisierung des Ersten darstellt, das Arbeitskampfverbot also ein Unterfall der allgemeinen betrieblichen Friedenspflicht ist. Schon dem BetrVG 1952 war kein ausdrücklicher Hinweis zu entnehmen, dass sich das Arbeitskampfverbot auf betriebliche Beteiligungsrechte auswirken sollte. In der Begründung des Entwurfes des BetrVG 1952 der Bundesregierung vom 31.10.1950 wird das Arbeitskampfverbot wie folgt erläutert:

„Insbesondere dürfen Arbeitgeber wie Betriebsrat keine Maßnahmen des Arbeitskampfes (Streik, Aussperrung, Boykott) im Betrieb gegeneinander durchführen."[33]

Durch die Aufzählung der Arbeitskampfmittel Streik, Aussperrung und Boykott wird deutlich, dass der Gesetzgeber dem Begriff „Maßnahmen des Arbeitskampfes" ein arbeitskampfrechtliches Verständnis zugrunde gelegt hat.

Hätte der Gesetzgeber des BetrVG von 1972 das bis dahin geltende Verständnis des betriebsverfassungsrechtlichen Arbeitskampfverbotes ändern wollen, hätte es nahe gelegen, dies deutlich zum Ausdruck zu bringen. Der Gesetzgeber hat die Norm des BetrVG zwar insofern geändert, als dass er nun das Arbeitskampfverbot der allgemeinen Friedenspflicht vorangestellt hat. Deshalb konnte auf die klarstellende Konjunktion „insbesondere" verzichtet werden. Daraus kann aber nicht gefolgert werden, dass der Gesetzgeber von der überkommenen Deutung des § 49 Abs. 2 Satz 2 BetrVG 1952 Abstand nehmen wollte. Aus den Gesetzesmaterialien zum BetrVG 1972 geht vielmehr hervor, dass er der Regelung des § 74 Abs. 2 Satz 1 BetrVG das traditionelle Verständnis des Arbeitskampfverbotes zugrunde gelegt hat. Hierzu heißt es im Regierungsentwurf zum BetrVG 1972:[34]

„Absätze 1 und 2 (des § 74 BetrVG 1972, Anm. der Verf.) sind § 49 Absätze 2 und 3 des geltenden Rechts nachgebildet.

Auch die Friedenspflicht zwischen Betriebsrat und Arbeitgeber bleibt im Interesse der Sicherung des geordneten Arbeitsablaufs und des Betriebsfriedens bestehen. Dies gilt insbesondere für die Durchführung von Maßnahmen des Arbeitskampfes, die den tariffähigen Parteien vorbehalten bleibt, während sich die Beilegung von Meinungsverschiedenheiten zwischen Betriebrat und Arbeitgeber in den vorgezeichneten rechtlichen Bahnen zu vollziehen hat."

Die Gesetzesmaterialien wiederholen damit den Regelungsinhalt des § 49 Abs. 2 BetrVG 1952. Hätte der Gesetzgeber von der herkömmlichen Auslegung des Arbeitskampfverbotes abweichen wollen, wäre zumindest eine Klarstellung zu erwarten gewesen. Die Entstehungsgeschichte spricht daher für eine enge, arbeitskampfrechtliche Auslegung des Begriffs „Maßnahmen des Arbeitskampfes".

[33] BT-Drucksache, I/1546, S. 52.
[34] BT-Drucksache, VI/1786, S. 46.

- Systematische Stellung

Zudem ist die systematische Stellung einer Vorschrift zu deren Auslegung heranzuziehen.[35] § 74 BetrVG ist in dem ersten Abschnitt des vierten Teils des BetrVG mit der Überschrift „Allgemeines" normiert. In diesem vierten Teil ist die „Mitwirkung und Mitbestimmung der Arbeitnehmer"[36] geregelt. Aus der systematischen Stellung der Norm ergibt sich damit, dass sie für alle nachfolgenden Teile gilt.[37]

Diese grundlegende Geltung macht aber sowohl bei einer Auslegung Sinn, die als Konkretisierung der allgemeinen Friedenspflicht lediglich ein Arbeitskampfverbot der Betriebsparteien im arbeitskampfrechtlichen Sinne umfasst, als auch bei einer Auslegung, die von einer Beschränkung der Beteiligungsrechte des Betriebsrats ausgeht. Eine Betrachtung der Systematik gibt daher keinen näheren Aufschluss über die Auslegung des Begriffs „Maßnahmen des Arbeitskampfes".

- Teleologische Auslegung

Die zuvor genannte Sichtweise wird jedoch durch eine teleologische Betrachtung des § 74 Abs. 2 Satz 1 BetrVG gestützt.[38]

Aus den Gesetzesmaterialien ergibt sich, dass der Gesetzgeber mit der Normierung des Arbeitskampfverbotes den Zweck verfolgte, den geordneten Arbeitsablauf und den Betriebsfrieden zu sichern.[39] Nach dem Willen des Gesetzgebers muss sich die Beilegung von Meinungsverschiedenheiten in den betriebsverfassungsrechtlich vorgezeichneten Bahnen vollziehen.[40] Schutzgegenstände des § 74 Abs. 2 Satz 1 Hs. 1 BetrVG sind damit der Arbeitsablauf und der Betriebsfrieden.[41] sowie die Verfahrensregeln des BetrVG[42]. Da der Gesetzgeber davon ausging, dass „Maßnahmen des Arbeitskampfes" eine stark beeinträchtigende Wirkung zukommt, hat er die Norm so ausgestaltet,

---

[35] *Larenz*, Methodenlehre, S. 145.

[36] So die vom Gesetzgeber gewählte Überschrift.

[37] Vgl. *Häßler,* Beteiligungsrechte, S. 57.

[38] Der teleologischen Auslegung kommt bei der Auslegung einer Norm entscheidende Bedeutung zu; vgl. nur *Larenz*, Methodenlehre, S. 149 ff.

[39] BT-Drucksache, VI/1786, S. 33, 46.

[40] BT-Drucksache, VI/1786, S. 33, 46.

[41] Allg. Ansicht, vgl. GK-*Kreutz*, BetrVG, § 74 Rn. 32; *Brox/Rüthers-Brox*, Arbeitskampfrecht, Rn. 405; *Wiese*, NZA 1984, S. 378, 380 m.w.N. Teilweise werden zusätzlich auch die Verfahrensregeln des BetrVG als eigenes Schutzgut genannt, (vgl. *Jansen*, Beteiligung, S. 73) was sich aber mit der Konkretisierung der Friedenspflicht überschneidet.

[42] Vgl. *Brox/Rüthers-Brox*, Arbeitskampfrecht, Rn. 405 ff.; GK-*Kreutz*, BetrVG, § 74 Rn. 32.

dass die Beeinträchtigung der Schutzgegenstände bei Vorliegen einer derartigen Arbeitskampfmaßnahme unwiderleglich vermutet wird.[43]

Unter „Betriebsfrieden" als Schutzzweck der Norm ist das störungsfreie Zusammenleben im Betrieb zu verstehen.[44] Dabei kann nicht ein Zustand von Harmonie und Eintracht gemeint sein.[45] Hiergegen spricht schon, dass es den Betriebspartnern gestattet ist, die ihnen nach dem BetrVG zustehenden Rechte auch in einer extensiven und pointierten Weise auszuüben.[46] Auch ist bei einer vorgeschriebenen Harmonie die im BetrVG vorgesehene Möglichkeit der Austragung eines Konfliktes vor einer Einigungsstelle oder vor einem Arbeitsgericht nur schwer denkbar. Der Begriff Betriebsfrieden ist daher in dem Sinne zu verstehen, dass Konflikte in einer bestimmten Art und Weise ausgetragen werden müssen.[47] Die Konfliktregelung soll in dem gesetzlich vorgegebenen Verfahren stattfinden.[48] Eine rechtswidrige Störung des Betriebsfriedens liegt daher insbesondere darin, dass Arbeitgeber und Betriebsrat nicht das im BetrVG vorgesehene einschlägige Verfahren zur Beilegung von betrieblichen Meinungsverschiedenheiten oder Interessenkonflikten einhalten.[49] Dies gilt insbesondere dann, wenn sie das Betriebsgeschehen mit kollektivem Bezug durch offen ausgetragene Streitigkeiten belasten.[50] Solange sich der Betriebsrat zur Ausübung seiner Beteiligungsrechte an das betriebsverfassungsrechtliche Verfahren zur Konfliktregelung hält, verstößt er nicht gegen den Betriebsfrieden im Sinne des § 74 Abs. 2 Satz 1 Hs. 1 BetrVG.[51]

In diesem Zusammenhang ist zu bedenken, dass die Betriebsparteien durch den Abschluss von Betriebsvereinbarungen sowie durch die Ausübung sonsti-

---

[43] Vgl. nur *Heinze*, DB 1982, Beilage 23, S. 9; GK-*Kreutz*, BetrVG, § 74 Rn. 43. Dies gilt im Gegensatz zu der allgemeinen Friedenspflicht nach § 74 Abs. 2 Satz 2 BetrVG.

[44] Vgl. nur *F/K/H/E*, BetrVG, § 74 Rn. 28.

[45] Vgl. aber BAG, Urteil vom 09.12.1982 – 2 AZR 620/80, AP Nr. 73 zu § 626 BGB, Bl. 710 R.

[46] Vgl. *Weiss*, AuR, 1982, 265, 268; *Weiss/Weyand*, BetrVG, § 2 Rn. 2; *Jahn*, Beteiligung, S. 199; *F/K/H/E*, BetrVG, § 74 Rn. 31.

[47] Vgl. auch *Kothe*, AuR 1984, S. 125: „Modalität der Regelung von Konflikten" m.w.N.; *Jansen*, Betriebliche Mitbestimmung, S. 74.

[48] Vgl. *Germelmann*, Betriebsfrieden, S. 94 ff.; *Bieback*, RdA 1978, S. 82, 96; *Dietz/Richardi*, BetrVG, § 74 Rn. 47.

[49] Vgl. *Germelmann*, Betriebsfrieden, S. 155; *Däubler*, Arbeitsrecht I., 6.3.2.3., S. 453; *Dietz/Richardi*, BetrVG, § 74 Rn. 46; GK-*Kreutz*, BetrVG, § 74 Rn. 121.

[50] Z.B. indem der Betriebsrat die Belegschaft dadurch einseitig gegen den Arbeitgeber zu beeinflussen und diesen unter mittelbaren Druck zu setzen sucht, dass er die Korrespondenz mit dem Arbeitgeber zu Streitigkeiten am schwarzen Brett veröffentlicht (siehe hierzu LAG Düsseldorf, Beschluss vom 25.05.1976 – 15 TaBV 1076, BB 1977, 294, 295) oder durch Informationsschreiben an die Belegschaft bzw. durch Leserbriefe an die Presse dem eigenen Standpunkt Nachdruck zu verleihen sucht (siehe hierzu BAG, Beschluss vom 22.07.1980 – 6 ABR 5/78, AP Nr. 3 zu § 74 BetrVG 1972).

[51] Vgl. auch *D/K/K-Berg*, BetrVG, § 74, Rn. 26.

ger Beteiligungsrechte gemäß dem BetrVG das betriebsverfassungsrechtliche Verfahren zur Beilegung von Meinungsverschiedenheiten gerade einhalten und nicht durch Kampfmaßnahmen umgehen. Dagegen würde man dem Arbeitgeber bei Negierung der Beteiligungsrechte Möglichkeiten zur Alleinentscheidung einräumen, die ihm nach den betriebsverfassungsrechtlichen Verfahrensregeln so zunächst nicht zustehen.

Weiteres Schutzgut der Norm ist der „Arbeitsablauf". Unter „Arbeitsablauf" ist die organisatorische, räumliche und zeitliche Gestaltung des Arbeitsprozesses im Zusammenwirken von Menschen und Betriebsmitteln zu verstehen.[52] Dabei ist es auch hier nicht einsichtig, die den Betriebsparteien durch das BetrVG eingeräumten Beteiligungsrechte als Störung des Arbeitsablaufes anzusehen. Zudem ist zu beachten, dass es im Wesen des Arbeitskampfes liegt, den Arbeitsprozess zu stören oder sogar zum Erliegen zu bringen. Selbst wenn man den Fall unterstellt, dass die Ausübung von betrieblichen Beteiligungsrechten eine Störung des Arbeitsprozesses herbeiführt, ist wesentliche Ursache einer Störung in jedem Fall der Arbeitskampf. Dementsprechend sind die in Rechtsprechung und Literatur diskutierten Fälle einer Störung des Arbeitsprozesses im Sinne des § 74 Abs. 2 Satz 1 Hs. 1 BetrVG auch nicht mit der Ausübung von Beteiligungsrechten vergleichbar. Als derartige Störungen werden beispielsweise die Aufforderung an die Arbeitnehmer, Weisungen des Arbeitgebers nicht zu befolgen[53] oder das sonstige Abhalten der Arbeitnehmer von der Erfüllung ihrer arbeitsvertraglichen Pflichten[54] genannt. Bei Ausübung der im BetrVG vorgesehenen Beteiligungsrechte liegt demnach keine Beeinträchtigung des Arbeitsablaufes im Sinne des § 74 Abs. 2 Satz 1 Hs. 1 BetrVG vor.

Zudem ist folgendes zu beachten: Die Betriebsverfassung beruht auf einem Kooperationsmodell zwischen Arbeitgeber und Betriebsrat. Dem Betriebsrat werden durch die Betriebsverfassung Mitwirkungsrechte eingeräumt. Das Direktionsrecht des Arbeitgebers wird dadurch eingeschränkt. Dafür wird den Betriebsparteien eine Friedenspflicht auferlegt und das Mittel des Arbeitskampfes versagt.[55] Das gesetzlich normierte Arbeitskampfverbot zwischen den Betriebsparteien ist damit eine konsequente Folge dieses Kooperationsmodells.[56] Der Gesetzgeber hat sich dafür entschieden, die Kooperation zwischen den Betriebsparteien dadurch zu gewährleisten, dass er einerseits Beteili-

---

[52] Vgl. *F/K/H/E*, BetrVG, § 74 Rn. 27; *D/K/K-Berg*, BetrVG, § 74 Rn. 24; *Dietz/Richardi*, BetrVG, § 74 Rn. 44; GK-*Kreutz*, BetrVG, § 74 Rn.116.
[53] GK-*Kreutz*, BetrVG, § 74 Rn. 121.
[54] Zur Durchführung von Fragebogenaktionen während der Arbeitszeit vgl. BAG, Beschluss vom 08.02.1977 – 1 ABR 82 /74, AP Nr. 10 zu § 80 BetrVG 1972.
[55] Vgl. *Dietz/Richardi*, BetrVG, § 74 Rn. 15; *Hanau/Adomeit*, Arbeitsrecht, D.I.1.c., S. 114; *Mayer*, AuR 1980, S. 65, 72; ähnlich auch *Heinze*, ZfA 1988, S. 53, 78.
[56] Vgl. *Dietz/Richardi*, BetrVG, § 74 Rn. 15.

gungsrechte einräumt, andererseits aber die Verpflichtung auferlegt, Frieden zu wahren und Arbeitskampfmaßnahen gegeneinander zu unterlassen. Der Gesetzgeber kann dabei nicht davon ausgegangen sein, dass jede Ausübung der Beteiligungsrechte, die auch Auswirkungen auf eine Arbeitskampfmaßnahme haben kann, eine Kampfmaßnahme im Sinne des § 74 Abs. 2 Satz 1 Hs. 1 darstellt. Dies würde dem vorgenannten Konzept der Betriebsverfassung das Gleichgewicht nehmen. Wenn den Betriebsparteien die vorgenannten Verpflichtungen auferlegt werden, muss es ihnen auf der anderen Seite auch gestattet sein, die ihnen durch die Betriebsverfassung eingeräumten Beteiligungsrechte konsequent wahrzunehmen.[57] Dies gilt umso mehr, wenn die Betriebsparteien auf freiwilliger Basis eine einvernehmliche Regelung treffen. Der Gesetzgeber hat dem Betriebsrat die Beteiligungsrechte gerade wegen des Arbeitskampfverbotes eingeräumt, um so dem gesetzlich angeordneten Zwang zum innerbetrieblichen Frieden Akzeptanz zu verschaffen.[58]

Eine teleologische Auslegung spricht daher für eine Auslegung des Arbeitskampfverbotes im herkömmlichen arbeitskampfrechtlichen Sinn.

Im übrigen stützt ein Blick auf die Rechtsfolgen das bisher im Rahmen der teleologischen Auslegung gefundene Ergebnis. Tatbestand und Rechtsfolge dürfen nicht als isolierte Bestandteile einer Rechtnorm gesehen werden. Es besteht vielmehr ein Sinnzusammenhang zwischen Tatbestand und Rechtsfolge, der bei der teleologischen Auslegung zu beachten ist.[59]

Nach dem Wortlaut des § 74 Abs. 2 Satz 1 Hs. 1 BetrVG sind Maßnahmen des Arbeitskampfes „unzulässig". Die Norm selbst enthält keine nähere Qualifizierung der Rechtsfolgen.[60] Nach allgemeiner Ansicht sind Sanktionen für Verstöße gegen das Arbeitskampfverbot in § 23 BetrVG geregelt.[61] Hiernach werden Verletzungen gesetzlicher Pflichten mit der Auflösung des Betriebs-

---

[57] Vgl. *Weiss/Weyand*, BetrVG, § 2 Rn. 2; *Weiss*, AuR, 1982, 265, 268; *Jahn*, Beteiligung, S. 199.

[58] Vgl. auch *Zöllner/Loritz*, Arbeitsrecht, § 44, VII. 1., S. 504 f.

[59] *Wank*, Begriffbildung, S. 88 f., 93; *ders.*, RdA 1987, S. 129, 133; *Germann*, Rechtsfindung, S. 88 f.; vgl. auch *Larenz*, Methodenlehre, S. 72.

[60] Wegen der nicht ausdrücklich geregelten Rechtsfolgen wird teilweise argumentiert, das BetrVG sei „blind" in Bezug auf das Arbeitskampfrecht: vgl. hierzu *Jahn*, Beteiligung S. 198. Hiergegen spricht aber, dass der Gesetzgeber bei Erlass des BetrVG die Problematik des Verhältnisses zum Arbeitskampf kannte. Kurz vor Novellierung des BetrVG war im Zusammenhang mit der Verabschiedung des AFG ausführlich über die staatliche Neutralitätspflicht bei Arbeitskämpfen und mögliche Verschiebungen der Parität durch Leistungen der Arbeitsverwaltung debattiert worden; so auch *Däubler*(Hrsg.)-*Colneric*, Arbeitskampfrecht, Rn. 674 m.w.N. Im übrigen sind auch im Rahmen der aktuell geplanten Änderungen des BetrVG diesbezüglich keine Anpassungen des Gesetzes geplant, obwohl der Gesetzgeber die Problematik kennt.

[61] Vgl. nur *F/K/H/E*, BetrVG, § 74 Rn. 65; *D/K/K-Berg*, § 74 Rn. 14.

rats oder mit der Verurteilung des Arbeitgebers zur Zahlung von Ordnungs- bzw. Zwangsgeld sanktioniert. Die Frage, ob ein Verstoß weitergehende Folgen hat, wird nicht einheitlich beantwortet. Einerseits wird davon ausgegangen, dass keine weiteren betriebsverfassungsrechtlichen Folgen vorgesehen sind.[62] Eine andere Ansicht betont, dass den Betriebspartnern ein Anspruch auf Unterlassung zustünde, der nach §§ 81 ArbGG durchgesetzt werden könne.[63] Daneben werden Schadensersatzansprüche und Kündigungen in Betracht gezogen.[64] Teilweise wird auch erwogen, dass ein Betriebsratsbeschluss, der gegen § 74 Abs. 2 Satz 1 verstößt, gemäß § 134 BGB nichtig ist.[65]

Demnach ist nicht nur die tatbestandliche Regelung des Arbeitskampfverbotes, sondern auch dessen Rechtsfolge nicht eindeutig geklärt. Dies spricht gegen eine weite Auslegung des Verbotes. Man entfernt sich bedenklich weit von einer gesetzlichen Regelung sowie der juristischen Methodenlehre[66], wenn man die befürwortete Lösung erst durch eine Extension sowohl des Tatbestandes als auch der Rechtsfolgen erreicht. Das Erfordernis einer derartigen Vorgehensweise lässt vielmehr darauf schließen, dass die Regelung des Arbeitskampfverbotes nicht auf die beabsichtigte Lösung, hier auf eine Beschränkung der Beteiligungsrechte, zugeschnitten ist.

Ferner ist anzumerken, dass sich aus § 74 Abs. 2 Satz 1 Hs. 1 BetrVG keine Anhaltspunkte dafür ergeben, welche Beteiligungsrechte des Betriebsrats entfallen sollen. Die Vertreter der Ansicht, welche die betrieblichen Beteiligungsrechte anhand des betriebsverfassungsrechtlichen Arbeitskampfverbotes einschränken wollen, gehen nicht von einer umfassenden Einschränkung der Beteiligungsrechte des Betriebsrats aus. Bisher besteht aber keine Einigkeit darüber, wie die Fälle abzugrenzen sind, in denen die Beteiligung entfallen muss.[67] Auch dies spricht dafür, dass die Regelung des § 74 Abs. 2 Satz 1 Hs. 1 BetrVG nicht auf eine derartige Rechtsfolge zugeschnitten ist.

Zudem ist zu bedenken, dass das Arbeitskampfverbot absolut gilt. Anders als bei der allgemeinen Friedenspflicht gemäß § 74 Abs. 2 Satz 2 BetrVG kommt

---

[62] *D/K/K-Berg*, BetrVG, § 74 Rn. 14; *Buchner*, SAE, 1973, 42, 44; *Jahn*, Beteiligung, S. 193.
[63] GK-*Kreutz*, BetrVG, § 74 Rn. 76 ff.; *Brox/Rüthers-Brox*, Arbeitskampfrecht, Rn. 422, 427; *F/K/H/E*, BetrVG, § 74 Rn. 13; *Jansen*, Betriebliche Beteiligung, S. 83; vgl. hierzu auch *Häßler*, Beteiligungsrechte, S. 66 f.
[64] *Brox/Rüthers-Brox*, Arbeitskampfrecht, Rn. 417 ff.; *Heinze*, DB 1982, Beilage 23, S. 9; GK-*Kreutz*, BetrVG, § 74 Rn. 81 ff; *F/K/H/E*, BetrVG, § 74 Rn. 12 mit Verweis auf BAG, 07.06.1988, AP Nr. 106 zu Art. 9 GG – Arbeitskampf.
[65] *Heinze*, DB 1982, Beilage 23, S. 9; GK-*Kreutz*, BetrVG, § 74 Rn. 75.
[66] Vgl. zu den anerkannten Formen der teleologischen Extension oder Analogie bzw. zur teleologischen Reduktion: *Larenz*, Methodenlehre, S. 216 ff. und S. 210 ff.
[67] Vgl. oben unter § 17 II. 1. c. aa.

es auf eine konkrete Beeinträchtigung des Betriebsfriedens oder des Arbeitsablaufes nicht an.[68] Die Störung des Betriebsfriedens wird vielmehr unwiderleglich vermutet. Das in § 74 Abs. 2 Satz 1 Hs. 1 BetrVG geregelte absolute Verbot der „Maßnahmen des Arbeitskampfes" stellt damit eine Ausnahmeregelung dar. Ausnahmevorschriften sind aber grundsätzlich eng auszulegen.[69] Die gesetzliche Wertung, nach der in den von den § 74 Abs. 2 Satz 1 Hs. 1 BetrVG erfassten Fällen stets eine Beeinträchtigung betrieblicher Belange vorliegt, passt zwar auf klassische Kampfmaßnahmen im arbeitskampfrechtlichen Sinne, nicht jedoch auf die Ausübung von Beteiligungsrechten. Somit spricht auch das absolute Verbot gegen eine extensive Auslegung der Norm.[70]

(2) Ansichten in Rechtsprechung und Schrifttum

Gemäß der vorstehenden Untersuchung ist festzuhalten, dass der Auffassung, die eine weite Auslegung des Begriffs „Maßnahmen des Arbeitskampfes" befürwortet, nicht gefolgt werden kann. Im Rahmen der Deutung des § 74 Abs. 2 Satz 1 Hs. 1 BetrVG ergeben sich hierfür keine Anhaltspunkte. Der Begriff ist vielmehr im herkömmlichen Sinne eng und arbeitskampfrechtlich zu bestimmen. Hiernach ist es den Betriebsparteien untersagt, Arbeitskampfmaßnahmen wie Streik, Aussperrung, Boykott etc. gegen den Betriebspartner zu richten, um betriebsverfassungsrechtliche Meinungsverschiedenheiten auszutragen. Das betriebsverfassungsrechtliche Arbeitskampfverbot besagt demnach, dass es den Betriebsparteien verboten ist, innerbetriebliche Kämpfe mit Mitteln des Arbeitskampfes zu lösen.

Zusätzlich zu den zuvor dargelegten Argumenten ist insbesondere zu der Ansicht von *Heinze* anzumerken, dass sie das betriebsverfassungsrechtliche Arbeitskampfverbot überspannt und die Gefahr der rechtsmissbräuchlichen Ausnutzung des § 74 Abs. 2 Satz 1 Hs. 1 BetrVG in sich birgt. Der Arbeitgeber könnte durch die Behauptung, eine Maßnahme oder eine Regelung habe Auswirkungen auf den Arbeitskampf, den Betriebsrat von einer Beteiligung im weitesten Sinne ausschließen. Im übrigen ist zu bedenken, dass der Arbeitgeber die vorgenannte Problematik zum Zeitpunkt des Erlasses des BetrVG kannte. Hätte der Gesetzgeber sämtliche Beteiligungsmöglichkeiten des Betriebsrats wie die Beteiligung im Rahmen einer Betriebsvereinbarung im tariflichen Arbeitskampf generell durch das BetrVG verbieten wollen, hätte er dies

---

[68] Vgl. GK-*Kreutz*, BetrVG, § 74 Rn. 31, 35; *Heinze*, DB 1982, Beilage 23, S. 5; *Jahn*, Beteiligung, S. 193 m.w.N.

[69] BGH, Urteil vom 15.12.1951 – II ZR 108/51, BGHZ 4, 219, 222; BGH, Urteil vom 06.11.1953, BGHZ 11, 135, 143 m.w.N; vgl. auch *Larenz*, Methodenlehre, S. 174 ff; kritisch: *Engisch*, Einführung, S. 130 ff., 194 m.w.N.

[70] Anders: *Heinze*, DB 1982, Beilage 23, S. 9; GK-*Kreutz*, BetrVG, § 74 Rn. 43; *Germelmann*, Betriebsfrieden, S. 71 ff. und 105.

im Wortlaut des Gesetzes niederlegen müssen. Der von *Heinze* befürworteten Auslegung des Begriffs „Maßnahme des Arbeitskampfes" kann daher nicht zugestimmt werden.

In Bezug auf die Ansicht des BAG und von Teilen des Schrifttums, nach der ein zusätzlicher Druck gefordert wird,[71] ist nicht klar, wie dieses Erfordernis konkretisiert werden soll. So räumt *Häßler* ein, dass es schwer falle, eine allgemeingültige Beschreibung des „zusätzlichen Drucks" zu geben; es seien stets alle Umstände des Einzelfalls heranzuziehen.[72] Da eine nähere Konkretisierung in der Regel nicht erfolgt, bleibt der Ansatz bedenklich vage. Auch soweit zwischen arbeitskampfrelevanten Beteiligungsrechten und sonstigen Beteiligungsrechten unterschieden wird, ist fraglich, wie diese Unterscheidung konkret vorgenommen werden soll. Den Gesetzeswortlaut lässt man damit jedenfalls weit hinter sich. Auch eine Auslegung der Norm gibt für derartige Unterscheidungen nichts her.[73]

Auch der Ansicht, die als Arbeitskampfmaßnahme im Sinne des § 74 Abs. 1 Satz 1 Hs. 1 BetrVG jede Maßnahme versteht, die den Betriebsfrieden oder den Arbeitsablauf gefährden kann, kann nicht gefolgt werden. Sonst wäre das abstrakte Arbeitskampfverbot überflüssig, bzw. wie früher nach § 49 Abs. 2 BetrVG 1952 nur ein Beispielsfall des allgemeinen Friedensgebots.

Abzulehnen ist auch die im Schrifttum vertretene Ansicht, wonach der Streit um einen engen oder weiten Arbeitskampfbegriff irrelevant sei, da das Gesetz den Betriebspartnern über Arbeitskampfmaßnahmen hinaus in Abs. 2 Satz 2 des § 74 BetrVG auch sonst jede Beeinträchtigung des Arbeitsablaufs verbiete. Diese Auffassung beachtet nicht, dass die zwei Regelungen unterschiedliche Tatbestandsvoraussetzungen haben. Wie bereits dargelegt erfordert die allgemeine Friedenspflicht nach § 74 Abs. 2 Satz 2 BetrVG eine konkrete Beeinträchtigung von Betriebsfrieden oder Arbeitsablauf. Bei dem eigenständigen, abstrakt-generellen Arbeitskampfverbot wird eine Beeinträchtigung von Betriebsfrieden oder Arbeitsablauf dagegen unwiderleglich vermutet.

2. Konsequenzen für die Zulässigkeit des Abschlusses von Betriebsvereinbarungen

Die bisher gefundenen Ergebnisse sind auf die Frage der Zulässigkeit von Betriebsvereinbarungen zu übertragen.

---

[71] Vgl. oben § 17 II. 1. c. aa.
[72] *Häßler*, Beteiligungsrechte, S. 63.
[73] Vgl. oben unter § 17 II. 1. c. bb. (1).

a. Betriebsvereinbarungen über gegenseitige Arbeitskämpfe der Betriebsparteien

Nach den vorherigen Ausführungen sind Maßnahmen des Arbeitskampfes zwischen den Betriebsparteien unzulässig. Soweit sich die Betriebsparteien im Betrieb als Partner gegenüberstehen, dürfen sie keine Kampfmaßnahmen gegeneinander durchführen oder vorbereiten, um die Regelung einer betriebsverfassungsrechtlichen Streitfrage zu erzwingen. Danach sind auch Betriebsvereinbarungen unzulässig, welche die Durchführung oder Vorbereitung derartiger Kampfmaßnahmen regeln.

Bei den hier untersuchten betrieblichen Regelungen geht es jedoch in erster Linie nicht um Regelungen über Kampfmaßnahmen der Betriebsparteien gegeneinander, sondern um Vereinbarungen, die Auswirkungen auf die Arbeitskampfmaßnahmen der Tarifparteien haben. Es ist fraglich, ob derartige Regelungen von dem Arbeitskampfverbot des § 74 Abs. 2 Satz 1 Hs. 1 BetrVG erfasst werden.

b. Betriebsvereinbarungen mit Bezug zu Arbeitskämpfen der Tarifparteien

Wie dargelegt hängt die Frage, ob Beteiligungsrechte mit Arbeitskampfbezug von dem Arbeitskampfverbot des § 74 Abs. 1 Satz 1 Hs. 1 BetrVG erfasst werden, insbesondere von der Auslegung des Begriffs „Maßnahmen des Arbeitskampfes" ab.

Gemäß der vorstehenden Untersuchung ist der Begriff „Maßnahmen des Arbeitskampfes" arbeitskampfrechtlich zu verstehen. Eine Ausweitung auf die Ausübung von Beteiligungsrechten ist abzulehnen. Hiernach entfällt eine Überprüfung derartiger Betriebsvereinbarungen anhand des betriebsverfassungsrechtlichen Arbeitskampfverbotes.

Bei der Beurteilung des Abschlusses von Betriebsvereinbarungen mit Arbeitskampfbezug ist zudem zu bedenken, dass hier eine andere Interessenlage als bei der Ausübung einseitiger Beteiligungsrechte vorliegt. Betriebliche Regelungen sind (zweiseitige) Vereinbarungen der Betriebsparteien und keine einseitig beschlossenen und durchgeführten Maßnahmen. Die Betriebsvereinbarung ist im Regelfall die eindeutigste Form der Einigung zwischen Arbeitgeber und Betriebsrat.[74] Sie ist gemeinsam zu beschließen und schriftlich niederzulegen. Der Abschluss von betrieblichen Regelungen fördert damit gerade die vom BetrVG verfolgte Intention der kooperativen Zusammenarbeit. Die Betriebsparteien halten sich im Fall des Abschlusses von Betriebsvereinbarun-

[74] Vgl. *Niedenhoff*, Mitbestimmung, S. 60.

gen an das betriebsverfassungsrechtlich vorgegebene Instrumentarium zur Konfliktlösung. Durch betriebliche Regelungen werden kollektive Störungen der Arbeitsbeziehungen daher eher verhindert, als dass sie geschaffen werden. Auch unter Berücksichtigung dieses Gesichtspunktes verstoßen Betriebsvereinbarungen mit Arbeitskampfbezug nicht gegen das betriebsverfassungsrechtliche Arbeitskampfverbot.

Zudem kann insbesondere der Gedanke, eine unmittelbare Druckausübung zu verhindern, nicht für den Abschluss von Betriebsvereinbarungen gelten. Den Betriebsparteien kann es bei dem Abschluss von Betriebsvereinbarungen typischerweise nicht um die unmittelbare Druckentfaltung auf bereits eingeleitete Arbeitskämpfe gehen. Betriebsvereinbarungen werden in der Regel zeitlich unabhängig von einem Arbeitskampf abgeschlossen. Es besteht daher nicht die gleiche gespannte Lage wie in der Situation eines konkret geführten Arbeitskampfes. Auch für den Fall, dass sich die Betriebsparteien bei einem erzwingbaren Mitbestimmungsrecht nicht auf eine einvernehmliche Regelung einigen können, ist nach dem BetrVG eine interessengerechte Lösung vorgesehen. In diesem Fall kann die Einigungsstelle angerufen werden. Diese besteht gemäß § 77 Abs. 2 BetrVG aus einer gleichen Anzahl von Beisitzern, die vom Arbeitgeber und Betriebsrat bestellt werden, und einem unparteiischen Vorsitzenden, auf dessen Person sich beide Parteien einigen müssen. Es ist somit unwahrscheinlich, dass die Einigungsstelle einen Spruch fällen wird, der einen Betriebspartner im Fall des Arbeitskampfes unmittelbar unter Druck setzen wird.

Betriebliche Regelungen sind demnach nicht als „Maßnahmen des Arbeitskampfes“ zu werten. Selbst bei Beachtung der von der Rechtsprechung und Teilen des Schrifttums vertretenen Auffassung würde der Abschluss von Betriebsvereinbarungen daher keinen Verstoß gegen das Arbeitskampfverbot bedeuten.

3. Zwischenergebnis

Das Arbeitskampfverbot des § 74 Abs. 2 Satz 1 Hs. 1 BetrVG steht nur dann einer betrieblichen Regelung des Arbeitskampfes entgegen, wenn die Betriebsparteien Regelungen darüber treffen, ob und wie sie Kampfmaßnahmen gegen den Betriebspartner durchführen oder vorbereiten. Derartige Regelungen sind aber in der Praxis nicht sehr wahrscheinlich. Von diesen Regelungen abgesehen verstoßen betriebliche Regelungen mit Arbeitskampfbezug nicht gegen das betriebsverfassungsrechtliche Arbeitskampfverbot gemäß § 74 Abs. 2 Satz 1 Hs. 1 BetrVG.

III. Neutralitätspflicht des Betriebsrats gemäß § 74 Abs. 2 Satz 1 BetrVG

Als weitere Vorgabe des BetrVG wird von einer Neutralitätspflicht des Betriebsrats ausgegangen.

1. Inhalt und Funktion der Neutralitätspflicht

Das Neutralitätsgebot des Betriebsrats ist nicht explizit in § 74 Abs. 2 Satz 1 BetrVG normiert. Diese Norm nennt ausdrücklich lediglich ein Arbeitskampfverbot zwischen Arbeitgeber und Betriebsrat (§ 74 Abs. 2 Satz 1 Hs. 1 BetrVG) sowie das Verhältnis zu Arbeitskämpfen tariffähiger Parteien. Diese werden durch das Arbeitskampfverbot der Betriebsparteien nicht berührt (§ 74 Abs. 2 Satz 1 Hs. 2 BetrVG). Führen tariffähige Parteien einen Arbeitskampf gegeneinander, behält das Arbeitskampfverbot der Betriebsparteien seine volle Gültigkeit. Aus diesen Regelungen wird gefolgert, dass sich der Betriebsrat (bzw. die Betriebsparteien) als betriebsverfassungsrechtliches Organ generell neutral in Bezug auf Arbeitskämpfe der Tarifparteien zu verhalten habe.[75] Aus den Regelungen des vorgenannten § 74 Abs. 2 Satz 1 BetrVG sei der Wille des Gesetzgebers zu erkennen, dass der Betriebsrat zur Neutralität mit Bezug auf Arbeitskämpfe der Tarifparteien verpflichtet sei.

Die Neutralitätspflicht des Betriebsrats ist im Hinblick auf die Zulässigkeit von Betriebsvereinbarungen mit Arbeitskampfbezug insbesondere im Zusammenhang mit der Frage der Zulässigkeit von betrieblichen Regelungen über Erhaltungsarbeiten diskutiert worden. Dabei haben die Autoren den Ansatz der Neutralitätspflicht häufig nicht näher begründet, sondern schlicht auf Argumente verwiesen, die im Zusammenhang mit der Beurteilung der Suspendierung der Mitbestimmungsrechte des Betriebsrats im Arbeitskampf verwendet werden. Im übrigen ist im Hinblick auf die hier untersuchte Frage in der Regel wiederum nur pauschal auf die Neutralitätspflicht des Betriebsrats verwiesen worden.[76] In Ergänzung soll daher auf die bei der Beurteilung der Suspendierung der Mitbestimmungsrechte des Betriebsrats verwendeten Argumente eingegangen werden.

In Bezug auf die Frage der Suspendierung der Mitbestimmungsrechte wird die Auffassung vertreten, dass sich aus den Regelungen des § 74 Abs. 2 Satz 1 BetrVG die Pflicht des Betriebsrats ergebe, sich in Ausübung seiner Tätigkeit

---

[75] Vgl. § 17 oben Fn. 8.

[76] Vgl. LAG Frankfurt a.M., Urteil vom 03.10.1984 – 2 Sa 319/84, AR-Blattei, (D) „Arbeitskampf I“: Entsch. 23 = DB 1986, 178; dem zustimmend: *H/S/G-Hess*, BetrVG, § 74 Rn. 24.

strikt neutral zu verhalten.[77] Der Betriebsrat dürfe sich als Organ der Betriebsverfassung nicht an Maßnahmen des Arbeitskampfes beteiligen, die der Arbeitgeber im Zusammenhang mit dem Tarifkonflikt treffe.[78] Er dürfe einen Arbeitskampf der Tarifparteien weder unterstützen noch verhindern. Dem Betriebsrat sei es deshalb nicht gestattet, in Arbeitskämpfe der Tarifparteien durch die Ausübung von Beteiligungsrechten einzugreifen. Er dürfe zum Beispiel keinen Streik unterstützen oder anders auf Arbeitskampfmaßnahmen der Kampfparteien Einfluss nehmen. Dabei wird in der Regel davon ausgegangen, dass die Neutralität des Betriebsrats im Arbeitskampf nach § 74 Abs. 2 Satz 1 BetrVG dogmatisch nicht mit der Sicherung der Parität verknüpft sei, auch wenn die Neutralitätspflicht mittelbar eine Störung der Kampfparität verhindere.[79] § 74 Abs. 2 Satz 1 BetrVG habe keine arbeitskampfrechtliche, sondern eine betriebsverfassungsrechtliche Funktion.

Auch bei Zugrundelegung der Neutralitätspflicht besteht jedoch Uneinigkeit in der Frage, unter welchen Voraussetzungen Beschränkungen der Beteiligungsrechte vorzunehmen sind und welchen genauen Umfang diese Beschränkungen aufweisen.

Einige Autoren, die § 74 Abs. 2 Satz 1 BetrVG als Ausgangspunkt wählen, halten eine Beschränkung der Beteiligungsrechte immer dann für erforderlich, wenn der Betriebsrat ansonsten Einfluss auf eine „arbeitskampfbedingte" Maßnahme des Arbeitgebers bekäme.[80] Das strikte Neutralitätsgebot gebiete es, alle arbeitskampfbezogenen Maßnahmen der Arbeitgeberseite mitbestimmungsfrei zu halten. Anderenfalls würde der Betriebsrat durch die Ausübung der Beteiligungsrechte in das Kampfgeschehen verwickelt.[81] Eine Einschränkung der Beteiligungsrechte kommt damit nach dieser Auffassung nur in Betracht, wenn die Maßnahme des Arbeitgebers unmittelbar auf das Kampfgeschehen bezogen ist.[82]

---

[77] Vgl. *Heinze*, SAE 1980, S. 223, 224 f.; *ders.*, Personalplanung Rn. 156 f.; 433 f.; 721; *Kraft*, FS für G. Müller, S. 265, 270 f.; *Jahnke*, ZfA, 1984, S. 69, 88; GK-*Kreutz*, BetrVG, § 74 Rn. 63 ff.; *Mayer-Maly*, BB 1979, S. 1305, 1312; *Schulin*, Mitbestimmung, S. 193 ff.; *Wiese*, NZA 1984, S. 378, 380 f.; *ders.*, Festschrift H. Hubmann, S. 481, 500; *F/K/H/E*, § 74 BetrVG, Rn. 19.

[78] Vgl. vorherige Fn.

[79] Vgl. *Wiese*, NZA 1984, 378, 380 m.w.N.; a.A. *Dietz/Richardi*, BetrVG, § 74 Rn. 30; *Reuter*, AuR 1973, S. 1, 5, die eine Beeinträchtigung der Neutralitätspflicht an dem Grundsatz der Parität messen.

[80] *Wiese*, NZA 1984, 381; ähnlich *Jahnke*, ZfA 1984, 88; eine engere, auf „Kampfmittel" beschränkte Betrachtungsweise vertreten dagegen *Kraft*, FS für G. Müller, 265, 274; GK-*Thiele*, BetrVG, (3. Auflage), § 74 Rn. 42.

[81] *Wiese*, NZA, 1984, 378, 381.

[82] *Wiese*, NZA, 1984, 381, vgl. auch *Jahnke*, ZfA 1984, 69, 88.

Teilweise wird darüber hinaus die Einschränkung gemacht, dass nur dann von einem Verstoß gegen das Neutralitätsgebot gesprochen werden könne, wenn sich die Maßnahme gegenüber dem Arbeitgeber als eine zusätzliche „Kampfmaßnahme" darstelle, die das Kampfziel der kampfführenden Gewerkschaft unterstütze.[83] Wann von einer solchen „Kampfmaßnahme" auszugehen ist, wird unterschiedlich beantwortet.[84] Nach der überwiegenden Ansicht muss die jeweilige Ausübung eines konkreten Beteiligungsrechts Arbeitskampfrelevanz gerade gegenüber dem Arbeitgeber haben.[85] Dies erfordere, dass auf den vom Arbeitskampf (mittelbar oder unmittelbar) betroffenen Arbeitgeber ein zusätzlicher Druck ausgeübt werde, der über den von Beteiligungsrechten allgemein ausgehenden Druck hinausgehe und das Kampfziel der kampfführenden Gewerkschaft gegen den Arbeitgeber und seinen Verband unterstütze.[86]

Teilweise wird das Erfordernis der zusätzlichen Druckausübung dahingehend konkretisiert, dass dies grundsätzlich nur in Fällen in Betracht komme, in denen eine Maßnahme des Arbeitgebers an sich der Zustimmung des Betriebsrats bedürfe. Zusätzlich könne ein Druck auf den Arbeitgeber allerdings auch dadurch erzeugt werden, dass eine notwendige schnelle Entscheidung des Arbeitgebers durch Beratungen etc. verzögert werde. Generell sei zur Bestimmung, unter welchen Voraussetzungen von einem zusätzlichen Druck gesprochen werden könne, auf die Umstände des Einzelfalles sowie auf die Intensität des jeweiligen Beteiligungsrechts abzustellen.[87] Hiernach werden insbesondere die Ausübung von Informations-, Beratungs-, und Anhörungsrechten allgemein als arbeitskampfneutral angesehen, während in der Zustimmungsverweigerung bei Zustimmungs- und Mitbestimmungsrechten sowie in der Ausübung von Initiativrechten ein Verbotsverstoß liegen könne.

2. Überforderung des Betriebsrats

In Bezug auf die Neutralitätspflicht wird darüber hinaus argumentiert, dass der Betriebsrat in der Konfliktsituation des Arbeitskampfes in eine Interessen- und Pflichtenkollision gerate und daher überfordert sei, seine Beteiligungsrechte bei Kampfmaßnahmen des Arbeitgebers wahrzunehmen. Stattdessen sei zu befürchten, dass er sie im kampftaktischen Interesse der Arbeitnehmer ausübe.[88]

---

[83] *F/K/H/E*, BetrVG, § 74 Rn. 20; GK-*Kreutz*, BetrVG, § 74, Rn. 60 und 65.

[84] Vgl. GK-*Kreutz*, BetrVG, § 74 Rn. 62 und 65.

[85] Vgl. GK-*Kreutz*, BetrVG, § 74 Rn. 65 m.w.N.; *Heinze*, DB 1982, Beilage Nr. 23, S. 3; vgl. auch bereits *Reuter*, AuR 1973, 1, 4 ff.

[86] Vgl. GK-*Kreutz*, BetrVG, § 74 Rn. 65 m.w.N.; *F/K/H/E*, BetrVG, § 74 Rn. 20.

[87] *F/K/H/E*, BetrVG, § 74 Rn. 20; GK-*Kreutz*, BetrVG, § 74, Rn. 65. So die meisten Vertreter dieser Ansicht.

[88] BAG, Urteil vom 26.10.1971 – 1 AZR 113/68, AP Nr. 44 zu Art. 9 GG - Arbeitskampf, Bl. 8 R.; BAG, Urteil vom 14.02.1978 – 1 AZR 54/76, AP Nr. 57 zu Art. 9 GG – Arbeitskampf,

Teilweise wird noch weitergehend davon ausgegangen, dass es gegenüber Kampfmaßnahmen schon gar keine Beteiligungsrechte des Betriebsrats gebe. Der Betriebsrat würde sonst entgegen der Wertung des § 74 Abs. 2 Satz 1 BetrVG auf das Kampfgeschehen Einfluss nehmen.[89]

3. Konsequenzen für die Zulässigkeit des Abschlusses von Betriebsvereinbarungen

Die vorstehenden Argumentationslinien sind auf ihre Relevanz mit Hinblick auf die Zulässigkeit von Betriebsvereinbarungen mit Arbeitskampfbezug zu untersuchen.

a. Neutralitätspflicht

Bei der Diskussion um die Neutralitätspflicht des Betriebsrats wird meines Erachtens nicht hinreichend beachtet, dass der Betriebsrat nach inzwischen unstreitiger Ansicht nicht nur organisatorisch verselbständigt ist, sondern dass er als ein gewerkschaftlich unabhängiger Repräsentant der Belegschaft verfasst ist, dessen Funktionsfähigkeit auch während eines Arbeitskampfes gewahrt bleibt.[90]

Der Betriebsrat ist nach dem Konzept der Betriebsverfassung ein von der Gewerkschaft unabhängiges Organ, das die Interessen der gesamten Belegschaft zu vertreten hat. Es kann dem Betriebsrat daher nicht die Absicht unterstellt werden, bei jeder Regelung mit dem Arbeitgeber die Interessen der Gewerkschaft unterstützen zu wollen. Der Betriebsrat ist auch Repräsentant der arbeitswilligen sowie der nichtorganisierten Arbeitnehmer. Nach seinem Gesetzesauftrag hat er betriebliche Interessen zu vertreten. Diese können sehr unterschiedlich zu den Interessen der Gewerkschaft sein. Gerade in Zeiten einer immer geringeren Gewerkschaftszugehörigkeit geht es auch an der Realität vorbei, die Interessen des Betriebsrates mit denen der Gewerkschaft

---

Bl. 3; BAG, Urteil vom 14.02.1978 – 1 AZR 76/76, AP Nr. 58 zu Art. 9 GG - Arbeitskampf, Bl. 5 R.; BAG, Beschluss vom 24.04.1979 – 1 ABR 43/77, AP Nr. 63 zu Art. 9 GG - Arbeitskampf, LS 1 und Bl. 3 R; BAG, Beschluss vom 22.12.1980 – 1 ABR 2/79, AP Nr. 70 zu Art. 9 GG - Arbeitskampf, Bl. 8 R. f. und BAG, Beschluss vom 22.12.1980 – 1 ABR 76/79, AP Nr. 71 zu Art. 9 GG - Arbeitskampf, Bl. 4 R; aus dem Schrifttum vgl. *Seiter*, Streikrecht, S. 371; *ders.*, RdA 1979, 393, 397 und SAE 1980, 154, 162; *Rüthers/Klosterkemper*, Anm. zu AP Nr. 63 zu Art. 9 GG – Arbeitskampf, Bl. 5 f.; *Meisel*, Anm. zu AP Nr. 20 zu § 102 BetrVG 1972, Bl. 2, 3 ff.; *Neumann-Duesberg*, Betriebsverfassungsrecht, S. 145 ff.

[89] *Heinze*, SAE 1980, 223, 224 f.; *Mayer-Maly*, DB 1979, 1305; *Kraft*, FS für G. Müller, 265, 270 f.; ArbG Köln, Beschluss vom 30.08.1978 – 3 BV 31/78, DB 1979, 457, 458.

[90] Vgl. oben § 1 und *Dietz/Richardi*, BetrVG, § 74 Rn. 29 mit umfassenden weiteren Nachweisen.

gleichzusetzen. Betriebsräte werden im Regelfall vielmehr bemüht sein, ihre Maßnahmen auf die konkreten betrieblichen Gegebenheiten abzustellen. Daher bleiben die Mitwirkungs- und Beteiligungsrechte des Betriebsrats für die Zeit eines Arbeitskampfes grundsätzlich bestehen.[91] Die Bedeutung der Funktionsfähigkeit des Betriebsrats gerade im Arbeitskampf ist mehrfach sogar ausdrücklich betont worden.[92]

Daraus ergibt sich, dass nicht pauschal von einem Verstoß gegen das Neutralitätsgebot ausgegangen werden kann, wenn der Betriebsrat Regelungen trifft, die dazu geeignet sind, Auswirkungen auf den Arbeitskampf zu entfalten. Die Funktionsfähigkeit des Betriebsrats würde undifferenziert eingeschränkt, wenn man alle Mitwirkungsrechte im Zusammenhang mit dem Arbeitskampf aufgrund der Neutralitätspflicht als unzulässig ansehen würde. Eine umfassende Neutralitätspflicht des Betriebsrats würde daher der rechtsmissbräuchlichen Ausnutzung des § 74 Abs. 2 Satz 1 BetrVG den Weg bereiten. Eine Differenzierung zwischen freiwillig abgeschlossenen Betriebsvereinbarungen und erzwingbaren Betriebsvereinbarungen würde hinfällig. Auch eine Unterscheidung nach der Art der Vereinbarung der Betriebsparteien entfiele. Der Arbeitgeber könnte jegliche Vereinbarung verweigern, die sich auch auf Zeiten des Arbeitskampfes erstrecken soll. Dies könnte sich selbst auf Vereinbarungen auswirken, die sachlich nichts mit dem Arbeitskampf zu tun haben. Der Arbeitgeber müsste nur eine vage Beziehung zum Arbeitskampf angeben, um eine Regelung zu verhindern. Den Betriebsparteien würde dadurch undifferenziert die Möglichkeit genommen, einvernehmlich auch auf freiwilliger Basis Angelegenheiten mit möglichem Arbeitskampfbezug zu regeln. Dies entspräche jedoch nicht dem Sinn des § 74 Abs. 2 Satz 1 BetrVG, gütliche Einigungen der Betriebsparteien zu fördern und so den Betriebsfrieden zu sichern.

Gegen eine uneingeschränkte Neutralitätspflicht ist zudem zu Recht eingewendet worden, dass sich diese nicht aus § 74 Abs. 2 Satz 1 BetrVG herleiten lasse, da diese Norm nur Kampfmaßnahmen zwischen den Betriebsparteien verbiete.[93] Wo dieser Bezug nicht gewahrt sei, komme nur eine Verletzung der allgemeinen Friedenspflicht nach § 74 Abs. 2 Satz 2 BetrVG in Betracht. Diese Auffassung wird durch die zuvor im Zusammenhang mit dem betriebsverfassungsrechtlichen Arbeitskampfverbot nach § 74 Abs. 2 Satz 1 HS. 1 BetrVG

---

[91] Vgl. vorherige Fn.

[92] Vgl. BAG, Urteil vom 14.02.1978 – 1 AZR 54/76, AP Nr. 57 zu Art. 9 GG – Arbeitskampf, Bl. 275 R; *F/K/H/E*, BetrVG, § 74 Rn. 17; GK-*Kreutz*, BetrVG, § 74 Rn. 54 m.w.N.

[93] Vgl. GK-*Kreutz*, BetrVG, § 74 Rn. 60; *Weiss/Weyand*, BetrVG, § 74 Rn. 9; *Däubler* (Hrsg.)-*Colneric*, Arbeitskampfrecht, Rn. 672 f.; *Weiss*, AuR 1982, 268 ff.; *Patett*, Arbeitskampffernwirkungen, S. 477 ff.; *Mayer*, AuR 1980, S. 65, 72; *ders.*, BB 1990, 2482, 2487 f.; *Kissel*, NZA 1989, S. 81, 82; *Lieb*, NZA 1990, 377, 383; *Küttner/Schmitt*, DB 1988, 704, 705.

vorgenommene Auslegung gestützt.[94] Insoweit wird auf die obigen Ausführungen verwiesen.

Ferner hat insbesondere *Patett* zu Recht darauf hingewiesen, dass dem Betriebsrat keine zu beachtende Neutralitätspflicht mehr bliebe, wenn dessen Mitwirkungsrechte generell entfielen, sobald ein Bezug zum Arbeitskampf gegeben ist.[95] *Bieback/Mayer* führen ähnlich aus, aus einer Pflicht *bei* Ausübung von Beteiligungsrechten folge nicht, dass die Beteiligungsrechte insgesamt wegfallen müssten.[96] Es ist daher nicht plausibel, den Betriebsrat wegen der Neutralitätspflicht in seinen Rechten zu beschneiden, um ihn vor der Verletzung der Neutralitätspflicht bei der Ausübung von Mitwirkungsrechten zu bewahren. Vielmehr spricht die Neutralitätspflicht gerade für die grundsätzlich uneingeschränkte Möglichkeit des Betriebsrats zum Abschluss von Betriebsvereinbarungen auch für die Dauer eines Arbeitskampfes.

Selbst wenn man die Auffassung zugrunde legt, nach der ein Verstoß gegen das Neutralitätsgebot vorliegt, wenn ein Verhalten des Betriebsrats über die Tatsache der Mitwirkung hinaus Druck auf den Arbeitgeber entfaltet, würden betriebliche Regelungen mit Arbeitskampfbezug nicht gegen das Neutralitätsgebot verstoßen. Wie dargelegt wird durch den Abschluss von Betriebsvereinbarungen in der Regel während eines Arbeitskampfes kein zusätzlicher Druck auf den Arbeitgeber ausgeübt. Es ist daher erneut die besondere Interessenlage bei dem Abschluss von Betriebsvereinbarungen zu betonen.[97] Zudem ist zu beachten, dass Betriebsvereinbarungen nur dann für Zeiten des Arbeitskampfes gelten, wenn dies von den Betriebsparteien ausdrücklich vereinbart ist.[98] So kann auch nicht eingewendet werden, dass die Betriebsparteien unbewusst Regelungen treffen, an deren Tragweite für den Arbeitskampf sie beim Abschluss nicht gedacht hätten. Meines Erachtens wird der Betriebsfrieden durch Betriebsvereinbarungen eher gefördert, da die Akzeptanz für selbst vereinbarte Regelungen auch während des Arbeitskampfes groß sein wird. Daher können Meinungsverschiedenheiten zwischen den Betriebsparteien vermieden werden, die in der gespannten Situation des Arbeitskampfes zur Folge haben können, dass eine Partei gegen den Willen der anderen Partei einseitige Maßnahmen ergreift.

---

[94] Vgl. oben unter § 17 II. 1. c. bb. (1).

[95] *Patett*, Arbeitskampffernwirkungen, S. 481, zustimmend *Jahn*, Beteiligung, S. 200; *Däubler* (Hrsg.)-*Colneric*, Arbeitskampfrecht, Rn. 673 m.w.N.; vgl. auch *Küttner/Schmitt*, DB 1988, 704, 705.

[96] *Bieback/Mayer*, AUR, 1982, 169, 174; zustimmend *Däubler* (Hrsg.)-*Colneric*, Arbeitskampfrecht, Rn. 672.

[97] Vgl. oben § 17 II. 2.b.

[98] Vgl. oben § 7 I. 1.

Auch das Argument, eine Mitbestimmung des Betriebsrats würde dem Arbeitgeber die Möglichkeit der gebotenen schnellen Reaktion nehmen, gilt nicht für Betriebsvereinbarungen. Diese werden im Regelfall ohne konkreten Bezug auf einen bestimmten Arbeitskampf abgeschlossen. Hier ist die Einigung in der Regel schon im Vorfeld des Arbeitskampfes erfolgt, so dass keine Beratung, Verhandlung o.ä. bei der konkreten Vornahme einer Maßnahme mehr notwendig ist, die zu einer Verzögerung und damit zu einer Schwächung der Effektivität der Arbeitgebermaßnahme führen könnte.

Dem Argument, der Betriebsrat dürfe wegen seiner Neutralitätspflicht nicht als Organ an einem Arbeitskampf teilnehmen und nicht in die Entscheidungskompetenzen der Tarifparteien eingreifen ist entgegen zu halten, dass sich dies so nicht aus § 74 Abs. 2 Satz 1 BetrVG ergibt. Diese Auffassung behandelt § 74 Abs. 2 Satz 1 BetrVG als kompetenzabgrenzende Norm. Ein derartiger Regelungsinhalt kann der Regelung gemäß der vorgenommenen Auslegung nicht entnommen werden.[99]

Dementsprechend geht im Rahmen der Diskussion um Betriebsvereinbarungen über Notstands- und Erhaltungsarbeiten eine verbreitete Ansicht davon aus, dass es nicht ersichtlich sei, inwiefern der Betriebsrat bei einer freiwilligen Regelung mit dem Arbeitgeber über die Sicherstellung des Notdienstes den Arbeitskampf der Gewerkschaft unter Verstoß seiner betriebsverfassungsrechtlichen Pflichten unterstütze.[100] Vielmehr habe gerade der Arbeitgeber ein Interesse an der Mitwirkung des mit den betrieblichen Gegebenheiten vertrauten Betriebsrats.[101] Etwas anderes soll nach einigen Autoren gelten, soweit der Betriebsrat bei der konkreten Durchführung erzwingbare Beteiligungsrechte ausüben will.[102] Für deren Ausübung soll das Neutralitätsgebot gelten.[103] Bei

[99] Vgl. zuvor unter § 17 II. 1. c. bb. (1).

[100] Vgl. GK-*Kreutz*, BetrVG, § 74 Rn. 70; *Oetker*, Erhaltungsarbeiten, S. 88; *Wiese*, NZA 1984, 378, 382; *Schmidt*, DB 1978, 1278 (der aus § 2 Abs. 1 BetrVG insoweit sogar eine Verpflichtung des Betriebsrats annimmt; *Brox/Rüthers-Brox*, Arbeitskampfrecht, Rn. 467, 293; offengelassen in BAG, Urteil vom 30.03.1982 – 1 AZR 265/80, AP Nr. 74 zu Art. 9 GG – Arbeitskampf; a.A. *F/K/H/E*, BetrVG, § 74, Rn. 22 m.w.N., da dies eine Verletzung der Neutralitätspflicht in Bezug auf die Entscheidung der kampfführenden Parteien darstellen würde.

[101] Vgl. neben § 17 Fn. 92 auch *Brox/Rüthers-Brox*, Arbeitskampfrecht, Rn. 467 und 293 mit Fn. 34; *Hiersemann*, BB 1966, 252, 254; *Schaub*, Arbeitsrechtshandbuch, § 194 V 3, der dem Betriebsrat wegen der Auswahl der Arbeitnehmer ein erzwingbares Mitbestimmungsrecht zubilligt; *Schmidt*, DB 1978, 1278, der aus § 2 Abs. 1 BetrVG eine Mitwirkungspflicht ableitet; LAG Frankfurt a.M., Urteil vom 22.04.1969 – 5 Sa 627/68, AP Nr. 40 zu Art. 9 GG – Arbeitskampf, Bl. 4 f.; vgl. auch BVerfG, Beschluss vom 19.02.1975 – 1 BvR 418/71, AP Nr. 50 zu Art. 9 GG Arbeitskampf, Bl. 4 = E, 38, 386, 395 f.

[102] Z.B. Nach § 87 Abs. 1 Nr. 1 BetrVG über die Ausstellung von Ausweisen und Passierscheinen für Torkontrollen, oder nach § 87 Abs. 1 Nr. 2 BetrVG über die Lage der Arbeitszeit oder bei der Kündigungen von Notarbeitern nach § 102 BetrVG.

der vorliegend untersuchten Frage geht es aber nicht um die Durchführung von einseitigen Beteiligungsrechten des Betriebsrats, sondern um (zweiseitige) Vereinbarungen. Wie dargelegt liegt bei dem Abschluss von Betriebsvereinbarungen eine grundlegend andere Interessenlage vor als bei der Durchführung von erzwingbaren Beteiligungsrechten während eines Arbeitskampfes.[104] Derartige betriebliche Regelungen sind daher nicht aufgrund des Neutralitätsverbotes ausgeschlossen.

b. Überforderung des Betriebsrats

Gegen das Argument der Überforderung[105] des Betriebsrats ist zu Recht eingewendet worden, es stelle sich die Frage nach der Existenzberechtigung des Betriebsrats, wenn man von einer Überforderung ausginge.[106] Wer sein Amt als Betriebsratsmitglied antrete, nehme es auf sich, als Keil zwischen Arbeitgeber und Belegschaft zu geraten. Zudem ist angemerkt worden, dass es dem Betriebsrat selbst überlassen bleiben müsse, wann er überfordert sei und wann nicht.[107] Man könne den Betriebsrat nicht einerseits als völlig losgelöst vom Streik ansehen und ihm andererseits wegen der praktischen Unmöglichkeit einer solchen Trennung seine Rechte nehmen.[108]

Darüber hinaus ist mit Hinblick auf die Bewertung von Betriebsvereinbarungen mit Arbeitskampfbezug zusätzlich zu bedenken, dass der Betriebsrat hier keine Entscheidungen in der konkreten Situation des Arbeitskampfes trifft. Wie dargelegt werden betriebliche Vereinbarungen im Regelfall unabhängig von einem bevorstehenden oder laufenden Arbeitskampf abgeschlossen. Bei dem Abschluss von Betriebsvereinbarungen gerät der Betriebsrat nicht in der Ausnahmesituation des Arbeitskampfes in Zugzwang. Vielmehr können die Regelungen unabhängig von dem Druck konkreter Kampfmaßnahmen getroffen werden. Es liegt daher auch im Hinblick auf dieses Argument eine andere Interessenlage vor als bei der Ausübung von Mitbestimmungsrechten während eines Arbeitskampfes.

Zudem können auch zwischen den Betriebsparteien pointiert ausgetragene Meinungsverschiedenheiten nicht zu der Annahme führen, dass der Betriebs-

---

[103] *Wiese*, NZA 1984, 378, 382; GK-*Kreutz*, BetrVG, § 74 Rn. 70; a.A. *Oetker*, Erhaltungsarbeiten, S. 89 f.

[104] Vgl. oben § 17 II. 2. b.

[105] Vgl. zuvor unter § 17, III. 2.

[106] *Herschel*, EzA Nr. 19 zu § 15 KSchG, S. 65 f.; *Sandvoss*, MitbestGespr. 1980, 72 ff.; vgl. auch *Hanau*, AR-Blattei [D], Betriebsverfassung IX, Entscheidungen 37.

[107] *Mayer*, BlStSozArbR 1981, 353, 356; *Wolter*, AuR 1979, 333, 335; *Sandvoss*, MitbestGespr. 1980, 72 – alle Gegner einer Suspendierung der Beteiligungsrechte des Betriebsrats im Arbeitskampf.

[108] *Geffken*, Seeleutestreik, S. 356.

rat seine Aufgaben nicht mehr ordnungsgemäß wahrnehmen kann. Besorgnisse, dass der Betriebsrat in bestimmten Fragen nur die Interessen der Belegschaft (bzw. der Arbeitnehmerseite) wahrnehmen könnte, können auch in anderen Situationen wie bei geplanten Betriebstillegungen oder Massenentlassungen entstehen. Dies folgt aus dem Grundkonflikt des BetrVG, dass der Betriebsrat kein einseitiges Interessenvertretungsorgan ist, sondern seine Tätigkeit auch zum Wohle des Betriebes ausüben soll, obwohl er nur von den Arbeitnehmern gewählt wird. Würde man den Gedanken der Überforderung konsequent anwenden, entfielen die Beteiligungsrechte in allen schwierigen Situationen. Dies würde das Konzept des BetrVG aushebeln. Die Argumentation der Überforderung des Betriebsrats kann daher nicht überzeugen.

4. Zwischenergebnis

Nach alledem kommt ein Verstoß gegen das Neutralitätsgebots aus § 74 Abs. 2 Satz 1 BetrVG durch den Abschluss von Betriebsvereinbarungen mit Arbeitskampfbezug nicht in Betracht. Auch aufgrund einer Überforderung des Betriebsrats sind die Regelungsmöglichkeiten nicht eingeschränkt.

IV. Allgemeine Friedenspflicht gemäß § 74 Abs. 2 Satz 2 BetrVG

Als weitere Regelung ist in § 74 Abs. 2 BetrVG eine allgemeine Friedenspflicht für die Betriebsparteien normiert.

1. Inhalt und Funktion der Friedenspflicht

Gemäß § 74 Abs. 2 Satz 2 BetrVG haben Arbeitgeber und Betriebsrat Betätigungen zu unterlassen, durch die der Arbeitsablauf oder der Frieden des Betriebs beeinträchtigt wird.

Schutzgut dieser Regelung ist der ungestörte Arbeitsablauf[109] sowie der Friede des Betriebes.[110] Dabei wird ein Verstoß gegen die allgemeine Friedenspflicht nur dann unwiderlegbar vermutet, wenn einer der Betriebspartner Arbeitskampfmaßnahmen gegen den anderen ergreift.[111] Für alle anderen Fälle ist es erforderlich, dass es durch die Tätigkeit einer der Betriebsparteien konkret zur

---

[109] Vgl. zur Definition des Arbeitsablaufes oben unter § 17 II. 1. c. bb. (1), 4. Spiegelstrich.
[110] Vgl. zur Definition des Betriebsfriedens oben unter § 17 II. 1. c. bb. (1), 4. Spiegelstrich.
[111] Vgl. oben unter § 17 I.

Störung des Arbeitsablaufs bzw. des Betriebsfriedens kommt[112] oder dass dies im konkreten Fall höchst wahrscheinlich ist.[113]

2. Konsequenzen für die Zulässigkeit des Abschlusses von Betriebsvereinbarungen

Ein Verstoß gegen die Friedenspflicht des § 74 Abs. 2 Satz 2 BetrVG ist, soweit ersichtlich, bisher nicht zur Bewertung der Zulässigkeit von Betriebsvereinbarungen mit Arbeitskampfbezug herangezogen worden.

Ein solcher Verstoß liegt im Regelfall auch nicht vor. Bei der Prüfung einer Beeinträchtigung der allgemeinen Friedenspflicht ist erneut zu bedenken, dass betriebliche Regelungen im Gegensatz zu der einseitigen Durchsetzung von Maßnahmen auf einer (zweiseitigen) Vereinbarung beruhen. Eine Störung des Betriebsfriedens liegt wie dargelegt insbesondere dann vor, wenn das im BetrVG vorgesehene einschlägige Verfahren zur Beilegung von betrieblichen Meinungsverschiedenheiten oder Interessenkonflikten nicht eingehalten wird. Durch den Abschluss von Betriebsvereinbarungen wird dieser Weg jedoch gerade befolgt. Die Pflicht, friedensstörende Maßnahmen zu unterlassen, hat nicht den Sinn, die Rechte der Betriebsparteien zu beschränken, die ihnen nach dem BetrVG zustehen.[114] Zudem kann keine Störung des Betriebsfriedens angenommen werden, wenn die Betriebsparteien entsprechend einer von ihnen selbst getroffenen Vereinbarung agieren.[115] Eine Grenze bilden Regelungen, die eine Beunruhigung der Arbeitnehmerschaft und damit eine Erschütterung des Betriebes zur Folge haben.[116] Dies wird jedoch in der Praxis selten gegeben sein. Betrieblichen Regelungen mit Arbeitskampfbezug dienen im Regelfall dazu, vorhersehbare und einvernehmliche Regelungen für den Arbeitskampf zu treffen. Damit werden auch die Arbeitnehmer geschützt. Die Bewertung hängt jedoch von den Umständen des Einzelfalles ab.

---

[112] Vgl. nur GK-*Kreutz*, BetrVG, § 74 Rn. 120 mit Verweis auf die Systematik gesetzlicher Unterlassungsansprüche (vgl. § 1004 Abs. 2 BGB).

[113] Hierzu zählen auch Maßnahmen, durch die solche Beeinträchtigungen erfahrungsgemäss herbeigeführt werden. Vgl. BAG, Urteil vom 31.10.1958 – 1 AZR 632/57, AP Nr. 2 zu § 1 TVG Friedenspflicht; ArbG Elmhorn, Beschluss vom 03.03.1978 – 2 BV 6/73, DB 1978, 1695, 1695; *Jahnke*, BlStSozArbR, 1974, 164, 166; *Kreutz*, BlStSozArbR, 1972, 44, 50; *F/K/H/E*, BetrVG, § 74 Rn. 26; *Dietz/Richardi*, BetrVG, § 74 Rn. 44 f.; *H/S/G-Hess*, BetrVG, § 74 Rn. 30; GK-*Kreutz*, BetrVG, § 74 Rn. 119; a.A. *D/K/K-Berg*, BetrVG, § 74 Rn. 22; wohl auch *Weiss*, BetrVG, § 74 Rn. 7, die eine bloß „hohe Wahrscheinlichkeit" der Friedenspflichtverletzung nicht ausreichen lassen wollen, sondern auf eine konkrete Beeinträchtigung abstellen.

[114] *Galperin/Löwisch*, BetrVG, § 74 Rn. 16.

[115] Vgl. oben unter § 17 II. 1. c. bb. (1), 4. Spiegelstrich.

[116] Vgl. *Galperin/Löwisch*, BetrVG, § 74 Rn. 15.

Der Abschluss von Betriebsvereinbarungen führt zudem nicht zu einer Beeinträchtigung des Arbeitsablaufes im Sinne des § 74 Abs. 2 Satz 2 BetrVG. Hier kann auf die obigen Ausführungen verwiesen werden.[117]

3. Zwischenergebnis

In dem Abschluss von Betriebsvereinbarungen mit Arbeitskampfbezug liegt grundsätzlich kein Verstoß gegen die allgemeine Friedenspflicht des § 74 Abs. 2 Satz 2 BetrVG. Eine Ausnahme gilt für die in der Praxis eher unwahrscheinlichen betrieblichen Regelungen, die eine Beunruhigung der Arbeitnehmerschaft und damit eine Erschütterung des Betriebes zur Folge haben.

[117] Vgl. oben unter § 17 II. 1. c. bb. (1), 4. Spiegelstrich.

§ 18 Grundsätze für die Zusammenarbeit gemäß § 74 Abs. 1 Satz 1 und 2 BetrVG

Wie dargelegt basiert die Betriebsverfassung auf einem Kooperationsmodell. Ausdruck dieses Modells ist die Statuierung von Pflichten für die Betriebsparteien zur Zusammenarbeit.

I. Inhalt und Funktion der Grundsätze für die Zusammenarbeit

Laut § 74 Abs. 1 Satz 1 BetrVG sollen Arbeitgeber und Betriebsrat mindestens einmal im Monat zu einer Besprechung zusammentreten. Die Betriebspartner haben zudem nach § 74 Abs. 1 Satz 2 BetrVG die Pflicht, über strittige Fragen mit dem ernsten Willen zur Einigung zu verhandeln und Vorschläge für die Beilegung von Meinungsverschiedenheiten zu machen.[1]

Grundlegender Gedanke dieser Regelungen ist die Verpflichtung der Betriebsparteien, im Betrieb bei anstehenden Problemen eine Verständigung herbeizuführen und sich nicht durch negative Kritik oder gar Verweigerung zu lähmen.[2] Darüber hinaus soll allgemein das Verständnis für die Probleme der Gegenseite gefördert werden.[3] Das Gebot erfordert dabei, nicht nur über die strittigen Fragen zu verhandeln, sondern auch Vorschläge für die Beilegung von Meinungsverschiedenheiten zu machen. § 74 Abs. 1 BetrVG normiert damit eine gegenseitige Einlassungs- und Erörterungspflicht.[4] Dies gilt in allen streitigen Angelegenheiten, also auch in solchen Angelegenheiten, die nicht dem Mitbestimmungsrecht des Betriebsrats unterliegen, sondern im Wege einer freiwilligen Vereinbarung geregelt werden können.[5] Beide Partner sind deshalb nicht nur verpflichtet, ihre jeweilige Position zu Streitfragen darzulegen, sondern auch zu der Haltung der anderen Seite Stellung zu nehmen.[6] Die Parteien sollen mit dem Willen gegenseitiger Verständigungsbereitschaft verhandeln und ernsthaft versuchen, innerbetrieblich eine Einigung zu finden.[7]

---

[1] Vgl. LAG Baden-Württemberg, Urteil vom 21.04.1982 – 3 Sa 2/82, DB 1982, 1409, 1410: Verstoß gegen § 74 Abs. 1 Satz 2 BetrVG durch pauschale Weigerung des Betriebsrats, während eines Tarifkonflikts ohne Rücksicht auf die Rechtslage Überstundenregelungen zuzustimmen.

[2] *Galperin/Löwisch*, BetrVG, § 74 Rn. 2; *F/K/H/E*, BetrVG, § 74 Rn. 9; *H/S/G-Hess*, § 74 Rn. 3.

[3] Vgl. *H/S/G-Hess*, § 74 Rn. 2; *Galperin/Löwisch*, BetrVG, § 74 Rn. 2.

[4] *F/K/H/E*, BetrVG, § 74 Rn. 9; *Dietz/Richardi*, BetrVG; § 74 Rn. 12; GK-*Kreutz*, BetrVG, Rn. 23 ff.; *D/K/K-Berg*, BetrVG, § 74 Rn. 10; *Wlotzke*, BetrVG, § 74, Anm. 2b.

[5] BAG, Beschluss vom 13.10.1987 – 1 ABR 10/86, AP Nr. 24 zu § 87 BetrVG 1972 Arbeitszeit, Bl. 3 f.

[6] Vgl. nur *F/K/H/E*, BetrVG, § 74 Rn. 9.

[7] *Schaub*, Arbeitsrechts-Handbuch, § 230 III. 2., S. 1864.

II. Konsequenzen für die Zulässigkeit des Abschlusses von Betriebsvereinbarungen

Sinn und Zweck der Regelungen des § 74 Abs. 1 BetrVG ist es, vor der Entscheidungsfindung einen Austausch der Argumente und ein gemeinsames Vorgehen der Betriebsparteien zu sichern. Hierzu besteht eine gegenseitige Einlassungs- und Erörterungspflicht.

Die Regelungen des § 74 Abs. 1 BetrVG betreffen daher nicht die Stufe des Abschlusses von Betriebsvereinbarungen. Aus § 74 Abs. 1 BetrVG ergeben sich keine Vorgaben dafür, wie die endgültige Entscheidung zu treffen ist. Die Betriebsparteien müssen sich insbesondere nicht gütlich einigen. § 74 Abs. 1 BetrVG regelt vielmehr vornehmlich die Verhaltenspflichten vor der Entscheidungsfindung..

Demnach kann den Regelungen des § 74 Abs. 1 BetrVG meines Erachtens keine kompetenzabgrenzende Funktion zugeordnet werden. Es bestehen keine Anhaltspunkte dafür, dass die Norm eine Einlassung und Erörterung nur in solchen Fragen zulässt, über welche die Betriebsparteien wirksam Vereinbarungen abschließen können. Dies würde das Gebot für die Zusammenarbeit einschränken, da hiernach zunächst bei allen aufkommenden Fragen eine Aussprache zustande kommen soll. Der Streit über Kompetenzfragen wäre in diesem Stadium kontraproduktiv. § 74 Abs. 1 BetrVG stellt daher eine Regelung für erste Verhandlungen über aufkommende Schwierigkeiten dar, ohne nach dem Inhalt der jeweils zu klärenden Frage zu unterscheiden.

Aus der Pflicht der Betriebsparteien zum Zusammenwirken mit den im Betrieb vertretenen Gewerkschaften und Arbeitgebervereinigungen[8] ergibt sich, dass die Betriebsparteien die Hinzuziehung eines Verbandsvertreters verlangen können, wenn die Besprechung Fragen zum Inhalt hat, die diese unmittelbar angehen, also insbesondere bei Tariffragen.[9] Die Verbände haben im Rahmen des § 74 Abs. 1 BetrVG dagegen nach allgemeiner Ansicht kein Recht zur Entsendung eines Beauftragten.[10] Auch dies zeigt, dass es nicht Sinn des § 74 Abs. 1 BetrVG ist, die Einhaltung der Kompetenzen des Betriebsrats zu über-

---

[8] Vgl. § 2 Abs. 1 BetrVG.

[9] *Dietz/Richardi*, BetrVG, § 74 Rn. 8; *Galperin/Löwisch*, BetrVG, § 74 Rn. 2. Es können auch besondere Umstände die Teilnahme sachlich geboten erscheinen lassen, so dass das Einverständnis einer der Betriebspartner für das Recht der Hinzuziehung des Verbandsvertreters nicht unbedingt erforderlich ist: GK-*Kreutz*, BetrVG, § 74 Rn. 18, *F/K/H/E*, BetrVG, § 74 Rn. 8; wohl auch *Dietz/Richardi*, BetrVG, § 74 Rn. 8; *H/S/G-Hess*, BetrVG, § 74 Rn. 5; *Wlotzke*, BetrVG, § 74 Anm. 2a.

[10] *GK-Kreutz*, BetrVG, § 74 Rn. 18; *F/K/H/E*, BetrVG, § 74 Rn. 8. Auch eine entsprechende Anwendung des § 31 BetrVG wird allgemein abgelehnt: vgl. nur *H/S/G-Hess*, BetrVG, § 74 Rn. 5.

prüfen. Vielmehr steht die offene Aussprache und ernsthafte Verhandlung auf betrieblicher Ebene im Vordergrund.

Zudem ist anzumerken, dass die Verletzung der Gebote des § 74 Abs. 1 BetrVG keine unmittelbaren Rechtsfolgen hat.[11] Lediglich bei grundsätzlicher Weigerung einer der Betriebsparteien, überhaupt in Verhandlungen zu treten, wird gemäß § 23 BetrVG der Ausschluss eines Mitgliedes bzw. die Auflösung des Betriebsrates angenommen.[12]

Ein Verstoß gegen die Grundsätze für die Zusammenarbeit gemäß § 74 Abs. 1 Satz 1 und 2 BetrVG kommt daher durch den Abschluss von Betriebsvereinbarungen mit Arbeitskampfbezug nicht in Betracht.

---

[11] Vgl. *H/S/G-Hess*, BetrVG, § 74 Rn. 8; GK-*Kreutz*, § 74 Rn. 26.

[12] GK-*Kreutz*, BetrVG, § 74 Rn. 12.

§ 19 Grundsätze der Zusammenarbeit nach § 2 BetrVG

§ 2 BetrVG enthält die allgemeinen, tragenden Grundsätze der Zusammenarbeit zwischen Arbeitgeber, Betriebsrat, Gewerkschaften und Arbeitgeberverbänden im Betrieb. Wegen seiner besonderen Bedeutung ist diese Norm in die einleitenden Vorschriften des BetrVG 1972 vorgezogen worden.[1] Die in ihr geregelten Grundsätze werden als Generalklausel mit unmittelbar rechtlicher Wirkung angesehen.[2] § 2 BetrVG ist damit eine unmittelbar verpflichtende Rechtsnorm, die das Verhalten der Betriebspartner verbindlich regelt.

§ 2 BetrVG enthält mehrere Regelungen. Von Relevanz könnte hier das Gebot der vertrauensvollen Zusammenarbeit nach § 2 Abs. 1 BetrVG sowie die Regelung des § 2 Abs. 3 BetrVG sein, wonach die Aufgaben der Koalitionen durch das BetrVG nicht berührt werden.

I. Gebot der vertrauensvollen Zusammenarbeit gemäß § 2 Abs. 1 BetrVG

1. Inhalt und Funktion des Kooperationsgebots

Die Kooperationsmaxime des § 2 Abs. 1 BetrVG ist die grundlegende Regel für die Beziehungen von Arbeitgeber und Betriebsrat.[3] Sie wird auch als oberstes Leitprinzip[4] oder „Magna Charta"[5] der Betriebsverfassung bezeichnet. Daher wird die Zulässigkeit von Beteiligungsrechten im Arbeitskampf teilweise an § 2 Abs. 1 BetrVG gemessen.[6] Zur Beurteilung, ob sich aus dem Gebot der vertrauensvollen Zusammenarbeit Vorgaben für die Zulässigkeit von Arbeitskampfregelungen durch Betriebsvereinbarungen ergeben, ist zunächst der Inhalt dieses Gebotes zu bestimmen.

---

[1] Vgl. *H/S/G-Hess*, BetrVG § 2 Rn. 17; GK-*Kraft*, BetrVG, § 2 Rn. 5 m.w.N.

[2] BAG, Beschluss vom 21.02.1978 – 1 ABR 54/76, AP Nr. 1 zu § 74 BetrVG 1972, Bl. 363 R. m.w.N.; BAG, Beschluss vom 22.05.1959 – 1 ABR 2/58, AP Nr. 3 zu § 23 BetrVG 1952, Bl. 615 f.; *F/K/H/E*, BetrVG, § 2 Rn. 1, 10; *H/S/G-Hess*, BetrVG § 2 Rn. 11; GK-*Kraft*, BetrVG, § 2 Rn. 7 m.w.N.; *Dietz/Richardi*, BetrVG, § 2 Rn. 8 f.; *Stege/Weinspach*, BetrVG, § 74 Rn. 3.

[3] *Dietz/Richardi*, BetrVG, § 2 Rn. 4; *F/K/H/E*, BetrVG, § 2 Rn. 1; *Witt*, Kooperationsmaxime, S. 39 f.

[4] *Zöllner/Loritz*, Arbeitsrecht, § 44 VII 1, S. 503.

[5] So *Neumann-Duesberg*, BetrVG, S. 126 (zu § 49 Abs. 1 BetrVG 1952); auch *Dietz/Richardi*, BetrVG, § 2 Rn. 4.

[6] Vgl. *Ehmann/Schnauder*, Anm. zu den Beschlüssen des BAG vom 22.12.1980, 1 ABR 2/79 und 1 ABR 76/79, EzA § 615 BGB Betriebsrisiko Nr. 8, S. 123; *Heinze*, ZfA 1988, S. 53, 85 f.; *Konzen*, Anm. zu BAG, AP Nr. 57-59 zu Art. 9 GG - Arbeitskampf, Bl. 803 R. mit Verweis auf BAG, AP Nr. 44 zu Art. 9 GG Arbeitskampf, Bl. 8 R.; *Seiter*, SAE, 1980, 154, 162; *Kraft*, SAE 1979, S. 303, 304.

Gemäss § 2 Abs. 1 BetrVG sind Arbeitgeber und Betriebsrat verpflichtet, unter Beachtung der geltenden Tarifverträge vertrauensvoll und im Zusammenwirken mit den im Betrieb vertretenen Gewerkschaften und Arbeitgebervereinigungen zum Wohl der Arbeitnehmer und des Betriebes zusammenzuarbeiten.[7]

Ziel der Zusammenarbeit ist damit das Wohl der Arbeitnehmer und des Betriebes. Die Zusammenarbeit soll dem Ausgleich der Interessengegensätze in gegenseitiger „Ehrlichkeit und Offenheit" dienen.[8] Dadurch soll verhindert werden, dass eine Seite - nur auf Wahrung ihrer Interessen bedacht – die andere Seite in der Durchführung ihrer betriebsverfassungsrechtlichen Aufgaben behindert, ohne in der Sache tatsächlich Gemeinsamkeiten erreichen zu wollen. Zweck des Kooperationsgebotes ist es dabei nicht, die natürlichen Interessengegensätze zwischen Arbeitgeber und Arbeitnehmer bzw. Betriebsrat aufzuheben oder die Durchsetzung der gegenseitigen Interessen zu vereiteln.[9] Das Gebot zur Kooperation bringt vielmehr zum Ausdruck, dass die Mitbestimmung des Betriebsrats auch eine erhöhte Mitverantwortung mit sich bringt. Dabei soll gegenseitiges Misstrauen vermieden und gegenseitige Vorurteile überwunden werden. Aus dem Kooperationsgebot lassen sich aber weder zusätzliche Mitbestimmungsrechte oder Mitwirkungsrechte herleiten noch im Gesetz vorgesehene einschränken.[10]

Die Zusammenarbeit zwischen Arbeitgeber und Betriebsrat hat dabei unter Beachtung der geltenden Tarifverträge zu erfolgen. Geltender Tarifvertrag ist derjenige, in dessen zeitlichen, räumlichen, persönlichen und fachlichen Geltungsbereich der Betrieb fällt. Die Beachtung des Tarifvertrages ist in § 2 Abs. 1 BetrVG eingefügt worden, um damit den (generellen) Vorrang der Regelungskompetenz der Tarifvertragsparteien hervorzuheben.

Im Zusammenhang mit den Mitbestimmungsrechten des Betriebsrats im Arbeitskampf haben sich zur Begründung der Suspendierung der Mitbestimmungsrechte mehrere Argumentationslinien herausgebildet: Zum einen wird die Ansicht vertreten, die vertrauensvolle Zusammenarbeit bilde die Ge-

---

[7] Vgl. im Einzelnen *Weber*, Zusammenarbeit, S. 16 ff.

[8] BAG, Beschluss vom 22.05.1959 – 1 ABR 2 / 59, AP Nr. 3 zu § 23 BetrVG 1952, Bl. 615 R.; vgl. auch BAG, Urteil vom 02.11.1983 – 7 AZR 65/82, AP Nr. 29 zu § 102 BetrVG 1972, Bl. 795 R. f.; LAG Düsseldorf, Beschluss vom 10.12.1984 – 5 TaBV 134/84, NZA 1985, 368; GK-*Kraft*, BetrVG § 2 Rn. 13; *Dietz/Richardi*, BetrVG, § 2 Rn. 5; *Söllner*, DB 1968, 571, 573 f.

[9] Vgl. *Schaub*, Arbeitsrecht, S. 1767 ff.

[10] Vgl. auch BAG, Beschluss vom 06.12.1963 – 1 ABR 9/63, AP Nr. 6 zu § 56 BetrVG 1952 Wohlfahrtseinrichtungen, Bl. 434 R.; GK-*Kraft*, BetrVG, § 2 Rn. 7, 15 m.w.N.; *Wlotzke*, BetrVG, § 2 Anm. 1a.

schäftsgrundlage der betrieblichen Mitbestimmung.[11] Diese Grundlage entfalle im Arbeitskampf.[12] Da der Betriebsrat seine Pflicht zur Kooperation mit dem Arbeitgeber nicht erfüllen könne, fehle die Basis für die Ausübung der Beteiligungsrechte.[13] Entsprechend den Grundsätzen über den Wegfall der Geschäftsgrundlage soll die betriebliche Mitbestimmung während des Arbeitskampfes teilweise entfallen. Des Weiteren wird auf die arbeitskampfrechtlich bedingte Konfrontation zwischen Arbeitgeber und Belegschaft hingewiesen. Diese Konfrontation lasse keinen Raum mehr für eine vertrauensvolle Zusammenarbeit im Sinne der Betriebsverfassung.[14]

Eine andere Auffassung will die Beteiligungsrechte mit dem Hinweis auf das Rechtsmissbrauchsverbot einschränken.[15] Diese Auffassung stellt darauf ab, dass der Betriebsrat rechtsmissbräuchlich handele, wenn er bestimmten Maßnahmen, die der Arbeitgeber im Arbeitskampf anordnen wolle, seine Zustimmung versage. In einer derartigen Vorgehensweise liege ein Verstoß gegen § 2 Abs. 1 BetrVG, die zu einem Verlust des Mitbestimmungsrechts führe.[16] Die Betriebsverfassung basiere auf einem Vertrauensmodell, das dem Betriebsrat besondere Pflichten gegenüber dem Arbeitgeber auferlege. Ansonsten könne die vorgesehene Zusammenarbeit zwischen den Betriebsparteien nicht funktionieren.

2. Konsequenzen für die Zulässigkeit des Abschlusses von Betriebsvereinbarungen

Das Kooperationsgebot soll wie dargelegt gewährleisten, dass die Betriebsparteien offen und ehrlich zusammenarbeiten und zum Ausgleich der Interessengegensätze bereit sind. Hieraus ergibt sich eine Verpflichtung der Betriebsparteien für die Art und Weise der Zusammenarbeit. Auch § 2 Abs. 1 BetrVG begründet dabei keine eigenständige Kompetenzzuweisung. Wie dargelegt lassen sich aus dieser Norm weder zusätzliche Mitbestimmungsrechte oder Mitwirkungsrechte herleiten noch im Gesetz vorgesehene einschränken.

---

[11] *Kraft*, FS für G. Müller, S. 265, 273 mit Verweis auf *Konzen*, Anm. zu BAG, AP Nr. 57 – 59 zu Art. GG Arbeitskampf; a. A. *Jansen*, Betriebliche Mitbestimmung, S. 86 ff.

[12] Vgl. *Kraft*, SAE 1979, S. 303, 304; *ders.*, FS für G. Müller, S. 265, 273, der die Einschränkung der Beteiligungsrechte allerdings aus hauptsächlich aus § 74 Abs. 2 Satz 1 BetrVG ableiten will; *Ehmann/Schnauder*, Anm. zu den Beschlüssen des BAG vom 22.12.1980, 1 ABR 2/79 und 1 ABR 76/79, EzA § 615 BGB Betriebsrisiko Nr. 8, S. 123; *Seiter*, SAE 1980, S. 154, 162; kritisch dagegen: etwa GK- *Kreutz*, BetrVG, § 74 Rn. 65.

[13] Siehe vorherige Fn.

[14] Etwa GK-*Kreutz*, BetrVG, § 74 Rn. 65; *Bieback/Mayer*, AuR 1982, S. 169, 172 f.; kritisch dagegen *Brox/Rüthers-Brox*, Arbeitskampfrecht, Rn. 440; *Richardi*, FS 10 Jahre Deutsche Richterakademie, S. 111, 116 ff.

[15] Vgl. *Küttner/Schmidt*, DB 1988, S. 704, 705; *Bengelsdorf*, BB 1991, 613.

[16] Vgl. *Küttner/Schmidt*, DB 1988, S. 704, 705; a. A.. *Jansen*, Betriebliche Mitbestimmung, S. 93 ff.

Zudem ergeben sich aus den jeweiligen betriebsverfassungsrechtlichen Aufgaben Grenzen für die Verpflichtung zur vertrauensvollen Zusammenarbeit.[17] Wenn Betriebsparteien innerhalb ihrer vom BetrVG vorgegebenen Aufgaben Betriebsvereinbarungen schließen, kann darin kein Verstoß gegen § 2 Abs. 1 BetrVG gesehen werden. § 2 Abs. 1 BetrVG enthält selber keine Regelung, welche Aufgaben die Betriebsparteien wahrnehmen können. Insofern kann aus dieser Norm auch kein eigenständiges Verbot gegen Betriebsvereinbarungen mit Arbeitskampfbezug hergeleitet werden.

Auch aus den Ansätzen, nach denen in dem Gebot zur vertrauensvollen, konstruktiven Zusammenarbeit eine Geschäftsgrundlage gesehen oder ein Verbot missbräuchlicher Rechtsausübung gefolgert wird, lassen sich für die Frage der Zulässigkeit von Betriebsvereinbarungen mit Arbeitskampfbezug keine Vorgaben herleiten.

Zum einen kann im Hinblick auf den Abschluss von betrieblichen Regelungen nicht angenommen werden, dass durch den Bezug zum Arbeitskampf die Möglichkeit der vertrauensvollen Zusammenarbeit als Geschäftsgrundlage entfalle. Unabhängig davon, ob dem Gedanken der Geschäftsgrundlage gefolgt werden kann, wird diese Grundlage bei betrieblichen Regelungen mit Arbeitskampfbezug nicht berührt. Die Ansicht, die von einem Wegfall der Geschäftsgrundlage ausgeht, stützt sich auf die Argumentation, dass der Betriebsrat im Arbeitskampf seine Pflicht zur Kooperation mit dem Arbeitgeber nicht erfüllen könne. Der Abschluss von Betriebsvereinbarungen fällt aber im Regelfall nicht in die Zeit eines Arbeitskampfes. Der Betriebsrat ist daher nicht unmittelbar mit der Ausnahmesituation des Arbeitskampfes konfrontiert. Es ist daher erneut die unterschiedliche Interessenlage zwischen der Ausübung von Beteiligungsrechten während eines Arbeitskampfes und dem Abschluss von Betriebsvereinbarungen unabhängig von einem konkreten Arbeitskampf zu betonen. Bei Verhandlungen über eine (ggf. sogar freiwillige) betriebliche Regelung kann nicht unterstellt werden, dass der Betriebsrat seine Pflicht zur Kooperation nicht erfüllen könne, nur weil Auswirkungen der Regelungen auf einen zukünftigen Arbeitskampf möglich sind. Zudem muss sich der Betriebsrat, wie bereits im Zusammenhang mit dem Aspekt der Überforderung des Betriebsrats dargestellt,[18] auch in anderen brisanten Situationen behaupten und mit dem Arbeitgeber verhandeln. Gerade in schwierigen Situationen sind die Arbeitnehmer besonders auf die Vertretung durch den Betriebsrat angewiesen. Wollte man dem Betriebsrat diese Möglichkeit absprechen, stellt man das Konzept der Betriebsverfassung in Frage.

---

[17] Vgl. nur *H/S/G-Hess*, BetrVG, § 74 Rn. 24 m.w.N.
[18] Vgl. oben § 17 III. 2.

Zum anderen kann in der Vereinbarung von betrieblichen Regelungen kein Rechtsmissbrauch gesehen werden. Der Betriebsrat verweigert hier nicht seine Zustimmung, um Druck auf den Arbeitgeber auszuüben, sondern kooperiert mit dem Arbeitgeber, um eine gemeinsame Regelung für die Zukunft zu schaffen. Diese Vorgehensweise entspricht gerade dem Gebot der vertrauensvollen Zusammenarbeit.

Außerdem ist fraglich, ob überhaupt die Rechtsfolge der Rechtswidrigkeit einer Betriebsvereinbarung von § 2 Abs. 1 BetrVG umfasst ist. Es ist zu bedenken, dass nach allgemeiner Ansicht Verstöße gegen das Gebot der vertrauensvollen Zusammenarbeit die Rechtsfolgen nach § 23 BetrVG auslösen können.

Im übrigen lässt sich auch aus der Formulierung in § 2 Abs. 1 BetrVG „unter Beachtung der geltenden Tarifverträge" keine grundsätzliche Beschränkung der Rechte des Betriebsrats zum Abschluss von Betriebsvereinbarungen herleiten. Die für beide Betriebsparteien zwingende Verpflichtung, die für den Betrieb geltenden Tarifverträge zu befolgen, ergibt sich bereits aus §§ 77 Abs. 3, 87 Abs. 1 BetrVG.[19] In der Regel fehlt es den Tarifverträgen aber gerade an Regelungen über den Arbeitskampf.
Die Verpflichtung der Betriebsparteien zur Zusammenarbeit im Sinne einer „Offenheit und Ehrlichkeit" nach § 2 Abs. 1 BetrVG wird daher durch den Abschluss von Betriebsvereinbarungen mit Arbeitskampfbezug nicht tangiert.

II. Verhältnis zu den Koalitionen gemäß § 2 Abs. 3 BetrVG

Zudem könnte der Abschluss von Betriebsvereinbarungen mit Arbeitskampfbezug an der Regelung des § 2 Abs. 3 BetrVG zu messen sein.

1. Inhalt und Funktion der Regelung des § 2 Abs. 3 BetrVG

§ 2 Abs. 3 BetrVG bestimmt, dass die Aufgaben der Gewerkschaften und der Arbeitgebervereinigungen, insbesondere die Wahrnehmung der Interessen ihrer Mitglieder, durch das BetrVG nicht berührt werden.

Hierdurch hat der Gesetzgeber mit dem BetrVG 1972 den Dualismus der Aufgaben für die Gewerkschaften und deren Mitglieder bewusst beibehalten. Die unterschiedlichen Aufgaben der Gewerkschaften werden auch noch einmal in § 74 Abs. 3 BetrVG angesprochen. Diese Norm gestattet es den betriebsver-

---

[19] § 2 Abs.1 BetrVG bezieht sich nach der überwiegenden Ansicht aber auch auf schuldrechtliche Tarifvertragsbestimmungen, die sich auf die Arbeitsverhältnisse oder auf betriebliche Fragen beziehen; vgl. *Wlotzke*, BetrVG, § 2 Rn. Anm. 1 d; *Galperin/Löwisch*, BetrVG, § 2 Rn. 15.

fassungsrechtlichen Funktionsträgern ausdrücklich, „unbeschadet der sich aus dieser Funktion ergebenden Pflichten“ für die Koalition tätig zu werden.

Teilweise wird die Regelung des § 2 Abs. 3 BetrVG auch dahin interpretiert, dass sie die Aufgaben der Koalitionen hervorhebe.[20] Die Stellung der Koalitionen solle durch die Beteiligungsrechte des Betriebsrats nicht berührt werden. Durch § 2 Abs. 3 BetrVG solle klargestellt werden, dass die typischen, durch Art. 9 Abs. 3 GG gewährleisteten Koalitionsaufgaben von Gewerkschaften und Arbeitgeberverbänden neben den Aufgaben nach dem BetrVG bestehen blieben und durch das BetrVG weder geregelt noch beeinträchtigt würden.[21]

2. Konsequenzen für die Zulässigkeit des Abschlusses von Betriebsvereinbarungen

§ 2 Abs. 3 BetrVG bezweckt die Klarstellung der dualistischen Aufgaben der Koalitionen. Die Norm trifft damit keine eigenständige Regelung, welche Aufgaben den Koalitionen zustehen und welche in Abgrenzung hierzu von den Betriebsparteien ausgeführt werden können.

Aus § 2 Abs. 3 BetrVG können damit keine Vorgaben für Betriebsvereinbarungen mit Arbeitskampfbezug entnommen werden.

[20] Vgl. *F/K/H/E*, BetrVG, § 2 Rn. 55 ff.
[21] BAG, Urteil vom 14.02.1978 – 1 AZR 280/77, AP Nr. 26 zu Art. 9 GG, Bl. 435.

§ 20 Fazit

Das BetrVG enthält nur in Ausnahmefällen einschränkende Vorgaben für betriebliche Regelungen mit Arbeitskampfbezug.

Zum einen gilt dies für Betriebsvereinbarungen über Kampfmaßnahmen der Betriebsparteien gegeneinander. Derartige Betriebsvereinbarungen verstoßen gegen das Arbeitskampfverbot gemäß § 74 Abs. 2 Satz 1 Hs. 1 BetrVG. In der Praxis werden derartige betriebliche Regelungen aber von geringer Relevanz sein.

Zum anderen können Betriebsvereinbarungen mit Arbeitskampfbezug gegen die allgemeine Friedenspflicht des § 74 Abs. 2 Satz 2 BetrVG verstoßen, wenn sie eine Beunruhigung der Arbeitnehmerschaft und damit die Erschütterung des Betriebes zur Folge haben. Diese Vorgabe ist aber nicht arbeitskampfspezifisch, sondern gilt für alle Betriebsvereinbarungen. Auch hier ist anzunehmen, dass derartige betriebliche Regelungen in der Praxis eher unwahrscheinlich sind.

Im übrigen bestehen keine speziellen Vorgaben des BetrVG für den Abschluss von Betriebsvereinbarungen mit Arbeitskampfbezug. Insbesondere kann aus dem Arbeitskampfverbot des § 74 Abs. 2 Satz 1 Hs. 1 BetrVG sowie aus einer aus § 74 Abs. 2 Satz 1 BetrVG abgeleiteten Neutralitätspflicht keine Beschränkung für derartige betriebliche Regelungen hergeleitet werden. Es gelten somit ansonsten die allgemeinen Voraussetzungen für den Abschluss von Betriebsvereinbarungen.[1]

[1] Vgl. oben §§ 7 – 9.

5. Teil: Konkurrenz zwischen den Vorgaben des Arbeitskampfrechts und des Betriebsverfassungsrechts

Wie dargelegt wird die Zulässigkeit von betrieblichen Regelungen mit Arbeitskampfbezug im Wesentlichen durch zwei Rechtsgebiete beeinflusst: das Arbeitskampfrecht und das Betriebsverfassungsrecht.

Dabei kommt man bei Zugrundelegung der Bestimmungen des BetrVG zur grundsätzlichen Zulässigkeit derartiger Betriebsvereinbarungen. Grundlage sind die §§ 87, 88 BetrVG.[1] Sonstige Vorgaben der Betriebsverfassung wie insbesondere die des § 74 BetrVG stehen Betriebsvereinbarungen mit Arbeitskampfbezug im Regelfall nicht im Wege.[2] Die Betriebsparteien haben bei der betrieblichen Regel- und Rechtsetzung zwar gewisse Grenzen bzw. höherrangiges Recht zu beachten.[3] Hierdurch wird ihnen jedoch nicht umfassend die Regelungsbefugnis für Betriebsvereinbarungen mit Arbeitskampfbezug entzogen.

Nach den Prinzipien des Arbeitskampfrechts bestehen dagegen je nach deren Ausgestaltung engere Vorgaben für die Zulässigkeit von betrieblichen Regelungen mit Arbeitskampfbezug. Hier ist insbesondere auf die Ausführungen zum Paritätsprinzip zu verweisen.[4]

Fraglich ist nun, welche Vorgaben für die Entscheidung über die Zulässigkeit von Betriebsvereinbarungen mit Arbeitskampfbezug gelten.

§ 21 Rechtsgebietskonkurrenz zwischen Arbeitskampfrecht und Betriebsverfassungsrecht

Da mit dem BetrVG und dem Arbeitskampfrecht nicht einzelne Normen, sondern die Grundsätze zweier Rechtsgebiete miteinander konkurrieren, handelt es sich hierbei um eine Rechtsgebietskonkurrenz.[5] Die Rechtsgebietskonkurrenz wird relevant, wenn zwei in Frage kommende Rechtsgebiete Vorgaben für die untersuchte Fallgestaltung enthalten. Wie die vorstehende Untersuchung ergeben hat, enthalten sowohl das Arbeitskampfrecht –insbesondere das Paritätsprinzip – als auch das BetrVG Vorgaben für die Bewertung der Zu-

---

[1] Siehe oben § 8.
[2] Siehe zuvor den 4. Teil.
[3] Siehe oben § 8 IV. und 9.
[4] Siehe § 11.
[5] Vgl. *Rüthers/Henssler*, Anm. zu BAG, Beschluss vom 16.12.1986 – 1 ABR 35/85, AP Nr. 13 zu § 87 BetrVG 1972 Ordnung des Betriebes, Bl. 1078 R, *Jansen*, betriebliche Mitbestimmung, S. 43 m.w.N.; ähnlich *Patett*, Arbeitskampffernwirkungen, S. 467, 474 ff.

lässigkeit von Betriebsvereinbarungen mit Arbeitskampfbezug. Daher ist näher auf die Rechtsgebietskonkurrenz einzugehen.

I. Behandlung der Konkurrenz

Die methodische Behandlung der Rechtsgebietskonkurrenz wird häufig vernachlässigt.[6] Allgemeine Überlegungen zur Rechtsgebietskonkurrenz werden nur selten angestellt.[7] Auch die Entscheidungen des BAG lassen eine detaillierte Auseinandersetzung mit dem Konkurrenzverhältnis zwischen BetrVG und Arbeitskampfrecht vermissen.[8] Bei der Rechtsprechung des BAG bleibt unklar, aus welchem konkreten *Rechts*gedanken das Gericht eine Beschränkung der betrieblichen Beteiligungsrechte herleiten will. Das BAG hat sich vielmehr in der Regel mit einem vagen Hinweis begnügt.[9]

Für die nähere Untersuchung der Rechtsgebietskonkurrenz ist als Ausgangspunkt der Grundsatz der Einheit der Rechtsordnung[10] zu Grunde zu legen. Aufgrund der Einheit der Rechtsordnung sind Wertungswidersprüche zwischen verschiedenen Rechtsgebieten, die sich in der Anordnung widersprüchlicher Rechtfolgen niederschlagen, aufzulösen. Zur Behebung der Widersprüche kommen im Ergebnis zwei Möglichkeiten in Betracht: Entweder ist eines der beteiligten Rechtsgebiete vorrangig und verdrängt das andere, oder beide Rechtsgebiete sind gleichrangig. Dann müssen sie einander angeglichen werden.[11]

---

[6] Vgl. etwa: *Wank*, RdA 1991, 129, 130 f.; *Waltermann*, RdA 1996, 129 ff.: beide zur Konkurrenz zwischen Tarifrecht und Betriebsverfassungsrecht – Abgrenzung der Regelungsbefugnisse von Tarif- und Betriebsparteien; *Isensee*, DB 1985, 2681, 2682 ff.; *Denck*, BB 1986, 252, 253 ff: jeweils zum Verhältnis von Arbeitskampfrecht und Sozialversicherungsrecht im Hinblick auf § 116 AFG. Vgl. auch *Vollmer*, DB 1979, 355, 358.

[7] So aber *Wank*, Arbeitnehmer, S. 385 ff.; *Engisch*, Einheit, S. 61 ff.; *Joch*, Mitbestimmungsgesetz, S. 63 ff.; *Jansen*, betriebliche Mitbestimmung, S. 43 ff.

[8] So auch die Kritik unter anderem von *Rüthers/Henssler*, Anm. zu BAG, Beschluss vom 16.12.1986 – 1 ABR 35/85, AP Nr. 13 zu § 87 BetrVG 1972 Ordnung des Betriebes, Bl.1078 R, die dies als die wohl schwerwiegendste Schwäche des begutachteten Beschlusses ansehen.

[9] So hat es beispielsweise ausgeführt, dass der Arbeitgeber „anderenfalls nicht mehr frei entscheiden könne, ob und wie eine Kampfmaßnahme durchgeführt werde": Vgl. BAG, Beschluss vom 16.12.1986 – 1 ABR 35/85, AP Nr. 13 zu § 87 BetrVG 1972 Ordnung des Betriebes, Bl. 4. Aufgrund der Ungenauigkeit der Argumentation kann diese den Anforderungen einer juristischen Begründung nicht genügen.

[10] Die Annahme, dass die Rechtsordnung nicht in eine Vielzahl zusammenhangloser, möglicherweise auch in sich widersprüchlicher Einzelwertungen zerfällt, gehört zu den Voraussetzungen juristischer Methodik. Vgl. *Larenz*, Methodenlehre, S. 19 f.; 165 ff.; *Canaris*, Systemdenken, S. 13 f.; 16 f.; *Fabricius*, Arbeitsrecht, S. 1, 28; *Rüthers*, Rechttheorie, Rn. 770 ff m.w.N.; Vgl. auch *Wank*, Arbeitnehmer, S. 385 ff.; *Röhl*, Rechtslehre, S. 458 ff.; *Hesse*, Grundzüge, § 2 IV.1.

[11] Vgl. *Wank*, Arbeitnehmer, S. 386.

Die Behandlung der Rechtsgebietskonkurrenz ist dabei eindeutig, wenn eine gesetzliche Konkurrenzregel existiert.[12] Wenn eine der beiden Rechtsgebiete eine Vorschrift enthält, die das Verhältnis der beiden Gebiete ausdrücklich regelt, ist der Rechtsanwender daran gebunden. Existiert dagegen keine derartige Vorschrift, ist zu untersuchen, ob sich aus einem der Regelungskomplexe ein Vorrang vor dem anderen ergibt. Hierbei stellt sich die Frage, wie die Rangfolge der Rechtsgebiete genau zu bestimmen ist. Kann auch eine Vorranglösung nicht begründet werden, sind die konkurrierenden Rechtsgebiete im Wege der „praktischen Konkordanz" anzugleichen.[13] Ziel der „praktischen Konkordanz" ist es, die Wertungen beider Gebiete möglichst umfassend zum Tragen kommen zu lassen. Dies entspricht den Grundsätzen, die im Verfassungsrecht zur Lösung von Grundrechtskollisionen anerkannt sind.[14]

Die Rechtsgebietskonkurrenz soll im Folgenden anhand der vorgenannten Schritte untersucht werden.

II. Gesetzliche Konkurrenzregeln

Zunächst ist zu klären, ob eine gesetzliche Konkurrenzregel existiert.

1. § 74 Abs. 2 Satz 1 BetrVG

Wie oben dargelegt wird teilweise die Auffassung vertreten, dass die Frage der Zulässigkeit von Betriebsvereinbarungen mit Arbeitskampfbezug allein mit Hilfe des § 74 Abs. 2 Satz 1 BetrVG zu lösen sei.[15] Nach dieser Auffassung stellt die Norm eine gesetzliche Konkurrenzregel für das Verhältnis von Arbeitskampfrecht und Betriebsverfassungsrecht dar. Aus der Norm ergebe sich die Notwendigkeit, betriebsverfassungsrechtliche Beteiligungsbefugnisse an die veränderte Situation des Arbeitskampfes anzupassen.[16]

---

[12] Beispiel für eine Konkurrenzregel (die allerdings mit zahlreichen Zweifelsfragen behaftet ist, ist § 146 SGB III (116 AFG a.F.), nach dessen Abs. 1 Satz 1 durch die Leistung von Arbeitslosengeld nicht in den Arbeitskampf eingegriffen werden darf. Vgl. *Säcker*, Gruppenparität, S. 85 (m.w.N.): „Die Norm will gerade Wertungswidersprüche zwischen Arbeitskampfrecht und Sozialrecht vermeiden." Ein weiteres Beispiel ist § 71 Abs. 3 S. 4 BPersVG: Die Vorschrift ordnet im Hinblick auf die Konkurrenz von Haushaltsrecht und Personalvertretungsrecht einen Vorrang des Haushaltsrechts an, den die Einigungsstelle zu beachten hat.

[13] Vgl. *Gamillscheg*, § 6 IV. 2. S. 239; *Jansen*, betriebliche Mitbestimmung, S. 49 ff., "Angleichung der Rechtsgebiete" m.w.N.

[14] *Hesse*, Grundzüge, § 10 II. 2.; *Stern*, Staatsrecht III 2, § 82 II 4., S. 626 ff.

[15] Vgl. oben § 17, Fn. 8.

[16] So beispielsweise ausdrücklich *Kraft*, FS für G. Müller, S. 265, 273 f.

Wie erörtert ergibt jedoch eine Auslegung des § 74 Abs. 2 Satz 1 BetrVG, dass diese Norm keine Regelung über die Zulässigkeit von Betriebsvereinbarungen mit Arbeitskampfbezug enthält.[17] Wortlaut, Entstehungsgeschichte und Gesetzeszweck stehen der Annahme entgegen, dass dieser Regelung die Funktion einer Konkurrenzregel zukommt. Insoweit wird auf die obigen Ausführungen verwiesen. § 74 Abs. 2 Satz 1 BetrVG kann daher nicht als gesetzliche Konkurrenzregel herangezogen werden.

2. § 2 Abs. 1 BetrVG

Von einigen Vertretern des Ansatzes, der das BetrVG als relevantes Rechtsgebiet zur Bewertung von Betriebsvereinbarungen mit Arbeitskampfbezug zugrunde legt, wird § 2 Abs. 1 BetrVG als relevante Norm herangezogen.[18]

Wie dargelegt lassen sich aus § 2 Abs. 1 BetrVG jedoch keine Vorgaben für Betriebsvereinbarungen mit Arbeitskampfbezug ableiten.[19] Im übrigen spricht die Gestaltung des § 2 Abs. 1 BetrVG als Generalklausel[20] gegen die Heranziehung als allgemeine Konkurrenzregel. Es ist eine Konkretisierung der Vorschrift durch Bildung von Fallgruppen erforderlich, um deren Anwendungsbereich bestimmen zu können.[21] So haben sich bei der Anwendung des § 2 Abs. 1 BetrVG unterschiedliche Argumentationsansätze gegen die Zulässigkeit von betrieblichen Arbeitskampfregelungen gebildet.[22] Die Verwendung der Regelung als Konkurrenzklausel würde daher die Gefahr der schwierigen Handhabung und der Rechtsunsicherheit bergen. Auch in § 2 Abs. 1 BetrVG kann daher keine gesetzliche Konkurrenzregel zwischen Arbeitskampfrecht und Betriebsverfassungsrecht gesehen werden.

3. § 77 Abs. 3 BetrVG

Als mögliche Konkurrenzregel könnte auch § 77 Abs. 3 BetrVG in Betracht kommen.[23]

---

[17] Siehe oben § 17 II. 1. c. bb.
[18] Vgl. oben § 19. I. 1.
[19] Vgl. oben § 19.
[20] Vgl. hierzu *Weber*, Zusammenarbeit S. 179 ff.
[21] Dazu *Wank*, Rechtsfortbildung, S. 145 ff.; *Weber*, Zusammenarbeit S. 179 ff.; *Haubelt*, Konkretisierung, S. 33. ff., 100 ff.; *Jansen*, betriebliche Mitbestimmung, S. 90 ff; Zur Generalklausel im methodischen Sinn *Weber*, AcP 192 (1992), S. 516 ff.
[22] Vgl. oben § 19 I. 1.
[23] Siehe hierzu auch *Jahnke*, Tarifautonomie, S. 141 ff.

a. Meinungsstand

§ 77 Abs. 3 Satz 1 BetrVG statuiert einen Vorrang des Tarifvertrages vor der Betriebsvereinbarung. Nach dieser Norm können Arbeitsentgelte und sonstige Arbeitsbedingungen, die durch Tarifvertrag geregelt sind oder üblicherweise geregelt werden, nicht Gegenstand einer Betriebsvereinbarung sein. Fraglich ist, ob sich hieraus eine allgemeine Konkurrenzregelung zwischen Arbeitskampfrecht und Betriebsverfassungsrecht ableiten lässt. Die Norm könnte den allgemeinen Vorrang der Tarifautonomie gegenüber der Betriebsverfassung anordnen.[24] Da der Arbeitskampf ein Hilfsinstrument der Tarifautonomie darstellt,[25] könnte diese Konkurrenzverhältnis dann auch zugunsten des Arbeitskampfrechts gelten.[26]

Teilweise ist darauf verwiesen worden, dass § 77 Abs. 3 BetrVG nicht nur hinsichtlich des Regelungsziels, sondern auch hinsichtlich des Durchsetzungsmittels – also hinsichtlich des Arbeitskampfes – als Konkurrenznorm das Verhältnis von Arbeitskampfrecht und Betriebsverfassungsrecht regele.[27]

Andererseits wird davon ausgegangen, dass die Norm kein generelles Rangverhältnis von Tarifautonomie und Betriebsverfassung anordne.[28] Vielmehr sei grundsätzlich gerade ein Nebeneinander der beiden Rechtsgebiete gewollt. Als Begründung wird angeführt, dass nach der Zuständigkeitsverteilung des § 77 Abs. 3 BetrVG die Regelungsmaterie des BetrVG strikt vom Tarifrecht und vom Arbeitskampfrecht getrennt werde. Die Funktion des § 77 Abs. 3 BetrVG wird dabei unterschiedlich gedeutet. Zum einen wird davon ausgegangen, die Regelung diene lediglich dazu, die Kompetenzbereiche von Tarif- und Betriebsparteien gegeneinander abzugrenzen.[29] Nach der überwiegenden Ansicht bezweckt die Vorschrift jedoch über diese Abgrenzungsfunktion hinaus

---

[24] Vgl. hierzu *Hanau/Adomeit*, Arbeitsrecht, D I 5 b, S. 124; *Hanau*, Anm. AR-Blattei [D] Betriebsverfassung IX, Entscheidung 37, unter 1.; *Hanau*, Anm. AR-Blattei, [D] Arbeitskampf I: Entscheidung 18; *Heinze*, Personalplanung, Rn. 433; ders. Anm. SAE 1980, S. 223, 224 f.; *Konzen*, BB 1977, 1307, 1308; *Säcker*, ZfA 1972, Sonderheft, S. 41, 42 ff.

[25] Vgl. oben § 6 I. 1. a. aa.

[26] So *Hanau*, Anm. zu BAG, Urteil vom 14.02.1978 – 1 AZR 54/76, AR-Blattei D Betriebsverfassung IX, Entscheidung 37, unter 1.

[27] *Heinze*, Personalplanung, Rn. 433; ders. Anm. zu BAG, Urteil vom 06.03.1979 – 1 AZR 866/77, SAE 1980, S. 223, 225; *Hanau*, Anm. zu BAG, Urteil vom 14.02.1978 – 1 AZR 54/76, AR-Blattei D Betriebsverfassung IX, Entscheidung 37, unter 1.

[28] *Jahnke*, Tarifautonomie, S. 141 ff.; *ders.*, ZfA 1984, S. 69, 86; vgl. auch *Richardi*, FS 10 Jahre deutsche Richterakademie, S. 111, 112, 115; *Heinze*, DB Beilage, 23/1982, S. 9; *Reuter*, RdA 1994, 152, 154 geht mit einem Verweis auf die Vielzahl von tarifwidrigen Betriebsvereinbarungen davon aus, dass § 77 Abs. 3 BetrVG mangels sozialer Akzeptanz nicht mehr geltendes Recht sei.

[29] *Fabricius*, Anm. zu BAG, Beschluss vom 08.12.1970 – 1 ABR 20/70, AP Nr. 28 zu § 59 BetrVG 1952, Bl. 759, 761 ff.; *Eickelberg*, Betriebsvereinbarung, S. 124.

den Schutz der Tarifautonomie vor konkurrierenden betrieblichen Regelungen.[30] Die Betriebsvereinbarung solle nicht zum „Ersatztarifvertrag" für alle Arbeitnehmer einschließlich der Außenseiter werden.[31]

Da die Funktion des § 77 Abs. 3 BetrVG als Konkurrenzregel zwischen beiden Rechtsgebieten umstritten ist, ist auf die Vorschrift näher einzugehen.

b. Auslegung der Norm

Durch Auslegung der Norm ist deren Inhalt zu bestimmen.

aa. Wortlaut

Nach dem Wortlaut der Vorschrift regelt diese nur das Verhältnis der Normsetzung zwischen Tarifparteien und Betriebsparteien in dem Bereich der „Arbeitsentgelte und sonstigen Arbeitsbedingungen". § 77 Abs. 3 BetrVG privilegiert den Tarifvertrag gegenüber der Betriebsvereinbarung, soweit es sich um den Regelungsgegenstand „Arbeitsentgelte oder sonstige Arbeitsbedingungen" handelt. Die Norm bestimmt, dass im Falle konkurrierender Regelungen tarifvertragliche Regelungen vorgehen, wenn nicht betriebliche Regelungen ausdrücklich durch eine Öffnungsklausel im Tarifvertrag zugelassen werden. Darüber hinaus gibt der Wortlaut der Norm für eine Regelung des Verhältnisses von Tarifautonomie und Arbeitskampfrecht einerseits und Betriebsverfassung andererseits nichts her. Ihrem Wortlaut nach regelt die Vorschrift lediglich den Bereich, der durch Betriebsvereinbarungen in Abgrenzung zum Tarifvertrag geregelt werden kann. Eine generelle Regelung für das Verhältnis der Regelungskomplexe untereinander ergibt sich hieraus nicht.

bb. Entstehungsgeschichte

Gemäß den Gesetzesmaterialien bestimmt § 77 Abs. 3 BetrVG den Vorrang des Tarifvertrages vor der Betriebsvereinbarung und soll dadurch dem „Vorrang der Tarifautonomie" Rechnung tragen.[32] Dabei bleibt allerdings offen, ob hiermit lediglich der Vorrang des Tarifvertrages vor der Betriebsvereinbarung gemeint ist, oder ob ein allgemeiner Vorrang der Tarifautonomie vor der Betriebsverfassung begründet werden soll.

---

[30] BAG GS, Beschluss vom 03.12.1991 – GS 2/90, AP Nr. 51 zu § 87 BetrVG 1972 Lohngestaltung, Bl. 5 f. m.w.N. aus der Rechtsprechung; *Jahnke*, Tarifautonomie, S. 145 f. m.w.N. in Fn. 20; *Galperin/Löwisch*, BetrVG, § 77 Rn. 73 f.; *Dietz/Richardi*, § 77 BetrVG, Rn. 176; GK-*Kreutz*, BetrVG, § 77 Rn. 66 m.w.N.; *Zöllner/Loritz*, Arbeitsrecht, § 46 II 6, S. 538 f.

[31] Vgl. *Dietz/Richardi*, BetrVG, § 77 Rn. 173.

[32] BT-Drucksache, VI/1786, S. 47.

In den Gesetzesmaterialien wird weiter ausgeführt, die Vorschrift solle die Aufgaben und Funktionen der Gewerkschaften als Tarifpartner verdeutlichen und insoweit eine klare Abgrenzung zur Regelungsbefugnis des Betriebsrats treffen.[33] In der Begründung zum Regierungsentwurf wird ausgeführt, § 77 Abs. 3 BetrVG solle verhindern,

> „daß der persönliche Geltungsbereich von Tarifverträgen auf einem anderen als dem hierfür vorgesehenen Weg der Allgemeinverbindlicherklärung nach dem Tarifvertragsgesetz ausgedehnt wird."[34]

Dies spricht für die Annahme, dass der Gesetzgeber lediglich Tarifverträge vor der Aushöhlung durch Betriebsvereinbarungen schützen wollte.[35] Es finden sich in den Gesetzesmaterialien jedenfalls keine ausdrücklichen Hinweise dafür, dass durch § 77 Abs. 3 BetrVG generell das Verhältnis zwischen Tarifvertragsrecht und Arbeitskampfrecht sowie Betriebsverfassungsrecht geregelt werden sollte.

cc. Systematische Stellung

Die hier untersuchte Vorschrift ist im dritten Absatz des § 77 BetrVG platziert, der die Überschrift „Durchführung gemeinsamer Beschlüsse, Betriebsvereinbarungen" trägt. § 77 BetrVG steht im ersten Abschnitt „Allgemeines" des Vierten Teils des BetrVG „Mitwirkung und Mitbestimmung der Arbeitnehmer".

Die systematische Stellung spricht dabei gegen eine Funktion des § 77 Abs. 3 BetrVG als generelle Kollisionsregel zwischen Arbeitskampfrecht und Betriebsverfassungsrecht. Falls der Vorschrift diese Funktion zugedacht war, wäre es naheliegend gewesen, diese in den ersten Teil des BetrVG „Allgemeine Vorschriften" einzufügen. In diesem Teil ist unter anderem die Stellung der Gewerkschaften und Arbeitgeberverbände in der Betriebsverfassung geregelt (§ 2 BetrVG). Zudem ergibt sich aus § 3 BetrVG, dass die Betriebsverfassung nicht zur Disposition der Tarifparteien gestellt ist.[36] Tarifparteien dürfen zwar durch Tarifverträge die Beteiligungsrechte des Betriebsrats erweitern,[37] bzw. unter gewissen Voraussetzungen die Strukturen der Organisation der Interessenvertretung ändern, nicht jedoch den betriebsverfassungsrechtlichen

---

[33] Vgl. den Bericht des 10. Ausschusses zu BT-Drucksache, VI/2729, S.11.

[34] BT-Drucksache, VI/1786, S. 47.

[35] So auch *Jahnke*, Tarifautonomie, S. 145 f.

[36] Vgl. auch BAG, Beschluss vom 18.08.1987 – 1 ABR 30/86, AP Nr. 23 zu § 77 BetrVG, Bl. 68 ff.; BAG, Beschluss vom 10.02.1988 – 1 ABR 70/86, AP Nr. 53 zu § 99 BetrVG, Bl. 1205 ff.

[37] Siehe vorherige Fn.

Schutzstandard verschlechtern.[38] Der erste Teil des BetrVG enthält damit unter anderem Vorschriften über das generelle Verhältnis von Betriebsparteien und Tarifparteien bzw. Tarifautonomie und Betriebsverfassung. Dass die Regelung des § 77 Abs. 3 BetrVG nicht dort, sondern in den Abschnitt über allgemeine Vorschriften von Betriebsvereinbarungen eingefügt worden ist, ist ein Anhaltspunkt dafür, dass sie keine generelle Konkurrenzregel darstellt, sondern deren Aussagegehalt sich auf die Regelung des Verhältnisses von Tarifverträgen und Betriebsvereinbarungen beschränkt.

dd. Teleologische Auslegung

§ 77 Abs. 3 BetrVG bezweckt zunächst, hinsichtlich desselben Regelungsgegenstandes ein Nebeneinander von tariflicher bzw. tarifüblicher Regelung und Betriebsvereinbarung auszuschließen. Darüber hinaus schützt § 77 Abs. 3 BetrVG die Gewerkschaften vor den Betriebsräten als Konkurrenten. Könnten durch Betriebsvereinbarungen die gleichen Regelungen wie durch Tarifvertrag vereinbart werden, würde die Attraktivität des Tarifvertrages geschmälert und der Anreiz für nicht organisierte Arbeitnehmer zum Gewerkschaftsbeitritt gemindert.

Der Sinn und Zweck des § 77 Abs. 3 BetrVG bestätigt daher die genannte zuständigkeitsabgrenzende Funktion der Vorschrift. Dagegen ergibt sich aus dem genannten Schutzgedanken des § 77 Abs. 3 BetrVG kein weitergehender Regelungsgehalt der Norm. Der von § 77 Abs. 3 BetrVG bezweckte Schutz der Gewerkschaften verlangt keinen generellen und umfassenden Vorrang des gesamten Tarif- und Arbeitskampfrechts in seiner konkreten Ausgestaltung vor dem Betriebsverfassungsrecht. Um den Schutzgedanken im Rahmen des § 77 Abs. 3 BetrVG zu wahren genügt es vielmehr, den Vorrang der tariflichen vor der betrieblichen Normsetzung zu sichern. Hierdurch wird eine Aushöhlung der Tarifverträge verhindert. Insbesondere wird – wie mit der Regelung bezweckt[39] - verhindert, dass der persönliche Geltungsbereich von Tarifverträgen auf einem anderen als dem hierfür vorgesehenen Weg der Allgemeinverbindlicherklärung nach dem TVG ausgedehnt wird. Damit wird dem Vorrang der Tarifautonomie Rechnung getragen. Auch der verfassungsrechtliche Schutz der Tarifautonomie durch Art. 9 Abs. 3 GG bedingt kein anderes

---

[38] *Galperin/Löwisch*, BetrVG, § 87 Rn. 15; GK-*Wiese*, BetrVG, § 87 Rn. 5; *D/K/K* (Hrsg.)-*Däubler*, Einl. Rn. 75 m.w.N.; vgl. auch F/K/H/E, BetrVG § 3 Rn. 2: Die vom Gesetz abweichenden Vertretungsstrukturen sollen entweder die Bildung eines Betriebsrats erleichtern oder einer sachgerechten Wahrnehmung der Interessen der Arbeitnehmer oder der Aufgaben des Betriebsrats diesen.

[39] Vgl. zuvor § 21, II. 3. b. bb. und BT-Drucksache VI/1786, S. 47.

Ergebnis.[40] Die Tarifautonomie wird durch die Regelung des § 77 Abs. 3 BetrVG nicht eingeschränkt, sondern gerade gestärkt. Ein weitergehender Schutz ist für die Erreichung des mit § 77 Abs. 3 BetrVG befolgten Zwecks nicht erforderlich.

Selbst für diesen Vorrang der tariflichen Normsetzung war es lange Zeit umstritten, ob dieser nur eingeschränkt für materielle oder auch für formelle Arbeitsbedingungen gilt.[41] Auch der Vorrang des Tarifvertrages vor der Betriebsvereinbarung wird daher zum Teil nicht umfassend anerkannt, sondern nur für materielle Bedingungen. Die Diskussion um den Umfang des Vorrangs des Tarifvertrages spricht auch dafür, dass sich die Funktion des § 77 Abs. 3 BetrVG in der zuständigkeitsabgrenzenden Funktion erschöpft, die auch einen Schutz der Gewerkschaften bewirkt. In jüngster Zeit ist sogar mehrfach eine einschränkende Auslegung der Vorrangklausel § 77 Abs. 3 BetrVG gefordert worden.[42]

Aus dem Gesetzeszweck des § 77 Abs. 3 BetrVG lässt sich damit nicht ableiten, dass der – eingeschränkte – Normsetzungsvorrang eine Konkurrenzregel zwischen Tarif- und Arbeitskampfrecht einerseits und Betriebsverfassung andererseits enthält.

c. Zwischenergebnis

§ 77 Abs. 3 Satz 1 BetrVG kann nicht als gesetzliche Konkurrenzregel herangezogen werden.

4. Fazit

Es existiert keine gesetzliche Vorschrift, die das Verhältnis von Arbeitskampfrecht und Betriebsverfassungsrecht regelt.

---

[40] Dieser umfasst wie dargelegt nicht das Tarif- und Arbeitskampfrecht in seiner konkreten Ausgestaltung, siehe oben § 6 I. 1. a. (2).

[41] Vgl. nur *F/K/H/E*, BetrVG, § 77 Rn. 63. Die heute überwiegende Ansicht geht von einer Geltung des § 77 Abs. 3 BetrVG sowohl für materielle als auch für formelle Arbeitsbedingungen aus.

[42] Vgl. § 1, Fn. 14 und 17 sowie *von Hoyningen-Huene*, Betriebsverfassungsrecht, S.220, der für eine einschränkende Auslegung des § 77 Abs. 3 BetrVG eintritt, nach der freiwillige Betriebsvereinbarungen stets zugelassen werden: „Volenti non fit iniuria"; *Reuter*, RdA 1991, 193 ff.

III. Rangverhältnis zwischen Arbeitskampf- und Betriebsverfassungsrecht

1. Ansatz zur Bestimmung des Rangverhältnisses

Da es keine Norm gibt, die das Verhältnis zwischen den Rechtsgebieten anordnet, ist zu untersuchen, ob sich aus einem der Regelungskomplexe ein Vorrang vor dem anderen ergibt.

Dabei ist zunächst zu klären, wie das Rangverhältnis zu bestimmen ist. Es existieren kaum anerkannte Regeln zur Bestimmung des Rangverhältnisses für die Fälle der Rechtsgebietskonkurrenz.

Die Regeln für die Konkurrenz von Rechtsnormen (Gesetzeskonkurrenz)[43] sind nicht ohne weiteres auf Rechtsgebietskonkurrenzen übertragbar. Der Grundsatz: Lex specialis derogat legi generali (das speziellere Gesetz verdrängt das Allgemeinere) passt nur selten auf Rechtsgebiete. Für die Rechtsgebiete des Arbeitskampfrechts und des Betriebsverfassungsrechts gilt keine Spezialität, da die Rechtsgebiete andere Bereiche betreffen. Auch der Grundsatz: Lex posterior derogat legi priori (das jüngere Gesetz ist vorrangig vor dem Älteren) kann nicht ohne weiteres auf die Rechtsgebietskonkurrenz übertragen werden. Zunächst ist aufgrund der Tatsache, dass häufig einzelne Vorschriften eines Rechtsgebietes geändert werden, die Feststellung schwierig, welches Gebiet das „jüngere" ist. Diese Problematik wird noch verstärkt, wenn ein Rechtsgebiet wie das Arbeitskampfrecht nicht gesetzlich, sondern überwiegend richterrechtlich ausgestaltet ist. Zudem kann der Gesetzgeber bei Neuschaffung eines Rechtsgebietes die Konkurrenzproblematik leicht übersehen, so dass der Vorrang eines Rechtsgebietes zu unbefriedigenden Ergebnissen führen kann. Als Rangregel bleibt somit der allgemein anerkannte Grundsatz: Höherstufiges Recht ist vorrangig vor Recht niederer Rangstufen.[44] Es kommt daher darauf an, ob ein Rechtsgebiet in der Normenhierarchie vorrangig vor dem anderen ist.

2. Vorrang des Arbeitskampfrechts

Zum einen kommt ein Vorrang des Arbeitskampfrechts vor dem BetrVG in Betracht.

---

[43] Vgl. hierzu *Rüthers*, Rechtstheorie, 770 ff.; *Bydlinski*, Methodenlehre, S. 465, 572 f.

[44] Vgl. *Larenz*, Methodenlehre, S. 20. So ist Verfassungsrecht vorrangig vor einfachgesetzlichem Recht. Gemäß Art. 31 GG geht Bundesrecht jeglicher Rangstufe dem Landesrecht vor.

a. Art. 9 Abs. 3 GG

aa. Arbeitskampfrecht als Verfassungsrecht

Das Arbeitskampfrecht wäre zum einen vorrangig, wenn es als Verfassungsrecht zu qualifizieren wäre.[45]

Wie bereits dargelegt ist das Arbeitskampfrecht nicht (einfach-) gesetzlich geregelt.[46] Daher ist Art. 9 Abs. 3 GG die wichtigste Rechtsgrundlage für den Arbeitskampf.

Eine Zuordnung des gesamten Arbeitskampfrechts mit Art. 9 Abs. 3 GG zum Verfassungsrecht ist jedoch bereits abgelehnt worden.[47] Art. 9 Abs. 3 GG enthält eine institutionelle Garantie, nach der die konkrete Ausgestaltung der Arbeitskampfordnung nicht von dem Schutzbereich des Art. 9 Abs. 3 GG umfasst wird. Damit besteht kein Vorrang des gesamten Arbeitskampfrechts vor dem BetrVG. Es ist vielmehr zwischen dem Institut Arbeitskampf und dessen Ausgestaltung zu unterschieden.

Die Vereinbarung von betrieblichen Regelungen mit Arbeitskampfbezug betrifft dabei nicht das Institut Arbeitskampf. Es handelt sich bei der Bewertung der Zulässigkeit derartiger betrieblicher Regelungen um eine Frage der Ausgestaltung des Arbeitskampfrechts. Wie dargelegt kommt es für die Problematik, ob Betriebsvereinbarungen mit Arbeitskampfbezug gegen das Arbeitskampfrecht verstoßen darauf an, anhand welcher Kriterien dies gemessen wird und wie diese Kriterien im Einzelnen ausgestaltet werden.[48] Die Kriterien für die Bewertung der Zulässigkeit von Betriebsvereinbarungen mit Arbeitskampfbezug fallen damit nicht in den Schutzbereich des Art. 9 Abs. 3 GG. Damit ergibt sich aus Art. 9 Abs. 3 GG kein Vorrang der arbeitskampfrechtlichen Regelungen vor den Regelungen des Betriebsverfassungsrechts über Betriebsvereinbarungen.

bb. Grundprinzipien des Arbeitskampfrechts als Verfassungsrecht

Ferner ist zu prüfen, ob bestimmte Teile des Arbeitskampfrechts Konkretisierungen verfassungsrechtlicher Vorgaben darstellen, hinter denen das Betriebsverfassungsrecht zurücktreten muss.

---

[45] Teilweise wird davon ausgegangen, dass das Arbeitskampfrecht mit der Tarifautonomie grundrechtlichen Schutz genießt: Vgl. *Lambrich*, Tarifautonomie, S. 175, der aber eine verfassungsrechtliche Priorität vor der Betriebsautonomie ablehnt.

[46] Vgl. oben § 6 II. 1.

[47] Siehe oben § 6 I. 1. aa. (2).

[48] Vgl. oben § 11.

Dies gilt insbesondere für das Paritätsprinzip als wesentlichem Grundsatz des Arbeitskampfrechts. Wie bereits dargelegt gehört das annähernde Gleichgewicht bei Tarifverhandlungen zu den Grundvoraussetzungen eines funktionierenden Tarifsystems.[49] Das Verhandlungsgleichgewicht hängt dabei entscheidend vom Kräfteverhältnis der Tarifparteien während des Arbeitskampfes ab. Das Paritätsprinzip stellt daher eine Konkretisierung des Art. 9 Abs. 3 GG dar.[50] Auch das BVerfG hat in seiner Aussperrungsentscheidung vom 26.06.1991 klargestellt, dass „die Verhandlungsfähigkeit beider sozialer Gegenspieler" bei Tarifauseinandersetzungen zum unantastbaren „Kernbereich" des Art. 9 Abs. 3 GG gehört.[51] Die Tarifautonomie sei darauf angelegt, „ein annähernd gleichgewichtiges Aushandeln der Löhne und Arbeitsbedingungen zu ermöglichen". Das Paritätsprinzip ist damit als Zielvorgabe für die Arbeitskampfrechtsordnung verfassungsrechtlich verankert.

Wenn man von einem verfassungsrechtlichen Schutz des Paritätsgrundsatzes ausgeht, ist auch im Hinblick auf diesen Grundsatz zu fragen, wie weit der Schutz des Grundsatzes reicht. Es ist zu klären, welche Paritätserwägungen verfassungsrechtlich vorgegeben sind. Die Untersuchung des Paritätsprinzips hat gezeigt, dass es zahlreiche Möglichkeiten für die Konkretisierung des Paritätsgrundsatzes gibt.[52] Aus der Verfassung ergibt sich lediglich die Vorgabe, dass die Parität der Tarifpartner bei der Ausgestaltung der Arbeitskampfordnung zu berücksichtigen ist. Art. 9 Abs. 3 GG enthält dagegen keine Vorgaben, wie dies im Einzelnen zu geschehen hat.[53] Demgemäß gibt es auch unterschiedliche Ansichten, wie das Paritätsprinzip auszugestalten ist. Verfassungsrechtlich geschützt ist damit lediglich die Geltung, nicht aber der konkrete Inhalt des Paritätsprinzips. Insoweit verhält es sich mit dem Paritätsprinzip ebenso wie mit dem Tarifsystem, das auch lediglich in seiner Existenz, nicht jedoch in seiner konkreten Ausgestaltung dem verfassungsrechtlichen Schutz unterliegt. Der Grundsatz der Parität ist demnach – als Voraussetzung für eine funktionierende Tarifautonomie – über Art. 9 Abs. 3 GG gewährleistet und vom Gesetzgeber bei der Ausgestaltung der Rechtsordnung zu beachten. Nähere inhaltliche Vorgaben für Konkretisierung der Arbeitskampfparität enthält die

---

[49] Vgl. oben § 11 I.

[50] So auch *Seiter*, Streikrecht, S. 170 f. m.w.N.; *Raiser*, Aussperrung, S. 64 ff; *Rüthers*, Aussperrung, S. 70 ff.; *ders.*, Anm. EzA 37 zu Art. 9 GG, S. 424 a, 424 s m.w.N.; *Evers*, Arbeitskampffreiheit, S. 31 f. m.w.N.; *Heenen*, Kampfparität, S. 9 ff.; *Kalb*, Arbeitskampfrecht Rn. 52; *Jahn*, Beteiligung, S. 170 ff.; *Kisker*, RdA 1987, 194, 198 m.w.N.; *Belling*, Anm. EzA Nr. 70 zu Art. 9 GG Arbeitskampf, S. 18 f.; a.A. *Däubler*(Hrsg.)-*Colneric*, Arbeitskampfrecht, Rn. 752; *Lerche*, Zentralfragen, S. 64 ff.; *Kemper*, Koalitionsfreiheit, S. 190; *Wolter*, AuR 1979, S. 193, 195.

[51] BVerfG, Beschluss vom 26.06.1991 – 1 BvR 779/85, DB 1991, 1678, 1678.

[52] Vgl. oben § 11 I.

[53] Vgl. auch *Jahn*, Beteiligung, S. 179 ff.

Verfassung jedoch nicht. Insoweit besteht ein Gestaltungsspielraum für den Gesetzgeber bzw. die Rechtsprechung.

Die Vereinbarung von betrieblichen Regelungen mit Arbeitskampfbezug betrifft dabei nicht die verfassungsrechtlich gesicherte Geltung des Paritätsprinzips. Ob die Parität durch derartige Vereinbarungen beeinflusst wird, ist davon abhängig, wie der Inhalt des Paritätsprinzips bestimmt wird. Damit unterfällt der Abschluss von betrieblichen Regelungen als solches nicht dem verfassungsrechtlich geschützten Bereich des Paritätsgrundsatzes. Auch das Prinzip der Parität kann damit keinen Vorrang von arbeitskampfrechtlichen Regelungen vor dem Betriebsverfassungsrecht begründen.

Zudem ist zu bedenken, dass ein Vorrang des Arbeitskampfrechts gegenüber dem BetrVG nicht in Betracht käme, wenn der Gesetzgeber von seiner Gesetzgebungskompetenz Gebrauch gemacht hätte. In diesem Fall würden zwei ranggleiche Rechtsgebiete miteinander konkurrieren. Es besteht kein Grund dafür, das gesetzesvertretende „Richterrecht" höher einzustufen, als das Gesetz, das es vertreten soll. Die Tatsache, dass sich der Gesetzgeber der Materie des Arbeitskampfrechts bisher nicht angenommen hat, kann keine rangmäßige Besserstellung des Arbeitskampfrechts begründen.

cc. Zwischenergebnis

Sowohl Regelungen zur Ausgestaltung des Arbeitskampfrechts allgemein als auch Regelungen zur Ausgestaltung von dessen wesentlichen Prinzipien haben keine generelle Vorrangstellung vor dem einfachgesetzlichen Betriebsverfassungsrecht. Die Bewertung der Zulässigkeit von Betriebsvereinbarungen mit Arbeitskampfbezug ist eine Frage der Ausgestaltung des Arbeitskampfrechts und hierbei insbesondere des Paritätsgrundsatzes. Damit unterfällt diese Frage nicht dem Schutzbereich des Art. 9 Abs. 3 GG.

b. Regelungen des BetrVG

Zudem könnte sich aus dem Regelungskomplex Betriebsverfassungsrecht ein Rangverhältnis zugunsten des Arbeitskampfrechts ergeben. Wie zuvor dargelegt existiert keine spezielle Norm des BetrVG, die das Verhältnis von Betriebsverfassungsrecht und Arbeitskampfrecht regelt.[54]

Das BetrVG lässt in einigen Vorschriften eine abweichende Regelung durch Tarifvertrag und Betriebsvereinbarung nebeneinander zu, ohne das Verhältnis

[54] Siehe oben unter § 21 II.

konkurrierender kollektiver Regelungen näher zu bestimmen.[55] Es widerspricht ersichtlich dem Sinn dieser Vorschriften, eine betriebliche Regelung generell und ohne Rücksicht auf die Geltung eines konkurrierenden Tarifvertrages bei bloßer Tarifüblichkeit auszuschließen. Dies spricht gegen einen generellen Vorrang des Tarifvertragsrechts bzw. Arbeitskampfrechts vor dem Betriebsverfassungsrecht.

Außerdem ist auf § 3 BetrVG zu verweisen, aus dem sich ergibt, dass die Betriebsverfassung nicht zur Disposition der Tarifparteien gestellt ist.[56] Tarifparteien dürfen den betriebsverfassungsrechtlichen Schutzstandard nicht verschlechtern.[57] Hieraus folgt, dass die Betriebsverfassung einen eigenständigen Regelungsbereich gegenüber der Tarifautonomie hat und nicht unter allen Umständen hinter dieser zurücktritt. Es handelt sich vielmehr um zwei voneinander zu unterscheidende, selbständige Regelungskomplexe.

Aus den Regelungen des BetrVG kann daher kein generelles Rangverhältnis zwischen den relevanten Rechtsgebieten abgeleitet werden.

c. Zwischenergebnis

Im Hinblick auf den Vorrang des Arbeitskampfrechts ist eine differenzierte Betrachtungsweise vorzunehmen. Dem verfassungsrechtlichen Schutz des Art. 9 Abs. 3 GG unterfällt nur das Institut Arbeitskampf sowie dessen wesentliche Prinzipien als Institut. Somit besteht auch nur insoweit ein Vorrang vor dem Betriebsverfassungsrecht. Kein Vorrang besteht dagegen für Regelungen zur Ausgestaltung der Arbeitskampfordnung.

Da betriebliche Regelungen über den Arbeitskampf die Ausgestaltung des Arbeitskampfes betroffen, ist durch derartige Regelungen der Schutzbereich des Art. 9 Abs. 3 GG nicht betroffen. Folglich besteht für diesen Bereich auch kein Vorrang des Arbeitskampfrechts vor dem BetrVG.

Auch aus den Regelungen des BetrVG kann kein genereller Vorrang des Arbeitskampfrechts vor dem BetrVG begründet werden.

---

[55] Vgl. §§ 38 Abs. 1 Satz 3, 47 Abs. 4; 55 Abs. 4 Satz 1; 72 Abs. 4 und 86 BetrVG.
[56] Vgl. auch unter § 21 II. 3. b. cc.
[57] *Galperin/Löwisch*, BetrVG, § 87 Rn. 15; GK-*Wiese*, BetrVG, § 87 Rn. 5; *D/K/K-Däubler*, Einl. Rn. 75 m.w.N.

3. Vorrang des Betriebsverfassungsrechts

Da ein genereller Vorrang des Arbeitskampfrechts vor dem Betriebsverfassungsrecht nicht begründet werden kann, ist anders herum zu prüfen, ob sich ein Rangverhältnis zwischen Betriebsverfassungsgesetz und Arbeitskampfrecht ergibt, bei dem das Betriebsverfassungsrecht dem Arbeitskampfrecht vorgeht.

a. Rangverhältnis zwischen (einfachem) Gesetzesrecht und „Richterrecht"

Ansatzpunkt für den Vorrang des BetrVG vor dem Arbeitskampfrecht ist das mögliche Rangverhältnis zwischen Gesetzesrecht und „Richterrecht".[58] Das Betriebsverfassungsrecht ist einfaches Gesetzesrecht, während das Arbeitskampfrecht im Wesentlichen als „Richterrecht" ausgestaltet ist.[59] Die Rangstellung des richterrechtlichen Arbeitskampfrechts ist dabei umstritten.

Zur Bestimmung des Rangverhältnisses der Rechtsgebiete ist zu klären, welche Stellung dem arbeitskampfrechtlichen „Richterrecht" in der Normenhierarchie zukommt.

aa. Meinungsstand

Zur Bestimmung des Ranggefälles von richterrechtlichem Arbeitskampfrecht und einfachgesetzlichem BetrVG wird teilweise auf die Rechtsprechung des BAG zur Rechtmäßigkeit der Aussperrung verwiesen. Hiernach sei „Richterrecht" zum Bundesrecht als Teil des Bundesrechts anzusehen.[60] Es wird angeführt, dass nach Ansicht des BAG der Rang einer rechtsfortbildenden Grundsatzentscheidung innerhalb der Rechtsordnung nach der Rangstufe des Rechts zu bestimmen sei, durch das die Rechtsprechung ausgelegt oder er-

[58] Dieser Ansatz kann gemäß den vorgenannten Ausführungen nur insoweit gelten, als die Garantie des Art. 9 Abs. 3 GG nicht eingreift. Zum Begriff des Richterrechts siehe oben § 6 Fn. 1.

[59] Vgl. oben § 6 II., IV.

[60] Vgl. *Jansen*, Betriebliche Mitbestimmung, S. 116, m.w.N. in Fn. 96 mit Verweis auf BAG, Urteil vom 10.06.1980 – 1 AZR 168/79, AP Nr. 65 zu Art. 9 GG Arbeitskampf, Bl. 7 und BAG, Urteil vom 10.06.1980 – 1 AZR 822/79, AP Nr. 64 zu Art. 9 GG Arbeitskampf, Bl. 8.; vgl. zu dieser Einschätzung auch *Picker*, JZ 1988, S. 1, 2.; *Hilger*, Richterrecht, S. 113 ff., die den rechtssetzenden Charakter der richterlichen Rechtsfortbildung betont (andererseits aber appelliert, vom „Richterrecht" nicht ohne Not Gebrauch zu machen); anders *Lerche*, NJW 1987, 2465, 2742 m.w.N.: Dass allgemeinere Grundsätze die Entscheidung des Einzelfalles sozusagen „normativ" leiteten, mache sie nicht selbst zu Normen von der Qualität und Verbindlichkeit gesetzgeberisch gesetzten Rechts; kritisch auch *Scholz*, NJW 1972, 1771, 1773; eine allgemeine Übersicht über die Einordnung des Richterrechts im Vergleich zum Gesetzesrecht gibt z.B. *Bydlinski*, JZ 1985, S. 149. Zu den Wurzeln der heutigen Richterrechtsanerkennung vgl. *Picker*, JZ 1988, S. 1, 3 ff.

gänzt werde. Dies gelte nach Ansicht des Gerichts auch für das Arbeitskampfrecht, da das richterrechtliche Arbeitskampfrecht aus den Werteentscheidungen des Tarifrechts abzuleiten sei.[61]

Unter Berufung auf die Rechtsprechung des BAG wird davon ausgegangen, dass das Arbeitskampfrecht „gesetzesvertretendes Richterrecht" sei.[62] Dies sei auch vom BVerfG so akzeptiert worden. Das BVerfG habe zur Bewertung des „Richterrechts" zum Arbeitskampf die gleichen Grundsätze angelegt wie zur Bewertung von Gesetzen.[63] Zudem liefe die Werteentscheidung des Grundgesetzes zugunsten der Tarifautonomie ins Leere, wenn die arbeitskampfrechtliche Wertung stets hinter sämtlichen Bestimmungen des Gesetzesrechts zurücktreten müsste. Schließlich müsse „Richterrecht" nach der Sachlogik des Regelungszustandes bundeseinheitlich gelten.[64]

Andererseits wird aufgrund der fehlenden gesetzlichen Normierung des Arbeitskampfrechts die Ansicht vertreten, dem BetrVG komme eine Vorrangstellung vor dem Arbeitskampfrecht zu.[65] „Richterrecht" könne wegen Art. 20 Abs. 3 GG nicht förmliches Bundesrecht verdrängen.[66] Ferner sei die geringere

---

[61] So BAG, Urteil vom 10.06.1980 – 1 AZR 168/79, AP Nr. 65 zu Art. 9 GG Arbeitskampf, unter B. II. 3. der Gründe, Bl. 7; BAG, Urteil vom 10.06.1980 – 1 AZR 822/79, AP Nr. 64 zu Art. 9 GG Arbeitskampf, Bl. 8.

[62] *Jansen*, Betriebliche Mitbestimmung, S. 113 ff.; Vgl. zum Richterrecht zur Aussperrung: *Rüthers*, Aussperrung, S. 57 ff.; *Säcker*, Koalitionsfreiheit, S. 86; *Fikentscher*, Methoden, S. 313 ff.; a.A.: *Ipsen*, DVBl. 1984, S. 1102, 1107; *Wenzel*, DB 1981, 1135, 1135 f. mit Verweis auf BAG v. 10.06.1980 – 1 AZR 168/79, AP Nr. 65 zu Art. 9 GG Arbeitskampf, Bl. 6 R., wonach der Erste Senat des BAG die richterrechtlichen Normen des Arbeitskampfrechts zum bloßen Diskussionsmodell erklärt habe. Laut dieser Entscheidung sei es nicht zulässig, aus der Rechtsprechung verbindliche Normen für die Rechtspraxis abzuleiten.

[63] Mit Verweis auf BVerfG, E 82, S. 212, 228 f.: „Soweit das BAG selbst die Grundsätze entwickelt hat, an denen es die streitigen Arbeitskampfmaßnahmen misst, hat das BVerfG zu prüfen, ob auch der Gesetzgeber solche Rechtssätze nicht ohne Verletzung von Grundrechten der Beschwerdeführerin hätte erlassen können."

[64] *Jansen*, Betriebliche Mitbestimmung, S. 117.

[65] *Jahn*, Beteiligung, S. 165 ff.; *Patett*, Arbeitskampffernwirkungen, S. 474 f.: das Richterrecht muss gesetzeskonform reduziert werden und nicht umgekehrt; *Mayer*, AuR 1980, S. 65, 69 f.; *ders.*, BB 1990, S. 2482, 2487; *Wolter*, AuR 1979, S. 333, 336; *Bieback/Mayer*, AuR 1982, S. 169, 170 f.; *Bobke*, BlStSozArbR 1980, S. 129, 132; Zur Frage, ob Richterrecht überhaupt eine eigene Rechtsquelle darstellt: *Rüthers*, Rechtstheorie, S. 254 ff.; *Larenz*, Methodenlehre, S. 252 ff., *Bydlinski*, Methodenlehre, S. 502 ff.; *Adomeit*, Rechtsquellenfragen, S. 37 ff.; *Picker*, JZ 1988, S. 153, 154 ff. Allgemein zu „Gefahren" des Richterrechts vgl. *Herschel*, RdA 1984, S. 214; *Picker*, JZ 1988, S. 62, 65 ff. („Gefahr rechtsferner Subsysteme").

[66] Gegen eine Legitimation des „Richterrechts" *F. Müller*, Richterrecht, S. 110 f.: „Richterrecht überschreitet als solche die Grenze der Zulässigkeit"; *ders.*, Richterliche Rechtsfortbildung; zu diesen Abhandlungen *Sendler*, NJW 1987, S. 3240 ff. sowie *Rüthers*, AöR 1988, S. 269 ff. „Echte Legitimationsprobleme" hinsichtlich gesetzeskorrigierenden und gesetzesvertretenden Richterrechts sieht auch *Ossenbühl*, Richterrecht, S. 18 ff.; zur Bindung an Gesetz und Recht vgl. auch *Heußner*, Richterrecht, S. 317, 318 ff.

demokratische Legitimation des „Richterrechts" zu bedenken, das nicht wie das vom Parlament beschlossene Gesetz im politischen Willensbildungsprozess entstehe.[67]

bb. Stellungnahme

In Bezug auf die Auffassung, die arbeitskampfrechtliches „Richterrecht" als einfaches Bundesrecht ansieht, ist meines Erachtens zunächst zur Klarstellung hervorzuheben, dass auch diese Ansicht grundsätzlich nicht sämtliche Gerichtsentscheidungen dem Gesetzesrecht gleichstellt.[68] Sie bezieht sich vielmehr mehrheitlich ausdrücklich auf „rechtsfortbildende Grundsatzentscheidungen".[69] Die Qualifikation als Gesetzesrecht wird für bestimmte Grundsätze angenommen, die durch ein höchstrichterliches Gericht aufgestellt sind, über eine lange Zeit beibehalten wurden und zumindest mittelbar auch vom Gesetzgeber anerkannt worden sind.[70] So betont *Rüthers* im Hinblick auf die Qualifikation der Rechtsprechung des BAG zur Rechtmäßigkeit der Aussperrung als (Bundes-) Gesetzesrecht, die Aussperrung sei gerade nicht allein oder auch nur in erster Linie eine Schöpfung des „Richterrechts"; vielmehr gehöre sie zum gesicherten Bestand der geschichtlich gewachsenen und rechtlich in verschiedenen Bereichen und Schichten legitimierten Ordnung des Arbeitskampfes.[71] Zudem sei dieses Kampfmittel durch eine in mehr als zwei Jahrzehnten gewachsene und vom Gesetzgeber bewusst bestätigte Rechtsprechung als Bestandteil des Bundesrechts verbürgt.[72] Im übrigen sieht auch *Rüthers* im Ergebnis nur die prinzipielle Zulässigkeit des Kampfmittels Aussperrung und dessen gesetzlich geregelte Rechtsfolgen als bindend an.[73] Dann kann auch nur die Gleichstellung mit Gesetzesrecht diese wesentlichen Bereiche betreffen.

Das BAG hat bisher keine derartige Grundsatzentscheidung zur Zulässigkeit von Betriebsvereinbarungen mit Arbeitskampfbezug getroffen.[74] Damit steht insoweit keine Gleichstellung mit der Betriebsverfassung in Frage.

Da das BAG und ein Teil des Schrifttums für die Zulässigkeit derartiger Betriebsvereinbarungen den Paritätsgrundsatz zu Grunde legen, ist zudem darauf einzugehen, ob gegebenenfalls Entscheidungen des BAG zur Bewertung

[67] Vgl. hierzu *Heußner*, Richterrecht, S. 317, 319 m.w.N.
[68] Vernachlässigt wird dies m.E. von *Jansen*, Betriebliche Mitbestimmung, S. 113 ff., 115 f.; vgl. zu diesem Themenbereich auch *Lerche*, NJW 1987, 2465, 2470.
[69] *Rüthers*, Aussperrung, S. 62; vgl. auch *Jahn*, Beteiligung, S. 166.
[70] Vgl. *Rüthers*, Aussperrung, S. 62.
[71] *Rüthers*, Aussperrung, S. 62.
[72] Vgl. vorherige Fn.
[73] *Rüthers*, Aussperrung, S. 63.
[74] Vgl. hierzu bereits oben unter § 8 IV. 2. und § 9 III.

der Paritätssituation als relevante „Grundsatzentscheidungen" anzusehen sind. Dies ist aber insbesondere deshalb fraglich, da das BAG in seinen Entscheidungen vom 10.06.1980 ausdrücklich darauf hingewiesen hat, dass es nicht seine Aufgabe sei, abstrakte Grundsätze aufzustellen.[75] Das BAG hat sich demnach in seinen Entscheidungen auch betont eng an den jeweils zu beurteilenden Sachverhalt gehalten.[76] Es hat davon Abstand genommen, umfassende allgemeingültige Grundsätze für die Bewertung der Paritätssituation aufzustellen und sich nicht umfassend geäußert, welche Paritätsfaktoren im Allgemeinen gelten sollen. Vielmehr hat es lediglich zu den Faktoren Stellung genommen, die es zur Entscheidung des konkreten Sachverhaltes für erforderlich hielt. Das BAG hat dadurch zwar einige Grundsätze zur Bewertung der Parität genannt.[77] Durch diese Grundsätze ist aber kein umfassendes und eindeutiges System zur Paritätsbewertung geschaffen worden.[78] Zudem hat das BAG häufig in nachfolgenden Entscheidungen offen gelassen, ob es seine zuvor aufgestellten Grundsätze anwendet, oder ob es die Paritätssituation anhand anderer Kriterien beurteilt. So hat das BAG insbesondere nicht deutlich gemacht, ob es an der von ihm in den Entscheidungen vom 10.06.1980 befürworteten tarifbezogenen Betrachtungsweise festhält und ob es eine abstrakte oder konkrete Betrachtungsweise für erforderlich hält.[79] Ferner hat das BAG sich selbst nicht konsequent an die von ihm aufgestellten Grundsätze zur Bewertung der Paritätssituation gehalten. Damit kann im Hinblick auf die Kriterien zur Bestimmung der Parität nicht von einer gefestigten Rechtsprechung ausgegangen werden.[80] Die fraglichen Entscheidungen des BAG können somit nicht als „rechtsfortbildende Grundsatzentscheidungen" im vorgenannten Sinne angesehen werden. Bereits dies spricht gegen eine Gleichstellung der hier relevanten Rechtsprechung des BAG mit Gesetzesrecht. Dies gilt unabhängig davon, ob man grundsätzlich dem Ansatz folgt, dass rechtsfortbildende Grundsatzentscheidungen zum Bundesrecht als Teil des Bundesrechts anzusehen seien.

Auch generell sind aber gegenüber der Auffassung, die rechtsfortbildende Grundsatzentscheidungen des BAG zum Bundesrecht als Teil des Bundesrechts ansieht, Bedenken anzumelden. Zum einen sind meines Erachtens die

[75] Vgl. hierzu bereits oben § 11 II. 4. a. bb. sowie § 11 II. 4. c. aa. (1).
[76] Vgl. hierzu bereits oben § 11 II. 4. a. bb.
[77] Siehe oben § 11 II. 4. c. aa. (1). Dies gilt insbesondere für die Entscheidungen des 1. Senats vom 10.06.1980.
[78] Siehe oben § 11 II. 4. c. aa. (1) und (2).
[79] Siehe näher oben § 11 II. 4. c. aa. (2).
[80] *Wenzel*, DB 1981, 1135, 1135 kritisiert an den Entscheidungen des Ersten Senats vom 10.06.1980, diese hätten tiefgreifende methodische Unsicherheiten aufgedeckt, die den gesamten Rechtsbetrieb in Frage stellten.

Zitate aus der Rechtsprechung des BAG[81] sowie des BVerfG[82] zur Aussperrung aus dem Zusammenhang genommen. Das BAG hat in den genannten Entscheidungen zu der Frage Stellung genommen, ob bundesrichterrechtliches Arbeitskampfrecht dem Landesrecht vorgeht.[83] Es ging um die Frage, ob „Richterrecht" als Bundesrecht im Sinne des Art. 31 GG anzuerkennen sei. In diesem Zusammenhang hat das BAG ausgeführt, dass es verfehlt wäre, eine unmittelbare Rangordnung zwischen der Rechtsprechung des Bundesgerichts und dem Landesrecht herstellen zu wollen.[84] Daher sei der Rang einer rechtsfortbildenden Grundsatzentscheidung innerhalb der Rechtsordnung nach der Rangstufe des Rechts zu bestimmen, das durch die Rechtsprechung ausgelegt und ergänzt wird. Das Gericht hat sich damit nicht unmittelbar zu dem Verhältnis von „Bundesrichterrecht" zu gesetzlichem Bundesrecht geäußert.[85]

Ferner hat das BAG in den genannten Entscheidungen zur Klarstellung ausgeführt, dass Grundsatzentscheidungen zwar eine Rechtserkenntnisquelle bilden, aber keine Normen begründen.[86] Es hat in diesem Zusammenhang den in einer vorigen Entscheidung verwendeten Begriff vom „gesetzesvertretenden Richterrecht" relativiert.[87] Zudem hat das Gericht betont, dass der Richter, der eine ungeregelte Frage entscheiden müsse, nicht in dem Ausmaße wie der Gesetzgeber frei sei, sondern an die Werteentscheidungen der Rechtsord-

---

[81] Vgl. BAG, Urteil vom 10.06.1980 – 1 AZR 168/79, AP Nr. 65 zu Art. 9 GG Arbeitskampf, unter B. II. 3. der Gründe, Bl. 7 und BAG, Urteil vom 10.06.1980 – 1 AZR 822/79, AP Nr. 64 zu Art. 9 GG Arbeitskampf, Bl. 8.

[82] BVerfG, Beschluss vom 26.06.1991 – 1 BvR 779/85, DB 1991, 1678, 1678.

[83] Vgl. BAG, Urteil vom 10.06.1980 – 1 AZR 168/79, AP Nr. 65 zu Art. 9 GG Arbeitskampf, unter B. II. 3. der Gründe, Bl. 7 und BAG, Urteil vom 10.06.1980 – 1 AZR 822/79, AP Nr. 64 zu Art. 9 GG Arbeitskampf, Bl. 8.

[84] Vgl. vorherige Fn. mit Verweis auf *Bertelsmann*, Aussperrung, S. 386 f.; *Evers*, Arbeitskampffreiheit, S. 85 ff.; *Scholz*, DB 1972, 1771, 1773 ff.

[85] Vgl. auch *Lerche*, NJW 1987, 2466, 2472 nach dessen Auffassung es ein Fehlschluss ist zu meinen, Richterrecht könnte, wenn vom BAG erzeugt, unmittelbar aus sich selbst heraus als ranghöheres objektives Bundesrecht das rangniedere Landesrecht brechen. Richterrecht könne nur deshalb zu einem derartigen Effekt führen, weil das Gericht die Bundesrechtsordnung so verstehe, was genauso gut durch Gerichte jeder anderen Instanz, also auch durch Landesgerichte, so gesehen und entschieden werden könne. Gegen einen Vorrang des „Richterrechts" vor gesetzlichem Landesrecht *Ipsen*, DVBl. 1102, 1107.

[86] Vgl. BAG, Urteil vom 10.06.1980 – 1 AZR 168/79, AP Nr. 65 zu Art. 9 GG Arbeitskampf, unter B. II. 3. der Gründe, Bl. 6 und BAG, Urteil vom 10.06.1980 – 1 AZR 822/79, AP Nr. 64 zu Art. 9 GG Arbeitskampf, Bl. 7 mit Verweis auf *Larenz*, Methodenlehre, S. 424; *Adomeit*, Rechtsquellenfragen, S. 44; *Kriele*, Rechtsgewinnung, S. 271 ff.

[87] Vgl. hierzu BAG, Urteil vom 10.06.1980 – 1 AZR 168/79, AP Nr. 65 zu Art. 9 GG Arbeitskampf, unter B. II. 3. der Gründe, Bl. 6 f. und BAG, Urteil vom 10.06.1980 – 1 AZR 822/79, AP Nr. 64 zu Art. 9 GG Arbeitskampf, Bl. 7 f.

nung gebunden sei (Art. 20 Abs. 3 GG). Er müsse seine Erkenntnisse auf der Grundlage geltender Normen legitimieren.[88]

Auch das BVerfG hat in der Entscheidung, die von der genannten Ansicht zur Gleichstellung des „Richterrechts“ mit einfachem Gesetzesrecht herangezogen wird, ausdrücklich dargelegt, dass höchstrichterliche Urteile kein Gesetzesrecht seien und damit keine vergleichbare Rechtsbindung erzeugten.[89] Die Abweichung eines Gerichts von vorigen Urteilen verstoße daher grundsätzlich nicht gegen Art. 20 Abs. 3 GG. Der Geltungsanspruch eines Urteils über den Einzelfall hinaus beruhe allein auf der Überzeugungskraft seiner Gründe sowie der Autorität und den Kompetenzen des Gerichts.[90] Zudem hat das BVerfG darauf hingewiesen, dass der unveränderte Fortbestand einer Rechtsprechung nicht als gesichert angenommen werden dürfe, wenn die betreffende Entscheidung des Gerichts auf erhebliche Kritik gestoßen sei. Auch dies zeigt einen deutlichen Unterschied zwischen Gesetzesrecht und „Richterrecht“.

Demnach sind die vorgenannten Urteile des BAG und des BVerfG zu Unrecht zur Begründung der Gleichstellung von arbeitskampfrechtlichem „Richterrecht“ und Gesetzesrecht herangezogen worden. Sowohl BAG als auch BVerfG haben zu Recht darauf hingewiesen, dass „Richterrecht“ – auch wenn es um Grundsatzentscheidungen geht – keine vergleichbare Rechtsbindung entfaltet wie Gesetzesrecht und daher nicht ohne weiteres mit dem Gesetzesrecht gleichgesetzt werden kann. Der Verweis auf diese Rechtsprechung zur Begründung der Gleichstellung der beiden Rechtsgebiete kann daher nicht überzeugen.

Als weiteres Argument für die Gleichsetzung des „Richterrechts“ mit dem Gesetzesrecht wird angeführt, dass der Gesetzgeber punktuelle Normierungen des Arbeitskampfrechts vorgenommen habe, die er an dem vorgefundenen richterrechtlichen Arbeitskampfrecht ausgerichtet habe. Dies wird als eine mittelbare Bestätigung des Bundesgesetzgebers für die richterrechtlichen Grundsätze als geltendes Recht gedeutet.[91] Auch dieser Argumentation kann nicht gefolgt werden. Zum einen gilt diese „Bestätigung“ durch den Gesetzgeber nur für ganz konkrete Teilbereiche. Zudem bedeutet die Akzeptanz einer Regelung in der Sache nicht, dass diese als Gesetzesrecht anerkannt wird. Im übri-

---

[88] BAG, Urteil vom 10.06.1980 – 1 AZR 168/79, AP Nr. 65 zu Art. 9 GG Arbeitskampf, unter B. II. 3. der Gründe, Bl. 7 und BAG, Urteil vom 10.06.1980 – 1 AZR 822/79, AP Nr. 64 zu Art. 9 GG Arbeitskampf, Bl. 8.

[89] BVerfG, Beschluss vom 26.06.1991 – 1 BvR 779/85, DB 1991, 1678, 1679 mit Verweis auf BVerfGE, 38, 386, 396 = DB 1975, S. 792.

[90] Vgl. vorherige Fn.

[91] *Rüthers*, Aussperrung, S. 60. So wird das Arbeitskampfrecht als untrennbare Verknüpfung von Gesetzes- und Richterrecht angesehen.

gen weisen die Vertreter dieser Ansicht zu Recht darauf hin, dass der Gesetzgeber aufgrund seiner innenpolitischen Regelungsunfähigkeit nicht von seinem Recht zur Gesetzgebung Gebrauch mache.[92] Das Gebiet des Arbeitskampfes sei so brisant, dass sich der Gesetzgeber nicht traue, eine umfassende gesetzliche Regelung einzubringen. Somit ist es naheliegend, dass der Gesetzgeber auf inzwischen durch langjährige Rechtsprechung akzeptierte Regelungen zurückgreift, um selbst möglichst wenig Regelungen treffen zu müssen. Der Gesetzgeber kann im Hinblick auf richterrechtliche Grundsätze wählen, ob er in einem Bereich die Regelungen für sinnvoll hält und darauf zurückgreift oder ob er selbst umfassendere Neuregelungen aufstellt. Er wird hier wohl den Weg des geringsten Widerstandes gehen.

Gegen eine Gleichstellung des arbeitskampfrechtlichen „Richterrechts" mit Gesetzesrecht spricht zudem, dass der Richter an das Gesetz gebunden ist (Art. 97 Abs. 1, 20 Abs. 3 GG).[93] Außerdem ergibt sich aus dem Prinzip der Gewaltenteilung (Art. 20 Abs. 2 GG) der Vorrang des demokratisch legitimierten Gesetzgebers.[94]

cc. Zwischenergebnis

Die hier relevante Frage der Zulässigkeit von Betriebsvereinbarungen mit Auswirkungen auf Arbeitskämpfe sowie die Kriterien zur Bestimmung der Paritätssituation sind nicht durch sogenannte „Grundsatzentscheidungen" des BAG festgelegt, die teilweise als gesetzesvertretendes Recht gewertet werden. Damit ist das relevante „Richterrecht" in der Normenhierarchie unterhalb von (Bundes-) Gesetzesrecht anzusiedeln.

Auch im übrigen bestehen erhebliche Bedenken, das „Richterrecht" in der Normenhierarchie mit (Bundes-) Gesetzesrecht gleichzusetzen.

b. Schlussfolgerungen

Da die Betriebsverfassung gesetzlich normiert ist und die Ausgestaltung des Arbeitskampfrechts wie insbesondere des Paritätsgrundsatzes durch „Richterrecht" erfolgt, steht das BetrVG in der Normenhierarchie über dem richter-

---

[92] *Rüthers*, Aussperrung, S. 58.

[93] Vgl. bereits oben unter § 6 IV sowie *Canaris*, Gedächtnisschrift für Dietz, S. 199, 202 f. Die verfassungsrechtliche Bindung des Richters an Gesetz und Recht betonen auch *Wagner*, NJW 1981, 316, 317 f.; *Konzen*, AcP 177, 473, 451 f.; *F. Müller*, Richterrecht, S. 108 ff.

[94] Vgl. *Rüthers*, Anm. EzA 37 zu Art. 9 GG Arbeitskampf, S. 424 i; *Bydlinski*, Methodenlehre, S. 503; *Heußner*, Richterrecht, S. 318 ff.; zum Verhältnis des Richters zum Gesetzgeber vgl. auch *Ipsen*, Richterrecht, S. 41 ff, 116 ff.; *Wank*, Rechtsfortbildung, S. 59 ff., 87 ff., 113 ff., 207 ff., 232 ff.; zum Argument der Gewaltenteilung kritisch *Hergenröder*, Rechtsfortbildung, S. 197.

rechtlich ausgestaltetem Arbeitskampfrecht. Nur soweit der Schutzbereich des Art. 9 Abs. 3 GG betroffen ist, geht das Arbeitskampfrecht als Verfassungsrecht dem BetrVG vor. Bei der Frage der Zulässigkeit von Betriebsvereinbarungen mit Arbeitskampfbezug ist der Schutzbereich nicht betroffen. Es steht hier lediglich die Ausgestaltung des Arbeitskampfrechts in Frage.

Somit gelten für die Zulässigkeit von Betriebsvereinbarungen mit Auswirkungen auf den Arbeitskampf aufgrund der Rangfolge des Rechts primär die Grundsätze des Betriebsverfassungsrechts. Die Betriebsparteien können in dem dort geregelten Umfang Betriebsvereinbarungen abschließen. Richterrechtliche Vorgaben treten hinter der betriebsverfassungsrechtlichen Ermächtigung zum Abschluss von Betriebsvereinbarungen zurück.

Damit kommt man zu folgendem Ergebnis, das auf den ersten Blick widersprüchlich zu sein scheint: Einerseits vermag die richterrechtliche Arbeitskampfordnung den Abschluss von Betriebsvereinbarungen nicht einzuschränken, weil „Richterrecht" in der Normenhierarchie unterhalb von Gesetzesrecht anzusiedeln ist. Andererseits kommt dem Paritätsprinzip als Institut aber Verfassungsrang zu, so dass dieses gegenüber der Betriebsverfassung vorgehen müsste. Dies erscheint insbesondere deshalb widersprüchlich, da nach der richterrechtlichen Ausgestaltung des Paritätsprinzips engere Voraussetzungen für die Zulässigkeit von Betriebsvereinbarungen mit Arbeitskampfbezug vorliegen können, als nach den derzeitigen Regelungen des BetrVG.

Dieser scheinbare Widerspruch ist jedoch darin begründet, dass nicht alle Regelungen der Arbeitskampfordnung in den verfassungsrechtlichen Schutzbereich fallen. Vielmehr ist streng zwischen dem Schutzbereich des Art. 9 Abs. 3 GG auf der einen Seite und der Ausgestaltung des Grundrechts durch die Rechtsordnung auf der anderen Seite zu unterscheiden.[95] Die Ausgestaltung der Koalitionsfreiheit und als Bestandteil dieses Grundrechts auch die Ausgestaltung des Paritätsgrundsatzes unterfällt nicht dem Verfassungsrecht, sondern ist Sache des Gesetzgebers.[96] Bei unzureichenden gesetzlichen Vorgaben müssen die Gerichte das materielle Recht mit den anerkannten Methoden der Rechtsfindung aus den allgemeinen Rechtsgrundlagen ableiten, die für das betreffende Rechtsverhältnis maßgeblich sind.[97] Dies gilt nach Ansicht

[95] Vgl. oben § 6 I. 1. a. aa. (2), 3. Spiegelstrich mit Fn. 46.

[96] Siehe oben unter § 6 I. 1. a. , II. sowie § 21 III. 2. a. So hat das BVerfG dem Gesetzgeber in seiner Aussperrungsentscheidung aufgegeben, die Ausgestaltung der Koalitionsfreiheit vorzunehmen: vgl. BVerfG, Beschluss vom 26.06.1991 – 1 BvR 779/85, DB 1991, 1678, 1679, unter C I 2 a; vgl. auch das sog. Mitbestimmungsurteil: BVerfG, Urteil vom 01.03.1979 – 1 BvR 532, 533/77, E 50, 290, 368 f. = NJW 1979, 699 ff. Die Ausgestaltung der Arbeitskampfordnung ist danach keine Frage des verfassungsrechtlichen Schutzes, sondern Sache der Ausgestaltung des Grundrechts durch die Rechtsordnung.

[97] BVerfG, Beschluss vom 26.06.1991 – 1 BvR 779/85, DB 1991, 1678, 1679, unter C I 2.

des BVerfG auch dort, wo an sich eine gesetzliche Regelung etwa wegen einer verfassungsrechtlichen Schutzpflicht notwendig wäre.[98] Sofern die nähere Ausgestaltung der Koalitionsfreiheit durch das BAG statt durch den Gesetzgeber erfolgt, handelt es sich hierbei nicht um Verfassungsrecht, da nicht der verfassungsrechtliche Schutzbereich betroffen ist. Es handelt sich wie dargelegt wegen der schwächeren Rechtsbindung von „Richterrecht" auch nicht um Recht, das dem einfachen Bundesrecht gleichzusetzen ist. Dies gilt im Fall der Bewertung der Zulässigkeit von Betriebsvereinbarungen mit Arbeitskampfbezug auch insbesondere deshalb, da in diesem Bereich bisher keine Grundsatzentscheidung vorliegt.

Daraus ergeben sich folgende Schlussfolgerungen: Der Abschluss von Betriebsvereinbarungen mit Auswirkungen auf den Arbeitskampf richtet sich nach den Bestimmungen des BetrVG. Wegen der schwächeren Rechtsbindung von „Richterrecht" darf eine Einschränkung der gesetzlichen Betriebsverfassung durch „Richterrecht" grundsätzlich nicht erfolgen. Vielmehr hat das BAG die gesetzliche Betriebsverfassung bei der Rechtsfortbildung des Arbeitskampfrechts zu beachten.

4. Verfassungskonforme Auslegung des BetrVG

Von der Bewertung des Rangverhältnisses zu unterscheiden ist die Frage, ob Regelungen des BetrVG, die den Betriebsparteien Beteiligungsrechte einräumen (wie dem Abschluss betrieblicher Regelungen), den verfassungsrechtlich geschützten Bestand der Arbeitskampfordnung bzw. deren wesentliche Grundsätze beschränken. In diesem Fall stellt sich die Frage der verfassungskonformen Auslegung.

a. Meinungsstand

aa. Rechtsprechung

So geht das BAG insbesondere in seiner Rechtsprechung zu Mitbestimmungsrechten des Betriebsrats im Arbeitskampf davon aus, dass das BetrVG arbeitskampfkonform einzuschränken sei.[99] Das Gericht hält eine arbeitskampfkonforme Auslegung der Beteiligungsrechte für erforderlich, um die für die grundgesetzlich garantierte Tarifautonomie erforderliche Parität zu gewährlei-

---

[98] BVerfG, Beschluss vom 26.06.1991 – 1 BvR 779/85, DB 1991, 1678, 1679, unter C I 2.; zu den Grenzen richterlicher Rechtsfortbildung vgl. *Konzen*, NZA 1995, 865, 869 f. m.w.N.; *ders.*, gemeinsame Anmerkung zu AP Nr. 137 – 139 zu Art. 9 GG Arbeitskampf, Bl. 909, 912 ff.

[99] Vgl. oben § 4 I. mit Fn. 4-7.

sten.[100] Die Betriebsverfassung wolle nicht die Kampffähigkeit des Arbeitgebers schwächen, sondern bezwecke nur die Gründung und Sicherung der betriebsverfassungsrechtlichen Ordnung.[101] Nach Ansicht des BAG führt somit ein direkter Weg von Art. 9 Abs. 3 GG über den Grundsatz der Verhandlungsparität zur arbeitskampfkonformen Auslegung des BetrVG.[102] Da das BAG die Beteiligungsrechte an dem Grundsatz der Verhandlungsparität als Bestandteil der verfassungsrechtlichen Gewährleistung des Art. 9 Abs. 3 GG misst,[103] kann die methodische Vorgehensweise des BAG als verfassungskonforme Auslegung der Betriebsverfassung gekennzeichnet werden.[104]

In seinen Entscheidungen zu Betriebsvereinbarungen mit Arbeitskampfbezug[105] hat das BAG ausdrücklich auf die vorgenannte ständige Rechtsprechung zu Mitbestimmungsrechten im Arbeitskampf verwiesen und sie zunächst auf Betriebsvereinbarungen über Gleitzeitregelungen angewendet.[106] Das Gericht führt aber weiter aus, dass es für die Frage der Zulässigkeit entsprechender betrieblicher Regelungen nicht auf das Eingreifen eines Mitbestimmungsrechts ankomme.[107] Ein solches werde auch von den Parteien nicht geltend gemacht. Entscheidend sei allein die Frage, ob die entsprechende Regelung überhaupt Gegenstand einer Betriebsvereinbarung sein könne. Dementsprechend prüft das BAG die Grenzen der betrieblichen Regelungszuständigkeit anhand von Art. 9 Abs. 3 GG.[108]

bb. Schrifttum

Zur Bewertung der Beteiligungsrechte im Arbeitskampf wird auch im Schrifttum teilweise auf die Methodik der verfassungskonformen Auslegung verwie-

---

[100] Vgl. vorherige Fn.
[101] BAG, Beschluss vom 24.04.1979 – 1 ABR 43/77, AP Nr. 63 zu Art. 9 GG – Arbeitskampf, Bl. 3 R.
[102] Vgl. BAG, Beschluss vom 24.04.1979 – 1 ABR 43/77, AP Nr. 63 zu Art. 9 GG – Arbeitskampf, unter B. II. 2, B. 3 f.
[103] Vgl. oben unter § 2 I. 2. und 3.
[104] Vgl. auch *Jahn*, Beteiligung, S. 178 ff. Siehe auch GK-*Kreutz*, BetrVG, § 74 Rn. 64, der von einer „arbeitskampfkonformen Reduktion" der Betriebsverfassung spricht und *Patett*, Arbeitskampffernwirkungen, S. 464, 468, der die Begrifflichkeit „arbeitskampfkonforme Reduktion" und „Verfassungsauslegung" verwendet. Vgl. auch *Jahnke*, Tarifautonomie, S. 135 ff. Zur fehlenden Klarheit des methodischen Vorgehens bei der „arbeitskampfkonformen Auslegung" durch das BAG vgl. u.a. *Heinze*, DB 1979, Beilage 23, S. 2 f.
[105] In den konkreten Fällen ging es um Regelungen über Gleitzeit: Siehe oben unter § 2 I.
[106] BAG, Beschluss vom 30.08.1994 – 1 ABR 10/94, AP Nr. 132 zu Art. 9 GG – Arbeitskampf, unter II. 1. a., Bl. 2.: „Mit diesen Grundsätzen wäre eine Regelung, wie sie vom Betriebsrat in Anspruch genommen wird, nicht unvereinbar."
[107] Siehe BAG, vorherige Fn. unter II. 1. b., Bl. 2 R.
[108] Vgl. oben § 2 I. Dabei macht das BAG keine näheren Ausführungen zu der Methodik seiner Prüfung.

sen.[109] *Seiter* führt zur Begründung aus, durch Statuierung von Mitbestimmungsrechten greife der Staat in die unternehmerische Entscheidungsfreiheit ein, was grundsätzlich durch das Sozialstaatsgebot gerechtfertigt sei. Im Bereich des Arbeitskampfrechts werde jedoch das Sozialstaatsgebot durch den in Art. 9 Abs. 3 GG verankerten Grundsatz der Kampfparität eingeschränkt.[110] Nach anderer Auffassung im Schrifttum zu Beteiligungsrechten im Arbeitskampf besteht dagegen keine Legitimation für eine derartige Auslegung des BetrVG.[111]

Zu der hier untersuchten Frage der Zulässigkeit von Betriebsvereinbarungen mit Arbeitskampfbezug ist im Schrifttum bisher lediglich auf Art. 9 Abs. 3 GG verwiesen worden, ohne auf die entsprechende Methodik einzugehen.[112]

b. Stellungnahme

Die Methodik der verfassungskonformen Auslegung könnte mit Bezug auf die hier untersuchten Betriebsvereinbarungen unter folgendem Gesichtspunkt zum Tragen kommen: Ausgehend von dem Ergebnis, dass betriebliche Regelungen mit Arbeitskampfbezug auf der Grundlage der §§ 87, 88 BetrVG grundsätzlich zulässig sind, ist die Möglichkeit in Betracht zu ziehen, dass die gesetzliche Ermächtigung für Betriebsparteien, entsprechende Betriebsvereinbarungen abzuschließen, den verfassungsrechtlich geschützten Bestand der Arbeitskampfordnung bzw. deren wesentliche Grundsätze beeinträchtigen könnte. Es ist daher zu klären, ob die Ermächtigung der Betriebsparteien zum Abschluss derartiger Regelungen gegen Art. 9 Abs. 3 GG verstößt bzw. ob hier eine verfassungskonforme Auslegung erforderlich ist.

Als Voraussetzung für eine derartige Auslegung muss zunächst durch die Einräumung der Ermächtigung zum Abschluss von Betriebsvereinbarungen mit Arbeitskampfbezug der verfassungsrechtliche Schutzbereich des Art. 9 Abs. 3 GG betroffen sein.[113]

---

[109] Siehe oben § 4 II.; vgl. auch *Reuter*, AuR 1973, 6 zu § 99 Abs. 2 Ziff. 3 BetrVG .
[110] *Seiter*, Streikrecht, S. 100 ff.; *ders.*, RdA 1979, 393, 397 f.; *ders.*, SAE 1980, 154, 162.
[111] GK-*Kreutz*, BetrVG, § 74 Rn. 64; *Patett*, Arbeitskampffernwirkungen, S. 464 ff.; *Weiss*, AuR 1982, 265, 267; *Jahn*, Beteiligung, S. 186.
[112] Vgl. oben § 3.
[113] Ferner muss die zu überprüfende gesetzliche Regelung mehrere Auslegungsmöglichkeiten zulassen (für die Ermittlung der Auslegungsalternativen ist dabei der übliche Methodenkanon, insbesondere die Auslegung des Wortlauts, die systematische, die historische sowie die teleologische Auslegung maßgeblich: vgl. *Larenz*, Methodenlehre, S. 133 ff.; *F. Müller*, Methodik, S. 183 ff.), die zu unterschiedlichen Ergebnissen führen, wobei zumindest eine der Auslegungsmöglichkeiten zu dem Ergebnis der Verfassungsmäßigkeit und zumindest eine zu einer Verfassungswidrigkeit der Regelung führt: Vgl. BVerfG, Beschluss vom 08.06.1960 – 1 BvL 53/55, 16, 31, 53/56, 7, 18, 24/57, BVerfGE, 11, 168,

Bei der Frage, ob betriebliche Regelungen Auswirkungen auf den Arbeitskampf entfalten dürfen, ist jedoch nicht das Institut Arbeitskampfordnung bzw. Parität, sondern deren Ausgestaltung betroffen.[114] Die nähere Ausgestaltung der Koalitionsfreiheit und damit der Arbeitskampfordnung und des Paritätsgrundsatzes ist wie dargelegt jedoch Sache des Gesetzgebers.[115] Es obliegt dem Gesetzgeber im Rahmen der verfassungsrechtlich vorgegebenen Eckpunkte nach seinem Ermessen die entsprechenden einfachen Gesetze zu erlassen.[116] Es ist dessen Aufgabe, die Tragweite der Koalitionsfreiheit dadurch zu bestimmen, dass er die Befugnisse der Koalitionen im Einzelnen gestaltet und näher regelt. Dabei belässt Art. 9 Abs. 3 GG dem Gesetzgeber einen weiten Spielraum.[117] Die Rechtsordnung ist so zu gestalten, dass die Tarifparteien in der Lage bleiben, das Grundrecht der Koalitionsfreiheit effektiv wahrzunehmen. Die verfassungsgemäße Grenze gesetzgeberischer Gestaltungsmöglichkeiten ist erst dann überschritten, wenn eine der Tarifparteien durch die Rechtsordnung soweit behindert wird, dass sie keinen wirkungsvollen Arbeitskampf mehr führen kann.[118] Der Gesetzgeber ist damit in seinem Ermessen frei und nur an die Verfassung gebunden. Dieses Ermessen ist bei Überprüfung der Betriebsverfassung zu berücksichtigen.

Ferner können die Regelungen des BetrVG nicht isoliert als Faktor zur Bewertung der Parität gesehen werden. Selbst wenn der Gesetzgeber, gewollt oder ungewollt, mit der Betriebsverfassung in die Koalitionsfreiheit einer der Tarifparteien eingreifen sollte, weil durch den Abschluss von Betriebsvereinbarungen mit Arbeitskampfbezug die Parität gestört werden könnte, muss damit noch nicht zwingend die Verhandlungsfähigkeit der betroffenen Tarifpartei beeinträchtigt sein. Entscheidend ist vielmehr, dass der Gesetzgeber die Rechtsordnung so ausgestaltet, dass die Tarifparteien einen wirksamen Arbeitskampf führen können, der funktional der Sicherung der Verhandlungsparität dient. Eine isolierte Betrachtung der Wirkung der Betriebsvereinbarungen mit Arbeitskampfbezug verbietet sich demnach.

190; BVerfG, Beschluss vom 09.02.1982 – 1 BvR 698, 771/79, BVerfGE 59, 336, 350 ff.; *Larenz*, Methodenlehre, S. 160 ff.; *Hesse*, Grundzüge, § 2 IV. 1.

[114] Siehe oben § 21 III. 2. a. sowie § 6 I. 1. a. aa.

[115] Vgl. oben § 6 I. 1. a.; siehe auch BVerfG, Urteil vom 01.03.1979 – 1 BvR 532, 533/77, BVerfGE 50, 290 ff. = NJW 1979, 699 (sog. Mitbestimmungsurteil); BVerfG, Beschluss vom 26.06.1991 – 1 BvR 779/85, DB 1991, 1678, 1679, unter C I 1 b.

[116] Mit dem BetrVG verfolgt der Gesetzgeber seinen von der Verfassung aufgegebenen Gesetzgebungsauftrag, die Bundesrepublik Deutschland als Sozialstaat auszugestalten: Vgl. nur *Dietz/Richardi*, BetrVG, Einl. Rn. 38 m.w.N.

[117] BVerfG, Urteil vom 01.03.1979 – 1 BvR 532, 533/77, BVerfGE 50, 290 ff. = NJW 1979, 699, 709.

[118] Vgl. BVerfG, Beschluss vom 26.06.1991 – 1 BvR 779/85, DB 1991, 1678, 1679, unter C I 3 a.; BVerfG, Urteil vom 01.03.1979 – 1 BvR 532, 533/77, BVerfGE 50, 290 ff. = NJW 1979, 699, 709.

Da das BAG bei der Ausgestaltung der Arbeitskampfordnung außer an die Verfassung auch an die einfachgesetzliche Rechtsordnung gebunden ist,[119] geht *Jahn*[120] von folgender verfassungsrechtlichen Verpflichtung des Gesetzgebers aus: Wenn der Gesetzgeber sich schon nicht zur gesetzlichen Regelung des Arbeitskampfes entschließen könne, müsse er eine Regelungslücke im Arbeitskampfrecht dergestalt gewährleisten, dass das BAG durch seine Rechtsprechung die Kampffähigkeit der Tarifparteien zu sichern vermag. Sollte die Regelungslücke im Arbeitskampf durch gesetzgeberische Vorgaben so weit eingeengt werden, dass eine wirksame Sicherung der Koalitionsfreiheit durch die Ausübung des richterrechtlichen Gestaltungsspielraums nicht mehr gewährleistet werden kann, läuft der Gesetzgeber Gefahr, dass die Rechtsprechung zu Eingriffen in das Gesetz gezwungen wird. In einem solchen Fall kann eine Art Pflichtenkollision der Rechtsprechung vorliegen, da das BAG nach dem Konzept der Gewaltenteilung sowohl das einfache Gesetz als auch die Verfassung zu beachten hat. Der Konflikt ist dann zu Gunsten der höherrangigen Bindung an die Verfassung zu lösen. Dies setzt jedoch voraus, dass das BAG seinerseits zunächst die „gesetzgeberische Regelungslücke" ausfüllt und gestaltet, bevor Eingriffe in den gesetzlichen Bestand der Rechtsordnung vorgenommen werden dürfen.

Dies gilt erst recht, wenn die Rechtsprechung wie bei der Ausgestaltung des Arbeitskampfrechts selbst Regelungen aufstellt. Gerade in diesem Bereich wendet sie nicht nur das Gesetz durch Auslegung an, sondern betreibt offene Rechtsfortbildung.[121] Durch eine entsprechende Ausgestaltung des „Richterrechts" könnte daher in gewissem Rahmen eine Einschränkung der Gesetze vermieden werden. Die Rechtsprechung hat die Aufgabe, Gesetze möglichst optimal zur Geltung zu bringen. Soweit eine Ausgestaltung der Arbeitskampfordnung ohne Beschränkung der Gesetze möglich ist, haben die Gerichte eine solche vorzunehmen. Auch bei „gesetzesvertretendem Richterrecht" kommt es darauf an, „das Maximum dessen aufrechtzuerhalten, was der Gesetzgeber gewollt hat".[122] Demgegenüber muss das ausgestaltende „Richterrecht" gegebenenfalls zurücktreten, weil es wie dargelegt keine Gesetzesbindung entfaltet.[123] Das BAG muss demnach bei der Frage nach der Paritätsrelevanz der Betriebsverfassung berücksichtigen, dass es selbst etwaigen Störungen der Parität durch eine entsprechende Ausgestaltung der Arbeitskampfordnung be-

---

[119] Zum Richterrecht und seinen Grenzen vgl. BVerfG, Beschluss vom 14.02.1973 – 1 BvR 112/65, BVerfGE 34, 269, 286 ff .

[120] *Jahn*, Beteiligung, S. 180.

[121] Vgl. dazu *Larenz*, NJW 1965, 1, 2.

[122] *Hesse*, Grundzüge, § 2 IV. 1.

[123] Vgl. BVerfG, Beschluss vom 26.06.1991 – 1 BvR 779/85, DB 1991, 1678, 1679, unter C I 2 b.

gegnen könnte. Nur ein derartiges Vorgehen entspräche der verfassungsrechtlichen Aufgabenteilung zwischen Legislative und Judikative.

Die Veränderung der richterrechtlichen Ausgestaltung der Koalitionsfreiheit hat insofern Vorrang vor der verfassungskonformen Einschränkung der gesetzlichen Betriebsverfassung, als dadurch die durch betriebliche Regelungen etwa belastete Parität gewährleistet bleibt.

Diese Sichtweise wird dadurch unterstützt, dass auch das BAG nicht immer selbstverständlich davon ausgegangen ist, dass das BetrVG verfassungskonform auszulegen ist. So ist der Große Senat des BAG in seiner zweiten Aussperrungsentscheidung[124] von der Linie seiner vorherigen Rechtsprechung[125] und der überwiegenden Auffassung im Schrifttum[126] abgewichen, nach der ein durch Streik suspendiertes Arbeitsverhältnis auch die Suspendierung des Betriebsratsamtes zur Folge haben müsse. Das BAG hat im Jahre 1971 entgegen der vorherigen Linie entschieden, dass das Betriebsratsamt von einer suspendierenden Arbeitskampfmaßnahme nicht berührt werde und dass damit das Betriebsratsamt während des Arbeitskampfes bestehen bleibe. Der Große Senat hat hierzu ausgeführt: [127]

> „... Gegenüber dem durch besondere gesetzliche Regelung geschützten Personenkreis können Aussperrungen nur mit suspendierender Wirkung erfolgen. Dies gilt jedenfalls für Betriebsratsmitglieder [...] . Die Arbeitsverhältnisse dieser Arbeitnehmer dürfen wegen eines Arbeitskampfgeschehens nicht enden. Das Fortbestehen des rechtlichen Bandes des Arbeitsverhältnisses liegt bei Betriebsratsmitgliedern [...] auch im Interesse des Arbeitgebers. Denn wären die Arbeitsverhältnisse gelöst, bestünde keine Rechtsgrundlage für deren weitere Tätigkeit in dieser für das Unternehmen kritischen Zeitspanne."

Demgemäß hat der Große Senat des BAG dem gesetzlichen Bestandsschutz des Betriebsratsamtes den Vorrang vor dem Arbeitskampfrecht eingeräumt.[128] Das Gericht hat in diesem Zusammenhang keine Verletzung des Art. 9 Abs. 3 GG gesehen. Die Entscheidung des BAG vom 21.04.1971 ist daher zu Recht dahingehend interpretiert worden, dass sich das Arbeitskampfrecht system-

---

[124] Vgl. BAG, GS, 21.04.1971 – GS 1/68, AP Nr. 43 zu Art. 9 GG Arbeitskampf, Bl. 9 R.
[125] BAG GS, Beschluss vom 28.01.1955 – GS 1/ 54, AP Nr. 1 zu Art. 9 GG – Arbeitskampf, Bl. 9 ff.
[126] Vgl. etwa *Neumann-Duesberg*, BetrVG, S. 146; *Galperin/Siebert*, BetrVG 1952, § 22 Rn. 17 a.
[127] BAG GS, 21.04.1971 – GS 1/68, AP Nr. 43 zu Art. 9 GG Arbeitskampf, Bl. 9 R.
[128] Vgl. BAG GS, 21.04.1971 – GS 1/68, AP Nr. 43 zu Art. 9 GG Arbeitskampf, Bl. 9 R. Das BAG hat in dieser Entscheidung auch den Vorrang des Bestandsschutzes in Bezug auf Schwerbeschädigte und werdende Mütter betont.

konform in die allgemeinen Gesetze wie auch in das BetrVG einzufügen habe.[129]

Ferner ist zu bedenken, dass Betriebsverfassungsrecht und Arbeitskampfrecht zwei eigenständige Rechtsgebiete mit unterschiedlichen Interessenlagen und eigenständigem Schutzzweck sind.[130] Der Betriebsrat ist nach dem Konzept des BetrVG gerade nicht der „verlängerte Arm der Gewerkschaften".[131] Vielmehr hat er eigene Rechte und Pflichten gegenüber dem Arbeitgeber wahrzunehmen.[132] Das BetrVG ist ebenso arbeitskampfneutral wie das Arbeitskampfrecht betriebsverfassungsneutral ist.[133] Bedrohte Gleichgewichte der Verhandlungsparität sollen mittels Kampfmaßnahmen der Tarifparteien wie insbesondere Streik und Aussperrung gesichert werden. Diese Aufgabe ist nicht durch das BetrVG zu lösen. Dies hat der Große Senat in der vorgenannten zweiten Aussperrungsentscheidung anerkannt. Er hat wegen der Eigenständigkeit des Betriebsverfassungsrechts die Wirkung der arbeitskampfrechtlichen Regelungsebene beschnitten, um den Bestand des BetrVG auch und gerade während des Arbeitskampfes sicherzustellen.

Das BAG hätte in der weiteren Entwicklung des Arbeitskampfrechts die generelle Vorrangstellung des BetrVG wahren können, ohne von seinem Arbeitskampfkonzept substantielle Abstriche machen zu müssen. Dies wäre möglich gewesen, wenn das Gericht die Regelungen des BetrVG wie andere die Kampfstärke bestimmende Faktoren als Kriterium in die Paritätsbewertung mit hätte einfließen lassen.[134] Die Kampfstärke der Arbeitskampfparteien wird nicht nur durch deren tatsächliche Mittel und Möglichkeiten bestimmt, sondern auch durch allgemeine Gesetzte.

Einen weiteren Anhaltspunkt gegen eine verfassungskonforme Auslegung der Betriebsverfassung bietet die Frage, inwiefern andere Gesetze, die Arbeitnehmerschutzrechte begründen, ebenfalls einer verfassungskonformen Auslegung zu unterziehen sind.[135] So können beispielsweise auch Regelungen

---

[129] Vgl. etwa *Heinze*, DB 1982, Beilage 23, S. 2; *Jahn*, Beteiligung, S. 184.
[130] Siehe hierzu auch oben § 21 III. 1. b. und *Jahnke*, Tarifautonomie, S. 135 ff.
[131] Vgl. neben oben § 1; *H/S/G-Hess*, BetrVG, § 2 Rn. 26; *Galperin/Löwisch*, BetrVG, § 2 Rn. 27; *Kraft*, ZfA 1973, 243 ff.; *Richardi*, RdA 1972, 8, 11; *G. Müller*, ZfA 1972, 213, 228.
[132] Vgl. GK-*Kraft*, BetrVG, § 74 Rn. 64.
[133] GK-*Kraft*, BetrVG, § 74 Rn. 64 m.w.N.; *Jahnke*, Tarifautonomie, S. 135 ff.
[134] Vgl. auch *Weiss*, AuR 1982, 265, 266; *Jahn*, Beteiligung, S. 184.
[135] Auch das BetrVG ist ein Arbeitnehmerschutzgesetz. Mitbestimmungs- und Mitwirkungsrechte des Betriebsrats zielen darauf ab, dem Interesse der Gesamtheit der Arbeitnehmer des Betriebs mit den dafür vorgesehenen Mitteln Gehör zu verschaffen bzw. diesem zum Durchbruch zu verhelfen. Vgl. näher *Weiss*, AuR 1982, 265, 265 und 267.

des MuSchG[136], ArbZG[137] und BUrlG[138] und die darin festgelegten Schutzrechte hinderlich für den Arbeitgeber sein, wenn es darum geht, flexibel auf Kampfmaßnahmen der Arbeitnehmerseite zu reagieren. Sie sind damit gegebenenfalls ebenfalls geeignet, die Beweglichkeit der Arbeitgeber im Arbeitskampf und – nach der Argumentation des BAG - damit die Parität zu beeinträchtigen. Gegen eine Einschränkung der Schutzrechte im Arbeitskampf sind zu Recht Einwände erhoben worden.[139] Dies hätte zur Konsequenz, dass erhebliche Teile des gesamten Arbeitnehmerschutzrechts zur Disposition gestellt würden. Der Vergleich zeigt aber, dass die Einschränkung des BetrVG keine zwingende Konsequenz des Art. 9 Abs. 3 GG ist. Vielmehr werden in anderen Bereichen Arbeitnehmerschutzrechte als vorgegebene Größe für die Bewertung der Parität angesehen. Hier stellt sich die Frage, ob sich die selektive Einschränkung des BetrVG rechtfertigen lässt.

Die Einschränkung der Betriebsverfassung ist damit keine zwingende Folge der verfassungsrechtlich geschützten Koalitionsfreiheit. Vielmehr ist die Zulässigkeit von Betriebsvereinbarungen mit Arbeitskampfbezug eine Frage der Ausgestaltung der Arbeitskampfordnung. Hierbei steht den Gerichten ein Ermessenspielraum zu, der in den Gesetzen seine Grenze findet.

Die Einschränkung des BetrVG im Arbeitskampf ließe sich erst dann rechtfertigen, wenn im Rahmen der richterrechtlich ausgestalteten Arbeitskampfordnung kein Spielraum mehr verbliebe, die Paritätssituation zu Gunsten der einen oder anderen Seite zu verschieben. Der Gesetzgeber kann durch gesetzliche Maßnahmen die Verhandlungsparität der Tarifpartner ohne Verletzung des Schutzbereichs des Art. 9 Abs. 3 GG soweit belasten, bis das BAG nicht mehr in der Lage ist, die Verhandlungsfähigkeit der Tarifparteien im Rahmen der richterrechtlichen Arbeitskampfordnung wiederherzustellen. Nach der Aussperrungsentscheidung des BVerfG[140] ist jedoch eine derartige Verengung der

[136] Vgl. *Däubler* (Hrsg.)-*Colneric*, Arbeitskampfrecht, Rn. 573; *Brox/Rüthers-Brox*, Arbeitskampfrecht, Rn. 654.
[137] Vgl. VG Düsseldorf, 27.06.1984 – 3 L 1053/84, NZA 1984, 407, wonach auch im Arbeitskampf sicherzustellen ist, dass die Vorschriften der Arbeitskampfordnung (heute: Arbeitszeitgesetz) beachtet werden.
[138] Vgl. BAG, Urteil vom 09.02.1982 – 1 AZR 567/79 – EzA § 1 BUrlG, Nr. 18; BAG, Urteil vom 31.05.1988 – 1 AZR 200/87, NJW 1989, S. 124 f., wonach eine Aussperrung der Arbeitnehmer einen bereits bewilligten Urlaub unberührt lässt, auch wenn der Urlaub erst im Laufe der Aussperrung beginnt; *Brox/Rüthers-Brox*, Arbeitskampfrecht, Rn. 669 mit Anm. 78; *Däubler* (Hrsg.)-*Colneric*, Arbeitskampfrecht, Rn. 577 ff.
[139] Vgl. *Weiss*, AuR 1982, 265, 266; BAG GS, 21.04.1971 – GS 1/68, AP Nr. 43 zu Art. 9 GG Arbeitskampf, Bl. 9 R. zum MuschG und SchwbG; vgl. auch BAG, Beschluss vom 10.02.1988 – 1 ABR 39/86, AP Nr. 5 zu § 98 BetrVG 1972, Bl. 5 R. hinsichtlich vorbereitender Kampfmaßnahmen.
[140] Vgl. BVerfG, Beschluss vom 26.06.1991 – 1 BvR 779/85, DB 1991, 1678 ff.

dazu erforderlichen richterrechtlichen Gestaltungsspielräume nicht festzustellen.

Eine arbeitskampfkonforme Auslegung der Beteiligungsrechte passt damit nicht in das Gefüge der Gewaltenteilung, solange der Gesetzgeber eine ausreichende Regelungslücke belässt, durch die mittels „Richterrecht" die Verhandlungsparität gesichert werden kann. Demnach fehlen die Voraussetzungen für den richterrechtlichen Eingriff in den gesetzlichen Bestand der Betriebsverfassung durch eine verfassungskonforme Auslegung.

c. Zwischenergebnis

In der gegenwärtigen Gestaltung der gesetzlichen Rechtsordnung ist eine verfassungskonforme Einschränkung des BetrVG nicht zulässig.

5. Fazit

Die Rechtsgebietskonkurrenz zwischen BetrVG und Arbeitskampfrecht ist durch einen Vorrang des BetrVG vor richterlichen Regelungen zur Ausgestaltung des Arbeitskampfrechts aufzulösen. Damit sind Betriebsvereinbarungen mit Arbeitskampfbezug im Rahmen der Bestimmungen des BetrVG zulässig.

Die Rechtsprechung hat bei der Ausgestaltung der Arbeitskampfordnung die Regelungen des BetrVG zu beachten. Eine verfassungskonforme Auslegung des BetrVG kann erst dann vorgenommen werden, wenn eine Ausgestaltung der Parität durch die Rechtsprechung nicht mehr möglich ist.

§ 22 Folgerungen für die bisher von der Rechtsprechung beurteilten betrieblichen Regelungen

Aus den vorgenannten Untersuchungen ergeben sich - soweit dies verallgemeinernd dargelegt werden kann - für die bisher von der Rechtsprechung beurteilten Regelungen folgende Folgerungen:

I. Betriebsvereinbarungen über Gleitzeitregelungen

Wie dargelegt statuiert das BetrVG in dessen § 87 Abs. 1 Nr. 2 für die Einführung und Ausgestaltung eines Gleitzeitsystems ein zwingendes Mitbestimmungsrecht des Betriebsrats.[1] Die Betriebsparteien haben daher nach dem BetrVG die Befugnis zur Vereinbarung von betrieblichen Regelungen über ein betriebliches Gleitzeitsystem. Dabei besteht nach dem BetrVG keine Einschränkung für Zeiten des Arbeitskampfes. Falls keine tariflichen Regelungen bestehen (oder üblich sind)[2], sind Betriebsvereinbarungen über Gleitzeitregelungen insbesondere auch nicht durch den Vorrang tariflicher Regelungen ausgeschlossen.[3]

Die Betriebsparteien haben bei der Vereinbarung von betrieblichen Regelungen gewisse Grenzen sowie höherrangiges Recht zu beachten. Betriebliche Gleitzeitvereinbarungen, deren Geltung von den Betriebsparteien absichtlich auf Zeiten des Arbeitskampfes erstreckt wird,[4] verstoßen im Regelfall aber nicht gegen derartige Vorgaben.[5]

Ferner existiert keine sog. Grundsatzentscheidung des BAG, die dem Gesetzesrecht gleichzusetzen sein könnte[6] und damit dem Abschluss von betrieblichen Gleitzeitregelungen mit Arbeitskampfbezug entgegenstehen könnte. Das

[1] Siehe oben unter § 7 II. 1. b.

[2] Dies gilt je nachdem, ob der Vorrangtheorie oder der Zwei-Schranke-Theorie gefolgt wird, vgl. oben § 8 IV. 3. Wie dargelegt sind nach Ansicht des BAG Betriebsvereinbarungen über soziale Angelegenheiten im Sinne des § 87 BetrVG nur dann ausgeschlossen, wenn die Angelegenheit durch Tarifvertrag abschließend und zwingend geregelt ist.

[3] Die Zuständigkeit der Betriebsparteien für Betriebsvereinbarungen mit Arbeitskampfbezug, die Auswirkung auf den Arbeitskampf entfalten, wird nicht a priori von der ebenfalls bestehenden Zuständigkeit der Tarifparteien ausgeschlossen. Siehe oben unter § 8 IV. 3 d. und § 9 IV.

[4] Vgl. hierzu oben § 7 I. 2.

[5] In Bezug auf die Bestimmungen des BetrVG siehe die Untersuchung im 4. Teil der Arbeit. Zu den wesentlichen Grundprinzipien des Arbeitskampfrechts siehe die Untersuchung im 3. Teil der Arbeit; zur Paritätsrelevanz und Paritätsbeeinträchtigung vgl. insbesondere § 11 II. 5.

[6] Vgl. hierzu oben § 21 III. 3.

BAG hat derartige Betriebsvereinbarungen vielmehr (in einem obiter dictum) für zulässig erachtet.[7]

Auch für den Fall, dass das BAG von seiner bisherigen Auffassung abweichen sollte, ginge die gesetzliche Regelung des BetrVG über die zwingende Beteiligung des Betriebsrats bei Gleitzeitfragen der Rechtsprechung des BAG zur Ausgestaltung des Arbeitskampfrechts vor.[8] Das BAG hat die gesetzliche Regelung des BetrVG bei der Ausgestaltung der Koalitionsfreiheit zu beachten.

Bisher haben die gesetzlichen Regelungen die Möglichkeiten der Rechtsprechung bei der Ausgestaltung der Koalitionsfreiheit auch nicht derart eingeengt, dass eine wirksame Sicherung der Koalitionsfreiheit durch die Ausübung des richterlichen Gestaltungsspielraums nicht mehr gewährleistet werden kann. Daher kommt bisher insbesondere keine verfassungskonforme Auslegung des Beteiligungsrechts nach § 87 Abs. 1 Nr. 2 BetrVG in Betracht.

Folglich sind betriebliche Gleitzeitregelungen mit Arbeitskampfbezug unter der Voraussetzung, dass keine tariflichen Regelungen bestehen (oder üblich sind) auf der Grundlage der Regelungen der Betriebsverfassung im Regelfall zulässig.

II. Betriebsvereinbarungen über Notstands- und Erhaltungsarbeiten

Hinsichtlich Notstands- und Erhaltungsarbeiten kommt – je nach konkreter Regelung – zunächst ein mitbestimmungspflichtiger Tatbestand für die konkrete Durchführung der Erhaltungsarbeiten nach § 87 Abs. 1 Nr. 1 BetrVG in Betracht.[9] Ein solcher kann beispielsweise für Torkontrollen und für die Ausstellung von Notarbeiterausweisen oder Passierscheinen angenommen werden.[10]

Ferner besteht nach der Betriebsverfassung laut dessen § 88 die Möglichkeit zum Abschluss freiwilliger Betriebsvereinbarungen. Diese kommt beispielsweise bei der Festlegung der personellen Zusammensetzung des Erhaltungsdienstes sowie bei der Durchführung der Erhaltungsarbeiten in Betracht.[11] Hier stehen in der Regel soziale Angelegenheiten im Sinne des § 88 BetrVG in Frage. Die Betriebsparteien können daher nach dem BetrVG Regelungen über die genannten Angelegenheiten treffen. Hierbei sind Zeiten des Arbeitskampfes nicht ausgenommen.

---

[7] Siehe oben § 2 I. 2.
[8] Siehe oben § 21 III. 3. b.: Nur soweit der Schutzbereich des Art. 9 Abs. 3 GG betroffen ist, geht das Arbeitskampfrecht als Verfassungsrecht dem BetrVG vor.
[9] Siehe hierzu § 7 III. 3. a.
[10] Siehe vorherige Fn.
[11] Siehe oben unter § 7 III. 3.b.

Auch bei der Beurteilung von betrieblichen Notstands- und Erhaltungsarbeiten ist insbesondere der Tarifvorrang zu beachten.[12] Falls dieser nicht eingreift und Maßnahmen des Arbeitgebers in Frage stehen,[13] die eine Angelegenheit im Sinne der §§ 87, 88 BetrVG betreffen, sind freiwillige Betriebsvereinbarungen über Notstands- und Erhaltungsarbeiten – je nach der konkreten Regelung – zulässig. Ein Verstoß gegen die Vorgaben des BetrVG[14] sowie gegen wesentliche Grundprinzipien des Arbeitskampfrechts[15] liegt im Regelfall nicht vor.

Für die Frage der Beachtung von „Richterrecht" gilt das zu Betriebsvereinbarungen über Gleitzeitregelungen Gesagte.[16]

III. Betriebsvereinbarungen über Anwesenheitsprämien

Betriebsvereinbarungen über Anwesenheitsprämien sind „teilmitbestimmt".[17] Hinsichtlich der Verteilung der vom Arbeitgeber erbrachten freiwilligen Leistungen besteht ein Mitbestimmungsrecht nach § 87 Abs. 1 Nr. 10 BetrVG.[18]

Soweit die betrieblichen Regelungen über die Prämien nicht gegen das Maßregelungsverbot des § 612 a BGB verstoßen,[19] sind sie im Regelfall zulässig. Zwar ist wiederum insbesondere der Tarifvorbehalt zu beachten.[20] Soweit dieser nicht eingreift, können in Ausübung des genannten Mitbestimmungsrechts für die Verteilungsgrundsätze der Prämien Betriebsvereinbarungen geschlossen werden. Vorgaben des BetrVG sowie der wesentlichen Grundprinzipien des Arbeitskampfrechts werden hierdurch in der Regel nicht beeinträchtigt.

Im übrigen wird für die Frage der Geltung von „Richterrecht" auf die obigen Ausführungen verwiesen.[21] Bisher hat das BAG in seiner Rechtsprechung derartige betriebliche Regelungen über Anwesenheitsprämien mit Arbeitskampfbezug grundsätzlich für zulässig erachtet.[22]

---

[12] Vgl. zu tariflichen Regelungen der Notstands- und Erhaltungsarbeiten in der Praxis *Kittner*, RdA 1986, S. 162 f.

[13] Siehe hierzu § 7 III. 3. a.

[14] Vgl. die Untersuchung im 4. Teil der Arbeit.

[15] Vgl. die Untersuchung im 3. Teil der Arbeit.

[16] Siehe § 22 I.

[17] Siehe unter § 7 II. 3. b.

[18] Siehe vorherige Fn.

[19] Siehe vorherige Fn. Vgl. ergänzend zu Maßregelungsverboten, BAG, Urteil vom 03.08.1999 – 1 AZR 735/98, NZA 2000, S. 487 ff.; BAG, Urteil vom 11.08.1992 – 1 AZR 1093/92, NJW 1993, 218 ff.; BAG, Urteil vom 28.07.1992 – 1 AZR 87/92, NZA 1993, 267; *Schwarze*, NZA 1993, 967 ff.; *Löwisch/Rieble*, TVG, § 1 Rn. 601 ff.

[20] Vgl. oben § 8 IV. 3. d. und § 9 IV. sowie § 22 I.

[21] Siehe § 22 I.

[22] Siehe oben unter § 2 III. 1.

IV. Betriebsvereinbarungen über Maßregelungsverbote

Wie dargelegt ist es von der konkreten betrieblichen Regelung abhängig, ob für die Vereinbarung von Maßregelungsverboten ein erzwingbares Mitbestimmungsrecht besteht oder nicht.[23]
Jedenfalls können sich die Betriebsparteien bei der Vereinbarung von betrieblichen Maßregelungsverboten im Regelfall auf die Vorschrift des § 88 BetrVG berufen.[24]

Für den Fall, dass insbesondere der tarifliche Vorbehalt nicht eingreift,[25] sind betriebliche Regelungen über Maßregelungsverbote zulässig. Vorgaben des BetrVG sowie der wesentlichen Grundprinzipien des Arbeitskampfrechtes werden im Regelfall nicht beeinträchtigt.[26]

Für die Frage nach möglichen verbindlichen Vorgaben durch „Richterrecht" gilt das zu Betriebsvereinbarungen über Gleitzeitregelungen Gesagte.[27]

---

[23] Siehe oben unter § 7 III. 4. a., b.

[24] Siehe oben unter § 7 III. 4. c.; vgl. ergänzend zu betrieblichen Vereinbarungen, *Löwisch/Krauß*, Arbeitskampf- und Schlichtungsrecht, 170.3.1, Rn. 96 sowie *Gamillscheg*, ArbR/I, S. 1236 ff.; *Loritz*, ZfA 82, 77 ff. zu tariflichen Vereinbarungen.

[25] Vgl. zu tariflichen Regelungen über Maßregelungsverbote in der Praxis *Kittner*, RdA 1986, S. 162, 162.

[26] Vgl. die Untersuchung in den Teilen 3. und 4. dieser Arbeit.

[27] Siehe § 22 I.

6. Teil: Zusammenfassende Thesen

1. Teil: Argumentationsansätze

Im Rahmen der Frage nach der Zulässigkeit von Betriebsvereinbarungen mit Arbeitskampfbezug haben sich im Wesentlichen zwei Argumentationslinien zur Bewertung der Zulässigkeit entwickelt. Einmal werden die Grundprinzipien des Arbeitskampfes als Grundlage für die Bewertung angesehen. Zum anderen wird die Zulässigkeit derartiger Betriebsvereinbarungen anhand betriebsverfassungsrechtlicher Normen bewertet.

2. Teil: Arbeitskampfrecht als durch Betriebsvereinbarungen dispositives Recht

Das Arbeitskampfrecht ist nicht umfassend als zwingendes Recht ausgestaltet.

Betriebliche Regelungen über den Arbeitskampf können unterschiedliche Inhalte aufweisen. Es können Regelungen vereinbart werden, die sowohl für Zeiten ohne Bezug zu einem Arbeitskampf als auch für Zeiten des Arbeitskampfes gelten sollen. Hierbei sind Vereinbarungen denkbar, die aufgrund eines erzwingbaren Mitbestimmungsrechts abgeschlossen werden und Auswirkungen auf den Arbeitskampf entfalten. Zum anderen können Regelungen über den Arbeitskampf unter den Betriff der sozialen Angelegenheiten im Sinne des § 88 BetrVG fallen, so dass die Betriebsparteien hierüber freiwillige Betriebsvereinbarungen treffen können. Des Weiteren können teilmitbestimmte Betriebsvereinbarungen für den Arbeitskampf relevant werden. Ferner kommen Betriebsvereinbarungen in Betracht, deren Regelungen speziell für Arbeitskämpfe gelten sollen. Die Vereinbarungen können dabei schuldrechtliche und normative Regelungen enthalten.

Unabhängig von einem Arbeitskampf vereinbarte Regelungen, bei denen die Betriebsparteien mögliche Auswirkungen auf einen zukünftigen Arbeitskampf nicht bedacht haben, finden von vornherein für Zeiten des Arbeitskampfes keine Anwendung.

Die Betriebsparteien sind nicht generell von der Regel- und Rechtsetzung hinsichtlich des Arbeitskampfes ausgeschlossen. Insbesondere durch die mögliche tarifliche Zuständigkeit besteht keine Sperrwirkung a priori.

Die Betriebsparteien haben bei der Vereinbarung von Regelungen mit Arbeitskampfbezug unter bestimmten Voraussetzungen den Vorrang der tariflichen Zuständigkeit zu beachten. Zudem haben sie bestimmte Grenzen einzuhalten und höherrangiges Recht zu beachten. Zur Beurteilung der Einhaltung der Grenzen sowie der Vereinbarung der Regelung mit höherrangigem Recht kommt es auf die Umstände des Einzelfalls an.

3. Teil: Vorgaben für Betriebsvereinbarungen mit Arbeitskampfbezug aus dem Arbeitskampf recht bzw. Koalitionsrecht

Der Grundsatz der Parität ist im Rahmen des Arbeitskampfrechts das relevante Grundprinzip, an dem die Zulässigkeit von Betriebsvereinbarungen mit Arbeitskampfbezug zu messen ist.

Ein schlichter Verweis auf den Grundsatz der Parität reicht nicht aus, um die Rechtswidrigkeit von Betriebsvereinbarungen wegen Verstoßes gegen das Paritätsprinzip zu begründen. Es ist vielmehr eine genaue Determinierung der Kriterien zur Bestimmung der Paritätssituation und zur Bestimmung der Beeinträchtigung der Parität erforderlich. Ferner ist eine genaue Subsumtion notwendig, um einen Verstoß gegen den Paritätsgrundsatz zu begründen. Diese Grundsätze gelten auch für die weiteren Prinzipien des Arbeitskampfrechts.

Ob Betriebsvereinbarungen mit Arbeitskampfbezug gegen den durch Art. 9 Abs. 3 GG geschützten Grundsatz der Parität verstoßen, ist anhand eines materiellen, tarifbezogenen, abstrakt – typisierenden Paritätsverständnisses zu messen. Dabei kann nur eine erhebliche Beeinflussung der Parität zu einem Verstoß gegen den Paritätsgrundsatz führen. Voraussetzung einer Paritätsbeeinträchtigung durch Betriebsvereinbarungen mit Arbeitskampfbezug ist somit der über einen längeren Zeitraum regelmäßige Abschluss einer auf das Tarifgebiet bezogenen bedeutenden Anzahl von Betriebsvereinbarungen, die dazu führen, dass eine Kampfpartei übermäßig in ihrer Verhandlungsposition geschwächt wird. Für die Frage, ob eine Betriebsvereinbarung mit Arbeitskampfbezug gegen den Paritätsgrundsatz verstößt, kommt es damit auf die Umstände des Einzelfalles an. Der Grundsatz der Parität führt aber jedenfalls nicht dazu, dass derartige Betriebsvereinbarungen generell als rechtswidrig anzusehen sind.

Eine Folge der tarifbezogenen Betrachtungsweise des Paritätsgrundsatzes ist es, dass für die Paritätsbewertung alle relevanten Betriebsvereinbarungen eines Tarifgebietes zugrunde zu legen sind. Will man aufgrund etwaiger praktischer Schwierigkeiten eine derartige Betrachtungsweise vermeiden, und auf die Wirkung einzelner Betriebsvereinbarungen abstellen, müsste generell eine betriebsbezogen-konkrete Betrachtungsweise des Paritätsprinzips befürwortet werden. Gegen diese Betrachtungsweise sprechen jedoch gravierende Bedenken.

Der Grundsatz der Verhältnismäßigkeit hat keinen relevanten über den Paritätsgrundsatz hinausgehenden Inhalt. Selbst wenn man mit der vorherrschenden Ansicht von der Geltung des Grundsatzes der Verhältnismäßigkeit ausgeht, kommt ein Verstoß gegen den Grundsatz durch den Abschluss von Betriebsvereinbarungen mit Arbeitskampfbezug nur in seltenen Ausnahmefällen in Betracht.

Eine Heranziehung des Gebots der staatlichen Neutralität ist nicht erforderlich, da die Beurteilung der Beeinträchtigung des Neutralitätsgebotes anhand der Kriterien des Paritätsprinzips erfolgt.

Auch die weiteren Grundsätze des Arbeitskampfrechts führen nicht zu einer generellen Unzulässigkeit von Betriebsvereinbarungen mit Arbeitskampfbezug. Der Grundsatz der freien Kampfmittelwahl stellt keine über den Paritätsgrundsatz hinausgehenden eigenständigen Anforderungen an die Zulässigkeit derartiger Betriebsvereinbarungen. Auch eine Überprüfung anhand des Merkmals des Gemeinwohls führt zu keinen anderen Ergebnissen.

Der Grundsatz der Gegnerunabhängigkeit wird durch den Abschluss von Betriebsvereinbarungen mit Arbeitskampfbezug nicht beeinträchtigt, da die Betriebsparteien nicht den Tarifparteien zuzuordnen sind.

4. Teil: Vorgaben für Betriebsvereinbarungen mit Arbeitskampfbezug aus dem Betriebsverfassungsrecht

Das BetrVG enthält nur in Ausnahmefällen einschränkende Vorgaben für betriebliche Regelungen mit Arbeitskampfbezug.

Dies gilt zum einen für Betriebsvereinbarungen über Kampfmaßnahmen der Betriebsparteien gegeneinander. Derartige Betriebsvereinbarungen verstoßen gegen das Arbeitskampfverbot gemäß § 74 Abs. 2 Satz 1 Hs. 1 BetrVG.

Zum anderen können Betriebsvereinbarungen mit Arbeitskampfbezug gegen die allgemeine Friedenspflicht des § 74 Abs. 2 Satz 2 BetrVG verstoßen, wenn sie eine Beunruhigung der Arbeitnehmerschaft und damit die Erschütterung des Betriebes zur Folge haben. Diese Vorgabe ist aber nicht arbeitskampfspezifisch, sondern gilt für alle Betriebsvereinbarungen.

Beide vorgenannten Regelungen werden in der Praxis nicht von großer Relevanz sein. Andere spezielle Vorgaben des BetrVG für den Abschluss von Betriebsvereinbarungen mit Arbeitskampfbezug bestehen nicht. Insbesondere kann aus dem Arbeitskampfverbot des § 74 Abs. 2 Satz 1 Hs. 1 BetrVG sowie aus einer aus § 74 Abs. 2 Satz 1 BetrVG abgeleiteten Neutralitätspflicht keine weiteren Beschränkungen für derartige betriebliche Regelungen hergeleitet werden.

5. Teil: Konkurrenz zwischen den Vorgaben des Arbeitskampfrechts und des Betriebsverfassungsrechts

Die Regelungen des Betriebsverfassungsgesetzes und des Arbeitskampfrechts stehen in einer Rechtsgebietskonkurrenz zueinander. Beide Rechtsgebiete können zur Bewertung der Zulässigkeit von Betriebsvereinbarungen mit Arbeitskampfbezug herangezogen werden.

Es existiert keine Norm, die das Verhältnis der beiden Rechtsgebiete ausdrücklich regelt.

Aus dem Verhältnis von Richterrecht zu einfachem Gesetzesrecht ergibt sich ein Vorrang des BetrVG vor dem richterrechtlichen Arbeitkampfrecht zur Ausgestaltung des Arbeitskampfrechts.

Die Zulässigkeit des Abschlusses von Betriebsvereinbarungen mit Auswirkungen auf den Arbeitskampf richtet sich primär nach den Bestimmungen des einfachgesetzlichen BetrVG.

Die Gerichte haben bei der Ausgestaltung des Arbeitskampfrechts wie insbesondere des Paritätsgrundsatzes die Bestimmungen des BetrVG zu beachten. Bei der Frage der Paritätsrelevanz von Betriebsvereinbarungen, die auf Grundlage der Betriebsverfassung abgeschlossen worden sind, hat die Rechtsprechung zu berücksichtigen, dass keine gesetzliche Regelung über die Herstellung und Sicherung der Verhandlungsparität besteht, so dass sie etwaigen Störungen selbst durch eine entsprechende Ausgestaltung der Arbeitskampfordnung begegnen kann. Dies geht einem Eingriff in die gesetzliche Rechtsgrundlage vor.

In der gegenwärtigen Gestaltung der Rechtsordnung ist eine verfassungskonforme Einschränkung des BetrVG mit dem Prinzip der Gewaltenteilung nicht vereinbar. Eine verfassungskonforme Auslegung kommt lediglich in Betracht, wenn die Gerichte nicht mehr in der Lage sind, die Verhandlungsfähigkeit der

Tarifparteien im Rahmen der richterrechtlichen Arbeitskampfordnung sicher-
zustellen.

Literaturverzeichnis

Adam, Detlev: Das Verhältnis von Arbeitskampfrecht und Schuldrecht. Dargestellt am Beispiel der privatrechtlichen Haftung bei arbeitskampfbedingten Auswirkungen im Rechtskreis unbeteiligter Dritter, Dissertation, Erlangen-Nürnberg 1986, (zitiert als: Adam, Arbeitskampfrecht)

Adomeit, Klaus: Rechtsquellenfragen im Arbeitsrecht, München 1969, (zitiert als: Adomeit, Rechtsquellenfragen)

-, Grenzen der Tarifautonomie – neu gezogen, in: NJW 1984, S. 595 ff.

-, Globalisierung – eine Chance?, in: NJW 1996, S. 2138 ff.

-, Regelung von Arbeitsbedingungen und ökonomische Notwendigkeiten, München [u.a.] 1996, (zitiert als: Adomeit, Arbeitsbedingungen)

-, Anmerkung zu BAG, Urteil vom 14.12.1966 – 5 AZR 242/66, in: SAE 1967, S. 237 ff.

Aksu, Mustafa: Die Regelungsbefugnis der Betriebsparteien durch Betriebsvereinbarungen, Diss., Baden-Baden 2000, (zitiert als: Aksu, Regelungsbefugnis)

Alternativkommentar zum Grundgesetz für die Bundesrepublik Deutschland, (GesHrsg. *Rudolf Wassermann*) Band 1, Art. 1-20, Neuwied und Darmstadt, 1984, (zitiert als: AK-GG-Bearbeiter)

Apfel, Wolfgang: Apfel, Die Sicherung und Erhaltung des Betriebs bei Arbeitskämpfen, Diss., 1970, (zitiert als: Apfel, Sicherung)

Auffarth, Fritz: Der gegenwärtige Stand des Arbeitskampfrechts in der Bundesrepublik Deutschland unter besonderer Berücksichtigung des Streiks, in: RdA 1977, S. 129 ff.

Badura, Peter: Arbeitsgesetzbuch, Koalitionsfreiheit und Tarifautonomie, in: RdA 1974, S. 129 ff.

Bakopoulos, Konstantinos: Zuständigkeitsverteilung zwischen tarifvertraglicher und innerbetrieblicher Normsetzung, Berlin 1991, (zitiert als: Bakopoulos, Normsetzung)

Belling, Detlev: Anm. zu BAG, Urteil vom 20.11.1987 – 2 AZR 284/86, in: EzA Nr. 1 zu § 620 BGB Altersgrenze, Bl. 17 ff.

-, Anmerkungen zu BAG, Urteil vom 04.08.1987 – 1 AZR 486/85, in: EzA Nr. 70 zu Art. 9 GG Arbeitskampf, S. 9 ff.

Benecken, Hartmut: Die Zulässigkeit bislang als tarifvertragswidrig und deliktisch behandelter Streiks, Diss., 1978, (Benecken, Streiks)

Bengelsdorf, Peter: Rechtliche Möglichkeiten zur Beschleunigung des erzwingbaren Einigungsstellenverfahrens, in: BB 1991, S. 613 ff.

Bertele, Franz: Rechtsnatur und Rechtsfolgen der Aussperrung, Heidelberg 1960, (zitiert als: Bertele, Aussperrung)

Bertelsmann, Klaus: Aussperrung. Eine Untersuchung ihrer Zulässigkeit unter besonderer Berücksichtigung ihrer geschichtlichen Entwicklung und Handhabung in der Praxis, Berlin 1979, (zitiert als: Bertelsmann, Aussperrung)

Beuthien, Volker: Der Arbeitskampf als Wirtschaftsstörung, Kampfrisiken teilen, aber wie?, Stuttgart 1990, (zitiert als: Beuthien, Wirtschaftsstörung)

-, Unternehmerische Mitbestimmung kraft Tarif- oder Betriebsautnomie? Teil I., in: ZfA 1983, S. 141 ff.

-, Mitbestimmung unternehmerischer Sachentscheidungen kraft Tarif- oder Betriebsautonomie? Teil II., in: ZfA 1984, S. 1 ff.

Biberacher, Hansjörg: Betriebliche Rechtsetzungsmacht, Frankfurt a.M. 1983, (zitiert als: Biberacher, Rechtsetzungsmacht)

Bieback, Karl-Jürgen: Arbeitsverhältnis und Betriebsratsamt bei der außerordentlichen Kündigung von Betriebsratsmitgliedern, in: RdA 78, 94 ff.

-, Paritätsprinzip und Aussperrung im Arbeitskampfrecht der Bundesrepublik, in: WSI-Mitt., 1987, S. 197 ff.

-, „Parität der Sozialpartner", „Neutralität des Staates" und Aussperrung, in: Streikfreiheit und Aussperrungsverbot. Zur Diskussion einer gewerkschaftlichen Forderung, Neuwied/Darmstadt 1979, (Bieback, Streikfreiheit)

Bieback, Karl-Jürgen / Mayer, Udo: Mitbestimmung des Betriebsrats während des Arbeitskampfes, in: AuR 1982, S. 169 ff.

Biedenkopf, Kurt H.: Grenzen der Tarifautonomie, Karlsruhe, 1964, (zitiert als: Biedenkopf, Grenzen)

Binkert, Gerhard: Gewerkschaftliche Boykottmaßnahmen im System des Arbeitskampfrechts, Diss., Berlin 1981, (zitiert als: Gerhard, Arbeitskampfrecht)

Birk, Rolf: Gesetzliche und autonome Regelung des Arbeitskampfrechts im Ausland, in: RdA 1986, 205 ff.

-, Innerbetriebliche Absprachen – Typen und Rechtswirkungen, in: ZfA 1986, 73 ff.

Birk, Rolf / Konzen, Horst / Löwisch, Manfred / Raiser, Thomas / Seiter, Hugo: Gesetz zur Regelung kollektiver Arbeitskonflikte - Entwurf und Begründung, Tübingen 1988, (zitiert als: Birk u.a., Professorenentwurf)

Blomeyer, Wolfgang: Das Günstigkeitsprinzip in der Betriebsverfassung, in: NZA 1996, S. 337 ff.

-, Die rechtliche Bewertung des Betriebsfriedens im Individualarbeits- und Betriebsverfassungsrecht, in: ZfA 1972, S. 85 ff.

Bobke, Manfred H.: Mitbestimmungsrecht des Betriebsrats bei der Einführung arbeitskampfbedingter Kurzarbeit, in: BlStSozArbR 1980, S. 129 ff.

Bogs, Walter: Autonomie und verbandliche Selbstverwaltung im modernen Arbeits- und Sozialrecht, in: RdA 1956, S. 1 ff.

Brockhaus- Enzyklopädie in 24 Bänden, 19. Auflage, Band 2, Mannheim 1987, (zitiert als: Brockhaus)

Brox, Hans: Die Folgen der Beteiligung des Arbeitnehmers am Streik für die Arbeitspflicht und den Anspruch auf Arbeitsvergütung, in: JA 1980, S. 628 ff.

Brox, Hans / Rüthers, Bernd (Hrsg.): Arbeitskampfrecht, 2. Auflage, Stuttgart, Berlin, Köln; Mainz 1984, (zitiert als: Brox/Rüthers, Arbeitskampfrecht)

-, Arbeitsrecht, 14. Auflage, Stuttgart 1999, (zitiert als: Brox/Rüthers, Arbeitsrecht)

Bulla, Gustav-Adolf: Das zweiseitig kollektive Wesen des Arbeitskampfes, in: Festschrift für H.C. Nipperdey zum 60. Geburtstag, München, 1955, S. 163 ff.

-, Der Begriff der „Kampfmaßnahme“ im Arbeitskampfrecht (Teil I), in: DB 1959, S. 542 ff.

Buschmann, Rudolf: Notdienstmaßnahmen im Arbeitskampf; AuR 1980, S. 230 ff.

Buchner, Herbert: Anmerkungen zu BAG, Urteil vom 26.10.1971 – 1 AZR 113/68, in: SAE 1973, S. 42 ff.

-, Inhalt des Tarifvertrags, in: AR-Blattei [D], Tarifvertrag V, Inhalt, Bl. 1 ff.

-, Rechtswirksamkeit der tarifvertraglichen Regelung über die Flexibilisierung der Arbeitszeit in der Metallindustrie, in: DB 1985, S. 913 ff.

-, Das Arbeitskampfrecht unter den Anforderungen der Verhandlungsparität und der Staatsneutralität, (Zugleich Besprechung des Gutachtens von Prof. Dr. Gerhard Müller, Arbeitskampf und Arbeitskampfrecht), in: RdA 1986, S. 7 ff.

-, Der Arbeitskampf im Medienbereich – eine Sonderform des allgemeinen Arbeitskampfrechts? in: RdA 1987, S. 209 ff.

-, Gemeinsame Anmerkung zu BAG, Urteile vom 05.05.1987, 1 AZR 666/85 und 292/85, in: SAE 1988, S. 13 ff.

-, Übermaßverbot als Grenze tarifbezogener Arbeitskämpfe, in: Lieb, Manfred/von Stebut, Dietrich/Zöllner, Wolfgang (Hrsg.), Arbeitskampfrecht, Symposium Hugo Seiter zum Gedächtnis, Berlin 1990, S. 21 ff., (zitiert als: Buchner, Übermaßverbot)

-, Zur Rechtsstellung des Betriebsrats, in: Festschrift für Günther Wiese zum 70. Geburtstag, Neuwied [u.a.] 1998, S. 55 ff.

-, Anmerkung zu KG, Urteil vom 09.09.1976 – 15 U 1207/76, in: EzA Nr. 17 zu Art. 9 GG Arbeitskampf, Bl. 109 ff.

Bydlinski, Franz: Juristische Methodenlehre und Rechtsbegriff, 2. Auflage, Wien New York 1991, (zitiert als: Bydlinski, Methodenlehre)

-, Hauptpositionen zum Richterrecht, in: JZ 1985, S. 149 ff.

Canaris, Claus-Wilhelm: Systemdenken und Systembegriff in der Jurisprudenz, Berlin 1969, (zitiert als: Canaris, Systemdenken)

-, Funktionelle und inhaltliche Grenzen kollektiver Gestaltungsmacht bei der Betriebsvereinbarung, in: AUR 1966, S. 129 ff.

-, Tarifdispositive Normen und richterliche Rechtsfortbildung, in: Gedächtnisschrift für Rolf Dietz, München 1973, S. 199 ff.

Christensen, Ralph: Richterrecht – rechtsstaatlich oder pragmatisch? in: NJW 1989, S. 3194 ff.

Coester, Michael: Anmerkung zu BAG, Urteil vom 23.10.1985 – 4 AZR 119/84, in: SAE 1986, S. 288 ff.

-, Verfassungsrechtliche Gewährleistung der Aussperrung – Beschluss BVerfG vom 26.06.1991 – 1 BvR 779/85, in: JurA, 1992, 84, 88

Czerweny von Arland, Katharina: Die Arbeitskampfmittel der Gewerkschaften und der Verhältnismäßigkeitsgrundsatz, Dissertation, Frankfurt a.M. 1993, (zitiert als: Czerweny von Arland, Arbeitskampfmittel)

Däubler, Wolfgang (Hrsg.): Arbeitskampfrecht, 2. Auflage, Baden-Baden 1987, (zitiert als: Däubler- Bearbeiter, Arbeitskampfrecht)

-, Tarifvertragsgesetz, 3. Auflage, Baden-Baden 1993, (zitiert als: Däubler, TVG)

-, Das Arbeitsrecht, Bd. 1, 14. Auflage, Reinbek bei Hamburg 1990, (zitiert als: Däubler, Arbeitsrecht)

-, Verschlechterung der Arbeitsbedingungen durch Betriebsvereinbarung?, in: AuR 1984, S. 1 ff.

-, Der Notdienst im Arbeitskampfrecht, in: AuR 1981, S. 257 ff.

-, Das Grundrecht auf Mitbestimmung und seine Realisierung durch tarifvertragliche Begründung von Beteiligungsrechten, Frankfurt a.M. 1973, (zitiert als: Däubler, Mitbestimmung)

-, Die unverhältnismäßige Aussperrung – BAG (GS) AP, Art. 9 GG – Arbeitskampf – Nr. 43, in: JUS 1972, S. 642 ff.

-, Der Streik im öffentlichen Dienst, 2. Auflage, Tübingen 1971, (zitiert als: Däubler, Streik)

Däubler, Wolfgang / Kittner, Michael / Klebe, Thomas: Betriebsverfassungsgesetz, Kommentar, 6. Auflage, Frankfurt a.M. 1998, (zitiert als: D/K/K-Bearbeiter, BetrVG)

Däubler, Wolfgang / Hege, Hans: Koalitionsfreiheit. Ein Kommentar. Baden-Baden 1976, (zitiert als: Däubler/Hege, Koalitionsfreiheit)

Denck, Johannes: § 116 AFG und kein Ende, in: BB 1986, S. 252 ff.

Diederichsen, Uwe: Die Eigenständigkeit der Jurisprudenz, Festschrift für Werner Flume zum 70. Geburtstag, Bd. I, Köln 1978, S. 283 ff.

Dieterich, Thomas: Methodische Bemerkungen zu den Aussperrungsurteilen des Bundesarbeitsgerichts vom 16.06.1980, in: Festschrift für Wilhelm Herschel zum 85. Geburtstag, S. 37 ff., (zitiert als: Dieterich, FS für Herschel)

Dietz, Rolf: Grundfragen des Streikrechts, in: JUS 1968, S. 1 ff.

-, Friedenspflicht und Arbeitskampfrecht. Zum Urteil des Bundesarbeitsgerichts vom 31.10.1958, in: JZ 1959, S. 425 ff.

Dietz Rolf / Richardi, Reinhard: Betriebsverfassungsgesetz, Kommentar, 7. Auflage, München 1998, (zitiert als: Dietz/Richardi, BetrVG)

Dorndorf, Eberhard / Weiss, Manfred: Warnstreiks und vorbeugender Rechtsschutz gegen Streiks, Köln 1983, (zitiert als: Dorndorf/Weiss-Bearbeiter, Warnstreiks)

Duden, Rechtschreibung der deutschen Sprache, (Hrsg.: *Drodowski, Günther*), 21. Auflage, Band 1, Leipzig/Wien/Zürich, 1996, (zitiert als: Duden)

Dütz, Wilhelm: Die Grenzen von Aussperrung und arbeitskampfbedingter Entgeltverweigerung nach Risiko-Prinzipien und Kurzarbeitsregeln, in: DB 1979, Beilage 14

-, Gemeinsame Anmerkung zu den Beschlüssen des BAG vom 22.12.1980 - 1 ABR 2/79 und 76/79, in: EzA Nr. 8 zu § 615 BGB, Betriebsrisiko, S. 63 ff.

Ehmann, Horst: Empfiehlt es sich, die Regelungsbefugnisse der Tarifparteien im Verhältnis zu den Betriebsparteien zu ordnen?, in: ZRP 1996, S. 314 ff.

-, Vom Arbeitskampfrecht zur Mitbestimmung – Entwicklungen in der Krise des Sozialismus, in: NZA 1991, S. 1 ff.

Ehmann, Horst / Schnauder, Franz: Anmerkungen zu den Beschlüssen des BAG vom 22.12.1980: 1 ABR 2/79 und 1 ABR 76/79, EZA Nr. 8 zu § 615 BGB Betriebsrisiko

Ehmann, Horst / Lambrich, Thomas: Vorrang der Betriebsautonomie vor der Tarifautonomie kraft des Subsidiaritätsprinzips?, in: NZA 1996, S. 346 ff.

Ehmann, Horst / Schmidt, Thomas Benedikt: Betriebsvereinbarungen und Tarifverträge. Grenzen des Tarifvorrangs, in: NZA 1995, S. 193 ff.

Eich, Rolf-Achim: Mitbestimmungsrechte des Betriebsrates bei arbeitskampfbedingten Maßnahmen des Arbeitgebers, in: DB 1979, Beilage 9

Eichhorn, Heinz-Josef / Hickler, Helmut / Steinmann, Rolf: Handbuch Betriebsvereinbarung, 2. Auflage, Fulda 1998, (zitiert als: Eichhorn/Hickler/Steinmann, Betriebsvereinbarung)

Eichmanns, Max: Der Grundsatz der Kampfparität – der augenblickliche Stand der Debatte, in: RdA 1977, S. 135 ff.

Eickelberg, Martin: Probleme der Betriebsvereinbarung über Arbeitsentgelt und sonstige Arbeitsbedingungen nach dem Betriebsverfassungsgesetz 1972 – eine rechtsvergleichende Untersuchung mit dem Betriebsverfassungsgesetz 1952, Diss. Bochum 1973, (zitiert als: Eickelberg, Betriebsvereinbarung)

Eisemann, Hans: Betriebsrisiko und Aussperrung, in: AuR 1981, S. 357 ff.

Enderlein, Wolfgang: Zur Richtigkeitsgewähr der tarifvertraglichen Einigung als Leitgedanken des Arbeitskampfrechts, in: RdA, 1995, S. 264 ff.

Engisch, Karl: Die Einheit der Rechtsordnung, Heidelberg, 1935 (zitiert als: Engisch, Einheit)

-, Einführung in das juristische Denken, 9. Auflage, Stuttgart Berlin Köln, 1997, (zitiert als: Engisch, Einführung)

Evers, Hans-Ulrich: Arbeitskampffreiheit, Neutralität, Waffengleichheit und Aussperrung, Hamburg, 1969, (zitiert als: Evers: Arbeitskampffreiheit)

Fabricius, Fritz: Arbeitsrecht und die Methodenlehre vom „Vorverständnis“, in: Fabricius, Fritz / Naendrup, Peter-Hubert / Schwerdtner, Peter: Arbeitsrecht und juristische Methodenlehre, Neuwied/Darmstadt, 1980, S. 1 ff., (zitiert als: Fabricius: Arbeitsrecht)

-, Anmerkung zu BAG, Beschluss vom 08.12.1970 – 1 ABR 20/70, AP Nr. 28 zu § 59 BetrVG 1952, Bl. 759 ff.

Farthmann, Friedhelm: Die Mitbestimmung des Betriebsrats bei der Regelung der Arbeitszeit, in: RdA 1974, S. 65 ff.

Fastrich, Lorenz: Richterliche Inhaltskontrolle im Privatrecht, München 1992, (zitiert als: Fastrich, Inhaltskontrolle)

Fenn, Herbert: Anmerkung zu LAG Frankfurt a.M., Urteil vom 22.4.1969 – 5 Sa 627/68, in: SAE 1970, S. 189 ff.

-, Zur Problematik der Erhaltungsarbeiten im Arbeitskampf, in: DB 1982, S. 430 ff.

Fikentscher, Wolfgang: Methoden des Rechts in vergleichender Darstellung, Bd. IV, Dogmatischer Teil, Tübingen 1977, (zitiert als: Fikentscher, Methoden)

Fischer, Christian: Die tarifwidrigen Betriebsvereinbarungen, Diss., München 1998 (zitiert als: Fischer, Betriebsvereinbarungen)

Fitting, Karl / Kaiser, Heinrich / Heither, Friedrich / Engels, Gerd: Betriebsverfassungsgesetz, 21. Auflage, München 2002, (zitiert als: F/K/H/E, BetrVG)

Friauf, Karl Heinrich: Die verfassungsrechtlichen Vorgaben einer gesetzlichen oder tarifvertraglichen Arbeitskampfordnung, in: RdA 1986, S. 288 ff.

Friese, Birgit: Kollektive Koalitionsfreiheit und Betriebsverfassung, Diss., Berlin 2000, (zitiert als: Friese, Koalitionsfreiheit)

Galperin, Hans: Grundlagen und Grenzen der Betriebsvereinbarung, in: BB 1949, S. 374 ff.

Galperin Hans / Löwisch, Manfred: Kommentar zum Betriebsverfassungsgesetz,
Band I: §§ 1 - 73, 6. Auflage, Heidelberg 1982,

Band II: §§ 74 – Ende, 6. Auflage, Heidelberg 1982, (zitiert als: Galperin/Löwisch, BetrVG)

Galperin Hans / Siebert, Wolfgang: Betriebsverfassungsgesetz 1952, Kommentar, 4. Auflage, Heidelberg 1963, (zitiert als: Galperin/Siebert, BetrVG 1952)

Gamillscheg, Franz: Kollektives Arbeitsrecht, Bd. I, München 1997, (zitiert als: Gamillscheg, ArbR/I)

-, Mitbestimmung der Arbeitnehmer in Frankreich, Großbritannien, Schweden, Italien, den USA und der Bundesrepublik Deutschland, Arbeiten zur Rechtsvergleichung, Bd. 92, Frankfurt a.M. 1987 (zitiert als: Gamillscheg, Mitbestimmung)

Gast, Wolfgang: Tarifautonomie und Normsetzung durch Betriebsvereinbarung, Heidelberg 1981, (zitiert als: Gast, Tarifautonomie)

-, Anmerkung zu BAG, Beschluss vom 21.12.1982 – 1 ABR 14/81, in: AP Nr. 9 zu § 87 BetrVG 1972 Arbeitszeit, Bl. 4 R ff.

-, Anmerkung zu BAG, Beschluss vom 24.02.1987 – 1 ABR 18/85, in: BB 1987, S. 1249 ff.

Gaudecki, Christoph: Schadensbegrenzung im Arbeitskampfrecht, Frankfurt a.M./Bern/New York/Paris 1991, (zitiert als: Gaudecki, Schadensbegrenzung).

Gaul, Björn: Die „Streikbruchprämie“ als zulässiges Arbeitskampfmittel, in: NJW 1994, S. 1025 ff.

Gaul, Dieter: Anmerkungen zu BAG GS, Beschluss vom 03.12.1991 – GS 2/90, in: EzA § 87 BetrVG 1972 Betriebliche Lohngestaltung Nr. 30, Bl. 51 ff.

-, Anmerkung zu BAG, Urteil vom 17.10.1962 – 4 AZR 321/61, AP Nr. 16 zu § 611 BGB Akkordlohn, Bl. 2 R ff.

Gaumann, Ralf, Ausgabe von Werksausweisen bei Erhaltungsarbeiten im Arbeitskampf – ein mitbestimmungspflichtiger Tatbestand?, in: NZA 2001, S. 245 ff.

Geffken, Rolf, Seeleutestreik und Hafenarbeiterboykott, Marburg 1979, (zitiert als: Geffken, Seeleutestreik)

Gegenwart, Peter: Arbeitskampf im Medienbereich – insbesondere Betriebsbesetzungen als neue Formen des Arbeitskampfes im Medienbereich, Frankfurt a.M./Bern/New York/Paris 1988 (zitiert als: Gegenwart, Arbeitskampf)

Gemeinschaftskommentar zum Betriebsverfassungsgesetz (Gesamtredaktion: *Günther Wiese*)
Band 1, §§ 1 – 73, 6. Auflage, Neuwied Kriftel Berlin 1997,
Band 2, §§ 74 – 132, 6. Auflage, Neuwied Kriftel Berlin 1998,
Band 2, 3. Bearbeitung, Stand: November 1982)
(zitiert als: GK-Bearbeiter, BetrVG)

Gentz, Manfred: Zur Verhältnismäßigkeit von Grundrechtseingriffen, in: NJW 1968, S. 1600 ff.

Germann, O. A.: Probleme und Methoden der Rechtsfindung, 2. Auflage, Bern 1967, (zitiert als: Germann, Rechtsfindung)

Germelmann, Claas-Hinrich: Der Betriebsfrieden im Betriebsverfassungsrecht, Frankfurt 1972, (zitiert als: Germelmann, Betriebsfrieden)

Gnade, Albert / Kehrmann, Karl / Schneider, Wolfgang / Klebe, Thomas: Betriebsverfassungsgesetz mit Wahlordnung, Kommentar, 9. Auflage, 2001. (zitiert als: Gnade/ Kehrmann /Schneider/Klebe, BetrVG).

Goll, Ulrich: Arbeitskampfparität und Tariferfolg. Versuch einer rechtstatsächlichen Fundierung arbeitskampfrechtlicher Fragestellungen unter Berücksichtigung der „collective-bargaining" Theorien, Berlin 1980, (zitiert als: Goll, Arbeitskampfparität)

-, Kampfparität und Konfliktforschung: Grenzen des Gegengewichtsmodells im kollektiven Arbeitsrecht, Rechtstheorie, Band 11 (1980), S. 225 ff. (zitiert als: Goll, Rechtstheorie)

Grunsky, Wolfgang: Abwehraussperrung und Allgemeininteresse im Arbeitskampf. Verfassungsrechtliche Überlegungen zum Tarifkonflikt in der Druckindustrie, in: ZRP 1976, S. 129 ff.

Hablitzel, Hans: Das Verhältnis von Tarif- und Betriebsautonomie im Lichte des Subsidiaritätsprinzips, in: NZA 2001, S. 467 ff.

Hanau, Peter: Rechtswirkungen der Betriebsvereinbarung, in: RdA 1989, S. 207 ff.

-, Verkürzung und Differenzierung der Arbeitszeit als Prüfsteine des kollektiven Arbeitsrechts, in: NZA 1985, S. 73 ff.

-, Zum Kernbereich des Koalitionswesens, in: AuR 1983, S. 257 ff.

-, Die neue Arbeitskampfarithmetik, insbesondere im Pressebereich, in: AfP 1980, S. 125 ff.

-, Allgemeine Grundsätze der betrieblichen Mitbestimmung, in: RdA 1973, S. 281 ff.

-, Anmerkungen zu BAG, Beschlüsse vom 22.12.1980 – 1 ABR 2/79 und 76/79, in: AR-Blattei D, Arbeitskampf I, Nr. 18/19

-, Anmerkungen zu BAG, Urteil vom 14.02.1978 – 1 AZR 54/76, AR-Blattei [D] Betriebsverfassung IX, Entscheidung 37

-, Anmerkung zu BAG, Urteil vom 06.03.1979 – 1 AZR 866/77, in: SAE 1980, S. 223 ff.

Hanau, Peter / Adomeit, Klaus: Arbeitsrecht, 11. Auflage, Neuwied/Kriftel/Berlin 1994, (zitiert als: Hanau/Adomeit, Arbeitsrecht)

Hartwich, Hans-Hermann: Sozialstaat und Arbeitskampf. Zum Staatsverständnis in der Rechtsprechung des Bundesarbeitsgerichts, in: Kittner (Hrsg.) Streik und Aussperrung, Frankfurt a.M. 1974, (zitiert als: Kittner-Bearbeiter, Streik und Aussperrung)

Häßler, Kay: Beteiligungsrechte des Betriebsrats im Arbeitskampf, Ammersbek bei Hamburg, Diss. 1992, (zitiert als: Häßler, Beteiligungsrechte)

Haubelt, Horst Wilhelm: Die Konkretisierung von Generalklauseln, Diss., München 1978, (zitiert als: Haubelt, Konkretisierung)

Haug, Ulrich: Tarifvorrang und innerbetriebliche Regelungsmechanismen, in: BB 1986, S. 1921 ff.

Heckelmann, Dieter: Erhaltungsarbeiten im Arbeitskampf, Berlin, New York 1984, (zitiert als: Heckelmann, Erhaltungsarbeiten)

Heenen, Norbert: Kampfparität und bilaterales Monopol, Diss., Heidelberg 1988, (zitiert als: Heenen, Kampfparität)

Heinze, Meinhard: Betriebsvereinbarung versus Tarifvertrag, in: NZA 1989, 41, (zitiert als: Heinze, Betriebsvereinbarung)

-, Mitbestimmung des Betriebsrats und Arbeitskampf, in: DB Beilage Nr. 23 / 82, (zitiert als: Heinze, Mitbestimmung)

-, Anmerkung zu BAG, Urteil vom 06.03.1979 - 1 AZR 866/77, in: SAE 1980, S. 223 ff.

-, Personalplanung, Einstellung und Kündigung, Stuttgart 1982, (zitiert als: Heinze, Personalplanung)

-, Gesetze und vertragliche Arbeitskampfordnung, in: Festschrift für Karl Molitor zum 60. Geburtstag, München 1988, S. 159 ff.

-, Arbeitsrecht in der gesellschaftlich-ökonomischen Ordnung der Bundesrepublik Deutschland, in: Festschrift für Dieter Gaul zum 70. Geburtstag, Neuwied, Kriftel, 1992, S. 305 ff.

-, Inhalt und Grenzen betriebsverfassungsrechtlicher Rechte, in: ZfA 1988, S. 53 ff.

-, Wege aus der Krise – Der Beitrag der Wissenschaft, in: NZA 1997, S. 1 ff.

-, Gibt es eine Alternative zur Tarifautonomie? – Thesen zur aktuellen Diskussion, in: DB 1996, S. 729 ff.

Hempelmann, Gerrit: Die freiwillige Betriebsvereinbarung in Vergangenheit und Gegenwart, Diss. 1997, (zitiert als: Hempelmann, Betriebsvereinbarung).

Hengsbach, Friedhelm (Hrsg.): Aussperrung und Streik – ungleiche Mittel, Mainz 1991, (zitiert als: Hengsbach-Bearbeiter, Aussperrung)

Hensche, Martin: Zu Praktikabilität und Nutzen des arbeitskampfrechtlichen Paritätsprinzips, in: RdA 1996, S. 293 ff.

Henssler, Martin: Flexibilisierung der Arbeitsmarktordnung – Überlegungen zur Weiterentwicklung der tariflichen Regelungsmacht, in: ZfA 1994, S. 487 ff.

Herbst, Jens: Rechte des Betriebsrats im Arbeitskampf, in: AiB, 1987, S. 4 ff.

Hergenröder, Curt Wolfgang: Zivilprozessuale Grundlagen richterlicher Rechtsfortbildung, Tübingen 1995, (zitiert als: Hergenröder, Rechtsfortbildung)

-, Internationales Arbeitskampfrecht, in: Löwisch (Hrsg.), Arbeitskampf- und Schlichtungsrecht, Heidelberg 1997, S. 381 ff., (zitiert als: Hergenröder, Internationales Arbeitskampfrecht)

-, Anm. zu BAG, Urteil vom 30.08.1994 – 1 ABR 10/94, in: SAE 1996, S. 323 ff.

-, Anmerkung zu BAG, Urteil vom 13.07.1993 – 1 AZR 676/92, in: EzA Nr. 112 zu Art. 9 GG – Arbeitskampf, Bl. 15 ff.

-, Anmerkung zu BAG, Urteil vom 11.08.1992 - 1 AZR 103/92, in: SAE 1993, S. 57 ff.

-, Anmerkungen zu BAG, Beschluss vom 20.11.1990 – 1 ABR 62/89, EzA 20 zu § 2 TVG, S. 7 ff.

-, Die Entwicklung des arbeitsrechtlichen Schrifttums im Jahre 1990, in: ZfA 1991, S. 409 ff.

Herschel, Wilhelm: Anmerkung zu LAG Frankfurt a.M., Beschluss vom 22.04.1969 – 5 Sa 627/68 in: AUR, 1970, S. 352 ff.

-, Gedanken zu Richterrecht und Tarifautonomie, in: AuR 1972, S. 129 ff.

-, Tarifdispositives Recht, in: DB 1971, S. 2114 ff.

-, Anmerkung zu BAG, Urteil vom 14.02.1978 – 1 AZR 54/76, in: EzA Nr. 19 zu § 15 KSchG, S. 62 ff.

-, Die Arbeitskampfkündigung des Arbeitgebers im kollektiven Arbeitskampfsystem, in: RdA 1984, S. 214 ff.

Hess, Harald / Schlochauer, Ursula / Glaubitz, Werner: Kommentar zum Betriebsverfassungsgesetz, 5. Auflage, Neuwied/Kriftel/Berlin, 1997, (zit. als: H/S/G-Bearbeiter, BetrVG)

Hesse, Konrad: Grundzüge des Verfassungsrechts der Bundesrepublik Deutschland, 20. Auflage, Heidelberg 1999, (zitiert als: Hesse, Grundzüge)

Heußner, Hermann: Die Rechtsprechung des Bundesverfassungsgerichts zum Richterrecht, in: Festschrift für Marie Luise Hilger und Hermann Stumpf, München 1983, S. 317 ff., (zitiert als: Heußner, Richterrecht)

Hiersemann, Walter: Die Stellung des Betriebsrats im Arbeitskampf, in: BB 1966, S. 252 ff.

Hilger, Marie Luise: Überlegungen zum Richterrecht, in: Festschrift für Karl Larenz, 1973, S. 109 ff., (zitiert als: Hilger, Richterrecht)

Hoeniger, Heinrich: Die sogenannte Abwehraussperrung. Kritische Betrachtung zum Beschluss des Großen Senats des Bundesarbeitsgerichts vom 28.01.1955, in: BB 1955, S. 704 ff.

Hoffmann, Reinhard: Der Grundsatz der Parität und die Zulässigkeit der Aussperrung, in: Kittner, Michael (Hrsg.) Streik und Aussperrung, Frankfurt a.M. 1974, (zitiert als: Kittner-Bearbeiter, Streik und Aussperrung)

Hohenstatt, Klaus-Stefan: Erhaltungsarbeiten im Arbeitskampf, Frankfurt am Main, 1993, (zitiert als: Hohenstatt)

Holle, Gerd: Inhalt und Begründung des Grundsatzes der Parität im Arbeitskampfrecht, Marburg 1993, (zitiert als: Holle, Parität)

Von Hoyningen-Huene, Gerrick: Betriebsverfassungsrecht, 4. Auflage, München 1998, (zitiert als: v. Hoyningen-Huene, Betriebsverfassungsrecht)

-, Münchener Handbuch Arbeitsrecht, Bd. 3, Kollektives Arbeitsrecht, 2. Auflage, München 2000, §§ 297 - 303

-, Die Billigkeit im Arbeitsrecht, München 1978, (zitiert als: v.Hoyningen-Huene, Billigkeit)

-, Rechtmäßigkeitsvoraussetzungen aktueller Kampfmittel der Gewerkschaften, in: JUS 1987, S. 505 ff.

-, Streikbedingte Sonderzuwendungen als Arbeitskampfmittel, in: DB 1989, S. 1466 ff.

Von Hoyningen-Huene, Gerrick: / Meier-Krenz, U.: Mitbestimmung trotz Tarifvertrages?, Tarifvorbehalt und Tarifvorrang in § 77 Abs. 3 BetrVG, in: NZA 1987, S. 793 ff.

Hromadka, Wolfgang: Anmerkungen zu BAG, Urteil vom 30.03.1982 – 1 AZR 265/80, in: SAE 1983, S. 59 ff.

-, Anmerkung zu BAG, Beschluss vom 19.02.1991 – 1 ABR 36/90, in: SAE 1992, S. 311 ff.

-, Betriebsvereinbarung über mitbestimmungspflichtige soziale Angelegenheiten bei Tarifüblichkeit: Zwei-Schranken-Theorie ade?, in: DB 1987, 1991, S. 1991 ff.

-, Mehr Flexibilität für die Betriebe – Ein Gesetzesvorschlag, in: NZA 1996, S. 1233 ff.

Huber, Günther: Das Problem der verfassungsrechtlichen Gewährleistung der Aussperrung, Frankfurt a.M. 1983, (zitiert als: Huber, Aussperrung).

Hueck, Alfred / Nipperdey, Hans Carl: Lehrbuch des Arbeitsrechts, Zweiter Band, Kollektives Arbeitsrecht, Zweiter Halbband, 7. Auflage, Berlin und Frankfurt a.M. 1970, (zitiert als: Hueck/Nipperdey, Arbeitsrecht II/2)

Hueck, Götz: Die Betriebsvereinbarung, Münster 1952, (zitiert als: G. Hueck, Betriebsvereinbarung)

Ihlefeld, Andreas: Anmerkungen zu KG, Urteil vom 09.09.1976 – 15 U 1207/76, in: AuR, 1978, S. 61 ff.

Ipsen, Jörn: Richterrecht und Verfassung, Berlin 1975, (zitiert als: Ipsen, Richterrecht)

-, Verfassungsrechtliche Schranken des Richterrechts, in: DVBl. 1984, S. 1102 ff.

Isele, Hellmut: Anmerkungen zu BAG, Beschluss vom 01.03.1966 – 1 ABR 14/65, in: SAE 1967, S. 120 ff.

Isensee, Josef: Satzungsautonomie und Dispensbefugnis im Bereich der Arbeitskampf-Neutralität, in: DB 1985, S. 2681 ff.

-, Beamtenstreik, Zur rechtlichen Zulässigkeit des Dienstkampfes, Bonn - Bad Godesberg 1971, (zitiert als: Isensee, Beamtenstreik)

Jahn, Lothar: Die Beteiligung des Betriebsrats bei arbeitskampfbedingten Maßnahmen des Arbeitgebers, Diss., Baden-Baden 1993, (zitiert als: Jahn, Beteiligung)

- *Jahnke, Volker:* Tarifautonomie und Mitbestimmung, München 1984, (zitiert als: Jahnke, Tarifautonomie)

-, Betriebsrisiko und Mitbestimmung des Betriebsrats, in: ZfA 1984, S. 69 ff.

-, Die Mitbestimmung des Betriebsrats auf dem Gebiet der betrieblichen Sozialleistungen, in: ZfA 1980, S. 863 ff.

-, Unterlassungsansprüche bei drohender Verletzung der allgemeinen Friedenspflicht (§ 74 Abs. 2 Satz 2 BetrVG), in: BlStSozArbR, 1974, S. 164 ff.

Jansen, Guido: Die betriebliche Mitbestimmung im Arbeitskampf, Diss., Berlin 1999; (zitiert als: Jansen, betriebliche Mitbestimmung)

Jarass, Hans D. / Pieroth, Bodo: GG, Kommentar, 5. Auflage, 2000, (zitiert als: Jarass/Pieroth-Bearbeiter, GG)

Joachim, Hans G.: Ist der Grundsatz der Verhältnismäßigkeit ein geeignetes Kriterium für die rechtliche Erfassung des Phänomens „Arbeitskampf"?, in: Kittner (Hrsg.) Streik und Aussperrung, Frankfurt a.M. 1974, (zitiert als: Kittner-Bearbeiter, Streik und Aussperrung)

Joch, Bernd: Mitbestimmungsgesetz und Gestaltungsfreiheit. Ein Beitrag zur Reichweite der Privatauttonomie, Ebelsbach 1984, (zitiert als: Joch, Mitbestimmungsgesetz)

Joost, Detlev: Anmerkung zu BAG, Urteil vom 20.11.1987 – 2 AZR 284/86 – AP Nr. 2 zu § 620 BGB Altersgrenze, Bl. 1310 ff.

Junker, Abbo: Der Flächentarifvertrag im Spannungsverhältnis von Tarifautonomie und betrieblicher Regelung, in: ZfA 1996, S. 383 ff.

Kämereit, Peter: Pressefreiheit und Arbeitskampfrecht. Eine Untersuchung der Rechtmäßigkeit von Arbeitskämpfen im Pressebereich unter besonderer Berücksichtigung neuer Kampfformen, Diss., Berlin 1995, (zitiert als: Kämereit, Arbeitskampfrecht)

Kaiser, Joseph: Die Parität der Sozialpartner, Karlsruhe 1973, (zitiert als: Kaiser, Parität)

Kalb, Heinz-Jürgen: Arbeitskampfrecht, Neuwied und Darmstadt, 1986, (zitiert als: Kalb, Arbeitskampfrecht)

-, Die Entwicklung des Arbeitskampfrechts durch das Bundesarbeitsgericht, in: RdA 1994, S. 385 ff.

Kammann, Karl-Udo / Hess, Harald / Schlochauer, Ursula: Kommentar zum Betriebsverfassungsgesetz, Neuwied / Darmstadt 1979, (zitiert als: Kammann/Hess/Schlochauer-Bearbeiter, BetrVG)

Kammerer, Klaus: Koalitionsfreiheit und Arbeitsverhältnis (Zur Grundrechtsbegrenzung und Zulässigkeit arbeitsrechtlicher Sanktionen), in: AuR 1984, S. 65 ff.

Käppler, Renate: Die Betriebsvereinbarung als Regelungsinstrument in sozialen Angelegenheiten, in: FS für Kissel, 1994, S. 475 ff.

Kempen, Otto Ernst: Unzeitgemäße Überlegungen zum Arbeitskampfrecht (Zum Urteil des LAG Baden-Württemberg vom 10.10.1978), in: AuR 1979, S. 74 ff.

-, Betriebsverfassung und Tarifvertrag: in: RdA, 1994, S. 140 ff.

Kempen, Otto Ernst / Zachert, Ulrich: Tarifvertragsgesetz, Kommentar für die Praxis, 3. Auflage, Köln 1997, (zitiert als: Kempen/Zachert)

Kemper, Michael: Die Bestimmung des Schutzbereichs der Koalitionsfreiheit (Art. 9 Abs. 3 GG). Zugleich ein Beitrag zur Lehre von den Einrichtungsgarantien, Heidelberg 1990, (zitiert als: Kemper, Koalitionsfreiheit)

Kempf, Gilbert: Politik in schwarzer Robe, in: AiB 1994, S. 361, ff.

Kisker, Gunter: Der Arbeitskampf im Medienbereich aus der Sicht der Art. 5 Abs. 1 und 9 Abs. 3 des Grundgesetzes, in: RdA 1987, S. 194 ff.

Kissel, Otto Rudolf: Die Rechtsprechung des BAG in Arbeitskampfsachen im Jahre 1988, in: NZA 1989, S. 81 ff.

-, Das Spannungsfeld zwischen Betriebsvereinbarung und Tarifvertrag, in: NZA 1986, 73 ff.

Kittner, Michael: Aktuelle Fragen des Arbeitskampfrechts, AuR 1981, S. 289 ff.

-, Anm. zu BVerfG, Beschluss vom 19.02.1975 – 1 BvR 418/71, AP Nr. 50 Art. 9 GG Arbeitskampf, Bl. 4 R., 6.

-, Parität im Arbeitskampf? Überlegungen zur Forderung nach dem Verbot der Aussperrung, in: GMH 1973, S. 91 ff.

-, Selbstgestaltung der Arbeitskampfordnung durch Tarifvertrag und Verbandssatzung, in: RdA 1986, S. 162 f.

Kloepfer, Michael: Arbeitsgesetzgebung und Wesentlichkeitstheorie, in: NJW 1985, S. 2497 ff.

Koenen, Karl-Ludwig: Die Waffengleichheit im Arbeitskampf, Diss., Bonn 1967, (zitiert als: Koenen, Waffengleichheit)

-, Suspendierende Aussperrung und Kündigung statt auflösender Abwehraussperrung, in: BB, 1968, 1082 ff.

Konzen, Horst: Tarifvertragliche und innerbetriebliche Normsetzung, in: BB 1977, S. 1307 ff.

-, Gemeinsame Anmerkung zu BAG, Urteil vom 27.06.1995 – 1 AZR 1016/94 sowie Urteile vom 11.07.1995 – 1 AZR 63/95 und 61/95, AP Nr. 137 - 139 zu Art. 9 GG Arbeitskampf, Bl. 909 ff.

-, Gemeinsame Anmerkung zu BAG, Urteile vom 14.02.1987 – 1 AZR 54/76, 76/76, 103/76, in: AP Nr. 57 - 59 zu Art. 9 GG Arbeitskampf, Bl. 802 ff.

-, Anmerkung zu BAG, Urteil vom 12.03.1985 – 1 AZR 636/82, in: SAE 1986, S. 57 ff.

-, Aussperrungsquoten und Druckgewerbe, in: AfP 1984, S. 1 ff.

-, Tarifvertragliche Kampfklauseln, in: ZfA 1980, S. 77 ff.

-, Der Arbeitskampf im Verfassungs- und Privatrechtssystem, in: AcP 177 [1977], S. 473 ff.

-, Anmerkung zu BGH, Urteil vom 19.01.1978 - II ZR 192/76, in: SAE 1980, S. 21 ff.

-, Anmerkung zu BVerfG, Beschluss vom 26.06.1991 – 1 BvR 779/85 (zu BAG 12.03.1985 – 1 AZR 636/82), in: SAE 1991, S. 335 ff.

-, Parität, Übermaßverbot und Aussperrungsquoten, in: JurA, 1981, S. 585 ff.

-, Anmerkungen zu BAG, Urteil vom 17.12.1976 – 1 AZR 605/75, in: SAE 1977, S. 235 ff.

-, Die Tarifautonomie zwischen Akzeptanz und Kritik, in: NZA 1995, S. 913 ff.

-, Rechtsfragen bei der Sicherung der betrieblichen Mitbestimmung, in: NZA 1995, 865 ff.

-, Anmerkung zu BAG, Urteil vom 04.08.1987 – 1 AZR 486/85, in: SAE 1989, S. 22 ff.

-, Gemeinsame Anmerkung zu BAG, Beschlüsse vom 22.12.1980 – 1 ABR 2/79, 76/79, in: SAE 1981, S. 209 ff.

-, Anmerkung zu BVerfG, Beschluss vom 26.06.1991 – 1 BvR 779/85, in: SAE 1991, S. 335 ff.

Konzen, Horst / Scholz, Rupert: Die begrenzte Aussperrung – Zur neuen Aussperrungsjudikatur des Bundesarbeitsgerichts, in: DB 1980, S. 1593 ff.

Kort, Michael: Die Grenzen betrieblicher Mitbestimmung bei tariflicher Zulassung lediglich „freiwilliger" Betriebsvereinbarungen, in: NZA 2001, S. 477 ff.

Kothe, Wolfhard: Anmerkung zu BAG, Urteil vom 09.12.1982 – 2 AZR 620/80, in: AuR 1984, S. 125 ff.

Kraft, Alfons, Die Mitwirkungs- und Mitbestimmungsrechte des Betriebsrats während des Arbeitskampfes, in: Festschrift für Gerhard Müller, Arbeits- und Rechtspflege, 1981, S. 265 ff., (zitiert als: Kraft, FS G. Müller)

-, Probleme im Spannungsfeld zwischen Betriebsverfassungsrecht und Koalitionsfreiheit, in: ZfA 1973, S. 243 ff.

-, Anmerkungen zu BAG, Beschluss vom 24.04.1979 – 1 ABR 43/77, in: SAE 1979, S. 303 ff.

-, Anmerkung zu BAG, Urteile vom 10.06.1980 – 1 AZR 822/79, 168/79, 331/79, in: SAE 1980, S. 297 ff.

-, Probleme im Spannungsfeld zwischen Betriebsverfassungsrecht und Koalitionsfreiheit, in: ZfA 1973, S. 243 ff.

-, Der Informationsanspruch des Betriebsrats – Grundlagen, Grenzen und Übertragbarkeit, in: ZfA 1983, S. 171 ff.

-, Gemeinsame Anmerkung zu BAG, Urteile vom 05.05.1987, 1 AZR 292/85, 665/85 und 666/85, in: AP zu § 44 BetrVG 1972, Bl. 1172 ff.;

Kraus, Jana: Erhaltungsarbeiten im Streik, Dissertation, 2000, (zitiert als: Kraus, Erhaltungsarbeiten)

Krejci, Heinz: Aussperrung. Verfassungs- und Privatrechtsfragen nach deutschem Recht, Wien 1980, (zitiert als: Krejci, Aussperrung)

Kreßel, Eckhard: Neutralität des Staates im Arbeitskampf, in: NZA 1995, S. 1121 ff.

Kreutz, Harald: Der Grundsatz der Verhältnismäßigkeit im Arbeitskampfrecht, Dissertation, Berlin 1988, (zitiert als: Kreutz, Verhältnismäßigkeit)

Kreutz, Peter: Grenzen der Betriebsautonomie, München 1979, (zitiert als: Kreutz, Grenzen)

-, Grundsätze der Zusammenarbeit zwischen Arbeitgeber und Betriebsrat nach dem neuen Betriebsverfassungsgesetz, in: BlStSozArbR, 1972, S. 44 ff.

Kriele, Martin: Theorie der Rechtsgewinnung – entwickelt am Problem der Verfassungsinterpretation, 2. Auflage, Berlin, 1976, (zitiert als: Kriele, Rechtsgewinnung)

Küttner, Wolfdieter / Schmidt, Uwe: Einseitige Anordnung von Überstunden durch den Arbeitgeber im Arbeitskampf?, in: DB 1988, S. 704 ff.

Lambrich, Thomas: Tarif- und Betriebsautonomie, Dissertation, Berlin 1999, (zitiert als: Lambrich, Tarifautonomie)

Von Langen, Johannes Dieter: Von der Tarif- zur Betriebsautonomie. Tendenzen der Rechtsentwicklung gebremst durch den Tarifvorrang?, Diss., Frankfurt a.M. [u.a.] 1994, (zitiert als: Langen, Tarifautonomie)

Larenz, Karl / Canaris, Claus-Wilhelm: Methodenlehre der Rechtswissenschaft, 3. Auflage, Berlin Heidelberg, 1995, (zitiert als: Larenz, Methodenlehre)

Larenz, Karl: Richterliche Rechtsfortbildung als methodisches Problem, in: NJW 1965, S. 1 ff.

Lauschke, Gerhard: Die Notarbeiten im Arbeitskampf, Diss, 1967, (zitiert als: Lauschke, Notarbeiten)

-, Die Notarbeiten im Arbeitskampf als kollektivrechtliche Maßnahme, in: DB 1970, S. 1175 ff.

Leinemann, Wolfgang: Erhaltungsarbeiten nach Beginn eines Arbeitskampfes und Arbeitsverhältnis, DB 1971, S. 2309 ff.

-, Wirkungen von Tarifverträgen und Betriebsvereinbarungen auf das Arbeitsverhältnis, in: DB 1990, S. 732 ff.

Lerche, Peter: Verfassungsrechtliche Zentralfragen des Arbeitskampfes. Zum hessischen Aussperrungsverbot. Bad Homburg v.d.H./Berlin/Zürich 1968, (zitiert als: Lerche, Zentralfragen)

-, Koalitionsfreiheit und Richterrecht, in: NJW 1987, S. 2465 ff.

Lesch, Hagen: Dezentralisierung der Tarifpolitik und Reform des Tarifrechts, in: DB 2000, S. 322 ff.

Lieb, Manfred: Arbeitsrecht, 7. Auflage, Heidelberg 2000, (zitiert als: Lieb, Arbeitsrecht)

-, Zum Verhältnis von Rechtsordnung und Arbeitskampf. Kritische Bemerkungen zur sog. zweiten Warnstreikentscheidung des BAG, in: NZA 1985, S. 265 ff.

-, Kritische Gedanken zum tarifdispositiven Richterrecht, in: RdA 1972, S. 129 ff.

-, Mehr Flexibilität im Tarifvertragsrecht? „Moderne" Tendenzen auf dem Prüfstand, in: NZA 1994, S. 289 ff. und 337 ff.

-, Gedanken zur Aussperrung, in: DB 1980, S. 2188 ff.

-, Zum gegenwärtigen Stand der Arbeitskampfrisikolehre, in: NZA 1990, S. 289 ff.

-, Zur Mitbestimmung des Betriebsrats bei der Bewältigung der Fernwirkungen von Arbeitskämpfen, in: NZA 1990, S. 377 ff.

Lieb, Manfred / Westhoff, Stefan: Voraussetzungen und Abgrenzung von richterlicher Inhaltskontrolle und Rechtsfortbildung, in: DB 1973, S. 69 ff.

Liedmeier, Norbert: Die Auslegung und Fortbildung arbeitsrechtlicher Kollektivverträge, Diss., Berlin 1991, (zitiert als: Liedmeier, Auslegung)

Loderer, Eugen: Diskussionsbeitrag auf der ersten wissenschaftlichen Veranstaltung der IG Metall zum Thema Streik und Aussperrung, in: Kittner (Hrsg.) Streik und Aussperrung, Frankfurt a.M. 1974, S. 550 ff. (zitiert als: Kittner-Bearbeiter, Streik und Aussperrung)

Loritz, Karl-Georg: Der Verzicht auf Schadensersatzansprüche in tarifvertraglichen Maßregelungsklauseln, in: ZfA 1982, S. 77 ff.

-, Sinn und Aufgabe der Mitbestimmung heute, in: ZfA 1991, S. 1 ff.

Löwisch, Manfred: Arbeitsrecht, 3. Auflage, Düsseldorf 1991, (zitiert als: Löwisch, Arbeitsrecht)

-, Anmerkung zu BAG (GS), Beschluss vom 21.04.1971– GS 1/68, in: AR-Blattei [D], Arbeitskampf I: Entscheidung 3, Bl. 5 ff.

-, Anmerkung zu BAG, Beschluss vom 10.08.1994 – 1 ABR 10/94, in: AR-Blattei ES 170.2 Nr. 40, Arbeitskampf II, Bl. 4 ff.

-, Anmerkung zu LAG Frankfurt a.M., Urteil vom 03.10.1984 – 2 Sa 310/84, in: AR-Blattei, [D] Arbeitskampf I, Entscheidung 23.

-, Anmerkung zu BAG, Beschluss vom 16.09.1986 – 1 ABR 35/85, in: AR-Blattei, [D] Arbeitskampf I, Entscheidung 26, Bl. 1 R. f

-, Anmerkung zu BVerfG, Beschluss vom 26.06.1991 – 1 BvR 779/85, in: AR-Blattei, [D] Arbeitskampf III, Entscheidung 15

-, Reichweite und Durchsetzung der tariflichen Friedenspflicht am Beispiel der Metalltarifrunde 1987, in: NZA 1988, Beilage 2, S. 3 ff.

-, Möglichkeiten und Grenzen der Betriebsvereinbarung, in: AuR 1978, S. 97 ff.

-, Schutz und Förderung der freien Entfaltung der Persönlichkeit der im Betrieb beschäftigten Arbeitnehmer (§ 75 Abs. 2 BetrVG 1972), in: AuR 1972, S. 359 ff.

-, Besteht ein Grund, die Rechtsprechung des Bundesarbeitsgerichts zur Aussperrung zu ändern?, in: RdA 1980, S. 1 ff.

-, Die Ausrichtung der tariflichen Lohnfestsetzung am gesamtwirtschaftlichen Gleichgewicht – Ein Beitrag zum Spannungsverhältnis von Tarifautonomie und Staatsintervention, in: RdA 1969, S. 129 ff.

-, Das Übermaßverbot im Arbeitskampfrecht – Bemerkungen zum Beschluss des Großen Senats des Bundesarbeitsgerichts vom 21.04.1971, in: ZfA 1971, S. 319 ff.

-, Folgen eines Streiks, in: JUS, 1973, S. 571 ff.

-, Neuabgrenzung von Tarifvertragssystem und Betriebsverfassung, in: JZ 1996, S. 812 ff.

-, Tariföffnung bei Unternehmens- und Arbeitsplatzgefährdung, in: NJW 1997, S. 905 ff.

Löwisch, Manfred (Hrsg.): Arbeitskampf- und Schlichtungsrecht, Heidelberg 1997, (zitiert als: Löwisch-Bearbeiter, Arbeitskampf und Schlichtungsrecht)

Löwisch, Manfred / Mikosch, Ernst: Erhaltungsarbeiten im Arbeitskampf, in: ZfA 1978, S. 153 ff.

Löwisch, Manfred / Rieble, Volker: Tarifvertragsgesetz, 1. Auflage, München 1992, (zitiert als: Löwisch/Rieble, TVG)

Lübbe-Wolff, Gertrude: Zur verfassungskonformen Interpretation des § 823 BGB im Zusammenhang mit aktiv produktionshindernden Arbeitskampfmaßnahmen, in: DB 1988, Beilage Nr. 9

Von Mangoldt, Hermann / Klein, Friedrich: Das Bonner Grundgesetz, Kommentar, Bd. 2. Art. 6-14, Stand: Oktober 1996, (zitiert als: Bonner Kommentar-Bearbeiter)

Maunz, Theodor / Dürig, Günther / Herzog, Roman / Scholz, Rupert / Lerche, Peter / Papoer, Hans-Jürgen / Randelholzer, Albrecht / Schmidt-Assmann, Eberhardt: Kommentar zum Grundgesetz,
Bd. I, Art 1-11, München, Stand: Oktober 1999,
Bd. II, Art. 12-21, München, Stand: Oktober 1999,
Bd. IV, Art. 70-91b, München, Stand: Oktober 1999,
(zitiert als: Maunz/Dürig-Bearbeiter, GG)

Mayer, Udo: Fernwirkung von Arbeitskämpfen und Mitbestimmung des Betriebsrats, in: AuR 1980, S. 65 ff.

-, Lohnrisikoverteilung und Mitbestimmungsrechte bei Fernwirkungen von Arbeitskämpfen, in: BB 1990, S. 2482 ff.

-, Vom Betriebs- zum Arbeitskampfrisiko. Zu dem BAG-Entscheidungen vom 22.12.1980, in: BlStSozArbR 1981, S. 353 ff.

Mayer-Maly, Theo: Lohnzahlungspflicht und Kurzarbeit in mittelbar kampfbetroffenen Betrieben, in: BB 1979, S. 1305 f.

-, Aussperrung und Parität, in: DB 1979, S. 95 ff.

-, Zum Verständnis der Kampfparität, in: RdA 1968, S. 432 ff.;

-, Gemeinsame Anmerkungen zu BAG, Urteile vom 10.06.1980 – 1 AZR 822/79, 1 AZR 168/79, 1 AZR 331/79, AP Nr. 64 – 66 zu Art. 9 GG Arbeitskampf, Bl. 946 R ff.

Medicus, Dieter: Bürgerliches Recht, 18. Auflage, Köln u.a. 1999, (zitiert als: Medicus, Bürgerliches Recht)

Meisel, Peter, G.: Anmerkung zu BAG, Urteil vom 6.3.1979 - 1 AZR 866/77, in: AP Nr. 20 zu § 102 BetrVG 1972, Bl. 2 ff.

Molkenbuhr, Josef: Der Regelungsbereich der Betriebsvereinbarung und seine Grenzen – Inhalt, Anwendung und Beendigung einer Betriebsvereinbarung, in: *H.D. Rieder (Hrsg.),* Betriebsvereinbarung, Münster 1995, (zitiert als: Molkenbuhr, Betriebsvereinbarung)

Mösch, Reinhold: Gilt der Grundsatz der Verhältnismäßigkeit im Arbeitskampfrecht?, Diss., Pfaffenweiler 1991, (zitiert als: Mösch, Verhältnismäßigkeit)

Moll, Wilhelm: Der Tarifvorrang im Betriebsverfassungsgesetz. Zur Abstimmung betrieblicher und tarifvertraglicher Regelungsmechanismen, Berlin 1980, (zitiert als: Moll, Tarifvorrang)

Müller, Gerhard: Arbeitskampf und Recht. Grundsätze der Tarifvertragsautonomie. Frankfurt a.M. 1987, (zitiert als: G. Müller, Arbeitskampf)

-, Der Einsatz von Beamten auf Arbeitnehmerplätzen bei einem legitimierten Tarifstreik im öffentlichen Dienst, in: RdA 1982, S. 86 ff.

-, Arbeitskampf und Arbeitskampfrecht, insbesondere die Neutralität des Staates und verfahrensrechtliche Fragen, Gutachten im Auftrag des Bundesministers für Arbeit und Sozialordnung, Bd. 125, Bonn 1985, (zitiert als: Gutachten)

-, Arbeitskonflikte und Arbeitskampf, Humanum, 1973, (zitiert als: Müller, Arbeitskonflikte)

-, Überlegungen zu Streik und Aussperrung in Anknüpfung an Aussagen des Bundesarbeitsgerichts, in: DB 1981, Beilage 7, S. 1 ff.

-, Zur Stellung der Verbände im neuen Betriebsverfassungsrecht, in: ZfA 1972, S. 213 ff.

-, Gesetzgebung und Richterrecht, in: DB 1981, S. 93 ff.

Müller, Friedrich: Juristische Methodik, 6. Auflage, Berlin 1995, (zitiert als: Müller, Methodik)

-, „Richterrecht". Elemente einer Verfassungstheorie IV., Berlin 1986, (zitiert als: Müller, Richterrecht)

-, Richterliche Rechtsfortbildung. Festschrift der Juristischen Fakultät zur 600-Jahr-Feier der Ruprecht-Karls-Universität Heidelberg, Heidelberg 1986, (zitiert als: Müller, Richterliche Rechtsfortbildung)

Münchener Handbuch zum Arbeitsrecht, (Hrsg.: *Richardi, Reinhard, Wlotzke, Otfried*)
Band 1, Individualarbeitsrecht I, 2. Auflage, München, 2000,
Band. 3, Kollektives Arbeitsrecht, 2. Auflage, München 2000,
(zitiert als: MünchArbR-Bearbeiter)

Münchener Kommentar zum BGB, (Hrsg.: *Staudinger, J. von)* Kommentar zum Bürgerlichen Gesetzbuch mit Einführungsgesetz und Nebengesetzen. Zweites Buch. Recht der Schuldverhältnisse §§ 611 – 615, 13. Bearbeitung, Berlin 1999, (zitiert als: Staudinger/Richardi, BGB)

Natzel, Ingo: Anmerkung zu BAG, Beschluss vom 16.12.1986 – 1 ABR 35/85, in: SAE 1989, S. 246 ff.

Nebel, Andreas: Die Normen des Betriebsverbandes am Beispiel der ablösenden Betriebsvereinbarung, Diss., Heidelberg 1989, (zitiert als: Nebel, Betriebsverband)

Neumann-Duesberg, Horst: Betriebsverfassungsrecht, Ein Lehrbuch, Berlin 1960, (zitiert als: Neumann-Duesberg, Betriebsverfassungsrecht)

-, Anmerkung zu BAG, Urteil vom 29.05.1964 – 1 AZR 281/63, in: AP Nr. 24 zu § 59 BetrVG 1952, Bl. 6 R. ff.

Niedenhoff, Horst-Udo: Mitbestimmung in der Bundesrepublik Deutschland, 11. Auflage, Köln 1997, (zitiert als: Niedenhoff, Mitbestimmung)

Nikisch, Athur: Arbeitsrecht, III. Band, Betriebsverfassungsrecht, 2. Auflage, Tübingen 1966, (zitiert als: Nikisch, Arbeitsrecht III.)

-, Anmerkungen zu BAG GS, Beschluss vom 28.1.1955 - GS 1/54 1 AZR 165/54, in: SAE 1956, S. 10 ff.

Nipperdey, Hans Carl: Rechtsprobleme der Aussperrung und des Streiks, in : DB 1963, S. 1613 ff.

Nipperdey, Hans Carl / Säcker, Franz-Jürgen: Anmerkungen zu BAG, Beschluss vom 03.09.1968 – 1 AZR 113/68, in: AP Nr. 39 zu Art. 9 GG – Arbeitskampf, Bl. 155 ff.

Oetker, Hartmut: Die Durchführung von Not- und Erhaltungsarbeiten bei Arbeitskämpfen, Heidelberg 1984, (zitiert als: Oetker, Not- und Erhaltungsarbeiten)

-, Vorruhestand in Betriebsvereinbarungen, in: NZA 1986, S. 148 ff.

Ossenbühl, Fritz: Verwaltungsvorschriften und Grundgesetz, Bad Homburg [u.a.] 1968, (zitiert als: Ossenbühl, Grundgesetz)

-, Richterrecht im demokratischen Rechtssaat, Bonn 1988, (zitiert als: Ossenbühl, Richterrecht)

Ossenbühl, Fritz / Richardi, Reinhard: Neutralität im Arbeitskampf, Köln, Berlin, Bonn, München, 1987, (zitiert als: Ossenbühl/Richardi, Neutralität)

Otto, Hansjörg: Mitbestimmung des Betriebsrats bei der Regelung von Dauer und Lage der Arbeitszeit, in: NZA 1992, S. 97 ff.

-, Anmerkungen zu BAG GS, Beschluss vom 07.11.1989 – GS 3/85, in: EzA Nr. 34 zu § 77 BetrVG 1972, Bl. 11 ff.

-, Anmerkungen zu BAG GS, Beschluss vom 16.09.1986 – GS 1/82, in: EzA Nr. 17 zu § 77 BetrVG 1972, Bl. 105 ff.

Pabst, Franziska: Der Begriff „Kampfparität“ in der höchstrichterlichen Rechtsprechung, Königstein/Ts. 1980, (zitiert als: Pabst, Kampfparität)

Palandt, Otto (Hrsg.): Bürgerliches Gesetzbuch, Kommentar, 60. Auflage, München 2001, (zitiert als: Palandt-Bearbeiter)

Papier, Hans-Jürgen: Der verfassungsrechtliche Rahmen für Privatautonomie im Arbeitsrecht, in: RdA 1989, S. 137 ff.

Patett, Helmut: Arbeitskampffernwirkungen, Lohnrisiko und Mitbestimmung, Dissertation, Hamburg 1984, (zitiert als: Patett, Arbeitskampffernwirkungen)

Pfarr, Heide M. / Brandt, Hermann: Zur Geltung des Verhältnismäßigkeitsgrundsatzes bei Streik und Aussperrung, in: AuR 1981, S. 325 ff.

Picker, Eduard: Richterrecht und Rechtsdogmatik – Alternativen der Rechtsgewinnung?
Teil 1, in: JZ 1988, S. 1 ff.,
Teil 2, in: JZ 1988, S. 62 ff.

-, Richterrecht und Richterrechtsetzung – Zu neuen Rechtsbildungsmethoden des Bundesarbeitsgerichts, in: JZ 1984, S. 153 ff.

Plander, Harro: Arbeitslosigkeit, Neue Technologien und gewerkschaftliche Streikfähigkeit, in: DB 1987, Beilage Nr. 13

Preis, Bernd: Tarifdispositives Richterrecht – Ein Beitrag zur Funktion und zum Rangverhältnis von Tarifrecht und staatlichem Recht, in: ZfA 1972, S. 271 ff.

Raiser, Thomas: Die Aussperrung nach dem Grundgesetz, Berlin 1975, (zitiert als: Raiser, Aussperrung)

-, Der Kampf um die Aussperrung, in: ZRP 1978, S. 201 ff.

-, Die arbeitsrechtlichen Grundlagen des Arbeitskampfes im Medienbereich, in : RdA 1987, S. 201 ff.

Ramm, Thilo: Das Koalitions- uns Streikrecht der Beamten, Köln 1970, (zitiert als: Ramm, Streikrecht)

-, Der Arbeitskampf und die Gesellschaftsordnung des Grundgesetzes, Stuttgart 1965, (zitiert als: Ramm, Arbeitskampf)

Redeker, Konrad: Legitimation und Grenzen richterlicher Rechtsetzung, in: NJW 1972, S. 411 ff.

Reuß, Wilhelm: Kollektive oder kollektiv-rechtliche Arbeitskampfziele?, in: AuR 1965, S. 97 ff.

-, Tarifautonomie und Richterrecht, in : AuR 1972, S. 136 ff.

-, Autonome Arbeitskampfordnungen, in: AuR 1975, S. 1 ff.

-, Rechtsfolgen der Aussperrung (Zum Urteil des Bundesarbeitsgerichts vom 25.01.1963), in: AuR 1963, S. 225 ff.

Reuter, Dieter: Das Verhältnis von Individualautonomie, Betriebsautonomie und Tarifautonomie, in: RdA 1991, S. 193 ff.

-, Betriebsverfassung und Tarifvertrag, in: RdA 1994, S. 152 ff.

-, Möglichkeiten und Grenzen einer Auflockerung des Tarifkartells, in: ZfA 1995, S. 1 ff.

-, Die Lohnmitbestimmung im Betrieb – Realität, rechtliche Einordnung, rechtspraktische Konsequenzen - , in: ZfA 1993, S. 211 ff.

-, Die (persönliche und amtliche) Rechtsstellung des Betriebsrats im Arbeitskampf, in: AuR 1973, S. 1 ff.

-, Anmerkung zu BAG, Beschluss vom 14.11.1974 – 1 ABR 65/73, in: SAE 1976, S. 15 ff.

-, Streik und Aussperrung, in: RdA 1975, S. 275 ff.

-, Nochmals: Die unverhältnismäßige Aussperrung – BAG (GS) AP, Art. 9 GG – Arbeitskampf, Nr. 43 (Erwiderung zu Däubler, JUS 1972, 642 ff.), in: JUS 1973, S. 284 ff.

Richardi, Reinhard: Die Grenzen der Zulässigkeit des Streiks, Bielefeld 1980, (zitiert als: Richardi, Grenzen).

-, Anmerkung zu BAG, Beschlüsse vom 22.12.1980 – 1 ABR 2/79 und 76/79, in: AP Nr. 70 und 71 zu Art. 9 GG Arbeitskampf, Bl. 598 ff.

-, Selbstgestaltung der Arbeitskampfordnung durch Tarifvertrag und Verbandssatzung, in: RdA 1986, S. 146 ff.

-, 40 Jahre Betriebsverfassungsrecht, in: RdA 1994, S. 394 ff.

-, Anmerkung zu BAG, Urteil vom 9.2.1989 – 8 AZR 310/87, in: AP Nr. 40 zu § 77 BetrVG 1972, Bl. 3 ff.

-, Anmerkung zu BAG, Urteil vom 26.10.1971 – 1 AZR 113/68, in: AP Nr. 44 zu Art. 9 GG – Arbeitskampf, Bl.72 ff.

-, Kollektivgewalt und Individualwille bei der Gestaltung des Arbeitsverhältnisses, München 1968, (zitiert als: Richardi, Kollektivgewalt)

-, Kollektivvertragliche Arbeitszeitregeln – Fremdbestimmung durch Kollektivnorm oder Regelung der Arbeitsbedingungen für ein rechtgeschäftliches Dienstleistungsversprechen?, in: ZfA, 1990, S. 211 ff.

-, Die Betriebvereinbarung als Rechtsquelle des Arbeitsverhältnisses, in: ZfA 1992, S. 307 ff.

-, Die Verhältnismäßigkeit von Streik und Aussperrung, in: NJW 1978, S. 2057 ff.

-, Betriebsratsamt und Gewerkschaft, in: RdA 1972, S. 8 ff.

-, Arbeitskampfrecht und betriebsverfassungsrechtliche Mitbestimmungsordnung, in: Justiz und Recht, Festschrift aus Anlass des 10-jährigen Bestehens der deutschen Richterakademie in Trier, Heidelberg 1983

-, Richterrecht und Tarifautonomie, in: Gedächtnisschrift für Rolf Dietz, München 1973, S. 269 ff.

-, Welche Folge hätte eine Aufhebung des Tarifvorbehalts (§ 77 III BetrVG)?, in: NZA 2000, S. 617 ff.

Rieble, Volker: Arbeitsmarkt und Wettbewerb – Der Schutz von Vertrags- und Wettbewerbsfreiheit im Arbeitsrecht, Berlin / Heidelberg / New York / Barcelona / Budapest / Hongkong / London / Mailand / Paris / Santa Clara / Singapur / Tokio 1996, (zitiert als: Rieble, Arbeitsmarkt)

-, Krise des Flächentarifvertrages?, in: RdA 1996, S. 151 ff.

-, Anmerkung zu BVerfG, Beschluss vom 26.06.1991 – 1 BvL 779/85, in: EzA Nr. 97 zu Art. 9 GG Arbeitskampf S. 17 ff.

Rittner, Fritz: Über das Verhältnis von Vertrag und Wettbewerb, in: AcP 188 [1988], S. 101 ff.

Röhl, Klaus F.: Allgemeine Rechtslehre, Köln/Berlin/Bonn/München 1995, (zitiert als: Röhl, Rechtslehre)

Rolfs, Christian: Zur Zulässigkeit von Streikbruchprämien im Arbeitskampf, in: DB 1994, S. 1237 ff.

Rüthers, Bernd: Rechtsprobleme der Aussperrung (unter besonderer Berücksichtigung des Pressewesens), Berlin 1980, (zitiert als: Rüthers, Aussperrung)

-, Arbeitskampf und Notstandsverfassung, in: DB 1968, S. 1948 ff.

-, Arbeitgeber und Gewerkschaften – Gleichgewicht oder Dominanz - in: DB 1973, S. 1649 ff.

-, Kampfparität und Solidaritätsminimum bei Arbeitskämpfen im öffentlichen Dienst (Zum Beamteneinsatz als Anti-Streikwaffe bei der Deutschen Bundespost), in: AuR 1987, S. 37 ff.

-, Zur Kampfparität im Arbeitskampfrecht, in: JurA 1970, S. 85 ff.

-, Zur Rechtmäßigkeit von Sympathie-Arbeitskämpfen, in: BB 1964, S. 312 ff.

-, Zur Beseitigung von Arbeitsverträgen durch Aussperrung, in: DB 1969, S. 967 ff.

-, Anmerkung zu BAG, Urteile vom 10.06.1980 – 1 AZR 168/79, 822/79 und 331/78, in: EzA Nr. 37 zu Art. 9 GG Arbeitskampf, S. 242 a ff.

-, Rechtstheorie. Begriff, Geltung und Anwendung des Rechts, München 1999, (zitiert als: Rüthers, Rechtstheorie)

-, Streik und Verfassung, Köln 1960, (zitiert als: Rüthers, Streik)

-, Richterrecht – rechtswidrig oder notwendig? in: AöR 1988, Bd. 113, S. 268 ff.

-, Betriebsverfassungsrechtliches Mitbestimmungsrecht und Individualbereich, in: *Rüthers, Bernd /Boldt, Gerhard,* Zwei arbeitsrechtliche Vorträge, München 1970, (zitiert als: Rüthers, Mitbestimmungsrecht)

Rüthers, Bernd / Henssler, Martin: Anmerkung zu BAG, Beschluss vom 16.12.1986 – 1 ABR 35/85, in: AP Nr. 13 zu § 87 BetrVG 1972, Ordnung des Betriebs, Bl. 4 R. ff.

Rüthers, Bernd / Klosterkemper, Heinz: Anmerkung zu BAG, Beschluss vom 24.04.1977 – 1 ABR 43/77, AP Nr. 63 zu Art. 9 GG – Arbeitskampf, Bl. 311 ff.

Sabel, Anton: Das Deutsche Betriebsverfassungsgesetz, in: RdA 1952, S. 281 ff.

Säcker, Franz-Jürgen: Gruppenautonomie und Übermachtkontrolle im Arbeitsrecht, Berlin 1972, (zitiert als: Säcker, Gruppenautonomie)

-, Gruppenparität und Staatsneutralität als verfassungsrechtliche Grundprinzipien des Arbeitskampfrechts, Heidelberg, 1974, (zitiert als: Säcker, Gruppenparität)

-, Grundprobleme der kollektiven Koalitionsfreiheit, Düsseldorf 1969, (zitiert als: Säcker, Koalitionsfreiheit)

-, Die Regelung sozialer Angelegenheiten im Spannungsfeld zwischen tariflicher betriebsvereinbarungsrechtlicher Normsetzungsbefugnis, in: ZfA 1972, Sonderheft, S. 41 ff.

-, Die Betriebsvereinbarung, in: AR-Blattei [D], Betriebsvereinbarung I., I. Übersicht, Bl. 1 ff.

-, Das neue Entgeltfortzahlungsgesetz und die individuelle und kollektive Vertragsfreiheit, in: AuR 1994, S. 1 ff.

-, Zu den rechtspolitischen Grundlagen der Arbeitskampf-Entscheidungen des Bundesarbeitsgerichts vom 21. April und 26. Oktober 1971, in: GMH 1972, S. 287 ff.

Sandvoss, Herbert: Streik und Mitbestimmung des Betriebsrats, in: Mitbest-Gespr. 1980, S. 72 ff.

Schaub, Günther: Arbeitsrechts-Handbuch, 9. Auflage, München 2000, (zitiert als: Schaub, Arbeitsrechts-Handbuch)

Schell, Heinz: Notdienstarbeiten im Streik, in: BB 1969, S. 1179 ff.

Schipprowski, Eckbert: Die Regelungsabrede. Eine zulässige und zweckmäßige Kooperationsform zur Lösung kollektivrechtlicher Ordnungsprobleme im Rahmen der paritätischen Mitbestimmung nach § 87 Abs. 1 BetrVG, Diss., Frankfurt a.M. [u.a.] 1995, (zitiert als: Schipprowski, Regelungsabrede)

Schlaich, Klaus: Neutralität als verfassungsrechtliches Prinzip, Tübingen 1972, (zitiert als: Schlaich, Neutralität)

Schmidt, Eberhard: Mitwirkungspflicht des Betriebsrats bei Notdienstbestellung vor Arbeitskampf? in: DB 1978, S. 1278

Schmidt, Walter: Das neue Vereinsgesetz und Artikel 9 Abs. 2, 18 des Grundgesetzes, in: NJW 1965, S. 424 ff.

Schmidt-Bleibtreu, Bruno / Klein, Franz: Kommentar zum Grundgesetz, 8. Auflage, Neuwied/Kriftel/Berlin, 1995, (zitiert als: Schmidt-Bleibtreu / Klein - Bearbeiter, GG)

Schmitt, Martin: Interessenkonflikte bei der Wahrnehmung des Betriebsratsamtes, Diss., Konstanz 1989, (zitiert als: Schmitt, Interessenkonflikte)

Schnorr, Gerhard: Inhalt und Grenzen der Tarifautonomie, in: JR 1966, S. 327 ff.

Scholz, Rupert: Das Grundrecht der Koalitionsfreiheit, Stuttgart [u.a.] 1972, (zitiert als: Scholz, Grundrecht)

-, Koalitionsfreiheit als Verfassungsproblem, München 1971, (zitiert als: Scholz, Koalitionsfreiheit)

-, Verfassungsrechtliche Grundlagen des Arbeitskampfrechts, in: ZfA 1990, S. 377 ff.

-, Arbeitsverfassung und Richterrecht, in: DB 1972, S. 1771 ff.

-, Buchbesprechung zu Franz Jürgen Säcker, Grundprobleme der Kollektiven Koalitionsfreiheit, in: RdA 1970, S. 210 ff.

-, Verfassungsrechtliche Grundlagen des Arbeitskampfes, in: ZfA 1990, S. 377 ff.

Scholz, Rupert / Konzen, Horst: Die Aussperrung im System von Arbeitsverfassung und kollektivem Arbeitsrecht, Berlin 1980, (zitiert als: Scholz/Konzen, Aussperrung)

Schulin, Bertram: Mitbestimmung im Arbeitskampf, in: Lieb, Manfred / von Stebut, Dietrich / Zöllner, Wolfgang (Hrsg.), Arbeitskampfrecht, Symposium Hugo Seiter zum Gedächtnis, Berlin 1990, (zitiert als: Schulin, Mitbestimmung)

Schwarze, Roland: Der Betriebsrat im Dienst der Tarifvertragsparteien, Diss., Berlin 1991, (zitiert als: Schwarze, Betriebsrat)

-, Die Auslegung des gesetzlichen Maßregelungsverbots (§ 612 a BGB) am Beispiel streikbedingter Sonderzuwendungen, in: NZA 1993, S. 967 ff.

Seiter, Hugo: Streikrecht und Aussperrungsrecht. Ein Arbeitskampfrechtsystem auf der Grundlage subjektiv-privater Kampfrechte, Diss., Tübingen 1975, (zitiert als: Seiter, Streikrecht)

-, Staatsneutralität im Arbeitskampf, Zur Vereinbarkeit der Neutralitätsanordnung mit § 116 Arbeitsförderungsgesetz, Tübingen 1987, (zitiert als: Seiter, Staatsneutralität)

-, Arbeitskampfparität und Übermaßverbot unter besonderer Berücksichtigung des „Boykotts" in der deutschen Seeschiffahrt, Düsseldorf Frankfurt 1979, (zitiert als: Seiter, Arbeitskampfparität)

-, Die neue Betriebsrisiko- und Arbeitskampfrisikolehre (Zu den Beschlüssen des BAG vom 22.12.1980 – 1 ABR 2/79 und 1 ABR 76/79), in: DB 81, S. 578 ff.

-, Mitbestimmung des Betriebsrats bei vorübergehender Stillegung mittelbar Kampfbetroffener Betriebe?, in: RdA 1979, S. 393 ff.

-, Gemeinsame Anmerkung zu den Urteilen des BAG vom 14.02.1978 – 1 AZR 154/76, 76/76, 103/76, 54/76, in: SAE 1980, S. 154 ff.

-, Die neue Aussperrungsrechtsprechung des Bundesarbeitsgerichts – Zu den Urteilen des Bundesarbeitsgerichts vom 10.06.1980, in: RdA 1981, S. 65 ff.

-, Zur Gestaltung der Arbeitskampfordnung durch den Gesetzgeber, in: RdA 1986, S. 165 ff.

-, Differenzierung zwischen Gewerkschaftsmitgliedern und Außenseitern bei der Aussperrung. Überlegung zur Entwicklung eines neuen Kampfmittels, in: JZ, 1979, S. 657 ff.

Sendler, Horst: Richterrecht – rechtstheoretisch und rechtspraktisch, in: NJW 1987, S. 3240 ff.

-, Überlegungen zu Richterrecht und richterlicher Rechtsfortbildung, in: DVBl. 1988, S. 828 ff.

Siebert, Wolfgang: Kollektivnorm und Individualrecht im Arbeitsverhältnis, in: Festschrift für H.C. Nipperdey zum 60. Geburtstag, S. 119 ff.

-, Kollektivmacht und Individualsphäre beim Arbeitsverhältnis, in: BB 1953, S. 241 ff.

Siebrecht, Fritz: Das Recht im Arbeitskampf, 3. Auflage, Düsseldorf 1964, (zitiert als: Siebrecht, Arbeitskampf)

Sinzheimer, Hugo: Grundzüge des Arbeitsrechts, 2. Auflage, Jena 1927, (zitiert als: Sinzheimer, Grundzüge)

Söllner, Alfred: Grundriss des Arbeitsrechts, 12. Auflage, München 1998, (zitiert als: Söllner, Arbeitsrecht)

-, Grenzen des Tarifvertrags, in: NZA 1996, S. 897 ff.

-, Zur vertrauensvollen Zusammenarbeit zwischen Betriebsvertretung und Arbeitgeber, in: DB 1968, S. 571 ff.

Stege, Diete / Weinspach, Friedrich K.: BetrVG, 8. Auflage, Köln 1999, (zitiert als: Stege/Weinspach, BetrVG)

Stern, Klaus: Das Staatsrecht der Bundesrepublik Deutschland,
Bd. I, München 1984,
Bd. III /2, München 1994 (unter Mitarbeit von *Sachs, Michael*)
(zitiert als: Stern, Staatsrecht)

Thiele, Wolfgang: Zur gerichtlichen Überprüfung von Tarifverträgen und Betriebsvereinbarungen, in: Festschrift für Karl Larenz zum 70. Geburtstag, München 1973, S. 1043 ff.

Treber, Jürgen: Aktiv produktionshindernde Maßnahmen. Zur Zulässigkeit von Betriebsbesetzungen und Betriebsblockaden unter Berücksichtigung des Funktionszusammenhanges von Privatautonomie, Tarifautonomie und Arbeitskampfrecht, Berlin 1996, (zitiert als: Treber, Maßnahmen)

Trittin, Wolfgang: Das Betriebsrisiko bei mittelbaren Arbeitskampffolgen – Kritik zur Rechtsprechung des BAG zu Entgeltansprüchen und Mitbestimmungsrechten, in: DB 1990, S. 322 ff.

Veit, Barbara: Die funktionelle Zuständigkeit des Betriebsrats, München 1998, (zitiert als: Veit, funktionelle Zuständigkeit)

Vollmer, Lothar: Aufgaben und Zuständigkeitsverteilung zwischen mitbestimmungsrechtlicher und tarifvertraglicher Interessenvertretung,
Teil I, in: DB 1979, S. 308 ff.,
Teil II, in: DB 1979, S. 355 ff.

-, Bestandssicherung existenzgefährdeter Unternehmen durch Kürzung von Löhnen und Leistungen, in: DB 1982, S. 1670 ff.

Wagner, Klaus-R.: Grenzen des Richterrechts, in: NJW 1981, S. 316 ff.

Waltermann, Raimund: Rechtsetzung durch Betriebsvereinbarung zwischen Privatautonomie und Tarifautonomie, JUS PRIVATUM, Beiträge zum Privatrecht, Bd. 14, 1996, (zitiert als: Waltermann, Rechtsetzung)

-, Zuständigkeiten und Regelungsbefugnisse im Spannungsfeld von Tarifautonomie und Betriebsautonomie, in: RdA 1996, S. 129 ff.

-, Gestaltung von Arbeitsbedingungen durch Vereinbarung mit dem Betriebsrat, in: NZA 1996, S. 357 ff.

-, Anordnung von Kurzarbeit durch Betriebsvereinbarung?, in: NZA 1993, S. 679 ff.

-, Kollektivvertrag und Grundrechte, in: RdA 1990, S. 138 ff.

Wank, Rolf: Grenzen richterlicher Rechtsfortbildung, Berlin 1978, (zitiert als: Wank, Rechtsfortbildung)

-, Die juristische Begriffsbildung, München 1985, (zitiert als: Wank, Begriffsbildung)

-, Empfiehlt es sich, die Regelungsbefugnisse der Tarifparteien im Verhältnis zu den Betriebsparteien neu zu ordnen?, in: NJW 1996, S. 2273 ff.

-, Tarifautonomie oder betriebliche Mitbestimmung?, in: RdA 1991, S. 129 ff.

-, Arbeitnehmer und Selbständige, München 1988, (zitiert als: Wank, Arbeitnehmer)

-, Empfiehlt es sich, die Regelungsbefugnisse der Tarifparteien im Verhältnis zu den Betriebsparteien neu zu ordnen?, in: NJW 1996, S. 2273 ff.

-, Grundlagen des Arbeitskampfrechts, in: Festschrift für Otto Rudolf Kissel zum 65. Geburtstag, München 1994, S. 1225 ff.

-, Rechtsfortbildung im Kündigungsschutzrecht, in: RdA 1987, S. 129 ff.

Weber, Ralph: Einige Gedanken zur Konkretisierung von Generalklauseln durch Fallgruppen, in: AcP, 192. Band (1992), S. 516 ff. (zitiert als: Weber, Generalklauseln)

-, Die vertrauensvolle Zusammenarbeit zwischen Arbeitgeber und Betriebsrat gemäß § 2 Abs. 1 BetrVG, Heidelberg 1989, (zitiert als: Weber, Zusammenarbeit)

Weber, Ralph Lothar: Die vertrauensvolle Zusammenarbeit zwischen Arbeitgerber und Betriebsrat gemäß § 2 Abs. 1 BetrVG, Diss., Heidelberg, 1989, (zitiert als: Weber, Zusammenarbeit)

Weiss, Manfred: Die Rolle des Betriebsrats im Arbeitskampf tariffähiger Parteien, in: AuR 1982, S. 265 ff.

-, Arbeitskampfbedingte Störungen in Drittbetrieben und Lohnanspruch der Arbeitnehmer, in: AuR 1974, S. 37 ff.

-, Sonderarbeitskampfrecht der Presse?, in: AuR 1984, S. 97 ff.

-, Zur Rechtmäßigkeit des Warnstreiks, in: *Dorndorf, Eberhard / Weiss, Manfred:* Warnstreiks und vorbeugender Rechtsschutz gegen Streiks, Köln 1983, (zitiert als: Weiss/Dornhoff-Weiss, Warnstreiks)

Weitnauer, H.: Rechtmäßigkeit und rechtliche Folgen des „wilden" Streiks (Teil I), in: DB 1970, S. 1639 ff.

Wenzel, Leonard: Das Arbeitskampfrecht als Prüfstein des Richterrechts, in: DB 1981, S. 1135 ff.

Wessmann, Peter K., Mitbestimmung durch Betriebsvereinbarungen, 1. Auflage, Köln 1987, (zitiert als: Wessmann, Mitbestimmung)

Wiedemann, Herbert: Die deutschen Gewerkschaften – Mitgliederverband oder Berufsorgan?, in: RdA 1969, S. 321 ff.

-, Tariffähigkeit und Unabhängigkeit, in: RdA 1976, S. 72 ff.

-, (Hrsg.): Tarifvertragsgesetz, 6. Auflage, München 1999, (zitiert als: Wiedemann-Bearbeiter, TVG)

Wiedemann, Herbert / Oetker, Hartmut / Wank, Rolf (Hrsg.): Tarifvertraggesetz, Kommentar, 6.Auflage, München 1999, (zitiert als: Wiedemann-Bearbeiter, TVG)

Wiese, Günther: Stellung und Aufgaben des Betriebsrats im Arbeitskampf, in: NZA 1984, S. 378 ff.

-, Bildnisschutz des Arbeitnehmers im Arbeitskampf, in: Festschrift für Heinrich Hubmann zum 70. Geburtstag, *herausgegeben von Heinrich Forkel und Alfons Kraft,* Frankfurt a.M. 1985, (zitiert als: Wiese, Bildnisschutz)

Witt, Carsten: Die betriebsverfassungsrechtliche Kooperationsmaxime und der Grundsatz von Treu und Glauben, Diss., Berlin 1987, (zitiert als: Witt, Kooperationsmaxime)

Wlotzke, Otfried: BetrVG, Kommentar, 2. Auflage, München, 1992, (zitiert als. Wlotzke, BetrVG)

Wohlgemuth, Hans Hermann: Aussperrung und Grundgesetz, in: BB 1979, S. 111 ff.

-, Kampfparität und öffentliche Meinung, in: AuR 1978, S. 325 ff.

-, Staatseingriff und Arbeitskampf. Zur Kritik der herrschenden Arbeitskampfdoktrin, Diss., Köln/Frankfurt a.M. 1977, (zitiert als: Wohlgemuth, Staatseingriff)

Wolf, Ernst: Das Recht zur Aussperrung, München, 1981, (zitiert als: Wolf, Aussperrung)

Wolf, Manfred: Tarifautonomie, Kampfparität und gerechte Tarifgestaltung, in: ZfA 1971, S. 151 ff.

Wolter, Henner: Aussperrung, Parität und Verhältnismäßigkeit, in: AuR 1979, S. 193 ff.

-, Arbeitskampfrecht – Grenzen der richterlichen Rechtsfortbildung -, in: AuR 1979, S. 333 ff.

-, Richterrecht und gewerkschaftliche Streikfähigkeit (Zur Kritik neuerer Rechtsprechung des Bundesarbeitsgerichts zum Arbeitskampf), in: AuR 1988, S. 357 ff.

Wurth, Gilbert: Der Irrtum über den Umfang der Mitbestimmung, Diss., Frankfurt a.M. [u.a.] 1997, (zitiert als: Wurth, Mitbestimmung)

Zachert, Ulrich: Gewerkschaftliche Übermacht: Chimäre oder Realität?, in: AuR 1977, S. 1 ff.

-, Krise des Flächentarifvertrages?, in: RdA 1996, S. 140 ff.

Zachert, Ulrich / Metzke, Maria / Hamer, Wolfgang: Die Aussperrung, Zur rechtlichen Zulässigkeit und praktischen Durchsetzungsmöglichkeit eines Aussperrungsverbots. Köln 1978.

Zohlnhöfer, Werner (Hrsg.): Die Tarifautonomie auf dem Prüfstand, Berlin 1996, (zitiert als: Zohlnhöfer, Tarifautonomie)

Zöllner, Wolfgang: Die Fortentwicklung des Richterrechts zum Arbeitskampf, insbesondere zur Aussperrung. Betrachtung zum 30. Jahrestag der Fundamentalentscheidung des Großen Senats, DB 1985, S. 2450 ff.

-, Aussperrung und arbeitskampfrechtliche Parität, Düsseldorf 1974, (zitiert als: Zöllner, Aussperrung)

-, Maßregelungsverbote und sonstige tarifliche Nebenfolgenklauseln nach Arbeitskämpfen – zugleich ein Beitrag zu den Grenzen der Tarifautonomie, Köln Berlin Bonn München, 1977; (zitiert als: Zöllner, Maßregelungsverbote)

-, Die Rechtsnatur der Tarifnormen nach deutschem Recht, Wien 1996, (zitiert als: Zöllner, Rechtsnatur)

-, Privatautonomie und Arbeitsverhältnis. Bemerkungen zu Parität und Richtigkeit beim Arbeitsverhältnis, in: AcP 176 [1986], S. 221 ff.

-, Die Zulässigkeit neuer Arbeitskampfformen, in: Festschrift für Eduard Bötticher zum 70. Geburtstag, Berlin, 1969, S. 427 ff.

Zöllner, Wolfgang / Loritz, Karl-Georg: Arbeitsrecht, 5. Auflage, München 1998, (zitiert als: Zöllner/Loritz)

Zöllner, Wolfgang / Seiter, Hugo: Paritätische Mitbestimmung und Art. 9 Abs. 3 Grundgesetz, Köln 1970, (zitiert als: Zöllner/Seiter, Mitbestimmung)

Schriften zum Arbeitsrecht und Wirtschaftsrecht

Herausgegeben von Abbo Junker

Band 1 Christoph-N. Lerche: Der Europäische Betriebsrat und der deutsche Wirtschaftsausschuß. Eine vergleichende Analyse der betrieblichen Mitwirkung der Arbeitnehmer vor dem Hintergrund der Globalisierung der Märkte. 1997.

Band 2 Christian Walter Mecke: Zur rechtlichen Verbindlichkeit kollektiver Vereinbarungen in England. 1997.

Band 3 Katja Francke: Die betriebliche Mitwirkung der Arbeitnehmer in Belgien. Unter Berücksichtigung vergleichender Aspekte zum deutschen Betriebsverfassungsrecht. 1997.

Band 4 Christian Schulze: Die Zulässigkeit einstweiliger Verfügungen gegen Betriebsänderungen. 1998.

Band 5 Stefan Miersch: Die Rechtsfolgen mitbestimmungswidriger Maßnahmen für das Arbeitsverhältnis. Eine zivilrechtsdogmatische Untersuchung. 1998.

Band 6 Heike Wegner: Internationaler Verbraucherschutz beim Abschluß von Timesharingverträgen: § 8 Teilzeitwohnrechtegesetz. 1998.

Band 7 Julia Wichmann: Dienstleistungsfreiheit und grenzüberschreitende Entsendung von Arbeitnehmern. 1998.

Band 8 Johann-Volker Peter: Société par actions simplifiée (S.A.S.). Die Vereinfachte Aktiengesellschaft in Frankreich, eine Rechtsform für die Kooperation von Unternehmen. 1999.

Band 9 Sylvia Schnelle: Der Europäische Betriebsrat in Spanien. Zugleich eine Einführung in das spanische Recht der Arbeitnehmervertretung. 1999.

Band 10 Viktoria Bornhagen: Die Zumutbarkeit als Rechtsgedanke im Arbeitsrecht. 1999.

Band 11 Thorsten Schacht: Der Übereilungsschutz beim arbeitsrechtlichen Aufhebungsvertrag. Arbeitnehmerschutz bereits de lege lata? 2000.

Band 12 Marcus Hellmann: Immobilienkauf nach spanischem Recht. 1999.

Band 13 Nicolaus Johannes Ehinger: Die juristischen Personen des öffentlichen Rechts als herrschende Unternehmen. 2000.

Band 14 Alexander Lentz: Das kollektive Arbeitsrecht der Republik Südafrika. Eine Untersuchung mit Bezügen zum deutschen Recht. 2000.

Band 15 Michaela Brunssen: Der Arbeitgeberverbandswechsel. Tarifrechtliche und arbeitskampfrechtliche Konsequenzen. 2000.

Band 16 Morten Petersenn: Das Recht des Grundstückskaufs in Südafrika. 2000.

Band 17 Stefan Krüger: Die umwandlungsrechtliche Haftungsregelung bei der Betriebsaufspaltung und ihre Analogiefähigkeit. 2001.

Band 18 Jürgen Kitzinger: Der GmbH-Geschäftsführer zwischen Arbeits- und Gesellschaftsrecht. Im Blickpunkt: Zuständigkeit der Arbeitsgerichte. 2001.

Band 19 Anja Ruge: Die Lohnersatzansprüche ehemaliger Zwangsarbeiter gegen deutsche Industrieunternehmen. 2001.

Band 20 Michael Knoll: Die Sozialauswahl im Arbeitsrecht. 2001.

Band 21 Britta Albrecht: Mediation im Arbeitsrecht. Individualarbeitsrecht und Betriebsverfassungsrecht. 2001.

Band 22 Annusch Barten: Das System der Arbeitnehmervertretung in Frankreich. 2001.

Band 23 Diane Westera: Der Wiedereinstellungsanspruch nach wirksamer Kündigung. 2001.

Band 24 Kristin Doerlich: Die Tariffähigkeit der Gewerkschaft. Eine Analyse der Mächtigkeitsrechtsprechung des Bundesarbeitsgerichts im Lichte neuerer Erfahrungen. 2002.

Band 25 Tina Witten: Vertragsgestaltung und Gesetzesbindung im Recht der Zeitarbeit. 2002.

Band 26 Martin Hellfeier: Die Leistungszeit im Arbeitsverhältnis. Eine Untersuchung zum Fixschuldcharakter der Arbeitspflicht und zu den Folgen ihrer Nichterfüllung. 2003.

Band 27 Almut Maulshagen: Betriebliche Arbeitskampfregelungen. 2003.

FSC
www.fsc.org
MIX
Papier | Fördert gute Waldnutzung
FSC® C083411

Kolibri 360 GmbH
Ferdinand-Jühlke-Straße 7
99095 Erfurt, Deutschland
produktsicherheit@kolibri360.de

Druck:
CPI Druckdienstleistungen GmbH
im Auftrag der
Kolibri 360 GmbH
Ferdinand-Jühlke-Str. 7
99095 Erfurt